From Adam Smith to Keynes

启真馆 出品

从亚当·斯密到凯恩斯

西 方 经 济 思 想 史 论

张旭昆 著

ZHEJIANG UNIVERSITY PRESS
浙江大学出版社

目　录

前　言 1

第一章　经济学的研究对象与方法

第一节　古典经济学时期 1

第二节　新古典经济学时期 25

第三节　评论 66

第二章　财富生产与经济发展

第一节　古典经济学时期 81

第二节　新古典经济学时期 106

第三节　评论 115

第三章　价值理论

第一节　古典经济学时期 120

第二节　新古典经济学时期 138

第三节　评论 176

第四章　收入分配理论

第一节　古典经济学时期 180

第二节　新古典经济学时期 204

第三节　评论 231

第五章　效用与消费理论

第一节　古典经济学时期 234

第二节　新古典经济学时期 235

第三节　评论 246

第六章 企业（厂商）与企业家理论

第一节 古典经济学时期......250

第二节 新古典经济学时期......250

第三节 评论......273

第七章 货币理论

第一节 古典经济学时期......276

第二节 新古典经济学时期......290

第三节 评论......309

第八章 经济波动与国民收入决定

第一节 古典经济学时期......314

第二节 新古典经济学时期......315

第三节 评论......380

第九章 公共经济学理论

第一节 古典经济学时期......382

第二节 新古典经济学时期......391

第三节 评论......398

第十章 人口与资源经济学

第一节 古典经济学时期......401

第二节 新古典经济学时期......405

第三节 评论......405

第十一章　经济体制理论

第一节　古典经济学时期......409

第二节　新古典经济学时期......412

第三节　评论......438

第十二章　国际贸易与国家金融理论

第一节　古典经济学时期......439

第二节　新古典经济学时期......457

第三节　评论......467

第十三章　福利经济学

第一节　古典经济学时期......469

第二节　新古典经济学时期......471

第三节　评论......488

结　语......489

前　言

第一节　从亚当·斯密到凯恩斯的西方经济思想专题史

经济思想史可以大体分为通史和专题史。

通史按照年代顺序阐述古今中外整个经济思想发展演化的历史过程。其代表作现有蒋自强先生领衔著述、浙江大学出版社 2003 年出版的四卷本《经济思想通史》；还有专门阐述某个地区自古至今的经济思想史，其代表作有熊彼特三卷本的《经济分析史》、胡寄窗的《中国经济思想史》、赵靖石世奇的《中国经济思想通史》以及本人前不久刚出版的《西洋经济思想史新编》等。

通史的优点是能够使读者按照时间顺序把握整个经济思想的发展过程，了解不同时期各个经济学家的整个思想。但不足之处是难以让读者很快明了某些经济学概念、观点是如何发展变化的。因此，研究经济思想史，往往也需要了解一些重要的概念、观点的发展，需要专题史。

专题史把整个经济思想分解成若干组成部分，每个组成部分都专注于某个经济学论域或论点、某个流派的发展历史。其代表作有马克思的《剩余价值学说史》、庞巴维克的《资本与利息》、布留明的《政治经济学中的主观学派》、安道尔·马加什的《现代非马克思主义经济学史》、张培刚的《微观经济学的产生和发展》、厉以宁的《宏观经济学的产生和发展》、陶大镛的《马克思主义经济思想史——外国经济思想史新编》、杨德明的《当代西方经济学基础理论的演变》以及晏智杰的《经济学中的边际主义》等。

本书力图按照专题史的格式，把从亚当·斯密到凯恩斯的经济思想进行一番梳理。经济学从亚当·斯密 1776 年发表《国民财富的性质与原因的研究》到凯恩斯 1936 年出版《就业、利息和货币通论》，共经历了 160 年时间。在此期间，经济学经历了巨变，不仅观点发生了重大变化，其研究的范围也大大扩张，出现了众多的分支。因此，完全按照年代顺序来介绍往往会有遗漏，按照不同分支进行专题介绍已经越来越有必要。因此，本书尝试把这段时间的经济思想大体分为十三个专题，每个专题再基本按照时间顺序加以介绍。

按照专题进行叙述，首先遇到的问题就是如何划分专题并确定专题的边界。经济思想史上，有的专题边界比较清楚，与其他专题少有交集；但有的专题的边界就比较模糊，价值理论与分配理论之间的边界就是如此，货币理论与经济波动理论之间也是如此。边界模糊就意味着两个专题存在交集，在分专题进行介绍时就容易出现重复，而合并成一个专题似乎又有不妥。例如价值论和分配论，在古典经济学时代，两者的区别还是比较明显的；而到了新古典经济学时代，两者在分析方法上就难分伯仲了。

如何把整个经济学划分为不同专题，这本身就构成一部历史。从萨伊划分经济学为生产、分配和消费三部分开始，后来经詹姆斯·穆勒补充了交换，经济学似乎形成界限基本分明的四个部分。然而到了新古典经济学时代，这种四分法受到 J. B. 克拉克的挑战，一种新的划分开始出现，即把经济学分成静态分析与动态分析。但未经多久，凯恩斯革命以后，一种全新的划分出现了，即微观经济学与宏观经济学。所以，要给整个经济学做出科学的、确定的划分并非易事。本书只能从叙述方便的角度进行一点尝试性划分。若有不妥，欢迎批评。

按照专题进行叙述，遇到的另一个问题是经济学家的人物介绍如何安置。以前按照年代顺序介绍，不存在这个问题，都是先介绍经济学家生平，然后介绍其思想。现在按照专题介绍，就意味着必须把一个经济学家的经济思想放到不同的专题中介绍，因此人物生平介绍放在何处，就颇费心思。本书现在的做法是干脆在前言里专门列一小节按照时间顺序介绍经济学家生平。这样处理，对于那些已经对于西方经济思想史稍有了解的读者可能问题不大，但对于初学者就可能会有一些不便，这也必须请读者谅解。关于经济学家的生平资料介绍，参见张旭昆《西洋经济思想史新编——从汉穆拉比到凯恩斯》（浙江大学出版社 2015 年 6 月版）。

第二节　主要经济学家群像

亚当·斯密

亚当·斯密（Adam Smith，1723—1790）是古典政治经济学发展到成熟阶段的代表人物。他 1776 年出版的巨著《国民财富的性质和原因的研究》（以下简称《国富论》）标志着古典政治经济学体系的建立。

有几个年代数字可以说明斯密所处的时代。1776 年 3 月 9 日，斯密的《国富论》出版；同年 7 月 4 日，美国《独立宣言》发表；前 7 年，即 1769 年，詹姆斯·瓦特制造了单动式蒸汽机；后 6 年，即 1782 年，瓦特制造了复动式蒸汽机；1789 年，爆发了法国大革命，颁发了《人权宣言》。可以说，18 世纪后半叶，全球范围同时形成了三场意义深远的革命：以亚当·斯密的《国富论》为代表的经济自由主义思想革命，以美国独立和法国大革命为代表的政治革命，以蒸汽机为代表的工业革命。

斯密 1723 年生于苏格兰法夫郡的柯卡尔迪，1737 年就读格拉斯哥大学，1740 年就读牛津大学。1746 年，斯密在牛津大学毕业后回到了故乡柯卡尔迪，1748 年秋担任了爱丁堡大学的讲师。1751 年，受母校格拉斯哥大学之聘，开始了他在格拉斯哥大学 13 年的教授生涯。1759 年 4 月，斯密出版《道德情操论》，这是他的成名之作。这部著作主要论述了现在所说的道德或伦理问题，属于个人如何修身的学问，同时还涉及哲学、法学、心理学和经济学等。

《道德情操论》出版后的 1760—1763 年间，斯密在讲授道德哲学的过程中，重点研究了法学、政治学和经济学。1763 年，斯密作了《关于法律、警察、岁入及军备的演讲》（以下简称《演讲》）。他在《演讲》中初步分析了当时英国经济生活中的重大问题。这个《演讲》是他后来在《国富论》中所创立的古典经济学体系的雏形。

由于《道德情操论》的良好影响，斯密受到邀请，作为年轻的巴克勒公爵出国旅行的家庭教师。1763 年 11 月，斯密辞去大学教授职务，进行为期近 3 年（1764 年 2 月至 1766 年 10 月）的欧洲大陆之行。期间，斯密在长期酝酿、构思的基础上，根据积累的资料，开始撰写他的主要著作《国富论》。

1776 年，《国富论》出版，这在经济思想史上是具有划时代意义的事件。斯密在这一经济学巨著中，融会贯通了当时已经形成的各种经济知识，系统论述了国民财富增进或减少的因素、条件和途径，从而建立起一个富国裕民的古典政治经济学体系。从此，人们开始用"苏格兰贤人"来称呼斯密。

1790 年，亚当·斯密与世长辞。简朴的墓碑上写着："《国富论》的作者亚当·斯密安眠于此。"

马尔萨斯

托马斯·罗伯特·马尔萨斯（Thomas Robert Malthus，1766—1834）出生于伦敦附近一个乡绅家庭，1785 年入剑桥大学，1788 年以优异成绩毕业。1791 年获剑桥大学硕士学位。

当时的英国，正受到法国大革命激进思想的冲击，有两本书在传播这股激进思潮方面起着重要作用。一本是法国大革命时期的著名政治家马里·让·孔多塞（Marie Jean Condorcet，1743—1794）于 1795 年出版的《人类精神进步史表纲要》，另一本是英国传教士威廉·葛德文（William Godwin，1756—1836）在 1793 年出版的《政治正义论》。孔多塞和葛德文都认为，只要通过制度的调整或改造，人类社会将会得到极大的改善。

当时这股激进思潮是如此有力，以至于影响到了统治阶级中的不少成员，其中就包括马尔萨斯的父亲老马尔萨斯（Daniel Malthus，1730—1800）。他是一位具有激进思想的上层人士，力图用自己的观点影响马尔萨斯。马尔萨斯经常与父亲谈论政局与社会经济问题，可是父子俩往往意见相左，难以达成一致。

马尔萨斯于 1798 年匿名出版《试论人口原理——读葛德文、孔多塞及其他作者的推理，论人口原理对社会未来进步之影响》（以下简称《人口原理》）。为了充实内容，论证观点，他于1799—1802年到欧洲大陆各地游历考察三年，回国后于1803年以自己的真实姓名发表了从内容到形式都可以说是焕然一新的第二版，并更名为《论人口原理，或人口对人类将来和现在幸福影响的观点》。

《人口原理》初露锋芒之后，马尔萨斯的学术兴趣逐渐转移到政治经济学方面。从1805年起，应聘东印度公司创办的东印度大学海利贝里学院近代史和政治经济学教授。随后他发表了一系列政治经济学方面的论著，其中最主要的有《当前粮食涨价原因的研究》（1800），该文迎合了当时统治阶级的需要，因此发表不到一个月，英国首相小威廉·庇特就接见了他。此外还有《论实行谷物法的效果》（1814）等。

在政治经济学方面，马尔萨斯与他同时代的李嘉图、西斯蒙第、萨伊等人都有不同的见解，进行过直接或间接的论争。特别是他与李嘉图的长期论战，对古典经济理论的形成和发展发挥了重要作用。

1819年，马尔萨斯当选为英国皇家科学学会会员。1821年，他与李嘉图、詹姆斯·穆勒等人共同创立经济学会。1833年，他当选为法国伦理和政治科学院、德国柏林皇家学会院士。1834年因病去世。

李嘉图

大卫·李嘉图（David Ricardo，1772—1823）1772年生于伦敦一个证券交易所经纪人家庭。他于1786年进入父亲经营的证券交易所，开始协助其父亲从事证券交易业务。后由于婚恋问题，在21岁时与父亲决裂。

与父亲决裂后，李嘉图离开富裕家庭独立经营证券交易业务。他利用机会，出乎意料地获得成功。到1810年时，他已成为伦敦金融界的头面人物之一，拥有财产已达100万英镑。1815年他43岁时从商界隐退，资产据不同方面的估计，已经达到50万—160万英镑。1823年他去世后给后人留下了72.5万英镑的遗产。这在当时是可以和国王媲美的财富。

李嘉图不仅热衷于赚钱、发财致富，还热衷于研究科学。他从1799年开始对经济学发生兴趣，但真正从事经济学研究，却是从1809年加入

"金价论战"开始的。他以读者来信的形式，以《黄金的价格》为题匿名在《晨报》上发表了他的经济学处女作，导致了一场"金价论战"。

1813 年，英国颁布《谷物法》，限制谷物进口，这引起代表贵族地主阶级利益的学者和代表新兴资产阶级的学者展开了激烈的争论。李嘉图作为新兴工业资产阶级的代表，认为限制谷物进口会导致谷物价格上涨，进而引起地租和工资的上涨，最终压缩资本家的利润，而资本家的利益才真正代表一个国家的利益。

1813 年因农业大丰收和 1814 年拿破仑战争结束，引起谷价大跌。议会开始讨论谷价问题，李嘉图于 1815 年出版《论低价谷物对资本利润的影响》（以下简称《论利润》），书中极力倡导自由贸易。1815 年夏，他考虑为《论利润》一书出一个修订本，结果却写成了体现其整个经济理论体系的巨著——《政治经济学及赋税原理》。该书在 1817 年问世后声名大震，被视为《国民财富的性质和原因的研究》之后另一部巨著。

李嘉图不仅是一位经济学家和金融活动家，还是一位进行议会活动的政治活动家。他积极从事议会活动，并以激进资产阶级的代表人物出现，极力提倡自由贸易，反对《谷物法》，主张修改选举法，赞同宗教信仰自由，反对一切压制人权的法律。在议会里，他经常提出违背其自身利益的议案。他作为一个大土地所有者，却主张取消谷物法，实行不利于地主的自由贸易政策；作为英国最富有的人，却主张征收财产税；尽管他从未在爱尔兰待过，却代表爱尔兰的选民，提倡有可能会剥夺自己议会席位的改革。对此，只能以他品格的高尚来加以解释。

李嘉图的经济思想，除了表现在上述经济论著中外，还散见于他在英国议会所发表的演讲词和他写给有关友人的书信中。要完整准确地把握他的经济理论体系，就必须认真研究他的全部论著、演讲和书信。李嘉图与马尔萨斯、萨伊、詹姆斯·穆勒、麦克库洛赫等人进行频繁的书信往来，由彼罗·斯拉法教授编成十卷《李嘉图著作和通信集》，从 1951 年开始出版。

李嘉图早年患有内耳炎，1823 年内耳炎复发并影响到脑部，经过几天痛苦与世长辞。

萨伊

让·巴蒂斯特·萨伊（Jean Baptiste Say，1767—1832），出生于法国里昂一个新教商人家庭。1786 年萨伊到了英国，在那里受到完备的商业教育，目睹了英国工业革命的现状。在此期间，他读了《国富论》，激发了他对政治经济学的兴趣。萨伊从英国毕业回国后，于 1787 年进入法国一家人寿保险公司，任总经理克拉维（斯密信奉者，1792 年任法国财政部长）的秘书。

1789 年，法国大革命爆发，对萨伊产生深刻影响，他积极参加政治活动，为著名活动家米拉波主编的杂志《普罗温斯通讯》撰稿。1792 年他投笔从军，远征香槟，与入侵法国的军队展开激战。

1793 年，萨伊解甲归田，转而从事自己的文学之路。1794 年，他出任法国《哲学、文艺和政治旬刊》的主编，任职达六年之久。他在该期刊上发表经济文章，在学术界确定了一定的地位。

法国"雾月政变"后，拿破仑（1769—1821）成为法国的统治者。由于萨伊的文章颇受拿破仑的欣赏和重视，他于 1799 年被任命为法兰西法制委员会委员，同时又被委派到财政委员会工作。

上述这些经历使萨伊对法国的社会经济和政治状况有了全面了解，而他的家庭背景及早年英国的留学经历又为他提供了研究经济学理论很多难得的第一手资料。1803 年，他的主要著作《论政治经济学，或略论财富是怎样产生、分配和消费》（以下简称《政治经济学概论》）出版。该书宣扬亚当·斯密的自由主义经济思想，主张推行自由贸易政策。这与拿破仑当时实行的大陆封锁政策相对立。拿破仑阅读了萨伊此书之后，曾召见他，示意修改其著作。但他断然拒绝，因而遭到拿破仑的惩罚。萨伊的所有著作被禁止发行，被禁止从事学术研究工作，并被解职，改任为海关税收征管员。萨伊没有屈服，向拿破仑自动请辞。

1805—1813 年，萨伊与人在巴黎近郊合伙创办一座现代化纺纱厂，由于工厂管理得当，业绩蒸蒸日上，吸纳了当地大量劳动力。

1814 年，萨伊到英国访问，结识了当时英国经济学界的泰斗，与李嘉图、马尔萨斯、边沁等人交流学术观点，相谈甚欢，成为终身朋友。

1815 年，波旁王朝复辟，拿破仑被推翻。复辟后的波旁王朝十分赞赏萨伊的经济理论及其反对拿破仑的政治态度，派他去英国进行考察，以便把英国的经验应用于法国的工业发展。同年萨伊回国，写了《论英国和英国人民》一书。

1816 年开始，萨伊成为法国第一个系统讲授政治经济学的教授。法国学校开始出现经济学的课程。1817 年，他再把他的经济理论凝缩成一本名为《政治经济学精义》的小册子。

1830 年，萨伊被聘为法兰西学院政治经济学教授，直到逝世前还在从事教学工作。在从教期间，他对其主要著作《政治经济学概论》进行了多次改写，生前共出版过五版，几乎每一版都有修改。该书还被翻译成多国语言，成为当时欧美大学最受欢迎的经济学教材。萨伊在法国开设的经济学课程影响很大，吸引很多学生不远万里前往法国向其请教。1832 年 11 月 15 日，萨伊在法国巴黎逝世。

萨伊在欧洲大陆最早系统传播斯密经济理论，是法国最早系统讲授政治经济学的教授。在欧洲大陆，人们最初是通过他的介绍才了解斯密的经济理论。由于他的经济思想对以后欧洲经济学的发展产生重要影响，他又被称为欧洲的"科学王子"。

西斯蒙第

让·沙尔·列奥纳尔·西蒙·德·西斯蒙第（Jean Charles Leonarde Simonde de Sismondi，1773—1842）在西方经济思想史上占有特殊地位，以对斯密古典政治经济学的怀疑为其思想特色，是现代福利主义思潮的先驱。

西斯蒙第与李嘉图差不多是同时代人，他的代表作《政治经济学新原理》，仅比李嘉图的代表作《政治经济学及赋税原理》晚出版两年。但二人在经济理论上却是针锋相对的。

李嘉图生活时的英国，社会已经基本上由资产阶级、无产阶级和地主阶级这三大阶级所构成，小生产者已经几乎不存在了。西斯蒙第生活时的欧洲大陆，尤其是法国，1789年大革命给它造就了一个广泛的小农阶层，革命后迅速发展的资本主义生产方式，又使这一阶层处于濒临破产的境地，工人阶级也由于机器的使用而经常处于失业状态。小土地所有者由于贫困和破产引起的不满，工人对于经常失业产生的愤恨，自然会在法国经济学的发展中得到反映。工业革命造成人类社会出现前所未有的两个现象：大规模集聚的工人阶级的令人难以置信的悲惨境况，以及生产过剩。这两个现象自然引起一些正直人士的高度关注。

西斯蒙第是佛罗伦萨一个古老家族的后裔，他父亲是同旧贵族有密切往来的有势力的新教牧师。1685年南特赦令[1]废除后，由于宗教迫害，举家搬迁至日内瓦。西斯蒙第生于日内瓦湖畔的一所庄园，童年是在保守、宗法的环境中度过的，曾在16世纪瑞士宗教改革运动领袖加尔文创办的新教中学接受传统教育，中学毕业后去巴黎上大学，因父亲破产而辍学，到里昂一家银行供职。

1792年里昂爆发革命，西斯蒙第从法国回到故乡日内瓦。当革命蔓延到瑞士以后，革命党人推翻了贵族政权，他父亲因同贵族交往密切而被捕入狱，部分财产被充公。父亲被释放出狱后，全家离开瑞士，迁居英国。在英国期间，他研究工业和各种制度，开始学习经济学，特别是了解和研究斯密的经济理论。一年半以后他重回故乡，变卖了瑞士的大部分家产，移居意大利。他在意大利买了田庄，在经营农庄的同时开始研究经济学和历史，开始了其著述生涯。

拿破仑帝国崩溃后，瑞士恢复独立。1800年西斯蒙第重返瑞士，成为日内瓦市商会秘书。此后他一直从事著述活动，写下了众多学术著作，包括16卷的《意大利共和史》和29卷的《法国民族史》。这些学术著作使他成为著名的历史学家。

1803年，西斯蒙第出版了第一部政治经济学著作《商业财富或政治经济学原理在商业立法上的应用》（以下简称《论商业财富》），作为斯密

---

[1] 南特赦令是法兰西国王亨利四世于1598年在南特城颁布的宽容异教徒的赦令。赦令承认天主教为法国占统治地位的宗教，但给予新教徒以信教和祈祷的自由以及许多政治权利。1685年被路易十四废除。

的忠实信徒，该书系统介绍了斯密的《国富论》，完全赞同斯密的观点，赞美经济自由主义。

但以后随着资本主义经济的发展，英国于 1815 年和 1818 年爆发了两次经济危机。英国的经济危机引起了当时许多经济学家的注意。同时西斯蒙第看到与资本主义快速发展相伴随的是小生产者陷入破产并沦为无产者。英国的经济危机和小生产者的破产分化使他转变为英国古典政治经济学的激烈反对者。

1819 年，西斯蒙第出版了主要经济学著作《政治经济学新原理或论财富同人口的关系》该书从小生产者的立场出发，对斯密的经济学说提出了修正，对李嘉图的经济学说进行了尖锐批判，提出了自己独创的经济学说，形成了小生产者经济浪漫主义的思想体系。该书使他名声大振，奠定了他在西方经济学史上的特殊地位。

在学术上，西斯蒙第继承法国学术教养的传统。他一生勤于著述，著作很多，既是经济学家，又是历史学家。他特别看重独立思考的精神，曾因担心不能自由阐述自己的观点而拒绝担任大学经济教授的邀请，同时他也为保持思想的独立性而拒绝接受拿破仑授予的荣誉勋章。他受到同时代著名学者李嘉图等人的尊敬。

1833 年，西斯蒙第被选进法兰西道德与政治科学院。1842 年，被法国政府授予十字勋章。同年因病去世。

巴斯夏

弗雷德里克·巴斯夏（Frédéric Bastiat, 1801—1850）是法国经济学家，19 世纪 40—50 年代西欧诸国最伟大且深刻的自由主义思想家，自由贸易的旗手，"和谐经济论"的主要倡导者，同时也是一位空前绝后的经济学幽默讥讽大师。

巴斯夏 1801 年 6 月 29 日出生于法国南部巴约纳一个相当富裕的商人家庭，他虽 9 岁时父母双亡，但仍受到良好的初等和中等教育。他 17 岁（1818 年）时离开了学校，到他舅舅的公司做事，继承家族的出口商贸易事业。他的叔叔介绍他阅读了亚当·斯密的《国富论》和萨伊的《政治经济学概论》，从此他对经济学发生了兴趣。在这些倡导自由主义思想著作的影响下，他开始针对当时政府的种种限制措施发表文章，予以抨击，要求实行自由贸易，降低关税。1834 年，他发表了第一篇反对贸易保护主义的文章。

1840 年，巴斯夏离开法国，去西班牙和葡萄牙学习，并试图在那里建立一家保险公司，但未成功。回国后，在为他的俱乐部搜寻、整理资料过程中，发现了英国的科布登和布赖特所发动的自由贸易运动并成立"反《谷物法》同盟"的报道，深为他们所倡导的这一运动所折服，于是便潜心研究起自由贸易问题。1844 年，他在享有盛誉的《经济学家杂志》上发表一篇题为《法国和英国的关税对两国国民前途的影响》。这篇清算贸易保护主义的文章发表后，立即引起了轰动。

1845 年巴斯夏来到英国，实地考察科布登和布赖特所倡导的自由贸易运动，并与科布登结下了密切的友谊。他回国后出版了《科布登与同盟》这一专著，对英国以反《谷物法》为主要内容的自由贸易运动作了深入细致的描述，把科布登及其战友的重要言论都译成法文，从而该专著成了曼彻斯特自由贸易运动的一座纪念碑。

1846 年英国废除《谷物法》时，巴斯夏移居巴黎，并在那里组建了全国性的自由贸易协会，自任巴黎协会的秘书，还为该协会创办了《自由贸易》周刊。在科布登的鼓励下，他不知疲倦地投身于自由贸易运动，写了一本又一本的小册子，几乎在所有有较大影响的刊物上发表了文章，到各地去作演讲，很快被人们称为"法国的科布登"。

1847 年，巴斯夏将他揭露、批判贸易保护主义的部分小册子和文章结集成册出版，取名为《经济学的诡辩》。

1848 年法国二月革命后，巴斯夏作为朗德地方代表参加立宪会议，次年当选为立法议会议员。早年他游遍法国宣传自由主义时，染上了肺结核，严重的病况使得他无法再进行演讲。1850 年，在因肺结核而去世前一个月，巴斯夏写下了最后一篇反映其思考问题的方法并揭露贸易保护主义在方法论上的错误的著名论文《看得见的与看不见的》。1850 年12 月 24 日，巴斯夏死于意大利罗马。

巴斯夏阐明其经济自由主义理论体系的主要经济学著作有《和谐经济论》（1850）等。1854—1855 年七卷本《弗雷德里克·巴斯夏全集》出版。

杜能

约翰·海因里希·冯·杜能（Johann Heinrich von Thünen，1783—1850）是 19 世纪初期德国重要的经济学家，是斯密经济思想在德国的重要传播者和阐发者，同时也是建立产业区位理论的开创者。

19 世纪初叶，是德国社会由封建农奴制向资本主义转型的重要时期。转型促进了资本主义农业的发展，经济核算原则逐渐渗入农业生产管理过程。资本主义工商业的发展推动了德国关税同盟的建立，1834 年由北德、南德和中德各关税同盟合并组建德意志关税同盟，促进了德国从 19 世纪 30 年代开始的工业革命。

在这样一个社会大变革的时代，杜能于 1799 年进入农学院学习农学，毕业之后购置并亲自经营管理了一个庄园。通过自己的亲身实践，他在总结农业经营管理经验的同时，进一步深入思考了许多经济学问题。

农业产业区位分布理论和价格决定理论主要集中在他 1826 年发表的《孤立国》第一卷中。收入分配理论集中在 1850 年发表的《孤立国》第二卷中，反映了他对于合理收入分配的思考，是社会阶级矛盾激化所引起的一种反响。在发表《孤立国》第二卷的同年，他因为脑溢血而去世。

杜能作为斯密经济思想在德国的第一个阐发者，为德国经济学的发展奠定了非常好的开端。可惜由于他主要是一个农庄主而非专职学者，所以思想观点和研究方法未能很快在德国生根发芽。

李斯特

弗里德里希·李斯特（Friedrich List，1789—1846）是 19 世纪上半期德国著名经济学家。当时德国仍属于工业不发达国家，大多数为农业人口，工业仍盛行中世纪行会制度，资本主义工厂制度仍属罕见。到 19 世纪中期，德国一直分割为若干小邦，这种封建时代遗留下来的政治结构以其不统一的复杂税制阻碍着商业发展。除了税制不统一外，币制不统一也成为商业发展的大障碍。而同时，德国各个邦国又对外国敞开大门，因此当拿破仑战争结束以后，英国商品大量涌入德国，给德国幼稚的工业造成极大压力。直到 1834 年德国多数邦实行关税联合之后，德国工业才开始有了长足发展。但在当时具有工业优势的英国面前，如何促进本国工业由落后跃为先进，就成为一个引起有识之士关切的问题。正是在回答这一问题时，李斯特建立了自己独特的经济理论体系。

李斯特生于德国符腾堡一个皮革匠家庭，中学辍学后自学通过国家官吏考试，1806 年他 17 岁时进入由拿破仑建立的符腾堡王国的政府机构任书记员，后在蒂宾根担任一个中级财政官员，同时在蒂宾根大学学习法学。1815 年在符腾堡发生一场关于宪法的争论，他创办刊物发表文章要求仿照英国实行君主立宪制并实现民主与自由，解除农民的封建负担，以支持、保护和促进工商业发展。1817 年他由保护人汪根海姆大臣任命担任蒂宾根大学国政学教授。1819 年，由于保护人失势以及被怀疑"在国外进行有组织活动"，他被免去教职并被解除公职。同年他以全德所有五千多名商人和工厂主的名义起草《致德意志联邦议会请愿书》，要求建立德国各邦统一关税同盟。同年他还发起成立全德国工商业协会，他实际上是该协会的领导人。

1820 年，李斯特被选为符腾堡等级议会议员，成为自由派为实现民主改革所进行的政治思想斗争的主力。他要求制定一部不仅能够体现德意志各邦君主的权利而且也能体现德意志各邦人民权利的联邦宪法。1821 年，他受选民委托起草批评符腾堡政府官僚主义和主张民主改革的报告，准备提交议会。但他最后以"冒渎和污蔑符腾堡政府、司法行政当局和国家公仆罪"被判处监禁并强制劳动，被迫逃亡法国和瑞士。

1825 年，李斯特被迫奔赴北美，同当时美国的主张贸易保护的经济学家凯里和雷蒙德等人来往密切，受到他们经济思想的影响。1827 年他发表《美国政治经济学大纲》，论证暂时实行关税保护对美国工业独立发展的必要性，从而逐渐受到美国人的重视。

1830—1831 年，他受杰克逊总统委托赴巴黎，为建立法美之间密切的贸易关系和共同抵御英国的工商业优势做出贡献。期间，他对法国和比利时的国家铁路系统的建设发挥了积极的影响。

1832 年，已经取得美国国籍的李斯特以美国公使的身份回到德国，但遭到大多数德意志邦国拒绝，直到 1834 年才得到萨克森王国的许可就任美国驻莱比锡的公使。回国之后，他力推德国铁路系统的建设和关税同盟的建立，希望由此推进德国的统一。在他的努力和参与下，以普鲁士为主的德国关税同盟于 1834 年建立。但由于他曾经受到过的刑事诉讼，他为德国在铁路建设、出版事业等多方面的贡献始终不能得到公正的认可，只是由于其美国公民的身份，才使他免于牢狱之灾。他的铁路建设计划因遭到封建割据势力的反对和投机分子的排挤而失败，他的学术出版也被封建势力把持的书报检查制度所拒绝，他在德国甚至无法找到固定职业，而他在美国的煤矿也因银行危机而破产，他不得不又一次离开德国。

1837—1840 年，李斯特去了法国和比利时，在这两个国家里他继续建造全国铁路系统的努力。在比利时，他作为国家铁路的创始人而受人尊敬。

1840 年李斯特返回德国。1841 年他的主要经济著作《政治经济学的国民体系》出版。1843 年，他创办《关税同盟报》宣传贸易保护学说，也为实现全德意志的政治联合经济发展提出一系列具体建议：统一货币和度量衡，建立国家银行，制定统一的工商法和专利法，建立统一的海军，建立统一的领事制度，举办全德的博览会等等。

1844—1845 年，李斯特受邀去了匈牙利，为匈牙利经济发展提出了许多切实可行的建议。

1846 年李斯特去了英国，亲眼看到英国取消谷物法，实现了自由贸易。为此他写了题为《论英德联盟的价值和条件》的呈文，提出了英德政治经济合作纲领。同年底，他由于一生坎坷，健康恶化，物质生活没有保障，深受刺激以致精神失常，自杀身亡。

罗雪尔

威廉·罗雪尔（Wilhelm G. F. Roscher, 1817—1894）是德国历史学派的奠基人。他出生于德国汉诺威的一个高级法官家庭，曾在哥廷根大学、柏林大学攻读历史学和政治学。他于 1840 年任哥廷根大学历史学和国家科学的讲师，1841 年开设政治经济学讲座，并兼授政治理论史。他的《历史方法的国民经济学讲义大纲》就是在那时写成的讲稿。他于 1843 年任副教授，翌年升任教授。从 1848 年起，他接受莱比锡大学之聘，主持该校的政治经济学讲座长达 40 余年。

罗雪尔写作勤奋，著述甚丰。他的经济著作，除了《历史方法的国民经济学讲义大纲》（以下简称《讲义大纲》）以外，还有他在《讲义大纲》中预定的要按照历史方法撰写的国民经济学庞大体系的巨著——五卷本《国民经济学体系》：第一卷《国民经济学原理》（1854）、第二卷《农业及类似原始产业的经济论》（1859）、第三卷《商业及工业的经济论》（1881）、第四卷《财政学体系》（1886）、第五卷《济贫制度及济贫政策体系》（1894）。他在这些经济论著中，奠定了历史学派经济学体系及其方法论的基础。

西尼尔

纳索·威廉·西尼尔（Nassau William Senior，1790—1864）是 19 世纪 30 年代英国很有影响的经济学家。生于英格兰巴克夏郡一个乡村牧师的家庭，1811 年毕业于牛津大学法学院，获学士学位，1815 年获硕士学位，1819 年开始在伦敦任高级律师。1821 年，西尼尔因在《每季评论》上发表论谷物法的文章而受到经济学界的关注，同年被伦敦政治经济学俱乐部接受为成员。1825—1830 年，在牛津大学任第一位德拉蒙德政治经济学教授。1831 年，被委任为伦敦国王学院的政治经济学教授。从 1830 年起，作为辉格党的主要经济顾问，他积极参加各种社会活动，相继参加了政府的各种专门委员会，从事社会改革活动，相继受聘为济贫委员会委员、工厂委员会委员、爱尔兰济贫委员会委员、教育委员会委员。他在这几个皇家委员会供职期间，曾从事过数量可观的调查研究工作，并参与制定 1834 年颁布的济贫法修正条例。1847—1852 年，再度出任牛津大学德拉蒙德政治经济学教授。1841—1855 年，为《爱丁堡评论》定期撰稿人。1860 年任英国科学会经济分会主席，名重一时。他不仅对古典经济学有一定理论贡献，同时也对 19 世纪上半期的英国经济政策具有重大影响。

西尼尔是从关心济贫问题开始经济理论研究的。他的主要著作是 1836 年发表于《大英百科全书》的《政治经济学大纲》等。

西尼尔的经济理论不仅受到斯密、李嘉图、马尔萨斯等人的影响，还受到法国经济学家萨伊的影响。他具体探讨了政治经济学的研究对象，提出了纯经济学说，对价值决定及财富的生产和分配等问题进行了分析。

约·斯·穆勒

约翰·斯图亚特·穆勒（John Stuart Mill，1806—1873）是李嘉图学派的主要代表人物——詹姆斯·穆勒的长子。他从未进入学校学习，一直由其父亲按照严格的计划进行教育。他 3 岁就开始学习希腊语和算术；不到 8 岁就可以阅读柏拉图、亚里士多德等人的原文；8 岁起读拉丁语，然后是几何、代数、化学、物理；12 岁学习逻辑学；13 岁起，他父亲开始在散步中教授他古典政治经济学。后来他父亲就是以他的学习笔录为基础，编纂了《政治经济学大纲》一书。到 20 多岁时，他已经具有极渊博的知识。

在社会哲学上，穆勒起初主要受边沁功利主义哲学的影响。后来穆勒了解了圣西门（Claude Henri de Rouvroy Saint Simon，1760—1825）、孔德（Auguste Comte，1798—1857）等人，对其影响甚大，使他开始怀疑以往信奉的经济学原理，因为这些原理把私有制看作是不能破除的东西。

1823—1858 年，穆勒在东印度公司任职。这 30 多年的工作经历对他影响很大，使他养成了乐于在多种对立意见之中进行调和折中的习惯。这种妥协折中的思想习惯，深深地烙印在他的学术思想之中。1865—1868 年，他当选为英国议会议员。

穆勒的学术活动开始于 19 世纪 30—40 年代，其经济理论体系的形成同当时英国及欧洲大陆的经济发展和阶级斗争有着密切联系。英国在进入 40 年代之初，在经济上仍然没有摆脱 1837 年爆发的经济危机的影响，工商业处于萧条状态。一些工商业城市呈现出一幅贫穷、困苦和绝望的图景。成千上万的工人流离失所，没有工作，在业工人的工资也下降了 55%，又值农业歉收，全国普遍饥荒，引起了工人运动的高涨。欧洲大陆的工人运动更是风起云涌。在法国，继 1831 年和 1834 年的里昂工人起义之后，于 1848 年又爆发了巴黎工人的六月起义。这些工人运动的目标都十分鲜明地集中在反对资本的统治和剥削上。1847 年的经济危机和 1848 年欧洲革命的爆发，在英国工人中引起了强烈反响。发端于 30 年代的宪章运动，在 40 年代又迅速恢复，形成新的高潮。

高涨的工人运动和社会改良运动以及社会主义思潮，引起了穆勒的注意，他接受了其中的某些思想观点。他看到了资本主义虽然促进财富的巨大增长，可是多数劳动者不仅得不到更多利益，而且处于悲惨境地。因此，他承认资本主义社会存在着矛盾，并对无产阶级表示同情。他成为一个倾向于社会主义的民主主义者。

穆勒的主要经济著作是出版于 1848 年欧洲革命前夕的《政治经济学原理以及对社会哲学的某些应用》。这部著作在 1848—1871 年间曾七次重版，在相当长时间内一直被奉为经济学的圣经，直到 19 世纪最后 25 年里，才被边际效用学派逐步代替。

穆勒不仅是一位经济学家，同时也是一位逻辑学家、政治学家和社会哲学家。他的相应论著有《逻辑体系》（1843）、《论自由》（1859）、《关于代议制政府的探索》（1861）、《功利主义》（1863）、《妇女的屈从地位》（1869）。

杰文斯

威廉·斯坦利·杰文斯（William Stanley Jevons，1835—1882）出生于英格兰利物浦一个经营钢铁的上层商人家庭，从小接受良好教育，曾师从英国著名数学家奥古斯塔·德摩根（Augustus DeMorgan）。但随着英国铁路兴旺时代的结束，家庭经营破产，为了帮助家庭渡过难关，他于 1854 年 19 岁时到澳大利亚悉尼造币厂工作，1859 年返回英国。1863 年毕业于伦敦大学。1863—1876 年任曼彻斯特欧文斯学院逻辑学与伦理学指导教师、讲师、教授。1876—1881 年任伦敦大学政治经济学教授。

1870 年任英国科学促进协会会长。1872 年当选为英国皇家学会研究员。
1882 年不幸溺水身亡。其主要经济学论著有《黄金价值的严重跌落和由
此产生的社会影响》(1863)、《煤炭问题》(1865)、《政治经济学理论》
(1871，有中译本)、《太阳周期和谷物价格》(1875) 等。他同时是一位
逻辑学家、科学方法论专家和气象学家。

门格尔

卡尔·门格尔 (Carl Menger, 1840—1921) 生于奥匈帝国一个律师家
庭，1859 年进维也纳大学读书，1867 年在克拉科夫大学获得法学博士学
位后，进奥国内阁新闻局从事新闻工作，主要是市场调查。正是在这份
工作中，他发现传统的价格理论存在问题，不符合现实。于是他开始酝
酿新的价值理论。1872 年他回维也纳大学任经济学讲师，第二年升任教
授，1876 年受聘为奥国宫廷教师，为皇太子讲授经济学和统计学，1877
年随皇太子游历瑞士、英、法各国。1878 年他重回维也纳大学任教授，
直至 1903 年退休，又被聘为名誉教授。他曾在政府的通货审议会，币制
调查委员会工作，1900 年被选为奥国上议院终身议员。门格尔一生论著
甚多，其中最重要的有《国民经济学原理》(1871)、《经济学方法论的探
究》(1883) 等。

施莫勒

古斯塔夫·冯·施莫勒 (Gustav von Schmoller, 1838—1917) 生于
德国海尔布隆一位官员家庭，23 岁获得博士学位，在财政部门工作一段
时间以后，于 1864—1872 年在哈勒大学任教，1872—1882 年到斯特拉
斯堡大学担任教授，1882—1913 年在柏林大学任教授。他是德国"讲坛
社会主义"的领袖，是至今仍然存在的社会政策协会的成员和领导。他
主持的经济学重要刊物《德国立法、管理和国民经济年鉴》被后人简称
为"施莫勒年鉴"。他是普鲁士政府的官员，在普鲁士上议院代表柏林大
学，1908 年被授予贵族头衔。其代表作包括《十九世纪德意志手工业史》
(1870)、《斯特拉斯堡的纺织工人协会》(1879)、《分工性质与社会阶级

形成》（1889）、《现代社会与实业的政策》（1890）、《国民经济学大纲》
（1900—1904）等。

马克斯·韦伯

马克斯·韦伯（Max Weber，1864—1920）生于德国爱尔富特，1882
年入海德堡大学学习法律，1884 年入柏林大学学习法律，1889 年获博士
学位，1891 年在柏林大学任法学讲师，1894 年任弗莱堡大学经济学教授，
1896 年转任海德堡大学经济学教授，1897—1903 年精神病发作，1904
年出任《社会科学与社会政策》杂志主编，1909 年出任《社会经济学大
系》主编，1918 年任维也纳大学经济学教授，1919 年受聘慕尼黑大学教
授，1920 年因肺炎病卒。他是多方面学科的大家，学贯社会学、经济学、
政治学、法学、历史学，是 20 世纪人文社会学科最有影响力的思想家
之一，一生留下巨量学术文献，其重要代表作有《民族国家与经济政策》
（1895）、《古典西方文明衰落的社会原因》（1896）、《新教伦理与资本主义
精神》（1904—1905）、《经济通史》（1919）、《经济与社会》（1921）等。

作为"德国历史学派的嫡系传人"[1] 和杰出代表，韦伯与他的同事和
辩友桑巴特一样，继承历史学派的传统，以经济制度和经济组织的历史
演化尤其是现代资本主义的起源作为主要研究对象。这与奥地利学派以
市场运行机制作为主要研究对象形成鲜明的对照。

瓦尔拉斯

马利－埃斯普里·里昂·瓦尔拉斯（Murie Esprit Léon Walras，1834—
1910），出生于法国埃夫勒。中学毕业后，曾两次申请著名的巴黎综合理
工学院，但都由于数学考试未能过关而未成功。然而就是这样一个高考
因为数学而不能如愿的人最后竟然成为数理经济学的创始人之一。1851、
1853 年分别获得巴黎大学文学士和理学士。毕业后曾在巴黎从事文学创
作，成为一名成功的小说家，其传记体小说的主人翁佛朗索瓦·萨富不

---

[1]　马克斯·韦伯：《民族国家与经济政策》，生活·读书·新知三联书店 1997 年版，第 96 页。

懈地与社会弊病和保守势力作斗争。他还在一个合作社的报纸《劳动报》当记者，为土地改革和公平的税制而斗争，当过铁路管理人员。在他 24 岁的那年，他父亲奥古斯特·瓦尔拉斯在一次夜间散步时指出社会科学在方法上向自然科学的逼近、数学方法在社会科学的渗透，是 19 世纪有待完成的重大课题之一，鼓励他毕生研究数理经济学。19 世纪 60 年代，他一边工作一边钻研经济学。终于在 1870 年因为他一份关于税务问题的报告而被聘任瑞士洛桑学院政治经济学教授，一直到 1892 年。

虽然当时数理经济学并不为学校重视，但是瓦尔拉斯坚持不懈，把自己的论文免费发送，并发表了《纯粹经济学要义》等重要著作。这些论著渐渐为他赢得了世界性影响，退休后继续担任该院名誉教授，生命行将结束时又被聘为美国经济学会名誉会员。其主要论著有《纯粹经济学要义》（1874）、《社会经济学研究》（1896）、《应用经济学研究》（1898）等。

帕累托

维尔费雷多·帕累托（Vilfredo Pareto，1848—1923），出生于法国巴黎。他 1852 年回到意大利，1869 年获都灵大学工艺研究所工程学博士学位，1870—1892 年期间以工程师身份从事工程和工业管理工作，曾任意大利钢铁公司总经理。期间他时常出差去英国，并加入了亚当·斯密学会，支持民主、自由贸易与竞争。1893—1906 年由瓦尔拉斯推荐为洛桑大学的政治经济学教授。其主要论著有《政治经济学讲义》（1896—1897）、《社会主义体系》（1902—1903）、《政治经济学手册》（1906—1909）、《普通社会学纲要》（1916）等。他对于经济学的贡献主要集中于《政治经济学手册》一书中。同时，他也是一位著名的社会学家。早先他更注重经济学的数学化，晚年则发现单纯强调经济学数学化的缺陷，从而更强调经济学的历史化和社会化，注意从社会学角度考虑经济现象。

作为经济学家，帕累托的贡献被后人所赞赏，但是作为社会学家，他由于推崇精英，忽视草根而被后人批评为意大利法西斯主义的思想先驱。实际上他并不关心党派政治，更热衷于抽象的纯理论研究。他为这类研究辩护说："在任何时代都有维护抽象研究有用性的人。在某种意义上这些人是有道理的。这些研究只有在它们的总体中以及通过智力习惯的形成才能在实践中是有用的。比如说，提到直接效益，纯经济学中对交换的调查符合物理学教科书中对物体的自由落体运动的调查。一枚在空气中下落的羽毛并不符合自由落体定理，同样，交换交易也不遵循交换法则。因此，在第一个案例中得出的不是机械学的无用性，在第二个案例中得出的也不是纯经济学的无用性。"[1]

马歇尔

阿尔弗雷德·马歇尔（Alfred Marshall，1842—1924），出生于英国伦敦郊外克拉彭一个银行职员的家庭。1865 年毕业于剑桥大学，是剑桥大学数学学位考试甲级第二名，随即成为研究生，打算研究分子物理学。1867 年，他由开始关心物理学转而关心伦理学而最终转向献身于经济学。这一转变与他目睹了一些城市贫民窟的悲惨景象后，深思贫困是否必然这一问题有关。1868 年，为研究康德哲学，他去了德国，在那里接触了历史学派罗雪尔的经济思想。同年回国，任剑桥大学道德科学讲师。法德战争期间他再次去德国研究黑格尔哲学。1875 年，他为了研究保护主义政策而去美国考察，此行给他以重大影响。他于 1877—1882 年任布里斯托尔大学学院负责人。1883—1884 年任牛津大学巴里奥学院经济学讲师。1885—1908 年任剑桥大学经济学教授，期间他创立了剑桥大学经济学院，形成了经济学剑桥学派的学术传统。其主要论著有《产业经济学》（1879，与其夫人合著），《国际贸易纯理论》（1879），《经济学原理》（1890），《产业与贸易》（1919），《货币信用与商业》（1923）。

马歇尔从事学术活动的时期，正是英国由自由资本主义向帝国主义过渡的时期，自由竞争逐步被私人垄断所取代。这一转变给他的经济思想留下深刻印记，使他对资本主义经济的特征产生了不同于前人的看法，

---

[1]　转引自尼格拉斯·庇巴、维夫赫德·海兹主编：《46 位大经济学家和 36 本名著》，海南出版社 2003 年版，第 61 页。

即不再把竞争看成是资本主义经济的特征，认为用"竞争"这个名词来说明近代产业生活的特征是不甚恰当的。应当用"经济自由"来概括资本主义经济的特征。

马歇尔从事学术活动时期的英国，一方面仍然存在着许多贫富不均的现象，另一方面由于长期以来英国工业的发达以及废除谷物条例之后廉价农产品的大量输入，英国穷人的生活有所提高，比其他一些落后国家也要好。尤其是 1850 年以后，英国工人的平均实际工资开始上升，而工作时间则开始缩短，工人阶级的整体福利开始有所改善。

这种状况给马歇尔的经济思想留下了深刻烙印。他曾经利用假期访问数个城市的贫民区，了解穷人的生活状况。正是出于对穷人的同情心，出于对工人阶级何以无法有更好生活条件的疑问，他才转向研究经济学，并使他把"贫困是否必然的问题"当作经济学应予最大关心的问题[1]，把财富的分配不均看作是英国社会的一个严重缺点。另一方面他又认为，大部分技术工人已经不再属于下等阶级，其中有些人所过的生活已经比一个世纪以前的大多数上等人所过的生活更美好。在上述认识下，他提出渐进的改良主义。他的改良主义表现在两个方面：一是明确宣扬劳资合作。二是主张在保持私有财产权的基础上进行谨慎的改良，反对社会主义性质的变革。

马歇尔早年曾经同情社会主义，但随着时间的推移，他最后放弃了社会主义，转向有节制的即并不反对一切政府干预的自由主义。他反对社会主义的理由是认为公有制会挫伤人们的工作积极性和创新精神，从而阻碍经济进步，而这又是因为不可能使全体人民养成并长期保持利他主义的习惯。如若不然，公有制是会比私有制更高级的。他对于社会主义的这种态度正如熊彼特所指出的那样："他由于热心肠而愉快地同情社会主义理想，又由于有冷静的头脑而悠然自得地驳倒社会主义者。"[2]

[1] 马歇尔：《经济学原理》上卷，商务印书馆 1981 年版，第 25 页。
[2] 熊彼特：《艾尔弗雷德·马歇尔》，载《从马克思到凯恩斯十大经济学家》，商务印书馆 1965 年版，第 105 页。

威克塞尔

克努特·威克塞尔（Knut Wicksell，1851—1926）生于瑞典斯德哥尔摩的中产阶级家庭。他于1869年在乌普萨拉大学学习，仅两年时间就以优异成绩取得理学学士学位。1876年他取得乌普萨拉大学数学硕士学位，1895年取得博士学位。

威克塞尔早期只想成为一名数学家或物理学家；在读到德赖斯代尔（G. Drysdale）的《社会科学的构成》及J. S.穆勒的一些著作后，他转向了社会问题。和大多年轻人一样，威克塞尔开始对当时的社会和经济问题产生了兴趣，并愿意发表看法。

19世纪80年代之后，威克塞尔先后任新闻记者和小册子作家等职，曾就人口问题、社会主义、醉酒、婚姻、卖淫、贫穷和宗教信仰等问题作过一系列专题演讲，同时阅读经济方面的著作。这位未来的大经济学家直到35岁才开始接受正规经济学训练，转向研究经济学。1885年和1887—1889年间，他两次出国研习经济理论。这些留学经历为他后来的学术发展奠定了基础。

威克塞尔于1895年获经济学博士学位。1898年他向乌普萨拉大学申请经济学讲师教职。不过他被告知要有一个法学学位才能教经济学。所以在45岁时，他像他曾经在大学里所做的那样，把四年的学习时间压缩成两年。1899年他通过了法律学士学位考试并在同年被聘为乌普萨拉大学的经济学讲师。1900年任隆德大学副教授，1903年他53岁时任隆德大学教授。1911年获法学博士学位。1916年65岁时退休。1917年任斯德哥尔摩经济学家俱乐部主席。

1908年，一个年轻的无政府主义者发表演说，当局认为他的演说公然亵渎神明，是扰乱宗教和平的无政府主义者，把他投入监狱。威克塞尔认为这是因言论而获罪，认为这是对言论自由和公民自由权利的公然严重违背，为了捍卫宪法所保护的言论和出版自由，他采取了一种和平不合作主义的行动，发表了思想偏激的演说《王座、祭坛、宝剑与财货》，讽刺了圣灵感孕说。结果当局不顾民主主义者、自由主义者和有组织的工人的抗议，他被法庭判处亵渎神明罪，在经过几次上诉后于1910

年在监狱里待了两个月。

1915 年始，威克塞尔任瑞典银行总裁顾问。1916 年始，他和另一位经济学家大卫·戴维森（David Davidson，1854—1942）一起任职于议会银行与信贷委员会和收入与纳税委员会。两人合作获得两项成就：1916 年瑞典银行采取了阻止通货膨胀的"废除黄金政策"，对瑞典的收入和财产税进行了彻底的修正和改进。

威克塞尔主要经济学论著有《财政理论考察，兼论瑞典的税收制度》（1896）、《利息与价格》（1898）、《国民经济学讲义》（1901—1906）等。

J．B．克拉克

约翰·贝茨·克拉克（John Bates Clark，1847—1938），出生于美国罗得岛。1872 年毕业于阿默斯特学院，获文学士学位。后留学于德国海德堡大学和瑞士苏黎世大学，曾与庞巴维克一同师从历史学派代表人物克尼斯。返美后历任斯密学院教授（1891—1893）、阿默斯特学院教授（1893—1895）和哥伦比亚大学教授（1895—1923）。作为 1888 年美国经济学会三位创始人之一，于 1893—1895 年任该会会长。他早期学术倾向受德国学术界社会主义者的影响，批评资本主义。到哥伦比亚大学任教后，学术观点逐渐转变为全力支持资本主义。他被称作边际主义美国学派的创始人。其主要论著有《财富的哲学》（1886）、《经济发展理论》（1896）、《财富的分配》（1899）、《经济理论要义》（1907）等。

熊彼特

约瑟夫·阿洛伊斯·熊彼特（Joseph Alois Schumpeter，1883—1950），出生于奥匈帝国摩拉维亚省（今捷克境内）特利希。1906 年获维也纳大学法学博士学位。当时的法律系要求学生学习政治和经济，他是奥地利学派著名代表人物庞巴维克的学生，深受奥地利学派经济理论的影响。在大学期间，他又结识了德国社会民主党人希法亭和奥托·鲍威尔等人，并由此接触了马克思主义理论。1906 年毕业于维也纳大学之后，他来到了英国，求教于著名的经济学家马歇尔和埃奇沃思。1907—1908 年，在埃及开罗的国际混合法庭从事了短时期的法律工作。1909 年回到维也纳，由庞巴维克推荐，任奥地利布科文纳省捷尔诺维茨大学教授。1911 年改任葛拉兹大学教授。1913—1914 年作为奥地利的交换学者去纽约哥伦比亚大学访问，并被授予博士学位。第一次世界大战前夕，他回到了维也纳。第一次世界大战结束以后，奥地利成立了由社会民主党和基督教社会党组成的联合内阁。经当时政府外交部长鲍威尔的推荐，他以经济学家身份出任财政部长。1920 年，由于反对与德国结盟和反对工业国有化政策而被迫去职。1921 年他担任了维也纳私营彼得曼银行总经理，但该银行于 1924 年破产，使他多年来都不得不用自己的薪水还债，直到 1935年。1925 年，他应德国政府教育部的邀请赴波恩大学任教，还两次到哈佛大学讲学，1932 年他移居美国任哈佛大学教授，直至 1950 年去世。

熊彼特一生著有 15 本书和 2000 多篇文章。其主要经济理论著作有《经济发展理论》(1912 年初版，1935 年第 4 版)、《经济变化的分析》(1935)、《经济周期：资本主义过程之理论的、历史的和统计的分析》(1939)、《资本主义、社会主义与民主》(1942)，他所著的《从马克思到凯恩斯十大经济学家》和《经济分析史》，由他夫人、经济学家伊丽莎白·布迪·熊彼特整理后，分别于 1952 年和 1954 年出版。

除了著书立说之外，熊彼特还从事了大量的学术活动。1930 年，他与世界上一些著名的经济学家共同倡导成立了计量经济学会，并于1931—1941 年间担任主席。1948—1949 年，他首次以非美国人的身份被选为美国经济学会会长。1949 年西方经济学界筹设国际经济学会，曾一致推选他为第一届会长。虽然是一名出色的经济学家，但他的政治观点却是颇有问题的，蔑视犹太人和斯拉夫人，憎恨美国总统罗斯福，却又对希特勒表示理解。[1]

哈耶克

弗里德里希·A.冯·哈耶克 (Friedrich A. von Hayek，1899—1992)，

---

[1] 尼格拉斯·庞巴、维夫赫德·海兹主编：《46 位大经济学家和 36 本名著》，海南出版社 2003 年版，第 85 页。

出生于奥地利维也纳，其父亲是一位药剂师，哲学家维特根斯坦是其远亲。他于 1921 年和 1923 年分别获得维也纳大学法学和政治学博士学位，1927 年获经济学博士学位。1921—1926 年在米塞斯为主任的国际联盟奥地利赔偿委员会中任职。1927 年受聘为新成立的奥地利经济研究所所长。1929 年兼任维也纳大学经济学讲师。1931 年移居英国应聘任伦敦经济学院教授。1940 年获该校经济学博士学位。1950 年赴美任芝加哥大学教授，直至 1962 年。1962—1969 年受聘任联邦德国弗赖堡大学政治经济学终身教授。1969 年退休返回奥地利，仍任萨尔茨堡大学教授。1974 年获诺贝尔经济学奖。主要论著有《物价与生产》(1931)、《资本的纯理论》(1941)、《通向奴役的道路》(1944)、《个人主义与经济秩序》(1948)、《自由宪章》(1960)，以及《法律、立法与自由》第一卷《法则与秩序》(1973)、第二卷《社会公平的幻想》(1976) 和第三卷《自由人的社会秩序》(1978)，《货币的非国有化》(1976) 和《致命的自负》(1988) 等。

凯恩斯

约翰·梅纳德·凯恩斯 (John Maynard Keynes, 1883—1946)，生于英国剑桥。他于 1936 年发表《就业、利息和货币通论》，建立了现代宏观经济学的理论体系，从而实现了西方经济学演进中的第三次革命。

凯恩斯的父亲约翰·尼维尔·凯恩斯 (John Neville Keynes, 1852—1949) 是剑桥大学班伯露克学院的院士，任剑桥大学讲师达 27 年之久，并曾写过两本当时颇有名气的著作《形式逻辑》(1884) 和《政治经济学的范围与方法》(1891)。他的母亲是剑桥大学女子学院的毕业生，热心社会事务，曾担任过市参议员和剑桥市长。凯恩斯从小就生活在一种兼有学术和政务活动气氛的家庭环境中。受他母亲的影响，他熟知当时的社会问题。他父亲又时常和当时剑桥大学的一些经济学家如马歇尔等讨论学术上的各种问题。这些因素对凯恩斯以后活动的特点——密切联系现实问题展开学术研究——不能说没有关系。

在凯恩斯的早期教育中，伊顿公学的影响不容忽视。在那里他受到传统的也是最好的英国教育。从伊顿公学毕业后，他进入剑桥大学专攻数学。在大学里他开始意识到自己在数学方面并不是第一流的，而对于现实政治问题却有日益浓厚的兴趣，经常参加学生会举办的辩论会，围绕当时政府的各项政策展开辩论，并曾经一度担任过学生会主席。大学生活使他看到自己今后的出路是到政府部门中去做"文官"，而非做一个纯数学家，并使他形成了研究问题、解决问题的固有思路，就是从政府角度出发去解决当前的实际问题。

1905 年，凯恩斯以全校数学学位考试第 12 名的优异成绩毕业。毕业后，他继续留在剑桥跟随马歇尔和庇古攻读经济学，以应付英国文官考试。

1906 年他参加了文官考试，得第二名，被分派到印度事务部工作。在那里他工作了两年，为日后撰写他的第一部专著《印度的通货与财政》（1913）做了准备工作。1908 年，他辞去印度事务部的工作，回剑桥大学任经济学讲师直至 1915 年。在此期间，他讲授经济学原理和货币原理，并以一篇关于概率的论文取得了剑桥大学皇家学院院士资格。1911 年他担任了《经济学杂志》主编，并于 1913 年受聘担任皇家经济学会秘书。

第一次世界大战爆发后，凯恩斯被征召入英国财政部工作。由于他的精明干练，到 1918 年时，他的职位是执行秘书长，在财政部坐第四把交椅。由于他在财政部的地位和他具备国际金融的专门知识，他于 1919 年以英国财政部首席代表身份参加巴黎和会。由于他不能同意也无法改变巴黎和约关于战败国德国的赔款的规定，他愤然辞去和会代表的职务，返回剑桥大学任教，并于 1919 年 12 月发表了《和约的经济后果》一文，引起欧美各界的争论，使他一时成为欧洲经济复兴问题的重要人物。该文认为和约规定的赔偿是德国无法承受的，其经济后果是导致德国的贫困，加剧德国人对于英法的仇恨；其政治后果将是崛起一个仇恨且好战的德国。后来的历史不幸被他言中。

1919 年以后，凯恩斯进入了他著书立说的丰产时代。1922 年出版《和约的修改》作为《和约的经济后果》的续篇，1923 年出版了理论性著作《货币改革论》，1926 年出版《放任主义的终结》，1930 年出版了两卷集的《货币论》，1936 年出版了他最杰出的著作《就业、利息和货币通论》（以下简称为《通论》）。除了著书立说之外，在这段时间里，凯恩斯还担任过不少厂家的金融顾问和董事，担任皇家学院的总务长。

1937 年，凯恩斯得了严重的心脏病，直至第二次世界大战爆发，他仍在病中。1940 年，他再次步入政界，担任财政部顾问，并于同年发表了小册子《如何筹措战费》，为战时英国规划了新的预算政策。从 1943 年开始，由于英国的战时财政工作已经步入正轨，他便开始把主要精力放在战后的经济复兴问题上，参与拟订了该年发表的英国的国际清算联盟计划，即所谓的凯恩斯计划。1944 年 7 月，凯恩斯又作为英国的代表参加著名的布雷顿森林会议，参与成立国际货币基金组织及世界复兴开发银行，并任英国理事。

1946 年 3 月，他出席了在美国佐治亚州召开的国际货币基金组织和世界银行的第一次会议，因疲劳过度，在返回英国后不久，即于 1946 年 4 月 21 日因心脏病突发而逝世于家中。

第一章　经济学的研究对象与方法

　　在亚当·斯密之前，经济学的研究对象是不断变化的。古希腊的色诺芬所说的经济学实际上是奴隶制庄园的管理学。古罗马时期一些被归类为经济学的论著，主要也还是管理学。中世纪后期开始出现一些讨论货币、利息和市场公平价格的论著，其研究对象开始属于今天人们所说的经济学。

　　从15世纪中叶一直到18世纪中叶，欧洲社会伴随着商品市场经济与民族国家的兴起和发展，一股重商主义思潮开始出现并广泛蔓延，一个国家如何致富的问题，替代了一个庄园如何管理的问题。而随着研究对象的改变，经济学的名称也出现了相应变化。法国重商主义者蒙克莱田在1615年发表《献给国王和王太后的政治经济学》，第一次在书名中使用"政治经济学"一词。一个半世纪之后，英国重商主义者詹姆斯·斯图亚特爵士于1767年，即亚当·斯密出版《国富论》前9年，出版了《政治经济学原理研究：论自由国家中对内政策的科学》，在英文文献中第一次采用了政治经济学这一标题，第一次详细阐述了这一名词的含义。

第一节　古典经济学时期

亚当·斯密

　　1776年亚当·斯密发表《国富论》，书中认为，研究政治经济学的目的就是富国裕民。这一研究对象与重商主义并无二致，只是他反对重商主义的财富观和致富方式。他坚决反对重商主义者把财富与金银货币混为一谈的观点。在他看来，社会的财富就是可供消费和交换的商品。他所谓的国民财富，其真正含义就是今天所说的国民收入。他指出《国富论》所要解决的根本问题，就是要增加人均国民收入，达到富国裕民的目的。

斯密在研究经济问题时，主要采用抽象法进行演绎分析，同时也采用经验描述方法，在大量实际资料的基础上进行分析。他对许多艰深理论的阐述，总是联系实际旁征博引，并辅之以人尽皆知的比喻。

斯密深受牛顿力学的影响。他在《关于天文学史的论文》中写道：牛顿的体系是"人类曾经作出的最伟大的发现"[1]。因此，他相信人类社会也一定存在类似于牛顿在自然界所发现的自然而和谐的秩序。他对经济科学的一个重要贡献，就是在继承前人研究成果的基础上，把经济生活看成是受"自然规律"支配的。在他看来，政府是不应当对经济生活进行干预的；如果政府制定规章制度和采取措施对经济生活加以干涉和限制的话，那就不仅没有好处，反而会对社会造成灾难。

斯密对于人类社会自然秩序的看法，又受到17—18世纪自然法思想的影响。自然法的基本观念就是认可人的求生存谋私利的本性，要求社会秩序必须适应这种本性。因此，斯密在运用抽象演绎方法研究商品市场经济的运行机制时，出发点是由人的本性产生而又适应于人的本性的自然秩序。他从人的本性出发研究社会经济运行规律。在他看来，社会是由无数个人组成的，而每个个人的行为却都受一定动机所支配。他认为支配个人从事经济活动的动机，就是他们的利己心。他认为既然个人利益是从人的本性产生的，所以它是合法的，有存在的权利，每人的个人利益只要不妨碍其他人的利益，就不应受到限制。

斯密并不否认社会和社会利益，但他认为社会是由许多个人组成的，社会利益也是由个人利益产生的。这就形成了他的方法论原则：分析社会和社会利益，应当以分析个人、个人本性和个人利益为基础。这就是后来人们所说的方法论个人主义。他的思维过程是：（1）人的本性是利己主义的；（2）人都需要别人的帮助；（3）利己主义的人互相帮助

---

[1] 转引自亨利·威廉·斯皮格尔：《经济思想的成长》上册，中国社会科学出版社1999年版，第191页。

不能没有代价；（4）利己主义者的互相帮助只有在互利的基础上进行；（5）因此人们互相帮助的最合理的办法就是交换。由此，交换是一种自然现象，因为它由人的本性决定。他把商品交换、分工协作、货币流通等经济现象都看成是从个人的利己主义本性中产生出来的。他的整个经济学体系，就是通过这种体现利己主义本性的一系列经济范畴来建立的。

斯密是经济科学中系统运用"经济人"假设的第一人。他把商品社会的一切经济现象都看成是"经济人"活动的结果。他所谓的"经济人"，主要就是指商品社会里的企业家。在商品社会里的每个企业家所从事的经济活动，确确实实是从追求利润的利己主义动机出发的。因此，从个人利己主义动机出发来考察商品社会的经济现象，使他能够比较深刻地揭示出商品社会的一些经济规律。

斯密认为经济现象源于人的自利本性，提出了经济生活受"自然规律"支配的思想。由此他就不再把这些现象看作是偶然现象，而是看作有规律的、相互之间有内在联系的现象。这样，通过把经济现象看成是自然现象，看成是受客观规律支配的自然存在，就使经济学从主观主义的目的论的束缚中解放了出来，打破仅仅把经济政策作为经济学研究对象的局限，正确地把经济现象之间内在联系的客观规律规定为经济学的研究对象，从而使经济学发展成为一门独立的系统的科学。这是他的伟大历史功绩。

李嘉图

李嘉图认为经济学虽然已经由于杜尔哥、斯图亚特、斯密、萨伊、西斯蒙第等人的著作而得到了很大改进，但这些著作对于地租、利润和工资的自然过程没有提供令人满意的说明。因此，他提出把分配问题作为研究的重点，他说："确立支配这种分配的法则，乃是政治经济学的主要问题。"[1] 在他写给马尔萨斯的一封信中更加强调这一点，他不同意马

---

[1]　李嘉图：《李嘉图著作和通信集》第 1 卷，商务印书馆 1981 年版，第 3 页。

尔萨斯关于经济学研究财富的性质和原因的一般定义，他极力主张，经济学应当探讨决定劳动产品在共同制造这种产品的各阶级当中进行分配的法则。

不能说李嘉图以前的经济学家没有研究过分配问题，但可以说，分配问题不是李嘉图的前辈注意的中心，尤其重要的是，他们都没有从阶级对立的角度来研究分配问题。发现地租和利润的对立、利润和工资的对立，这是李嘉图的主要观点。他以这种观点为指导来研究经济学，不仅扩大了经济学的研究范围，还使经济学带有明显的社会性质。

李嘉图生活在激烈的阶级斗争气氛中。首先是工业资产阶级同贵族地主阶级为争夺国民财富的份额而进行的斗争。这种背景气氛使他得到了两大阶级利益冲突的直观印象。并且财富的增长不仅在于如何从自然界中取得更多的财富，还在于财富如何分配。一种分配方法会减少财富的增长，而另一种分配方法则能促使财富的增长。这样，他就在分配问题的研究中，提出了一个重要的问题，即收入分配的各个部分为何是此消彼长的，为了回答这个问题，他找到了劳动价值论这个理论基础。他认为分配理论必须建立在劳动时间决定商品价值的统一基础上。

李嘉图以商品价值由劳动时间决定这个原理作为研究出发点，展开对于资本主义社会的收入分配现象的分析考察。他是经济学家中第一位比较彻底地运用抽象演绎方法研究经济学的人。这种方法就是把现实经济高度抽象为少数几个变量之间的关系，然后在一些自明的公理性假设前提下，通过演绎推理，得出有关变量之间关系的结论。但他的抽象演绎方法并非脱离实际的纯智力游戏。他是密切关注现实问题、具有很强问题意识的经济学家，他运用抽象演绎方法企图解决的完全是现实中的重大问题。问题的现实性和方法的抽象性在他那里得到了完美的结合。

李嘉图的抽象演绎方法可能是他在研究经济学之前大量学习自然科学的结果，而当时自然科学的理论已经常常表现为抽象演绎的逻辑体系。

正是这种抽象演绎方法，第一次赋予经济学以统一的逻辑体系，从以往的道德哲学中独立了出来。这也许就是李嘉图（而不是马尔萨斯）能够成为后来近半个世纪英国古典经济学先锋人物的重要原因之一。在他以后，主流经济学的研究重点、基本观点虽然多有变化，但是在方法上基本一脉相承了他的抽象演绎方法，以至于进一步发展为数理方法这种高度抽象的演绎方法。有的经济思想史专家甚至认为，他关于理论的内容不如方法被后人继承的多。

李嘉图的抽象演绎方法，其缺点也是非常明显的。他忽略了历史归纳方法，使得经济学变得似乎只是从一些前提假设演绎出来的逻辑体系，不再需要与经验事实有多大联系。他的方法打破了斯密在《国富论》中所保持的抽象演绎法和历史归纳法之间的微妙平衡。所以在当时就受到了马尔萨斯的批评，认为这种方法推导出来的结论往往与事实相悖，具体地说就是它无法以劳动价值论为基础解释劳动与资本之间的交换和等量资本获得等量利润的现象。

同时，李嘉图的抽象演绎方法使他忽略了历史——制度因素对于经济现象的影响，使得经济学变成一种不需要考虑历史——制度因素的、研究超历史的经济规律的、类似于物理学、化学的"纯粹"科学。

看一看今天经济学的现状，就可以明白李嘉图方法的这些缺陷的不良影响有多大。当然李嘉图本人并没有把他方法的缺陷发展到非常严重的地步，问题是他诱导了以后的一些（绝非全部）经济学家沿着这个方向不断跨出越来越危险的步伐，不关注现实问题，只陶醉于抽象的演绎推理，形成科斯所讥讽的"黑板经济学"。因此熊彼特不客气地但又有点过分地把他的方法称作"李嘉图恶习"。

马尔萨斯

马尔萨斯与李嘉图不同，认为政治经济学研究的主要问题应当是国民财富的性质与原因，在这一点上他更接近斯密。他认为经济问题可分作两类：一类是理论性的，这类"问题的解决虽然对这门科学的发展是显然必要的，但对这门科学的实际规律，也许并不发生根本性的影响"；另一类则是与实际联系较密切的，对这类经济问题"做这样或那样的决定，都必然会影响到个人或国家的行为"。[1] 这说明他已经区分了理论性研究和应用性研究。他指出，当时经济研究中存在的主要倾向，是一些经济研究者（主要是指李嘉图）轻率地企图把理论简单化和一般化，因而导致了浅薄的和不成熟的理论。这种理论的错误，就在于它不承认定律或原理可以有所修正、限制和例外；不承认任何经济现象或过程都有不止一种原因在发生作用。他认为，要克服这种错误倾向，就应重视经验，在经济研究中运用经验的方法。他指出，只有运用广泛的、包罗万象的经验来充分考验自己的理论，才能确立这些理论的真实性和有用性。他最坚决相信的真理是，政治经济学中有许多重要定理绝对需要限制和例外。他就是在价值论和实现论方面通过寻找例外才发现了李嘉图体系的矛盾。

马尔萨斯重视经验研究方法，继承了弗兰西斯·培根的经验主义传统，与李嘉图重视逻辑演绎方法有鲜明差别。但是他过度重视经验观察的结果，使他与李嘉图相比，不能建立起一个逻辑严密的经济学理论体系，虽然他有一个抽象演绎和经验观察保持良好平衡的人口理论体系。经济学缺乏逻辑结构，人口学又遭人厌恶，这也许就是马尔萨斯在 19 世纪古典经济学中的地位一直不如李嘉图的原因。这种局面一直到 20 世纪 30 年代凯恩斯《通论》面世之后才得以改观。

萨伊

萨伊认为政治经济学是一门"阐明财富是怎样生产、分配与消费"的科学 [2]，并指出，政治经济学只涉及各行业中增加财富的一般法则，与它所采用的具体方法无关。从这一基本看法出发，他提出了有名的关于政治经济学的三分法，即财富的生产、财富的分配和财富的消费，这三个部分分别考察生产法则、分配法则和消费法则。然而，这种划分并不意味着他把生产、分配和消费看成是互不联系的孤立存在的三个方

---

[1] 马尔萨斯：《政治经济学原理》，商务印书馆 1962 年版，第 9 页。
[2] 萨伊：《政治经济学概论》，商务印书馆 1982 年版，第 15 页。

面。在他的体系中，这三者是有着逻辑联系的。

萨伊在考察政治经济学的性质时，首先把科学分为叙述科学和实验科学两大类。前者涉及物体及其性质的正确知识，如植物学或博物学，后者考察事件的因果联系，如化学、物理学或天文学。在如此分类的基础上，他认为政治经济学类同于化学、物理学，属于实验科学。他区分了政治经济学和统计学，认为政治经济学告诉人们关于因果关系的一般知识，统计学只是给出事物的数量指标，并不告诉人们各种事实的来源与后果，它只为一般知识提供例证。可见，他实际上把政治经济学看作是一门探索财富现象的因果联系的科学。他还区别了政治学和政治经济学。在他看来，政治学就是研究政体的科学。这样，把政治学与政治经济学区别开来以后，就有助于集中力量探索财富现象的因果联系。

萨伊指出了政治经济学的演绎性质。他指出，政治经济学是由几个基本原则和由这几个基本原则所演绎出来的许多结论组成的。同时，他也看到了它的归纳性质，强调政治经济学的基本原则必须是从无可否认的一般事实正确地推断出来，并且演绎出来的结论也必须和实际经验的结果相比较，以验证其正确性。据此，他指责李嘉图从无可非议的假设出发，却不去比较推论的结果与事实情况。他虽然承认政治经济学的理论结构是演绎性的，但并不认为数学方法有助于解决政治经济学中的问题。在他看来，这是因为政治经济学所涉及的许多数量受到不能精确测定的人类才能、需要和欲望的影响。

西斯蒙第

西斯蒙第曾是斯密学说的忠实信徒，但随着岁月的流逝，他发现许多事实与他所信赖的经济学原理不相符合。他通过对英国社会经济的研究，看到生产增加了，可是享受的收入却减少了。英国所积累的如此巨大的财富究竟带来什么结果呢？除了给各个阶级带来忧虑、困苦和完全破产的危险以外，另外还有什么呢？他认为英国的一切灾难的产生只是由于它遵循了错误的经济方针。而这种错误方针在他看来是来源于正统的经济学，即斯密和李嘉图的经济学。他指出，这种学说不管应用在什么地方，当然可以增加物质财富，不过，这种学说也会使每个人应得的享受量减少；如果说这种学说的目的在于使富者更富，那么它也同样使穷者更加贫困，更加处于依附地位，更加被剥削得一干二净。因此他感到有必要对斯密的学说做出修正。他说："我们同亚当·斯密都一致认为：劳动是财富的唯一源泉，节约是积累财富的唯一手段；但是，我们还要补充一句：享受是这种积累的唯一目的。"[1]

西斯蒙第对斯密学说的修改，是从经济学的研究对象和目的开始的。他责备斯密没有始终保持自己的主要宗旨——财富与国民享受的关系，他给政治经济学下的定义是：研究一定的国家绝大多数人能够最大限度地享受该国政府所能提供的物质福利的方法的科学。他指出，事实上有两个因素是立法者必须永远同时考虑的，即如何大量增加幸福和如何使幸福普及到各阶级中去。简单说来，从政府的事业来看，人们的物质福利是政治经济学的对象。在他看来，研究政治经济学的目的是增进人的物质福利。他反对李嘉图关于研究政治经济学的目的是无限制增加财富的观点，并反对李嘉图用增加生产和减少消费来增加财富的方法。他认为，增加财富并不是政治经济学的目的，而只是使大家享福的手段。在他看来，政治经济学应当教导我们谋求大家福利的道理。从这种观点出发，他认为政治经济学的研究对象是收入，是全民收入的确定及这种收入的分配。

从西斯蒙第对政治经济学所下定义来看，他不像其他古典经济学家把经济过程当作自然过程来研究，而是把它看作是政府管理的过程，经济学的目的不是告诉人们经济本身的运行机制及如何利用这种机制，而是告诉人们合理的经济应当如何运行。从这种观点出发，他强调了政治经济学的规范伦理性质。他说："政治经济学不是单纯计算的科学，而是道德的科学。"[2]强调这门科学需要良心正如需要理智一样。

西斯蒙第对经济学的对象、目的和性质的这种看法，是与他对财富的看法密切关联的。他认为，财富是可以为了人的享受而被消费的（但

---

[1] 西斯蒙第：《政治经济学新原理》，商务印书馆 1977 年版，第 45 页。

[2] 西斯蒙第：《政治经济学新原理》，商务印书馆 1977 年版，第 191 页。

不是立即就消费）、可以积累保存的劳动产品。他认为财富不是目的，只是达到目的的手段。他反对为了财富这个手段而牺牲目的。他认为财富这个手段所要达到的目的是人们的物质享受，享受是积累财富的唯一目的。他把财富看作是人的一切物质享受的标志，认为只有增加了国民享受，国民财富才算增加。

巴斯夏

巴斯夏指出，政治经济学的研究对象是人，是从需要及满足需要的手段这个角度来考虑的人。关于人的需要，他提出了三个特性：层次性、发展性与多样性。关于层次性，他指出，物质需要排在前面，只有在保持和维护生命的那些需要得到满足后，人才可能转而去努力满足更高层次的道德和伦理需要。关于发展性，他指出，一般意义上的需要产生于人的肉体和精神的本性，并与习惯的力量和自尊心有关，它具有无限的扩张性，因为它永不枯竭的根源是欲望。关于多样性，他指出，需要、愿望、自然提供的物质和力量、人的体力、智力、品德，所有这些都因人、因时、因地而异，没有一个人完全相同。

那么政治经济学研究人的什么方面呢？对于这个问题，巴斯夏通过对于人性的分析，提出了互补的两个方向。

巴斯夏对于经济人假设做出了重要的补充、丰富和发展。他明确肯定人性中既有自利的一面，也有同情的一面。只是它们各自表现在不同的领域，自利心主要表现在经济社会中，而同情心则主要表现在伦理道德领域。更为深刻的是他指出了人的自利心的两种表现：或者通过生产和交换获得利益，或者通过掠夺牟取利益。

关于人的求利本性，巴斯夏说：人的本性是追求幸福和谐。人来到世上，本身对幸福有着执着的追求，对痛苦则表示厌恶。鉴于人有这种本能的驱动，我们不应否认个人利益是个人、所有的个人，乃至社会的大动力。在经济范围内，既然个人利益是人类活动的动机和社会的大原动力，那么，恶与善亦产生于此。因此，不可改变的事实是，无论愿意与否，永无休止地推动社会前行的自然动力还是自利。个人利益是所有动机中最强大、最经常、最单一、最普遍的动机。但他并非认为人只有利己心，而是兼有同情心，只是它们所活动的领域各有不同。在市场交易中，主要是利己心在发挥作用，如果一个人开始按照博爱的原则来出卖他的商品的话，那么不出一个月，他的孩子们只好沦为乞丐。他也并不否定无私忘我精神的存在，但是忘我的存在是个例外，忘我唯其如此才是一种美德，才为人们所敬仰。

从上述对人性的分析出发，巴斯夏认为，虽然政治经济学的主题是人。但是它并不研究人的一切。凡是涉及人的同情心的领域都属于伦理学，留给政治经济学的只有个人利益这个冷冰冰的领域。但他并不认为政治经济学与伦理学是截然分开的，两者之间存在着难以胜数的接触点。

巴斯夏强调，政治经济学要研究个人逐利行为，但个人从求利本性出发，会引申出两种行为，生产和交换行为、掠夺行为。因此，他认为政治经济学既要研究生产和交换行为，也要研究掠夺行为。

对于第一种研究对象，巴斯夏认为，人类社会是交换社会。人们彼此相互帮助，相互提供劳务。这种相互劳务的交换，引起以下两种现象，一是将人们的力量联合起来，一是促使人们进行分工。从而使人们的努力仅因分工、合作和联合就获得了更大的成果。由此他得出结论，社会的本质在于人人彼此为他人劳动，并指出，我们提供的劳务多，我们提供的劳务受好评、需要大、报酬高，我们得到的回报也就多。

巴斯夏认为政治经济学就是要研究人们在劳务交换中形成的自然秩序。他所说的劳务，其实是我们今天所说的服务，而并非单纯指我们今天所说的劳动。他指出，彼此为他人劳动是人所独具的能力，而为其他一切生物所无。劳务的交换以及在时空中形成的纷繁复杂的各种交换方式的组合，这些组成了政治经济学，展示了政治经济学的根源，界定了政治经济学的范畴。他认为这种劳务的交换构成一种自然秩序，使社会有一种巧妙的机制在起着作用，使社会呈现出种种复杂的利益结合，这种巧妙的机制就是政治经济学的研究对象。而劳务的交换就涉及了交换价值，因此政治经济学也可称为价值理论。

巴斯夏认为人们按照自然秩序从事劳务，交换劳务，将形成一个和谐社会，并认为政治经济学的任务之一就是论证这种和谐。在他临终前发表的《和谐经济论》，就构建了这样一个和谐经济理论体系。

关于政治经济学的第二个研究对象，巴斯夏认为要研究掠夺行为。他对于掠夺行为的分析是极为深刻的。经济学长期以来一直从经济人假设出发，推论出消费者追求效用最大化和生产者追求利润最大化，并以此为前提分析市场经济的运行机制。这就使得经济学长于解说市场经济的优良绩效，但拙于对市场经济中许多劣行和不良现象的说明。虽然贝克尔对犯罪行为进行了经济学角度的分析，威廉姆森对人的机会主义行为倾向（逆向选择和道德风险）展开了探讨，公共选择学派从经济学角度剖析了官僚的各种不良行为。他们各自研究了人类某一方面的劣行，但是他们对于这些人类劣行的分析显然缺乏统一的理论基础。其实他们的观点都能够以巴斯夏对于掠夺的分析为共同基础。

巴斯夏从经济人假设出发推论出人的两种平行互替的行为倾向：生产倾向和掠夺倾向。他所定义的掠夺可以用来解释人类的一切劣行：从国家之间的侵略战争到个人之间的小偷小摸，从专制君王的横征暴敛巧取豪夺到民粹暴民的重分财产抽肥补瘦，从贪官们的贪污受贿腐败堕落到奸商的假冒伪劣坑蒙拐骗，从无法无天的土匪行径到依法执行的强征褫夺。虽然他关于写下人类掠夺历史的想法非常遗憾地未能实现，但是他指出了经济学发展的一个极为重要的研究方向。经济学如果不仅要解释人类的良好行为及其后果，而且要说明人类的劣行及其后果，就必须完成巴斯夏的遗愿，展开对于掠夺的经济分析。

自从卢梭发表《论人类不平等的起源》以后，私有制就成为过街老鼠，为人类社会的各种不平等现象承担了罪责。在巴斯夏看来，不平等是形形色色掠夺的结果，与财产私有制和自由竞争的市场毫无关系。

巴斯夏在其临终前的一次发言中谈到，政治经济学的一个重要任务是写下掠夺的历史。掠夺有着悠久的历史，从人类出现以来，征服、移民、入侵到一切破坏公正的暴力的事件一直没有消停过。这些事件留下的后遗症依然给人类带来伤害并阻碍我们解决当前的问题。如果我们不知掠夺如何发生、没有意识到不公正已经深深地渗透到我们的习俗和法律之中，这个问题就无法得到解决。他认为政治经济学的任务之一就是摧毁被称作掠夺的混乱秩序，成为人类积蓄的防盗锁。

巴斯夏认为存在着两类掠夺：一类是未经法律授权的掠夺，一类是法律认可的掠夺。后一种掠夺就是法律认可将某种东西从其拥有者手中拿走，然后将其给予本来不拥有这些东西的人。而所有这些方案的共同特点就是，它们都是法律授权的掠夺行径。他认为上述各种不同社会阶层所要求政府落实的权利，都是一种通过法律的掠夺，是违反财产权的，区别只在于程度有所不同。他的自由主义的核心，就是尊重财产权，反对形形色色的掠夺，尤其是通过法律实行的掠夺。

对于人的本性，巴斯夏还认为人是有限理性的，因此会做出错误的判断和选择，会认错因果关系，会追求错误的目标。他还强调了人的本性的另一个方面，即对于确定性的追求和对于风险的回避。在生存条件方面，人们渴望安全，寻求固定，避免不稳定状况，这是人的天性。因此，这种倾向是令人喜欢的、合乎道德的、普遍的、无法摧毁的。他认为这种天性是人类社会中类似于工资、利息、年金、保险等等相对固定的收入形式能够发展出来的根源。并且这种天性导致了劳动与资本的分工，导致了工资和利息的起源，一方由于承担了全部风险，因而有权独家领导这项事业，另一方则获得了对人极为宝贵的稳定地位。即其中一方——资本——将承担全部风险和攫取全部巨大的利润，而作为另一方的劳动，将得到固定性的好处。这便是工资的起源。他认为这种分工是人类社会进步的强大动力之一。如果没有这种分工，将所有有关的人都与经营风险捆在一起，人类99%的交易活动将无法完成。

在巴斯夏看来，政治经济学是一种观察和阐述的科学。它主要进行实证分析，而非规范分析。它不会对人们下达指令，只是指出事实，分析原因。他以燃烧的火为例，政治经济学看到火在燃烧，就告诉大家着火了，并告诉大家火的危害；但它并不命令大家不要离火太近，而是任每个人自己作出选择。政治经济学不是为了改变人的意向，而是为了向人们指出幸福与不幸，让人作出决定。

巴斯夏观察和思考经济现象的方法可以简单地称作全面考虑后果法，

即在判断一个事件一项政策的优劣时，不仅要考虑看得见的后果，还要考虑看不见的后果；不仅要考虑当前的后果，还要考虑长远的后果；不仅要考虑直接后果，还要考虑间接后果。在其著名论文《看得见的与看不见的》中，他指出，在经济领域，一个行动、一种习惯、一项制度或一部法律，可能会产生不止一种效果，而是会带来一系列后果。在这些后果中，有些是当时就能看到的，而有些后果则得过一段时间才能表现出来，如果我们能够预知它们，我们就很幸运了。更重要的是，这些后果并非全部都是好的。因此一个好经济学家与一个坏经济学家之间的区别就只有一点：坏经济学家仅仅局限于看到可以看得见的后果，而好经济学家却能同时考虑可以看得见的后果和那些只能推测到的后果。坏经济学家总是为了追求一些当下的好处而不管随之而来的巨大的坏处，而好经济学家却宁愿冒当下的小小的不幸而追求未来的较大的收益。

巴斯夏并不是只进行实证分析，他也对规范分析的方法作出了贡献。在应当怎样、应当做什么这些问题上，他给出了考虑这些问题的正确出发点，就是对消费者主权的强调和捍卫。市场经济中时常会出现生产者与消费者之间的冲突，如是否应当实行自由贸易，生产者往往希望贸易保护，而消费者往往希望自由贸易。这时，化解两者冲突的基本原则就应当是消费者至上。他的结论斩钉截铁，只考虑生产者的直接利益就会违背社会利益；而将消费者的直接利益作为考虑的基准，就是将整体利益作为制定社会政策的依据。因为财富的生产并非最终的目标，只是手段；只有财富的消费才是最终目标。因此，一切为了生产者的利益而损害消费者权益的行为都应该纳入禁止之列。当然他也指出，消费者并非全是天使，需要通过伦理学的发展，以告知我们合理的消费行为、指出和劝诫乃至禁止不良的消费行为。

杜能

杜能是在德国比较全面继承斯密经济思想的经济学家。在研究对象、研究方法、研究结论等方面，都可以看到斯密对他的影响。但他不是简单地传播斯密的思想，而是力求有新的探索。他的贡献中较有新意的两个问题是农业领域内价格变化对于产品生产方法的影响，以及技术进步的影响。农业产业区位理论是他在探讨谷物价格变化对于谷物生产方法的影响时的结果。

　　杜能的《孤立国》上下两卷，反映了他两种研究能力的出色结合，一种是精细的观察能力，另一种是合理的思维能力。这两种能力都是他刻意追求的结果，他意识到，如果要拿出一些真正有用的和实际需要的东西，必须以经验作为研究的基础。为了获得对于合理农业经营的真实知识，他事必躬亲地参与庄园的管理，作出了大量细致的观察和详尽的记录。他的研究成果完全是以他的亲身经验为基础的。因此可知，他的《孤立国》完全不是纯粹思维的产物，而是具有坚实实践背景的研究成果。

　　同时，杜能又不是单纯记录和描述事实，他清楚地认识到，为了发现经济规律，唯有在研究中排除一切偶然的及非本质的因素才有希望。这就意味着需要采用抽象分析方法。他具有出色的抽象思维能力，善于把次要因素与主要因素区分开来，在研究中首先抽象掉次要因素，集中研究主要因素的影响。他说：几何学家在考虑"点"时是不计面积的，考虑"线"时是不计宽度的。两者在实际中是找不到的，同样，我们在考虑一种主导力量时可以排除一切枝节和偶然因素，唯有如此我们才能认识主导力量在我们所见现象中占多少比重。他的《孤立国》就是去轻取重运用抽象思维研究农业区位问题的卓越典范。他已经认识到抽象方法属于一种今天人们所谈的思想试验。在这种试验中，需要在思想上假设一些因素保持不变，以集中考虑其他一些因素变化所造成的影响。在他的孤立国里，就是假设其他一切因素如土地的肥力等等都保持一致，只考虑离中心城市距离的远近对于农业生产活动的影响，对于农作物选择的影响，对于谷物价格的影响。对于这种抽象分析方法的局限，他有着非常清醒的认识，这种研究方法是只取一个因素，视为起作用的因素，而其他因素则视为静止的或不变的，使用这种方法所获得的结果不是不确实的，而仅仅是不完善的，因此唯有将一切起作用的其他因素都加以做类似的考察以后，才能获得最终的结果。对问题中微小的一部分的研究，可以成为解答全部问题的一个组成部分。

在运用抽象分析方法分析问题时，杜能力求通过观察和试验发现普遍规律，同时他也认识到，要设法将普遍规律和仅对某地适用的法则区别开来，找到识别之点，这非常重要。而这个识别点在他看来，就是数学手段，用今天的话来讲就是数学模型。他认为，如果某物的性质可以以字母代数计算，如果结论与数字计算所得一致，那么这个结论就是一个普遍规律，而不是受地方性限制的法则。数学方法成为他发现普遍性规律的基本手段。

杜能非常重视数学方法在研究中的作用，在《孤立国》一书中，他大量采用数学表达方式，建立数理模型，用数学推导来表达自己的研究结论。他可能是第一个把微分学应用于经济学的经济学家。他承认数学方法可能使一些人感觉厌烦和不便，但是他强调指出，在非用数学不能求得真理的地方，使用数学是允许的。如果人们在天文学中像在农业和国民经济学中一样厌恶数学，那么现在仍将处于对天文学规律完全无知的境地。在充分肯定数学方法的同时，他也清醒地认识到数学并不是经济学的全部，而只是一种辅助手段，要防止出现喧宾夺主的倾向。

杜能一方面推崇抽象分析方法，另一方面也清醒地看到抽象方法存在的双重危险：(1) 人们在思想时，将事物的相互作用切断；(2) 我们的结论都根据各种前提条件，而我们对这些前提条件认识不清，所以无法阐明结论；因此，我们所认为普遍有效的结论，仅仅是在这些前提条件下才有效。这说明他已经意识到抽象分析方法，假设一些因素保持不变，有可能割断事物之间实际存在的内在联系。他也认识到普遍性的结论实际上是依存于前提的。

杜能对于经验研究重要性的看法，对于抽象分析方法的重要性以及局限性的看法，对数理方法重要性的看法，表明他在研究方法上与斯密有着密切的传承关系。从今天的眼光来看，他在经济学的研究方法上远远走在同时代人的前列，与后来统治德国经济学界长达近一个世纪之久、否定抽象分析方法的历史学派有重大差别。只要我们比较一下他的《孤立国》和作为历史学派的最早代表威廉·罗雪尔于1843年发表的被称作历史学派代表作的《历史方法的国民经济学讲义大纲》，就可以清楚地看到这一点。

李斯特

李斯特的经济理论，从概念范畴、体系结构和政策主张上看，都与斯密所建立的古典经济学有很大的不同，尤其在方法上，他有许多独到之处。这些独到之处使他建立了独树一帜的理论体系，并对以后经济学的发展产生了深远影响。

第一，李斯特考虑经济问题的侧重点与斯密等古典经济学家不同，他关心的是在当时德国的具体历史条件下，如何改变德国的产业结构，建立并发展工业，从而发展德国的生产力，增强经济和政治实力。他是从产业结构变化的合理方向、变动产业结构的具体措施等方面来研究国家的经济发展问题的。而斯密主要从分工、市场机制等方面研究经济发展的机制和社会后果，李嘉图只关心价值论和分配论。研究侧重点的不同，使李斯特感到，政治经济学不仅要告诉人们交换价值怎样由个人来生产，怎样在个人之间进行分配及怎样由个人消费；还要教导人们怎样激发、增长并保护整个国家的生产力，并且提出，要建立与斯密等人的价值理论不同的生产力理论。

第二，与李嘉图不同，李斯特从历史的研究中得到启示，认为一个国家经济发展的战略，随着这个国家所处发展阶段的不同而有所不同。为此，他提出了经济发展阶段论的思想，以主导产业的不同作为划分阶段的依据。他指出：从经济方面看来，国家都必须经过如下发展阶段：原始未开化时期，畜牧时期，农业时期，农工业时期，农工商业时期。他的这种划分对以后的经济学家有着深远的影响，因为他是第一个联系经济发展阶段来考虑经济发展战略的经济学家。

第三，李斯特的经济理论考虑了国家这一政治实体的存在，考虑了国家的存在对经济发展途径的影响。他说："作为我们学说体系中一个主要特征的是国家。国家的性质是处于个人与整个人类之间的中介体，我的理论体系的整个结构就是以这一点为基础的。"[1] 他认为，斯密等人的经济理论，抽象掉国家这一实体来谈论人类的致富，实际上是一种世界主义的经济学，它只适应于国家不存在时的情况。他指出，政治经济学必须考虑各国的特殊情况，针对不同情况提出不同的致富方式。为此，他提出了与世界经济学相对立的国民经济学这一概念，并强调国民经济学将教导人们，某一国家，处于世界目前形势以及它自己的特有国际关系下，怎样来维持并改进它的经济状况。国民经济学的提出，为他的反对自由贸易、主张保护关税制的政策提供了理论依据，它更深远的意义在于肯定了不同国家经济的不同发展途径的可能性。

第四，李斯特注意从各国，尤其是西欧各国的经济发展史中归纳出自己的理论体系。他既重视成功国家的经济发展的经验，也不忽视那些曾经是先进但后来衰落的国家的教训，从各国经济的兴衰中总结出对发展德国经济有用的政策结论。他的这种方法被称为历史归纳法，为后来的历史学派所沿用，形成整个学派在方法论上的特征。但李斯特与后来以罗雪尔为开端的历史学派有很大不同，一是他并不忽略演绎方法，在他的理论中，演绎方法起着重要作用；二是他擅长于驾驭历史资料，从中得出为当时德国所需的结论，可以说他是为了解决实际经济问题而去了解历史的。他的书给人以一种强烈的务实感，而历史学派的书则长于堆砌历史资料，给人以一种学究气。

罗雪尔

以罗雪尔为主要奠基人的德国旧历史学派，是 19 世纪 40—50 年代，在继承李斯特的理论传统，特别是他的历史归纳法的基础上，在黑格尔哲学思想体系的影响下，借鉴了历史法学派的方法和目的而形成的；由于这些经济学家在经济研究中特别强调应用历史的方法，特别强调国民经济的有机整体性和国民经济发展的历史性，因此而得名。

第一，德国历史学派经济学家强调各民族经济发展的特殊道路，否

---

[1] 李斯特：《政治经济学的国民体系》，商务印书馆 1981 年版，第 7 页。

认英国政治经济学所揭示的具有普遍意义的经济规律，尤其是关于自由贸易是所有国家发展致富不二法门的观点，主张用国民经济学来代替不认可各国发展特殊道路的英国政治经济学。

第二，德国历史学派经济学家强调要用历史方法归纳方法来代替英国政治经济学的抽象演绎方法。因此历史学派以统计学和经济史为其研究重点。希望通过经济史实归纳出一般性经济规律。

第三，德国历史学派经济学家宣扬精神因素以及被认为民族精神最高体现的国家，对经济生活的干预和决定作用。他们认为国家不仅仅是一个维持秩序的机构，还是为全民族服务的机构。凡是个人不能完成的事务都应当由国家完成，具体包括向公众提供教育、提供公共卫生设施、管理交通运输、照顾社会弱势群体如妇女儿童老人等以及工人的正当权益等等。

第四，德国历史学派经济学家不满英国古典经济学的经济人假设，强调人并非只是一味追求私利，而是还有其他多方面的动机。

这些历史学派经济学家都是大学教授。他们孜孜以求的目标是为了适应德国工业化的需要，创建一个包含一整套历史归纳方法的国民经济学体系，并希望通过历史归纳方法来发现一般经济规律。他们一般并不否定经济规律的存在，只是不同意单纯用抽象演绎的方法去发现规律，而是强调用历史归纳方法来发现规律。这一点与后来完全否定存在一般性经济规律的以施穆勒为代表的新历史学派有别。

罗雪尔在给历史学派经济学制定方法论时，是从如何理解国民经济学或政治经济学这门科学开始的。他说，国民经济学是一门论述一个国家的经济发展诸规律的科学，或论述它的国民经济生活的科学。他还进一步指出：我们的目的是单纯地描述人的经济本性和他的经济欲望，考察适于满足这些欲望的各种制度的规律和性质，以及他们所达到的大一些或小一些的成功程度。因此，我们的课题可以说是社会经济或国民经济的解剖学和生理学！

在罗雪尔看来，国民经济学或政治经济学的任务在于说明一个国家的现有经济制度，而不是制定某种普遍适用的理想制度。他说，一种经济理想不能适合每个国家人民的不同种类的欲望，正如一件上衣不能适合一切人的身材一样。因此，他强调国民经济学是一门实证科学，而非规范科学。他指出，在国民经济学或政治经济学的研究对象上，有两个必须区别清楚的问题，即（1）是什么？至今一直是什么？它怎样变成这样的？等等。（2）应该是什么？前者是唯实的历史方法，后者是理想主义方法。他认为，国民经济学研究的是前者而不是后者。

基于对这门科学的上述理解，罗雪尔提出了贯穿于他论述国民经济学全书并成为它的基础的独特而严密的方法——历史的方法。他说，所谓历史方法，并非不管什么，只要可能，就像编制年表那样，从外表上将材料拼凑成一种连续的序列，恰恰相反，它存在于一系列的原理中。1843 年，他在为《讲义大纲》所作的《作者序》中，将其历史方法原理，概括为以下四个基本点：

第一，国民经济学并非单纯的货殖学或单纯的致富术，归根结底是一种认识人类、支配人类的政治科学。其目的在于记述各个国民在经济方面想了些什么，要求了些什么，发现了些什么；他们做了些什么努力，有了些什么成就；以及他们为什么要努力，又为什么获得成功。这样的记述只有同有关国民生活的其他学科，特别是同法制史、政治史以及文化史紧密地结合起来，才能做到。

第二，国民经济的现状是历史发展的产物，因此打算研究国民经济的人，就不能仅仅满足于对现代经济关系的观察。况且对过去各文化阶段的研究，任何一种情况，都是现代一切未发达国民的最好教师。对过去各文化阶段的研究，完全具有同观察现代经济关系一样的重要性。

第三，整体分析和类比分析是历史方法的两种最重要的手段。整体分析要求把人类的历史作为一个整体来考虑，因此对国民经济的分析，绝不要忽视全面，不但是公共经济的全面，而且还是国民生活的全面。他说，国民生活，像一切生活一样，是整体的，它的各方面现象相互之间是最紧密地连结在一起的，对这种全面关系，特别要注意法律、国家和经济这三部分，又自相构成一个宛然独立的并且密切联系着的部类。

既然现代各个国民是如此紧密地联系着，如果缺乏对总体的观察，就不可能对个别的国民做出任何根本性的观察。同时，过去已经灭亡的国民，它们的发展过程都已成为一种完结的存在摆在我们面前，给我们以特殊的启示和教训。他对于整体分析的重视，与他认识到李嘉图和杜能等人的抽象分析方法可能存在的不足有关。他指出，当一种经济事实是由于许多不同的因素联合起作用而产生的时候，为使调查者机智地把某一因素同事实孤立起来，为了时间的原因，这种抽象是特别有用的。但是应当看到，这毕竟仅仅是一种抽象。由于这种抽象，不仅存在于向实践的转变中，也存在于最后的理论中，我们必须转向无限多样性的实际生活。

罗雪尔认为，类比分析是发现和揭示国民经济发展规律的一个重要途径。他认为，类比分析关心相异之点和相似之点，从相似之点来探寻规律，因为规律本身即表现为各个国民发展中的类似性。他指出，如果新的国民经济表现出一种同过去的国民经济相类似的倾向，我们在认识这种倾向时就可以从这种类比关系中得到极为宝贵的启示。至于在类比分析中发现相异之点，那就应当作为例外，并努力加以说明。

第四，历史方法对任何一种经济制度绝不轻易地一律予以颂扬或一律予以否定，因为对所有国民和一切文化阶段完全有益或完全有害的这种制度差不多是绝无仅有的。幼儿的纤带，老人的拐杖，对普通人是没有用处的。而经济学的主要任务在于指出为何以及如何逐渐发生从合理的变为不合理的、从幸福的变为有害的。

罗雪尔坚决地认为，只有这样正确地理解国民经济学的对象、任务和性质，彻底应用这个历史方法，才能在考察、处理各种政治经济事实时，做出正确判断。他还强调指出，我们不愿意把某一套行动的法则强使信任我们指导的人接受。我们的最高奢望是使我们的读者们，在不受任何世俗权威的影响，公正地权衡了一切事实之后，多少能为自己发现这种指明方向的法则。

琼斯

理查德·琼斯（Richard Jones，1790—1855）是英国经济学历史学派的奠基人。他的主要经济著作有《论财富的分配和赋税的来源》（1831）等。从总体上看他思想的特点，一是纲领式的，即提出了一个研究纲领，但并未完成他的研究；二是批判式的，即主要是批判，但正面的建树较少；三是相对论的，即不承认普遍永恒的经济法则；四是进化论的，即认为经济社会是会不断进步的，从而是乐观主义的。在《论财富的分配和赋税的来源》一书中，他阐述了对于经济学研究方法的看法。

琼斯反对李嘉图的非历史的演绎方法，主张运用历史归纳法研究经济问题。他认为李嘉图是有才能的人，李嘉图提出一种理论体系，很巧妙地把一些纯粹假定的真理结合在一起；但是，只需全面看一看世界上实际存在的一切，就可以显示它和人类以往的及目前的情况完全不符。他认为必须对各国不同历史阶段的生产和分配进行广泛的观察与分析，才能建立起普遍适用的原则；以往经济学提出的一般原则之所以失效，就是由于缺乏对事实作广泛的观察与分析。他说：欲求一般原理，当对一般事实先加考察，否则一般原理必无概括效力。他不同意那种认为不可能发现具有普遍有效性的经济规律的观点。他仅仅强调在经济分析中，必须特别注意经济制度之间的历史差别和对经济事实的广泛考察；政治经济学必须使所谓普遍适用的准则建立在经验的基础上；凑合在一起而产生这门学科所熟悉的那些混杂的原因，只有通过反复观察各国历史上发生过的事件才可能分析、研究和彻底了解；并且除了在极罕见的情况下，绝不能对它们进行预先计划的实验。

詹姆斯·穆勒

詹姆斯·穆勒（James Mill，1773—1836），首创了政治经济学研究的"四分法"的结构，即将政治经济学划分为由生产、分配、交换、消费四个部分组成的体系。在他之前，萨伊已提出过政治经济学的"三分法"

结构，即把政治经济学划分为生产、分配、消费三个部分，詹姆斯·穆勒则把交换也作为一个独立的部分。他认为政治经济学有四大问题需要探究：（1）决定商品生产的规律；（2）商品进行分配的规律；（3）商品彼此交换的规律；（4）决定消费的规律。他所提出的这个政治经济学研究的"四分法"，在相当长的时期内为许多经济学家所接受并沿用。

西尼尔

西尼尔把政治经济学看作是一门研究"财富的性质、生产和分配"的科学[1]。他认为以往的经济学家把政治经济学的研究范围定得过于广泛。他主张将以往政治经济学著作家所涉及的关于政治、道德、立法、哲学等问题，从政治经济学中排除出去。他还认为，研究财富应与研究福利区别开来，研究政治经济学应与研究经济政策区别开来。

西尼尔认为，政治经济学家的任务，就在于研究和阐明一般原理。他认为一个政治经济学家的职责，既不是有所推荐，也不是有所告诫，而只是说明不容忽视的一般原理；因此，他应当像个陪审员一样，如实地根据证据发表意见，既不容许同情贫困，也不容许嫉视富裕或贪婪；既不容许崇拜现有制度，也不容许憎恶现有的弊害，既不容许酷爱虚名，投合时好，也不容许标新立异或固执不变，以致使他不敢明白说出他所相信的事实，或者是不敢根据这些事实提出在他看来是合理的结论。

西尼尔沿袭李嘉图的传统，试图把政治经济学变成一门抽象的演绎的精密的"纯粹经济学"。他认为，这种纯粹经济学的前提，只是从人们所观察或意识中得到的一般的、主要的、不变的基本命题，一切必要的理论都可从这些基本命题中引申推演出来；而这些基本命题，只不过是那些一说出来，便为人人所承认的真理。在他看来，建立纯粹经济学只需确立四个基本命题就够了。

第一条基本原理：就是今天人们所说的经济人假设。西尼尔强调指

---

[1]　西尼尔：《政治经济学大纲》，商务印书馆 1977 年版，第 9 页。

出，追求财富这一命题，几乎是一切经济学推论过程中的一个基本假设。这一假设在政治经济学中的地位，就和万有引力在物理学中的地位一样。虽然在他之前已经有许多经济学家在使用经济人假设，但西尼尔是第一个明确表达这一假设并指出其基础地位的经济学家。

第二条基本原理：即人口增加和限制原理。西尼尔认为，随着社会的逐步进展，人口过剩的弊害势必逐渐缩减。他认为这有两个原因：（1）在物质文明和精神文明较高的社会里，人们会预见到人口增长过速的弊病，从而防止这种弊病。（2）知识、财产的安全、国内外交换的自由和获致权力与地位的机会均等是一些主要原因；这些原因既足以促进生活资料增长，也由于提高了人民的品性，使他们得以在较低的速度下进行繁殖。

第三条基本原理：即资本积累和生产无限增加原理。西尼尔提出，进行生产所必需的要素有三种：一是劳动；二是自然要素；三是节欲。他认为第三种要素节欲最重要，没有它，第一、二种要素就不能充分发挥作用，它是人类借以提高其生存地位的一切方法中最有效的。他认为资本是节欲的结果，因而资本所获得的利息就是对于节欲的报酬。

第四条基本原理：即土地报酬递减原理。在西尼尔看来，在农业中增加劳动与资本，其一般特征是报酬递减。随后他又说明了这一通则是有例外的，就是农业技术的种种改进。这一类改进必然足以抵消、甚至可能胜过由地力递减所引起的缺陷。

上述四条原理是西尼尔为建立"纯粹经济学"而确立的，也是他所强调的作为一个政治经济学家的职责所应研究和阐明的一般原理。这四条基本原理，对以后西方经济学的发展演化具有相当大的影响。

西尼尔关于利息是节欲的报酬等观点、对实证分析与规范分析的区分以及对公理化方法的强调，是他对经济学的主要贡献，不仅直接影响到约翰·穆勒，而且对其他一些西方经济学家也产生过重要影响。

约·斯·穆勒

穆勒在《政治经济学原理》的《绪言》中，概述了他关于政治经济学研究对象的观点。他和许多经济学家一样，也是把财富作为政治经济学的研究主题。经济学家所要教与学的，是财富的性质及其生产与分配的法则。而社会经济繁荣与衰落的原因，也属于政治经济学研究的范围。

　　穆勒定义财富是一切有用的或适意的有交换价值的物品。他指出了个人财富与国家财富的差别，指出债权对个人是财富，但对国家不是财富。

　　穆勒认为政治经济学的方法与自然科学不同，因为在研究中无法像自然科学那样采取实验方法，阻隔其他因素的影响而单独分析某一因素的作用。所以内省是一项重要的方法。同时，政治经济学是以抽象的经济人假设为前提的演绎推理体系。

　　穆勒虽然把抽象的经济人作为自己分析的前提，但并没有用非历史的观点把资本主义社会看成永恒不变的制度。相反，他认为在不同时代、不同国家，人们所生产的财富的数量和种类是有差别的；社会的财富以何种方法分配于各成员，亦是有差别的。为了强调这一点，他用《绪言》近二分之一的篇幅来论述野蛮社会、游牧社会、封建社会和文明社会财富生产与分配的不同状况以及当时西欧社会与东方亚细亚社会所存在的这种差别。他认为，财富的生产与分配所呈现出的这种差别，是不能单纯从不同时代、不同国家的人民对自然法则认识程度上的差别来说明的。从这一认识出发，他指出，政治经济学所研究的不是财富依存于自然知识方面的原因，而是与精神、心理、制度、社会关系和人类天性等方面有关的原因。他说：各国的经济状况，就其涉及物质知识方面来说，是自然科学的及以此为基础的技术的研究对象。可是，就其原因是精神的或心理的，依存于社会制度和社会关系或依存于人类天性因素这方面来说，它们的研究就不是属于自然科学而是属于精神和社会科学的了，因而它们就成为所谓政治经济学的对象。

　　穆勒在把财富的生产与分配规律确定为政治经济学的主题以后，就进而论述了生产规律与分配的不同性质。在他看来，生产规律具有永久的自然规律的性质。他说：财富的生产法则与条件，具有物理学真理的性质，其中没有任意选择的要素。人类所生产的物品，无论是什么，其生产方法与条件，都由于外界事物的构造及人类肉体与精神的固有特性。无论人喜欢或不喜欢，他们的生产终须受限制于他们先前的蓄积额，如果先前的蓄积额是已定的，他们的生产就须比例于他们有怎样的能力与熟练，他们机械是怎样完善，他们怎样利用合作的利益。无论人喜欢或不喜欢，加倍的劳动，终不能在同一土地上，生产加倍量的食物，除非在耕作过程上已有某种改良。无论人喜欢或不喜欢个人的不生产的支出，总归有使社会贫乏的趋势，只有生产的支出可使社会富裕。关于这种种问题，人们的意见或愿望，不能支配事物本身。他认为分配规律与生产规律具有根本不同的性质。他说：财富的分配却不然，这纯然是人类制度的问题。物品一经在那里，人类（个别的或集合的）就可随其所欲来处分。他们能以任何条件，将此种物品，为他们所高兴的任一个人支配。所以，财富分配乃依存于社会的法律与习惯。分配所由而定的条件，是由社会统治阶级，按照他们的意见及感情制定的。那须随时代随地方而甚有变异；如果人类愿意，其变异程度还可以更大。

由于生产法则与分配法则的决定因素性质不同，前者以自然的必然性为基础，后者以社会制度为基础，所以生产法则是恒久的，而分配法则是暂时的。穆勒认为混淆由自然导致的必然性与社会制度导致的结果，是经济学中的谬误，不仅是理论上的谬误，还是实践中的谬误。因为它导致两方面的损害：一方面使经济学家把经济学里暂时的真理误认为永久的普遍真理，另一方面使许多志在改造社会制度的人，把永久性的生产法则误认为是导源于社会制度的暂时现象，而不予应有的重视。他把生产规律看成是永恒的规律，把分配规律看成是具有历史性质的规律。这就为他在保持资本主义的产权制度的基础上改良收入分配的政策主张提供了理论依据。

第二节　新古典经济学时期

本书将新古典经济学时期大致界定为 1871 年边际革命以后一直到凯恩斯革命为止的一个长时段。因此，本书所说的新古典经济学是比较宽泛的。这段时间里，关于经济学的研究对象和研究方法，与古典经济学时期相比，都有很大变化。研究对象从国民财富、长期经济发展等大问题，转向经济主体的个人决策，市场运行机制、短期资源合理配置。

古诺与戈森

1871 年之前，已经有两位经济学家预示了经济学的新发展方向，一位是法国数学家兼经济学家古诺，另一位是德国经济学家戈森。

古诺（Antoine Augustin Cournot，1801—1877）在研究方法上，第一个说明了数学方法对经济学的巨大用处，与以往一些经济学家用数例来表达经济思想不同，他运用数理模型（函数、联立方程，对函数求微分求极值）推导出经济思想。数学方法在他那儿不再是一种表达已有经济思想的方式，而是推导出新的结论的手段。

戈森（Hermann Heinrich Gossen，1810—1858）假定人以追求享乐最大化为目的，即使是禁欲主义者也不例外，因为他们是以死后进入天堂为目的。从这一基本前提假定出发，他提出后人所谓的戈森第一定律，也就是边际效用递减规律；以及戈森的第二定律，就是后人所说的消费活动中的等边际原理，即在消费时间一定或购买消费品的货币一定，而消费项目不止一个时，要使享乐最大化，就必须如此分配时间和货币，使各项目中获得的边际效用相等，或各项目上每单位货币换得的边际效用相等。

杰文斯

杰文斯是从作为消费者的经济人的个人角度去理解经济学的，因此他认为经济学的目的是研究如何以最小痛苦换取最大幸福，认为经济学是关于效用和自利心的力学，并认为这种经济学可以建立在三个最基本的归纳性命题上：（1）每一个人都选择较大的明白和利益；（2）人类欲望或迟或早会满足；（3）延长的劳动会愈益成为痛苦的。鉴于对经济学的目的、性质及基本前提的上述看法，他认为有必要把政治经济学更名为经济学。

杰文斯强调要用数学手段来研究经济学。理由之一是经济学所涉及的是各种经济量及其相互关系,而一切量与量的关系都属于数学的范围。理由之二是经济生活中的各种量之间有着复杂的关系,数学方法比通常的文字说明能够更好地处理这些复杂关系。他认为经济学家一向是不自觉地采用数学方法来研究经济,故错误甚多。因此,明确经济学的数学性,自觉采用数学方法,将使经济学理论获得进步。他进一步认定,经济学所涉及的都是变量,因此应当采用微积分法来研究经济。他反对那种认为只有其数量可精确计算的科学才能运用数学的观点,强调必须把一门科学的数学性和精确性加以区分。而经济学虽然由于缺乏完善的统计而不是精确的科学,从而使其用途较小,但它仍然具有数学性,应当而且必须采用数学方法,尤其是微积分法。同时他也冷静地看到,并不是一旦承认经济学的数学性质,采用了数学方法,便可获得真理。他关于数学与经济学的关系可以用一句话表达出来:"经济学为快乐与痛苦的微积分学。"[1] 从以上论述可以概括如下几点:(1)经济学的本性是数学的,因此采用数学方法是其本性所使然。(2)变量无法精确测定并不妨碍经济学的数学性,不妨碍数学方法的采用。(3)经济学所用的数学方法主要是微积分法。(4)数学方法是使经济科学进步的必要但非充分的条件。

对数学方法的强调,是杰文斯方法论方面的主要特征和主要优点。这种强调是正确的、富有远见的。数学方法从那个时候以来给经济科学带来的进步,是极其巨大的。经济科学的数学化就像物理科学的数学化一样,已经成为不可阻挡的趋势。杰文斯对经济科学的数学性与精确性的区分,从当时为经济学的数学性辩护这一点来看,是机智的。从更长远的眼光来看,这一见解预示了数理经济学与计量经济学的区分,前者具有数学性,但不考虑变量的精确测定,只研究各变量之间的关系;后者则以前者的研究结果为基础,通过对变量(参数)的精确测定来检验理论、预测前景,具有精确性。上述数学性不等于精确性的见解也表明

---

[1] 杰文斯:《政治经济学理论》,商务印书馆 1984 年版,第 2 页。

杰文斯对于数学的本质有着较深的洞察力。19世纪数学的基本概念是数和形，以致许多人认为只有可以测定数量的东西才可以成为数学的对象。只有对数学的本质有深刻洞察力的人，才能破除以上成见，坚信经济学（其研究的变量在当时几乎都难以精确测定）可以用数学方法来研究。杰文斯虽然正确地肯定了经济学的数学性，但限于当时数学发展的水平，他在采用什么数学方法研究经济学这一方面却表现出了狭隘性：只看重微积分。

除了强调数学方法之外，杰文斯在方法论方面的第二个特点是强调统计对于经济科学的重要性。他认为，要验证演绎的经济学所得出的结论，要使经济学成为不仅是数学的而且是精确的，从而具有实用价值，就必须要依靠健全的统计。虽然在《政治经济学理论》一书中，他并没有运用统计资料统计方法进行分析，但注重统计资料，运用统计资料来分析实际经济问题却是他的学术生涯的一大特征，例如对于英国煤炭资源问题的研究，对于经济周期问题的研究。当然他在这方面也有失败的纪录（如提出太阳黑子周期论），但其注重统计，运用统计资料进行研究的方法还是值得称道的。

杰文斯在方法论方面的第三个特征是主张细分经济学科，主张各种研究方法兼容并蓄。他认为当时经济科学的混乱状态是因为它包含的内容太多，且理论研究层次与应用研究层次没有区分。因此需要从题材和研究方法方面实行分科，同时又以某种一般原理为共同的基础。这一见解显示了他的远见。今天的经济学已经发展成一个门类众多、分工细化的大家族，这种分科给经济科学带来了明显的进步。

杰文斯在方法论上的第四个特征是静态分析。他承认他的《政治经济学理论》类似于物理学中的静力学，而动态分析还有待发展。因此他在分析中抽象掉人口变动，集中力量分析人口、土地及其他资源既定时，如何配置劳动，使生产物的效用最大化。在他看来，这就是经济学要解决的问题。

杰文斯的方法论上的第五个特征是广泛运用合成推理，即认为对个人来说适用的结论也必定适用于整个社会，反之亦然。这种方法大大简化了他的分析，但也使他付出了沉重的代价。他的许多缺陷和不足，盖源于此。

门格尔

经济学史上任何一位有建树的经济学家，对诸如经济规律、经济学的目的、经济学的研究方法这类问题，通常都有自己独特的看法，这些独特的看法是他们能有所建树的必要条件。门格尔也不例外，他坚持经济现象具有规律性，认为经济科学可以像自然科学那样成为精确科学。在当时的德语世界里，只重描述，不重分析的历史学派经济学家占据着正统地位。经济学界洋溢着否认经济规律的气氛。在这样一种学术背景下，异军突起，坚持经济现象的规律性，其思想的独创性可见一斑。

门格尔于 1883 年发表《经济学方法论探究》一书，批判了在德国经济学界占统治地位的历史学派，旋即遭到坚持历史学派方法的施莫勒针锋相对的反驳。于是门格尔在第二年又发表《德国政治经济学的历史主义谬误》。随后两人的弟子展开了持续多年的方法论争辩。这是一次具有深远影响的关于经济学方法论的大讨论，是经济思想史上的重要争辩之一。

这场争论围绕两个基本问题：（1）是否存在一般性经济规律？（2）用什么方法发现一般性经济规律？抽象演绎方法还是历史归纳方法？还是两种方法都采用？在第一个问题上，他主要是与以施穆勒为代表的新历史学派争论，因为老历史学派一般不否定一般性经济规律的存在。在第二个问题上，他则是与所有历史学派争论。

在《经济学方法论探究》一书中，门格尔指出，最重大的科学成果都出自那些不怎么关心方法论探究的人士之手，而最伟大的方法论专家反倒很少能够证明自己是某门学科中非常杰出的学者，尽管他们极其清晰地阐述了这门学科的方法。既然如此，为什么要专门探究方法论呢？他认为只有在一种情况下，方法论的探究才确实是对于学科的发展来说最重要、最紧迫的问题。那就是错误的方法在学科中取得了支配性地位。他认为德国历史学派的错误方法统治了德国经济学界，妨碍了德国经济学的发展，因此必须加以批判。

门格尔首先将经济学分为三类：（1）经济史学和经济统计学，它们描述具体经济现象、具体经济事件的个别性质和个别联系；（2）理论经济学，它发现时间上相继和空间上并存的一般性经济规律以用于解释经济现象、预测未来经济现象发展；（3）应用经济学，它制定经济政策，指导经济主体（包括政府、厂商和家庭）经济行为。他要求不要混淆这三者，而德国历史学派的错误就在于没有区分前两者，简单地用第 1 类来替代第 2 类。同时他也批评了混淆理论经济学与应用经济学的做法。

承不承认经济现象的规律性，对经济学的研究方法和叙述方法有着重要的影响。门格尔认为，存在着时间上相继和空间上并存的经济规律。这些规律也许并不严格，时而会出现例外，但这并不妨碍以发现一般性经济规律为目标的理论经济学的存在。他把这种不严格的规律称作经验性规律，认为理论经济学即便只能发现经验性规律（用今天的术语应当叫统计性规律），也依然对人类生活具有重要意义，因为它能够使人们做出预测和对经济作出控制。而对于经济现象的历史性知识和历史性理解本身，却完全不能向我们提供这样的预测（控制等等），因而它们永远不可能取代理论性知识。

如果存在一般性经济规律，那么如何发现它们呢？门格尔指出有两种不同的方法，一种他称之为"经验的—实在的取向"，即主要是建立在观察基础上的归纳。他认为这种方法只能得到对现象的典型描述和一些不精确的经验性规律。它们虽然对于人类的知识和实际生活是重要的有价值的，但是只能向我们提供有关现象的存在缺陷的理解，只能对现象做出不那么十分确定的预测，也不能保证我们能够完全控制现象。他指出了另一种完全不同于培根的经验主义—实在主义的归纳法的方法，即他所谓的"精确取向"，也就是我们今天所说的抽象演绎方法。这种方法要努力抽象出现实中每种东西最简单的构成因素，即便这种因素在现实不会独立存在，但是也要假设它单独存在，并且考虑它单独存在时会导致什么样的后果。他认为这种精确取向的方法会获取具有绝对性的精确规律。他认为通过这种方法可以得到一系列社会理论，其中每一个理论都提供了关于人类活动的某一方面的理解，而把它们合在一起，就构成了对人类活动的完整理解。他写道:"使人类经济的复杂现象还原成为可以进行单纯而确实的观察的各种要素,并对这些要素加以适合于其性质的衡量,然后再根据这个衡量标准,以再从这些要素中探出复杂的经济现象是如何合乎规律地产生的。"[1]

在门格尔看来,承认经济现象的规律性,就意味着承认经济科学与自然科学在方法上有着相通之处,就意味着经济科学可以采用自然科学的研究方法和叙述方法,就可以强调从假设前提出发的演绎推理、抽象理论在经济学里的重要性。当时在自然科学中占统治地位的方法,可以说是一种原子论而非整体论的方法,其特征便是把研究对象分解成若干组成部分,然后分别加以研究,最后把分别研究的结果加以综合,形成对研究对象整体的看法。这种原子论的方法对他深有影响。他认为国民经济并非一个大型的单一的决策单位,而是无数个别经济的组合。因此,国民经济中最原初的因素就是各人的需求、满足需求的财货以及追求欲望满足最大化的经济人。要理解国民经济的各种现象,就必须从经济人开始。

门格尔以至整个奥地利学派,运用方法论个人主义,把商品价值这一人类经济的复杂现象,还原成孤立的经济人对财货的主观评价,从而提出了著名的边际效用价值论。可以说他是经济学中方法论个人主义最早的自觉的运用者、倡导者和捍卫者之一。

门格尔的经济人与亚当·斯密的经济人有重大区别。这种区别是门格尔以至整个奥地利学派的理论与斯密—李嘉图的理论出现重大分歧的根本原因。斯密所假设的经济人是作为生产者的经济人,尤其是作为商品生产者的经济人。通过生产和交换使既定资产获取最大收益,是这种经济人的必然行为动机。在这种动机下,商品生产者的投入决策和产出决策都受到外生的交换价值的制约。斯密所关心的价值,就是这样一种独立于单个经济人主观意识之外,同时又约束着经济人行为的客观的经济信号。对这样一种价值的决定机制的探索,就构成了从斯密开始直到

---

[1] 卡尔·门格尔:《国民经济学原理》,上海人民出版社 1958 年版,第 2 页。

约·斯·穆勒为止的价值理论的主线。门格尔所假设的经济人是作为消费者的经济人，而且是最一般意义上的消费者，最抽象的消费者，是抽象掉制度因素约束的消费者。他们的行为动机是在财货既定的条件下追求欲望满足的最大化。而达到这种最大化的条件，便是他所认为的经济学所应研究的对象。

由于把追求欲望满足最大化的消费者作为分析起点，门格尔便着重分析了人的主观欲望的各种特征及其对经济行为的影响，这就使他的理论具有浓厚的主观色彩。对于经济人的生产、交换、消费诸行为，他都从主观欲望这一角度去加以分析解释，从而对财富的定义、分类、价值、价格、分配、资本积累等问题，都提出一整套与以往经济理论不同的见解。

以作为消费者的经济人为分析起点，是门格尔从他的抽象演绎方法所得到的基本结果，是他方法上的基本特征之一，其理论的革命性质和局限性盖源于此。当然，他并不否认支配人们行动的还有其他一些动机、并且在追求自利时会认知失误，但他坚持在经济活动中，即使人们不是唯一的、无一例外的，但也是主要的、在通常情况下都受自己私人利益的支配，而总的来说，通常人们能够正确地认识自己的私人利益，尽管他们不可能在所有情况下都绝对地能做到这一点。他承认，在现实中确实不存在纯粹的经济人，但经济人假设在理论经济学中的地位就类似于纯粹力学中的真空假设和数学中没有长宽高的点、没有宽高的线和没有高度的面，它们都不是在现实中真实存在的东西，但对于相关的学科都是基本的前提假设。

门格尔在突出强调抽象演绎方法的同时，并未完全否定历史归纳方法，理论性研究之精确取向和实在主义取向都是正当的。两者都是理解、预测、控制经济现象的手段，对于这些目标来说，每一种都会以自己的方式以我们的理解作出贡献。他深入分析了两种方法的异同，认为它们具有共同的研究领域，经验的—实在的取向更适合于复杂现象，但只能得到不精确的有可能出现例外的经验性规律；而精确取向更适合于简单现象，但可以获得无例外地适用于任何时代任何国家的精确规律。

门格尔认为德国历史学派在方法论方面的错误就是完全错误地理解了精确取向的性质和重要性，把抽象思考的艺术看作是不如史料汇编的次要东西。针对德国历史学派要求在经济理论中考虑非经济因素的观点，他一方面承认任何现象包括实际的经济现象都受到各种因素包括非经济因素的影响，因此要全面理解就需要通过所有各门社会科学；同时他又强调一切方法论的一个基本原则是：任何一门单独的精确科学，只能向我们提供有关现实世界之某一个别方面的理论性理解。因此，经济理论只需要从经济视角去分析和理解经济现象，发现经济规律。要求在经济理论研究中考虑非经济因素，既是对精确取向的理论性研究，也是对理论性研究之经验取向的一种奇怪的错误理解。要求应当在与国家之整个社会、政治发展之联系中研究经济现象，实际上是植根于一种糊涂的抱负，即企图将一种特定的历史研究视角，强加于理论经济学，而这是与理论经济学的性质完全相悖的。

门格尔一方面认为存在适用于一切时空的一般性经济规律，又承认对于不同经济发展阶段，需要不同的规范性法律和经济制度。他认为理论经济学的任务就是发现一般性经济规律。同时他也正确地指出，在应用经济学中，不能指望找到适用于一切时空的经济制度、经济政策、法律法规。具体的一种政治规章、法律、制度、习俗等等，肯定不可能适合于所有的时代和国家，简而言之，不可能在各个不同的条件下都适用。在应用经济学领域，他充分肯定了德国历史学派的历史主义方法，一门经济政策科学最基本的方法论要求，必须是推进经济发展。它必须教给我们公共当局能够在考虑所有特殊的条件之后，借以推动经济发展的基本原则。这种方法正是我们历史学派经济学家所说的历史主义方法。

在经济理论应当是实证性的还是规范性的这一问题上，门格尔强调理论经济学主要是对各种经济现象做出实证性解释，而无须对其做出规范伦理判断。他毫不客气地指出，政治经济学中的所谓的伦理取向，是个含糊不清的要求，不管是对于政治经济的理论问题，还是对于实践问题，都没有什么意义，乃是思维混乱的结果；希望在我们的学科中采取某种伦理的取向，在一定程度上，是某种源于古典时代的哲学的残余，从另一个角度看，则是中世纪禁欲主义哲学的残余。然而，它至多也不过是对科学性不足的一种拙劣的补充，一如其在历史研究中所具有的作用一样。

由于重视抽象演绎方法，门格尔的理论在表述上的特征就是逻辑结构的连贯性。他的《国民经济学原理》，在叙述上与历史学派完全不同，采用的是从基本命题出发演绎出全部结论的方法，从而给人们强烈的体系感，它不是一些资料或若干缺乏联系的思想火花的简单堆砌，而是一座理论大厦。

门格尔方法上的又一基本特征是采用了边际分析方法。"边际"这一术语并非门格尔所首创，但他是在经济分析中运用边际概念的首批经济学家之一。在他这里，边际分析方法对经济科学的重要意义得到了初步的揭示，这就是用边际效用来说明消费者对财货的主观估价，用两种财货的边际效用来说明它们的交换比例的确定。在后一种运用上，边际分析方法与经济生活中一系列优化原则的关系得到披露。

施莫勒

古斯塔夫·冯·施莫勒认为经济活动就是获取财富，而实现这一目的的手段主要是通过节俭积累资本。他在1904年出版的《国民经济学大纲》中写道，经济活动的主要目的在于获得最大量的财货。想要在这方面取得真正的进步，必须有一个先决条件，那就是在具有经济设备的条件下牺牲目前的利益来换取更大的长远的利益，也就是说这样来换取将来的更丰富的生产或者是更能节省力量。他认为国民经济包括城市和农村、商品生产和市场交易以及一切权力中心的政府。他对于国民经济提出了一个非常宽泛的定义，国民经济，是作为一个整体去领会的和作为整体而产生作用的、受着统一的民族精神和统一的物质因素支配的、一个民族的经济和社会活动的总体。这里他特别强调了整体性、统一性。他强调了政府对经济活动的无可回避的影响，企图设想有一个自然的国民经济，设想它超然存在于国家之外，完全脱离一切国家的影响，那纯粹不过是一个幻想罢了。这种观点为他反对英国古典经济学的自由主义观念、主张政府干预经济的政策建议提供了理论根据。

施莫勒强调社会生活的统一性，反对从单一因素出发去说明经济现象，反对把复杂多变的经济世界纳入少数几条简单的分式，强调要用有机的系统观点而不是简单的机械观点去看待经济现象乃至全部社会现象。因此在研究中他们反对采用所谓的隔离性，即把经济现象与其他各种社会现象如法律、道德和心理等隔离起来进行研究的做法。这种研究经济现象的做法，最终在马克斯·韦伯那里结出了硕果。

施莫勒怀疑一般性经济规律的存在，轻视对经济发展进行一般性概括的努力。他写道，现在被称为的历史规律不是靠不住的结论，就是陈旧的心理概念。我们完全有理由怀疑今天我们能够和应该谈论历史规律。在1904年出版的《国民经济学大纲》中写道，我们不懂得历史的规律，虽然我们有时谈到经济的和统计的规律。我们甚至不能说人类的经济生活是否有任何统一的因素，或是否显示出任何一致发展的痕迹，或者它是否在向前发展。这种观点是他反对英国古典经济学的自由贸易政策、主张德国发展经济的特殊道路的理论依据。

施莫勒针对英国古典经济学的经济人假设，提出了自己对于人们从事经济活动的原初动机及其表现方式发展变化的看法。在他看来，英国古典经济学把人们从事经济活动的动机看作是追求利润的赢利心，是过于粗糙简单了。他承认人们从事经济活动的原初动因确实是趋乐避害，一些原始的感官的快乐感觉和痛苦感觉以及与其相关联的其他生存欲望，次之，还有要求表示身份显赫和从事装饰的心理，对拥有武器和工具的愿望，以及借着毕一事之功来作为自我表现的愿望，这些才是促成经济行为的最先的和持久的动因。

同时，施莫勒又颇有见地地指出，这种最初的动因的具体表现形式是会随着条件的变化而变化的，是历史的。自从有了牧蓄财产、有了多妻和奴隶，尤其自从往后发生了贸易或贮藏了贵金属以及出现了放债之后，这才产生对于积聚财产的强烈的私有愿望。而为了实现这种愿望，在很长一段时期里人们是不择手段的。他以日耳曼人为例，指出只有在经历了漫长的年代之后，这种起初流行在各部落并发展成了普遍现象的尔虞我诈、强取豪夺的作风，才逐渐过渡到一个比较稳定的时代，而转变为在固定下来的法律和严峻的宗教规范以及世俗习惯所许可的范围内去殖财致富的另一作风了。这样才产生出文明民族当中的赢利心的现象；这种赢利心是伴随着个人的自信心和自觉而出现的，是伴随着现代的个人典型而出现的。自我保存和自我表现不再是通过以往的老办法了，很多人改为从集中力量搞企业、搞利润、搞财产去达到这个目的了。由此可知，被英国古典经济学当作理论前提的赢利心并非人类的天性，而是历史发展的产物。赢利心是一切文明人类所共具，而还不是野蛮人所可能有的。只有当自给的生产让位给为市场而生产，只有当多数的人利用错综复杂的商品交换关系来赚取自己的主要收入，而这种分配制度并且有助于使愈坚强、愈聪明、愈勤劳的人取得愈大的份额的时候，赢利心才发展到充分的地步。总之，赢利心是后起的东西；它是由感官的需求和替将来作打算的意识里边，由自我克制和聪明的饶有作为里边，成长出来的。他指出，赢利心的逐步发达，第一是以技术的社会的一定发达程度为前提，第二是建立在一定的道德观念、习惯和法律限制的基础上的，第三它受到凡人皆同的原始欲望和享乐感觉的催动，不过其自私的程度却因人不同而已。

　　施莫勒针对英国古典经济学对于经济人赢利心的基本肯定态度，指出赢利心会有不同的表现方式，既可能表现为刚毅果断、饶有作为的守法合德的经营企业，也可能表现为贪得无厌、寡廉鲜耻、尔虞我诈、损人利己的赢利狂。因此，他认为社会面临一个亟待解决的严重问题，既一方面要求通过什么道德的手段和社会的措施来维护健康的赢利心，如果没有它，那么巨大的社团的经济努力（合法的自我表现）、人的自由和个性的发展，会变成是不可想象的；但另一方面又需要限制住那些私有狂和不公行为，因为这些使我们的道德的和经济的生活遭到了威胁。为了解决这个问题，他不同意社会民主党人消灭赢利心的主张。但鉴于赢利心可能会有不良的表现方式，因此他主张用一定的道德习惯、各种法律和制度规范来管束和制约赢利心，让不当赢利行为受到抑制，使正当赢利行为得以发扬。

　　施莫勒一方面认为并非所有经济行为都可以用赢利心去解释，另一方面又看到了赢利心对于一个社会经济发展的重要性，也看到了一些具有赢利心的企业家既有毅力坚强、聪明能干、不屈不挠、颇有作为的一面，同时也有虚荣心重、自命不凡、缺乏同情的一面。他指出，这类人时常不是属于值得亲近的、高尚的人物典型；完全让他们来统治社会，这也不是我们所希望的；但是，只要他们的毅力和才干远远大于他们的赢利野心，远远大于他们对待竞争对手和对待主顾及工人的严酷，只要是那样，那么我们就要问：比起徒然让一些不管是品质多么高尚的懦夫，比起让愚蠢的、不通业务的那种企业家来占有前一类人的地位，是否前一类人对于全体的福利所能作出的贡献到底还是大些？他的结论就是，只要赢利心能够对于整个的积极性有所提高，但又不至于造成不公平，造成残酷，不至于造成对弱者的虐待，也就是说没有悭吝、压迫工人和奸商的那些邪恶行为，那么对于一切阶级说来，赢利心的发扬还是一个进步。

　　与英国古典经济学相比较，应该说，施莫勒对于经济人假设的看法，对于赢利心的历史性、两面性的分析，是更加深入全面的。在此基础上提出的要用道德和法律来抑止赢利心的不当表现和发挥其正面作用的主张，也是很有见地的。对于赢利心两面性的看法，也许就是他强调道德，主张政府干预，反对英国古典经济学自由放任主张的理论基础。

　　在经济学的研究方法上，施莫勒肯定了实证分析方法，强调经济学的目的在于掌握事物的规律，在于阐明事物的内在联系之无可辩驳的真理。因此，他反对由伦理原则或社会理想如平等、自由、公正引申出来的片面的演绎的论断，强调只能根据对各种因果关系的严肃认真的揭示而归纳出的真理。而为了发现真理，他强调要注重观察，要善于在观察中把各种影响因素隔离开来。要通过观察，从个别对象归纳出根本性的一般法则。

　　而对于这种一般性法则，施莫勒认为由于社会的高度复杂性，历史规律是难以认识的，只能认识国民经济的规律和统计规律，如人口法则、工资法则、价格法则、地租法则等等。而国民经济也并非存在一个最终的统一的法则，只能根据不同的民族性和历史，根据实际情况去了解各个国家特殊的法则。而由于国民经济内容的复杂性，自然不可能单独依靠一个方法来进行研究。他强调新历史学派不同于罗雪尔的地方是，新历史学派不急于求得普遍的结论，而感到有更大的需要去从历史综合的阐述出发，循序渐进，以达到特定的各个时代民族和经济状态的专项研究。他实际上是区分了一个国家的历史发展规律和经济规律，强调了前者的不可知性和后者的多样性。

施莫勒在与门格尔关于经济学方法论的争论中，反对英国古典经济学的公理演绎方法，强调以归纳法为特色的历史统计方法。但是他实际上反对的是仅仅依靠一两个心理学命题去解释整个复杂的经济现象。他实际上也并不走极端，并非根本反对演绎法，反对的只是肤浅的不充分的前提。他只是在研究中更加注重历史事实，深信可以通过大量观察从历史事实中归纳出经济理论。他曾经说过："归纳法和演绎法都是这门科学所必需的，正像左脚和右脚都是行走所需要的那样。"[1] 我们获得的成果既应当归功于归纳法，也应当归功于演绎法。顶多不过是在有些时候，根据不同的认识水平，在各个不同的科学领域中，对这一方法或那一方法有所偏重罢了。但是需要注意，他所谓的归纳法，与我们今天赋予这个概念的含义并不完全一致，他在一处写到，归纳是从已知的分析的或综合的真理出发，从这些真理当中通过判断和组合再去发掘新的真理；遇到复杂的现象则试验着运用已知的真理去解释；这样做的主要意义是，人们面对新的问题时只有尽多地利用已经确立的命题，就其可能的结果试验着、鉴赏着、探索着，希望从这里边找到解决的途径。按照这种说明，他的归纳法就不仅仅是从个别推论一般的求得结论的方法，更是一种提出假设的试错方法。

施莫勒认为需要通过逐渐积累的、叙述性和统计性的历史材料，经济学才能具有新的前途。他在争论中把自己的方法称作历史统计方法，主张通过大量搜集和利用统计资料及历史资料，并运用当时已经逐渐发

---

[1]　转引自夏尔·季德、夏尔·利斯特：《经济学说史》下册，商务印书馆 1986 年版，第 459 页。

展起来的统计学方法，来研究经济问题。他们指出，经济学的研究在于努力收集大量的资料，历史的和当前的，然后运用归纳法从中得出若干结论。新历史学派也确实在实践中运用了他们所主张的方法，埋头于社会经济各方面的史料的搜寻和整编，在 19 世纪后半期发表了大量关于某些国家尤其是德国的经济制度、经济组织和经济生活的各种专著。

施莫勒与门格尔在方法论方面的分歧，其实并非像双方所渲染的那么严重，双方其实都认可两种方法的必要性和重要性。事实上施莫勒在别的场合也承认演绎法和归纳法一样，都是经济研究所不可少的。两者的分歧实际上源于双方研究领域的不同。施莫勒更加侧重从宏大视角研究各个国家的经济发展史、各项经济制度的历史演变，而门格尔更加侧重从微观角度研究市场经济中微观主体的行为。因而前者不得不更多使用历史归纳方法、实地考察、提问求答的办法，不得不强调各国经济发展的特殊性；而后者则可以更多使用抽象演绎方法，强调经济主体行为动机和方式的普遍性。

对于门格尔和施莫勒之间的这场著名的方法论论战，熊彼特认为争论双方都有一定的道理，应当承认各种方法都有其一定的适用性。这就是说双方的分歧并不像争论中所表现出来的那么大。熊彼特认为争论的激烈程度并非源于意见的实质性分歧，而是由于其他三个原因：大量的相互误解；学者的气质不同，有历史气质（更注重历史过程）和理论气质（更偏爱定理的推导）之分；派别倾向。

施莫勒为首的新历史学派注重运用统计资料和统计方法从事经济研究，确有可取之处，同时他们注重对历史资料的整理，为后人提供了一大批经济史的研究成果。他们的方法虽然不能替代抽象演绎分析方法，但不失为后者的有益补充。他们对普遍性规律的否定虽有偏颇，但能引起人们对各国经济生活特点的研究。他们把经济、法律、伦理及心理诸现象作为一个整体加以研究的做法，也很有可取之处。

瓦尔拉斯

任何一位在经济学说史上进行创新活动的经济学家，都首先在经济学的目的和对象方面提出自己独特的看法，瓦尔拉斯同样如此。他提出，为了认清经济学的目的和对象，首先需要区别科学、技术和伦理学，它们各自的标准是真、效用（指的是物质福利）和善（指的是公道）。科学的职能是对自然现象和人类现象进行观察和解释，但并不对人类的行为进行指导。指导人类的行为是技术和伦理学的职能。而人类行为有一个基本的区分，一类涉及人与自然的关系，另一类涉及人与人之间的关系，技术对第一类行为进行指导，而伦理学则指导第二类行为。

根据上述区分，瓦尔拉斯把经济学分为纯粹经济学、应用经济学和社会经济学三部分。纯粹经济学研究社会财富本身，应用经济学研究财富的生产，社会经济学研究财富的分配。瓦尔拉斯定义社会财富为有用且稀缺的一切物质和劳务。有用和稀缺这两个性质造成了三个后果：（1）社会财富是可以占有的，无用的东西没人愿意占有，有用但无限的东西没有必要占有；（2）社会财富是可以交换从而具有交换价值的；（3）社会财富是可以经由生产而增加的，对占有活动和生产活动加以指导是社会经济学和应用经济学的任务，对交换现象进行观察和解释是纯粹经济学的任务。因此，纯粹经济学的研究对象是社会财富的交换价值，其目的是说明交换价值的决定。

瓦尔拉斯认为，纯粹经济学需要用数学方法来进行研究，他对自己所采用的数学方法作了如下说明：从现实类型概念抽出经它下定义的理想类型概念，然后以这类定义为基础，在演绎推理下构成其定理和证明的整个体系。然后它又回到经验，但不是借此证实它的结论而是要应用它的结论。通过数学推理得到的并不是对现实逼真的写照，而只是对现实的近似描绘。他反对某些并不懂得数学的经济学家对于数学方法的责难，坚信他们绝不能阻止在自由竞争下确定价格的理论成为一个数学理论。

同时，瓦尔拉斯是首批倡导并坚持方法论个人主义的经济学家。他从个人的意愿和行为出发去解释市场价格现象。

瓦尔拉斯的主要贡献是建立了说明交换价值的一般均衡理论。这个理论由从简到繁的几个部分所组成。这几个部分都以下述几个假设为前提：

1．关于市场结构的假设。他假定交换总是在完全竞争的拍卖市场中进行，该市场中不存在任何摩擦，并有着最完善的组织。这意味着交易总是在均衡价格下才实际进行，而在未达到均衡时，交易各方并不实行真实的交换，只是表达各自的供求意愿，按瓦尔拉斯的说法，便是显示出表明供求数量的"票证"。

2．关于经济人行为的假设。他假定经济人总是追求其目标值的最大化。

3．关于需求函数和供给函数的性状的假设。他假设个人对于某种商品的需求或供给是价格的非连续函数，但整个社会对于某种商品的需求或供给（由所有个人的需求或供给加总而成），由于大数定律，是价格的连续函数。这一假设在他那儿，是运用数学方法分析交换价值的决定所必不可少的。除了上述三个共同的假设前提之外，一般均衡理论的各组成部分还有各自特殊的假设前提。随着理论由简到繁地展开，这些特殊假设逐步逼近现实，但共同的假设则始终未变。

马歇尔

马歇尔认为经济学的研究对象是财富和人，是研究人的日常生活事务方面最有力、最坚决地影响人类行为的那些动力和阻力，但这些动力和阻力的强度必须是能够以货币衡量的。同时他并未否定其他的动力和阻力对于人类行为的影响。他认为货币一般购买力或物质财富之所以能成为经济学研究的中心问题，并非因为它们是人类努力的主要目标，而是因为它们是衡量人类动机的唯一便利的方法。

在马歇尔看来，经济规律的存在是毋须说明的。值得注意的是经济规律的性质。他认为经济规律相当于较为复杂和较不精确的自然科学的规律，它表达的不是各种现象之间带有必然性的确切的数量关系，而是带有概率性质的大致趋向。

马歇尔研究方法最主要的特征有三点：连续原理、边际分析、局部均衡分析。

马歇尔从生物学和数学得到启示，'自然不能飞跃'这句格言，对于研究经济学的基础尤为适合。他强调自己学说的特点是注重对连续原理的各种应用。该原理的含义是说在经济现象中难以划出非此即彼的界限，任何不同的经济现象之间都存在连续关系。例如他认为在正常价值和市场价值之间没有显著的区别，对一定时间而言的正常价值，对更长时间来说不过是市场价值。地租和利息的区别，同样应视时间长短而定，没有绝对分明的界限。流动资本与固定资本、新投资与旧投资，也是同样。在算作资本和不算作资本的东西之间，必需品与非必需品之间，生产性劳动和非生产性劳动之间，也都没有明显的区别。

马歇尔还把连续原理运用到经济学说史的发展上，认为新的学说补充了旧的学说，并扩大和发展了、有时还修正了旧的学说，而且因着重点的不同往往使旧的学说具有新的解释；但却很少推翻旧的学说。他认为经济学研究的不同课题之间也贯穿着连续原理。例如分配问题和交换问题便不能截然分开，可以用供求平衡的一般原理来说明这两者。

马歇尔承认，他关于发展的连续性概念，以及在此基础上建立起来的经济学观点，从实质上讲是受到生物学、历史学和哲学的影响，而在形式上则是受到数学的影响。这一点与18世纪的经济学家大多受到牛顿机械力学的影响，从而强调固定不变的自然法则形成鲜明对照。

综上所述，马歇尔把连续原理用于两类现象上：一类是与发展变化有关的历时现象，如经济思想的变化，经济制度的变化等等。对这类现象来说，连续原理意味着变化过程不存在突变和飞跃。另一类现象是指同时并存的各种共时现象，如资本和非资本、必需品和非必需品、利息和地租等等。对这类现象来说，连续原理意味着它们之间不存在严格的界限。在他的体系中，连续原理导致三个主要成果：(1)他看到经济学各领域中分析方法的统一性，从而把边际分析方法贯穿到各领域的分析中。(2)他把交换理论和分配理论统一在供求均衡论的基础上，不像在古典学派那里分别受不同原理所支配，从而使他的体系具有逻辑上统一简洁的美感。(3)他把边际主义与古典学派在价值论 分配论方面的观点进行了综合，从而使得古典经济学好像变成了边际主义的一个组成部分，这便使得古典经济学失去了独立存在的地位。直到很久之后，人们才重新发现古典经济学的许多重要内容，如人口变动、经济增长，制度变迁等等，在马歇尔的综合中被排斥或不再占据重要地位了。而在这些方面，古典经济学具有比马歇尔综合体系更丰富的内涵。

对连续原理的笃信，微分学在研究连续变量中的重要作用，再加上古诺和杜能的影响，使马歇尔深信对于经济学来说，增量是比总量更重要的概念，从而引起他对边际增量分析方法的广泛运用。他大大拓宽了边际分析方法的使用范围，把早期边际效用论者仅仅用于分析需求和效用的方法，用于分析经济学各个领域。他不但运用这个方法分析欲望、效用和需求，还分析成本、收益和供给，并在此基础上说明商品的价值；而且还运用这个方法来解决国民收入的分配问题，从而使他成为边际生产力论的发明者之一。在边际生产力论的基础上，他不仅解决了收入分配问题，也解决了生产过程中各类资本的配置问题以及诸生产要素配合时的替代问题。

边际分析方法的广泛使用，是马歇尔在方法上区别于早期边际主义者的主要特征之一。这一特征对西方经济学以后的发展极有影响，影响到经济学的方法甚至内容。边际分析在本质上是微分学在经济学中的表现，而微分学又与数学中的古典优化理论联系密切，所以边际分析便在以后的发展中演化成优化分析，许多经济问题最终被归结为寻求不同场合下的极值问题。而边际—优化分析方法所取得的成功，又使得经济学中那些可以运用此种方法的内容扩展起来，而难以运用此种方法的其他内容逐渐萎缩，使经济学从一门涉及制度变动，资源增减，交换价值，收入分配等诸多方面内容的学科演变为既定制度，既定资源条件下合理配置资源的学科，它以牺牲研究领域的广阔为代价换来了对某部分内容研究的深入。

局部均衡分析，是马歇尔研究方法的第三大特征。均衡概念是从力学中吸收过来的，表明各种方向相反的力互相抵消时的一种状态。他的均衡状态则是表达各种相反的经济力量相互抵消时的状态，也就是古典学派所说的"正常状态""自然状态"，只是古典学派未用"均衡"这一字眼来表达之。所以注重分析均衡状态并非马歇尔方法上的创新。古典学派也注重分析均衡状态，只是对于构成均衡状态的经济力量的分析，他与古典学派有所不同。他侧重从供求两个方面来说明均衡状态，而古典学派侧重从资本在各种产品生产之间自由流动的停止来说明市场均衡状态。

马歇尔对于均衡分析方法所增加的新东西，主要不在于提出"均衡"这一名词（当然这也是他的贡献之一），而在于提出了局部均衡的分析方法。他之所以要提出局部均衡的分析方法，以及这一方法的特征何在，最好是以他本人的话来阐明："我们要研究的力量为数是如此之多，以致最好一次研究几种力量，做出若干局部的解答，以辅助我们主要的研究。……我们用'其他情况不变'这句话，把其他一切力量当作是不起作用的：我们并非认为这些力量是无用的，不过是对它们的活动暂不过问而已。"[1] 由此可知，局部均衡分析方法是分析复杂的经济现象的一种近似方法。这一方法实际上一直为古典学派甚至除洛桑学派之外的边际主义者所不自觉地使用着，只是马歇尔明确指出这一方法的局限性和合理性。正因为如此，他才能非常熟练地运用这一方法，同时又不至于掉入这一方法所造成的陷阱。能够指出自己分析方法的局部性质，这正说明他已经意识到一般均衡方法的存在，正如熊彼特所指出的："《经济学原理》的正文可以说明，它的附录更足以证明马歇尔完全掌握了一般均衡观念。"[2] 只是他没有把一般均衡方法作为自己的分析方法。他所提出的"其他情况不变"这一研究方法，是研究复杂现象的一种利器，是他能够对于经济学作出巨大贡献的重要因素之一。正是这一方法，使得马歇尔能够提出著名的供求曲线，能够用供求曲线的交叉点来说明均衡价格的决定。当然，这一方法能否避免错误结

---

[1] 马歇尔：《经济学原理》上卷，商务印书馆1981年版，第19页。
[2] 熊彼特：《艾尔弗雷德·马歇尔》，载《从马克思到凯恩斯十大经济学家》，商务印书馆1965年版，第101页。

论，关键在于能否知晓假定不变的其他情况的具体内容。正是因为马歇尔熟知在价格决定中假定不变的其他情况的具体内容，如收入、偏好、技术、相关商品的价格等等，才能够对商品价格的决定理论作出卓越贡献。

虽然以局部均衡作为主要分析方法，但马歇尔的分析绝不仅仅是静态的，而是以静态分析为基础，大量地涉及动态成分。正如他自己所说的，他的书"常使用'平衡'这个名词，它含有静态的相似之意。这个事实以及本书中特别注意的近代生活的正常状态，都含有本书的中心概念是'静态的'，而不是'动态的'之意。但是，事实上本书始终是研究引起发展的种种力量，它的基调是动态的，而不是静态的"[1]。他体系中的动态成分主要表现于以下三点：一是引进短期、长期这一对概念，比较了短期均衡与长期均衡的区别，分析了引起短期均衡向长期均衡变动的因素。二是分析了各种生产要素数量（有时还有质量）的变化趋势，尤其是产业组织这一要素的变化对内部经济和外部经济的影响。而这方面的变化在他看来是会改变供给曲线的形状和位置，从而最终引起均衡状态的变更的。三是分析了经济进步对收入分配的影响。

按照克拉克关于动态分析的分类，马歇尔的动态分析主要侧重于不同均衡状态之间的比较分析，以及旧均衡向新均衡过渡的原因分析，较少涉及失衡向均衡的趋近过程。

对于经济学家中间长期存在的关于抽象演绎方法和历史归纳方法之争，马歇尔采取的是他一贯的综合态度，强调两种方法同样重要。他认为经济学需用归纳法和演绎法，但为了不同的目的，采用这两种方法的比重也不同。他提出，科学，当其获得新规律时，应该说是归纳性的；当从这些新规律中进行推理并试图弄清它们之间是如何相互关联时，应该说是演绎性的；经济学究竟是一门归纳性的学科还是一门演绎性的学科，一直以来，人们总是众说纷纭。其实，经济学两者都是：它的归纳

---

[1] 马歇尔：《经济学原理》上卷，商务印书馆 1981 年版，第 19 页。

连贯起来就是演绎；它的演绎连贯起来则是新的归纳。

值得特别指出的是马歇尔对于数学方法的态度。作为数学专业出身的经济学家，他似乎对于数学方法在经济学中的运用具有比其他人更多的顾虑。这种顾虑不仅仅表现在表达方法上，虽然他《经济学原理》的论点大部分都可以有相应的数理模型，但书的正文几乎全是文字和图形，所有的数理内容都作为附录或注释。据说这样做是为了让非专业的企业家等人也能够看懂他的书。他的顾虑更表现为对于在经济学探讨中能够运用数学方法取得成功的深深怀疑上。他在 1906 年写给专心于使用数学和统计学方法研究经济学的朋友阿瑟·莱昂·鲍利（Arthur Lyon Bowley）的一封信中，有如下一段文字：

"我找不到任何对你有所用途的关于'数学—经济学'的注释；对于我过去是怎样考虑这一主题的，我只有非常模糊的记忆。现在我从不阅读数学；实际上，我已经忘记怎样将很多东西结合在一起成为一个整体。

但是我知道最近几年对于我所从事的主题，我有越来越多的感觉，即一条涉及经济假设的优秀数学定理，非常不太可能是优秀的经济学：我越来越多地依靠这些规则——（1）将数学作为一种速记语言来使用，而不是作为分析的发动机来使用；（2）在你做完之前坚持使用它们；（3）转换成英语；（4）然后用实际生活中重要的例子来说明；（5）烧掉数学；（6）如果你在（4）上没有成功，就烧掉（3）。我经常遵循最后这一条。"[1]

从这段含义并不非常明确的文字中，还是可以看出他对于在经济学中运用数学发现真理的不信任态度的。当然，这种态度是否完全正确则应该另当别论。

J. B. 克拉克

由萨伊创始，经穆勒父子的修正，经济学习惯上分为四个组成部

---

[1] 转引自：哈里·兰德雷斯、大卫·C.柯南德尔：《经济思想史》，人民邮电出版社 2011 年版，第 292—293 页。

分：生产、分配、交换和消费。克拉克反对这种传统的划分。他指出，若从整个社会的角度来看待生产活动，则它包括了交换和分配。首先，通常在交换理论中所讨论的价值问题，实质上是收入在各产业团体之间的分配问题。交换论实际上是关于社会产业组织的理论，因此应划归分配理论。这样分配理论便涉及两种分配现象：收入在各要素所有者之间的分配以及在各产业团体之间的分配。其次，不论哪种类型的分配，都与分配者（要素所有者或产业团体）在收入生产过程中的贡献份额或创造财富的功能有关。因此研究分配便是研究贡献份额或创造财富的功能，分配问题实质上是一个生产问题。

在破除了传统的划分之后，克拉克首先把经济学划分为两部分：研究生产和消费的一般规律为第一部分，研究这些一般规律在各种经济中的具体表现为第二部分。他认为主要的一般规律有三条：消费品级差效用规律、生产工具的级差效用规律和劳动的级差效用规律。这里的"级差"一词，实际上就是"边际"概念。他认为这三条一般规律存在于任何经济之中。

原始的

|　|　|
|1|2|
静态的 ———————— 动态的
|3|4|

社会的

图1.1

克拉克把经济划分为不存在分工交换从而不存在分配问题的原始自然经济，与存在分工交换从而也存在分配问题的所谓有组织的经济（即今天人们所说的市场经济）。对这两种经济，他认为又可以从两种角度去进行研究，分为静态分析和动态分析。他用上图表述了他的上述划分。第三象限是静态有组织社会经济，第四象限是动态有组织社会经济。他重点分析了静态有组织社会经济和动态有组织社会经济。

按照克拉克的看法，所谓静态，就是人口、资本、生产方法、产业组织以及消费者偏好这五个动态因素保持不变，从而产品的品种和产量也不变；但生产不断持续，劳动和资本要素自由流动的状态。这实际上就是今天人们所说的自由竞争条件下的均衡状态。而静态分析则要研究上述三条一般规律在静态有组织经济中的具体表现。他认为，三条一般规律在有组织经济中成为分配的自然规律的基础，消费品级差效用规律成为自然价值的基础，生产工具级差效用规律和劳动级差效用规律分别成为自然利息和自然工资的基础。因此，静态分析就是要研究静态条件下自然价值、自然利息和自然工资的决定。他承认，静态并不是一种实际存在的状态，但是静态分析所确定的自然价值、自然利息和自然工资，为并非静态的实际经济生活提供了变化的标准和变化的方向。

克拉克认为，有组织社会经济的动态分析包括两方面的内容：一是研究实际状态与静态标准存在偏离的原因及后果，以及偏离将以什么方式、什么速率趋于消失；二是研究五个动态因素分别变化或同时变化时，静态标准本身如何变动及这种变动所导致的后果．他认为第二方面的内容是更重要的。

在完成静态分析的基础上，克拉克对经济的动态进行了初步分析。他进行动态分析的一个基本前提，是假定只要静态标准不变，则无论实际状态初始对静态标准有多大偏离，最终都趋向标准。这说明他把静态均衡的稳定性作为不言而喻的前提。他的动态分析大致含有三部分内容：(1) 说明实际状况偏离静态标准的原因；(2) 说明动态因素对收入分配和产业结构的影响；(3) 用动态分析方法说明世界划分为发达地区和不发达地区的原因。

在上述假定前提下，造成实际状况偏离静态标准的原因有两个：一是存在着各种阻力，使实际状况不能迅速逼近静态标准。但他认为这个原因不是主要的，故对阻力没有展开说明，但从他的全文来看，阻力主要是指妨碍各种生产要素自由流动（行业之间及区域之间）即妨碍自由竞争的各种因素。二是静态标准本身的变化。他认为这才是导致实际状况偏离静态标准的主要原因。[1] 正是由于静态标准本身的变化速度快于实际状态向任何既定静态标准逼近的速度，才使得实际状况始终不能与静态标准达到一致。

克拉克认为静态标准的变化起源于五种动态因素：人口不断增长、资本不断增长、生产方法不断改良、产业不断集中、人们的欲望不断增长。他进一步考察了五种因素分别变化和同时变化对静态标准的不同影响。若其他因素不变，只是人口（或资本）增加了，由于这种增加通常总是带有局部性的，故一定会引起劳动力（或资本）发生跨地区跨行业的流动。若其他因素不变，只是生产方法改良了，若这种改良只发生在个别部门，则该部门产品的标准价值将相对下降；若改良同时发生在各部门，则产品相对价值（标准意义上的）的变动将小得多。若其他因素不变，只是人们的欲望变化了，若这种变化只是对原有产品的质量性能方面的要求提高，则对原有产品结构产业结构的冲击不会太大；若这种变化是要用一种完全新的产品来满足一种新的欲望，则将对产业结构产生很大的扰乱作用。

克拉克还指出，实际状态向既定静态标准逼近所需要的时间，随两者的差别由哪种因素的变动引起而有很大不同。一般说来，新生产方法普及所需要的时间较短，工人跨地区移动所需时间甚长。若前一种调整约需 5 年，后一种调整可能需 50 年。他认为，实际生活中这五种动态因素往往同时变化，这就使它们对静态标准的影响往往互相抵消一些，使静态标准的变化不如个别因素单独变动时来得大。他进一步分析了五种动态因素同时变化以及实际状况向静态标准的调整，对收入分配和产业结构的影响。

总的看来，克拉克的动态分析不如他的静态分析那么成熟，但其中包含不少有价值的有待于发展的思想萌芽。

克拉克对经济学的上述划分，有两点值得肯定：一是区分了一般规律与其在不同经济中的特殊表现，当然对于什么是一般规律，我们苦

[1]　参阅克拉克：《财富的分配》，北京：商务印书馆 1981 年版，第 304 页。

定要同意他的看法；二是区分了静态分析与动态分析。这一区分一直影响到今天西方经济学的分类，虽然在以后的发展中，静态和动态，尤其是后者的含义有了很大变化。从边际革命的角度来看，静态与动态的划分实际上是揭示了边际革命的局限，虽然他本人并未意识到这一点。整个边际革命在很大程度上是在静态假定的前提下重新构造价值理论，他的作用在于既肯定了静态分析的意义也指出其局限。他力图打破这一局限建立动态分析，但并未成功，只是指出了一个有待于进一步研究的课题。

J. N. 凯恩斯

J. N. 凯恩斯（John Neville Keynes, 1852—1949）强调经济学研究应当分为三个方面和层次，其方法各有千秋。(1) 纯理论部分具有实证科学的成分，它的目标是推导出具有假设性和普遍性的法则，更加适用于抽象演绎方法，因此抽象演绎方法在整个经济学研究中应当处于核心地位。(2) 规范理论部分，更需要伦理角度的分析，需要历史的、统计的和归纳的方法。(3) 经济政策部分，这是历史归纳方法大显身手的地方，但是他并不认为这部分经济学就像历史学派所说的那样只需要经济史和归纳方法。总体上，他强调经济学核心部分即纯理论部分更多地需要抽象演绎方法，而非核心的应用部分着需要更多的历史归纳方法。

J. N. 凯恩斯认为19世纪末出现的新经济学是对方法论大争论期间出现的各种观点精华的综合，并强调了经济理论发展中的连续性。

庇古与琼·罗宾逊

作为马歇尔的嫡传弟子，庇古（Arthur Cecil Pigou, 1877—1959）继承了他关心福利问题的传统，于1920年发表《福利经济学》。这部巨著是西方经济学发展中第一部系统论述福利经济学的专著。

庇古认为经济学是改善人类生活的工具。围绕在我们周围的贫穷、痛苦和污秽，一些富有家庭的能招致损害的奢侈，笼罩在许多贫苦家庭头上的可怕的不确定性——这些都是非常的、不容忽视的罪恶。运用经济科学所探求的知识，我们有可能对这些罪恶加以控制。他指出，卡莱尔宣称求知欲是哲学的开端。但经济学的起源则是出于对肮脏简陋的街道以及生命中的不快乐表示厌恶的社会热忱。这表明，他认为经济学的目标应当是改变社会贫富差距过大的局面，增进社会福利。而福利经济学的目的是研究社会福利最大化的条件，是研究如何使社会经济福利达到最大化。因此，它是一种规范经济学，致力于研究"应当是什么"、"应当如何"这类问题。而不像实证经济学那样研究"是什么"、"可能是什么"、"将是什么"、"怎么样"这类问题。

庇古着重研究经济福利。他对经济福利的含义进行了几方面的说明。第一，经济福利是一种与广义福利不同的狭义福利。广义福利包括经济福利和非经济福利。经济福利是与货币尺度相关联的那一部分福利，是主要取决于经济因素的那一部分福利。经济福利虽然有时会与非经济福利发生不同向的变化，但一般来说经济福利的增长很可能意味着广义福利的增长。第二，个人的经济福利与其他福利一样，是一种心理状态，一种满足感。第三，虽然非经济福利难以度量，但经济福利是可度量的，从而不同人的经济福利是可比较的，可加总的。第四，整个社会的经济福利是各个社会成员的个人经济福利的总和。由这四点可以看出，庇古的福利经济学是以边沁的功利主义哲学以及基数效用论为基础的。因此，他所建立的福利经济学后来被称作旧福利经济学，以区别于以序数效用论为基础的新福利经济学。

琼·罗宾逊（Joan Robinson，1903—1983）在分析方法上的最主要特征，也是最为当代西方经济学家所称道的特征，就是把边际分析方法广泛应用于效用、成本、收入、要素生产力诸方面。从而使厂商（无论是垄断的还是竞争的还是介于二者之间的）的行为分析由边际分析方法统一了起来。这对马歇尔体系来说是一个推进。马歇尔在分析垄断厂商行为时，主要通过总量（总收益总成本）概念。这与他在分析其他问题时主要运用边际方法是不一致的。琼·罗宾逊则主要运用边际概念说明了各类厂商的行为。她的分析工具现在是当代西方厂商理论的标准工具。

罗宾斯

罗宾斯（Lionel Charles Robbins，1898—1985）区分了规范分析和实证分析，认为含有'应该'的命题与含有'是'的命题是根本不同的。他特别强调了经济学的实证性质，经济学涉及的是可以确定的事实；伦理学涉及的是评价与义务。这两个研究领域风马牛不相及。在实证研究和规范研究的法则之间有一条明确无误的逻辑鸿沟。因此不可能用一个研究领域的结论来论证、加强另一个领域的结论。

罗宾斯在评价了以往各种关于经济学的研究对象的观点之后，提出了他自己的看法，经济科学研究的是人类行为在配置稀缺手段时所表现的形式。经济学家研究如何配置稀缺手段，对不同商品的不同稀缺程度如何使不同商品之间的估价比率发生变化感兴趣，对稀缺条件的变化（不论是目的的变化造成的，还是手段的变化造成的，也不论是需求造成的，还是供给造成的）如何影响这种比率感兴趣。经济学是把人类行为当作目的与具有各种不同用途的稀缺手段之间的一种关系来研究的科学。简单地说，经济学就是研究相对于人类的多种目的来说如何配置稀缺资源的科学。经济学为研究稀缺手段配置的科学。应当说这是一个具有深远影响的定义，虽然其雏形在门格尔等人那里已经初见端倪，但是能够给出如此明确清晰的概括，确是罗宾斯的一大贡献。为了加强该定义的精确性，他对稀缺性给出了严格的界定，稀缺性并非指单纯的稀少，而是说相对于需求而言是有限的。坏鸡蛋比好鸡蛋数量少得多，但不能说坏鸡蛋稀缺。他认为一物之所以成为财富，就是因为它稀缺。不稀缺的物品即便有用，仍然不是财富。

罗宾斯认为，在稀缺性前提下研究人类经济行为，需要三条公设，经济理论中的命题，显然都推演自一系列公设。其中的主要公设都在某种程度上涉及无可争辩的简单经验事实，这些经验事实告诉人们货物的稀缺性（这是经济学的研究对象）是如何在现实世界中表现出来的。价值理论的主要公设是，个人可以按某种顺序排列其偏好，而且实际上也正是这样做的。生产理论的主要公设是，有多种生产要素。动态理论的主要公设是，我们拿不准未来的稀缺性。这三条公设是没有时空相对性的，是普适的。从这种观点出发，他批驳了否定一般性经济法则的德国历史学派和美国制度学派。从这三条公设出发，还需要一系列普适性较低且具有时空相对性的辅助性的假设，才能够建立起解释各种具体经济现象的理论命题。

罗宾斯对经济人和理性人假设作出了他的解读。他反对把经济主体假设为单纯追求快乐的自私自利者，认为对经济学家而言，经济主体可能是纯粹的利己主义者，可能是纯粹的利他主义者，可能是纯粹的禁欲主义者，可能是纯粹的纵欲主义者，更有可能是这一切的混合体。对于经济人的理性，他否定经济学中的理性含有合乎伦理的意思（虽然在日常用语中常常包含这种意思），强调它的含义只是指主体选择的一致性，不存在自相矛盾。

在研究方法上，罗宾斯反对历史学派和制度学派那种轻视理论只专注于经验研究的做法，认为他们的努力未产生一条名副其实的规律，也没有产生一条具有永久正确性的数量法则。他们只是提供了一定数量的统计材料，出版了许多论述特定历史情形的有用专著，但却未提出一条具体规律，未发现一种基本一致的经济行为。将现代统计方法应用于经济研究的所有真正令人感兴趣的工作，没有一件是由制度学派完成的，而全都是由擅长复杂的正统理论分析的人完成的。他强调理论研究和经验研究之间的互补关系，实际研究可以提示应该加以解答的问题，可能检验所获得的答案的适用范围，可以提示进一步改进理论所需要做的假设。但却是理论，也只有理论能够提供问题的答案。

按照其定义，罗宾斯认为经济学的研究范围不能包括像人口变化、技术进步、法律制度的变化等等问题，虽然可以研究这些因素变化所带来的经济后果。用今天的术语来讲，就是他把这些因素看作是经济研究中的外生变量。对于这些因素，他认为我们预言变化过程的实际能力，我们若谦逊一点，或许不会过于自负。总之，经济学研究一方面向我们展示了一个有经济规律、有人类行为必须服从的必然性的领域，同时也向我们展示了一个这种必然性不起作用的领域。这并不是说在后一领域中没有规律，没有必然性。只是说，至少从经济学的观点看，必须把某些事物视为最终的事实。

按照前面的定义，罗宾斯区分了技术问题和经济问题，只有一种目的和多种手段时发生技术问题，而有多种目的和多种手段时发生经济问题。

在上述定义的基础上，罗宾斯明确宣布经济学的价值中立性，即经济学不判断人类各种目的的高下对错，不对各种目的进行价值评判。目的可能是高尚的，也可能是卑鄙的，可能是物质性的也可能是非物质性的。但如果达到一组目的要牺牲其他目的，那就具有了经济意义。经济学只研究人类在各种目的之间如何配置稀缺资源的行为。所有受稀缺性影响的行为都有经济意义。只有当目的影响手段的配置时，经济学才关心目的。

这种价值中立的经济学有什么意义呢？罗宾斯认为，虽然经济学无法解决目的的选择（这是伦理学的任务），但却可以帮助人类进行明智的不自相矛盾的选择。经济学能使我们明白我们可能选择的不同目的所具有的含义。它能使我们选择一系列彼此一致的目的。这就是说经济学能够使人们了解，由于稀缺性，选择一种目标所必须放弃的其他目标，从而慎重地做出选择。另外，经济学也有助于人们在实现目标时选择合适的手段。在激烈的政治斗争中，既可能对目的产生意见分歧，也可能对达到目的的手段产生分歧。经济学和其他任何科学都无法解决第一种分歧。如果我们对目的有分歧，那不是你死我活就是相互容忍，这取决于分歧的严重程度或双方的力量对比。但是，假如我们对手段有不同意见，则科学分析常常可以帮助我们解决分歧。值得慎重地将可以解决分歧的研究领域与不可解决分歧的领域区分开来，值得将中立的科学领域与争论较多的道德哲学和政治哲学领域区分开来。

威克塞尔

威克塞尔指出，经济学的性质并不是一成不变的，而是随着时代的变迁而变化的。在实行国家干预的重商主义时代,它是关于国民家计原理的科学,而在自由竞争的私有制时代,经济学已愈来愈成为相互依存着的可视为一个整体的经济现象的学说。而所谓的经济现象,便是人们利用既定手段达到尽可能大物质满足或利用尽可能少的手段达到既定物质满足的活动。概言之,经济学便是关于人们在约束条件下谋取物质利益最大化的活动的学说。

从经济学的上述性质出发,威克塞尔首先区分经济学为"理论的"和"实用的"两部分,并进一步将"实用的"部分区分为两部分:既定制度条件下基本理论的应用和对既定制度条件的评价及改进。于是,他把经济学分为三大块:(1)理论经济学,主要涉及对经济规律的论述。(2)实用经济学,主要涉及经济规律在具体经济生活中的应用。(3)社会经济学,主要涉及应当如何应用经济规律及应当对现存的经济制度进行何种改革。这样一种分类法,据他自己所称是源自瓦尔拉斯。但两者之间关于第三部分内容的看法是有着重要差别的,两人的区别可以从他们对于巴斯夏的不同态度中表现出来:瓦尔拉斯是力图从新的角度来论证巴斯夏的经济和谐论,而威克塞尔则认为经济和谐论恰恰是巴斯夏的错误。

对于理论经济学,威克塞尔又将其分为若干部分:(1)价值与交换理论,涉及消费和需求,及自由竞争和非自由竞争条件下的价值决定。(2)生产与分配理论,涉及生产三要素在生产中的作用及产品分配中的相对份额。但这部分内容并不包含生产要素财产权的分配问题。它属于社会经济学领域,明确区分收入分配与财产分配,是威克塞尔体系的长处之一。(3)资本理论,主要涉及动态条件下资本的积累及收益问题,而前两部分主要涉及的是静态分析。(4)货币与信用的理论。这部分内容进入理论经济学的范围,是威克塞尔的一大创造。但这部分内容本身,如以后所述,又是他结合了李嘉图的货币数量论与庞巴维克的资本利息理论的结果。可以说,马歇尔是在价值理论上对古典学派和边际学派进行了综合,提出了相对价格的决定理论,而威克塞尔则是在货币和信用理论方面对古典学派和边际学派进行了综合,提出了一般物价水平的决定理论。

　　威克塞尔认为，经济研究方法主要是抽象推理法，即从某些假设的前提出发，运用逻辑的方法，推导出相应的结论。他指出，采用抽象推理法所得出的结论是否符合现实，在多大程度上符合现实，取决于两点：(1) 假设前提的现实性如何；(2) 被抽象掉的因素的相对重要性。前提的现实性越强，被抽象的因素的相对重要性越小，则结论越可能接近现实。同时他也指出，在研究的过程中，有时可以先把某些重要的因素抽象掉，以使研究对象简单化，然后再进一步考虑开始被抽象掉的重要因素的作用。

　　威克塞尔的抽象推理法，包含了数学方法。他认为数学方法并不能保证不产生错误的演绎，但与单纯描述的方法相比，其优点在于不会长久地隐蔽错误。在推崇抽象推理法的同时，他也肯定了历史学派归纳方法的作用，认为两种方法之间是经济学研究中的分工关系。

林达尔

　　林达尔（Erik Robert Lindahl，1891—1960）首先分析了动态分析与静态分析的关系，指出人们以往是以静态均衡分析为基础，展开动态分析的，这往往使得动态分析变成对于围绕均衡点的变动过程的分析，而不是均衡点本身变化的分析。这就大大束缚了动态分析的内容范围。他在肯定静态分析作为一种使复杂经济现象简单化从而近似描述经济现象的分析工具的前提下，指出不能以静态均衡分析作为经济学基础，而要以他所说的一般动态理论作为基础，然后展开静态分析和针对特殊问题的动态分析。

　　关于一般的动态理论，林达尔首先给出了一个作为该理论基础的关于人的活动的基本假设：这些人在将来一个可长可短的时期内的活动，不过是着完成某些计划，而这些计划是在该时期初订定，由某些原则决定的。这些原则应该说明，这些计划是为了达到某种目的而拟订的，它们是以人们对于将来的期望为根据而这种期望又受到人们对于过去事件的看法的影响。根据该假设，他认为一般动态理论应由三部分构成：(1) 关于决定着计划的原则及实现计划的行为的后果的技术条件、社会制度和心理状态的说明。(2) 关于经济计划的理论，即计划（广义的指任何经济主体在开始行动前的任何打算和企图）的内容和修订计划所依据的原则。(3) 关于经济发展过程的理论。他重点说明了后两部分内容。

关于经济计划的理论，林达尔首先指出计划者订立计划所经历的两个阶段：(1) 提出各种可行方案并分析不同后果。(2) 选择最优方案。他指出，计划者在一定时期所做的选择，将影响到他以后时期中的选择范围。然后他按照计划的确定程度对计划进行了三种分类：(1) 不以制订计划和实施计划之间发生的事件为先决条件的计划，和以这些事件为先决条件的计划；(2) 确定具体行动的计划，和只确定可采取行为的范围的计划；(3) 不可变更的计划和可修改的计划。对于可修改的计划，他又提出了计划修改的四种分类：(1) 由于预期变动而引起的修改和因价值判断标准变动而引起的修改；(2) 起因于经济事件的修改和起因于非经济事件的修改；(3) 影响到近期行动的修改和影响远期行动的修改；(4) 以原计划为基础的修改和完全改变原计划的修改。根据上述分类，他认为经济学家最应关心的是那些影响到近期行动的修订。他认为修订计划的过程由四个环节组成：(1) 与计划者有关的各种因素的实际变化情况；(2) 计划者对这些变化的观感；(3) 由这些观感引起的预期变动；(4) 由预期变动造成的修订计划的行动。他认为，对计划的具体内容的分析不是一般动态理论的任务，而是特殊动态理论要做的工作。

关于发展过程的一般理论，林达尔认为应当把发展过程划分为一个个相对短的时期：他称之为"意识时期"，在该时期中，经济主体只是实施期初拟订（修订）的计划，并不进行计划的修订。意识时期中经济主体的计划行为及客观形势将导致经济变量及其他因素发生变化，经济主体在意识到经济变量和其他因素变动时将修订其计划，从而开始一个新的"意识时期"。他认为经济主体是根据事先计划的数值与事后实际数值之间的差异来修订计划，再实施修订后计划，而实施行为和各种客观因素将导致某种事后的实际值，经济主体再根据这个新的实际值与计划值之间的差异来进一步修订计划，如此不断循环，便构成了经济生活的动态过程。

分析这种动态过程的方法，一是事前—事后方法，即重视分析事前（实施计划之前）的计划值与事后（实施计划之后）的实际值之间的区别以及这种区别对经济主体的预期、计划和行为的影响；二是期间分析方法或序列分析方法，即重视经济实际变量逐期的变化。

林达尔将上述一般动态理论用于分析两个经济问题，建立了特殊的动态理论。一个是价格形成的动态过程分析，另一个是对于储蓄和投资的事前—事后分析。通常介绍林达尔的动态理论时往往介绍这两部分内容。但它们实际上只是他的一般动态理论的两个特殊应用。

林达尔的动态分析方法有两方面的意义：一是弥补了均衡分析的不足；二是使经济分析突破了均衡分析所适用的范围。均衡分析一般是西方经济学家的主要方法。任何均衡分析实际上都以经济主体的一定行为方式为前提，但对这种行为方式都缺乏详尽分析。林达尔的事前—事后分析方法弥补了这一不足。这一方法肯定经济主体是以一种反馈控制的方式进行行动的，而事前计划值与事后实际值之间的差别便是一种反馈信号，它影响经济主体的预期从而影响计划影响行为。除了弥补均衡分析的不足之外，林达尔的动态分析方法比均衡分析方法有更广泛的适用范围。它不但适用于趋向均衡的经济，同时也适用于并不趋向瓦尔拉斯式均衡的经济，或者适用于虽然最终会趋向均衡，但趋向均衡的过程相当漫长的经济，林达尔自己便承认，他的分析动态过程的方法，对于研究社会主义经济也许特别适合。

奈特

奈特（Knight, Frank Hyneman, 1885—1972）《风险、不确定和利润》一书的主要目的是对企业家的作用，即对组织体系中的'中心人物'以及决定其职能报酬的各种力量，进行更全面更仔细的研究，以求对自由企业理论作出具体的技术贡献。为此，他区分了实证分析与规范分析，要求区分对经济现象的描述解释和对它的批评或辩护。

　　奈特对经济学的性质和研究方法提出了自己的看法。他认为基于功利主义假设的经济学理论，讨论的是给定的所有者，根据给定的技术体系对给定资源的使用以满足给定的欲望的过程，如何通过完全的市场体系组织起来。同时，他又强调经济学不能只是经济的而不包括政治和伦理学的内容在内。他还认为经济学不仅要研究均衡，还要研究趋向均衡的过程。对于新古典的价格理论，他一方面认为传统思路的价格理论（由于实证—计量的内容而更为完备）显然是研究有目的的人类行为的最为科学的学科，在引导社会行为方面也是最为实用的一种理论。同时他也看到了它的局限性，它实际上只适用于经济上按照资本主义或自由企业模式组织起来的社会。他指出了经济理论的严谨性与现实性之间的矛盾，认为需要兼用抽象演绎方法和经验归纳方法。

凡勃伦

　　凡勃伦（Thorstein Bunde Veblen，1857—1929）把整个科学纵向划分为前达尔文主义时代和后达尔文主义时代，认为前达尔文主义时代的科学关注的是研究对象的初始状态及其变化过程的最终确定的同时也是理想的均衡状态，是一种简单的因果状态罗列；而后达尔文主义时代的科学关注的是研究对象的变化过程，并确信变化的未来趋向带有不确定性，除了短期趋势之外，其他都是不可预期的。一个初始起点和一个最终结果的问题在现代科学中被束之高阁，科学家已全然不主张考虑这样的问题。现代科学正在抛弃自然法——死板的因果关系规则——关注的是发生了什么以及正在发生什么。在他看来，前达尔文时代的科学是一种非进化的科学，即便它们也研究事物的过程，但是它们往往把过程视为按照某种既定规律或自然法，趋向某个既定的同时也是美好的均衡结果的过程。他把它称作"分类科学"。而后达尔文时代的科学则是一种与之不同的进化科学。

　　在区分前达尔文时代科学和后达尔文时代科学的基础上，凡勃伦对他认为的主流经济学的三个派别——英国古典经济学派，德国历史学派和奥地利学派——展开了分析。

对于英国古典经济学，他一方面承认以小穆勒和凯恩斯等人为代表，虽然也研究了经济过程，但是这种对于经济过程的研究并没有使得它成为一门进化的科学，因为它像前达尔文时代的科学那样，过于关注经济变化过程的既定规律或自然法则，以及由该法则所决定的最终状态、自然状态或均衡状态。

对于德国历史学派，他承认他们关注了经济事实，但只是罗列描述，并未提出一种解释性理论。

至于以门格尔为代表的奥地利学派，他认为仅仅是价值理论方面的一个派别，其基本特征并未摆脱前达尔文时代的科学，依然以关注均衡状态为主，不关注发展和进化。他不同意奥地利学派那样把人看作是仅仅追求满足既定欲望的消费者，而是强调人的欲望和目的本身也是累积变化的。个人的经济生活史是一个手段适应目的的累积过程，当这个过程进行时，目的本身也在累积性地变化着，行为人和他所处的环境，在任何一点上都是前一个过程的结果。

凡勃伦认为当时的主流经济学有两个先入为主未经检验的预设，一是追求快乐的经济人假设，他称之为快乐主义；二是社会发展过程的改良趋势。19 世纪中叶那种政治经济学形而上学的或者先入之见的两种真理标准是：（1）快乐主义—联想心理学；（2）不加批判地确信除了社会个体成员有意识的目标之外，事件的进程中还有一种改良的趋势。

凡勃伦批评主流经济学的经济人假设只考虑人的金钱动机，没有考虑影响人的行为的其他动机，也没有考虑个人面对金钱刺激时的不同类型的反应和不同程度的反应。值得强调的是，他对于有闲阶级的分析，其实也是以经济人假设为前提的，不过这种经济人追求的是相对效用最大化，即与别人相比较的效用最大化，或者大于别人效用的差距最大化。从相对效用最大化这一目标出发，个人产生了竞赛动机，炫耀动机；进而派生出明显有闲和明显消费的行为方式，以及对于财富的无限追求。这种追求相对效用最大化的经济人可以称作是凡勃伦型经济人，与主流经济学所假设的追求绝对效用最大化（即不考虑不比较别人效用只顾及自己本人效用）的经济人有所不同。这两种经济人假设都是纯粹理念型的，实际生活中的人往往既追求绝对效用最大化也追求相对效用最大化。但这两种经济人的抽象假设都有各自的用途，可以解释不同的经济现象。按照相对效用最大化的假设，个人效用函数的自变量将不仅包括个人所消费的不同商品，还应当包括别人的效用。这样，相对效用最大化假设便可以解释由羡慕嫉妒所引起的许多行为，而这是绝对效用最大化假设所不便处理的。这种相对效用最大化假设，也为后人所说的炫耀性商品或凡勃伦商品的价格与需求量的正相关关系提供了理论依据。同时，这种相对效用最大化假设所引申出来的消费行为，往往具有浪费的性质。因此主流经济学所强调的消费者至上，尊重消费者主权，通过消费者自由选择来配置稀缺资源以实现社会福利最大化的见解和政策主张，便不再具有正确性和合理性了。凡勃伦型经济人的提出，应当看作是他对于经济学中经济人假设的重要补充。

对于主流经济学的第二条预设，他批评它具有目的论宿命论的色彩，事件的趋势学说把目的归因于事件的序列；它赋予序列一种自主的、目的论的特征，这种特征约束着序列的所有步骤，使其达到那个假定的目标。从而实现目标的中介条件就没有自主性。因此作为中介条件的人没有自主性，否则就会违背这一假定。因此，给定一个固有的事件改良趋势，人就只是序列中的一个机械的中介。据此，他认为主流经济学只是一个考察过程结果的理论，以及如何趋向既定结果的理论，这门科学探讨的是一种平衡系统，而不是一种扩散系统。这正是它与后来的进化科学典型的区别。他批评主流经济学研究的只是收敛过程而非发散过程，并认为在这一方面，以门格尔为代表的奥地利学派和以马歇尔为代表的新古典学派没有区别。它们都没有对经济生活的起源、发展、序列、变迁、过程等理论作出任何明显的贡献。他批评主流经济学从上述两条预设所推导出来的自由主义政策主张，认为个人的谋利行为未必一定实现生活公益。个别的个人利益的总和绝不表示静态利益。

凡勃伦强调，如果经济学仅仅研究经济事实和经济过程，且认为经济过程存在既定法则，发展有着既定的均衡且理想的结果，是不能成为进化科学的。事件进程中有某种合理趋势这一看法是一种非进化的先入之见，不属于对任何过程的因果序列的考察之列。因而，无论是在经济学中还是在其他学科中，进化观都没有为根据确定常态来阐述自然法这种做法留下任何空间，也没有为常态的其他问题留有余地。

那么什么是进化经济学呢？对此，凡勃伦首先强调，进化科学最重要的假设，也就是始终作为考察基础的先入之见，是一种累积性的因果序列观念。这种累积性的因果序列没有趋势，没有最终状况，没有完美状态。他进一步定义进化经济学一定是一种由经济利益所决定的文化发展的过程理论，一定是一种由过程本身来说明的经济制度的累积性序列理论。为了对此定义加以说明，他指出经济利益在塑造所有社会的文化发展中关系重大。主要地、最明显的是，它引导着那些现在被称为经济制度的惯例和生活方式及其累积性的发展；但即使在那些并非主要地、最直接地与经济相关的结构性特征上，经济利益同样弥漫于社会的生活和社会的文化发展之中。经济利益影响着文化结构的各个方面，以至于可以说在某种程度上任何制度都是经济制度。因此，在经济制度的名称下不存在可以严格地分开的纯粹孤立的文化现象，虽然"经济制度"这一范畴可以当作一个方便的名词来使用，它包括那些最直接、最一致地表现经济利益，并且最直接具有经济意义的制度。进化经济学的目标，必然是探索文化序列中的经济利益是如何累积式地产生的。它一定是关于人类或者社会的经济生活过程的理论。他的经济制度有狭义和广义之分，狭义的经济制度就是直接与经济利益有关的制度，而广义的经济制度则几乎包括所有制度；而他的进化经济学是要研究由经济利益所决定的经济制度乃至整个社会文化的发展，而且这种发展是没有定规没有预定的均衡理想结果的。

那么为什么需要进化经济学呢？凡勃伦认为对现代科学家来说，发展和变迁现象是经济生活中可以观察到的最明显、最重要的事实。要理解现代经济生活，过去两个世纪的技术进步——比如生产技术的发展—是最为重要的事实。他指责主流经济学（包括古典和新古典以及边际效用学派）都没有把技术进步和制度变迁这些最重要的事实纳入研究的对象。

总体上看，凡勃伦关于经济学的研究对象与主流经济学大不相同。他那个时代的主流经济学往往以刻画分析市场运行机制为己任，以研究描绘均衡状态为要务，关注的是价值论分配论问题；而凡勃伦则认为经济学应当以研究技术进步和制度演化为中心，不承认演化的方向是均衡状态收敛状态，而是一种非均衡的发散过程。他强调了演化过程的无目的性和随机性。

熊彼特

熊彼特理论体系的方法论特征，可以用三句话作一简洁的概括，这就是以一般均衡为出发点，以创新概念为中心，以历史的、统计的、理论的分析相融合为特点。

熊彼特虽然直接师承奥地利学派的代表人物庞巴维克，但他最推崇的还是瓦尔拉斯，认为他的经济均衡体系把革命的创造性的优点和古典学派的综合的优点统一起来，这是唯一可与理论物理学成就媲美的一个经济学家的作品。瓦尔拉斯的一般均衡，给予熊彼特以极为深刻的印象。但他并没有像一个循规蹈矩的高才生那样，只满足于对先师的庞大建筑物作一些使其尽善尽美的修补工作；而是像那些最出色的学生那样，一方面给先师的建筑物以充分肯定，同时立即在其基础上，着手修造更宏伟的大厦。

熊彼特的理论体系，迥然不同于瓦尔拉斯体系，但前者无疑是以后者为其逻辑上和分析上的起点的。没有一般均衡这样一个出发点，很难预计熊彼特是否能构筑成他的宏伟体系。关于熊彼特的体系与一般均衡理论之间的关系，最好引用熊彼特自己的话来加以阐明："……然而，当我着手研究瓦尔拉斯的概念以及瓦尔拉斯的分析技术时（我要强调指出，我作为一名经济学家，与其他任何影响相比，受惠最大的就是这个概念和这个技术），我发现这个概念以及分析技术不仅在性质上纯系静态性质，而且只适用于一定不变过程。……所谓静态理论，不外乎是阐明均衡的条件和均衡在受到任何微小的扰乱之后能再生出来的道理，别无其他。……所谓一定不变过程，是指实际上不以它自己的起动力而变化的过程，毋宁说它是在与时间相伴随的循环流转中再生产出实质收入的一定率的过程。纵使这个过程有变化，那也是在诸如自然灾害、战争等与过程本身无关的外在事物的现象的影响下发生变化的。……我痛感这种看法是错误的，深信在经济体系内部存在一种能源，正是这个东西本身使得将要达到的均衡遭到破坏。假如事情果真如此，那么在这种情况下，就必须有一种理论，一种能阐明并非由于经济以外的因素而使经济体系发生从一个均衡推向另一个均衡的变化的纯经济理论。我打算创立的就是这样的理论。[1] 熊彼特虽然把一般均衡理论作为体系的起点，但他决心跨越静态的一般均衡理论，建立一套从经济体系的内部因素来说明经济动态现象的理论，因为他深信经济体系内部必定存在一种由它自己打乱均衡的动源。

重视经济发展的动态过程，注意从经济体系内部去寻找造成发展的因素，这是熊彼特理论体系方法论中一个重要的因素。没有这种对"发展"、对"内部因素"的重视，就不会有创新理论，就不会有熊彼特借以自豪的整个体系。

熊彼特重视"发展"和"内部因素"，这很可能与他在维也纳大学时曾接触过马克思主义有关，据考证，他当时的同班好友中有三位年青的马克思主义者，后来成为著名的社会主义理论家的莱德勒、鲍威尔和希法亭。在同学之间的辩论中，耳濡目染，他可能无形中受到马克思主义的影响。多年以后，熊彼特自己也谈到，关于应当从经济体系内部寻找促进经济体系发展的动力源的观点，他和马克思是完全相同的，并且我的结构只包括他的研究领域的一小部分。

熊彼特的创新理论，便是他从经济体系内部寻找发展动力源的结果。他认为经济体系从一种均衡走向另一种均衡的发展，其根源就在于企业家的创新活动，并且经济生活中的周期现象，也与创新活动的特点有重

---

[1] 引自熊彼特1937年为《经济发展的理论》日文版撰写的序言，转引自日本伊达邦春：《瓦尔拉斯与熊彼特》，载《经济学译丛》1981年第9期。

大的关系。他不仅用创新活动来说明经济的周期波动和发展，还用以论证资本主义的最终崩溃和社会主义的自动实现。总之，"创新"成为熊彼特说明资本主义经济一切动态现象——资本主义条件下经济的发展和波动到资本主义崩溃新制度出现——的中心概念。

"创新"，按照熊彼特的解释，并不是一个技术概念，不是单纯的技术上的新发明，它是一个经济概念，是指经济生活中出现的新事物，它包括下述五种情况：(1) 引进新产品或提供某种产品的新质量；(2) 采用新的生产方法；(3) 开辟新的市场；(4) 发掘原料或半成品的新供给来源；(5) 建立新的企业组织形式，如建立垄断地位或打破垄断地位。概言之，就是指企业家实行对生产要素的新的结合，对从事活动方法方面的这种历史的和不可逆转的变化，就是"创新"。为使创新能够实现，一是要靠银行信贷，二是要靠企业家。按照他的解释，进行创新活动的企业家不等同于一般的经理，他们必须具有创新思想、冒险精神、先见之明。按照他的看法，研究静态经济需要假设经济人作为经济主体，而研究动态经济则需要假设具有创新精神的企业家作为经济主体。具有创新精神的企业家所从事的创新活动，这在他看来就是理解资本主义经济动态过程的基本线索。

把历史分析、统计分析和理论分析融为一体，是熊彼特方法论的特征。他的两大卷关于经济周期的巨幅著作的副标题，就是资本主义过程之理论的、历史的和统计的分析。

熊彼特的理论分析，大致包括两方面的含义：一是指创造和使用概念与原理，并且用它们去理解事实的艺术，他提出"创新"概念并用以说明资本主义经济的动态现象，就是一个典型例证。第二方面的意思便是强调采用数学方法，当他还只有 23 岁时，就写文章呼吁在经济理论中使用数学方法，以后也一直提倡。1946 年，他还与别人合写了《经济学者和统计学者需用的数学初步》一书，以便在经济学界推广使用数学，熊彼特对数学方法的推崇，与他对经济科学以及一般科学的看法是密切相连的，他认为经济科学中之所以还存在大量的分歧意见，就是因为它的精密程度还不够，而数学化是提高精密程度的可靠途径。同时，他还认为，经济科学采用数学方法，有助于提高经济科学的成熟程度。在积极倡导运用数学方法的同时，熊彼特也清醒地认识到，数学方法并不是经济学家所需要的全部，而仅仅是一种极其重要的辅助手段。

在经济学中采用历史分析方法，是德国新旧历史学派的一贯主张，作为历史学派对立面的奥地利学派的弟子，熊彼特在这个问题上并没有门户之见。相反，他对于新历史学派的代表人物施莫勒所采用的方法的程序及其成果却给予了极高的评价。

熊彼特明白，单纯运用理论分析，必须要排除掉许多对经济现象起着重要作用的社会、制度和文化方面的因素，这就不免使经济学在反映现实时受到损害。补救的办法就是引进历史学派所采用的历史分析方法，在分析经济现象时不忽略社会、制度和文化的因素的影响。熊彼特除了进行理论分析、历史分析之外，还重视统计分析，这表现在他重视统计数字，注意用统计资料来印证或矫正理论分析的结果。更重要的是，三种分析方法在熊彼特那儿并不是孤立存在的，而是相互融合，形成一个互补的三位一体结构，他的每本重要著作，可以说都是体现了这三种分析方法的出色结合。

第三节　评论

一、关于研究对象

从长期历史来看，经济学的研究对象是随时代而变化的。同时，即便是同一个时代，在不同的经济学家那里，研究对象也并非完全一致。

15 世纪之前，经济学实际上是管理学，而且仅仅是单个农庄的管理学。这符合那个时代自给自足农庄经济的需要。15 世纪开始，随着西欧民族国家的崛起，重商主义把经济学从关于农庄管理的学问，提升为整个国家如何管理如何致富的学问。这一研究对象，也被亚当·斯密所继承。

18 世纪末从英国开始随后蔓延至整个欧洲的工业革命，在很大程度上改变了经济学的研究对象。尤其是李嘉图，把研究重点从财富的生产，转移到财富和收入的分配。虽然马尔萨斯不同意这一转移，坚持以研究财富的生产为重点，但是他未能成为英国经济学主流。法国的萨伊和西斯蒙第，虽然与李嘉图、马尔萨斯同处一个时代，但是萨伊几乎是同样注重研究财富的生产和分配；而西斯蒙第则更加关注财富的使用和应有的分配。稍后的小穆勒在研究对象这个问题上，基本认同萨伊，在财富的生产和分配上持平。而德国的李斯特和罗雪尔则基本上回到斯密的研究对象上，重点考虑德国如何致富，而对于财富和收入的分配则不太考虑。这也许是他们所处时代的德国经济发展所需要的。虽然他们在观点和研究方法上与斯密有着较大区别。

　19世纪后半期出现的边际革命，在很大程度上改变了经济学的研究对象。可以毫不夸张地说，在研究对象上经济学发生了一场革命，从研究整个国家财富的生产与分配，转变为研究个人如何在交换和消费活动中趋乐避害。这一点在戈森和杰文斯那里尤其明显。当然其他边际主义者似乎没有他们那样极端，而是把研究重点转移为市场运行机制，研究市场机制在财富生产和分配中的功能，其顶端就是罗宾斯宣布经济学研究的是稀缺资源的配置。从古典经济学以及德国历史学派研究整个社会财富的生产与分配，到新古典经济学研究市场机制，研究对象收敛了、精细了，因为市场是财富生产和分配的最重要机制。但是这种收敛的代价就是放弃了对影响财富生产和分配的长期因素的关注。

　就在新古典经济学大行其道的时候，美国制度学派的凡勃伦强调经济学应当研究经济及其制度在长期中的进化（或更符合其本意的是"演化"）。从而成为今天人们所说的演化经济学的先驱。与其大体同时，另一位美国制度学派的重要人物康芒斯，把经济学的研究对象放到了资本主义的法律基础的演化上。而德国历史学派后期的两位杰出人物，桑巴特和韦伯则主要研究了资本主义兴起的过程和原因。由于他们研究对象的特殊性，熊彼特曾经以"社会经济学"一词来表示他们与新古典经济学所研究对象的区别。

　由此可见，在"经济学"这个名词下面，无论是历时地看、还是共时地看，都包含了若干不同的研究对象，以至于令人怀疑，是否应该把它们统称为经济学。解决的办法也许最好是在不同研究对象的"经济学"一词前面冠一不同的定语。

同一时代的经济学家往往因为经济学应当研究什么、如何研究而争论不休。这种争论从后人的眼光看来，争论的各方都未免失之于偏颇。其实社会需要研究不同对象的不同经济学。而研究对象不同的经济学往往需要研究方法的相应变化。

从这种观点来看，施莫勒与门格尔之争实际上是研究对象的不同所引发的。门格尔侧重研究消费者行为，自然认为存在着支配消费者行为的一般性法则；而施莫勒侧重研究国家致富问题，自然不相信存在各国各个时代普遍适用的法则。他们两人的看法对于他们各自不同的研究对象都是对的，当然对于对方所研究的对象就未必如此了。由于两人研究对象的不同，侧重于不同的方法也就可以理解了。

相信今后的经济学仍将应当保持一种敞开的胸怀，能够容纳不同的但又与经济相关的研究对象。

二、关于研究目的和性质

经济学研究的目的是单纯了解经济运行机制，还是改善经济生活？这个问题与另一个问题紧密相连，经济学是一门实证科学，还是一门规范科学？如果研究目的仅仅是了解经济运行机制，那么经济学就应当是一门实证科学；如果研究目的是要改善经济生活，那么经济学就不应当仅仅是一门实证科学，还必须同时是一门规范科学。

从实证的角度来看，整个经济思想史上可以被称作是经济学文献的历史，大部分属于实证分析，少部分属于规范分析。当然这种数量上的差异并不反映两种分析重要性的大小。社会既需要对于经济现象的实证分析，同样也需要对于经济活动的规范分析。实证分析使我们了解实际经济运行机制，规范分析使我们知道应当如何改进经济运行机制。

从规范的角度来看，经济学应当是实证分析、还是规范分析？经济思想史上明确提出这个问题的是法国的西斯蒙第，他根据英国工业革命以后社会收入分配的糟糕结果，提出经济学不能单纯研究财富如何生产和分配，更要研究财富**应当**如何使用和分配。严格来讲，他不愧是福利经济学的先驱。而英国的西尼尔则是首位明确认为经济学只应该是一门实证分析的科学，主要是要分析实际经济怎样运行。以后经济学的发展，西尼尔的见解站了上峰。但是到了庇古那里，规范分析再次受到重视，福利经济学正式宣告诞生。

关于实证分析与规范分析之间的关系，在经济思想史上一直争论不休。英国经济学家西尼尔在 1836 年发表的《政治经济学大纲》一书中首先明确区分了实证分析和规范分析，并强调经济学应当是一门实证科学，对经济现象进行实证分析。当代著名经济学家弗里德曼也持同样观点。而以另一位同样著名的经济学家缪尔达尔为代表的后（现代）制度主义则强调实证分析与规范分析无法严格区分，经济学中弥漫着意识形态，无法摆脱经济学家的价值判断，不可能研究纯粹的事实。如何看待这两种对立的意见呢？

经济学的规范分析要回答经济应当如何运行，财富应当如何生产和分配。这就需要提出一些判断经济状况是好是坏的价值标准。这里所说的作为标准的价值，并非商品在市场上客观存在的交换比例，而是一种判断好坏的依据。

价值判断是否应当出现在经济学中？这个问题在经济思想史上一直是有争议的。即便是到了凯恩斯之后，争论依旧不断。

如果认为经济学的研究目的只是了解经济运行机制，经济学只是一门实证科学，那么价值判断是否会进入经济学呢？

实证分析要回答所研究的对象是什么及怎么样，但这绝不意味着实证分析便是罗列与研究对象有关的所有事实。把实证分析归结为研究纯粹的事实，是一种误解。尤其对于抽象演绎的实证分析来说，更是一种误解。

首先，实证分析需要确定研究对象，经济学家在确定研究对象时需要进行筛选，这种筛选是受到主观因素影响的。其次，实证分析需要筛选事实，从众多事实中筛选出与所研究的对象有关联，尤其是有密切关联的事实出来，加以研究，以说明研究对象是什么，怎么样，这种筛选同样受到主观因素的影响。再次，实证分析（尤其是抽象演绎的实证分析）需要选择或者构造前提假设，这种选择和构造也是受到主观因素影响的。上述筛选对象和事实的过程以及选择和构造前提假设的过程，表明实证分析并非一种纯客观的研究方法，而是受到主观因素影响的。问题在于这种主观因素是否就是价值判断。

如果把价值判断严格定义为好坏判断，即研究者认为什么状态为好、什么状态为坏的这样一种判断，那么很清楚，进行实证分析的研究者在筛选研究对象，即判断哪些对象需要研究哪些不需要研究时，往往受到价值判断的影响，研究者往往会去研究那些他具有强烈爱憎的对象，不大会去研究那些他谈不出好恶的对象。除非他受命从事研究，但是这种受命研究往往因为研究者缺乏激情而效果不佳。亚当斯密之所以要去研究国民财富的性质和原因，无疑与他认为国民财富的增加是好事有关。李嘉图之所以要研究国民收入的分配法则，无疑与他认为地主阶级获取越来越多的收入不好这一价值判断有关。

但是实证分析的研究者在筛选事实时并不是依据价值判断，而是依据另一种判断，这里暂且称之为**重要性判断**，即判断哪些事实对于说明研究对象是什么和怎么样具有重要意义，哪些不具有重要意义。

实证分析的研究者在选择或构造前提假设时也并不是依据价值判断，而是依据另一种判断，这里暂且称之为**便捷性判断**，即判断哪种前提假设更便于推演出有助于说明研究对象是什么、怎么样的结论来。

重要性判断和便捷性判断通常并不依存于价值观念，在很大程度上依存于研究者的知识素质。知识素质和价值观念并不是一回事。著名经济学家熊彼特尽管不喜欢社会主义，但他的知识素质仍然使他认为社会主义将替代资本主义。

由此可知，在确定实证分析的对象时，研究者确实受到其价值判断的影响。但是实证分析本身只受到与价值判断不同的重要性判断和便捷性判断的影响，从而离不开研究者据以做出这两种判断的知识素质，因此它不可能是纯客观的。否认重要性判断这种主观因素的影响就是主张平等对待一切事实，这意味着必须考虑到一切事实（这显然是不可

能的）或作出随意的选择（这是无意义的）。[1]同样，否认便捷性判断
这种主观因素的影响就是以为研究者是不考虑研究效率的（这是不可
能的）。

如果混淆知识素质和价值观念，混淆价值判断和重要性判断及便捷
性判断，就会误以为实证分析离不开规范分析，误以为实证分析无法与
规范分析划清界限。不少学者在研究中也确实时常混淆实证分析与规范
分析。但这并不意味着不能和不应该把这两者分开，并非是因为它们在
本质上无法分清，而是因为研究者有意或无意地混淆了它们。尽管实证
分析不是纯客观的，但它也可以并完全应该与规范分析划清界限。混淆
实证分析与规范分析在很多时候是实际情况，但规范的要求应该是区分
它们。

虽然经济学家在进行实证分析、筛选所需要的事实时，只需要重要
性判断，不需要价值判断，但是在提出政策建议时，却是离不开价值判
断的。他们总是在一定的价值判断的支配下提出政策建议的。一个研究
市场机制的经济学家，在研究市场机制如何运行时，应当避免价值判断
的干扰，但在是否赞成并推荐市场机制时，是不可能摆脱价值判断的影
响的。[2]

许多坚持认为经济学的研究目的只是了解经济运行机制的人，往往没
有很好考虑一下，了解经济运行机制又是为了什么？纯粹是为了满足求知
欲么？研究数学的人也许可以如此，但研究经济学的人恐怕不能如此。

如果认为经济学的研究目的是要改善经济运行机制，那么经济学就不
仅是一门实证科学，还必须是一门规范科学。同时，经济学的规范分析必
须以实证分析作为自己的基础。缺乏实证分析的规范分析往往会提出一些
乌托邦性质的目标。例如，单纯从规范分析的角度出发，很可能提出建
立全民全额医疗保险体制，然而实证分析将指出，这是无法实现的。

---

[1] 参阅 A. 拉波波特：《物理学，生物学和社会科学中的方法论》，转引自维克拉夫·霍尔索夫斯基：《经济体制分析和比较》，经济科学出版社 1988 年版，第 7 页。

[2] 罗卫东：《经济学与道德》，载《浙江学刊》2001 年第 5 期，第 39—43 页。作者强调了经济学与道德、价值判断等等之间的紧密联系，否定了那种认为经济学不讲道德的观点。

人们通常把规范分析概括为回答"应当是什么，应当怎么样"。其实如此概括的规范分析包含两种不同的意思，一种反映了分析者的**价值判断**或**好恶判断**，即关于状态的规范分析；另一种意思反映了分析者对于什么是达到目标的最好手段的看法，即关于手段的规范分析，可称作**优化判断**。因此可取的做法是应当把通常所谓的规范分析一分为二：以好恶判断为特征的价值分析和以优化判断为特征的优化分析。价值分析告诉人们应当追求什么，优化分析则告诉人们应当如何追求。

由以上分析可知，如果经济学研究的目的是要改善经济状况，那就既需要对经济运行机制进行实证分析，也需要对经济状况进行价值分析，以便提出理想的经济运行机制；还需要进行优化分析，以指出从现有的机制演化到理想机制的最优路径。

经济学要能够对于改善经济状况的实践作出指导，就需要在实证分析的基础上进一步展开规范分析。而不应该把两种分析割裂开来。

按照上述思路，经济史、理论经济学和应用经济学三者的关系就容易厘清了。如果认为经济学的研究目的只是了解经济运行机制，那么经济学只要包括经济史和理论经济学就可以了。如果认为经济学的研究目的是改善经济运行机制，那么经济学必然需要垂直分工，必然需要包括经济史、理论经济学和应用经济学。经济史和理论经济学的研究主要是通过实证分析了解经济运行机制，而应用经济学则需要以理论经济学所提供的知识为基础，同时根据一定的价值判断，对特定经济主体提出政策建议。价值判断在应用经济学中比在理论经济学中要发挥大得多的影响作用。比如，理论经济学要分析各种市场运行机制，对于它们的优劣比较可以不用进行。然而应用经济学则必须以一定的价值判断为指导，确定哪一种市场机制更值得追求，然后才能给出相应的政策建议。就好比生理学要了解人体的结构和运行，而医学则要根据生理学提供的知识，再根据特定的价值判断来提供对策，改善人体的结构和运行。

三、关于实证经济学的两种研究方法

实证分析可分为两种：一是对研究对象进行尽可能详尽的描述，可

称作**具体描述的实证分析**；二是先对研究对象进行一番抽象，提出一些近似现实的基本假定，再从这些假定出发通过演绎推理去推断研究对象的性质特征，可称作**抽象演绎的实证分析**。

经济学思想史上，亚当·斯密是兼用抽象演绎方法和历史归纳方法的。而自李嘉图以降的其他大多数经济学家，包括马克思，以及新古典经济学诸位代表，则主要进行抽象演绎的实证分析。例如马克思在分析资本积累对利润率的影响时，就以剩余价值率不变为假设前提。在当代的微观经济学中，往往以完全信息的经济人和资源的稀缺性为基本假设前提。但19世纪德国历史学派即英法两国的历史学派采纳的便是具体描述的实证分析。

两种方法其实是各有所长的。具体描述的实证分析能够提供丰富多彩的直观印象，但是不便于把握对象的本质特征；抽象演绎的实证分析有助于把握对象的本质特征，但是也有可能因为假设前提选择不当而使结论失去逼真性。

实证分析中的抽象演绎方法把研究对象中最能反映研究者所关注的方面（侧面、层次）的特征抽取出来，提出一定的假设前提，以说明对象从该前提出发会得出什么结论，它是什么、怎么样、为什么。而这个被抽象出来的东西，或者说所提出的假设前提，未必是研究者所喜欢的，也未必是他所讨厌的。只是有助于研究者认识事物的。亚当·斯密提出经济人假设，未必就意味着他喜欢自私的人。

四、关于经济人假设

经济人假设在抽象演绎方法中具有非常重要的地位，是整个现代主流经济学的两大基本假设之一（另一个是稀缺性假设），是整个经济理论大厦由以构建的不可或缺的基石之一，但同时也是倍受非议的假设。

在人类思想史上，经济人假设最早可能是马基雅维利在《君主论》（始写于1513年）中对中世纪晚期意大利的政治现象进行实证分析时首先运用的。

尔后17世纪的自然法学家较早有保留地认可人的自私行为，如国际法之父，17 世纪荷兰的格劳秀斯在《战争与和平法》（初版于 1625 年）中就指出："考虑并谋求自己的利益是与社会的本质不相矛盾的，如果他人的权利并不因此而受到损害的话。"[1]

再如霍布斯在《利维坦》（初版于 1651 年）中以经济人假设作为前提，从世俗角度而非神学角度分析了人类社会政治秩序的形成。

再往后是曼德维尔在《蜜蜂寓言》（初版于 1705 年）中首次把经济人作为前提分析人类经济生活。

亚当·斯密在《国富论》（初版于 1776 年）中娴熟地运用了经济人假设分析生产者行为，并且乐观地认为通过看不见的手，追求私利的经济人会推进公益。但是他没有全面分析经济人的多方面表现，也忽视了追求私利的经济人会损害公益的一面。尽管有这两点不足，他还是使得经济人假设后来成为主流经济学不可忽视的基本前提假设和进行实证分析的利器。

在完善经济人假设的过程中，西尼尔、巴斯夏、戈森、杰文斯、门格尔、施莫勒、凡勃伦等人发挥了重要作用。

西尼尔首次明确提出作为实证分析的经济学要以经济人假设作为四大基本前提之一。

巴斯夏首次指出，经济人谋取私利有两种方式：（1）好的方式，通过生产和交换；（2）坏的方式，通过掠夺。这就对斯密关于经济人在看不见手的摆布下会推进社会公益的乐观结论打上了一个"补丁"。这使得经济人假设不仅可以解释市场运行的良好后果，也可以解释市场乃至其他方面的各种恶果。可惜由于早逝，巴斯夏未能完成他的夙愿——撰写一本关于掠夺的政治经济学。

戈森、杰文斯和门格尔把经济人假设开始运用于分析消费者行为，从而突破了斯密仅仅用它分析生产者行为的局限。

施莫勒其实并不是否定经济人假设，只是不满意英国古典经济学把经济人仅仅看作是单纯追求利润的狭隘看法，强调了经济人的多种行为

---

[1] 雨果·格劳秀斯：《战争与和平法》，上海人民出版社 2005 年版，第 51 页。

表现，并且对于古典经济学的经济人的赢利心的历史性和两面性做出了更加深入全面的分析。并在此基础上提出的要用道德和法律来抑止赢利心的不当表现，以便使它发挥正面作用。

凡勃伦也对经济人假设做出了重要补充，指出人不仅追求绝对效用最大化，同时还往往追求相对效用最大化，即通过与别人比较来获得满意或痛苦。

到了 20 世纪后半期，经济人假设的运用范围更是突破了经济学领域，进入了政治学、社会学等领域。

对于经济人假设，一般有三种指责，一种认为该假设强调人们只追求物质经济利益、感官满足，忽视了人们对精神满足的追求。[1] 第二种认为该假设忽视了人们的利他主义行为。第三种认为该假设是鼓吹和主张自私自利。

这些指责，首先是出于误解，经济人假设不能被误解为只是假设人们追求物质经济利益、感官满足，它同时也假设人们追求个人的精神满足，如追求声誉，希望得到别人的尊重，等等。经济学假设人们追求效用最大化，这个效用既是物质享受的函数，也是精神享受的函数。许多企业家对利润的追求并不全是为了物质利益，也是为了证明和显示自己的能力，希望得到别人的尊重。当然出现这种误解，经济学家也有一定的责任。因为经济人假设在经济学中实际上是逐渐明确起来扩展开来的。早期的经济学家都没有给出过经济人的严格定义。斯密用这个假设来分析企业家的谋利行为，杰文斯和门格尔用这个假设来分析消费者行为，于是就给人以印象，似乎经济学采用了经济人假设，就是把人都看成是只追求金钱追求物质享受而没有精神追求没有高尚动机的动物。其实，如果斯密真的这么看待人性，就不可能写出他的《道德情操论》了。

同时，这些指责，实际上源于没有区分关于人性的三种视角：（1）本

---

[1]　郑也夫：《新古典经济学"理性"概念之批判》，载《社会学研究》2000 年第 4 期。文章对经济人假设有误解，以为它假定人们只追求物质利益感官满足。

体论的实证视角，即人性实际上如何[1]；（2）认识论的工具视角，即为了认识经济现象，应当以什么样的人性假设作为认识工具；（3）伦理学的规范视角，即应当提倡什么样的人性。

从本体论的实证视角看，人性确实并不只是自私利己，往往还有利他心同情心。

但是从认识论的工具视角看，为了了解和分析许多社会现象，尤其是经济现象，只要假设人性自私既可，不必要增加人性利他的假设。因为增加人性利他的假设，并不能改变现有经济学的结论，也不会推导出能够改善人们对经济现象认识的新结论。因此完全可以运用"奥卡姆剃刀"把这种多余的前提假设除去。迄今为止发展起来的经济学，其主要结论是以理性的自私人为基本前提的。经济学没有把利他主义作为自己的分析前提，这并不意味着经济学把所有人都看作是自私鬼，而是因为为了解释人类社会的经济现象，尤其是市场运行机制，只需要自私人假设就够了，利他主义假设是不需要的、多余的。主流经济学的成功在于它的理性的自私人假设恰好足够描绘日常经济活动及其他一些活动中大多数人的实际情况。大多数人在大多数时间里的大多数活动中，其追求满足和快乐的根本动机都具体表现为利己动机。经济学没有研究为何大多数人具有利己动机，更没有提倡鼓吹人的利己动机，只是以该动机作为实证性的前提去说明人们的经济行为。实证分析的前提性假设的具体内容必须根据研究的对象来确定，在这个意义上，经济人假设是用来解释和预测经济行为和其他许多非经济行为的理论的一个分析工具。当然，经济人假设也并非是与现实毫无联系的纯粹是为了便于构建理论的分析工具，它也是基本符合事实的假设，甚至可以说就是一个简单的事实。[2]当然它并非确定性的事实，而是一个遵从大数定律的概率性事实。

任何社会都存在少数利他主导型的人这一事实，并不能证明经济人

---

[1] 纪云东：《人性谱系与"经济人"假设解读》，载《学术月刊》2013 年 8 月号。该文从本体论角度对人性作了很好的探索。

[2] 葛守昆：《"经济人"与制度安排》，载《学海》2001 年第 4 期。

假设是不现实的。[1] 任何理论的假设都不可能百分之百符合现实。欧几里得几何学的基本前提假设是没有长宽高的点，没有宽和高的线，没有高度的面，又有谁在现实世界里见过这样的点、线、面呢，但又有谁敢因此而否定欧几里得几何学是在小尺度范围内对现实世界空间关系的正确抽象。

任何社会都存在少数利他主导型的人这一事实，也不能证伪经济人假设，因为这一假设不必是全称判断，只要肯定大多数人从事经济活动时是追求自身利益的，就已经可以从这一前提出发借助其他一些假设推导出经济学的各种结论。

当然，从认识世界的目的出发，以什么样的人性假设作为认识工具，是要根据认识对象研究领域而确定的，不能一概而论。经济人假设并不能包打天下，并不能作为前提用于分析人类社会一切行为一切领域。

对于上述第三种指责，必须澄清长期以来一直存在的某些经济学的以及非经济学的专家学者对经济人假设的一种误解。[2] 他们不了解经济学中的实证分析和规范分析的区别，把经济人假设这一对经济现象进行实证分析的假设前提，误以为是经济学家倡导的规范性伦理性行为准则，指责经济学家鼓吹自私自利，要为当前我国世风日下道德沦丧的局面负责。确实，在经济思想史上，有一些经济学家赞扬人的自私，如 17、18世纪之交的曼德维尔，但是他仅仅是在人的自私有利于促进社会公益的条件下赞扬人的自私的，他主要是肯定了人的挥霍和奢侈这类有助于增大社会总需求的行为。[3] 但是这并不意味着经济学家们提倡人们自私，大多数经济学家是不主张不提倡自私自利的，就连通常被人们误解为提倡自私自利的曼德维尔，也确定了一条原则："即在一切社会（无论大小）当中，为善乃是每个成员的责任；美德应受鼓励，恶德应遭反对，

[1] 杨育民：《"经济人"的制度化基础》，载《中州学刊》2000年第3期。文章反驳了认为"经济人"假设非现实性的观点。杨民、张卫东、栾天：《人的理性究竟有多少》，载《经济学消息报》2004年5月7日第7版。该论文肯定了经济人假设。

[2] 陈雪英：《试析经济人的道德行为》，载《江西社会科学》1999年第3期。杨育民：《"经济人"的制度化基础》，《中州学刊》2000年第3期。文章指出不少人从伦理角度误批"经济人"假设。文娟：《"经济人"理论述评》，《江西财经大学学报》2002年第5期。作者认为"经济人"理论的庸俗化将伦理道德导向极端个人主义。

[3] 伯纳德·曼德维尔：《蜜蜂的寓言：私人的恶德·公众的利益》，中国社会科学出版社2002年版。

法律当被遵守，违法当受惩罚。"[1] 亚当·斯密更是在《道德情操论》中赞扬并提倡人的同情心。[2] 而从伦理学的规范视角看，当然应当提倡人的同情心利他心。经济学家也像大多数人文学者一样，希望能看到一个充满道德圣人的理想世界。但他们清醒地知道不能以道德圣人作为分析现实经济生活的前提。假定人人都是雷锋将无法说明计划经济何以低效，也无法说明市场机制如何运行。

三个视角对人性的结论可以说都对，但把一个视角的结论移入另一个视角则大谬。首先，人性确有利己和利他两个方面，但是在分析许多社会现象尤其是经济现象时不必假设人性的两面性。其次，认识社会分析社会时假设人性自私，切不可以为人性就是自私，只会利己不会利他。第三，也不可因为人性事实上有自私一面，并且认识社会需要假设人性自私，就否定对利他心同情心的提倡；反之，伦理规范的视角需要提倡利他心同情心，但不可因此而否定人性有自私一面，不可否定从工具论视角对人性自私的假设。区分关于人性的本体论实证视角和认识论工具视角尤其重要。[3]

五、关于静态分析与动态分析

区分静态分析与动态分析，是经济学研究方法上的一大特色。明确提出这一区分的是美国边际主义经济学家 J. B. 克拉克。虽然在他之前，法国经济学家瓦尔拉斯已经在他的一般均衡理论中进行了静态分析和动态分析。尔后，瑞典经济学家林达尔对于动态分析的一般方法也进行了初步的探索。奥地利经济学家熊彼特则对于资本主义的动态过程进行了卓有成效的分析。

静态分析和动态分析的区分之所以必要，根本的原因在于经济生活存在两类现象：趋向均衡，尤其是趋向稳定均衡的现象和趋向发散的现象。对于趋向均衡存在稳定均衡状态的经济现象，分析描述均衡状态的

---

[1] 伯纳德·曼德维尔：《蜜蜂的寓言：私人的恶德·公众的利益》，中国社会科学出版社 2002 年版，第 178 页。

[2] 亚当·斯密：《道德情操论》，商务印书馆 1997 年版。

[3] 赵峰：《失重的经济学》，载《经济学消息报》2008 年 7 月 4 日第 8 版。论文涉及不同视角对人性的不同看法。

静态分析非常必要。市场价格就是一种趋向均衡的经济现象，所以在分析市场机制为主的新古典经济学中，静态分析就非常重要，无论是马歇尔的局部均衡分析、还是瓦尔拉斯的一般均衡分析，都以静态分析见长。他们创立了一套开展静态分析的方法，运用图形和联立方程组这些几何方法和数学方法，把静态分析推向高峰。

动态分析有三个方面的内容：（1）分析趋向均衡的动态过程；（2）分析均衡点变化的原因与过程；（3）分析趋向发散的即没有均衡状态的过程。这三部分内容，第一部分无论从内容上还是方法上，都相对比较成熟，尤其是对于市场价格趋于均衡的过程，无论是局部均衡还是一般均衡，都已经相当成熟。第二部分内容相对薄弱一点，但是对于市场均衡价格变化的分析，局部均衡比较成熟，而对于一般均衡状态变化的分析则仍然多有欠缺。第三部分内容最为薄弱，在新古典经济学范围中，似乎还一直没有成熟的分析方法。因此许多发散的经济现象，就无法得到充分的分析，如技术进步、分工深化、报酬递增、经济制度的长期演化等等。也许正是由于这个原因，主流经济学才不断受到制度经济学等非主流经济学的敲打，演化经济学才应运而生。

六、关于数学方法和统计方法

从亚当·斯密到凯恩斯，这一阶段上数学方法和统计方法只能说是初露端倪，最早期的三位是古诺、杜能和戈森，他们虽然都程度不同地采用了数学模型进行推理，但在当时的经济学界都无人理睬无人响应。从杰文斯、瓦尔拉斯开始，数学方法缓慢艰难地成为经济分析的重要工具，但是其中的反复也非常之大，这一点从马歇尔对于数学方法的态度就可以清楚看到。但这些人的共同之处就是都对于在经济学研究中采用数学方法的局限有所提示。

统计方法的采用，与杰文斯有很大关系，但是也存在不少问题。从他开始的一段时期里，概率论、数理统计都有很大长进，提出了相关系数概念、诞生了抽样调查方法。这就为20世纪30—40年代数学方法和统计方法在经济学中的井喷式发展，为计量经济学的产生，准备了技术条件。

七、关于规范经济学的研究方法

规范经济学应当采用什么方法？相对于实证经济学，规范经济学的方法论显得有点薄弱，起码是不够对称。众所周知，规范经济学必然要以一定的价值判断命题作为整个分析的前提。问题是，这个对于规范经济学最基本的价值判断命题是什么？

经济人假设虽然可以作为实证经济学的基本前提假设，但是它显然不能作为规范经济学的基本前提假设，最多只能成为规范经济学推论过程的约束条件。也就是说，在规范经济学推断出应当怎样、应当做什么、应当怎么做这类命题时，必须把经济人假设作为约束条件。例如在考虑应当建立什么样的理想经济体制时，必须考虑经济人这个约束条件，否则就会选择乌托邦。

那么规范经济学的最基本价值判断前提应当是什么呢？功利主义的"最大多数人的最大幸福"虽然在很长时间里不自觉地被选为规范经济学的基本价值判断前提，但是它也遭到许多人的反对。这样，规范经济学的基本前提依然悬而未决，或者虽然有但并不明确。起码到凯恩斯为止，还没有一位经济学家像西尼尔为实证经济学规定基本前提那样为规范经济学规定基本前提。

第二章　财富生产与经济发展

　　国民财富的生产以及长期当中的经济发展，始终是经济学的两个重要主题。什么是国民财富？国民财富的生产需要哪些要素？长期当中如何实现国民财富的不断增长？围绕这些问题，古典经济学早期的亚当·斯密展开了大量的研究。19 世纪以后，由于社会收入分配差距的扩大，收入分配问题以及作为研究这个问题的基础的价值理论，一度上升为古典经济学和新古典经济学关注的首要问题。但是财富生产依然受到马歇尔等人一定程度的关注。不过长期经济发展问题一度受到冷落，直到 20 世纪 50 年代以后才重新受到关注。

第一节　古典经济学时期

亚当·斯密

　　亚当·斯密在标志着古典政治经济学体系形成的《国富论》中，阐述了国民财富的含义、分析了财富生产和经济发展的决定因素、关于经济发展的动力与机制以及自由放任的政策主张。

一、国民财富的含义

　　斯密认为，研究政治经济学的目的就是富国裕民。他坚决反对重商主义者把财富与金银货币混为一谈的观点。在他看来，财富就是可供消费和交换的商品。他所谓的国民财富，并不是全社会的商品总额也不是国民总产值，它的真正含义就是今天所说的国民净产值和国民收入。他还提出了今天所讲的人均国民收入的概念，认为人均国民收入的大小对社会经济状况的好坏有着极为重要的意义。

二、决定财富生产和经济发展的因素

斯密提出了促进人均国民收入增长的两个基本因素：其一为增进受雇劳动者的生产力；其二为增加生产性劳动者在总人口中所占比重。围绕这两个基本因素，他展开了详尽的分析。斯密作为工场手工业鼎盛时期的经济学家，特别强调分工对提高劳动者生产力的作用。他把劳动分工看成是国家财富增长的一个大原因，并在经济思想史上第一次系统论述了分工。在他那个时代，机器只起着从属作用，工场手工业内部的分工对劳动生产力的提高从而对社会财富的增长起着特别突出的作用。

斯密根据历史事实论证了分工是怎样促进国家富裕的。他指出，在劳动没有分工的野蛮国家，一切东西全是为了满足人的自然需要。但在劳动分工以后，人们所分配的给养就更加丰富。正由于这个原因，不列颠普通日工的生活享受，比印第安酋长更为优裕。由此他得出了富裕起因于分工的结论。

分工之所以能提高劳动生产力，能促进国家富裕，在斯密看来，主要有以下原因：第一，分工可使劳动专门化，因而能提高劳动者的技巧和熟练程度。第二，分工使每人专门从事某项作业，可以节省与生产没有直接关系的时间，从而即使在不延长工作日的情形下，也可以增加与生产直接有关的时间。第三，分工使专门从事某项作业的劳动者比较容易改良工具和发明机械。

斯密分析了人们之间产生分工的原因，认为人们之间的分工，并非由于不同人的天资有多大差异，而是人们互通有无，物物交换，互相贸易的倾向，而这种倾向，为人类所共有，亦为人类所特有。

斯密不仅充分肯定分工与交换的有益之处，也指出了它的问题：分工的结果，使劳动者变成最愚钝最无知的。

斯密是一位处于工业革命前夕的经济学家，因此也看到了机器、设备和劳动的合理分配对提高劳动者生产力的重要作用。他还把科学技术的发展与应用，看作是提高劳动者生产力的重要作用。此外，他还把人口本身的数量和质量以及自然资源的贫富列为影响劳动者生产力提高和国民财富增长的因素。

在斯密看来，财富的生产除了分工，主要依靠生产性劳动者，依靠生产性劳动者在总人口中所占比重的增加。而不论是增加生产性劳动者的人口比重，还是增进受雇劳动者的生产力，都离不开资本的增加。因此他特别强调资本积累对增加生产性劳动者人数以及资本的合理配置对促进国民财富增长的作用。

斯密在指出资本的重要性时，阐明了资本的性质、资本的构成、资本积累和生产性与非生产性劳动、资本的各种用途等理论问题。

三、资本的性质与构成

斯密认为，资本不是自古就有的，而是社会发展到一定阶段的产物。他认为在既无分工也少交换的原始社会，人们是无须预储资财的，因此也就没有资本；后来，由于分工发展，一个人的劳动生产物只能满足他自己的一小部分需要，其余大部分需要不得不依靠别人的劳动生产物来满足。因此，在他自己进行劳动生产直到出卖产品并购买别人的生产物之前，就不得不预储资财，以供在这期间的生产和消费之用。他把这种预储资财分作两部分：一部分用以维护生活，即生活资料；另一部分用于继续进行生产，从而取得收入，即生产资料。他把个人财产中用于投入再生产以获取收入的部分，称为资本，强调这部分作为资本的资财和用作个人消费品的资财的区别。

斯密认为资本最重要的特征就在于它能给企业家带来利润。于是他根据为企业家提供利润的不同方式，把资本划分为流动资本和固定资本。在他看来，固定资本的特性是不必经过流通、不必更换主人即可提供利润；流动资本的特性是要靠流通，要靠更换主人才能提供利润。他还指出，无论是固定资本还是流动资本，都是由积累起来的储备资财构成。他认为固定资本主要由以下四项构成：第一，一切便利劳动和节省劳动的有用机器与工具；第二，一切有利润可取的建筑物，如商店、堆栈、工场、厩舍、谷仓等；第三，用开垦、排水、围墙、施肥等有利可图的方法投下的使土地变得更适于耕作的土地改良费；第四，社会上一切人民的有用才能。

斯密认为流动资本也包括四项：第一，货币；第二，各种食品，人们出售这种食品，可以获得利润；第三，制造衣服、家具、房屋等物的材料；第四，已经制成但仍在制造者或商人手中，未曾卖给或分配给真正消费者的物品。

在经济思想史上，斯密第一次明确把资本区分为固定资本和流动资本。他比重农主义者对资本的划分前进了一步，魁奈只是把农业资本划分为原预付和年预付，斯密则将这种划分发展为固定资本与流动资本这两个普遍化的概念。

从斯密的上述观点可知，他的资本概念还是相当粗放的，没有细分储蓄和投资、个人资本和社会资本、资本品和存货、物质资本和人力资本。精确的资本概念一直要到一百多年以后才由奥国学派的庞巴维克开始提出。

四、资本积累和生产性与非生产性劳动

斯密把增加生产性劳动看作是资本积累的重要因素，而资本积累又是使用和增加生产性劳动的必要条件。

斯密认为资本积累是扩大生产、增加社会财富的重要条件。他从社会历史的发展和分工、交换的产生，论述了资本积累的必要性。在他看来，随着资本积累的增加，必然会促进生产力的提高和社会财富的增长。

斯密把节俭看作是资本积累的直接原因和来源，因此他坚决反对封建贵族挥霍无度的奢侈浪费。他说：无论就哪一个观点说，奢侈都是公众的敌人，节俭都是社会的恩人。这种观点预示了后来西尼尔的节欲论。

斯密认为，增加资本就可多雇佣生产性劳动者，多增加财富；反之，增加收入部分，势必多雇佣非生产性劳动者，助长奢侈浪费，从而造成国家财富的减少。他所说的收入，就是今天经济学家所说的消费，他所说的资本就相对于今天所说的转化为投资的储蓄。由此，他得出的结论是，增长国民财富取决于参加生产性劳动的人数和劳动生产率。

斯密把参加生产性劳动的人数在整个社会成员中所占比例的增长，看作是增加国民财富的重要因素之一，因此他就自然要研究什么是生产性与非生产性劳动的问题。这个问题在斯密经济理论体系中占有重要地

位。他对于生产性与非生产性劳动，有两种不同定义。

其一，斯密认为，生产性劳动是同资本相交换、能生产价值并为资本提供利润的雇佣劳动；反之，就是非生产性劳动。他把制造业工人的劳动和家仆的劳动加以对比来说明：制造业工人把劳动投在物上，物的价值便增加。这样增加的价值，通常可以补还工资的价值，并提供利润。家仆的维持费，却是不能收回的。雇佣许多工人，是致富的方法，维持许多家仆，是致贫的途径。这是他关于生产性与非生产性劳动的第一种见解。

其二，斯密认为，生产性劳动不是随生随灭的，它是生产物品、商品的劳动；非生产性劳动则是随生随灭的，它是不生产物品、商品的劳动。他仍以制造工人的劳动和家仆的劳动为例来说明。制造业工人的劳动，可以固定并且实现在商品上，可以经历一些时候，不会随生随灭。反之，家仆的劳动，却不固定亦不实现在特殊物品或可卖商品上。

这两种定义在斯密时代是不矛盾的。因为那个时代以盈利为目标的服务性企业还几乎不存在，资本主义企业几乎都是生产物质产品的，能够为资本提供利润的劳动几乎全是生产物质产品的劳动。今天人们所说的服务业那时几乎都是以富人家仆的形式存在，家仆的劳动都是富人的消费，不会带来利润。于是不生产物质产品的劳动就与不带来利润的劳动相等了。因此他把它们通通归入非生产性劳动，并进一步认为不生产物质产品是非生产性劳动的一般特征。他把一切不直接参加物质商品生产的人，都列为非生产性劳动者。他不仅把家仆而且把演员、律师、牧师以及官吏、甚至君主等都列了进去，这是一个十分大胆的理论概括，是对社会"最尊贵"人士的挑战。在他看来，这些非生产性劳动者浪费了大量的社会财富，从而妨碍了资本积累的增长。因此，他认为必须把非生产性人员限制在最低的限度。他的这种见解，既反映了新兴资产阶级反对封建势力的奢侈挥霍以积累资本、发展资本主义的愿望和要求；也反映出他未能预见到后来以盈利为目标的服务性企业的大规模发展；同时还反映出他低估了消费对于一个社会收入增长的重要作用。

然而一旦出现以盈利为目标的服务性企业，斯密的两种定义就矛盾了。按照他的第一种定义，以盈利为目标的服务性企业的劳动，给资本提供利润，属生产性劳动；按照他的第二种定义，这些人的劳动不是体现在物品中的劳动，则是属于非生产性劳动。

五、资本的各种用途

斯密认为，资本有四种不同用法：一是农业家、矿业家、渔业家的用法；二是制造者的用法；三是批发商人的用法；四是零售商人的用法。

关于哪个经济部门的收益最大、生产力最强的问题，早在古希腊时代就有争论。主张雅典民主制度的人，都提倡工商业；而反对他们的人则认为只有农业才具有生产性。这个争论，后来在重商主义者和重农主义者之间又激烈展开。重商主义者认为只有商业尤其是对外贸易才具有生产性，或者说最富于生产性；重农主义者认为，只有农业才具有生产性，其他如工商业等则是非生产性的，或者说是不结果实的。斯密在研究资本的各种投资场所时，进一步探讨了这个问题。他认为应该按照各个经济部门的收益大小和生产力强弱来进行投资，因此，他将国民经济的各个部门排了队。在他看来，第一是农业和采掘工业，第二是加工工业，第三是批发商业，第四是零售商业。他认为这四个部门都是给资本提供利润的，都是生产物质财富的。

斯密关于投资排序的这种观点，表明他仍受重农主义的严重影响。虽然他关于资本投资排序的观点有一些缺点，但仍包含着某些合理的见解。例如他已看到了农业和采掘工业在整个国民经济发展中的重要地位。尽管他把农业和采掘工业放在国民经济首位的理由不正确，但他把农业和采掘工业放在国民经济首位的观点本身是正确的。

此外，亚当·斯密在这里所提出的关于产业划分的观点，也具有一定的合理因素，他虽把国民经济划分为农业和采掘工业、加工工业、批发商业、零售商业四大产业，但他所谓的批发商业，其实是指交通运输业；因此，他所谓的批发商业和零售商业，也就是我们今天所讲的第三产业，他所谓的农业和采掘业、加工工业，就是我们今天所讲的第一产业、第二产业。可见他关于四个产业的划分，同我们今天三个产业的划分，虽提法不同，其基本精神是一致的。

六、关于经济发展的动力与机制以及自由放任的政策主张

除了以上这两个生产财富发展经济的基本因素外，斯密还把社会的政治经济制度和经济政策列为重要因素。他把自由竞争看成是提高生产效率，促进国民财富迅速增长的重要社会因素。

斯密在研究人们的经济生活时，把具有多种品质的人和作为经济上的人区分开来。他实际上是第一个系统地运用"经济人"假设的经济研究者。他把充满利己主义精神的经济人，作为分析经济问题的基本前提。他认为，在现实社会中，一切从事经济活动的人，都是为了满足自己的利益。他说：我们每天所需的食料和饮料，不是出自屠户、酿酒家或烙面师的恩惠，而是出于他们自利的打算。同时，他也看到，在他那个社会里，追求自利的经济人，往往表现为追逐利润的资产者。

把追求自利的经济人作为经济分析的基本前提，是符合资本主义社会的现状的。斯密在这个问题上的缺点，不在于他选择利己主义的经济人作为分析的前提，而在于他忽略了经济人的利己精神在不同经济条件下的不同表现，不懂得追求利润只是经济人在资本主义社会的特有表现。

在斯密看来，在经济自由条件下，资产者的利己动机并不是一件坏事，相反还是一件好事，因为各个人都不断地努力为他自己所能支配的资本找到最有利的用途。固然，他所考虑的不是社会的利益，而是他自身的利益，但他对自身利益的研究自然会甚至必然会引导他选定最有利于社会的用途。

个人利益与社会利益的一致性，这就是斯密颂扬个人利己动机的一个根据。然而对个人利益的追求是如何被引上对社会有益的道路的呢？他回答说：他受着一只看不见的手的指导，去尽力达到一个并非他本意想要达到的目的。也并不因为事非出于本意，就对社会有害。他追求自己的利益，往往使他能比在真正出于本意的情况下更有效地促进社会的利益。他还对这只"看不见的手"的作用作了如下的说明：个人的利害关系与情欲，自然会使他们把资本投在通常最有利于社会的用途。但若由于这种自然的倾向，他们把过多资本投在此等用途，那么这些用途利润的降落，和其他各用途利润的提高，立即使他们改变这错误的分配。

用不着法律干涉，个人的利害关系与情欲，自然会引导人们把社会的资本，尽可能按照最适合于全社会利害关系的比例，分配到国内一切不同用途。这里他指出了经济系统在资源配置上的一种自由调节的负反馈机制。可见，这只"看不见的手"其实就是今天所说的竞争性市场机制，它消除了个人利益与社会利益之间的矛盾，使得对个人利益的追求，从伦理的角度来看，不再是一种令人难堪的行为，这只手竟成了引恶趋善的良媒。这只"看不见的手"，在他的理论体系中占有重要地位，是他反对重商主义，主张自由放任的重要依据，甚至可以说是整个古典经济学资源配置理论的根本前提之一。

斯密关于"经济人"及"看不见的手"的论述，不仅揭示了资本主义经济发展的动力与运行机制，而且还阐发了他关于经济发展的基本政策主张——自由放任。他说：完全自由是使这种每年再生产能以最大程度增进的唯一有效方策。

关于自由放任的政策主张，在斯密以前的思想家，特别是重农主义者虽也作过论证，但斯密为这一政策主张奠定了理论基础，其突出贡献主要表现在这样两点上：第一，他提出"看不见的手"会使个人追求自利的行为达到促进社会公益的结果；第二，他具体地描绘了资源配置的负反馈机制。西方的一些自由主义经济学家，把斯密对市场机制的卓越分析，喻为《国富论》王冠上的宝石"[1]。现代货币主义的主要代表米尔顿·弗里德曼认为，斯密对市场机制的分析，"是一种极其成熟而敏锐的见解"[2]。

斯密对自由放任这一政策主张的论述，有一个突出的优点，就是直接反对各种形式的封建特权和重商主义的独占经营。首先，他谴责了供封建贵族挥霍浪费的贡赋，是不可能大规模地为改良农业进行积累的。其次，残酷的封建劳役和各种横征暴敛，严重地阻碍了农民和农业经营者对改良农业的投资。此外，还有其他一些不利于土地改良和耕作的政策。例如：到处都规定未经特许，谷物输出一律禁止；限制谷物甚至各

[1]《现代国外经济学论文选》第四辑，商务印书馆 1983 年版，第 46 页。
[2]《现代国外经济学论文选》第四辑，商务印书馆 1983 年版，第 130 页。

种农产物的内地贸易，实行禁垄断禁零售禁囤积种种谬法，确立集市市场的特权。他在分析了各种封建政策阻碍欧洲农业的原因后指出，在这一切害农政策之下，要耕者来改良土地的可能性很少。在他看来，只有在资本主义的自由放任政策下，才能合理地经营和发展农业、制造业和商业等经济事业。

斯密着重批判了重商主义的垄断独占政策。由于这种垄断独占经营往往受到政府法规的保护，因此，他把批判的矛头直接指向政府的不合理干预。他认为，每个人都比政治家或立法者能更好地选择运用自己资本的产业部门，政府不必干预私人的经济活动。如果本国产业的产品在国内市场上的价格同外国产业的产品一样低廉，这样，政府的管制就显然是无用的，如果比外国进口产品贵，那么，这种管制就是有害的了。因为那种管制的直接结果，是减少社会收入，凡是减少社会收入的措施，一定不会迅速地增加社会的资本；要是听任资本和劳动寻找自然的用途，社会的资本自会迅速地增加。

斯密认为，推行重商主义的奖励贸易、生产和贸易上的垄断、市场独占、关税保护等政策措施，扰乱了"看不见的手"的正确引导，从而就破坏了市场经济内部的自动机制，这是阻碍国民财富增长的。他把自由竞争看作迫使企业提高劳动生产率的外在压力，至于自由竞争会对社会可能带来什么不良后果，他是没有想到的。在他看来，一种事业若对社会有益，就应当任其自由，广其竞争。竞争愈自由，愈普遍，那事业亦就愈有利于社会。

斯密通过对封建主义与重商主义的批判，阐明了贯彻自由放任主张的一整套具体政策。这些具体政策可以概括为以下四个方面：

（一）通过废除学徒规章和居住法，实行自由选择职业，即实行劳动力的自由买卖。

（二）通过废除限嗣继承法、长子继承法以及其他限制自由转让土地的规定，实行土地自由买卖。

（三）废除地产关卡税和其他一些税收和津贴，实行国内贸易自由。

（四）废除关税、奖励金、对商业的禁令和政府同意给予特许公司的商业垄断，实行对外贸易自由。

　　关于斯密的自由放任主张，有一点需要加以说明，那就是他并不主张绝对自由放任，反对政府对经济活动的任何干预。他也赞成规定适当利息率的法律。他认为那个时代的英国，规定百分之五为法定利息率，也许是再适当没有。他在谈到政府应当把银行发钞的最低面额限定为五镑时指出：从某种观点说，这限制诚然是侵犯天然的自由。但会危害全社会安全的少数人的天然自由，却要受而且应受一切政府的法律制裁，无论政府是最民主的政府或是最专制的政府，法律强迫人民筑墙以预防火灾蔓延，其侵犯天然的自由，无异于我们这里主张以法律限制银行活动。

　　亚当·斯密的这个思想很少为人提及，也没有为古典经济学的后继者们加以发挥。其实只有了解他主张政府合理干预的一面，才能全面了解他自由放任的主张。

　　可以把斯密关于财富生产经济发展因素的分析，如图 2.1 所示：

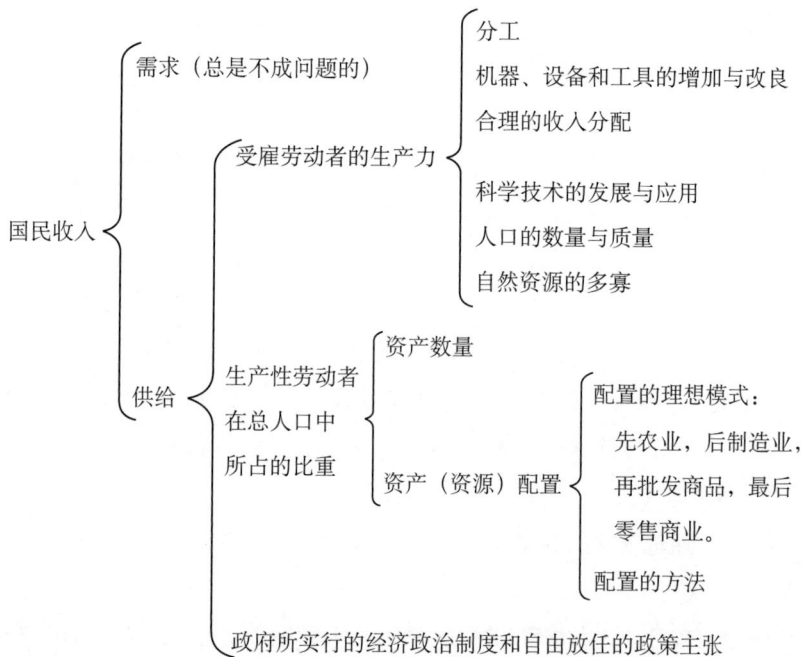

图2.1

萨伊

作为斯密思想在欧洲的第一位介绍人，萨伊对于生产财富所需要的生产要素作出了开创性分析。

一、生产三要素论

萨伊认为，人们在生产中所创造的不是物质，而是效用。因为物质是不可创造的。他所谓的效用，并不是指物质的客观属性或用理性所能判断的有用性，而是指物品满足人类需要的内在力量。他强调物品的效用就是物品价值的基础，而物品的价值就是财富。

从生产创造效用这一前提出发，萨伊创造性地提出了生产三要素论。他认为财富（价值）来源于劳动、资本和自然力（主要是土地）这三种要素的协力。他承认，只有通过劳动，人类才能获得产品，同时又强调劳动必须有资本的协助才能生产物品，不仅如此，劳动还必须利用各种自然力。他认为利用自然力是比劳动分工更重要的因素。在他看来，效用（即价值和财富）是三要素协力合作的结果。从这一认识出发，他指责斯密忽略了自然力在创造财富中的作用，并认为这种忽略使斯密错误地把财富单纯归结为积累劳动，并把劳动规定为财富（价值）的唯一尺度。

萨伊的生产三要素论，很快成为经济学家的基本共识。

萨伊指出，劳动的实质是役使自然力。他认为劳动有三种类型：一种是科学家所从事的研究自然规律、形成理论的劳动；第二种是企业主、农场主、商人运用知识从事管理提供产品的劳动；第三种是工人的劳动。即可分为建立理论、应用理论和具体执行三种劳动。他强调要重视科学研究，同时也看到了科学知识的易传播性，指出科学不发达的国家可以利用别国的科学知识来生产财富，因此应用和执行的劳动比建立理论的劳动，对一个国家的繁荣来说更重要。他可能是第一个指出科学研究重要性和科研成果具有正外部性的经济学家。

萨伊关于生产性劳动和非生产性劳动的见解是直接反对斯密的。他从生产的结果是效用这一见解出发，认为凡能扩大效用因而能够增加产品价值的劳动都是生产性劳动。这样，他就把生产所谓无形产品（指各种服务性劳务，包括政府的服务和教会的服务）的劳动，在它们产生效用的范围中,也称作是生产性劳动了。实际上他是以劳动是否为社会所需要作为界限来划分生产性劳动和非生产性劳动的。在他看来,同一种劳动,在其不超过需求的情况下便是生产性的,而超过需求的那一部分便是非生产性的了。

萨伊认为,资本是比土地更重要的生产要素,因为劳动不会受土地大小的限制,却受资本多寡的限制。并且他认为土地的大小肥瘠在很大程度上依存于地理位置,而劳动与资本的力量则依存于人类本身的管理能力。于是他花费了较大的篇幅来研究资本要素。

萨伊承认资本是劳动从前所创造的产品。他把资本分为三类:第一类是用于生产有形产品的生产资本,第二类是处于完全不生产状态的非生产资本,第三类资本包括住宅、家具、装饰品等产生效用或愉快的物品。他认为生产性资本由工具、原料及维持劳动者的生活必需品的价值组成,甚至包括资本家维持本人生活的必需品的价值。促进产品交换的货币也是生产资本,但它只构成生产资本中很少的一部分。还有培养劳动技能所付出的费用也是生产资本,他把劳动能力也看作资本。这一点他继承了斯密的人力资本的思想。非生产资本主要是指窖藏的价值。他认为社会资本是个别私人资本的总和。

萨伊已经看到资本能够在不断的生产性消费中保存自己的价值,已经意识到了资本的运动本性。这一思想成为他反对重商主义的一个论据。

萨伊指出了生产性资本形成和增加的条件,概括起来主要有:(1)生产的产品要超过生产过程中的消耗;(2)剩余的产品要被储蓄起来,即投入生产,用于生产性消费。因此生产资本即可以通过扩大生产获得,也可通过扩大节约获得。他不赞成亚当·斯密关于资本积累单纯依靠节俭的说法,更强调生产的扩大在资本积累中的作用,认为消费和储蓄可以在生产扩大商业繁荣时同时并进,并且节俭风气的形成也有赖于生产扩大造成的有利的投资机会。

萨伊认为资本积累不仅有利于资本家,而且有利于工人,增加就业机会,并且个人资本积累引起的贫富不均可以通过分割遗产而消除。在考察资本积累对工人的影响时,他特别分析了机器生产的后果。他把机器看作是人们利用自然力以节约劳动的手段。他承认机器的使用会引起收入向首先使用机器的人那里转移，并引起工人的失业，但他强调这些弊病在长时间内是可以克服的，因为机器的使用是一个缓慢的过程，可以采取预防措施，并且机器的使用会为失业工人提供新的就业机会，会降低物价从而有利于消费者（包括工人）。他认为机器的发明，技术的进步不会引起产品过剩，因为机器引起生产费用的降低，进而引起价格的降低，以致使需求的增加超过生产能力的增加。他以印刷技术的发明为例来论证这一点。他的结论是：机器的使用从长期来看是能够补偿工作一时所遭受的损失的，是有利于工人的。他对于采用机器的后果的看法显然比李嘉图正确。

在如何按最有利的方式使用资本这个问题上，萨伊基本上接受了斯密的相关观点。

二、发展生产的合理政策

在经济发展问题上，萨伊基本上承袭斯密的观点。稍为特殊的地方是他认识到了私有产权的激励功能，认为保障私有产权有助于生产发展。他说：安稳地享有自己的土地、资本和劳动的果实，乃是诱使人们把这些生产要素投于生产用途的最有力动机。

萨伊认可斯密反对重商主义的国家干预政策，认为产业和财富的健全状态，乃是绝对自由，即听任各种事业各自照顾自己的利益。因为个人利益是最可靠、最节省的指针。而政府仅须保护人民不受欺骗，不受暴力迫害。

萨伊剖析了法国重商主义政策的出发点及其危害。他指出，政府干预的目的无非是两条：使人们生产政府认为更重要的产品；使人们采用政府认为更合适的方法。他认为政府干预的结果并不能达到上述两个目的，反而会使人们生产次要产品，采用更浪费的生产方法。他强调阻碍人们自由运用其生产手段的做法，就是侵犯私有产权。他同意斯密的看法，认为政府干预外贸将形成独占，不利于消费者，也不利于资本和劳动的合理配置。他指出政府直接从事生产事业往往是低效率的，且往往与同行的私人企业发生竞争，窒息私人企业。他反对法定价格，认为法定价格将打乱生产与需要之间的自然比例，而法定最高价格将加剧货物的短缺。

萨伊对重商主义的国家干预政策的揭露和批判，是有进步意义的，适应当时法国社会的发展。这种批判，既是对重商主义干预政策的抨击，也是对拿破仑的穷兵黩武政策的谴责。

萨伊虽然反对重商主义的政府干预政策，但并不笼统地反对一切政府干预。他认为政府除了尽到保护私人财产的责任以外，还应当建设公共交通，创办学校等普及知识的设施场所。政府还应当保护有助于国防的行业、有前途的新兴行业。

从理论上看，由于重商主义在英法两国的表现有所不同，所以萨伊对重商主义的批判与斯密也有所不同，他更侧重批判政府对生产对象和生产方法的不合理干预。在政府的经济职能方面，他也比斯密有更全面的看法，看到了保护有前途的新兴产业的必要性。

马尔萨斯

马尔萨斯以财富的增长为题研究了经济增长问题。他认为研究这个问题是对人口原理的补充。他指出人口原理探讨限制人口，使之适应实际供应水平的机制，而对财富增长原因的研究，则回答这个实际供应水平是如何决定的。

马尔萨斯并没有忘记政治因素、道德因素在影响国家财富增长上的重要作用，但他主要分析了财富增长的直接原因。

马尔萨斯强调财富与价值是有联系又有区别的，他定义财富为需要一部分人类劳作来取得或生产的必需、有用或喜爱的物质对象。他认为一国财富的数量取决于两个因素：（1）产品数量或决定产品数量的资本和劳动人口的数量；（2）产品适应人们有效需求的程度，或决定这一程度的产品分配，即取决于供给和需求。于是他就分别研究了决定供给和决定需求的因素。

在供给方面，马尔萨斯认为对生产最有利的三种重大的因素是：资本的积累、土地的肥力和节约劳动的新发明。他没有把人口的增长作为决定供给的因素，因为当不需要增加劳动时，人口的增加将因就业机会的缺乏和已就业劳动者生活的恶化而立刻受到抑制。他指出资本积累并非是无条件促进财富增长的因素，只有当有效需求足够大，能够吸收掉资本积累造成的产品增量时，资本积累才能导致财富的增加。他指出土地肥力是一个国家生产财富的自然潜力，但并不一定成为财富增长的刺激因素。因为如果盛行大地产制度，又没有工商业，也没有农产品的对外贸易，那么肥沃的土地往往既不能刺激财富，也不能刺激人口，而且劳动者也往往养成懒惰习惯，就像拉丁美洲和爱尔兰的情况。他指出，节约劳动的发明只有在产品市场能够扩大，消费能够增加的前提下，才能发挥增加财富的作用。他还注意到需求价格弹性不同的商品，在以机器代替手工操作进行生产后，对劳动需求会不相同。

马尔萨斯提出，为了保证财富的不断增长，除了能增加供给的生产能力增加之外，还需要有足够大的有效需求。有效需求能增加商品的交换价值，进而增加财富。他把人口增长当作决定需求的因素，但认为单凭人口的增加，不足以形成足够的有效需求。他把增加有效需求的方式称为产品的分配（注意，这里所说的分配不是指收入在各阶级间的分配），认为产品数量的增加，主要决定于生产能力，而产品价值的增加决定于分配方式。生产和分配是财富的两个重大因素。他认为从分配方面造成总产品价值增加的三个原因是：土地财产的分割，国内外贸易的扩大，以及非生产性消费者人数维持在最适应生产力的比例上。

马尔萨斯认为大地产制度是一种最不利于有效需求的财富分配。他提出地产和动产的一定程度的分布，有助于财富增长。但超过这一程度不利于供给能力的增加，低于这一程度则造成有效需求不足。地产分割的最佳程度，须依国内外贸易情况和地主以外的其他有效需求者的情况而定。

马尔萨斯认为国内贸易的发展、市场的扩大既能增加产品数量，又增加产品总价值。因为市场扩大导致需求增加，从而提高价格，而为了满足需求又会引起资金的积累，引起供给能力的增加，于是一切国内贸易会直接增加全国产品的数量和价值。他反对重农学派关于贸易只能平衡各地的价格，不能增加产品数量的观点，也反对李嘉图关于对外贸易不增加产品价值的观点。他认为，外贸是能增加总产量的价值和数量的，因为外贸能给国家带来更多的利润，而利润依据他对价值的定义是进入商品价值的。他从需求出发说明外贸所增加的价值和来源，并认为，外贸引起价值增加的表现在于进口商品在国内所能支配的货币、劳动和其他商品往往多于换取它们的出口品在国内所能支配的货币、劳动等。他还反对李嘉图的比较成本说，因为不少进口商品是根本不能在国内生产的，无所谓国内成本，认为支配交易行为的基础原理是用比较不需要的东西换取比较需要的东西，从而使价值增加。他提出外贸的最大利益在于它会激发新的欲望，形成新的爱好和提供使人辛勤努力的新动机。他的结论是国内外市场狭隘，从而缺乏有效需求的国家，难以积累大量资本。

马尔萨斯接受了斯密按是否直接生产物质产品来划分生产性劳动和非生产性劳动的见解，只是主张用私人服务一词来代替非生产性劳动。他认为私人服务并不直接生产财富，但刺激财富生产。私人服务和非生产性消费者是从增加有效需求方面来增加产品价值从而刺激财富生产的。为什么需要私人服务和其他非生产性消费者呢？在他看来，资本家是倾向于积累而不注重消费的，给生产性劳动者以优厚报酬将有助于增加消费，但不利于资本积累，所以不能给予优厚报酬。地主的开销加上工人和资本家的开销不足以维持足够大的有效需求，即三大基本阶级的消费不足以形成充分的有效需求，所以社会必须要有一批非生产性消费者，以增加消费，刺激生产。在非生产性消费者中间，不同类型的人对于财富的影响也是不同的，私人仆役有助于提高有效需求，同时其报酬源于收入而非资本，故不会增加生产成本。由税收维持的非生产性消费者也有助于提高有效需求，但租税有可能阻碍财富的增长。他指出非生产性消费者的主要作用在于使生产与消费平衡，保证产品获得最大的交换价值，从而增进财富。当非生产性消费者与生产性劳动者之间保持一种最佳比例时，能促进财富最有效增长。这个比例因时因地而有不同，取决于土地的肥沃程度，人民的生产技能、习惯与爱好，以及生产者本身的消费程度。他提出了最优消费倾向的观念，如果消费超过生产，一国的资本必须递减；如果生产大大超过消费，积累和生产的动力必然停止于那些拥有主要的购买手段的人的有效需求。两个极端是明显的，并且随之而来的一定是一些中介点。在考虑生产能力的同时也考虑消费意愿，对于增加财富的鼓励是最大的。

马尔萨斯的经济增长理论，是对斯密国富理论的一个重大发展，其突出表现是强调了有效需求在决定财富增长中的重要作用。他实际上看到了供给能力和有效需求均衡增长是财富增长的必要条件。他提出总供给和总需求不平衡不利于财富增长，总供给大于总需求，利润会降低，资本家要破产，劳动者也会受失业之苦；而总供给小于总需求，价格会上涨，劳动群众生活会下降，人口会因此受损失，从而影响财富增加。从这一点看，他是当代经济增长理论的先驱者。另一个杰出之处是他强调了积累与消费之间保持合理比例的重要性，反对一味积累资本，认为只有当一国的资本所产生的产品和人们的需求比较显得缺少时，才需要节制消费，增加资本。对于爱尔兰及拉美一些国家经济落后的原因，他也不乏卓越见识，认为它们不仅仅苦于资本缺乏，也苦于有效需求不足，而这又由于大地产的盛行及人民的习惯等一系列制度因素。这种分析可以称之为对不发达经济的早期分析。斯密在研究国富问题时，是单纯从供给角度出发的，主要强调了能增进供给的一些因素，马尔萨斯则比他前进了一大步。遗憾的是马尔萨斯关于财富发展的上述思想长期未受到应有的注意。

李嘉图

一、对资本主义经济发展基本趋势和基本条件的分析

李嘉图的经济发展思想，基本沿袭亚当·斯密观点。但以他为代表的后期古典经济学，开始把经济学的研究重点由财富生产经济发展转移为财富分配上。在《政治经济学及赋税原理》中，他通过分析各阶级收入分配问题，来论证最有利于资本主义生产发展的条件。他着重考察了劳动创造的价值在工资、利润和地租三者之间的分配及其相互关系的发展变化，即将其价值论和分配论应用于分析资本主义经济发展的基本趋势

和基本条件。

李嘉图从他的价值论和分配论推导证明：随着资本积累和生产力的发展，人口相应增加，引起对谷物需求的增长。而新的耕地将趋于贫瘠，从而引起土地收益递减，农产品（尤其是谷物）价值的不断提高，谷物地租、货币地租和货币工资都随之日益上涨（实际工资从长期来看决定于维持劳动者及其家属生存所必需的生活资料），而利润率则相应下降。如果没有技术进步和对外贸易的发展，谷物价格不断提高，就会引起货币工资持续上涨，从而使利润率下降到一定程度，使资本家积累资本的动因消失，资本积累就会停止。于是，社会就进入只能实现简单再生产的静止状态。他对于资本主义经济发展最后达到静止状态的这种描述，调子是低沉的。于是一些经济思想史研究者认为，"李嘉图描述的未来前景是悲观的"[1]，把他看作悲观派的著名代表，断言李嘉图经济学是"失望之科学"[2]。

二、促进经济发展的对策

在李嘉图看来，资本积累是资本主义社会财富增长的基本原因，而资本积累规模的大小又取决于利润的多少。因此，他把维持高额利润当作发展经济、增加财富的基本条件来看待，当他发现利润有下降趋势时，就自然会担心积累源泉枯竭的问题。

李嘉图对资本主义前景的看法实际上具有二重性。他一方面认清利润率有下降的趋势，担心资本积累的源泉会枯竭，因而感到悲观；另一方面，他又认为通过改进技术，提高劳动生产率，取消限制谷物进口的《谷物法》，发展对外贸易，改革赋税制度等，可提高利润。因此，他对资本主义经济发展的前景又是乐观的。总体而论，他并不是一个完全的悲观主义者。因为他深信资本主义方式是最有利于生产发展、最有利于财富增长的。他坚决否认社会会处于退步状态中。他指出，必须记住，退步状况永远是一处反乎自然的社会状态。个人的生长过程是由青年而

---

[1] 埃里克·罗尔：《经济思想史》，商务印书馆1981年版，第183页。
[2] 基特、里斯脱：《经济学史》，商务印书馆1926年版，第72页。

壮年，而老死；但是国家的发展过程却不如此。国家达到最旺盛的状态以后，再向前进时诚然可能受到阻碍，但它们的自然趋势却是永远地继续发展，使它们的财富和人口永远不会减少。

李嘉图对利润率下降趋势的论述，其目的不仅要证明利润率下降会造成资本积累源泉的枯竭，对资本家不利，而且要证明利润率下降的结果，就会引起对劳动力需要的下降，工资下跌，人口减少，社会停止发展。对此，他以特有的敏感注意到了技术进步给经济带来的影响。在逝世前两年，他为《政治经济学及赋税原理》第三版增写了《论机器》这一章，论述了采用机器这一技术对社会各阶级利益的影响。他指出，随着机器的普遍应用，产品的价格就会由于竞争而降到等于其生产成本的程度。他得出结论说：机器的发明与有效运用总会增加一个国家的纯产品。机器的使用，虽有利于作为纯产品的利润的增加，但对于劳动阶级却是不利的。因为随着利润的增加，每当资本增加时，更大比例的资本要用于机器上面，至于对劳动力的需求，虽然也有增加，但却不会成比例地增加，其增加率必然是递减的。这就会造成一部分人失业，从而使劳动阶级的生活状况陷于穷困。因此他认为机器的采用往往有损于劳工阶级的利益。

李嘉图认为，取消《谷物法》，允许外国廉价谷物进口，发展对外贸易，从而使工人生活必需品的价格降低（亦即使工资降低），以提高利润率，这同改进技术提高劳动生产率的作用是一样的。

为了遏止利润率下降，他还提出政府不征收那种必然要落在资本上面的赋税，而应对地租和奢侈品多征税。

李嘉图不仅指明在自然状态的社会中，财富和人口都会永远地继续发展，而且他还把不同状况的国家，划分为贫富两种类型，并指出其贫富的原因和致富的方法是各不相同的。他说，有些国家肥沃土地很多，但由于居民愚昧懒惰和不开化而遭受着贫困与饥馑。这类国家的灾害，主要来自政治不良、财产不安全和各阶层人民缺乏教育。因此，对这类贫穷国家的补救办法，就是要刷新政治、改良教育，因为这样就会使资本增加超过人口增加。人口不论怎么增加都不嫌过多，因为生产力更大。

而一些定居已久、一切肥沃土地都已投入耕种的国家，则是由农产品供给率递减而遭受着人口过密的一切灾害。对这类富庶国家，采用上述补救方法既非十分实际可行，也非十分有好处。

关于这两类国家的资本使用和产业发展，李嘉图主张：富国发展资本密集型行业，贫国发展劳动密集型行业。他关于两类国家贫富原因和致富方法的分析，对现代西方经济增长和经济发展理论的建立发生了重大影响。

约·斯·穆勒

穆勒首先考虑了进行生产的必要条件，劳动与适宜的自然物品。然后追随当时的一般做法，认为任何社会生产都必须具备以下三个要素：劳动、资本及自然所提供的材料或动力。

关于作为生产要素的劳动，穆勒首先规定了其含义：劳动是肉体的或精神的支出。它不仅包括动作，且必须包括思想或筋肉或二者同在特殊职业上所引起的一切不快意的感情，一切肉体的束缚或精神的烦恼。可见他所谓的劳动，不仅是指体力和脑力的支出，而且还包括由这些支出引起的主观感受。

穆勒认为劳动的作用就是移动物至适当的位置，以便利用自然力来改变物，使之为人所需。他按照在最终产品生产中的不同作用把劳动分为直接生产最终产品的劳动和间接生产最终产品的劳动，并按照所起作用的不同，进一步把间接生产最终产品的劳动分成数类。在对劳动进行分类时，他否定了通常按照农业、制造业和商业来划分劳动的见解。他赞赏萨伊的观点，认为劳动不创造物质，只生产效用。而劳动所生产的效用有三种：第一种效用是固定并体现在外界对象物上的；第二种效用是固定并体现在人身中的；第三种效用是既不固定也不体现在任何对象上的。他指出：生产第一种效用的劳动，就是通常讲的生产物质产品的劳动；生产第二种效用的劳动，就是一切培植自身或他人的体力和智力的劳动，不仅包括医务工作者和教育工作者的劳动，也包括政府工作人员（如果他们改良了人民）、道德家和牧师（如果他们生产了幸福）的活动；生产第三种效用的劳动，就是给人们提供一定快乐或避免烦恼痛苦的活动，它包括音乐家、演员、陆海军、法官和政府官吏（如果他们的活动对人民的改良无影响）的活动。

穆勒依据萨伊的观点，分析了劳动所生产的不同效用后，又依据斯密关于生产性劳动与非生产性劳动的观点，把两者调和起来，以确定劳动的生产性与非生产性。他认为，由于人们通常认财富为其效用可蓄积的物质财富，故生产性劳动主要包括生产第一种效用的劳动，生产第二种效用的劳动，在其有助于生产第一种效用时，也是生产性劳动，即一切直接或间接生产物质产品的劳动都是生产性劳动；反之，生产第三种效用是非生产性劳动，因为其效用不能持久。他认为思想家的思辨活动是社会中最有影响的生产劳动。

关于生产要素资本，穆勒在确定资本的含义时，否定了资本即是货币的观点，认为资本是先前劳动生产出来的，由蓄积而保存下来用于维持生产性劳动的物质产品。他说：资本是蓄积的原先劳动的生产物。劳动生产物的这种蓄积名为资本。被蓄积的劳动产品之所以成为资本，就是因为它是生产地被使用。因此资本是被用以再生产的财富。当自耕农为维持自己而把劳动产品蓄积起来时，他也把这种劳动产品称为资本。

在对资本的含义做了上述说明之后，穆勒提出了关于资本的四个根本命题。第一个命题是一国的生产性劳动的多少受到该国资本（包括消费品和投资品）数量的限制。第二个命题是资本是节蓄的结果，是生产者自身消费少于其生产的产品的结果。第三个命题是一切资本均被使用，即便不被资本所有者自己使用，也要被别人使用，并且在使用中为资本所有者创造更多产品。即资本不同于窖藏。第四个命题是就业水平产品数量取决于资本数量，与商品需求的大小无关，对商品的需求只决定就业方向和产品种类。这四个命题基本上是对斯密观点的重述，强调了资本的来源，功能和重要性，表明决定国民收入水平的是资本数量而非对商品的总需求。

在资本的功能问题上，穆勒在李嘉图和萨伊之间做了一点折中，一方面否认资本具有生产力，另一方面又肯定一部分资本协助劳动进行生产。严格来说，资本是没有生产力的。唯一的生产力是劳动，当然，这里的劳动需要借助工具并作用于一定的原材料。因此，认为包括工具和原材料的那部分资本或许具有生产力也没有什么不妥，因为他们和劳动一起完成生产。但是，包含工资的那部分资本本身没有生产力。

在资本的分类问题上，穆勒基本上正确地划分了生产中的流动资本和固定资本。

关于生产要素自然所提供的材料与动力，穆勒认为自然界所提供的种种材料与动力，是进行生产所不可缺少的必要条件，它是生产的自然要素，因为它所包括的都不是劳动的生产物。他认为提供农作物的土地是各种生产要素当中最主要的；如把土地一词推广适用于矿山及渔场，适用于地中所发现的物品，适用于覆盖地面一部分的水中所发现的物品，并推广适用于地上长养的物品，土地一词亦包括了我们现在所欲的一切自然要素。因此，生产的自然要素可由土地一词代表之。所以他认为，把生产的三个要素说成是劳动、资本与土地，亦未尝不可。

穆勒在论述了生产的一般要素以后，进而研究影响劳动和资本这两个要素的生产力大小的诸因素：自然条件，劳动者的劳动习惯、刻苦精神、技术熟练、具有丰富知识，整个社会教育的普及。重契约讲诚实的道德风尚，政府对人身和财产安全的保障。他特别强调工人的智力是劳动生产力一个最重要的要素。他指出了分工的利益及其限制，指出了大规模经营对制造业的效益，分析了规模经济的原因及大规模经营的必要条件。

在分析影响生产力大小的诸因素时，穆勒看到了农业的特殊性，正确地指出农业中分工的效益和大生产的效益往往不存在；指出地租的不确定和租期的不确定不利于租地人提高经济效益；认为农户经营的土地面积过大或过小都不好，应当以劳力、畜力和农具都充分利用为适宜程度；主张小农经营和大农场并存，大农场经营谷物种植业和畜牧业，小农经营劳动密集的种植业，尤其是经济作物；认为小农业和大农场并存是最有利于农业的改良。

　　穆勒认为，生产的增加不仅决定于生产要素的生产效率，而且还依存于生产要素的增加。他说：生产增加，或是这诸要素本身的结果，或是它们生产力增加的结果。生产增加的法则，必然是这诸要素法则的结果。生产增加的限制，必须是这诸法则立下的限制。于是，他就依次研究了生产三要素增加的规律。

　　穆勒认为，生产增加第一依存于劳动；而劳动的增加，即是人口的增加。在他看来，劳动增加的规律就是马尔萨斯在其《人口论》中引出的真理：在无限制时，人口的增加率必然是几何级数率而不是算术级数率。在实际生活中，人口的增加虽然会受到种种限制，但由于人口自然增加力的无限，因此他认为劳动不会成为生产增加的重要障碍。

　　穆勒认为，生产增加第二依存于资本，而资本的增加必依存于节蓄所留出的基金的多寡及节蓄欲望的强弱。所谓节蓄所留出的基金，就是从劳动产品中扣除生产当事人的生活必需品以后的剩余。他把这种剩余称为纯产品；它不仅包括利润和地租，还包括工资中的非必需品。纯产品越多，则节蓄的数额便越大，从而也将增加节蓄的欲望。因为纯产品越多，作为其重要组成部分的利润业往往越多。利润的多少仅仅是影响节蓄欲望的一个因素，其他因素有是否远虑，是否关心后代，尤其是人身和财产的安全程度，等等。

　　因此，增加资本的基本途径便是增加生产和（或）减少消费。增加生产，尤其是提高劳动生产力，就可以在不缩减消费的同时使纯产品增多。而减少消费可以在生产物不变时增加节蓄。减少消费就是要节欲，反对奢侈。他说：节蓄致富，支费致穷，在个人为然，在社会亦然。换言之，把财富用来维持生产的劳动，将增加社会全体的财富；若把财富用在享乐上，即将增加社会全体的贫穷。只要资本家减少非生产性支出，增加生产性支出，即增加纯产品用于生产性支出的比重，就会把一部分原先的消费财富转变为资本。而只要能够增加资本的报酬，就能提高资本所有者的节蓄欲望，把非生产性支出转移到生产性支出上。

　　穆勒认为，生产增加第三依存于土地。在他看来，土地在生产中的基本规律，就是土地报酬递减律。关于这个规律，他曾作过如下的表述：农业进步达到一定阶段（不必要怎样了不起的进步）以后，则按照土地生产的法则，在农业技术及农业知识的一定状况下，劳动增加，生产物不能有相等程度的增加；倍加劳动，不能倍加生产物。并认为这是经济学上最重要的命题。尽管在实际中，这个规律的作用会受到种种因素的阻碍，如农业中提高土地生产率和劳动生产率的改良；与农业生产前后阶段的服务有关的改良，如运输的改善等等；其他行业的降低农业生产投入价格的技术进步；社会制度的进步，尤其是各种阻碍农业的法律、制度、习俗的改革；教育的改良，劳动者及其雇主在知识、德行方面的进步。但他认为，土地报酬递减却是一个趋势，因此这是土地生产的一般法则。

穆勒在分别考察了生产三要素增加的规律后，得出结论说：生产增加的限制是二重的；即资本不足或土地不足。他认为亚洲各国由于蓄积欲望不强所造成的资本不足是阻碍生产发展的主要问题。为此，他认为这些国家应采取下述措施增加积累：（1）刷新政治，改良税制，确保财产所有权，维持更永久更有利的土地租佃制以使耕作者获利；（2）改良公众智力，破除不利于生产的习惯与迷信，使人民时常追求新的欲望对象；（3）引进外资，引进技术。而西欧各国的，特别是英格兰，他认为人口增加过多，导致土地报酬递减是阻碍生产发展的主要问题。因此，他认为这些国家必须采取措施限制人口的增长。

穆勒不无正确地支出，限制人口增加的必要性不仅存在于财富分配不公的社会，亦存在于生产资料共有，财富平等分配的社会中。因为虽然人口增加既增加"口"又增加"手"，但新的口和旧的口必须有同样的食物，但新的手不能和旧的手生产同样多的食品。除非生产技术改良的速度能超过或不低于人口增加的速度。

穆勒把亚当·斯密等人的资本积累规律和马尔萨斯等人的土地报酬递减规律和按几何级数增长的人口规律综合在一起进行论述，以证明生产规律是一种永久的自然性质的规律。他对生产规律的论述中，包含着一些有价值的见解，如他关于生产劳动能力的劳动也属生产性劳动的见解，普及教育提高劳动者的智力是劳动生产力最重要因素的见解，当人口增长超过生产技术增长速度时，必须实行限制人口的主张等，这些见解在今天仍有一定的借鉴意义。

穆勒的上述生产理论可以简单地概括为以下七条命题：

1. 一切生产都需要劳动、资本和适宜的自然物品。

2. 土地报酬递减法则。

3. 生产的增加依存于劳动和资本的数量增加和（或）劳动生产力的提高。

4. 劳动增加的法则就是人口在无限制时按几何级数增加。故生产一般不会受到人口的限制。但是当人口增长速度快于生产技术的改良速度时，社会将趋于贫困，故限制人口增长速度是必要的。

5. 资本的增加依靠纯产品（可节蓄的对象）的增加和节蓄欲望的增强。资本靠节蓄形成，靠投入生产来保存。因此节俭使社会致富，奢侈使社会致贫。而节蓄欲望的强弱取决于利润（纯产品的一部分）的多少和人身、财产的安全和远虑。

6. 资本（而非劳动）往往决定生产规模、就业人数和劳动效率。

7. 当资本一定从而就业人数一定时，生产的增加取决于劳动者生产率，而劳动生产率取决于劳动者的能力与熟练，机械的性能，分工协作的程度，生产经营规模的大小。

上述命题涉及生产的必要条件、经济增长的促进因素和限制条件。其中有些命题是任何社会都成立的，如第1、2、4条。而第3、5、6、7条则只有在总需求充分大的情况下才成立于任何社会。穆勒显然忽略了马尔萨斯对有效需求的关注。

穆勒从动态的角度分析经济进步的长期趋势。他认为，社会经济的进步，即经济的增长，就表现为社会支配自然能力的增加，人身与财产的安全和自由支配权的增加，以及各种形式的合作能力的增加。他把经济增长的三大要素（人口增加、资本增加、技术进步）分别组合，来考察经济增长对分配的各种影响，在斯密对未来的乐观憧憬与马尔萨斯对未来的悲观预测之间保持着微秒的平衡。他认为斯密的乐观力量和马尔萨斯的悲观力量会同时起作用，所以没有对最终的结果做出单一的预测，而是分析了几种可能性。在这一点上，他是第一位经济学家，认识到人们不可能准确预测经济发展长期趋势，其最终结果应当由各种不同力量互相制约来决定。他的第一种预测是马尔萨斯的悲观力量占据主导，人口增长超过资本和技术提高产量的速度，于是工资不断下降，利润越来越高。第二种预测是斯密的乐观力量占据主导，资本积累的速度超过人口增长，于是工人生活水平不断提高。第三种预测是技术进步超过人口和资本的增长，从而工资和利润都趋于上升。第四种预测是李嘉图式的，具有最大可能性，即社会进步往往增加地主的财富，使劳动者生活水平大体上有提高的趋势，而利润则有跌落的趋势。但他又提出了种种阻碍利润下降的因素。在他看来，由于利润下降的趋势，最终会导致经济增长的静止状态。但他与其他一些古典经济学家不同，并不认为经济增长的这种静止状态是一种糟糕的状态，而是把它看作是一种财富分配公平、人口得到限制、劳动不再繁重、闲暇时间大增、个人自由发展的理想社会。他不认为当时社会中那种互相践踏、排挤、互相掣肘、暗算，是人类值得追求的命运。

在穆勒看来，经济增长的一般办法和基本原则，就是自由放任。他说：当作一般原则来说，人生的事务，最好是由利害关系最切的人自由去经营，使不受法律规定的统制，亦不受政府人员的干涉。亲任其事的人或诸人，比政府，似更能判断，他们应以何法，达到他们所欲的目的。就假设政府所有的知识，和最善营业者所有的知识相等（这当然是不可能的），个人对于营业的结果究竟有更强得多，更直接得多的利害关系，所以，如让他们自由选择，方法多少会更改良，更完美。

第二节　新古典经济学时期

马歇尔

一、生产四要素与报酬变动的三种情况

马歇尔对决定产品供给的生产要素进行了分类，并研究了各类要素的变化对产品供给的影响。

马歇尔认为，生产要素共有四类：除了以往人们多次提出过的土地、劳动和资本外，还有一类，他称之为工业组织。

关于土地，马歇尔着重论述了土地报酬递减律的含义和作用。

关于劳动要素，他马歇尔认为劳动的数量取决于人口的自然增加以及移民，并肯定马尔萨斯人口论在本质上是正确的，但过低估了生活资料对人口增加的承受能力。他还强调了劳动要素的质量，认为使劳动者保持精神和身体上的健康状态有助于提高工业生产的效率，认为教育对于提高劳动者素质有重要作用。国家应当舍得在教育方面进行投资。

关于资本要素，马歇尔认为资本的供给来自储蓄。储蓄是消费或享乐的延期，而利息则是延期享受所受牺牲的报酬。他不赞成把利息看作是节欲的报酬，而强调它是等待的报酬。

关于工业组织，马歇尔认为它的内容相当丰富，包括分工、机器改良、相关产业的相对集中、大规模生产以及企业管理。他用"内部经济"和"外部经济"这一对概念，来说明第四类要素的变化何以能导致产量的增加。所谓内部经济，是指由于企业内部的各种因素（如劳动者工作热情工作技能的提高、内部分工协作的发展完善、先进设备的采用、管理水平的提高及管理费用的减少，等等）所导致的生产费用的节约。所谓外部经济，是指由于企业外部的各种因素（如企业离原料供应地和产品销售市场的远近、市场容量的大小、运输通讯的便利程度、其他相关企业的发展水平等）所导致的生产费用的减少。

马歇尔把四种生产要素的变化对产品供给的影响概括为报酬递增和报酬递减这两种基本情况。他指出，自然在生产上所起的作用表现出报酬递减的倾向，而人类所起的作用则表现出报酬递增的倾向。这是因为自然资源数量有限，若自然在生产过程中所提供的生产要素在数量上无法增加，或必须以日益昂贵的方式增加，而其他生产要素如劳动和资本又在几乎不变的工业组织下不断增加，则将出现报酬递减倾向，产品的边际生产费用将增加。然而，劳动和资本的增加，一般会引起工业组织的改进，从而提高劳动和资本的使用效率，这将导致报酬递增倾向，产品的边际生产费用将下降。

马歇尔提出，报酬递增和报酬递减这两种倾向，是不断地互相压制的。当二者的作用相互抵消时，便出现报酬不变的情况。他谈到，农业部门是报酬递减倾向占上风，非农业部门则往往出现报酬不变或报酬递增，而大多数原料费用无足轻重的工业部门中，报酬递增倾向占主导地位。

马歇尔进一步指出，报酬递增的趋势在短期内一般是不存在的。因此，在短期中，在任何一种生产部门，都存在一个关于产量的边际水平，在那边际之内，任何一个生产要素的使用量的增加，在一定条件下都是有利的；但是超过了这个边际，生产要素的使用量再有增加，就会产生递减的报酬，除非需要有增加，同时要与某一生产要素合用的其他生产要素随着也有适当的增加。这个关于边际的概念不是一律的和绝对的；它是随着所研究的问题的条件而变化的，特别是随着与它有关的时间之长短而变化。这就是说，由于短期中工业组织这一要素往往保持不变，所以产量达到一定水平后将出现报酬递减，而在长期中由于工业组织的改进会使产量的边际水平（将出现报酬递减的临界水平）不断增大，从而出现报酬递增。

由于一个行业往往同时存在许多企业，有的趋向兴盛，有的趋向衰退，有的趋向稳定。因此，为了分析报酬变动对于产品的边际生产费用的影响，马歇尔提出了代表性厂商这一概念。它是指能正常地获得属于一定的总生产量的内部经济与外部经济的企业。这个代表性厂商可作为一个行业的缩影，对它来说（从而也就是对整个行业来说），产量增加所引起的边际生产费用可能会有三种变化情况：（1）费用递减（报酬递增），即随产量增加生产规模扩大，边际生产费用逐步减少。（2）费用递增（报酬递减），即随产量增加生产规模扩大，边际生产费用逐步增加。（3）费用不变（报酬不变），即随产量增加生产规模扩大，边际生产费用不变。

威克塞尔

威克塞尔假定生产函数具有如下形式：$Q = W \cdot f(L/W)$，Q 为产量水平，W 为劳动要素量，L 为土地要素量。由此函数，边际生产力可表示

为 Q 对于 W 和 L 的一阶偏导数。当该函数是线性齐次时（其经济含义是指规模报酬不变），则各要素按边际生产力决定的收入份额之和正好等于总产量，即：$W(\partial Q / \partial W) + L(\partial Q / \partial L) = Q$。若规模报酬递增，则 $W(\partial Q / \partial W) + L(\partial Q / \partial L) > Q$，即要素按边际生产力决定的收入份额之和大于总产量，如此则自由竞争局面将无法维持，要素报酬也无法按边际生产力支付。若规模报酬递减，则 $W(\partial Q / \partial W) + L(\partial Q / \partial L) < Q$，即要素按边际生产力决定的收入份额之和小于总产量，这意味着企业总会获得利润（它等于总产量与收入份额总和之差），因此人人争当企业家，一切企业都将最终分裂为个体企业，结果收入分配也将不再由边际生产力决定。由此可以知道，收入分配的边际生产力论要依存两个前提：一是整个经济的规模报酬不变，这保证总产出正好可以按边际生产力进行分配，不多不少。二是各个企业都要在相对于市场需求的较小规模上，便达到由规模报酬递增发展为递减的临界点，这保证了完全竞争的局面。所以边际生产力论要依赖关于整个经济和各个企业的规模报酬的特殊假定。

柯布—道格拉斯

　　威克塞尔提出的线性齐次的生产函数是柯布—道格拉斯生产函数的先驱，保尔·霍华德·道格拉斯（Paul Howard Douglas，1892—1976）与其友人数学家查尔斯·柯布合作，运用经济计量学方法，研究其老师克拉克的边际生产力论。在 1928 年发表的《生产理论》一书中，提出了后来著名的柯布—道格拉斯生产函数：$Q = AL^a C^{1-a}$。Q 为产量，L 为劳动，C 为资本，A 为广义技术系数，a 和 $1-a$ 分别为产量对于劳动和资本的弹性，同时又分别是劳动和资本各自的收入份额。

　　柯布和道格拉斯还具体测算了 A 和 a，使该函数具体化为 $Q = 101L^{3/4} C^{1/4}$。

　　柯布—道格拉斯生产函数具有下述两条性质：（1）其一阶偏导数大于零而二阶偏导数小于零，这被认为是反映了边际生产力递减法则。（2）线性齐次性质，这被认为是反映了规模报酬不变法则，而该法则保证各要素按边际生产力所分得的收入之和，正好等于总产出。由于这两条性质，该函数被认为是验证了边际生产力论。

熊彼特

熊彼特强调资本主义的经济发展过程是一个创造性的毁灭过程，而过程的基本动力源便是创新活动。甚至可以说，在熊彼特看来，资本主义这一概念的内涵就包括经济发展。研究经济发展，就是研究资本主义。

为了充分论证创新活动在经济发展中的作用，熊彼特分析了创新活动发生的原因，创新活动促进经济发展的具体机制。为此，他首先假定在经济生活中存在一种所谓"循环流转"的均衡状态，其中不存在具有创新精神的企业家，从而也没有创新的发展，企业收支相抵，经理们只获得管理工资，没有利润，也无利息，整个经济在同一产出水平上不断循环，显然在这样一种状态中是无发展可言的。

为了说明发展，熊彼特在市场机制的纯粹理论中增加了有关企业家的创新活动的假设。他认为企业家是和通常意义上按照常规进行活动的企业经理不同的人，他把企业家定义为专门从事创新活动，对生产要素进行新的组合的人。在他看来，创新活动之所以发生，是因为富有创新精神的企业家看到，通过创新活动打破循环流转的均衡状态，能够给他带来额外的盈利机会。即追求利润的动机是导致创新活动的重要原因。在强调利润动机的同时，他也并不忽略其他文化、心理上的因素对创新活动的刺激作用。他认为追求事业成功，争取出类拔萃的那种非物质的精神力量在推动企业家的创新活动中的作用是不可忽视的。他把这种精神称之为企业家精神。这种从多方面追寻企业家创新动机的思想，反映了熊彼特思想中历史学派的影响。

熊彼特认为，利润是企业家因为进行成功的创新活动而获得的功能性报酬。它在循环流转的均衡状态中是不存在的。而创新所导致的生产要素的新的更合理的组合，就构成了利润的源泉。因此，他反对把利润看作是承担风险的报酬，强调承担风险是资本所有者的职能，而非企业家的职能。至于利息，他认为其来源是利润，就如同对利润的一种课税。因此在循环流转的均衡状态中，它也由于利润的不存在而消失。至于资本，他认为那是企业家为了进行创新活动的一种杠杆和控制手段，为创新活动提供必要的条件。总之，在他那里，利润、利息和资本这些概念都具有了新的意义，它们不再是经济理论的中心概念，而是他的创新概念的一些辅助概念，一些仅仅与创新的动机和条件有关的概念。

创新活动引起经济增长的具体机制，可以用熊彼特的创造性毁灭过程这一概念来概述。带来额外利润的创新活动，将导致为分享这种利润而开始的模仿，并进一步引起那些采用旧方式的企业为保卫自己的生存而进行的适应。这是一个激烈的竞争过程。这种因创新而引起的竞争，所打击的不是现存企业的利润和产量，而是在打击这些企业的基础，危及它们的生命。这种竞争和其他竞争在效率上的差别，犹如炮击和徒手进攻间的差别，因此，按其通常意义来考虑竞争能否更敏捷地发挥作用，就变得比较不重要了；长时期由扩大产量降低价格的强有力的杠杆，无论如何总是用通常竞争以外的其他材料制成的。在这个竞争过程中，许多新资本投入了，同时那些适应能力太差的企业被淘汰了，毁灭了。创新所掀起的风暴，通过创造生产要素的新组合，推进了经济增长，同时也造成了对旧资本、对守旧企业的毁坏。这就是创造性毁灭过程的含义。

熊彼特认为，经济的发展和经济的波动是密切相联系的，经济增长是通过经济周期来实现的，可以说周期性的波动正好体现了经济增长中那种创造性的毁灭过程。他提出，创新和创新成果的吸收，就组成了商业周期。创新和模仿造成了经济的繁荣，但由于创新活动的不连续性，繁荣终将结束。随之而来的衰退和萧条将造成那些适应性差的企业的毁灭（伴随着旧资本的破坏）。这样，一个周期就构成一次创造性的毁灭过程。

熊彼特从资本主义是一个由创新活动引起的变化过程这一认识出发，对自由竞争状态和垄断状态做出了与前人迥然不同的评价。

熊彼特首先提出，完全竞争的假设是一个不现实的假设，到此为止，他并没有提供多少新观点。他进一步提出，只有在生产方法既定，产品既定，产业结构既定，除了新增的人力新增的储蓄联合起来以便设立现存类型的新商行以外什么也不发生变化的条件下，也就是在静态条件下，完全竞争才作为一种最有效配置资源的机制，有其理论上和实践上的合理性。但资本主义在本质上是一个创造性的毁灭过程，在这种变化的过程中，完全竞争不利于刺激创新活动，因为任何由创新所引起的新事业立即被过多的企业所模仿，新行业立即被过多的企业所涌入，以至于创新者得不到应有的利益，挫伤创新的动力。同时，在完全竞争时，各企业的内部效益要小于垄断企业。此外，完全竞争的行业比垄断行业更易受到萧条的打击。因此完全竞争状态并不是创造性毁灭过程所依存的理想环境。他承认，从某个时点看，完全竞争可能比其他市场组织更有效率，但从一个长时期看，它在效率上不如垄断，因为它不利于创新活动的开展。

熊彼特提出，以往的经济理论断言垄断不如竞争有效率，是以既定的需求状态和成本状态在竞争情况下和垄断状况下是一样的这一不现实的假定为前提的。可是现代大实业极为重要的一点是，由于它出产数量的巨大，它的需求状态和成本状态比完全竞争制度下同一产业部门的需求状态和成本状态远为有利，并且这是不可避免的。他提出，人们之所以对垄断如此深恶痛绝，是因为由历史所形成的一种习惯，即他们实际上把自己不喜欢的商业上的任何东西都归于垄断这种恶势力。为了澄清概念，他定义垄断者只是面对着一定的需求表的独家卖主，而需求高低既绝对的不受垄断者们自己行动的影响，也不受其他企业对垄断者们的行动的反行动的影响。而按此定义，纯粹的长期垄断的事例比完全竞争的事例还要少见，除非是受到政府保护。

熊彼特一方面否认个别企业可以不依靠政府而长期保持垄断地位以致影响社会的总产量，另一方面也承认个别企业会在短期内处于垄断地位。而这种短期的垄断地位，在他看来，不仅不是社会的祸害，相反是创新活动和经济发展的不可缺少的前提条件。他指出统计资料表明，现代生产的发展，群众性消费的出现，是与人们通常所说的垄断——即大规模生产、大企业——的出现并行的，因此断言垄断不利于生产发展、社会进步是没有根据的。他认为，各种垄断行为，诸如专利权、长期合同、限制产量、刚性价格等等，在静态经济条件下，确实造成完全竞争时不出现的对消费者利益的损害。但在创造性毁灭的过程，它们都是经济进步的推进剂。这些行为，实际上都是针对不确定的未来而设立的一种保险机制，没有这种保险机制，创新活动是大受阻碍的。他特别分析了人们经常所指责的刚性价格和技术垄断，指出，从创造性毁灭的过程看，刚性价格并不像人们通常想象的那么坏，因为：（1）新产品的出现、质量的提高，是无法从衡量价格刚性的指标上反映出来的；（2）刚性价格通常是短期的，因为旧产品终究要为新产品所代替；（3）刚性价格措施，是大企业为了避免季节性的不规则的周期性的价格波动给自己造成伤害而采用的保护性措施。人们之所以痛恨刚性价格是以为它在萧条时期加剧了萧条，但这种指责要以萧条时期需求的价格弹性大于 1 为前提，因为只有这一前提成立，萧条时的刚性价格才会压抑总产量，但这一前提是不存在的。存在的是相反的情况：需求的价格弹性小于 1，因此刚性价格可能比非刚性的价格更有益于扩张总产量。因此一概反对刚性价格是不行的。至于技术垄断，他认为，人们对大企业的阻碍技术进步的指责忽略了一个事实，这就是大企业有能力、通常也极愿意建立研究机构，研究新技术，开发新产品。大企业暂时不用新技术的现象是存在的，但这是出于其他方面的合理考虑，主要是对成本，对保持旧有资产价值的考虑。而只要新技术导致的全部未来成本低于原有技术的相应成本的话，大企业是不会拒绝新技术的。另一方面的考虑是，如果某一方面的技术进步不是一次性的，在可以预见的未来，是接连发生的，那么大企业就没有理由不顾原有资本的相继损失，在技术进步的每一个环节上都采用很快又变旧的新技术，大企业的通常做法是暂时不采用尚在完善过程中的新技术，而采用最后相对定型的新技术。所以，人们对大企业垄断专利，阻碍技术进步的指责也是站不住脚的。

熊彼特还进一步指出，新产品的独家生产者是不能称作垄断者的，因为他面临着旧产品生产者的竞争，没有自己既定的需求表，需要创立自己的需求表。他们的垄断性质，是创新行为的成功所必不可少的，为创新者争取到了发展所需的时间和市场空间。这些人所获得的超额利润，实际上是资本主义颁给革新者的奖金。他进一步肯定说，如果没有各种垄断行为给大企业带来的垄断利润，创新行为将不会出现，大规模生产也无法形成，也就是说，垄断利润不再是以往人们所说的那样一种剩余性质的报酬，而是一种刺激创新的功能性报酬。

熊彼特对垄断行为的肯定，并不是毫无选择的。实际上，他所赞成的主要是那些与大规模生产并行出现的垄断。对于缩小规模的垄断，例如不完全竞争条件下的垄断现象，他是持否定态度的。但他认为，不完全竞争只是一种短期现象，不是资本主义的本质的稳定现象，创造性的毁灭过程会通过创新活动来扫除这种现象。而对于寡头，他却认为，虽然从短期来看，寡头的限产和维持刚性价格等做法是损害消费者利益的，但以创造性的毁灭过程为背景来看，却可以得出相反的结论。他以第一次世界大战之后美国汽车工业和人造丝工业中的寡头现象来证明这一点，指出这两个行业如果不是出现寡头而是存在完全竞争的话，就不会给消费者带来由于出现寡头而带来的那么多的利益。对处于不完全竞争地位上的规模缩小的厂商的反感和对于寡头的偏爱，反映了他对于垄断的选择倾向。

在熊彼特那儿，垄断与创新的关系实际上是双重的，一方面，创造性的毁灭过程将使任何厂商都无法保持垄断地位，除非借助政府帮助；相反，它使厂商之间的竞争突破传统教科书所说的价格竞争的范围，出现质量竞争和销售竞争，企业面临的是创新造成的更高层次的竞争，也就是占有成本上或质量上的决定性有利地位的竞争。这些非价格竞争比价格竞争更有力地推动经济发展。也就是说，创造性毁灭过程从长期看是深化竞争，排除垄断。另一方面，短期的垄断地位、垄断行为虽然从短期来看是不利于生产发展，但却是创新活动，从而是经济长期发展的必要条件，没有这种短期的垄断地位和垄断行为，创新活动是难以出现的。也就是说创造性毁灭过程是以创新者的短期垄断地位为基础的，而这个过程又使任何人无法使自己的垄断地位长期保持下去。

熊彼特以下述意见总结了他对垄断的看法，与大规模生产相联系的垄断行为，已经成为经济进步的最有力的发动机，尤其已成为总产量长期扩张的最有力的发动机，总产量的长期扩张不仅不管这种在个别事例中或个别时点看来那么富有限制性的战略而进行，而且在很大程度上正是通过这种战略而实现的。就这点来说，完全竞争不仅是不可能的，而且是低劣的，它没有权利被树立为理想效率的模范。因此，把政府管理产业的学说置于下列原则的基础上是错误的：应该让大企业像各个完全竞争的企业在完全竞争制度下面那样工作。

如果把熊彼特的经济发展理论与亚当·斯密的经济发展理论作一番比较，就更容易看出其特征。在斯密那儿，生产性劳动人口和资本的增加，是经济发展的基本要素；资源的有效配置，是经济发展的主要方式；因此，促进有效配置的自由竞争和反对垄断，是他所力主的经济政策。而在熊彼特这里，单纯的人口和资本的增加，并不能打破循环流转的静滞状态，不造成发展。只有创新活动才是经济发展的基本要素，而资源的重新组合，则是经济发展的主要方式，因此，有助于创新活动的垄断，而不是自由竞争，才是能最有效促进经济发展的理想状态。可用表 2.1 来表示熊彼特与斯密的发展理论的区别：

	发展的基本要素	发展的主要途径	发展所需要的经济环境
亚当·斯密	生产性劳动者、资本	资源有效配置	自由竞争
熊彼特	创新	资源的重新组合	短期垄断

表2.1

强调创新活动，强调经济发展与经济波动之间的密切关系，强调经济发展与垄断之间的密切关系，这三点可以说构成了熊彼特经济发展理论的主要特征。

第三节　评论

一、经济发展理论的兴衰

经济发展理论，往往涉及两个问题。一个就是一个国家在长期中如何致富？这个问题从亚当·斯密以前的重商主义开始，就是经济学的主题之一，也是斯密考虑的主要问题，只不过他给出了与重商主义不同的答案。另一个则是经济发展将产生什么样的长期后果？尤其是对于各个阶级之间收入分配将产生什么的影响？这是李嘉图侧重考虑的问题。

英国工业革命之后，严峻的收入分配状况，使得收入分配问题开始成为经济学的主题，这在李嘉图和萨伊那儿都表现得非常明显，尤其是李嘉图。虽然马尔萨斯仍然想坚持经济发展这一主题，但没有获得成功。在李嘉图的强大影响之下，英国主流经济学的研究主题无可挽回地倾向于价值理论和分配理论了。虽然不同经济学家对于价值论和分配论的观点有所不同。这突出表现为 19 世纪中期以后关注长期经济发展问题的经济学家人数寥寥无几，似乎主要就是熊彼特。

然而在当时仍然属于落后国家的德国，情况有所不同，经济发展问题仍然是主要经济学家尤其是历史学派几代人关心的重要问题。李斯特的工业化理论及与之相关的关税保护政策，推进了经济发展理论，成为后来指导几乎所有发展中大国的基本准则。

主流经济学关注价值论和分配论，通过后期古典经济学和新古典经济学几代经济学家的努力，最终的结果是揭示了市场在稀缺资源有效配置中的作用。其实，既定稀缺资源的有效配置，也是经济发展的必要条件之一。是短期当中决定国民收入大小的决定性因素之一。

长期经济发展问题在经历了将近一个世纪的沉没之后，到 20 世纪 50 年代前后又开始以两种形式得到了复苏，这就是关注发展中国家的发展经济学和更适合发达国家的增长经济学。同时，长期经济发展的后果问题，也开始以新的面目出现，即以资源经济学和环境经济学名目出现的探讨经济发展对于资源、环境的影响。

经济发展理论的兴衰和国别差异，清楚地反映出社会需求对于经济学发展方向的决定性作用。

二、经济发展的多种视角

亚当·斯密、李嘉图、穆勒等侧重从影响供给的因素中寻找决定经济长期发展的经济因素。但他们共同的弱点就是都基本忽略了需求因素对于经济长期发展的重大影响。在影响供给的因素中，斯密同时并重强调分工和能够增加生产性劳动者人数的资本积累，而李嘉图、穆勒等人则重点强调资本积累，分工的重要性渐渐被淡化了，资本积累几乎成为决定经济长期发展的唯一因素。这一点在 20 世纪 50 年代以后重新出现的增长经济学和发展经济学中特别明显，起码是它们最初的发展阶段上。一直到 20 世纪末，由于华裔经济学家杨小凯的努力，斯密所特别关注的分工现象才得以数理模型化，从而重新进入主流经济学的视野。

马尔萨斯非常孤独地强调了需求的重要作用，然而在几乎一个世纪中未能得到回音。一直到凯恩斯重新发掘出他的重要意义，以至于感慨道："如果是马尔萨斯而不是李嘉图成为 19 世纪经济学领头人，今天将是一个智慧得多、富裕得多的世界！"

值得重视的是德国的李斯特，他不但考虑了影响一国经济长期发展的经济因素，而且还罗列了众多非经济因素。虽然他对于那些非经济因素影响经济发展的具体机制分析得比较肤浅，但他起码指出了值得关注的一些方向。时至今日，当我们依然困扰于许多国家和地方陷于贫困而无力自拔时，难道不应该从他指出的方向中去寻找可能的答案吗？

另一个值得重视的还是德国人熊彼特，他对于决定经济发展的一个重要因素——企业家创新做出了开创性的分析。当然在他之前，法国的萨伊、德国的施莫勒、奥地利的维塞尔就都已经明确提到了企业家精神的重要性。

可以总结说，从亚当·斯密到凯恩斯，对于经济发展理论最有贡献的是亚当·斯密、李斯特和熊彼特三位经济学家。

三、经济衰退问题

经济发展问题有一个反面问题，即经济衰退问题。迄今为止，研究经济发展问题的文献可以说是汗牛充栋，然而对于一个国家或一个地区的经济长期衰退（绝对或相对）现象的研究，几乎可以说是凤毛麟角。从历史长河来看，古罗马的衰退、中世纪后期阿拉伯文明的衰退、地理大发现以后意大利的长期衰退、西班牙从 16 世纪后期开始的长期衰退、荷兰 17 世纪辉煌之后的衰退、英国的盛极而衰，都还没有很好的经济学解释。以当下的中国来看，改革开放以后局部先发达地区的相对衰退，也同样缺乏很好的经济学解释。考虑到人类社会常见的衰退现象，很有必要建立一门衰退经济学，以便从经济学角度回答衰退如何发生，进而回答衰退如何避免。

四、财富生产理论

关于财富生产理论，古典经济学的主要成就一是概括了直接生产财富的要素。自从萨伊提出生产三要素之后，关于财富生产的直接要素就在经济学家之间基本达成共识。偶尔会出现一点异议，如西尼尔用节欲替代了资本，马歇尔提出第四种要素——工业组织，道格拉斯则略去了土地要素。同时不同经济学家对于土地、劳动和资本的解释也会有所不同。

在财富的诸生产要素中，物质资本特别受到经济学家的重视。古典经济学的物质资本概念既包括工人在生产中的劳动工具和劳动对象，也包括工人所消费的生活资料。新古典经济学家尤其是奥国学派的重要贡献之一就是厘清了物质资本的概念，从而奠定了现代物质资本理论的基础。这离重农学派的魁奈提出最初的物质资本概念，经历了将近一个半世纪。

可以用下图表明古典经济学的物质资本概念与庞巴维克所提出的现代物质资本概念的差别：

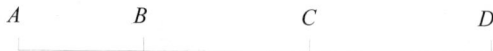

$$A \qquad\qquad B \qquad\qquad\qquad C \qquad\qquad\qquad D$$

图2.2

假设资本品都是一年就折旧完毕从而需要从当年的产出中加以补充更新的，上述线段 AD 代表整个社会一年的最终产品，其中线段 AC 代表整个社会当年消费的消费品，线段 AB 代表资本家阶级使用的消费品，线段 BC 代表工人阶级使用的消费品，CD 线段代表整个社会当年生产的资本品。于是，古典经济学的物质资本概念是线段 BD，而现代物质资本概念是线段 CD。

古典经济学家和新古典经济学家都强调物质资本的重要性，在古典经济学家那里，物质资本简直就是决定财富生产多少的唯一关键性要素；而对于新古典经济学家而言，物质资本不再是唯一关键性要素，但其重要性依然受到重视。但是由于对物质资本的概念有所不同，他们对于物质资本重要性的原因，还是有不同观点的。古典经济学家尤其是斯密认为物质资本的重要性在于它决定了生产性劳动者的人数多少。而新古典经济学家则认为物质资本的重要性在于它允许进行迂回的从而更有效率的生产。

对于资本在财富生产中的重要性的认识，一直延续到今天。不过资本概念已经得到极大的丰富，除了物质资本之外，还形成了人力资本、社会资本、虚拟资本等概念。它们都被认为对于财富的生产具有重要作用。

除了对财富生产要素的确认和分类之外，对财富生产过程中的技术性法则的揭示，也是古典经济学和新古典经济学的重要贡献。这方面，古典经济学尤其是李嘉图所提出的土地报酬递减法则，逐步扩展到各种要素，最终形成了表达严谨的各种要素边际报酬递减法则。这一法则最后形成了马歇尔的报酬递增、递减和不变的理论。另一项技术性法则可以称作是三种要素配合比例在一定范围中可变的互补性法则，即财富生产离不开三种要素的配合，但是它们配合的比例又是在一定范围中可变的。这项法则，在马歇尔的生产要素替代原理中得到了初步体现，到柯布—道格拉斯生产函数那里得到了精致的表达。第三项技术性法则就是马歇尔所提出的内部经济和外部经济的区分。这些技术性法则，为解释市场经济中的商品价值、收入分配和企业行为，提供了一定的基础。

第三章　价值理论

　　价值理论在相当长一段时期中成为经济学的主题和主体。在亚当·斯密之前，就已经有不少经济学家研究了这一问题，而从斯密开始价值理论逐步形成，并逐步发展出不同的观点。

第一节　古典经济学时期

亚当·斯密

　　在斯密那里，价值问题并不是像后人所认为的那样是《国富论》的主要内容和主要贡献，有关价值问题的论述在整个《国富论》中所占的比重相当有限，对于价值理论的论述也推敲不足，表现出不少粗疏之处。这种疏忽也可能反映他没有把它作为主要内容来对待。只是后来李嘉图为了研究收入分配问题的需要，才把斯密的价值论提高到重要位置。

一、使用价值和交换价值的区分

　　斯密在研究商品的交换价值时，在经济思想史上第一次明确地区分了使用价值和交换价值这两个概念，并明确说明了这两个概念包含的内容，使用价值是指物品的效用，交换价值是指物品的购买力。

　　斯密不仅提出了使用价值和交换价值的概念，还分析了使用价值和交换价值的关系。他说：使用价值很大的东西，往往具有极小的交换价值，甚或没有；反之，交换价值很大的东西，往往具有极小的使用价值，甚或没有。例如，水的用途最大，但我们不能以水购买任何物品，也不会拿任何物品与水交换。反之，金刚钻虽几乎无使用价值可言，但须有大量其他物品才能与之交换。这里他提出了商品交换价值的大小和使用价值大小的关系，并以此批判了那种认为商品交换价值的大小由其效用决定的观点。

斯密对商品价值的研究，主要是要探讨支配商品交换价值的原则，并为自己的研究规定了三项任务，即"商品的真实价格"由什么决定；这个"真实价格"是由哪些部分构成；什么原因使商品的市场价格与自然价格不一致。现按其顺序分别进行阐述。

二、衡量商品价值的尺度与商品真实价格的决定

斯密对商品价值的研究，是为了解决两个问题：商品交换价值的衡量尺度最好是什么？与变动不断的商品市场价格不同的真实价值由什么决定？作为一个关心富国裕民的经济学家，斯密自然关注这两个问题的正确答案。因为第一个问题从宏观角度考虑，涉及对于国民财富的正确衡量；从微观角度考虑，涉及商品交易中长期合同的公平公正。而第二个问题则涉及如何增加财富价值。

为了解决这两个问题，斯密在论述商品价值时，提出了以下两个概念：一个概念是"交换价值的真实尺度"。他认为衡量商品交换价值的真实尺度的是这个商品能购买或能支配的劳动量。另一个概念是"商品的真实价格"。为了分析两者的决定因素，他区分了两种不同的情况：简单商品生产和资本主义商品生产。

1. 简单商品生产

斯密认为"商品的真实价格"在简单商品生产中（即土地归劳动者所有，不存在资本与劳动相交换时的商品生产）是由生产商品时所耗费的劳动决定的。

斯密认为能购买或支配的劳动量是商品"交换价值的真正尺度"，而在交换中能购买或能支配的劳动量，又是由生产商品时所耗费的劳动量决定的，即"商品的真实价格"决定"交换价值的真实尺度"。他认为商品生产时耗费的劳动量，决定商品交换时购买到的劳动量。于是推论就是商品价值的最好衡量尺度和决定因素都是生产商品时所耗费的劳动。这就是李嘉图后来提出的劳动价值论的由来。

在斯密看来，劳动虽然是一切商品交换价值的真正尺度。但是一切商品的价值通常不是按劳动估定的。因为要确定两个不同的劳动量的比例，往往很困难。因此，以一种商品所能购得的另一种商品量来估定其交换价值，比以这商品所能购得的劳动量来估定其交换价值，较为自然。

斯密认为，在货币产生以后，商品的交换价值，就多按货币计算了。然而，像一切其他商品一样，金银的价值时有变动，时有高低，其购买也时有难易。而自身价值会不断变动的商品，也绝不是计量他种商品价值的准确尺度。但是，他认为劳动却当别论。因为等量劳动，无论在什么时候和什么地方，对于劳动者都可以说有同等的价值。所以，只有劳动才是价值的普遍尺度和正确尺度，即只有用劳动作标准，才能在一切时代和一切地方比较各种商品的价值。这样，他就得出了商品的交换价值应当由它交换到的劳动来衡量的结论，劳动是一切商品交换价值的真正尺度。

斯密还认识到，商品的价值量是同生产商品时所耗费的劳动时间成正比例的。他还看到了简单劳动和复杂劳动的区别，把复杂劳动看作是倍加的简单劳动。但是这个倍数如何确定，他则语焉不详。

2. 资本主义商品生产

斯密认为，在资本主义以前的简单商品生产条件下，劳动者都是商品生产者，生产出来的产品都归他们自己所有，因此，他们也是商品的出卖者。他们在生产商品时所耗费的劳动和在交换中所购买到的劳动，在量上是相等的，因此，生产商品时所耗费的劳动量是决定商品交换价值的唯一因素。但是，在资本积累和土地私有的资本主义条件下，当资本和劳动相交换时，商品的真实价格的决定因素就发生变化了。

在斯密看来，劳动决定价值的原理，只适用于资本主义以前的简单商品生产和交换，而不适用于资本积累和土地私有的资本主义商品生产和交换。他指出，在资本积累和土地私有的资本主义社会里，劳动的全部生产物，未必都属于劳动者，须与雇佣他的资本所有者和地主分享。一般用于取得或生产任何一种商品的劳动量，也不能单独决定这种商品一般所应交换、支配或购买的劳动量。很明显，还须在一定程度上由另一个因素决定，那就是对劳动垫付工资并提供材料的资本的利润。同样，劳动者在地主所占有的土地上耕种和采集时，劳动者就必须把他所生产或所采集的产物的一部分交给地主。这一部分，或者说，这一部分的代价，便构成土地的地租。在大多数商品价格中，于是有了第三个组成部分。

于是在资本积累和土地私有的资本主义社会里，"商品交换价值的真实尺度"仍然取决于"商品的真实价格"，但现在"商品的真实价格"已不单纯由生产商品时所耗费的劳动构成，而是由工资、利润和地租三种收入构成了，也就是三种收入之和决定了商品的真实价格。

斯密不仅认为个别商品的价格或交换价值由这三部分构成，而且就一国的年生产物来说也是如此。他所说的一国的年生产物就是今天人们所说的国民总产值。

根据以上介绍，可知斯密的价值理论实际上包括两个部分，一个是关于价值尺度的理论，另一个是关于价值源泉的理论。关于价值尺度，他始终坚持商品价值由购买到的劳动决定。他之所以会有这种观点，与他生活的那个时代的特征有关。他生活的时代以及再回溯相当一段时间的重商主义时代，劳动的工资基本稳定在维持工人生存的水平上，表现得比其他所有商品包括货币金银更稳定，因此选择购得的劳动作为价值尺度无疑非常合理。关于价值源泉，他其实是一种生产成本论，只是在假设的简单商品生产中，土地和资本都无须付费（其蕴含的意义是两者都不稀缺）的条件下，这种生产成本论才退化为劳动价值论。只是由于后来的李嘉图，斯密关于价值源泉是劳动的观点才被过分地突出起来。这其实并非斯密的原意。

三、自然价格和市场价格的关系

斯密所谓的自然价格，是指与工资、利润和地租的自然率相一致的价格。就是与平均生产费用相一致的价格。他的目的在于说明市场价格怎样围绕着自然价格这个中心上下波动。他说：商品通常出卖的实际价格，叫作它的市场价格。商品的市场价格，有时高于它的自然价格，有时低于它的自然价格，有时和它的自然价格完全相同。他认为市场价格围绕着自然价格上下波动的主要原因是供求关系的变化。

四、简短的评价

斯密的价值论，从今天的眼光来看，主要是一种生产成本决定价值的理论，其缺陷主要是只考虑供给因素而没有考虑需求因素对于价值决定的影响。但是由于他对于生产成本作了比较宽松的解释，所以与李嘉图相比，反而更加接近当前的价值理论。

斯密的生产成本价值论，从历史的眼光来看，主要是提出了一个重大的理论问题，引起他以后几代经济学家的关注。当然这种关注与伴随着工业革命而来的社会收入分配状况恶化所引起的经济学家对于分配问题的格外关注有关。当李嘉图把收入分配规律作为政治经济学唯一研究对象时，价值论自然就成为经济理论的基础了。这里也可以看出斯密关心价值论与李嘉图的区别，斯密是从增加国民财富的角度考虑价值问题，而李嘉图则是从发现既定国民财富的分配规律的角度考虑价值问题。

斯密价值理论最有价值的内容，应该是发现了市场价格由于供求变化而不断波动所引起的资源配置过程，这一发现最终在奥国学派那里导致了对于价格机制的资源配置功能的出色研究。

萨伊

萨伊把价值规定为效用，认为效用是价值的基础，价值是衡量效用的尺度，但他无法从效用出发去决定价值量，例如，无法说明极有效用的空气如何价值为零，也无法从效用出发去说明价值量的变动规律；例如，无法解释当物品的效用未变时，为什么生产率的提高会减低它的价值。为了说明价值量的决定和变动，萨伊被迫离开了效用这一价值的基础，从其他方面来说明价值的量的规定。首先，他否认了绝对价值的存在，只承认相对价值，认为价值只不过是用其他物品来表现的相对价值。由于用货币表现的相对价值就是价格，于是他便用价格来说明价值量，价格是测量物品的价值的尺度。而价格，在他看来，是依存于供求，随供求的变动而变动的，物价上升和需求成正比例，但和供给成反比例。

萨伊进一步考察了需求和供给，认为个人对某一特殊物品的需要或想望，依其体质和品性、居住地的气候、社会的法律、习惯和生活方式而定。他指出人们的需求是受到他们每个人自己所生产的产品的限制的，一件物品的效用和购买者的财富共同决定需要的程度。有支付力的需求随价格的变化而反方向运动，因为需求者人数和每个人的需求数量都依价格的变化而变化。至于供给，它是一定时间内可用以满足需求的商品数量，它随价格的变化而同方向变动。除了供求的一般影响之外，他认为人的情欲和美德，乃至纯政治因素都将影响价格。萨伊并没有前后一贯地用供求关系来说明价格和价值，他还试图用生产成本来说明价格和价值。他承认一物之所以有价值，不仅在于其有效用，而且在于获得它要付出代价，这个代价就是生产费用。因此价格受到生产费用的约束，生产费用决定了价格的下限，当价格低于生产费用时，货物就停止供给，当价格高于生产费用时，供给就增加。供给增加引起物价下跌，达至生产费用的水平。于是生产费用就成为价格的决定者了。他认为生产费用的减少是人们在更大程度上利用无代价的自然力的结果。

萨伊认为价格会由于商品的相对价值比率或生产费用变动而发生两种后果不同的变化。他把由于相对价值比率变动引起的价格变动称为相对变动，认为这种变动不引起社会财富总量的变化，只引起社会财富在各种产品所有者中间分配份额的变化，他把由于生产费用的变化而引起的价格变动称为实际变动，认为这种变动引起社会财富总量的变化。

萨伊是斯密之后用效用而不是用劳动来说明价值现象的第一位经济学家，他的价值理论包含了以后西方的各种价值理论的萌芽。后来的那些价值理论，从某种意义上说，都是通过消除他的价值理论的缺陷而建立起来的。边际效用价值论正是在他的效用价值论的基础上，通过稀少性这一概念说明了空气等有效用而无价值的现象，通过边际效用这一概念解决了价值量的决定问题，摆脱了他以效用规定价值，但却无法用效用说明价值量的难堪处境。马歇尔的均衡价格论则是他的供求价格论的进一步发展和完善，通过把生产费用看作是影响供给进而影响价格的因素，这就消除了供求价格论和生产费用价格论在萨伊手中的不和谐。瓦尔拉斯的一般均衡论可以说是萨伊关于商品价值与要素价格相互制约思想的精致表述，是一个代替了萨伊不合理的循环决定论的精致表述，它说明了商品价格与要素价格的同时决定性。

马尔萨斯

马尔萨斯指出，价值这一术语往往有三种含义：一是指物品的使用价值或内在效用，二是指名义交换价值或价格，三是指内在交换价值或通常所说的物品的价值。他认为在贵金属被普遍用于交换媒介和价值尺度，其自身价值不变时，商品的价格就表现了价值。在货币本身价值不变时，决定商品价格的因素和决定价值的因素是一致的，这个因素就是供求的相互关系。即商品价值与需求成正比变化，并与供给成反比变化。他认为用供求关系说明商品价值（价格）具有普遍适用性，从时间的长短来看，无论商品的市场价格（暂时价格）或自然价格（经常价格）都决定于供求关系，区别仅在于市场价格决定于该时该地的实际的暂时的供求，自然价格决定于正常的长久的一般的供求。从商品的类型来看，无论是工业制造品、农产品，抑或垄断商品，它们的价格（价值）无一例外都由供求决定。

马尔萨斯否认商品价值单纯由生产费用决定，他认为成本和价值之间存在着重要区别。他说：供求关系就是决定市场价格和自然价格的最主要的因素，而生产费用只能处于从属地位，也就是仅仅在影响供求的通常关系的场合，才能对价格发生影响。他指出，商品价值决定于生产费用这一命题要受到三种限制：一是要假定利润构成生产费用的一部分，二是要指出价值是商品的一般的价值而不是实际的市场价值，三是这一命题不适于各种垄断商品。但他又指出，不能认为生产费用对价格没有一种极为有力的影响。正确的办法是把生产费用看作是取得所需物品的供给的必要条件。并且只有当生产费用的支付是按照有效需求的程度继续供给这些商品的必要条件时，生产费用本身才会影响这些商品的价格。即生产费用只有根据有效需求来支出时，才会影响商品价格。不考虑有效需求，就无法确定哪种水平的生产费用影响价值。另一方面由供求关系决定下来的商品价格，从长期来看，必须能够抵补生产费用，即能补偿不断再生产这些商品所需的工资、利润和地租。

关于供求决定价值的具体机制，马尔萨斯认为供求影响到商品的利润，而利润如上所述，是需要在价值中得到补偿的生产费用之一，于是供求关系通过决定利润进而决定了价值。

马尔萨斯进一步分析了决定商品价值的供给和需求，把供给定义为具有出售愿望的待售商品的数量；把需求定义为人们对于该商品的具有一般购买能力的购买愿望，即有支付能力的需求。他还进一步给有效需求下了如下定义：商品的有效需求就是一种能满足商品供给的自然和必要条件的需求。即有效需求不是任何一种有支付能力的需求，而是支付商品生产所需要的工资、利润和地租，即能支付生产费用的需求。有效需求概念，是他经济理论中极重要的概念。他还区分了总是与一定价格下供给相等的需求和决定商品价格的意愿需求。他把前者称为需求程度，把后者称为需求强度。他认为只有意愿需求才与供给一起决定商品价格。在肯定需求强度决定价格之后，他进一步指出了决定需求强度大小的因素，即需求者人数、欲望和能力的变化。

马尔萨斯已经有了需求价格的概念，他表达了几层意思：（1）需求价格是财富的刺激因素；（2）需求价格决定财富的产品构成；（3）需求价格和实际劳动消耗与成本无关；（4）需求价格与自然价格相等是财富继续供给的前提，这是需求价格与供给价格相等是保证产品供给的必要条件这样一种现代观念的早期萌芽。马尔萨斯的供求价格论，是马歇尔供求均衡价格论的前身。

李嘉图

一、研究的出发点——价值由耗费的劳动时间决定

李嘉图的整个理论体系是以劳动价值论为基本出发点的。他的价值理论是通过批判地继承斯密的价值理论而建立的。同时，他的价值理论又为马克思所批判地继承。

李嘉图首先肯定了斯密关于区分使用价值和交换价值的观点。但是斯密断言：使用价值往往极小或完全没有的东西，也有极大交换价值的观点，则是不正确的。在李嘉图看来，一件物品如果毫无用处，谁也不

要它，当然也就不可能有交换价值。因此，他认为交换价值必须以使用价值为前提条件，使用价值是交换价值的物质承担者。这一观点被马克思所继承。李嘉图研究交换价值如何决定。他首先提出，具有效用的商品，其交换价值是从两个源泉得来的，一个是它们的稀少性，另一个是获取时所必需的劳动量。从表面上看，好像他认为商品价值是由其稀少性及生产它所耗费的必要劳动这两个因素决定的。其实不然，他没有主张同一种商品由两个因素决定，他只是将商品分为两类：一类是增加劳动并不能增加其数量的商品，这类商品的数量极有限，如古钱、古画等。另一类则是可以由劳动而无限地增加其数量的商品。他认为第一类商品的价值是由其稀少性决定的，而第二类商品则是由劳动决定的。

李嘉图认为，市场上第一类商品的种类是不多的；绝大多数种类的商品是可以由劳动无限地增加其数量的。他着重研究的就是这类商品。对于这类商品，强调商品的价值或其所能交换的任何另一种商品的量，取决于其生产所必需的相对劳动量，而不取决于付给这种劳动的报酬的多少。

李嘉图就是在坚持商品价值由劳动时间决定这个原理的基础上，分析批判斯密价值理论。首先，他不同意斯密将耗费劳动和购得劳动混淆起来，把它们都当作价值尺度的见解。在他看来，商品价值只能由生产商品所耗费的劳动决定，并认为价值量的大小同这种劳动量成正比。其次，李嘉图不同意斯密关于资本出现和土地成为私有财产以后，商品价值不是由劳动而是由三种收入决定的观点。他虽然也同意在资本主义社会商品的价值可以分解为工资、利润和地租三种收入，但不同意斯密关于价值就由这三种收入加总决定的观点，他始终坚持商品的价值由劳动时间决定这个出发点。他认为，工资、利润和地租只是产品价值的分割，它们相互之间处于对立地位，但它们并不影响商品价值。如果工资影响商品价值的话，那么，某种产业部门的工资上涨（亦即利润下降）引起这一产业部门的产品价值增加；同样地，另一种产业部门工资上涨也会引起该生产部门的产品价值增大。可是如果各种产业部门都因本部门的工资上涨而提高它们产品的价值，最终结果等于商品价值没有提高。因为在他看来，价值就是交换价值，也就是商品的交换比率，各种商品因工资上涨而提高其价值，那么种种商品的交换比率还是和工资没有上涨，利润没有降低以前相同。所以，工资和利润的变动绝不会影响商品的价值。关于地租，他认为地租只是两笔或两笔以上相等数量的资本和相当数量的劳动投在不同质量的土地上面所得产品差额，它是农产品价格上涨的结果。因此，地租不可能影响商品的价值。由此他得出结论说：在资本主义社会里，商品的交换价值与投在它们生产上的劳动成比例这个原理，仍然是正确的。把工资、利润和地租看成是商品价值的分割，它们来自商品价值，相互之间存在消彼长的关系，因此工资、利润和地租三项之间任何一项的变动都不会影响商品的价值，只是引起另外两项或者一项的反向变化。这是李嘉图的价值论与斯密的价值论的一个重大差别。

二、创造价值的劳动和商品价值量的确定

李嘉图不管劳动有什么具体形态，都把它归结到劳动时间上，仅仅从量的方面来考察创造价值的劳动。对于简单劳动和复杂劳动的区别，也只归结为量的区别。他看到在同等时间内复杂劳动所创造的价值，大于简单劳动所创造的价值。但他没有仔细分析复杂劳动折算成简单劳动的比例和机制。

李嘉图认为，决定商品价值的不仅是生产时直接耗费的劳动，还有间接耗费的劳动。他说：没有某种武器，就不能捕猎海狸和野鹿。因此，海狸和野鹿这类野物的价值，就不只是由捕猎所花费的直接劳动决定，而且还必须包括制造捕猎武器所花费的间接劳动来决定。他指出直接劳动和间接劳动在价值形成上的不同作用，认为能够创造新价值的只是直接劳动，而间接劳动不过把原有的旧价值转移到新生产出来的商品上去而已。关于价值转移，他指出，如果耗费在生产资料上的劳动较多，则在其他条件相同的情况下，转移到利用这种生产资料所制成的商品上去的价值也必然较多；如果某种生产资料使用的时期较长，则转移到产品上的价值就比较少。

李嘉图认为决定商品价值的劳动，并非个别生产者在生产商品时实

际所耗费的劳动，而是必要劳动。他所说的必要劳动，是指在最不利条件下，生产每单位商品所耗费的最大劳动。李嘉图分析了引起单位商品价值量变动的因素：如果体现在商品中的劳动量规定商品的交换价值，那么，劳动量每有增加，就一定会使在其上施加劳动的商品的价值增加，劳动量每有减少，也一定会使之减少。把价值量的增加归结为所费劳动量的增加后，就可考察价值量变动的另一种情况——随着劳动生产率的提高单位商品价值的下降运动。他写道：劳动使用的节约必然会使商品的相对价值下降，无论这种节约是发生在制造这种商品本身所需的劳动方面，还是发生在构造协助生产这种商品的资本所需的劳动方面。他还进一步指出，劳动生产率的提高，不仅会降低现时商品的价值，而且会降低过去生产出来的同种商品的价值，当然，后者是在更困难的条件下生产的。但是，从各种商品价值的长期变动趋势来看，在财富和人口增加的情况下，其他商品的价值会不断下降，而农产品的价值却会提高。

三、价值和交换价值的区分

李嘉图知道价值和交换价值的区别。他已认识到，一个商品的价值，是由生产这个商品所耗费的劳动决定的，价值是包含在这个商品内的劳动时间的表现；而交换价值则是两个商品相交换的量的关系的表现；这就是说，一个商品的交换价值，可以随着生产这个商品所耗费劳动的变化而变化，又可随着与这个商品相交换的其他商品在生产时所耗费劳动的变化而变化，也可以随着上述两种情况的同时变化而变化，但在这两种情况发生同方向同速度的变化时，这个商品的交换价值却是不变的。

四、价值规律与等量资本获取等量利润这一现实的矛盾

李嘉图认为商品的价值只是由生产商品时所耗费的劳动量决定。这种劳动价值论的重要推论就是同样的劳动量只能生产同样的价值，同时工资的增减只会相应地引起利润的减增，绝不会使商品价值发生变化。但是这种劳动价值论与现实社会中雇用不等量劳动的等量资本获取等量利润这一现象产生了他无法解决的矛盾。他不得不承认，由于资本的耐久性和固定资本与流动资本的比例不同，劳动时间决定价值量的原理需要进行修正。他承认工资变动不会影响商品价值的论断似乎只适用于如

下的假定：各生产部门的资本都花费在雇用工人上，或各个生产部门的资本构成都是相同的。如果各个生产部门的资本构成有差别，那么工资的变动似乎也会影响商品的价值。并且工资上涨对于各种商品的影响并非都一样，劳动密集型商品相对价值提高，而资本密集型商品相对价格降低。这种现象被后人称作李嘉图效应。[1]

李嘉图承认工资变动对于各种商品价值的影响是不同的，这就宣告了价值由耗费劳动决定并非只有个别例外。事实上，在资本主义机器大工业时代，各生产部门的资本构成的不同，乃是普通的经常现象。为了前后一贯地坚持所耗费的劳动时间决定价值量的原理，他宣称工资和利润对商品相对价值的影响，比起劳动对商品价值的决定来说，只居次要地位。

李嘉图学派与反对者

1817 年李嘉图的《政治经济学及赋税原理》（以下简称《赋税原理》）出版后，特别是李嘉图逝世后，直到 19 世纪 70 年代边际革命兴起的半个世纪左右，是古典经济学向现代经济学演化的过渡阶段。

这个时代是英国工业革命的晚期。一方面工业革命的成就非常辉煌，但工业革命给广大劳动群众带来的苦难也历历在目，然而改善的迹象已经开始起起伏伏地朦胧呈现。在这种背景下，李嘉图通过抽象演绎建立起来的推导出可检验的预见的理论体系，被一系列事实所证伪，开始受到多方面的挑战。工业革命的辉煌成就，使得李嘉图理论的悲观预言无法令人信服；广大劳动群众的苦难，使得许多人运用李嘉图的劳动价值论来论证当下社会的不合理，主张劳动群众有权获得全部劳动产品；起起伏伏朦胧呈现的改善迹象（主要表现为工人工资波动式地明显上升、生活开始逐渐改善）动摇了李嘉图理论的马尔萨斯基础。

在这一时期，围绕李嘉图的劳动价值论，展开了激烈争论，产生了以詹姆斯·穆勒和麦克库洛赫为代表的维护李嘉图的李嘉图学派，他们继

---

[1]　马克·布劳格：《经济理论的回顾》，中国人民大学出版社 2009 年版，第 72 页。

续主张劳动价值论，但销蚀了该理论强调劳资冲突的锋芒。同时也产生了站在李嘉图和李嘉图学派对立面的一些经济学家，他们反对劳动价值论。如力求对李嘉图理论进行补救的西尼尔，他坚持抽象演绎方法，但不同意劳动价值论。还有力求对争论各方进行善意综合的约翰·穆勒。

一、概述

19 世纪 20 年代，英国经济学界掀起了一场围绕李嘉图学说的论战。这场论战是在两个集团中进行的，一个集团是以詹姆斯·穆勒和麦克库洛赫为代表的李嘉图学说的支持者或李嘉图学派，他们把李嘉图学说看成是一个完善的体系，力图修正完善李嘉图理论体系；另一个集团是以马尔萨斯、塞缪尔·贝利为代表的李嘉图学说的反对派，他们抓住李嘉图体系中的矛盾，力图推翻李嘉图的劳动价值论。

李嘉图学派同李嘉图学说反对者之间的论战，早在李嘉图在世时就已经开始进行了。李嘉图的《政治经济学及赋税原理》于 1817 年出版后，第一个认真提出反对意见的是托伦斯。罗伯特·托伦斯（Robert Torrens，1780—1864）在 1818 年发表《对李嘉图先生的交换价值理论的非难》。继而马尔萨斯于 1820 年出版《政治经济学原理》，集中攻击李嘉图的理论。同年底，李嘉图撰写了《马尔萨斯〈政治经济学〉评注》，逐个批驳马尔萨斯的观点。从此，双方之间展开了激烈论战。

李嘉图在世时，论战的双方谁也没有说服谁。1823 年李嘉图逝世后，这场论战继续在李嘉图的拥护者与李嘉图的反对者之间进行。论战的焦点是李嘉图理论体系中所存在的两个矛盾：一是价值规律和资本与劳动相交换的矛盾；二是价值规律和等量资本取得等量利润之间的矛盾。马尔萨斯抓住李嘉图体系中的这两大矛盾，来否定李嘉图理论体系的基础——劳动价值学说，进而反对李嘉图学派。塞缪尔·贝利（Samuel Bailey，1791—1870）在 1825 年出版《价值的本质、尺度和原因的批判研究，主要论李嘉图先生及其信徒的著作》，他是当时除马尔萨斯之外比较全面地反对李嘉图价值理论和分配理论的人。此外，还有劳德戴尔勋爵（1759—1839）、理查德·惠特利（Richard Whately，1787—1863）等人，都从价值论和分配论方面，在不同程度上反对李嘉图甚至反对斯密。这场争论可以说是当时李嘉图、马尔萨斯、萨伊和西斯蒙第四人之间争论的伴唱和续曲。

李嘉图学派的核心成员，除了其宗师和领袖李嘉图本人以外，只由四个人组成，即詹姆斯·穆勒、麦克库洛赫、德·昆西和韦斯特；其中前三人是李嘉图学说的无条件的信徒和斗志昂扬的拥护者，而韦斯特（Edward West，1782—1828），则是李嘉图的一个平辈，是李嘉图学说要义的独立发现者。

为了消解价值规律和资本与劳动相交换的矛盾，詹姆斯·穆勒把资本与劳动的交换转化为商品与商品的交换。他认为，劳动者对生产作出一定贡献，资本家也作出一定贡献；生产出来的商品以一定比例属于这两个阶级。但资本家在生产完成以前通过支付工资购买了劳动者的份额。在这种情况下，生产出来的全部商品属于购买劳动者份额的资本家。当劳动者为他们的劳动收受工资，不等待付给他们生产出来的一份商品时，显然已经出卖了他们的那一份。即工资是资本家为了购买属于工人的那一部分商品所预先支付的等价物。因此，商品产出并售卖后，其价值就全部属于资本家了。

这个价值扣去预付还有一个增值额，就是利润。那么利润是怎么来的呢？在他看来，商品是由处境不同的两种劳动生产的；一种是直接的或基本的劳动，由劳动者的手直接运用；另一种是贮藏的或辅助的劳动，它是前一种劳动的结果，或者用来帮助前一种劳动，或者是贮藏着劳动的东西。他认为，在商品生产过程中，不仅工人的活劳动创造价值，属于资本家的积累劳动也创造价值。他进而指出，利润就是劳动的酬报。称它为工资，的确也无不可，它不是直接用手而是间接使用用手制造出来的工具的那种劳动的工资。如果你可以用工资数量来衡量直接的劳动量，你也可以用资本家利润的数量来衡量那种间接的劳动量。显然他认为，只要把资本也说成是劳动，价值规律和资本与劳动相交换的矛盾就不存在了。

关于劳动价值论同等量资本取得等量利润之间的矛盾，当时李嘉图理论的反对者是这样提出问题的：既然生产陈葡萄酒和新葡萄酒所耗费的劳动是相等的，为什么陈葡萄酒要比新葡萄酒贵得多？因而获得的利润也多得多呢？詹姆斯·穆勒这样回答，新葡萄酒在窖藏中变成陈葡萄酒的时期内，虽然用手去直接做的劳动已经结束，但是，生产新葡萄酒时所使用的全部积累劳动在窖藏中仍在继续劳动，因而继续在创造新的价值，所以陈葡萄酒比新葡萄酒贵，获得的利润也多。

麦克库洛赫（John Ramsay McCulloch，1789—1864）在捍卫李嘉图学说的论战中，和詹姆斯·穆勒一样，也作了违背李嘉图原意的补救解释。

在化解价值规律和资本与劳动相交换的矛盾时，麦克库洛赫把价值区分为实际价值和交换价值，并指出前者是由耗费在商品中的劳动决定的，后者是由一定量商品所能购买到的商品或劳动量决定的。他认为，当市场不受垄断影响，各种商品供求平衡的情况下，商品的交换价值和实际价值是一致的，但这种情况不常见。因此商品一般不是根据它所耗费的劳动量进行交换；事实上它总是交换到多一点，这个多余的部分，便构成利润。没有一个资本家愿意把已经制成的一定量劳动的产品，来交换尚待制造的同量劳动产品。这等于不收取利息的贷款。即在现实生活中，交换价值总是高于实际价值的，利润完全是从交换中产生的。这就根本背离了李嘉图的劳动价值论。

麦克库洛赫在化解劳动价值论和等量资本取得等量利润之间的矛盾时，在解释陈葡萄酒为什么比新葡萄酒贵时，除了同意詹姆斯·穆勒关于积累劳动也创造价值的观点外，还认为动物的行为和自然力的作用也都是劳动，都创造价值。他把陈葡萄酒的价值增值，完全看作是自然力作用的结果。可见他化解矛盾的方法就是首先宣布资本和自然力都会劳动，然后再肯定劳动创造一切价值。这就比詹姆斯·穆勒更加背离了李嘉图的原意。

李嘉图学派对于李嘉图理论的拙劣辩护，标志着这个学派的信誉扫地。19世纪30年代之后，除了马克思恩格斯之外，李嘉图原版的劳动价值论已经不再为其他大多数经济学家所信奉了。

约·斯·穆勒

穆勒不同意一些经济学家把价值论的重要性强调到不恰当的地位。在他看来，价值论并不是政治经济学的主题。他认为财富的生产是与价值无关的，只有分配才与价值相关，并且分配也只是当其由竞争而非由习惯决定时，才与价值问题有关，但交换依然不是竞争社会中决定财富分配的根本法则，即交换并不引起分配法则的变化。同时，他又承认在商品社会中，价值问题仍是根本问题。可见他没有意识到价格配置资源从而影响生产的功能，而对于价格的这种功能的认识，是边际革命以后才逐渐成熟的。

穆勒在分析商品价值时，首先区分了使用价值、价值和价格等概念。在他看来，使用价值就是商品满足欲望或适合目的的能力。他实际上是以人们对商品的主观评价来定义使用价值的。因此，他反对亚当·斯密关于钻石只有很低的使用价值而有很高的交换价值的说法。他认为一物的交换价值是不能超过其使用价值的。他认为一物的价值或交换价值，即指它的一般购买力。这个一般购买力就是指拥有该商品，可以为拥有者提供多少对其他各种商品的支配能力。他实际上是把价值规定为相对价值，否定价值是商品的内在属性。关于价格，他说：价格一词表示一物与货币相对的价值；指它所换得的货币量。当货币的一般购买力不变时，价格就表现了该商品的一般购买力，表现了它的交换价值。把价值规定为相对价值，这就使他只承认价格会普遍地上升或下降，而否认价值（其实是相对价值）会普遍上升或下降。穆勒在区分了使用价值、价值和价格以后，就进而分析价值量的决定及其因素。他认为，一物要有交换价值，有两个条件是必要的，第一，它必须能适合某种目的，满足某种欲望；第二，一物不仅须有某种效用，且在它的获得上须有某种困难。根据获得某物困难程度的不同情况，他把商品分为三类：（1）供给数量绝对有限的商品，如古代的艺术品、稀有的书籍、特殊的葡萄酒等；（2）通过劳动与支出方能获得且当劳动与支出增加时其数量也同比例增加的商品，即其单位成本不会随其数量增加而提高的商品，如制造业的产品；（3）通过劳动与支出方能获得并可增加其数量，但其单位成本在某产量达到一定点之后，将随数量增加而提高的商品，如农产品。他认为这三类商品的价值决定因素是不相同的。

穆勒首先分析了第一类商品的价值决定因素，认为这类商品的价值由它的供求状况决定，但不是由人们以往所说的供求比例决定，而是由供求的均衡点决定。在分析有效需求时，他看到了需求会随价格的下降上升而增加减少，即需求与价格的反方向运动，并看到了需求的变化幅度依商品性质的不同可以大于或小于价格的变化，即他已经有了需求规律和需求的价格弹性的初步概念。他并认为供求均衡决定价值的法则，不仅适用于供给由于自然原因而绝对有限的商品，而且也适用于供给由于人为原因而有限的商品、供给暂时不能增加的商品和供给不能迅速减少的商品。因此一切商品的暂时价值或市场价值也由供求均衡点决定。

关于第二类商品的价值决定因素，穆勒认为是生产费加平均利润。这样决定的价值就是斯密和李嘉图所说的自然价值，它是市场价值波动的中心。既然一般情况下商品的价值是由生产费决定的，那么生产费由什么组成呢？他认为生产费的主要成分（如此主要，简直可以说是唯一要素）是劳动。因此商品的价值，主要取决于其生产所必需的劳动量。他又认为，当劳动者为资本劳动时，劳动一词也可以工资一词来代替；生产所费于资本家的，即是他不得不付的工资。但是在他看来，工资的普遍涨落却不会影响商品的价值，只有当个别行业的工资相对于其他行业而涨落时，这种涨落才会影响该行业商品的价值。同样，各种商品生产上所费的劳动量的普遍增减也不会影响价值，只有不同商品生产上所费的劳动量发生相对变动时，价值才会受影响。关于劳动量和工资在决定商品价值中的相互关系，他采纳了李嘉图对价值决定问题的最后看法，即劳动量是价值的主要决定因素，而工资是次要的因素。在他看来，利润也和工资一样是生产费的要素，因为机器制造厂的利润将成为购买机器的人的生产费用，所以，在生产物价值所由而定的生产费中，利润和工资一样是构成的要素。

关于第三类商品的价值决定因素，穆勒认为是生产及上市所费最大的那一部分供给的费用。由于该类商品主要是一些农产品和矿产品，所以他特别提到地租与价值的关系。在他看来，农产品价格并不是像斯密所说的那样是独占价值。他认为，地租一般不是价格的原因，而是价格的结果。只有当农产品的价格由最不利的条件下的费用决定仍不能使供给满足需求，供求均衡会使农产品价格高于最不利条件的生产费用，成为独占价格时，地租才成为生产费，成为价格的原因。

穆勒把第一类商品的价值称为稀少价值，把第二、三类商品的价值称为成本价值。他在用生产成本解释商品价值时，并不是接受李嘉图关于商品价值完全由耗费劳动所决定的观点，而是接受了李嘉图关于价值主要是由耗费劳动决定，而工资、利润等也有次要影响的见解。为了分析工资、利润等影响价值的具体机制，他否定了绝对价值的存在，仅仅把价值看成是商品之间交换的比例。从而工资、利润的普遍变化不影响价值。而由于后一种情况较为少见，故价值便主要由劳动决定了。他用供求均衡点决定李嘉图所说的那种稀少性商品的价值。实际上他对于所有供给缺乏弹性的商品，都是用供求均衡点来决定价值的。由此可见，他价值论是生产费用论和供求论的调和折中。

穆勒还考虑了联产品的价值决定，认为联产品的总价值决定于生产费用，但它们的相对价格取决于各自的供求关系，同时它们的相对价格将使它们同时达到供求均衡。

价值尺度是从配第到李嘉图都颇为重视的问题，穆勒则认为这是一个没有多大意义的问题，经济学家对它的重视，超过了应有的程度。由于他否定绝对价值的存在，所以要想寻找一种尺度来衡量单独一种商品的价值变化，是不可能的。他提出要像区分火和温度表一样来区分价值的决定因素和价值尺度这两个概念，价值尺度的概念，必不可与价值决定原则的概念相混。

穆勒认为上述价值理论只适用于资本家为利润而经营生产的情况，并不适用于劳动者自耕自食的状况和存在奴隶劳动的状况，也不适用于竞争不充分的零售业中的价值决定。在零售业中以及受行会影响的行业中，以及像医生、律师这类特殊行业中，支配价格的往往不是竞争而是习惯。

从总体上看，穆勒的价值论虽然带有综合前人不同价值论的特点，但它实际上是从古典经济学的价值论过渡到马歇尔的供求均衡价值论的一个中介。在他这里供求均衡价值论还仅仅是一个萌芽，到了马歇尔那里就成长为大树了。

第二节　新古典经济学时期

门格尔

一、价值理论

门格尔从作为消费者的经济人的眼光出发，定义价值为人们意识到的所支配财货对于生命和福利所具有的意义。从这一定义出发，他认为价值的本质不在于财富的客观属性，而在于经济人对财富所具有的意义的判断，是依存于经济人意识的主观的东西。但他并不认为任何对人生命和福利有意义的财货都有价值，只有经济财货（即具有相对稀缺性的财货）才有价值。

门格尔把财货对人的生命和福利所具有的意义，或者说对财货满足人类欲望的能力，定义为效用，于是从质上来看，价值就是具有相对稀缺性的经济财货的效用。一旦把价值的质规定为效用，那么衡量价值的尺度也自然是效用的大小了。财货价值量的差异是由于财货在满足欲望上对人们所具有的意义有大小不同，是由于人们对各种欲望的不同意义的认识。

由于各种欲望的重要性有不同，所以某种财货一单位的价值就由该种财货所能满足的各种欲望中最不重要的欲望（即边际欲望）获得满足后对人所具有的意义来决定，也就是由边际效用来决定。

门格尔把它的价值论确定为四个基本命题：（1）财货的价值源于财货导致的欲望满足意义。（2）由于各种欲望的满足在保护生命和福利方面的重要性有区别，所以各种满足的意义是不同的。（3）财货价值的差异源于财货所导致的欲望满足的意义不同。（4）边际欲望获得满足的意义决定财货的价值。从这些基本命题可以看出，他的价值论是不折不扣的主观价值论。为了论证主观价值论的正确性，他以古董、古画及旧机器为例，说明财货生产中所耗费的劳动和其他财货都不决定财货价值。

由于价值的主观性质，门格尔认为人们对财货价值的认识是会出错的，会把实际上不具有任何价值，即实际上不能增进经济人福利的东西，误认为是有价值的。他把这样形成的价值称之为"虚拟价值"。

到此为止，门格尔的价值论只适应于低级财货（即消费品），因为只有低级财货才具有满足人类欲望的功能。为了使理论具有普适性。他在说明低级财货价值决定的基础上，进一步阐述了高级财货（即用于生产消费品的各种资本品）的价值决定。他认为，与人们通常所认为的相反，不是高级财货决定低级财货的价值，而是高级财货的价值由其所产生的低级财货的预期价值所决定。

门格尔认为虽然高级财货的价值由其所产生的低级财货的预期价值所决定。但两者并不相等，前者要略低于后者。这是因为低级财货的预期价值要减除两个项目后，才是高级财货的价值。这两个项目一是高级财货的使用的价值（与高级财货本身的价值不同）。二是企业家活动的价值。这两个项目之所以也有价值，是因为要生产出一定的低级财货。单凭拥有高级财货还不够，还必须在一定时间内使用高级财货，而这种使用又离不开企业家的活动。

生产一种低级财货所需要的高级财货是多种多样的，那么每一种高级财货的价值如何决定呢？门格尔认为，不能简单地认为某种高级财货的价值由支配该种财货一单位而能生产的低级财货的预期价值所决定，而是要由支配它时所实现的欲望满足的意义与缺少它时所实现的欲望满足的意义二者的差额决定。具体说来，他考虑到两种情况，一种情况是某种高级财货 A 与其补足财货 B 之间在生产某种产出 Q_1 时具有互替性，即财货 A 减少一单位所造成的产出 Q_1 的损失，可由其补足财货 B 的增加来弥补。这时，该高级财货 A 的价值将由其补足财货 B 从其他产出 Q_R 转移来生产该种产出 Q_1 所引起的其他产出 Q_R 的减少所造成的损失来决定。显然这里的前提是高级财货充分就业，不存在闲置。第二种情况是某种高级财货 A 与其补足财货 B 在生产某种产出 Q_1 时不具有互替性，即该高级财货 A 减少一单位所造成的产出 Q_1 的损失，不能由其补足财货 B 的增加来弥补。这时，因该高级财货 A 减少一单位而显得多余的补足财货 B，能转用于生产其他产出 Q_R，于是该高级财货 A 的价值便等于产出 Q_1 上损失的价值减去产出 Q_R 上增产的价值后的差额。他所讲的这两种情况，一种涉及配合比例可变化的生产函数，第二种涉及配合比例固定的生产函数。

关于一个高级财货的价值，门格尔最终建立了如下基本命题，即一个高级财货的价值，在生产一个生产物所必要的其余补足财货的价值不变的条件下，与该生产物的预期价值成正比例，即该生产物的预期价值愈大，则这个高级财货的价值也愈大；同时，在其他情况相同的条件下，这个高级财货的价值，又与其余补足财货的价值成反比例，即其余补足财货的价值愈小，则这个高级财货的价值就愈大。

门格尔的价值论与古典学派是完全不同的，但两者的区别实际上不在于对同一种经济现象的不同解释上，而在于分析了不同的经济现象。古典学派价值论的研究对象是在交换过程中形成的，带有客观性质的价值。目的是要说明客观交换价值的决定机制，而门格尔的价值论的研究对象则是消费者对其拥有的财货（不论是如何获得的）的主观估价，其研究目的则是说明这种主观估价的决定机制。可以把他的价值论正名为消费者个人估价理论，简称估价论。边际效用价值论作为一种估价理论，其合理性是显而易见的，在消费者看来，财货价值难道不是与其拥有量成反比吗？高级财货的估价不是要取决于它所参与生产的低级财货的估价吗？作为一种估价理论，边际效用价值论可以成为研究消费者行为的一个合理出发点，事实上它就是后来的消费经济学的一个出发点。

二、交换理论与价格理论

门格尔的理论体系中，真正与古典学派的价值论所对应的是他的价格理论，他的价格理论试图说明市场交换价值是如何决定的。

门格尔认为，价格是经济人在进行财货交换中的一个偶然现象，是经济活动中经济平衡的一个表征。为了说明价格的决定，门格尔首先建立了自己不同于古典学派的交换理论。

门格尔认为，交换行为之所以发生，并不是像亚当·斯密所说的那样是因为人的天性就喜欢交换，经济交换之所以发生。是因为交换能更好地满足交换双方的欲望。他这里所说的欲望，实际上仅是指消费欲望，他所说的交换者，实际上都是作为消费者的经济人。他实际上是以追求欲望满足最大化的消费者的眼光来看待交换行为的。这一点从他分析交换基础时就可以看得更清楚了。他认为经济人进行交换的基础有三点：(1) 交换双方都认为，对方财货的一定量的价值超过自己财货一定量的价值；(2) 双方都认识到这一点；(3) 双方有力量进行交换。这就是说，交换的基础在于对交换双方来说被交换财货相互之间都是不等价的。显然，只有当交换者是追求欲望满足最大化的消费者时，换进的财货的主观估价才有可能是高于让出的财货的主观估价的，不等价交换只是在主观估价不一致的意义上才存在。

从对交换基础的这样一种认识出发，门格尔赋予"使用价值"和"交换价值"这两个术语以完全不同于古典学派的含义。他认为财货的使用价值是指财货被我们自己使用时所具有的价值（实际上是主观估价），交换价值是指财货不由我们自己使用而用于交换别种财货来满足欲望时所具有的价值。同一件财货，自己使用所带来的欲望满足和用于交换所带来的欲望满足，其意义往往是不同的，这就是说明财货的使用价值往往和交换价值不一致，这就产生了一个问题，财货的价值究竟应当按哪一个决定。他认为两种价值中哪一个较高，财货的价值就应当按哪一个计算。这样，他就从孤立的消费者的估价行为过渡到了有交换的消费者的估价行为了。在后一种情况下，估价已不再仅仅依存于消费者的主观欲望，还要依存与之有交换关系的其他消费者的主观欲望，估价已不再是个人决定的了，而是由社会决定了。

当财货的交换价值高于使用价值时，消费者倾向于进行交换，门格尔认为交换会进行到一个静止点，在这个静止点上，两种财货对交换者双方的边际效用都相等。这样一个静止点之所以存在，源于边际效用递减律，交换后交换者原有的财货数量减少，从而增加了边际效用。而换得财货数量增多，从而边际效用下跌，因此最终总会达到两种财货的边际效用相同之处。他所说的这个静止点也就是后来帕累托所说的交换最适度。

从交换是不等价的这样一种信念出发，门格尔重新规定了价格理论的任务。他说：在供给价格与需要价格间所存在的差额，绝不只是一个偶然，而实为经济的普遍现象。因此，一个正确的价格理论的任务，并不在说明在事实上并不存在的在两个财货数量间的表面上的价值相等性。一个正确的价格理论所应说明的是经济人在企图尽可能地满足其欲望的努力上，如何以一定量的财货相互交换。在古典学派那里，问题是等价交换如何实现；在他这里，问题是如何通过交换来最大限度满足欲望。

门格尔从交换双方都追求欲望的最大满足这一前提来说明价格的决定。首先从两个孤立的交换者所确定的交换比例开始。这种孤立交换中所形成的交换比例。在不考虑其他条件时，是两个交换者各自的意愿的比例的中间点。然后分析垄断条件下的价格决定。如果垄断产品是唯一的，那么它将落入出价最高的买者手中。而价格将落在出价最高的买者所愿支付的最高价格和出价次高的买者所愿支付的最高价格之间的某一点上。在这样一个价格可能区间上，买卖双方将像两个孤立的交换者那样决定交换价格。如果垄断产品不是唯一的，则这些产品将落入那些出价较高的买者手中，其价格将落在购得产品的买者中出价最低的那个人所愿付出的最高价与被排除的买者中出价最高的那个人所愿出的最高价之间的某一点上。

门格尔认为，一定的财富出售量，必形成一定的价格；同时一定的价格，必产生一定的销量。这就是说，价格取决于供给量，而与供给者是垄断者或竞争者无关。而价格与销量之间的关系是反比关系。

综上所述，门格尔分析了卖方垄断时规定销量下的价格决定。但没有分析卖方竞争时的价格决定。他实际上是把垄断当作普遍的情况，因此几乎完全没有分析完全竞争条件下均衡价格的决定，这是他与杰文斯和瓦尔拉斯的一个重大差别。对完全竞争条件下均衡价格的决定机制的忽略，据有的学者的分析，是门格尔之所以不看重数学方法的原因，因为他那时的数学手段还难以处理非均衡的现象。他看到了供给对价格以及价格对需求的决定作用。但没有考虑价格对供给的反作用。他研究的是供给既定时的价格决定，以及价格一定时的需求，而不是价格与供需相互作用下的价格决定。他的价格理论为庞巴维克用边际对偶说明双方竞争条件下的价格决定提供了基础。

瓦尔拉斯

安托万·奥古斯特·瓦尔拉斯（Antoine Auguste Walras，1801—1866）是里昂·瓦尔拉斯的父亲，他的主要观点之一是认为商品价值的来源不是劳动也不是效用，而是稀缺。这种观点实际上是从萨伊的效用论到他儿子的边际效用论的桥梁。因为物品单纯有效用而不稀缺，依然是没有价值的。

在父亲的影响之下，瓦尔拉斯最终建立了一般均衡非价值理论。

一、两种商品相互交换时的均衡

瓦尔拉斯从只有两种商品这种最简单的情况开始，假定这两种商品（A 和 B）的总量既定，并假定交易者追求效用最大化。这两个特殊假定意味着把生产活动抽象掉。

当两种商品（A 和 B）相交换时，在 A 商品的有效供给（O_a）、有效需求（D_a）、以 B 计的 A 的价格（P_a）、和 B 商品的有效供给（O_b）、有效需求（D_b）、以 A 计的 B 的价格（P_b）之间，存在下述恒等式：

$$O_a = D_b P_b \qquad D_a = O_b P_b$$

$$O_b = D_a P_a \qquad D_b = O_a P_a$$

$$P_a P_b = 1$$

同时，有效需求是价格的函数：

$$D_a = F_a\ (P_a) \qquad D_b = F_b\ (P_b) \qquad\qquad (1)$$

由上述恒等式和（1）中两式，有效供给也可表示为价格的函数：

$$O_a = D_b P_b = F_b\ (P_b)\ P_b = F_b\ (1/P_a)\ (1/P_a)$$

$$O_b = D_a P_a = F_a\ (P_a)\ P_a = F_a\ (1/P_b)\ (1/P_b) \tag{2}$$

当两种商品供求均衡时，有：

$$F_a\ (P_a)\ = F_b\ (1/P_a)\ (1/P_a)$$

$$F_b\ (P_b)\ = F_a\ (1/P_b)\ (1/P_b) \tag{3}$$

（3）是由两个方程两个未知数（P_a，P_b）组成的联立方程组，由之可解出均衡价格 P_a 和 P_b。由（2）可知，供给可表示为需求函数与价格之积，由（3）可知，均衡价格取决于需求函数 F_a 和 F_b。因此瓦尔拉斯认为均衡价格取决于决定需求函数的因素，于是他便进一步分析这一因素。

瓦尔拉斯假定交易者对某种商品的边际效用（他称之为稀少性）是递减的连续函数。在此假设下，他认为个人需求函数是交易者追求满足最大化行为的结果。交易者以一种商品换取另一种商品时，满足最大化的条件是它们的边际效用之比等于既定的价格之比。设交易者以商品 B 换商品 A，d_a 为对 A 的需求量，$\Phi_a\ (d_a)$ 为边际效用函数，P_a 为以 B 计的 A 的价格，B 的价格为 1，q_b 为交易者初始拥有的 B 数量，$Q_b\ (= d_a P_a)$ 为 B 的供给量，$\Phi_b\ (q_b - d_a P_a)$ 为保留的 B 的边际效用函数，则该交易者实现满足最大化的条件为：

$$\Phi_a\ (d_a)\ - P_a \Phi_b\ (q_b - d_a P_a)\ = 0 \tag{4}$$

若交易者初始拥有的不仅有 q 量的 B，且有 q_a 量的 A，并且他希望以一定量的 B 换取一定量的 A，则上述条件变形为：

$$\Phi_a\ (q_a + d_a)\ - P_a \Phi_b\ (q_b - d_a P_a)\ = 0 \tag{4$'$}$$

上两式都是关于需求 d_a 与价格 P_a 的隐函数，可推出需求关于价格的显函数，并以初始拥有量为参变量。各交易者的个人需求函数加总之后，合成整个市场的需求函数。

由以上分析，瓦尔拉斯认为：是全体交易者各自的边际效用函数和初始拥有量，决定了两种商品的市场需求函数。从而决定两种商品的均衡价格。同时，均衡时两种商品的价格之比也一定等于任一交易者拥有的两种商品的边际效用之比，否则便不可能是均衡状态。由此，他得出三点结论：

1．完全竞争市场中，由于两种商品在任何一对交易者之间都必定按完全相同的比率成交，即只有一种价格，故一切交易者都能在均衡时获取满足最大化，即交换均衡具有最优性。

2．交换价值与边际效用成正比，边际效用是交换价值的起因。

3.其他情况不变时，一种产品的均衡价格将由于某一个或某几个交易者对该产品的边际效用函数的提高（减少）而提高（减少），或由于某一个或某几个交易者对该产品的初始拥有量的增加（减少）而减少（增加），除非这两种变化对价格的影响互相抵消。

二、多种商品相交换时的均衡

在分析多种商品交换时，瓦尔拉斯假定：各种商品的总量既定，交易者追求满足或效用最大化。为了便于分析，他首先假定每个交易者只拥有一种初始商品，尔后再考虑交易者可以拥有一种或一种以上初始商品这种更一般的情形。他还指出，在多种商品相交换时，会有两种交换均衡，第一种均衡出现在下述情况中：假定每种商品与其他各商品交换是分别进行的，不允许套购活动的存在；第二种均衡是允许套购活动存在时的均衡。

瓦尔拉斯设立了下述符号：D_{ab} 为以 B 换取 A 时对 A 的有效需求，D_{a_ic} 为以 C 商品换取 A 时对 A 的有效需求，……P_{ab} 为以 B 计的 A 的价格。P_{a_ic} 为以 C 计的 A 的价格。…… 在每个交易者只拥有一种初始商品，且不允许套购活动的条件下，m 种商品会有 $m\,(m-1)$ 种有效需求函数：

$$D_{b_ia} = F_{b_ia}\,(P_{b_ia},\ P_{c_ia},\ P_{d_ia},\ \cdots)$$

$$D_{c_ia} = F_{c_ia}\,(P_{b_ia},\ P_{c_ia},\ P_{d_ia},\ \cdots)$$

$$D_{d_ia} = F_{d_ia}\,(P_{b_ia},\ P_{c_ia},\ P_{d_ia},\ \cdots)$$

$$\cdots\cdots$$

$$D_{a_ib} = F_{a_ib}\,(P_{a_ib},\ P_{c_ib},\ P_{d_ib},\ \cdots)$$

$$D_{c_ib} = F_{c_ib}\,(P_{a_ib},\ P_{c_ib},\ P_{d_ib},\ \cdots)$$

$$D_{d_ib} = F_{d_ib}\,(P_{a_ib},\ P_{c_ib},\ P_{d_ib},\ \cdots)$$

$$\cdots\cdots$$

同时还有 $m(m-1)$ 个交换恒等式：

$$D_{a_b} = D_{b_a}P_{b_a}; \quad D_{a_c} = D_{c_a}P_{c_a}; \quad D_{a_d} = D_{d_a}P_{d_a}\cdots$$

$$D_{b_a} = D_{a_b}P_{a_b}; \quad D_{b_c} = D_{c_b}P_{c_b}; \quad D_{b_d} = D_{d_b}P_{d_b}\cdots$$

……

共计有 $2m(m-1)$ 个方程，这些方程共计有 $2m(m-1)$ 个未知变量，其中有 $m(m-1)$ 个价格，$m(m-1)$ 个交易量。因此可以解出均衡的价格和均衡时的供求量。

但若允许套购活动的存在，则一般均衡的实现便还要增加一个条件，m 种商品中任何一对商品，其中的一种以另一种计的价格，必须等于它们各自以任一第三种商品计的价格的比率。否则便会因套购活动的存在而破坏一般均衡。这一条件可表示为由 $(m-1)(m-1)$ 个方程组成的联立方程组，被称为全面平衡方程组：

$$P_{a_b} = 1/P_{b_a}; \quad P_{c_b} = P_{c_a}/P_{b_a}; \quad P_{d_b} = P_{d_a}/P_{b_a}\cdots$$

$$P_{a_c} = 1/P_{c_a}; \quad P_{b_c} = P_{b_a}/P_{c_a}; \quad P_{d_c} = P_{d_a}/P_{c_a}\cdots$$

$$P_{a_d} = 1/P_{d_a}; \quad P_{b_d} = P_{b_a}/P_{d_a}; \quad P_{c_d} = P_{c_a}/P_{d_a}\cdots$$

……

出现全面平衡方程组之后，与 $m(m-1)$ 个有效需求方程和 $m(m-1)$ 个交换恒等式一起，共有 $2m(m-1) + (m-1)^2$ 个方程，但未知数只有 $2m(m-1)$ 个。因此必须设法减少方程数。减少的方法是首先由 $m(m-1)$ 个交换恒等式列出 m 个供求平衡方程：

$$D_{a_b} + D_{a_c} + D_{a_d} + \cdots = D_{b_a}P_{b_a} + D_{c_a}P_{c_a} + D_{d_a}P_{d_a} + \cdots$$

$$D_{b_a} + D_{b_c} + D_{b_d} + \cdots = D_{a_b}P_{a_b} + D_{c_b}P_{c_b} + D_{d_b}P_{d_b} + \cdots$$

$$D_{c_a} + D_{c_b} + D_{c_d} + \cdots = D_{a_c}P_{a_c} + D_{b_c}P_{b_c} + D_{d_c}P_{d_c} + \cdots$$

$$D_{d_a} + D_{d_b} + D_{d_c} + \cdots = D_{a_d}P_{a_d} + D_{b_d}P_{b_d} + D_{c_d}P_{c_d} + \cdots$$

然后将全面平衡方程组得出的价格记入，并以 A 商品为通货，即其价格为 1，并以 P_b, P_c, P_d, …表示以 A 计的 B、C、D 的价格，则上述供求平衡方程组变形为：

$$D_{ab} + D_{ac} + D_{ad} + \cdots = D_{b_a}P_b + D_{c_a}P_c + D_{d_a}P_d + \cdots$$

$$D_{b_a} + D_{b_c} + D_{b_d} + \cdots = D_{a_b}(1/P_b) + D_{c_b}(P_c/P_b) + D_{d_b}(P_d/P_b) + \cdots$$

$$D_{c_a} + D_{c_b} + D_{c_d} + \cdots = D_{a_c}\ (1/P_c)\ + D_{b_c}\ (P_b/P_c)\ + D_{d_c}\ (P_d/P_c)\ + \cdots$$

$$D_{d_a} + D_{d_b} + D_{d_c} + \cdots = D_{a_d}\ (1/P_d)\ + D_{b_d}\ (P_b/P_d)\ + D_{c_d}\ (P_c/P_d)\ + \cdots$$

最后，在上边第二个方程两边乘上 P_b，第三个方程两端乘上 P_c；第四个方程两端乘上 P_d，……然后将它们相加，便可得到第一个方程。因此可知，第一个方程是非独立的，是其他方程的线性组合，故可以略去。于是便剩下 $m-1$ 个供求恒等式，加上 $m\ (m-1)$ 个有效需求方程，$(m-1)$ 2 个全面平衡方程。共有 $2m\ (m-1)$ 个方程，正好用于求解 $2m\ (m-1)$ 个未知数（其中一半是价格，另一半是均衡的供求量）。

在假定交易者初始拥有的商品不止一种，且允许套购的条件下，若把供给定义为负需求，并以第一种商品作为货币。则在一般均衡时，所有商品的市场需求函数必定同时等于零。即：

$$F_b\ (P_b,\ P_c,\ P_d,\ \cdots)\ = 0$$
$$F_c\ (P_b,\ P_c,\ P_d,\ \cdots)\ = 0$$
$$F_d\ (P_b,\ P_c,\ P_d,\ \cdots)\ = 0$$
……

且作为货币的那种商品的供给对应于对其他商品的需求，货币商品的需求对应于对其他商品的供给。因此对货币商品的市场需求函数，可以看作是其他所有商品的市场需求函数的线性组合，并且在均衡时，它也同样为零。即：

$$F_a\ (P_b,\ P_c,\ P_d,\ \cdots)\ = P_bF_b\ (P_b,\ P_c,\ P_d,\ \cdots)\ + P_cF_c\ (P_b,\ P_c,\ P_d,\ \cdots) + P_dF_d\ (P_b,\ P_c,\ P_d,\ \cdots)\ + \cdots = 0$$

于是，有 $m-1$ 个互相独立的非货币商品的市场需求函数，它们在均衡时同时为 0，构成 $m-1$ 个独立方程，正好用于求解 $m-1$ 个非货币商品的以货币商品计的均衡价格，并且在此套价格中，已不存在进行套购的机会。

瓦尔拉斯认为，多种商品交换时的有效需求函数，无论在每个交易者初始只拥有一种商品的特殊情况下，还是在初始便拥有多种商品的一般情景下，都是交易者追求满足最大化行为的结果。与只有两种商品相交换时的情况相比，现在满足最大化的条件变为任何一对商品对交易者的边际效用之比等于它们各自以某种作为货币的商品计的价格的比率。或者说，不作为货币的商品与作为货币的商品的边际效用之比等于不作为货币的商品的价格（以作为货币的商品计）。

根据对需求函数成因的上述看法，瓦尔拉斯认为在多种商品的交换均衡状态中，任何一对商品以货币计的价格比率也必定等于任何一位交易者对这两种商品的边际效用之比。否则便不可能是均衡状态。因此，均衡状态同时也是交换的最优状态。

瓦尔拉斯指出，在实际的市场中，均衡价格并不是通过求解上述联立方程组得到的。而是通过他所说的摸索过程，通过价格的上下波动而逼近的。具体地讲，就是每个交易者都根据一定的价格体系（不一定是均衡的），按照满足最大化的目标，来决定自己对各种商品的供求意愿，由此形成的所有商品的市场供求状况又反过来影响价格体系，某种商品供大于求，其价格下跌；供小于求，价格上升。新形成的价格体系又改变每个交易者原先的供求意愿，形成新的市场供求状况，这种反复的调整过程终将达到所有商品供求相等的地步，此时的价格便等于用联立方程解出的均衡价格。

为了保证摸索过程必然趋向均衡，瓦尔拉斯还分析了均衡的稳定性问题。稳定的条件有两条：(1)任何一种商品的需求必须随价格上升而下降，而供给则随价格上升而起初上升而后下降，且需求曲线必须在某一正数价格上与上升阶段的供给曲线相交。(2)其他各种商品的价格在趋于均衡时，对该商品造成的促使其趋向均衡和背离均衡的影响，大都相互抵消，且剩余的纯影响不能抵消该商品本身价格变动所造成的趋于均衡的主要趋势。

瓦尔拉斯总结了多种商品相交换时平衡价格的确定定律：假定有多种商品，以金钱为媒介，互相进行交换；要使市场处于平衡状态，也就是，要使每一种商品以通货计的价格稳定，则必需的和充分的条件是，在这类价格下，每种商品的有效需求应等于其有效供给。如果不存在这一均等，要获得平衡价格，就得使有效需求大于其有效供给的那些商品的价格上升，使有效供给大于其有效需求的那些商品的价格下降。同时他还总结了均衡价格变动规律，在其他情况一定时，某种非货币商品以货币商品计的均衡价格，将由于一个或几个交易者对该商品边际效用函数的提高（降低）而提高（降低），或由于一个或几个交易者对该商品的初始拥有量的增加（减少）而减少（增加），除非这两种变化对价格的影响互相抵消。

对于多种商品交换，瓦尔拉斯还提出并证明了商品持有量等值再分配定理。该定理是说，尽管一定总量的商品在各交易者之间发生了实物意义上的再分配，但只要各种商品再分配的结果不改变各交易者初始拥有的各种商品的价值（按再分配以前的均衡价格计）总和，则均衡价格将保持不变。这一定理实际上已经指出了引起均衡价格变化的第三个因素：价值意义上的财富的再分配。尽管整个社会实物财富的总量不变，但只要财富的总价值（按初始的均衡价格计）在各交易者之间的分配有了变化，则均衡价格也将变化。

三、考虑生产时的均衡

在分析了多种商品的交换均衡之后，瓦尔拉斯放弃了商品总量不变的假定，认为各类商品的数量将由于生产活动而变化。但他对生产活动的技术特征作了三条重要假定：生产活动是不消耗时间的，生产系数（单位产品所消耗的生产要素的服务量）既定，资本品（固定资本）数量既定。

为了分析生产活动，瓦尔拉斯首先给出了他的关于资本和收入的定义。他定义资本为一切耐用品，不论它是用于生产的厂房机器或是用于消费的住宅家具。他定义收入为一切非耐用品，包括用于生产的种子、织物，亦包括用于消费的面包或肉。资本的本质在于能生产收入，收入的本质在于能直接或间接地构成资本。他把使用资本所取得的收入称作服务。他把服务分作两大类：消费服务和生产服务。前者包括房屋的居住，家具及衣物的使用，医生的会诊等等；后者包括土地肥力，工人的劳动及机器的使用。

在上述定义的基础上，瓦尔拉斯把整个社会财富分成四大类，前三类属于资本，第四类属于收入。第一类是土地资本或一切种类的土地，它产生土地服务或土地收入。第二类是人力资本或个人，它产生人力服务（即劳动）或个人收入。第三类是土地和人力之外的一切其他资本品，简称为狭义资本，它产生资本或资本收入。第四类是非耐用的消费品及生产原料。根据上述消费服务与生产服务之间的区别，瓦尔拉斯进一步将社会财富（包括资本和收入）和货币分为 13 类。

关于资本的类目是：

（1）（2）（3）：产生消费服务的土地资本、人力资本和狭义资本品。

（4）（5）（6）：产生生产服务的土地资本、人力资本和狭义资本品。

（7）：暂时不提供任何服务从而不产生收入的，作为产品存货的新狭义资本品。

（8）：消费者家里的非耐用消费品的存货。

（9）：生产者的原料存货。

（10）：作为生产者产品存货的新消费品和新原料。

关于货币的类目是：

（11）（12）（13）：消费者手持现金、生产者手持现金和货币储蓄。

他认为货币具有特殊身份：对社会而言，它是资本，但对个人而言是收入。

瓦尔拉斯认为生产活动就是土地资本、人力资本和狭义资本品三者结合在一起共同提供生产性服务。生产性服务的结果是产品。他把社会上参与经济活动的人分为两大类：提供生产性服务的人（提供劳动的工人、提供土地服务的地主及提供狭义资本品服务的资本家），需要各类生产性服务来生产商品的企业家。而整个社会存在两大类市场：一是服务市场，工人、地主和资本家是卖主，企业家是买主，该市场形成三种服务的价格：工资、地租和利息。二是产品市场，企业家是卖主，而工人、地主和资本家则成为买主，该市场形成各种产品的价格。他假定工人、地主和资本家作为生产品的买主，追求的是满足最大化，作为服务的卖主，追求收入最大化，而企业家则追求利润最大化。于是服务的供给和产品的需求都是服务价格和产品价格的函数。

令 O_t, O_p, O_k, …代表 n 种关于土地、劳动和资本品的服务，D_a, D_b, D_c, …代表 m 种产品的需求，a_t, a_p, a_k, …；b_t, b_p, b_k, …；c_t, c_p, c_k, …；d_t, d_p, d_k, …，代表产品 A, B, C, D 关于投入 t, p, k 的生产系数，共有 nm 个。P_t, P_p, P_k, …；P_b, P_c, P_d, …代表 n 种服务和 $m-1$ 种产品价格，并令 A 商品为货币。

现在，均衡状况可以由下述四套方程给出，首先是关于服务的 n 个供给方程：

$$O_t = F_t \ (P_t, \ P_p, \ P_k \cdots P_b, \ P_c, \ P_d, \ \cdots)$$
$$O_p = F_p \ (P_t, \ P_p, \ P_k \cdots P_b, \ P_c, \ P_d, \ \cdots)$$
$$O_k = F_k \ (P_t, \ P_p, \ P_k \cdots P_b, \ P_c, \ P_d, \ \cdots)$$

……

关于产品的 m 个需求方程：

$$D_b = F_b \ (P_t, \ P_p, \ P_k \cdots P_b, \ P_c, \ P_d, \ \cdots)$$
$$D_c = F_c \ (P_t, \ P_p, \ P_k \cdots P_b, \ P_c, \ P_d, \ \cdots)$$
$$D_d = F_d \ (P_t, \ P_p, \ P_k \cdots P_b, \ P_c, \ P_d, \ \cdots)$$

……

$$D_a = O_t P_t + O_p P_p + O_k P_k + \cdots - \ (\mathrm{d}_b P_b = D_c P_c + D_d P_d + \cdots)$$

关于生产的 m 个方程：

$$a_t D_a + b_t D_b + c_t D_c + \mathrm{d}_t D_d + \cdots = O_t$$
$$a_p D_a + b_p D_b + c_p D_c + \mathrm{d}_p D_d + \cdots = O_p$$
$$a_k D_a + b_k D_b + c_k D_c + \mathrm{d}_k D_d + \cdots = O_k$$

……

它表明各种产品生产中耗费的生产服务量等于其有效供给量。

关于产品价格的 m 个方程：

$$a_t P_t + a_p P_p + a_k P_k + \cdots = 1$$
$$b_t P_t + b_p P_p + b_k P_k + \cdots = P_b$$
$$c_t P_t + c_p P_p + c_k P_k + \cdots = P_c$$

$$d_t P_t + d_p P_p + d_k P_k + \cdots = P_d$$

......

它表明产品价格等于产品生产中所用的生产服务的费用，或产品价格等于生产成本。

若生产不是通过直接消耗生产服务，而是通过消耗中间产品来进行的，可以通过一定步骤把对中间产品的消耗折算为对生产服务的消耗，则上述四套方程组仍然成立。只是生产系数不再反映产品对服务的直接消耗，而是反映产品通过中间产品对服务的间接消耗。

上述四套方程组暗含着两个重要的被后人所明确指出的假定。首先是服务的供给函数及产品的需求函数都是零次齐次的，其经济意义是说，当所有价格（包括服务和产品）都变动相同倍数时，服务的供给和产品的需求将保持原来水平。这意味着可以在所有价格上乘以某种产品（比如说产品 A）的价格的倒数 l/P_a，结果 A 的价格变为 1，不再是未知变量，而其他价格都是以 A 计的相对价格。于是四套方程组的未知变量可减少一个，为 $2m + 2n - 1$（服务供给的 n 个总量，n 个价格，产品需求的 m 个总量，$m - 1$ 个价格）。

第二个重要的暗含假定就是后人所说的瓦尔拉斯法则，即所有人购买所有产品的总支出恒等于他们出售服务的总收入。该法则由上述第二套方程组中的最后一个方程表示。它可以通过其他方程推出。推出的方法是将第三套方程的两端分别乘以 P_t，P_p，P_k，$\cdots$，然后将这些方程全部相加；将第四套方程两端分别乘以 D_a，D_b，D_c，D_d，$\cdots$，然后将方程也全部相加；如此得到两个方程，它们的左端完全一样，因此其右端也相等，这就得到第二套方程组中的最后一个方程，即瓦尔拉斯法则。因此该方程是非独立的，可以从整个体系中略去，于是四套方程组共有 $2m + 2n - 1$ 个独立方程，正好用于求解相同数量的未知变量。

由上述四套方程式，瓦尔拉斯强调指出，生产均衡与交换均衡是同时实现的，实现交换均衡的条件是服务市场与产品市场同时实现供求均衡，实现生产均衡的条件是所有产品的售价等于其成本。只要生产和交换有一个均衡尚未实现，另一个均衡也就建立不起来。

瓦尔拉斯并不认为现实生活中的均衡值是通过求解上述四套联立方程组得到的，而认为是通过摸索过程逼近的。他分析了存在生产活动时的这一摸索过程。首先假定服务的价格不变，以便集中分析达到生产均衡和产品市场均衡的摸索过程。假定企业家们先随便决定一套产量，为使该套产量正好相等于需求，就需要一套特定的价格，这套价格一方面要排除套购机会，另一方面要与产品市场上任一买者所购买的产品的边际效用之比成同一比例。因此这套价格便是既定产量下实现产品市场均衡的那套价格。达到这套价格的摸索过程在前一节分析多种产品的交换均衡时已经介绍，不再赘述。若这套价格正好等于生产成本，则生产均衡和产品市场均衡同时实现。但这套价格很可能与生产成本不一致，从而使企业家们有的获得利润有的出现亏损。于是企业家们增产有利产品，减产亏损产品，由此形成一套新的产量。这套产量又会导致一套新的使产品市场均衡的产品价格。这套价格若仍不等于生产成本，则上述调节过程将重复开始。

瓦尔拉斯认为，在上述摸索过程中，要使每套新的产品市场均衡价格都比原先那一套更逼近生产成本，即生产均衡要具有稳定性，需要两个条件：(1) 一种商品产量的变动，总归使其价格与成本相接近。(2) 其他各种商品产量变动，有的使该商品价格与成本相接近，有的使它们相分离，但这两种影响大都相抵消，且剩余的纯影响不能抵消该商品产量变动造成的价格与成本相接近的趋势。只要具备这两个条件，则摸索过程将导致产品市场均衡和生产均衡同时出现。

然后，瓦尔拉斯放弃了服务价格不变的假设前提，开始分析使服务市场趋向均衡的摸索过程。分析中假定货币商品的产量不变。他认为某种服务的供给是其价格的增函数，而它的需求是由产品需求派生而来，与产品需求同向变化。产品需求是产品价格的减函数，产品价格又是服务价格（成本因素）的增函数，因此某种服务的需求是其价格的减函数。随着服务价格的变化，供给同向变化，需求反向变化，这就提供了趋向服务市场均衡的首要条件，除非在服务价格上升过程中，供给还为零时，需求已降至零以下。趋向均衡的次要条件是其他各种服务的价格变动对该服务的供求均衡的趋势的有利影响和不利影响大多相互抵消，且剩余的纯影响不能抵消该服务自身价格变动所导致的趋向供求均衡的趋势。只要具备上述两个条件，则均衡便具备了稳定性，摸索过程将趋向服务市场的均衡。由于任何一套服务价格都能导致产品市场和生产的同时均衡，所以当服务市场达到均衡时，也必然会出现与服务市场的一套均衡价格相适应的产品市场均衡和生产均衡。

最后，瓦尔拉斯放弃货币商品产量不变的假定，分析了货币商品的价格与成本趋于一致的摸索过程，这里不再细述。

通过对上述摸索过程的分析，瓦尔拉斯提出了服务和产品的均衡价格的确定定律：假定能够用以制成各种产品的有多种服务，并且假定这些服务是以通货为媒介来交换其产品的，那么，要使市场处于平衡状态……其必要的和充分的条件是：（1）在这样的价格下，各种服务和各种产品的有效需求相等于其有效供给；（2）产品的售价相等于制造这类产品时所使用的服务的成本。如果这两种均等并不存在，那么，为了要实现第一种均等，就得提高有效需求大于有效供给的那些服务或产品的价格，降低有效供给大于有效需求的那些服务或产品的价格；为了要实现第二种均等，就得增加售价大于生产成本的那些产品的产量，减少生产成本大于售价的那些产品的产量。

瓦尔拉斯还指出，由自由竞争所达到的这种生产与交换同时均衡的状态，也就是各经济主体的满足或效用最大化的状态。

瓦尔拉斯还提出了服务和产品的均衡价格的变动规律。在其他情况一定时，某种服务或非货币商品的以货币商品计的均衡价格，将由于一个或几个交易者对该服务或商品边际效用函数的提高（降低）而提高（降低）；或由于一个或几个交易者对该服务或商品的初始拥有量的增加（减少）而降低（提高）。除非这两种变化对价格的影响互相抵消。若其他情形不变，而一个或几个交易者拥有的某种服务的初始量增加（减少），则在生产中要使用这种服务的那些产品的价格将降低（提高）；若其他情形不变，而一个或几个交易者对某种产品的边际效用函数提高（降低），则这一产品生产中所用的服务的价格将提高（降低）。

四、资本形成条件下的均衡

在上一节的分析中，瓦尔拉斯假定资本品数量既定，现在他在保留上一节的其他假定前提下放弃了这一假定，认为各类资本品的数量是在某一特定的产品市场——资本品市场中决定的，该市场中的大多数买主，购买资本品的目的是为了取得该资本品所能提供的服务。于是从需求一方来讲，资本品的价格便取决于其服务的价格，即其收入，同时还与其折旧情况及保险费用有关。可用下式给出：

$$P = p / (i + u + v)$$

P 为资本品价格，p 为其服务的价格，即其总收入，u 为其折旧率，v 为其保险费与其价格 P 之比，i 为其净收入率，等于 $[p - (u + v) P] / P$，该式分子为净收入。

瓦尔拉斯认为，与整个社会新资本品形成相对应的是：地主、工人和资本家三部分人作为整体，其消费低于其收入，即存在储蓄行为，他把储蓄看作是一种能产生永久净收入的商品（E），其价格（P_e）被定义为以货币商品计的净收入率 i 的倒数，即 $P_e = 1/i$，其需求（D_e）亦同样以货币商品计算。

瓦尔拉斯在分析中先暂时略去存货资本（包括产品存货和原料存货），集中考虑固定资本的形成问题。现在，整个体系共有 8 套方程：

（一）关于服务的 n 个供给方程：

$$O_t = F_t (p_t \cdots p_p \cdots p_k, \ p_{k'}, \ p_{k''} \cdots p_b, \ p_c, \ p_d \cdots p_e)$$

……

$$O_p = F_p (p_t \cdots p_p \cdots p_k, \ p_{k'}, \ p_{k''} \cdots p_b, \ p_c, \ p_d \cdots p_e)$$

……

$$O_k = F_k (p_t \cdots p_p \cdots p_k, \ p_{k'}, \ p_{k''} \cdots p_b, \ p_c, \ p_d \cdots p_e)$$

……

$$O_{k'} = F_{k'} (p_t \cdots p_p \cdots p_k, \ p_{k'}, \ p_{k''} \cdots p_b, \ p_c, \ p_d \cdots p_e)$$

……

式中脚码 k，k'，k''，…分别代表各种资本品。

（二）关于产品的 m 个需求方程：

$$D_b = F_b \ (p_t \cdots p_p \cdots p_k, \ p_{k'}, \ p_{k''} \cdots p_b, \ p_c, \ p_d \cdots p_e)$$

$$D_c = F_c \ (p_t \cdots p_p \cdots p_k, \ p_{k'}, \ p_{k''} \cdots p_b, \ p_c, \ p_d \cdots p_e)$$

$$D_d = F_d \ (p_t \cdots p_p \cdots p_k, \ p_{k'}, \ p_{k''} \cdots p_b, \ p_c, \ p_d \cdots p_e)$$

……

$$D_a = O_t p_t + O_p p_p + \cdots O_k p_k + O_{k'} \ p_{k'} + O_{k''} \ p_{k''} + \cdots - (d_b p_b + D_c p_c + D_d \ p_d + \cdots + E)$$

（三）关于储蓄的一个需求方程：

$$E = D_e p_e = F_e \ (p_t \cdots p_p \cdots p_k, \ p_{k'}, \ p_{k''} \cdots p_b, \ p_c, \ p_d \cdots p_e) \ p_e$$

$$= F_e \ (p_t \cdots p_p \cdots p_k, \ p_{k'}, \ p_{k''} \cdots p_b, \ p_c, \ p_d \cdots i)$$

（四）关于生产性服务的使用与供给的 n 个等式：

$$a_t D_a + b_t D_b + c_t D_c + d_t D_d + \cdots + k_t D_k + k_t' D_{k'} + k_t'' D_{k''} + \cdots = O_t$$

……

$$a_p D_a + b_p D_b + c_p D_c + d_p D_d + \cdots + k_p D_k + k_p' D_{k'} + k_p'' D_{k''} + \cdots = O_p$$

……

$$a_k D_a + b_k D_b + c_k D_c + d_k D_d + \cdots + k_k D_k + k_k' D_{k'} + k_k'' D_{k''} + \cdots = O_k$$

……

$$a_{k'} \ D_a + b_{k'} \ D_b + c_{k'} \ D_c + d_{k'} \ D_d + \cdots + k_{k'} \ D_k + k_{k'} \ ' D_{k'} + k_{k'} \ '' D_{k''} + \cdots = O_{k'}$$

……

式中 k_t, k_t', k_t'', …, k_p, k_p', k_p'', …, k_k, k_k', k_k'', …, $k_{k'}$, $k_{k'}'$, $k_{k'}''$, …, $k_{k''}$, $k_{k''}'$, $k_{k''}''$, …, 分别为生产资本品 k, k', k'' …时对土地、劳动、资本品的服务的生产系数。

（五）关于消费品售价与其生产成本之间的 m 个等式：

$$a_t p_t + \cdots + a_p p_p + \cdots + a_k p_k + a_{k'} \ p_{k'} + a_{k''} \ p_{k''} + \cdots = 1$$

$$b_t p_t + \cdots + b_p p_p + \cdots + b_k p_k + b_{k'} \ p_{k'} + b_{k''} \ p_{k''} + \cdots = p_b$$

$$c_t p_t + \cdots + c_p p_p + \cdots + c_k p_k + c_{k'} \ p_{k'} + c_{k''} \ p_{k''} + \cdots = p_c$$

……

（六）关于新资本品售价与其生产成本间的 l 个等式：

$$k_t p_t + \cdots + k_p p_p + \cdots + k_k p_k + k_{k'}\ p_{k'} + k_{k''}\ p_{k''} + \cdots = P_k$$

$$k_t' p_t + \cdots + k_p' p_p + \cdots + k_k' p_k + k_{k'}\ ' p_{k'} + k_{k''}\ ' p_{k''} + \cdots = P_{k'}$$

$$k_t'' p_t + \cdots + k_p'' p_p + \cdots + k_k'' p_k + k_{k'}\ '' p_{k'} + k_{k''}\ '' p_{k''} = P_{k''}$$

……

（七）关于新资本与储蓄在价值上的一个均等式：

$$D_k P_k + D_{k'}\ P_{k'} + D_{k''}\ P_{k''} + \cdots = E$$

（八）关于新资本品需求价格的 l 个方程：

$$P_k = p_k / (i + u_k + v_k)$$

$$P_{k'} = p_{k'} / (i + u_{k'} + v_{k'})$$

$$P_{k''} = p_{k''} / (i + u_{k''} + v_{k''})$$

……

这 l 个方程还表示了对所有的新资本品来说，它们的净收入率是相等的。

这 8 套方程组共有 $2n + 2m + 2l + 2$ 个方程，但可以缩成为 $2n + 2m + 2l + 1$ 个方程，方法是以 $P_t \cdots P_p \cdots P_k$，$P_{k'}$，$P_{k''} \cdots$ 分别相继乘以第四套方程的 n 个方程，然后全部方程相加；再以 D_a，D_b，D_c，$D_d \cdots D_k$，$D_{k'}$，$D_{k''} \cdots$ 分别相继乘以第五、六套方程的 $m + 1$ 个方程。然后 $m + 1$ 个方程相加；由此可得两个方程，其左端完全相同，故它们的右端相等，即：

$$O_t P_t + \cdots + O_p P_p + \cdots + O_k P_k + O_{k'}\ P_{k'} + O_{k''}\ P_{k''} + \cdots$$

$$= D_a + D_b P_b + D_c P_c + D_d P_d + \cdots D_k P_k + D_{k'}\ P_{k'} + D_{k''}\ P_{k''} + \cdots$$

该方程的左端与第二套方程中第 m 个方程左端的正值部分完全相同，故由它们可推出：

$$D_k P_k + D_{k'}\ P_{k'} + D_{k''}\ P_{k''} + \cdots = E$$

这正是第七套方程组中唯一的那个方程，由此可知该方程是非独立的，是可消去的。这 8 套方程组的 $2n + 2m + 2l + 1$ 个独立方程，正好可用于求解 $2n + 2m + 2l + 1$ 个未知量：n 种服务的供给，n 种服务的价格，m 个产品的需求，以货币商品计的 $m - 1$ 种产品的价格，储蓄价值量，新资本品的 l 个产量，l 个价格、净收入率或储蓄的价格。

当然，这些变量的均衡值在实际中并非是通过求解上述 8 套联立方程组获得的，而是在自由竞争的条件下通过摸索过程逼近的。瓦尔拉斯分析了这个摸索过程。他首先假定随机决定了净收入率和 l 种新资本品产量。由上一节所分析的摸索过程可以知道，在 l 种资本品随机决定的产量为常数的条件下，通过初步的摸索过程，可以得出 $m-1$ 种非货币消费品的均衡产量和均衡价格，n 种服务的均衡价格和相应的供求量。而由 $m-1$ 种消费品和 n 种服务的价格，可推出储蓄量。以及 l 种新资本品的生产成本，但如此决定的储蓄量未必相等于 l 种新资本品的需求价格及随机决定的产量所共同决定的新资本品的总价值（即投资），并且 l 种新资本品的生产成本也未必等于它们的需求价格，即可能出现下述关系式：

$$D_k'P_k' + D_{k'}'P_{k'}' + D_{k''}'P_{k''}' + \cdots \neq E'$$

$$P_k' \neq p_k'/ (i' + u_k + v_k)$$

$$P_{k'}' \neq p_{k'}'/ (i' + u_{k'} + v_{k'})$$

……

这说明，$m-1$ 种非货币消费品和 n 种服务的均衡价格及其相应的供求量都是局部均衡的。同时也说明，对应任何一套新资本品的 l 种产量，都可得到相应的 $m-1$ 种非货币消费品和 n 种服务的局部均衡价格及其相应的供求量。

瓦尔拉斯进一步分析使上述不等式转化为等式的摸索过程，他指出，由于投资的总价值 $[D_k'P_k' + D_{k'}'P_{k'}' + \cdots = D_k'p_k'/ (i + u_k + v_k) + D_{k'}'p_{k'}'/ (i' + u_{k'} + v_{k'}) + \cdots]$ 是 i 的减函数，而 $E = F_e (p_t'\cdots p_p'\cdots p_k', p_{k'}', \cdots i)$ 是 i 的先增后减的函数，所以 i 的变动将使两者趋向均衡，这是 i 变化的第一种效果。i 变化的第二种效果在于当储蓄由于 i 的变化而增加（或减少）时，总消费将下降（或提高）。这一下降（或提高）将使一切价格（包括消费品和服务）在假定用于直接消费和用于生产的服务总量不变时，出现下降（或上升）。这种价格效应将使投资的总价值下降（或上升），也使储蓄值下降（或上升），因为整个收入值下降（或上升）了。只要第二种效果对均衡的不利影响小于第一种效果的有利影响，则摸索过程将使投资的总价值与储蓄值逐步逼近，最后在某一正数 i 值上，两者达到均衡。

　　瓦尔拉斯进一步认为，货币资本市场上的利息率总是向实际资本市场上的净收入率 i 看齐的。如果利息率高于净收入率，则储蓄者将倾向于将其储蓄以货币形式贷出，而不是先购买实物资本后再在服务市场贷出。而企业家将倾向于从服务市场租借实物资本而不是在货币资本市场上借入货币资本。结果货币资本的供给增加而需求减少，利息率将下降。若利息率低于净收入率，将出现相反情况。

　　在摸索过程使 i 向均衡值逼近，投资与储蓄逐步靠拢的同时，企业家也调整各种新资本品的产量，以使其售价与生产成本相逼近。瓦尔拉斯假定，由于这类调整使有的资本品增产，有的减产，故对于净收入率很少产生影响，故也很少使资本品售价受到显著影响，产量的这种调整主要影响生产成本；并且由于某类资本品产量变动造成的使生产成本与售价相接近的趋势，大于其他各种资本品产量变动所可能造成的，使该类资本品的生产成本与售价相分离的趋势，所以产量的调整最终将使各种资本品的生产成本等于其售价。由于前面已经说明，对任何一套资本品产量和任何一个净收入率来说，都会导致消费品市场和服务市场的均衡，以及消费品生产的均衡，所以对于均衡的资本品产量和均衡的净收益率来说，也一定存在着这种消费品市场和服务市场的均衡。这时便出现了全面均衡。

　　通过上述对摸索过程的分析，瓦尔拉斯总结了均衡的净收入率和新资本品均衡价格的确定定律：假定有多种服务，并且有可能从这些服务的代价扣除收入对消费的一个超过量，使之转变成新的狭义资本品，这些资本品以通货为媒介时，就可以与各种消费品和各种新资本品进行交换。这时要使资本品市场处于平衡状态，或者是要使以通货计的新资本品价格处于稳定状态，其必要和充分的条件是：（1）于售价相等于净收入对现期净收入率之比时，以通货计的这类新资本品的有效需求须等于其有效供给；（2）新资本品的售价与其生产成本相等。如果这两种均等并不存在，那么，为了要实现第一个均等，于有效需求大于有效供给时，就必须压低净收入率来提高售价，于有效供给大于有效需求时，就必须提高净收入率来压低售价；为了要实现第二个均等，对于售价高于其生产成本的那些新资本品，就必须增加其产量，对于生产成本高于其售价的那些新资本品，就必须减少其产量。

瓦尔拉斯还论证，当所有新资本品的净收入率一致，即净收入率达到均衡时，则无论从产生消费服务的角度来看，还是从产生生产服务的角度来看，新资本品都达到了最大效用。瓦尔拉斯还总结了净收入率及新资本品价格的变动定律：由于净收入的价格 P_e 是净收入率 i 的倒数，故若其他情况不变，而一个或多个参与者的净收入的效用函数有提高（降低）；则净收入率将降低（提高）；或者一个或多个参与者的净收入增加（减少），则净收入率将提高（降低）。除非两种变化对净收入率的影响互相抵消。若其他情况不变，而资本品服务的价格提高（降低），则资本品本身的价格将提高（降低）；折旧率或保险费提高（降低），则资本品本身价格将降低（提高）；净收入率提高（降低），则资本品本身价格将降低（提高）。值得注意的是，他也看到了预期变化对资本品本身价格的影响。

瓦尔拉斯在对固定资本形成下的一般均衡考虑完毕之后，又进一步考虑了存在着投入（原料）存货与产出存货时的一般均衡，其做法是把存货看作是提供贮藏服务的流通资本。于是只要把各类存货的服务价格、供求量，以及它们在生产各种产品时的技术系数（存货——产出系数）分别纳入到前述那8套方程组中去，结果将增加 $3m + 2s$ 个方程，其中有关于产出存货的 m 个供给方程，关于产出存货及原料存货的 $m + s$ 个需求方程，以及关于产出存货及原料存货的服务价格的 $m + s$ 个方程。这些方程正好用于求解新增加的 $3m + 2s$ 个未知变量：产出存货的服务的 m 个交易量，产出存货与原料存货的 $m + s$ 个产量，产出存货与原料存货的 $m + s$ 个服务价格。

瓦尔拉斯还分析了那种本身并非商品因而毫无效用的流通媒介（如纸币）的价格决定。他假定流通媒介的数量（供给量）一定，它的需求由三部分构成：一是消费者出于交易动机所保留在手头的现金；二是货币储蓄；三是生产者出于交易动机所保留在手头的现金。他把前两部分之和称作理想的现金余额，它的大小由各消费者根据自己的以货币形式储备的各种产品和储蓄的效用方程决定。第三部分的大小由各生产者根据以货币形式储备的各种产出存货和原料存货的需求来决定。而流通媒介的以某种商品（例如 A）计的服务价格，由下述方程决定：

$$Q_u = (D_a + R_a + E_a)/P_{u'}$$

Q_u 为流通媒介的既定供给，$P_{u'}$ 为其服务价格，$D_a/P_{u'}$，$R_a/P_{u'}$，$E_a/P_{u'}$ 分别为由消费者掌握的现金、由生产者掌握的现金和货币储蓄。瓦尔拉斯以这一方程表达了他的货币数量论，当 Q_u 增加时，若分子项不变，则 $P_{u'}$ 将减少，从而商品以流通媒介计的价格将升高。

从两种产品的交换均衡开始，到此为止，瓦尔拉斯完成了他的一般均衡的整个体系。然后，他在两个方面改变了这个体系的假设，首先是关于市场只在一般均衡时才实际成交的假设。他提出了持续市场的概念，意思是说交换会随时随地不断地进行，并不是只在达到一般均衡时才成交。因此，经济体系是不断地趋向一般均衡状态，但永远不会实际上达到这种状态。因为在特定的均衡状态尚未实现时，整个体系的参变量（商品和服务的初始拥有量、商品的边际效用函数等）可能已经变化，从而均衡状态变动了。于是经济体系又开始趋向新的均衡状态。改变的第二点假设是关于生产系数不变的假设。他指出实际生活中生产系数并非常数，而是变数。它有两种变化：一是生产某种产出所需的投入种类不变，但生产系数在数值上发生了变化，他把这种变化称作经济的发展，因为这种变化往往是经济发展过程中用一种服务替代另一种服务的结果。二是生产系数性质变了。即生产某种产出所需要的投入在种类上有了变动。他把这种变化称作技术的发展。但他并没有把作为变量而非常量的生产系数纳入其一般均衡体系，理由是如此将使他的一般均衡体系更加难以理解和掌握。

瓦尔拉斯实际上是在假设资源数量、需求偏好、生产技术和经济制度四项参数保持不变的条件下，论证了完全竞争的市场机制中一般均衡的存在性、唯一性、稳定性和最优性。同时他清醒地看到这个均衡的具体情况是由财富的分配状况决定的，因此这个最优只是效率意义上的，并不意味着收入分配的公正。因此他感到不仅要建立竞争性的市场，而且要设法使财富的分配公正。为此，他要求在理想的社会中取消一切税收，土地通过政府收购实现国有，政府依靠地租运行，主要职责是发展教育，使每个公民的能力和兴趣尽可能得到发展，并自由享用自己劳动的成果。广义地讲，瓦尔拉斯是最早的市场社会主义者。

<h2 style="text-align:center">马歇尔</h2>

一、从边际效用递减规律到市场需求规律

对需求的分析，是马歇尔体系的基础之一。他的需求分析是建立在边际效用论的基础上的。他认为人的欲望是无止境的、多种多样的，但每一特别的欲望都是有限度的。因此，当时间足够短以至消费者在性格和爱好上不发生变化，则一物对任何人的边际效用，是随着他已有此物数量的每一次增加而递减。他进一步把上述结论推广到货币身上，其结论是一个人越是富有，货币的边际效用对他就越小。

以边际效用递减规律为基础，马歇尔展开了对需求的分析。他首先分析个别消费者的需求，提出了需求价格的概念。它是消费者在货币购买力和拥有的货币量既定时，购买一定数量的商品所愿支付的最高价格。它由这一定量商品的边际效用所决定。

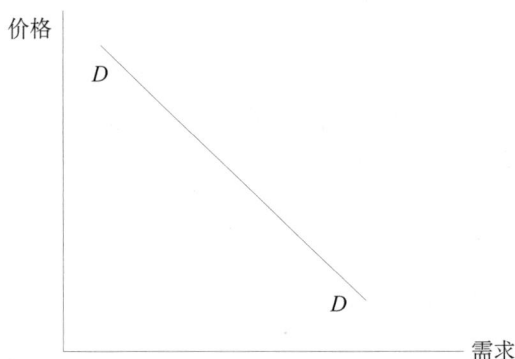

图3.1

由于商品的边际效用随商品数量的增加而减少，所以一个人所有的一物的数量越大，假定其他情况不变（就是货币购买力和在他支配下的货币数量不变），则他对此物稍多一点所愿付的价格就越小；换句话说，他对此物的边际需求价格是递减的。这种情况便是边际需求价格递减规

律，这一规律表明了需求价格对于商品数量的依存关系。

但边际需求价格递减规律从另外一种角度来看，又反映了一个人在其货币拥有量及货币购买力一定时，对某种商品的需求量与各种可能出现的价格的依存关系，这一依存关系可以看作是前面那种依存关系的逆函数。表达后一种依存关系的表便称作个人需求表。表达后一种依存关系的曲线便称作个人需求曲线。而只要把个人需求表进行加总或个人需求曲线进行水平加总，便可得到市场需求表或市场需求曲线。市场需求曲线可以用下图表示之：其中 DD 线便是市场需求曲线，它表达了一个普遍的市场需求规律：需要的数量随着价格的下跌而增大，并随着价格的上涨而减少。这表明市场需求是价格的递减函数。

上述需求规律，实际上在古典学派的理论中已经存在，只是没有如此明确地表达出来。所以马歇尔的新贡献不在于提出需求规律，而是在于以边际需求价格递减规律为中介，把市场需求规律建立在无数个人的边际效用递减法则的基础上，这就把古典学派的市场需求理论与边际效用论结合了起来。

通过对货币的边际效用的分析，马歇尔进一步认为需求还受到货币拥有量的支配。当一个人的货币拥有量（作为资财的代表）增加时，由于货币的边际效用递减，所以他对任何一定的利益所愿支付的需求价格就随之增加，即他对既定市场价格下的商品的需求会增加。当进入市场的大多数人都增加了货币拥有量时，上图中的 DD 曲线就会相应右移。这表明古典学派理论中已经涉及的关于收入或财产变化对需求的影响，被马歇尔用货币边际效用递减规律加以说明了。除了价格和资财这两个因素外，他还简略提出了影响需求的其他因素：风尚、替代品价格等。

综合来看，马歇尔实际上是把市场需求看成是价格、资财、风尚、替代品价格等多种因素的函数。价格及资财对于需求的影响是以商品本身的边际效用递减律和货币的边际效用递减律为基础的。所以他是在边际效用论的基础上建立起他的市场需求理论的。但与奥地利学派及杰文斯相比，两者之间的关系不再是那么直接了，而是通过一些中介环节；而且把商品的边际效用和货币的边际效用作为并列的因素来解释市场需求，不像奥地利学派及杰文斯那样只考虑商品本身的边际效用。

二、需求弹性

马歇尔用需求弹性这个概念表明需求量对市场价格变动做出反应的程度。需求变动的百分比除以价格变动的百分比的绝对值，表明了弹性的强度。当比值小于 1 时，谓之需求弹性小；当比值等于 1 时，谓之需求弹性为 1；比值大于 1 时，谓之弹性大。他还利用下图指出了需求曲线上求某一点弹性的方法：如 *P* 点的需求弹性便等于 *MT/MO* 或 *PT/Pt*。

马歇尔进一步列举了影响需求弹性的诸因素，主要有：(1) 消费品的性质，一般说来，用途单一的绝对必需品（如食盐）的弹性很小，而有多种用途的商品（如水）的弹性往往很大。(2) 价格水平，同一种商品在不同的价格水平上有不同的弹性。随着价格的低落，需求弹性将逐步下降。(3) 消费者的收入水平，工人、中等阶级以及富人，他们对同一种商品的需求弹性往往是不一样的。

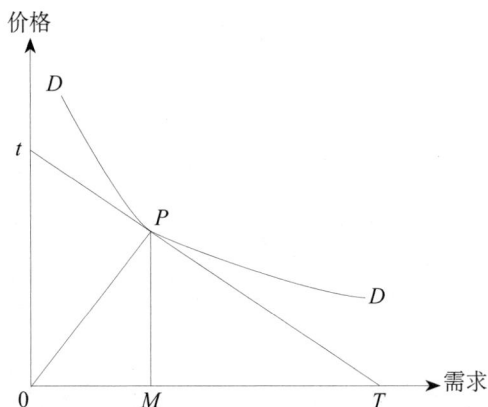

图3.2

弹性这一概念，后来成为马歇尔体系中最富有活力的一个概念。由此引申出各种各样的弹性，成为经济分析的有力工具。

三、供给价格、供给曲线

一种商品的供给价格是代表性厂商在提供一定数量的商品时所愿意

接受的最低价格，它由这一定量商品的边际生产费用所决定。马歇尔提出了两个关于生产费用的概念：实际生产费用和货币生产费用。他的实际生产费用由直接或间接用于生产商品的各种不同的劳作，和节欲或储蓄商品生产中所用资本所需要的等待相加而成，即由劳作和牺牲组成。他的货币生产费用则由对这些劳作和牺牲所必须付出的货币额组成。在一定时间里，对应于同种商品的不同商品量，有不同的供给价格，二者之间存在一定的函数关系，表达这种函数关系的表称作供给表，表达这种关系的曲线称作供给曲线。由于供给价格取决于边际生产费用，而边际生产费用如前所述，在产量变动时会有三种变化，分别以图3.3的（a）（b）（c）示之。图中的三条 ss 线分别是报酬递减（费用递增）、报酬不变（费用不变）和报酬递增（费用递减）三种情况下的供给曲线。它们表明，在报酬递减（不变或递增）的情况下，随着产量的增加，代表性厂商的供给价格将上升（不变或下降）。从另外一个角度来看，它们表明，为使代表性厂商提高产量，在报酬递减情况下，市场价格必须提高；在报酬不变情况下，市场价格可以不变但不能降低；在报酬递增情况下，市场价格可以下降。

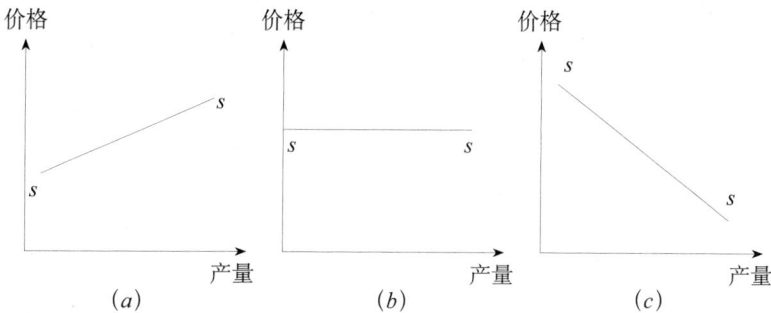

图3.3

四、供给弹性

马歇尔用供给弹性这个概念表明供给对市场价格的变动作出反应的程度，它的强度由供给变动百分比除以价格变动百分比的值确定。他指出，在使用供给弹性这一概念时，必须注意它与需求弹性的差别。首先，需求对价格变动作出反应的速度一般说来比较快，同时需求弹性一般不会因时间的长短而有不同。但供给就有所不同，因为供给的变动要涉及生产规模的变化，所以供给对价格变动作出反应所需要的时间间隔，取决于生产规模作出变动所需要的时间。马歇尔指出了两种极端的情况：那些需要大型设备而原有设备已充分开工的工业部门，生产规模扩大所需时间较长；而那些工具简单的手工制品，生产规模可迅速变化。在生产规模无法作出相应变动的短时间里，供给弹性的大小要视产品的储备及卖主对市场价格进一步走向的预期而定。在生产规模可以作出相应变动的长时期中，供给弹性的大小还需视产品属于哪种报酬倾向而定。他指出，遵守报酬递增甚或报酬不变规律的那种商品的供给弹性，对长期来说在理论上是无限大的。综上所述，产品的供给弹性将依时间的长短、报酬倾向的不同而有所不同。

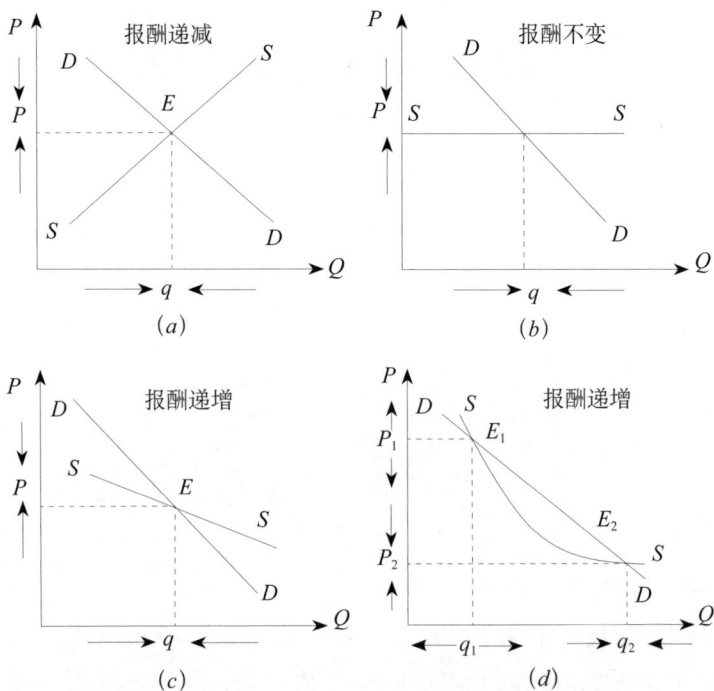

图3.4

五、稳定均衡、非稳定均衡

马歇尔是以完全竞争为前提来考虑均衡价格的决定的，并且分别按照报酬递减、报酬不变和报酬递增三种情况来考虑均衡价格的确定。他认为，均衡价格就是需求价格与供给价格相等时的价格，或需求量等于供给量时的价格。三种报酬情况下均衡价格的确定可用下图中的四个图表示出来。

图中横轴都为供求量，纵轴都为价格。需求曲线和供给曲线的交点 E 为均衡点，其对应的价格为均衡价格，对应的供求量为均衡供求量。(a)(b)(c) 三图各有一个均衡点，(d) 图则有两个：E_1、E_2。

马歇尔认为，(a)(b)(c) 三图中的 E 及 (d) 图中的 E_2 所对应均衡都是稳定均衡，即如果出现对它的偏离，无论是价格的偏离还是供给量的偏离，在自由竞争条件下，由于供求双方追求自身利益，会产生一种自发运动，使偏离趋于消失；而 (d) 图中的 E_1 则是一种不稳定均衡，即一旦出现对它的偏离，则偏离会越来越大。

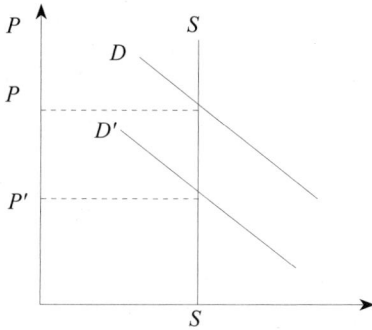

图3.5

马歇尔认为，稳定的均衡价格便是古典学派所说的正常价格，它为市场价格的摆动提供了一个环绕的轴心。

六、因时间长短而异的四种均衡

马歇尔在分析均衡价格或古典学派所说的正常价格时，强调了时间因素，认为随时间的长短不同，均衡价格也将不同。他把均衡价格分成三种类型：（1）暂时均衡价格；（2）短期均衡价格；（3）长期均衡价格。最后还有一种处于长久性运动中的正常价格。

所谓暂时，是指时间如此短暂，以致无法变动供给量，所以供给曲线为一垂直线，于是均衡价格主要取决于需求，需求增减则均衡价格也相应增减，而与生产费用无关。对此可用下图示之：

所谓短期，是指在这段时间里无法通过增加生产设备、改进生产技术和工业组织来改变产量；但设备利用率、工人人数和工作时间可以变动，从而使产量可以在一定范围中变动。在这样一段时间里形成的均衡就叫作短期均衡。

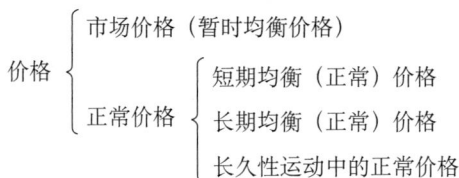

价格 { 市场价格（暂时均衡价格）
       正常价格 { 短期均衡（正常）价格
                长期均衡（正常）价格
                长久性运动中的正常价格

图3.6

所谓长期，是指在这段时间里一切生产要素都可适应需求的变动而在数量和性质上发生变动，从而引起供给量的变动。在这样一段时间里形成的均衡就叫作长期均衡。

马歇尔认为，短期与长期所导致的一个重要差别是供给价格的内涵不一样。他把产品的总生产费用分成直接生产费用和补充生产费用，直接生产费用一般是指工资、原材料消耗等；补充生产费用包括设备厂房的折旧维修费、高级职员的薪水等等。短期中，供给价格不能低于直接生产费用，但可低于全部生产费用。这就是说，短期中只要价格可以抵补直接生产费用，则相应的产量便会被供应出来。而在长期中，供给价格要取决于除地租外的一切生产费用（包括直接生产费用和补充生产费用），以致包括资本利息和正常利润。

所谓长久性运动中的正常价格，是指一个世代到一个世代，知识、人口和资本的逐渐增长以及需求和供给变化的结果，所以可以把它看作是均衡价格在动态过程中的变化途径。而前三种均衡则都带有静态性质。

下表表明了马歇尔四种价格的分类：

七、价值由需求和生产成本共同决定

马歇尔认为，价值由需求和生产成本共同决定，我们讨论价值是由效用所决定还是由生产成本所决定，和讨论一张纸是由剪刀的上边裁还是由剪刀的下边裁是同样的。但对应于所考虑的时间的长短不同，需求和生产成本在价值决定中所起的作用是不同的。他的结论是：就一般而论我们所考虑的时期愈短，我们就愈需要注意需求对价值的影响；时期愈长，生产成本对价值的影响将愈加重要。因为生产成本变动对于价值的影响与需求变动的影响比较起来，一般需要更长的时间才能表现出来。因此，在暂时均衡中，价值就可以看成是单独由需求决定，而商品的价值在长时期内有等于它的生产成本的趋势。另外，在报酬不变的场合，只要在时间允许产量相应于需求作出调整的范围中，价值也都可以看成是单独由生产成本所决定。

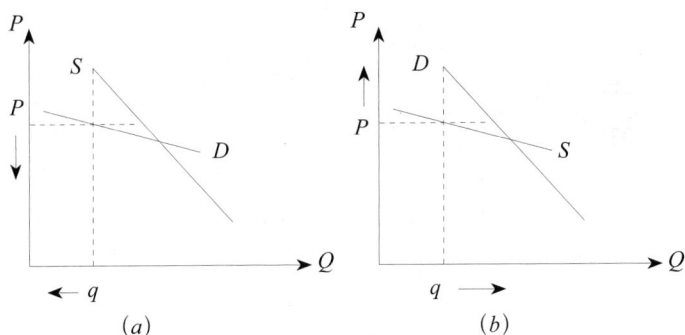

图3.7

八、产量调节：均衡的动态分析

马歇尔并不以上述静态均衡分析为满足，而是深入进行动态的均衡分析。这包括两方面内容：一是关于失衡走向稳定均衡的调节机制；二是关于均衡的移动。

马歇尔认为市场从失衡向稳定均衡的恢复是通过产量的调整进行

的。他假定初始有一个既定的产量水平，若该产量的需求价格高于（低于或等于）供给价格，即初始产量小于（大于或等于）均衡水平，将刺激厂商增加（减少或不变动）产量水平，从而使均衡得以实现（保持）。这种调节机制与瓦尔拉斯体系中把价格调节作为恢复均衡的机制是不同的。这种不同在报酬递减和报酬不变的场合不会造成不同的动态变化，但在报酬递增的场合却会导致不同的动态变化。这可用下图说明：

（a）、（b）两图分别表示报酬递增时供求曲线之间的两种关系。在（a）图中，马歇尔的初始产量 qm 将引起背离均衡的产量运动，而瓦尔拉斯的初始价格 Pw 所引起的负值超额需求却引起趋向均衡的价格运动。在（b）图中情况恰恰相反，马歇尔的初始产量 qm 引起趋向均衡的产量运动，而瓦尔拉斯的初始价格 Pw 所引起的正值超额需求却引起背离均衡的价格运动。

九、均衡位置的移动：均衡的动态分析

马歇尔认为，除了存在着出失衡趋向均衡的运动之外，还存在着均衡位置本身的运动。他认为有许多因素都通过移动正常需求或（和）正常供给而引起均衡位置本身的运动。引起正常需求增加的因素有：商品日益时新、开发出商品的新用途或新市场，代用品供给的减少，社会财富或一般购买力的长期增长，等等；这些因素的反面将引起正常需求的减少。引起正常供给的增加的因素有：新供给来源的开辟，技术进步、新机器或新制造方法的发明，以及获得生产补贴，等等。这些因素的反面将导致正常供给的减少。他进一步用下面三个图来分析正常需求增加在供给不变时对均衡价格的影响：

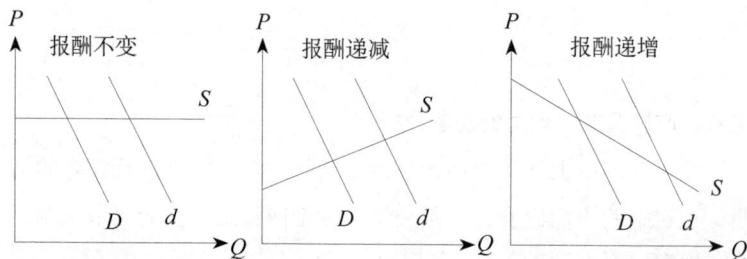

图3.8

由图可知，需求增加（表现为需求曲线右移）时，报酬不变的产品均衡价格不变，报酬递减产品均衡价格上升，报酬递增产品均衡价格下降。

上图表明供给因技术进步等原因而增加但需求不变时，均衡价格将如何变化。由图可知，供给增加（表现为供给曲线向右向下移动）时，报酬不变，产品均衡价格下降；报酬递减，产品均衡价格稍有下降；报酬递增，产品均衡价格大幅度下降。

斯拉法

斯拉法 [1]（Piero Sraffa，1898—1983）于 1926 年发表论文《竞争条件下的收益法则》，被后人称作斯拉法宣言。在该论文中，他对马歇尔的局部均衡的供求价格论提出了挑战。马歇尔在其综合体系中，用一种商品市场上的供求均衡来决定该商品的均衡产量与均衡价格，建立了局部均衡的供求均衡价格论。同时，在分析商品的供给时，又谈到了由于存在内部经济（不经济）和外部经济（不经济），会引起收益随产量扩大而递增（递减），从而使供给曲线向下（上）倾斜和向下（上）平移。

斯拉法指出，马歇尔的均衡价格论与他对商品供给的分析是不和谐的，均衡价格论依赖于两个假设性前提：一是完全竞争；二是假设其他条件不变，即一部门生产条件独立于其他部门的生产条件。第一个前提保证了均衡价格取决于供求均衡的交点，第二个前提保证了局部均衡方法的合理性。但是，马歇尔在分析商品供给时所提出的内部经济和外部经济，却使上述两个假设前提难以存在。他认为，内部经济使厂商的供给曲线向下倾斜，势必导致垄断，从而使均衡价格和均衡产量不再取决于供求均衡。而外部经济则意味着有关的不同部门的产量之间存在着相互影响，这就破坏了局部均衡方法的合理性。因此，内部经济与完全竞争不能并存，外部经济与局部均衡不能并存，这就是斯拉法对马歇尔体

---

[1]　斯拉法生于意大利都灵，毕业于都灵大学。1921—1922 年赴伦敦经济学院学习，认识了凯恩斯。1924—1926 年他回到意大利任佩鲁贾大学政治经济学教授；1926—1927 年任卡利亚里大学政治经济学教授；1927 年前往英国任剑桥大学讲师，后任剑桥大学三一学院研究员，马歇尔经济学图书馆负责人。其主要论著：《论成本与产量之间的关系》（1925）、《竞争条件下的收益法则》（1926）、《收益递增和代表性厂商》（1930）、与莫里斯·多布合编《大卫·李嘉图著作和通讯集》共 11 卷（1951—1973）。

系的两难推理。

斯拉法两难推理的提出,深深影响了西方微观经济学后来的发展。这一发展表现在两个方面:一是从马歇尔以行业为基本分析对象过渡为以厂商为基本分析对象;二是从马歇尔的完全竞争分析过渡为不完全竞争分析。在斯拉法的影响和启发下作出这一发展的便是剑桥经济学家琼·罗宾逊。

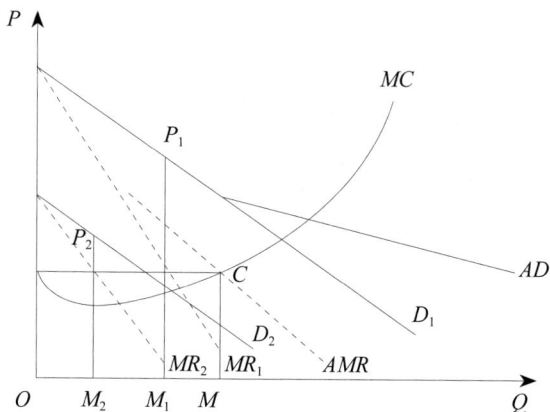

图3.9

琼·罗宾逊

一、价格歧视

琼·罗宾逊在价值理论方面的贡献之一是分析了价格歧视。她把价格歧视称作是同一个厂商生产出来的同种商品按照不同价格售于不同买主的行为。她指出,实行价格歧视需具备几个条件:(1)该厂商要具有一定的垄断地位,而在完全竞争条件下,即使市场分成各自分离的几个部分,任一厂商也无法实行价格歧视。(2)该厂商要能够为自己的同一种商品找到或人为创造出两个或更多的市场,且各市场的买者之间不可能转手倒卖。(3)不同市场的需求弹性必须有所不同。

琼·罗宾逊以图3.10表达了价格歧视下的厂商均衡。其中曲线 AD、D_1、D_2 分别为总的需求曲线。第1市场的需求曲线、第2市场的需求曲线。曲线 AMR、MR_1、MR_2 分别为总的边际收入曲线、市场1的边际收入曲线、市场 2 的边际收入曲线。MC 为边际成本曲线。均衡的产量由 MC 与 AMR 的交点 C 决定，为 OM。市场 1 的售量为 OM_1，其边际收入等于总产量的边际成本，价格为 P_1，市场 2 的售量为 OM_2，其边际收入也等于总产量的边际成本，价格为 P_2。由此可知，产量均衡的条件是总的边际收入等于边际成本，售量分配的均衡条件是各市场上的边际收入相等。把这两个条件联系起来，便得到价格歧视下的厂商均衡条件：$MR_1 = MR_2 = MC$。满足该条件时，厂商利润最大化。由该条件及前述平均值、边际值、弹性值三者关系式可知，因两个市场的边际收入在均衡时相等，故其平均收入（价格）不同的条件只能是需求的弹性值不一致。

琼·罗宾逊进一步比较了价格歧视下的产量与单一价格下的垄断产量，得到的结论是，价格歧视下的均衡产量大于、等于、小于单一垄断价格下的均衡产量的条件是 $\varepsilon_1 x_1^2 f_1''(x_1) >$、$=$、$< \varepsilon_2 x_2^2 f_2''(x_2)$。[1] 式中脚码 1 代表需求弹性较大的市场，脚码 2 代表需求弹性较小的市场。x_1，x_2 为市场 1 和市场 2 的均衡售量，$f_1''(x_1)$ 和 $f_2''(x_2)$ 为市场 1 和市场 2 的需求函数的二阶导数。ε_1 和 ε_2 为市场 1 和市场 2 当售量分别为 x_1 和 x_2 时的需求弹性。由该条件可以得知，若弹性较大的需求曲线是凹形，即 $f_1''(x_1) > 0$，而弹性较小的需求曲线是凸形或直线，即 $f_2''(x_2) < 0$，则价格歧视下的均衡产量大于单一垄断价格下的均衡产量。若弹性较大的需求曲线是凸形，即 $f_1''(x_1) < 0$；或是直线，即 $f_1''(x_1) = 0$，而弹性较小的需求曲线是凹形，即 $f_2''(x_2) > 0$，则价格歧视下的均衡产量小于单一垄断价格下的均衡产量。若两条需求曲线都是线性，即 $f_1''(x_1) = f_2''(x_2) = 0$，则两种情况下的产量相同。若两条需求曲线都是凹形或都是凸形，则要按照上述条件来确定两种情况下的产量谁大谁小。

价格歧视与单一垄断价格相比，哪一个更好，要取决于两种情况下的产量比较，不能一概而论。在罗宾逊之前，庇古曾认为价格歧视下的产量相等于单一垄断价格下的产量。且价格歧视意味着消费者剩余有所减少，故价格歧视比单一垄断价格更坏。罗宾逊通过以上分析确定两种

---

[1] 罗宾逊：《不完全竞争经济学》，商务印书馆 1961 年版，第 167 页注 3。

情况下的产量未必是一致的，因此从增加产量这一点来看，价格歧视在一定条件下要优于单一垄断价格。指出这一点，被认为是罗宾逊对西方垄断理论作出的贡献之一。

二、买方独占

琼·罗宾逊运用边际分析方法分析了买主的行为。她首先假定买主追求满足最大化，因此，任何买主必须按照边际效用等于边际支出的原则来决定自己对任何一种商品的购买量。然后她区分两种情况来分析买主的行为：一是许多买主情况下的行为，即买主之间存在完全竞争时的行为；二是只有一个买主即买方独占时的行为。

买主中间的完全竞争有赖于三个条件：（1）买主人数众多。（2）每个买主面临的是水平的（或完全弹性的）供给曲线，即他在既定价格下可以买进他所需要的任何数量的商品，或他的购买行为不影响价格。（3）卖主们对任何买主一视同仁地供给商品。

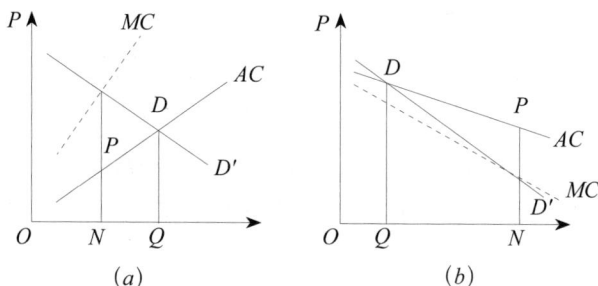

图3.10

琼·罗宾逊认为，在上述完全竞争条件下，买主的边际支出便等于价格，因此使买主满足最大化或边际效用等于边际支出的需求量便是边际效用等于价格的需求量。于是个别买主的边际效用曲线便是他的需求曲线，而整个市场的需求曲线便是所有买主边际效用曲线的总合。

琼·罗宾逊认为，在独买条件下，买主面临的供给曲线便是整个市场的供给曲线。若供给曲线是水平的，则该买主的需求将和竞争条件下的需求一致。若供给曲线上是上升或下降的，则该买主的需求可由图 3.10 给出：

（a）图中 AC 是上升供给曲线或独买主的平均支出曲线，故边际支出曲线 MC 位于其上，DD' 是需求曲线。独买主将购买边际效用等于边际支出的商品量 ON，并支付低于竞争价格（dQ）的价格（PN）。（b）图中的 AC 是下降的供给曲线或独买主的平均支出曲线，故边际支出曲线 MC 位于其下，DD' 是需求曲线。独买主购买边际效用等于边际支出的商品量 ON，并支付价格（PN）。

由此可知，假定独买主的需求与完全竞争下的买主全体的总合需求相等，若供给价格递增，前者的均衡需求量和均衡价格都将低于后者；若供给价格递减，前者的均衡需求量大于后者，均衡价格低于后者；若供给价格不变，则两者的均衡需求量和均衡价格相同。

亨利·舒尔茨

美国经济学家亨利·舒尔茨（Henry Schultz, 1893—1938）在 1930 年提出了蛛网模型。同年提出这一理论的还有荷兰经济学家丁伯根和意大利经济学家里西。他们的论文均发表于德国。

蛛网模型是对马歇尔供求均衡价格论的进一步发展。马歇尔的供求均衡价格论主要局限于静态均衡分析和比较静态分析，对于市场实现供求均衡的动态过程和必要条件，并没有展开深入的分析，蛛网模型则在一定程度上弥补了这一分析。

该模型假定：（1）非垄断市场，即供求双方人数众多，无人能影响价格。（2）市场供给对价格变动反应滞后，即 t 期供给 S_t 定于 $t-1$ 期的价格 P_{t-1}。（3）市场需求对价格变动反应及时，即 t 期需求 D_t 定于该期价格 P_t。市场价格总是能扫清市场。该模型可由下述三个方程组成：

$$D_t = D\ (P_t)$$
$$S_t = S\ (P_{t-1})$$
$$D_t = S_t$$

该模型揭示了市场趋于均衡还是相反的条件：若 $dD/dP > dS/dP$，则市场趋向均衡；若 $dD/dP \leq dS/dP$，则市场不趋向均衡。假定供求都是线性函数，则可用图 3.12 来表明上述结论：（a）图中价格和产量通过阻尼振荡而收敛于均衡，(b) 图中是扩散振荡不收敛于均衡，(c) 图中是等幅振荡，也不收敛于均衡。

蛛网模型属于早期的动态分析，可用于说明农产品和其他需要较长生产时间的产品的市场趋势。

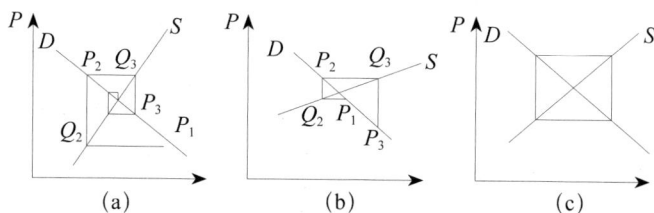

图3.11

第三节 评论

一、价值理论发展概要

价值问题在近现代以前，一直是一个规范性问题，即商品应当按照什么价格进行交换。中世纪时候的答案是公平价格。然而这引致出新的问题：什么是公平价格？中世纪晚期，在自然法思潮的影响下，公平价格就被认为应当是自然价格。于是，问题就变成了自然价格的大小由何者决定，用什么衡量。

随着16世纪西欧商业革命的兴起，价值问题被赋予了新的重要性。当私人和政府都开始追求财富时，财富是什么？它的源泉是什么？其大小如何衡量？这些问题就开始与价值问题纠结到一起了。显然，财富不可能是一堆具有不同计量单位的货物的堆积，它必须有一个统一的计量单位以便于进行加总，并加以衡量。最初，以货币表现的商品价格似乎能够成为这样的计量单位。但是很快人们就发现，货币是一个靠不住的计量单位，因为它自己的价格也在随时间的推移而不断变化。于是，英国的配第对于价值问题做出了最初的回答，认为财富的源泉是土地和劳动，土地是财富之母，劳动是财富之父；并以生产一定量白银所耗费的劳动和生产一定量谷物所耗费的同样劳动作为衡量白银和谷物价值的尺度。

半个多世纪以后的亚当·斯密，基本继承了配第的观点，提出商品价值由生产成本决定、由它所能够交换到的劳动来衡量。由于他的生产成本的内涵在简单商品生产中和资本主义生产中是不同的，于是他关于价值源泉的观点，似乎存在着不一致之处。简单商品生产中的成本只是劳动耗费，而资本主义生产中的成本则是工资、利润地租之和。

斯密之后又过了近半个世纪，英国工业革命如火如荼地展开，社会收入分配差距突现，阶级矛盾激化。为了对此进行解释，李嘉图发现必须改造斯密的价值理论，只有始终坚持劳动价值论，才能够得出地租和利润此消彼长的结论，才能为他的实行谷物自由贸易的政策提供理论依据。而如果同意斯密关于资本主义生产成本是三种收入之和的观点，那就得不出地租和利润之间此消彼长的结论了。所以，李嘉图是为了论证政策而提出劳动价值论的。虽然他最终也被迫承认工资变动对商品价值有影响，但强调影响很小，耗费劳动才是价值决定的主角。

价值由耗费劳动量决定与等量资本获取等量利润这一现实之间的矛盾，是李嘉图的劳动价值论及其整个经济理论体系的根本矛盾之一。正是由于这个矛盾，使得马尔萨斯反对他所采用的抽象演绎方法。李嘉图一直希望通过寻找不变的价值尺度或者说绝对价值来解决这一矛盾，直至去世。[1] 这个矛盾也激发了马克思的巨大研究热忱，在坚持劳动价值论的基础上，通过提出"生产价格"这一概念来消除这个矛盾。但是马克思的研究同样遗留下一个长期争论不休的价值转形问题。

李嘉图学派虽然在表面上坚持了劳动价值论，但是完全忘记了李嘉图提出这个理论的初衷。他们的劳动价值论已经不再强调不同收入之间的冲突关系了。

与斯密侧重强调生产成本对于商品价值的决定作用不同，马尔萨斯强调了供求关系对价值的决定作用，萨伊更进一步强调价值的有无取决

---

[1] 这个寻找不变价值尺度的研究方向在一百多年以后被斯拉法所继续，并得到一定的成果，建立了一个逻辑方面能够自恰，但基本前提与现实差距不小的理论体系。

于效用，而其大小取决于供求关系。他们两人的共同之处在于都不需要一个价值理论来论证不同阶级收入之间的冲突。李嘉图的那些反对者也同样如此。

在萨伊效用价值论基础上，西尼尔和瓦尔拉斯父亲老瓦尔拉斯进一步补充了商品有价值的另一个必要条件：稀缺。但是他们都依然不能从效用角度解释商品价值大小的决定因素。

穆勒作为一个擅长于综合的经济学家，一方面接受李嘉图劳动价值论，承认一切价值来源于劳动，另一方面则以西尼尔的节欲论为依据，论证利润的合理性。即便价值全是劳动创造的，资本也有权有理由得到其中一部分。同时他对于价值理论从生产成本论发展到供求价格论，迈出了重要的一步。

边际革命以后，效用价值论得到了很大发展，其不可忽视的社会背景就是欧洲工业革命后期，收入分配差距开始出现缩小的趋势，经济学界已经不再需要解释收入分配对立冲突的价值理论了。经济学家出现了单纯从主观效用说明商品价值的一派，有门格尔及其两个弟子，还有英国的杰文斯和美国的 J. B. 克拉克。其他人则倾向于从供求两个方面说明商品价值。而在这部分人中间又有侧重局部均衡的马歇尔等和侧重一般均衡的瓦尔拉斯、帕累托、费雪、卡塞尔、威克塞尔、林达尔等。局部均衡可以看作是间接影响价格的许多因素尚未发挥影响，只有直接影响因素发挥作用的较短时期中，说明商品价格的理论；而一般均衡则可以看作是所有影响因素都充分发挥影响的较长时期中，说明商品价格的理论。

尽管有一些区别，边际革命以后的价值问题，已经渐渐与财富的源泉和衡量这些问题脱离，而是与市场运行机制问题建立了联系。价值理论从原先探讨财富来自何方与如何衡量的理论发展成为关于市场机制的理论，最终厘清了价格的资源配置功能，从而论证了市场机制的有效性和局限性。至此，价值理论基本上完成了它的历史使命。

进入 20 世纪以后，价值理论已经渐渐不再是经济理论的主要成分，30 年代宏观经济学异军突起，即便在微观经济学范围之内，前沿问题也已经不再是价值理论了。

二、劳动价值理论简评

李嘉图提出劳动价值论的初衷是为了论证利润与地租之间此消彼长的对立关系，为其政策主张提供理论依据。但它很快被一些为工业革命过程中劳动群众的苦难所震惊的正直人士挪用来为工人阶级服务。马克思、恩格斯以及其他李嘉图派社会主义者纷纷以劳动价值论为理论根据，指责资本主义社会，为工人阶级的权利呼吁和辩护。可以说，劳动价值论为19世纪工人运动的崛起和发展提供了理论武器和伦理依据。而工人运动为西方国家19世纪末开始的福利社会的逐步建立，奠定了社会基础。从这种意义上讲，劳动价值论对于工业革命以来西方社会的逐步改良，发挥了积极有效的作用。

但是，应当承认，奥国学派的庞巴维克、维塞尔等人对于劳动价值论的诘难是有道理的。作为解释商品交换比例的理论，劳动价值论显然不如马歇尔的供求价值论。首先，它所能解释的商品范围小于供求均衡价格论，它无法回答非劳动商品的价格决定，而供求均衡价格论可以。其次，它无助于指导定价实践。在计划经济时代，制定计划价格的人都清楚，不考虑稀缺不考虑资本，单凭耗费的劳动去决定产品价格，是一定会引起经济混乱的。在市场经济中，那家公司如果严格按照劳动价值论去决定自己产品的价格，那就离破产不远了。

所以，在充分肯定劳动价值论推动工人运动改造社会的历史功绩的同时，也应当承认它的局限性。放弃用劳动价值论来解释商品价格，并不就意味着放弃社会主义信仰和理想。社会主义对于社会平等和公正的追求，并不一定非得以劳动价值论为理论基础和伦理依据。第二国际的社会民主党早已放弃劳动价值论，但是他们并没有放弃平等公正等社会主义核心价值观，他们的实践活动也确实推动社会向更加平等和公正的方向前进。

第四章　收入分配理论

收入分配理论在亚当·斯密之前就已经有人研究，在斯密手中开始系统化，曾经在 19 世纪的大部分时间吸引了大多数经济学家的注意，由此产生了许多不同的理论见解。在很长一段时间里，研究收入分配就是确定国民收入在三种稀缺要素（土地、劳动、资本）所有者之间分配的法则。

第一节　古典经济学时期

亚当·斯密

一、对资本主义社会阶级结构的分析

斯密在经济思想史上第一次比较正确地说明了资本主义社会阶级划分的经济根源，从而也就比较正确地分析了资本主义社会的阶级结构。他克服了重农主义者关于阶级结构上的局限性和片面性，打破了在阶级划分上的部门界限，依据经济地位或收入状况来划分阶级，认为古典资本主义社会存在三个基本阶级，即工人阶级、资本家阶级和地主阶级。

斯密在把古典资本主义社会复杂的阶级结构概括为三个基本阶级以后，进而分析这三大阶级与整个社会利益的关系，以及各阶级之间的关系。

在斯密看来，这三大阶级中，地主阶级的利益，是和社会一般利益密切相关，不可分离的。凡是促进社会一般利益的，亦必促进地主利益，凡是妨害社会一般利益的，亦必妨害地主利益。他认为地主阶级是资本主义社会中的一个特殊阶级。他们不用劳动，不用劳心，更用不着任何计划与打算，就自然可以取得收入。而且，随着国民财富和资本的增加，地租也必然随之增加，地主阶级无论在什么时候都得到最大的好处。但

是，这一阶级所处的安乐稳定地位，使他们自然流于懒惰。懒惰不但使他们无知，并使他们不能用脑筋来预测和了解一切国家规章的后果。

在斯密看来，靠工资过活的阶级的利益，也同样与社会利益密切相关，随着资本积累的增加，工资也必然上涨。不过他又认为，劳动者在繁荣社会中不能享得地主阶级那样大的利益，在衰退的社会中却要蒙受任何阶级所经验不到的痛苦。但由于劳动者没有了解一般社会利益的能力，更没有能力理解本身利益与社会利益的关系。因此，劳动者阶级是无法理解自己所处的地位和作用的。

斯密断言，只有资产阶级，才是推动社会发展的最重要的阶级。他说：劳动者的雇主即靠利润为生的人，构成第三个阶级。推动社会大部分有用劳动活动的，正是为追求利润而使用的资本。资本使用者的规划和设计，支配指导着劳动者的一切最重要动作。并且他们终日从事规划与设计，自比大部分乡绅具有更敏锐的理解力。他们比乡绅高明，与其说是由于他们更理解公众利益，倒不如说是由于他们更理解自身的特殊利益。由于这种比较优越的理解，他们往往利用乡绅的宽宏施行欺骗手段，使乡绅老老实实地相信，他自身的利益不是公众利益，唯有他们的利益才是公众利益，并使乡绅仅仅凭这单纯而诚笃的信念，舍弃自己的利益和公众的利益，去迁就他们。但是，他认为随着资本的增加，利润有下降的趋势，因此这个阶级从社会中得到的利益不如其他两个阶级。

斯密在分析各阶级之间的关系时，一方面，他从三种收入决定价值的观点出发，认为资本主义社会里各阶级的利益都是一致的，并随社会经济的发展而增进。这种阶级利益协调观，被后来的萨伊等人发展成"三位一体公式"。另一方面，他又认为资本主义社会里各阶级的利益是不一致的，随着社会经济的发展，地租和工资随之而增进，利润却下降。可他当时还没有直接攻击土地权益并反对地主。他直接攻击的主要对象，其一是商业垄断者，其二是挥霍浪费的寄生者。

斯密还指出，随着社会的发展，生产力的提高，财富的分配越来越不平等，贫富悬殊也越来越严重。这种情况在资本主义社会中达到顶点。他认为在文明社会中，对庞大的社会劳动生产物，作公正而平等的分配的情况是完全不存在的。在一个有十万户家庭的社会中，恐怕就有一百户不从事劳动的家庭。这些家庭依仗暴力或较为和缓的法律压力，花用着比这个社会中其他十万户家庭所花用的更多劳动生产物，被这些人狼吞之后剩下来的东西，也不是按照每个人所支出的劳动进行分配的。相反的，劳动越多的人，得到的却越少。把他们大部分时间花在放荡生活或娱乐上面的富商，通过从他们买卖的收益中所分享到的份额，要多过实际从事经营的一切经理人员或出纳人员。这些经理人员或出纳人员有很多的游闲时间，他们除了受到工作束缚之外，几乎没有任何痛苦，但他们所分享到的生产物的份额，要比受他们驱使而劳动远比他们辛劳的人多三倍。不仅如此，工人们一般在室内劳动，不受风雨侵凌，他们安闲地而且在机器帮助之下从事劳动，然而，他们所分享到的份额，也比贫穷的劳动者多。这些劳动者就是以土地和四季气候为其搏斗对手的人群，他们为这个社会中的其他一切人提供其奢侈生活所需的资料。也就是说，他们肩负着人类社会整个结构的重担，可是，他们却被这个重担压到深渊底下，在社会最下层，被人遗忘。

一个有趣的问题是，斯密究竟代表哪个阶级？他其实对于古典资本主义的三大阶级都各有褒贬，并不像以往人们所认为的那样仅仅是资产阶级的代表。他对于商人和企业主的批判是非常严厉的。如果一定要确定斯密所维护的人群的话，那就是市场中的消费者。斯密仅仅是所有消费者的守护神。

斯密对资本主义社会中三个基本阶级的三种基本收入进行了研究。

二、工资理论

斯密在研究产品价值分配时，首先研究了归工人所有的那一部分产品的价值，即工资。在他看来，在简单商品生产中，商品的价值既然是由劳动生产出来的，那么劳动生产物也就构成劳动的自然报酬或自然工资。可是，在资本主义制度下，劳动者却只能获得他自己劳动生产物的一部分作为工资。这是因为：第一，在土地一旦成为私有财产，地主就要求劳动者从土地生产出来所有物品中分给他一定份额。因此，地主的地租便成为要从用在土地上的劳动的生产物中扣除的第一个项目。第二，在资本已经积累以后，在一切工艺或制造业中，大部分劳动者在作业完成以前都需要雇主给他们垫付原材料、生活费。因此雇主将分享他们的劳动生产物，即分享劳动对原材料所增加的价值，而这一分享的份额便是他的利润。因此，他认为资本主义制度下的工资，只是劳动者自己劳动生产物的一部分，而劳动生产物的其余部分，则构成地主的地租和资本家的利润。

　　资本主义制度下的工资，既然只是工人劳动产品价值的一部分，那么，作为工资的这部分产品价值究竟占全部产品价值的多少？工资的高低是怎样决定的？斯密从工资是生产费用的一部分出发，认为工资就是劳动的价格。在他看来，劳动同其他商品一样，也有市场价格和自然价格。劳动的市场价格是由资本家和工人双方所订立的契约规定的，而由契约所规定的这种劳动的市场价格，是以劳动的自然价格为基础的。他所了解的劳动的自然价格，是由劳动者的生活维持费决定的。他认为只有不低于这种最低水平的工资，才符合一般人道标准。而维持工人本人及其家属生活所必需的生活费用，就是生产和再生产劳动力的费用，这种费用决定劳动的价值。

　　斯密认为，随着对劳动需求的增加，工资就会超过这种最低水平以上；然而随着工资的增加，就会鼓励工人生儿育女，又会造成劳动供给增多；而随着劳动供给的增多，工资又会下降到它的最低水平。他通过人口增减来说明工资涨跌的工资论，预示了后来马尔萨斯的类似观点。在他看来，劳动的供求情况，也像一般商品的供求情况左右着商品售价的升降一样，对工资的涨跌起着调节作用。于是，他又进一步描述了工人和资本家在劳动市场上的相互竞争以及这种竞争对劳动的市场价格的影响。

　　斯密认为，在资本主义社会中靠出卖劳动为生的劳动者和雇佣劳动的资本家之间的利害关系绝不一致。劳动者盼望多得，雇主盼望少给。劳动者都想为提高工资而结合，雇主却想为减低工资而联合。由于资本家之间相互勾结，又加上他们控制着国家机器，而劳动者却往往出于生活所迫而屈服于资本的压力，因此在斗争中，居于有利地位的往往是资本家而不是劳动者。他实际上是看到了今天人们所说的市场势力不对称不平衡现象。他对这种现象表达了不满。并且，他认为劳动者是财富的创造者，提高劳动者的工资，会刺激劳动者的生产积极性，有利于生产的发展。因此，尽管资本家想拼命压低劳动者的工资，但工资总不能低到维持劳动者及其家庭生活所必需的水平以下。他认为，工资菲薄是不能促进财富增长和社会前进的。

斯密还认为，随着社会生产的发展，从而对劳动力需求增加而出现工资上涨，又是取决于资本积累水平的。他认为，使劳动工资增高的，不是庞大的现有国民财富，而是不断增加的国民财富。因此最高的劳动工资不在最富的国家出现，而却在最繁荣，即最快变得富裕的国家出现。因此，英格兰确比北美各地富，但北美的劳动工资却比英格兰高。

在斯密看来，只要资本积累不断扩大，就有更多的利润转化为资本，因此，工资也就必然上升。这种工资论可用下述公式表示：

工资率＝生活费水平＋ a（$\triangle K / \triangle t$）

$a > 0$ $\triangle K / \triangle t$：资源增长速度

这个公式概括了他的两点想法：（1）当资本增长速度大于零时，工资高于生活费水平。（2）工资的大小在很大程度上取决于资本增长速度。

可以说，斯密的工资理论包括了后来一系列工资理论的萌芽：维生工资论、工资基金论、契约工资论、效率工资论。维生工资论代表了工资的长期趋势，工资基金论说明了短期中平均工资的高低，契约工资论说明了劳动市场上决定货币工资的具体机制，而效率工资论则反映了他对于工资的规范性意见。

除了分析一般工资水平的决定因素之外，斯密还分析了不同行业工资差异的决定因素，认为决定行（职）业工资差异的有以下几点：（1）工资与就业的愉快程度成反比；（2）工资与学习技能的成本成正比；（3）工资与就业的稳定性成反比；（4）工资与所须呈担的责任和信任成正比；（5）工资与取得职业资格及从业成功的可能性成反比。

三、利润理论

在斯密看来，社会原始状态是没有利润的，利润是随着资本的出现而产生的。他认为利润是工人劳动生产物的扣除部分。他明确指出，当资本积累出现以后，资本家就利用他所占有的资本，去雇佣丧失生产资料的工人为他劳动，而他所获得的利润，就是雇佣工人的劳动所创造的价值扣除了工资后的剩余部分。同时，从他的价值由三种收入决定的观点出发，认为利润是资本的自然报酬，把利润看成是生产费用的构成部分。

斯密批判那种把利润看作是资本家监督指挥这种劳动的工资的观点。他指出，利润与工资截然不同，它们受着两个完全不同的原则的支配，而且资本的利润同所谓监督指挥这种劳动的数量、强度与技巧不成比例。如果工厂不是直接由资本家管理，而是由他所雇用的职员管理时，这种观点的错误就是更加明显了。

斯密的利润理论揭示资本主义的生产目的就是追求利润。他虽然深信市场经济中私人利益与社会利益是基本一致的，但又认识到资本家对利润的追求包含了私人利益与社会利益的不一致性。

在斯密看来，凡是资本就要获取利润。他认为不仅投在农业中的资本产生利润，而且投在任何行业中的资本都产生利润。在他看来，既然获取利润是资本家投资的目的，因此资本首先是被投向利润高的生产部门，但资本自由流动的结果，就会导致利润的平均化。

斯密在一定程度上揭示了利润率下降的趋势。在他看来，随着社会发展，资本积累增大，利润率就趋向下降。他还对如何阻碍利润率下降的问题作过论述。他指出，新领土的获得或新行业的开展，即使在财富正在迅速增加的国家，也会提高资本利润。但他对利润率的下降并不抱悲观情绪，相反，却认为这是国民财富和社会福利增进的标志。

四、地租理论

斯密认为，地租是土地被私人占有后的产物。关于地租，他有四种不同的观点。一、地租是工人劳动所创造的生产物价值的扣除部分。二、地租是决定商品价值的一个因素，是使用土地的自然报酬。三、地租是农产品垄断价格的结果。在他看来，农产品的出售价格，除了足以补偿生产所耗资本和提供平均利润外，还会有剩余，这种剩余就形成地租。他已经感觉到土地所有权的垄断，是形成资本主义地租的直接原因。

四、地租是自然力发生作用的结果。在他看来，地租就是由农业中所特有的自然生产力所提供的收益形成的。这种观点显然是受重农主义思想影响的结果。

关于级差地租，斯密虽没有作专门的研究，但还是有所论述。他指出，不问土地的生产物如何，其地租随土地肥沃程度的不同而不相同；不问其肥沃程度如何，其地租又随土地位置的不同而不相同。这为以后李嘉图深入研究级差地租开了先河。这一思想也影响了后来德国经济学家杜能的农业区位理论。

马尔萨斯

一、地租理论

马尔萨斯是以土地剩余产品这一概念为基础来论述地租的，他指出，土地剩余产品就是土地产品未被耕种者实际消费的部分，而地租则是土地剩余产品的一个重要部分。从这一认识出发，他认为地租产生的第一个原因，就是土地具有生产出多于耕种者生活所需的必需品的能力，他把这种能力称之为上帝对人类的恩赐。他意识到这个原因只是土地剩余产品产生的原因，并非是剩余产品采取地租形式的原因。于是他把土地的这种能力称作地租的基础，地租可能增长的极限。他认为，产生地租的第二个原因是土地产品所具有的特殊性质，即供给能引起相应的需求，如粮食的充裕促使人口增长，创造了对粮食的需求，使需求扩大到仅凭最肥沃土地无法满足的地步。这个原因实际是他的人口原理的一个推论。第三个原因才是土地剩余产品采取地租形式的原因。在土地耕种的初期，剩余产品以高工资高利润形式存在，只是由于肥沃土地有限，以致资本积累导致利润下降，以及人口增长导致工资下降之后，土地剩余产品中才有越来越多的部分采取地租形式。这说明他已认识到土地剩余产品采取地租形式是财富增长的结果。

马尔萨斯在分析地租的原因时正确区分了土地剩余产品及其特殊形式——地租，虽然他有时用地租这个术语来表示土地剩余产品，把地租直接称作是上帝的恩赐，认为它与土地的自然生产力和后天生产力成比例。但他分析地租产生原因的基本思路是有问题的，他实际上只是分析了土地剩余产品产生的原因，而没有分析剩余产品采取地租形式的真正原因，尤其没有找到剩余产品采取归地主私人占有的地租形式的真正原因。真正的原因在于土地所有权的私人垄断和土地经营权的私人垄断。他对土地剩余产品原因的分析也不全面。只看到了自然的作用。基本上忽略了技术进步的作用，而这种忽略恰好是他的人口理论的不可缺少的前提之一。

马尔萨斯正确地看到了土地剩余产品的重要意义，表达了农业劳动生产率一定发展是其他各种行业的一个前提的思想。他还认识到土地剩余产品对于整个社会的文明的作用，如果这种剩余产品很少，那么社会的一大部分的劳动就要经常被用于辛辛苦苦地谋取生活必需品，而社会所获得的便利品、奢侈品和闲暇就一定极少；反之，如果这种剩余很多，制造品、外国奢侈品以及艺术、文学、闲暇等等就会跟着多起来。但他错误地把土地剩余产品的这种重要性说成是它的一种特殊形式——地租的重要性，并进而对享用这种地租的地主倍加赞赏，把增加土地剩余产品对社会的利益说成是以地租形式占有这种剩余的地主的利益与社会利益的一致。从这里可以看出，他是从土地剩余产品的积极作用出发，来为地主占有这种剩余的地租形式作辩护的。从这种观点出发，他赞成英国当时实施的、有助于提高地主收入的"谷物法"。

马尔萨斯定义地租是土地产品在支持一切耕种费用后留归地主的那一部分，耕种费用中包括所用资本的普通利润。他认为地租之所以归地主所有，是对地主的勇气和智慧的报酬，也是对其先辈的力量和才能的报酬。

按照马尔萨斯对地租原因的分析，以及他反对李嘉图仅仅从土地级差出发来说明地租，并指出最劣等土地也有地租，否则就不会被投入耕种，若最劣等土地无须缴租，谷价就会比要缴租时便宜。这说明他已看到了绝对地租的存在，其原因在于地主不愿无报酬地租出土地，并看到绝对地租与谷价之间的关系，这是他的地租论优于李嘉图的地方。

二、工资理论

马尔萨斯定义劳动工资是对劳动者的努力的报酬。他区分了名义工资和实际工资，认为无论是名义工资还是实际工资，完全决定于和劳动供求对比的这些物品的供求情况，即劳动工资的大小决定于劳动的供求和充当工资的物品的供求。

马尔萨斯从供求决定工资的见解出发，反对李嘉图关于劳动的自然价格（即维持劳动人数不变的价格）的定义，提出劳动的自然价格应当是在社会的现实条件下，为造成足以满足有效需求的劳动者平均供给量所必需的一种价格。劳动的市场价格就是市场上的实际价格，它有时高于有时低于自然价格。这里他所说的自然价格，实际上就是使劳动的供给与需求在长时期中相等的价格。

马尔萨斯认为劳动需求的大小与任何形式的资本无关，仅取决于工资基金的数量与价值。这笔基金由生活必需品构成，它的大小通常与年总产品的大小无关；但当生产劳动和私人服务的比例一定时，年总产品价值的增长通常引起工资基金的增长。

马尔萨斯所谓的劳动供给并非是短期中可劳动人数既定时，愿意在各种工资水平下就业的人数，而是指长期中的劳动人口的数量，所以他分析劳动供给的决定因素也就是分析影响劳动人口的因素。他认为影响劳动人口的因素是工资基金和劳动者的生活习惯。当生活习惯一定时，工资基金，尤其是其中的主要构成成分——粮食的增加，会使劳动者由于能够得到更多粮食而迅速增加。另一方面，若劳动者的生活习惯是不断追求舒适，那么，工资基金的增加引起的高工资只会增加劳动者的享受水平而非人口。

马尔萨斯的工资理论中，工资基金是一重要概念。他认为，每期的工资基金决定着当期的劳动需求，同时又通过对人口的影响决定着未来的劳动供给。

从工资的供求决定论出发，马尔萨斯认为，人为抬高劳动价格于自然价格之上，只能导致失业。他进一步指出，劳动阶级的生活状况，部分取决于工资基金的增长速度，部分取决于人民的生活习惯。工资基金增长引起的高工资可能导致两种结果：一是人口迅速增加但享受水平不变；二是人口维持不变但享受水平提高。造成第一种结果的是虐政、压迫和无知，造成第二种结果的是公民自由、政治自由和教育。

从工资供求决定论出发，马尔萨斯坚决反对《济贫法》。他认为《济贫法》破坏人们谨慎的美德，使劳动人口增多，超过粮食的增长，从而降低劳动者的生活水准。他的这种观点往往引起人们的误解，以为他不同情穷人，其实他提出了不少有助于穷人的政策主张，如对穷人免费医疗、救济六个以上孩子的贫困家庭等等。

马尔萨斯的工资理论，虽然用劳动的供求来说明工资水平，但本质上仍然是一种工资基金理论，这突出表现在他用工资基金而不是劳动的边际生产力来解释劳动需求，以及用工资基金与生活习惯来说明劳动供给。

三、利润理论

马尔萨斯定义利润为国民所得中作为资本报酬归于资本家的部分。他认为利润来源于资本，并反对亚当·斯密关于利润是劳动产品中的扣除的说法。他说，利润是资本家对生产所做的那一部分贡献的公平报酬。从量上看，利润是由商品的价值和生产这种商品所必需的各种垫支的价值之差所构成。

马尔萨斯着重分析了利润率的变动问题。他提出了决定利润变动的两个原理：限制原理和调节原理。

限制原理是指最后投放在土地上的资本的生产力决定总产品价值中归资本家所有的数量。由于土地报酬递减，同时劳动者所需的谷物下降到一定程度后便无法再降低，所以报酬递减的作用便完全施加在农业利润上，而导致农业利润率的下降，这又引起资本从农业向非农业转移，这种转移最终又降低了工商业的利润率。这就是限制原理导致利润率降低的机制。

利润调节原理是指由于供求关系的变化，同一价值资本支配的同一数量劳动的产品的价值发生了变动，这种变动引起产品中归工人所有部分所占比例的变化，从而引起利润率的变化。在说明利润的调节原理时，他有两个重要前提：一是劳动的价值是不变的，虽然这个价值所表现的货币或实物是变化的，当劳动的货币工资增加时，他并不认为这是劳动的价值增加，而是货币的价值减少。二是工资份额与利润份额在总产品中的此升彼降关系，对此，他同意李嘉图的意见。同时他又指出，高的绝对工资和高利润率或低的绝对工资和低利润率可同时并存，因此工资份额并不能反映劳动阶级的实际生活水平。

在马尔萨斯看来，劳动的价值是不变的，利润将由于商品价格的变化而同向变化。而商品的价格依他所见又取决于供求，因此他就得出一个重要结论，即个别商品的利润取决于供求，尤其是取决于需求。另一方面，整个社会的利润则取决于资本和劳动的比例，当资本的增长快于劳动的增长时，随资本积累，一切商品包括货币，其由供求决定的价值都倾向于下降，但劳动的价值是不变的，结果劳动的货币工资和实物工资都会增加，同时利润下降。

由上所知，调节原理实质上有两方面内容：一是个别商品由于供求关系会引起利润率下降；二是整个社会会由于资本劳动的比例关系引起利润率变动。两者间的关系马尔萨斯未作详尽分析。

从利润调节原理出发，他提出劳动群众改善自己处境的唯一途径在于自己的谨慎俭朴，使人口增长低于资本增加。

马尔萨斯用利润限制原理和调节原理来说明利润率的下降。他认为土地报酬递减是造成利润率降低的最后的有力原因，但并不是利润率下降的必要条件。在不太长的时期里，利润率实际上较多取决于资本相对于劳动的丰裕与不足，以及影响产品供求的诸原因，较少取决于最劣土地的自然肥力。他进一步指出，土地报酬递减之所以会导致利润率下降，是因为谷物等必需品的需求不可能强大到一定程度，使价格随生产费用的上升而同比例上升，因此，利润限制原理的背后还是供求原理和利润调节原理在起作用。由于利润调节原理在起作用，所以利润率会在地租还很低时就出现下降，结果造成低地租、低利润和高工资并存的局面。在平均利润率下降这个问题上，马尔萨斯一方面把土地报酬递减作为重要原因，同时强调供求关系以及资本和劳动比例关系的重要作用。他实际上是看到了个别商品以及整个社会的全部资本，会由于有效需求的不足而导致利润率的下跌，这与他承认普遍过剩危机是一脉相通的。但他没有理解有效需求不足如何导致利润率下降，因此没能够说清楚其中的机制，只好借助于一个并不现实的假定，即劳动价值不变，来说明有效需求不足引起的价格下跌全部作用在利润上，使利润降低，而这一错误的解释却使他承认了工人与资本家在收入份额之间的对立。

马尔萨斯还分析了阻碍利润率下降的诸因素：（1）农业改良阻止土地报酬递降律的作用；（2）劳动阶级个人努力的加强提高劳动生产率；（3）谷物价格上涨时，农场主资本品价格上涨低于谷价的上涨，从而提高利润率；（4）机器改良，使制造品相对于谷物的价格下降，使劳动者的谷物工资降低的同时制造品不至于减少。

马尔萨斯从工资基金论和人口原理，论证了谷物工资的下降趋势，从有效需求说和土地报酬递减法则，论证了资本积累导致利润的下降，从而得出工资和利润下降的必然结果是地租的上升。但他并没有为此感到不安，相反，他从土地剩余产品在社会进步中的重要作用出发，论证了地租上升的合理性和必要性。他乐观地认为，在社会进步中，以地租形式出现的土地剩余产品的增长，将为所有人带来利益。正因为如此，他被马克思称作为土地贵族的代言人。然而好像他也意识到有人将如此指责他似的，他在为地租高唱赞歌之后就赶紧申辩说："令人感到奇怪的是像李嘉图先生这样一个大地租收入者，竟然这样低估了地租在国民经济中的重大意义。然而像我这样一个从没有收取、同时也不希望收取任何地租的人，却可能被人指责为高估了地租的重要性。在这种情况下，我们的意见分歧，至少可以说明我们相互间的诚挚，并且提供一种有力的证据，证明不论在我们的学说中，我们的思想受制于怎样一种偏见，这绝不是那种最难于防范的不能觉察的由于地位和利害关系而产生的偏见。"[1]

李嘉图及李嘉图学派的麦克库洛赫和韦斯特

分配理论在李嘉图经济理论体系中，占有核心地位，价值理论是作

---

[1]　马尔萨斯：《政治经济学原理》，商务印书馆 1962 年版，第 181 页注。

为他分配理论的基础来研究的。他把分配问题作为研究的中心，这不是偶然的。他生活在工业革命迅速发展的机器大工业时期，当时资本积累的规模依存于利润的大小，已成为愈来愈明显的事实。因此，工业资产阶级要求社会纯收入的绝大部分由利润构成，而不是由地租构成。于是工业资产阶级和贵族地主阶级之间，为争夺社会纯收入的份额而展开了激烈的斗争。他的经济理论体系就是以这场斗争为背景而建立起来的。

李嘉图所谓的分配问题，就是指全部土地产品在地租、利润和工资的名义下，在土地所有者，耕种所需的资本的所有者以及进行耕种工作的劳动者这三个社会阶级之间进行分配。在分配问题上，他最关心研究的是以下两个问题：（1）地租、工资和利润在量上是怎样规定的？（2）这些经济范畴之间有什么关系？

第一个问题，李嘉图是这样解决的：地租是对农产品价值的一种扣除，它是由耕种优等和中等土地而产生的；工资则是由维持工人及其家属所必要的生活资料的价值决定的；利润是指由工人所生产的商品价值中支付工资以后的余额。

第二个问题，是以对第一个问题的见解为基础的。从劳动价值论出发，李嘉图认为工资的增减不会影响商品的价值，但会引起利润发生相反的变化。他认为地租的变化并不直接影响工资和利润，因为地租是优等和中等土地的生产物价值大于劣等土地生产物价值的结果，而在优劣不同的土地生产物价值中，则都包含着工资和利润；但是，他又认为由于社会的发展和人口的增加，再劣等的土地也必须耕种，在这种情形下，地租增加了，实际工资虽然不变，而货币工资则由于农产品价值的增大而提高，利润就因而减低。从而他看到了地租和利润的矛盾，地主和资本家之间的对立。他还论证了贵族地主阶级的利益不仅是和资产阶级的利益对立，而且是和全社会的利益对立；从而把资产阶级和贵族地主阶级在《谷物法》等具体问题上的斗争提到了理论高度，为资产阶级反对贵族地主阶级的斗争提供了理论武器。所以在论述的次序上，他首先论证了地租。他指出，不首先阐明地租，就不能理解财富增进对利润与工资的影响，也不能令人满意地探索赋税对社会不同阶级的影响；当课税商品是直接从地面上取得的产品时，情形尤其如此。

一、地租理论

经济学家很早就对地租问题进行了研究。亚当·斯密考虑了地租，但是没有建立起完整统一的地租理论。李嘉图却始终一贯地从他的劳动价值论出发，建立了比较完整的地租理论。

在地租理论上，李嘉图最接近的前辈是农场经营主詹姆斯·安德森（1739—1808），他在18世纪70年代曾提出过级差地租的一些重要命题。例如：地租并不决定于土地的绝对肥沃程度，只有在耕种各种肥沃程度不同的土地的时候，才能得到地租；社会所需的粮食和原料，单凭优等土地生产物供给是不够；全部农产品的价格是由耕种劣等土地的条件决定的；同量资本投于肥沃程度不同的土地所得的结果不同，高于劣等地产量的土地，便能提供剩余利润；由于农业资本家之间竞争的结果，剩余利润就以地租的名义，全部落在地主的手中。按照安德森的观点，地租的存在是同价值规律相矛盾的。在他看来，上、中、下三块土地上所耗费的劳动相等，但上、中两块土地提供地租，劣等土地则不提供，而地租又是代表价值的，那岂不是没有劳动也能创造价值吗？这样，就在古典经济学面前摆着一个难题：地租的存在和价值规律是否矛盾？李嘉图论证了地租的存在非但不和价值规律相矛盾，而且正是以价值规律为基础的。他认为价值规律也就是地租形成的规律。

李嘉图完全同意安德森的观点，即地租不是土地绝对肥沃的结果，而是相对肥沃的结果。他认为地租的产生，不是由于大自然的恩赐，而是由于大自然的吝啬：所有的土地并不是同样的肥沃，而社会却非耕种贫瘠的土地不可。因此，他认为，农产品的价值和工业品的价值一样，并不是取决于优等或中等生产条件下所耗费的劳动，而是取决于耕种劣等土地所耗费的劳动；由于社会非使用劣等土地不可，因此，耕种劣等土地所需的劳动，就成为决定农产品的社会必要的劳动；正如工业资本家按照价值出售工业品，能够得到平均利润一样，租种劣等土地的农业资本家，按照价值出售其农产品，也能得到平均利润；这样，租种优等或中等土地的农业资本家就能得到超额利润，但由于订立契约时的相互竞争，这些超额利润就会以地租的名义交给土地所有者。由此他得出地租的存在并不与劳动价值论相矛盾的结论。

李嘉图在劳动价值论的基础上，首先考察级差地租第一形态，即由于土地的优劣和位置的远近不同，使用等量资本和劳动具有不同的劳动生产率而产生的地租。他认为，这种地租的产生，是同先耕种优等地后耕种劣等地的顺序联系在一起的。在他看来，地租的存在不是农产品价格上涨的原因，而是农产品价格上涨的结果。

从这个观点出发，李嘉图否定了斯密把地租说成是价值源泉之一的观点。他指出，按照斯密三种收入决定价值的观点，那就要得出各阶级的收入愈大商品的价值就会愈高的荒唐结论。在这个问题上，他不仅坚持了劳动价值论，而且还论证了贵族、地主阶级从谷物价格的上涨中不劳而获地得到了更多的好处。因此，他认为，理解地租不是谷物价值的构成部分这个原理，对于经济学说来是极为重要的。

同时李嘉图还批判了斯密关于农业由于自然力的作用因而劳动生产力比工业高的见解。他责问斯密，在制造业中，自然没有替人做什么吗？那些推动机器帮助航运的风力和水力不能算数吗？那些使我们能够推动极重笨的机器的空气压力和蒸汽伸缩力不是自然的赐予吗？在他看来，农业中的劳动和工业中的劳动没有什么不同，他确信地租是工人劳动所创造的价值的一部分。

李嘉图还考察了级差地租第二形态，即由于在同一块土地上追加同量资本和劳动具有不同的劳动生产率而产生的地租。他认为，在同一块土地上追加投入同量的资本和劳动，产量总是以递减的比例增加，即存在土地报酬递减法则。地租就是由于土地报酬递减法则而产生。

李嘉图还从土地报酬递减和人口增长等自然因素中寻找地租和利润对立的根源。他认为，随着人口的增长，人们对农产品的需求就随之增加，而由于在原有土地连续追加投资的收获量递减，就必须耕种越来越劣的土地。由于越来越劣的土地被耕种，就会使农产品的价格越来越提高。农产品价格越来越提高，地租就会越来越增加。农产品价格越来越提高，就意味着工人生活必需品的价格越来越提高，从而造成工人的名义工资越来越提高。由于地租、工资、利润都是工人所创造的价值的构成部分，地租因农产品价格上涨而提高，从而引起名义工资的提高，因此，利润就必然减少。于是，通过工资这个环节，地租就与利润对立起来了。

李嘉图认为，随着社会的发展，工人阶级的利益没有影响，因为他们的名义工资虽然提高了，实际工资却不会变化。可是地主阶级随着社会的发展却会得到越来越多的利益。而资产阶级所获得的利润正是由于地租和名义工资的提高而降低。因为社会的农业总产品，在一定时期内，是一个定量。在这个一定量的分配中，既然地租在产品的份额上和产品的价值上所占的部分越来越多，那么，留下可供劳动和资本分配的份额就必然越来越少。他就是以此来论证地主阶级的利益和劳动与资本的共同利益是对立的。他在谈到农产品价格上涨与社会各阶级利益的关系时说，除了地主以外，一切阶级都将因为谷物腾贵而受损失。

李嘉图认为，农产品价格的上涨和利润的下降是一种自然趋势，这本来是用不着由地主阶级负责的；但是当时代表贵族地主阶级利益的英国政府所实行的《谷物法》，人为助长农产品价格的上涨，造成地租提高，利润下降，影响到社会各阶层的利益。因此必须取消这种《谷物法》，允许谷物自由进口，使谷物价格下降，以压低名义工资提高利润。这种观点表明，他的地租理论为资产阶级反对维护地主阶级利益的《谷物法》提供了理论武器。

李嘉图认为，地租的增长会使利润下降，减少资本积累，从而阻碍社会经济的发展。后来他的某些门徒，根据他的这种观点，提出了地租归国家掌握以代替捐税的要求。

二、工资理论

李嘉图的工资理论包括对于工资的性质的看法和工资量的决定机制的看法。

第一，从质上看，李嘉图认为工资是劳动的价值或价格，这种观点在他的劳动价值论的基础上，将导致利润的存在同等价交换规律的矛盾。如果工资是劳动的价值或价格，资本和劳动之间的交换又按照等价交换规律进行，那就无法说明利润的产生；如果认为利润是工人劳动所生产的价值的一部分，那么，资本和劳动之间的交换，显然是资本家用比较少的价值交换比较多的劳动价值，这样等价交换规律就被破坏了。正是这个矛盾，促使马克思以劳动价值论为基础发展出了他的剩余价值理论。

第二，关于工资量的决定，李嘉图的工资理论，主要包括以下两个方面：

（一）关于决定工资数量的基础。在李嘉图看来，劳动也是一种商品，它像其他一切可以买卖并且可以在数量上增加或减少的物品一样，具有自然价格和市场价格。劳动的自然价格是让劳动者大体上能够生活下去并不增不减地延续其后裔所必需的价格。因此，劳动的自然价格便取决于劳动者维持其自身与其家庭所需的食物、必需品和享用品的价格。食物和必需品涨价，劳动的自然价格也会上涨，这些东西跌价，劳动的自然价格也会跌落。

（二）关于工资变动的规律。在李嘉图看来，劳动和其他商品一样，也有自然价格和市场价格之分。劳动的自然价格已如上述；而劳动的市场价格就是工人实际获得的工资。他认为劳动的市场价格如同其他商品的市场价格以其自然价格为中心一样，也是依劳动的自然价格为中心，随着劳动供求变化而上下波动。他认为劳动的市场价格，不能长久高于或者低于自然价格。在他看来，工人人口增加的快慢，是随着工资的高低而变化的，而工人人数的增减，又会引起劳动供求关系的变化，结果就会使劳动的市场价格和自然价格趋于一致。因此他认为，工人人数的增减是工人工资变动的原因。

从总体来看，李嘉图的工资理论在解释长期工资水平时是以马尔萨斯人口理论为基础的维生工资论，而在解释短期工资水平时是一种基于供求分析的工资基金论，即短期工资率等于短期中既定的工资基金（它反映对工人的需求）除以工人人数（它反映工人的供给）。

三、利润理论

在利润理论上，李嘉图进一步发展了他前辈的观点。亚当·斯密有时把利润看作是生产费用的一部分，有时又把利润看作是劳动生产物中的扣除部分。李嘉图则始终坚持以劳动价值论为基础来说明利润，认为工人以工资形式所得到的只不过是他们在劳动过程中所创造的价值的一部分，其余部分的价值被资本家占有而成为利润。

李嘉图还以劳动价值论为基础确立了利润量变化的规律。第一，无论劳动生产率怎样变化，大小一定的工作日总是创造相同的价值。第二，工资和利润按相反方向发生变化，引起这种变化的最终原因，是生活必需品生产的劳动生产率变动。劳动生产率提高时，生活必需品价值下降，工资跟着下降，于是利润增加；相反，劳动生产率下降时，生活必需品价值上涨，工资跟着上涨，于是利润减少。第三，因为劳动生产率的变动先影响工资，再影响利润，所以工资的变化是原因，利润的变化是结果。

李嘉图在考虑利润量变化的规律时，还分析了利润的平均化倾向和利润率下降的趋势。他认为，在资本自由移动的情况下，每个资本家为了追求高额利润而互相竞争，竞争的结果，就使得利润趋向平均。他还认为，个别资本由于生产技术的改良以及其他方法，可能会得到较多利润，但是在资本的自由竞争之下，这种超额利润是保不住的。利润率的平均化是资本运动的必然结果。

李嘉图认为，社会发展、人口增加，引起谷物需要增大，谷物价格上升，工资上涨，从而造成利润率下降的倾向。不仅如此，他还进一步认识到，由于谷物价格上升，资本品也随之涨价，然而利润却是继续下降的，因此利润率将更加降低。在他看来，谷物价格上涨，工资上升，利润下降只对地主有利，因为工资上升只是货币工资上升，而工人的实际工资反而下降。他从利润率下降的趋势中，阐明了地主的利益既与资本家的利益对立，又与工人阶级的利益对立。而且他还认为，地主阶级的利益同整个社会的利益都是对立的。他关于工资与利润对立，利润与地租对立，工资、利润与地租对立的这种论证，为马克思的阶级斗争学说奠定了初步的基础。

麦克库洛赫是"工资基金理论"的最初创立者之一，并且是这一理论的主要阐述者。他在 1825 年出版的《政治经济学原理》中指出，工资是对工人耗费了的体力、技术和才能的补偿。工人所得到的工资不过是他所付出劳动的公平报酬，而实际工资水平则取决于资本和人口的比例。但是他主张实行高工资，因为高工资能够鼓励勤劳，并促使工人拥护其生活于其中的制度。

韦斯特在其经济研究的代表作《论资本在土地上的应用》一书中，先于马尔萨斯和李嘉图，也与任何先驱者无关，独立地发现并阐明了报酬递减律。他的阐述，与李嘉图对农业收益递减律的表述方式是很相似的，他们所依据的都是递减的平均产量，他们两人都是从这递减律出发，推导出一般利润率下降趋势的。

约·斯·穆勒

一、对生产规律和分配规律不同性质的分析

穆勒在把财富的生产与分配规律确定为政治经济学的主题以后，就进而论述了生产规律与分配的不同性质。在他看来，生产规律具有永久的自然规律的性质。他认为财富的生产法则与条件，具有物理学真理的性质，其中没有任意选择的要素。人类所生产的物品，无论是什么，其生产方法与条件，都由于外界事物的构造及人类肉体与精神的固有特性。无论人喜欢或不喜欢，他们的生产终须受限制于他们先前的蓄积额，如果先前的蓄积额是已定的，他们的生产就需比例于他们有怎样的能力与熟练，他们机械是怎样完善，他们怎样利用合作的利益。无论人喜欢或不喜欢，加倍的劳动，终不能在同一土地上，生产加倍量的食物，除非在耕作过程上已有某种改良。无论人喜欢或不喜欢个人的不生产的支出，总归有使社会贫乏的趋势，只有生产的支出可使社会富裕。至于分配规律，他认为与生产规律具有根本不同的性质。他认为财富的分配纯然是人类制度的问题。物品一经在那里，人类就可随其所欲来处分。他们能以任何条件，将此种物品，为他们所高兴的任一个人支配。所以，财富分配乃依存于社会的法律与习惯。分配所由而定的条件，是由社会统治阶级，按照他们的意见及感情制定的。那须随时代随地方而甚有变异；如果人类愿意，其变异程度还可以更大。

由于生产法则与分配法则的决定因素性质不同，前者以自然的必然性为基础，后者以社会制度的必然性为基础，所以生产法则是恒久的，而分配法则是暂时的。穆勒认为混淆由自然导致的必然性与社会制度导致的必然性，是经济学中的谬误，不仅是理论上的谬误，还是实践中的谬误。因为它导致两方面的损害：一方面使经济学家把经济学里暂时的真理误认为永久的普遍真理，另一方面使许多志在改造社会制度的人，把永久性的生产法则误认为是导源于社会制度的暂时现象，而不予应有的重视。他把生产规律看成是永恒的规律，把分配规律看成是具有历史性质的规律。这就为他在保持资本主义的产权制度的基础上改良收入分配的政策主张提供了理论依据。

二、收入分配

穆勒的分配概念包括生产要素的分配，所以他是联系着所有制（私有制和公有制问题、财产继承权）来考察产品分配的。他并不认为现存的所有制和分配方式是自古不变的，认为随着生产要素分配方式的变化，产品分配的原则也将随之变化。因此在资本主义社会和前资本主义社会，收入分配的决定因素是不同的。他指出，在个人私有制制度下，生产物的分割受决定于两种因素，即竞争与习惯。而在资本主义以前，支配地租额和土地租借权的不是竞争，而是习惯。他分析了奴隶制度、自耕农制度及其他曾经存在于农业中的制度。

对于资本主义的分配，他首先分析的是工资。他认为工资是劳动的报酬，在资本主义制度下，竞争是工资的主要支配者，而习惯只具有一定的影响。他说：工资取决于劳动的需要与供给，即取决于人口与资本。这里所谓的人口，就是劳动阶级的人数，即是指劳动的供给，这里所谓的资本，就是指用于购买劳动力的那部分流动资本，它和其他用于雇用非生产劳动者的基金一起，代表对劳动的需求。因此，高工资只能是被雇佣的劳动者减少或雇佣劳动者的总基金增加的结果；而低工资，则是被雇用的劳动者增加或雇佣劳动者的总基金减少的结果。

从劳动的供求决定工资高低的观点出发，穆勒认为，物价的涨跌，通常是通过影响劳动的供给来影响工资的，或通过影响资本的增减从而间接引起对劳动需求的变化而影响工资的。所以，在一般情况下，工资取决于资本与劳动的比例的法则，不会因物价变化而动摇。关于实际工资水平的决定，他认为主要取决于人口的多少。他说，除了少数例外，高工资是以人口限制为前提。在他看来，工资既然取决于劳动人数及其用来购买劳动的资本及其他基金之比例，那么改变这个比例使之有利于劳动者阶级的关键，不是蓄积之绝对量，生产之绝对量，甚至也不是分配于劳动者之间的基金额，而是这种基金及分享这种基金的人数之比例。可见他实际上是赞同马尔萨斯的观点，把资本主义条件下工资低下的原因归之于劳动阶级人口过多。

穆勒特别分析了食品价格变化的影响，指出，当实际工资由于食品价格上升而下降后，劳动阶级既可以降低生育水平以恢复原有的生活标准，也可以保持生育水平从而永久性地降低生活标准；而当实际工资由于食品价格下降而上升后，劳动阶级既可以保持原有的生育水平而提高生活标准，也可以提高生育水平从而保持原有的生活标准。

除了分析一般工资水平的决定因素，穆勒还分析了工资的职业差异和性别差异。

穆勒不像李嘉图那样用维生的生活费用来决定工资，而是用劳动市场的供求关系来说明工资水平的决定。这种分析框架为以后的马歇尔等所接受，并一直延续至今。但他的供求均衡工资理论与后来的工资理论并不完全一致，差别主要在于对决定劳动供求的因素的分析上，他是用工资基金而不是劳动的边际生产力来说明劳动的需求，用劳动人口而不是劳动的边际负效用来说明劳动的供给。而劳动人口则由劳动阶级提高生活水平和提高生育水平这两种互斥的欲望孰强孰弱而决定。所以他的工资理论更经常被称作工资基金说。而如果劳动阶级提高生育水平的欲望更强烈的话，这种工资基金说就与维生工资说合流了。可见李嘉图的维生工资说是穆勒的工资基金说的一种特例。但由于穆勒承认整个社会的工资基金可以由于资本家阶级节俭与否而发生变化，虽然资本家阶级的全部收入构成工资基金的上限，因此他的工资基金说可以算是一种软性的工资基金说。即工资的高低既取决于作为分子的工资基金的大小，也取决于作为分母的工人人数的多少。

穆勒分析了利润的性质、利润的来源、利润的职业差异和平均化趋势和职业差异，以及利润率的决定等问题。

在分析利润的性质时，穆勒赞同西尼尔的节欲论，认为利润是节欲的报酬。他同意萨伊的观点，认为总利润必须分成三个部分：利息、保险费和监督工资，即利息作为节欲的报酬，保险费作为冒风险的报酬，监督工资作为管理的报酬。

在利润的性质问题上，穆勒经济理论体系的综合特征表现得最为明显。他一方面采纳西尼尔和萨伊的观点，把利润中的利息规定为节欲的报酬，并把其他部分规定为监督劳动的工资和保险费；另一方面则接受李嘉图的意见，认为利润来源于劳动。在他看来，由于资本家进行了节欲，从事了监督劳动，承受了风险，就理所当然地应该从工人所创造的劳动产品中取走一大部分作为报酬。

在分析利润的来源和利润的平均化时，穆勒否定了那种认为利润是买卖的结果，是取决于价格的观点。他认为利润产生的原因，在于劳动生产力，在于劳动所生产的产品多于所耗费的产品，在于劳动者在生产了资本家以工资形式垫支的产品之后，有时间剩余为资本家工作。在他看来，利润的产生并不是由于偶然的交换，即使在不存在交换的地方，只要劳动生产力较大，利润也依然会存在。

穆勒指出由于不同行业中资本的风险不同以及所需要的管理能力不同，故不同行业所需要的保险费和监督工资亦根本不同，因此就会存在利润的职业差异。同时，自然垄断与人为垄断也会造成不同职业的利润差异。尽管如此，不同行业中的利润却具有平均化的趋势。他说，如果一种营业，比别种营业有更顺利的赚钱机会，那就会有更多的人投资到这种营业上来；反之，如果一种营业不被认为繁荣的营业，如果该业的获利机会被认为逊于其他营业，资本即将逐渐离去，至少新资本不会吸向那里，在较少利润与较多利润的职业间，资本的分配遂发生变化，但其趋势是归向共通的平均数。

在分析利润率的决定时，穆勒是从总利润的决定谈起的。他认为一个国家的利润总量取决于两个要素：第一是生产物的数量，即劳动的生产力；第二是劳动者自己在这生产物中所得的比例。即劳动者报酬对于其生产额所保持的比例。并认为利润率与上述第一个因素无关，只取决于第二个要素。因此，利润率与劳动者的报酬成反比。对此，他还作了如下的解释：利润率不是和通常所说的工资成反比，而是同劳动费成反比；劳动费就是劳动所费于资本家的，是三个可变数的函数：劳动的效率；劳动的工资（指劳动者的真实报酬）；这真实报酬所含的物品的生产费或获得费。于是利润率也就受支配于这三个可变数。如果劳动一般更有效率，而报酬不更高；如果劳动更少效率，报酬减弱，这种报酬所包含的物品的费用亦不增加；又或，如果这些物品的费用减低，劳动者所获得的这些物品不增多，在这三种的任一种情况下，利润都将腾起。反之，如果劳动的效率减少；如果劳动者获得较少的报酬，构成这种报酬的物品不更低廉；又或，如果他不获得更多的报酬，构成这种报酬的物品不更低廉；又或，如果他不获得更多的报酬，构成这种报酬的物品已更昂贵；在这三种任一种情况下，利润都将减弱。关于利润率的变动，他认为每一国家任一时间都有一个诱使人们进行储蓄，并把储蓄转变为资本的最低必需的利润率，若实际利润率低于此，人们将没有储蓄投资的欲望。这种最低利润率取决于人们的远虑和投资的安全，远虑的大小决定了储蓄的多少，安全的大小决定了储蓄转化为投资的多少。

关于地租，穆勒不同意重农主义者和亚当·斯密关于地租来源于自然对农业的特殊恩惠的见解，基本上是重述李嘉图的级差地租理论。不过，在说明小屋农制度下的地租决定时，他是用土地的供求竞争来说明的。同时，他关于准租的初步概念为以后马歇尔明确提出准租概念作了准备。

凯里

亨利·查尔斯·凯里（Henry Charles Carey，1793—1879），他生活在独立战争（1775—1783）后美国经济迅速发展的年代。摆脱了殖民统治的新兴美利坚合众国，由于广阔空闲的肥沃土地和其他丰富的自然资源，大规模的移民，旧大陆的资本、技术及其文明成就的输入等，都为美国经济和社会的发展提供了极为有利的条件；当时，美国北部工商业资本家与南部种植园主之间的矛盾虽有所体现，但总的说来，美国国内的经济问题和阶级矛盾相对来说尚不尖锐。凯里的经济思想体系就是美国经济社会上述特点的一种表现。

一、经济利益调和论

凯里理论的一个特征是他的经济利益调和论。在他看来，随着人征服自然的能力的增强，他认为商品价值将不断下降。在社会发展的再生产过程中，由于科学技术的发展，生产工具和生产方法的不断完善，随着劳动生产率的提高，资本的价值在再生产费用中占有份额日益缩小，而劳动的价值则日益增大，这样，就会出现工资随着工人劳动能力的提高而增加，利润随着资本价值的减少而下降的趋势。由此，他得出了一条分配的一般规律：随着社会的发展和劳动生产率的提高，工人在社会总产品中得到的份额，在相对比例上和绝对数量上都得到增加，资本家所得到份额，在绝对数量上增加，但在相对比例上则减少。这条规律将使人们处在平等的境地。他还强调指出，在科学所发现的一切规律中，支配劳动产品分配的伟大规律，可能是最美妙的，因为它正是使人类各个不同阶级之间的现实的和真正的利益达到充分和谐的基础。他用以下编制的数例来说明这一点：

劳动生产率提高的不同阶段	总收入	工资	资本家利润
用石斧生产	4	1	3
用铜斧生产	8	2.66	5.33
用铁斧生产	16	8	8
用钢斧生产	32	19.2	12.8

表4.1

凯里的分配论还力图证明资本家、地主以及农业工人经济利益的调和一致。他认为，地租的产生，并不是像李嘉图所说的那样，是从耕种最肥的土地开始的，而是相反。土地的耕种，从来是从最贫瘠的土壤开始的，总是随着财富和人口的增长，人们才使用最肥沃的土地。因此，当新的更肥沃的土地被地主占有的情况下，租地者就必须交纳地租。在他看来，这种地租是地主及其祖先对土地投资的报酬。这样，他就把地租看作是投入土地的资本利息。从而把地主和资本家同等看待，认为他们之间的经济利益是一致的。

凯里反对马尔萨斯的人口论，认为这个理论力图将责任从强者和富者身上推到穷人身上，即推到弱者和没有文化的人的身上。他指出，世界上存在许多罪恶和贫困，罪恶和贫困是人的错误造成的，手中掌握权力和控制社会进程的人们应当对周围的人的状况负责。他反对把穷人的贫困说成是自然法则，强调富人和有权的人应当尽责。

凯里的人口理论也是其经济利益调和论的组成部分。他认为随着财富和人口的增加，人们有着越来越大的可能性把自己的努力联合和组合在一起，并且利用自然界的服务的手段也在不断地增长着，在这方面每前进一步，其特点便是劳动报酬不断增加，流通加快，生产和积累变得更加容易。

凯里在阐述其经济利益调和论的过程中，竭力反对英国经济学的李嘉图—马尔萨斯学派，认为它分裂社会和制造内战，是普遍仇恨的理论，是仇恨的体系，总是要在各个阶层之间和各个民族之间挑起战争，是无政府主义者、社会主义者和资本主义的一切敌人的军械库。他试图证明资本主义发展不是造成各阶级的对立，而是使各阶级的经济利益趋向调和。

第二节　新古典经济学时期

门格尔

门格尔关于高级财货价值决定的理论，为他的分配论奠定了基础。他认为经济学在讨论地租、利息时，不应考虑它们是否公正、是否应当存在，而应当考虑他们为什么会存在。他认为地租，利息，分别是土地利用、资本利用的价格，而这种价格又来源于它们的价值。来源于它们的经济性质，即稀缺性质。

门格尔从失业现象出发，认为劳动力不一定是财货或经济财货，不一定有价值，因而不存在最低生活费用决定劳动工资的铁则。劳动工资是具体劳动力的价格。其决定也与其他一切财货的价格相同，受制于其价值，而其价值也同样遵从于高级财货价值决定的一般原则。

门格尔认为，企业家的活动也应算作劳动，并且是一种经济财货，但它有两个特性：(1) 不是商品，故没有价格；(2) 其数量受到资本利用数量的限制。

门格尔反对那种认为劳动者收入低于地主和资本家的原因是由于存在剥削的见解，而认为收入悬殊的原因在于对人类欲望的满足来说，土地和资本比劳动更重要得多。

综上所述。门格尔实际上把分配看作是三类特殊高级财货的价值论，并按高级财货价值决定论的一般原理来说明分配论。他这种按统一原理来说明价值论与分配论的做法，对以后经济思想的影响很大。但总的说来，他的分配论还是非常简单的，并没有像他的价值论那样具有系统性，他只是给出了进一步研究分配问题的三个出发点：(1) 收入分配问题被归结为高级财货的价值决定问题。(2) 三要素的价值取决于它们产品的价值，而非相反。(3) 要素的价值与它们的稀缺有关。(4) 用类似偏微分的方法求出某种具体生产要素的价值。

门格尔关于要素价值决定的看法启迪了后人，但他对于分配现状的肯定态度却说明他是社会改革的反对者。他为社会贫富不均辩护的看法反映了他的保守的政治态度。但这种保守态度，在维塞尔和威克塞尔以后，即使在边际效用学派的范围内，也失去了理论上的合理性。

维塞尔

门格尔关于生产要素的价值有如下基本见解：(1) 高级财货的价值决定于低级财货，而非相反；(2) 高级财货的价值与它们的稀缺，与经济财货有关；(3) 收入分配问题被归结为高级财货的价值决定问题；(4) 用类似偏微分的方法求出某种具体的高级财货的价值。

维塞尔以前三点为出发点，但用求解联立方程组的方法来确定某种具体的高级财货（尤其是基本生产要素）的生产贡献。他假设了一个例子，设有 x、y、z 三种要素，有下面三个产出方程：

$x + y = 100$

$2x + 3z = 290$

$4y + 5z = 590$

可以解出 $x = 40$，$y = 60$，$z = 70$，分别为 x、y、z 三者的生产贡献。他之所以要用联立方程组求解要素的生产贡献而不采用门格尔的偏微分方法，是因为他感到一具体高级财货的数量变化将影响与之配合的其他高级财货发挥作用，因此用门格尔的方法很可能把其他高级财货因得到某一高级财货配合而增加的作用归结为某一高级财货的价值上。用联立方程组求解各生产要素的生产贡献，被他称作归属。

维塞尔归属论的意义在于，它把由技术条件和资源条件所决定的各种要素对产出的贡献，与受社会制度，尤其是产权制度严重影响的要素所有者的收入分配，进行了严格区分。这对于他深刻认识社会主义公有制条件下的资源有效配置的条件具有重大影响。

显然，门格尔的理论更适合生产要素配合比例可变的情况，而维塞尔的理论则更适合生产要素配合比例固定的情况。

维塞尔认为，企业家利润作为企业毛利扣除利息和管理工资后的余额，源于企业家的特殊才能，是企业家特殊个性、卓越的领导确保企业特殊优越市场地位的结果。

关于工资的决定，维塞尔区分了不同经济。他认为，劳动已经成为稀缺资源的发达国民经济的工资理论能够在一般价格理论的基础上简单说明。而劳动过剩经济中的工资是维生性的，通常不会超过雇主为了保持劳动者具有工作所要求的健康程度所必需的最低工资。他指出，对于劳动过剩经济中的劳动者而言，可以自由选择的劳动市场并不存在。雇主处在可以规定合同条款的地位，劳动者除了接受这些条款没有别的选择。竞争迫使工人仅仅为了生存而努力并承受风险。

维塞尔进而指出，并不存在统一的劳动市场，由于劳动的不同个人类型和不同阶层而引起大量局部的、分层的市场，有必要区分各个局部市场的水平联系和劳动的垂直分层。因此，工资在所有劳动者之间并不趋同，只有在同一个群体中才存在一个有效的均等化趋势。

维塞尔还对工会以及企业家联盟的作用进行了分析，指出组织和未组织的劳动市场的条件根本不同，工资形式相应也不同。在未组织的劳动市场，个别劳动者只能依靠自己。惯例是决定性的。劳动供给由于其巨大数量而处在强烈的过度竞争中。最糟的情况是最弱势群体只能接受一个仅仅能够满足日常最紧迫需求的维生工资。

而当一个地方的企业家彼此签订协议时，其状况就几乎类似于需求垄断。他们能够对经济上过于软弱的未组织工人施加很大压力。这时工资可能被保持在一个不是理论上确定的标准上。这些工资要么在更高的工资依然可能的条件下被调整到维生工资，要么是没有达到通过归属确定的劳动的边际生产力。

维塞尔指出，在劳资冲突中，只有那些在特定局部市场中联合了所有或几乎所有劳动供给的组织，是有影响力的。如果这个条件不成立，工会就无法成功的使用它最重要的武器——罢工。表面上，工会与卡特尔或托拉斯相类似，是通过消除竞争达到垄断。但在功能上，工会和面对消费者的垄断供给联盟根本不同。卡特尔面向没有组织的消费者；工会面向作为劳动的需求方垄断地组织起来的企业家。工人组织不能扩大生产，不能划分市场和对消费者进行分级。它必须根据生产条件调整自己，而这些条件是企业家设置的。最后，鉴于卡特尔控制了所有生产，工会仅仅控制了一个起作用的生产要素。通过维持合作，工人们显然可以通过让补充性要素不发挥作用而使生产不可能。但是造成这种影响的武器是一柄双刃剑；它会同时伤害工人，因为罢工使工人没有收入因此不能维持很长时间。企业家可能通过限制产量的垄断政策成功地迫使边际效用上升。但工人不能使用这个工具；他们受到把劳动供给全部持续放到工会中的必要性的限制。

从而，组织最好的工人团体也只能够通过罢工获得等于边际生产力的工资。因此，工会没有为那些边际生产力仅仅达到维生收入或者工资仅能一天天维持生命的工人阶层提供一个获得更高工资的前景。

维塞尔对于工会作用的分析在古典和新古典经济学时代都是非常罕见的，甚至可以说是独一无二的。

庞巴维克

一、利息理论

庞巴维克认为，作为资本收益的利息的根源不是节欲。也不是迂回生产造成的生产资本的较大生产力，而是由于人们对现在物品比同种同量的未来物品具有较高的主观评价。之所以如此，是由于三个原因：(1) 预计未来生活状况会更好，供给会更充裕，故现在物品较未来物品更有价值；(2) 由于缺乏想象力，意志不坚决，无法抵御当前消费享受的诱惑，人生无常而导致低估未来；(3) 对将来某一特定时点而言，现在物品比未来物品允许更迂回的生产方式，例如对于今后第十年而言，现在的物品便比今后第五年的物品允许更迂回的生产方式，前者允许十年迂回期的生产方式，故现在物品在技术上有优越性。(1) (2) 两个因素通常在穷人身上和不经心的人身上起作用，使他们高估现在物品。富人那里 (1) (2) 两个因素也许不存在，但因素 (3) 会发挥作用。结果几乎不论什么境况的人，穷困的、富有的，不经心的、节约的，或者由于因素 (1)、(2)，或者由于因素 (3)，都将高估现在物品，而低估同种同量的未来物品。

庞巴维克认为利息的具体来源有三个：借贷利息，企业利润，耐用品租金。借贷利息是当前物品与同种同量未来物品相交换时的价格。它的决定也可以用边际对偶来说明。

现在物品买主	现在物品单位估价	来年期物品单位	现在物品卖主	现在物品单位估价	来年期物品单位
A1	100 =	300	B1	100 =	99
A2		200	B2		100
A3		150	B3		101
A4		120	B4		102
A5		110	B5		103
A6		108	B6		105
A7		107	B7		106
A8		106	B8		107
A9		104	B9		108
A10		102	B10		110

表4.2

按照上表假设的情况，100单位现在物品将值来年期物品106单位与107单位之间。借贷利息在六和七单位之间。

庞巴维克所分析的企业利润并不是由于经济的动态因素造成的，超过正常利息的那种企业家利润，而是资本家把钱贷给企业家后所要求获得的利息。他认为企业利润的形成是由于企业家购买的劳动及其他高级财货，虽然在物质上是现在财货，但在经济意义上是将来财货，即它们要到将来才能变成消费品。因此，虽然它们的未来价值与它们转变成的消费品价值一致，但由于这些未来消费品的现值将要打一个折扣，所以这些高级财货及劳动的现值也要打同样折扣。随着生产过程的进行，它们逐步转变为现在财货，于是其价值也逐步得到提高。到生产过程结束时，高级财货和劳动这些以前的将来财货和现在由它们转化成的当前财货的价值差额，就构成企业利润。

耐用品的租金在庞巴维克看来等于它在一年的使用中所获得的总收益减去所丧失的价值，即租金等于净收益。耐用品的价值决定由下式给出：

$$V = [R_0/(1+r)^0] + [R_1/(1+r)^1] + [R_2/(1+r)^2] + \cdots + [R_n/(1+r)^n]$$

V为总价值，R_0为当年服务的价值，R_1为尔后第一年服务的价值，R_2，…，R_n以此类推。r为利率，n为耐用品的使用期限。由上式可知，即使耐用品在未来的一系列年份中提供的服务是一样的，但越遥远的服务的现值越小。当新耐用品使用一年后，得到的收益是当年服务的价值 R_0，失去的价值等于最后一年服务的价值的现值 $R_n/(1+r)^n$。再使用一年后得到的收益仍是当年服务的价值 R_0，失去的是 $R^{n-1}/(1+r)^{n-1}$。于是可由下式给出耐用品使用到第 K 年时的租金：

$$N_k = R_0 - R_{n-k}/(1+r)^{n-k}$$

如果耐用品是消费品，则租金由上式给出，如果是资本品，则其当年服务的价值还要按该服务最后转化为消费品所需要的年限来进行贴现。其租金也同样是按上述原则贴现的结果。

综合上述三种利息来源，可知在庞巴维克看来，利息的根源在于现在物品与未来物品的价值差额。

庞巴维克认为利息的功能在于防止那种其剩余收益低于利息的过于迂回的生产方式。因此，利息是一个纯经济范畴，而非历史—法权范畴。他指出，社会主义也将有利息，如果计划当局不愿犯重积累而忽略当前消费的错误的话，社会主义的利息将继续保持其控制生产迂回程度的经济功能。但不再像资本主义那样成为少数资产者的收入，而是作为全体人的收入，即利息在社会主义中将保持资源配置功能，失去分配功能。

庞巴维克关于资本和利息的理论，使他在西方经济学史上占据了重要地位，因为这一理论直接影响到瑞典学派创始人威克塞尔的累积过程理论，以及当代经济自由主义大师哈耶克的经济波动理论。对于他的资本和利息的理论，不能简单地全盘否定，而应一分为二地进行评论。他其实是并不自觉地时而在一般意义上考虑迂回的社会化大生产，时而在资本主义的特殊形式上考虑迂回的社会化大生产，他关于社会资本（中间产品）的功能和形成机制的观点，关于利息的经济功能（防止生产过于迂回化）的观点，显然是在一般意义上考虑迂回的社会化大生产的结果。因此这些论点不仅适应资本主义也同样适应社会主义。而他关于利息来源的观点，则更像是他在资本主义这一特殊形式上考虑迂回的社会化大生产的结果。因为在他分析利息来源时，利息不再是仅仅与社会资本（中间产品）相联系的现象，而是和私人资本收益资本（即他所说的广义资本）相联系的现象了。他关于利息来源的观点，既不同于马克思主义，也相异于后来美国经济学家 J. B. 克拉克提出的，目前在西方占正统地位的边际生产力论。

二、劳资收入分配

庞巴维克的利率理论，不是说明单纯的资金借贷市场上利率的决定，而是要说明资本和劳动各自的收入如何决定，因此这一理论实际上是他独特的分配理论。他认为，利率是现在物品与同样的将来物品交换时的价格。

庞巴维克进一步认为，资金借贷市场上利率的上限，在自由竞争条件下，实际上要由企业正常利润率（利率的特定形式之一）来决定。而企业正常利润率从全社会角度来看，正是以消费品形式出现的现在物品与劳动这个将来物品相交换的贴水。

因此，从整个社会来看，在现在物品与将来物品的交易中，占有重大比例且起主导作用的是劳动这个未来物品与资本家阶级拥有的消费品（现在物品）之间的交易。而劳动与其他物品不同的一个特点是它的买者没有关于它的预先决定好的主观评价，因此劳动是按照它的未来产品而评价的。但劳动所能带来的未来产品的多少是随生产迂回程度（生产期）的变化而变化的。因此，生产期未定之前劳动这个未来物品与现在物品的交换比率，即企业正常利润率，也难以确定。

庞巴维克认为，生产期的长短取决于工资率，而工资率在资本家看来恰好是劳动所能带来的未来物品的价值的贴现值。但如刚才所说，劳动所能带来的未来物品多少又要定于生产期，且未来物品价值贴现时的贴现率又要定于企业正常利润率。这就陷入了循环决定之中。

为了摆脱困境，他运用文字和数表，构造了一个理论模型，用来说明利率（企业正常利润率）和工资率是如何同时决定下来的。他给模型规定了如下前提：(1) 劳资双方全体集中于一个统一市场。(2) 各部门的劳动生产率，以及劳动生产率随生产期变动而变化的比率都一致。(3) 资本家追求利息（利润）最大化，利率（利润率）等于最大化时的利息（利润）与资本之比。（4）对现在物品的需求完全由工资收入者形成。（5）维持基金为一常量（他称之为资本）。（6）劳动供给也为一常量。（7）通过自由竞争，劳动的供求趋于相等，即劳动需求总是趋向固定的供给。由此可知，他是以劳动市场均衡和资本不存在闲置为前提条件，决定均衡的工资率、生产期及利率。

庞巴维克进一步考虑了维持基金、劳动供给等因素的变化对利率和工资率的影响，由此他得到如下一些结论：

1. 其他条件不变，既定的资本量（维持基金）越大，则利率越低，工资率越高。

2. 其他条件不变，既定的劳动者越多，则利率越高，工资率越低。

3. 其他条件不变，技术越是进步，则利率越高。

4. 其他条件不变，地租越高则利率越低。

5. 其他条件不变，整个社会的储蓄欲望越高，则利率越低。

J.B. 克拉克

克拉克主要分析了静态条件下的分配（包括生产和交换）问题。而在前面所说的两种分配现象中，他首先分析了收入在要素所有者之间的分配。他认为，收入在要素所有者之间的分配，从生产的角度来看，就是各种要素在收入的生产中的贡献份额的确定。他把各种生产要素归结为劳动和资本两大类。所以收入分配也就是劳动和资本这两大类要素在收入生产过程中的贡献份额的确定。

克拉克特别强调把资本和资本货物加以区分。这一区分是他的利息理论区别于庞巴维克的利息理论的关键所在。他把资本理解为体现在生产财富所用的各种手段中的一笔基金，而资本货物则是各种具体的生产手段（包括土地），两者之间有两点重要区别：首先，资本是永久存在的，而资本货物则是不能流动的。资本，作为一笔基金，而且在静态条件下是一笔数额固定的基金，可以随时根据情况的变化而改变自己的存在方式，即改变其所体现的资本货物的具体形态，这就是资本的流动性，而资本货物则不具备这种可能，因此是不流动的。资本与资本货物之间的区别，也反映在它们各自不同的收入范畴上，资本的收入是利息，而资本货物的收入则是租金。从整个社会来看，利息和租金在总数上是相等的。而且租金的多少基本上是受到利息规律的支配，因此对租金这一收入范畴的研究就可以归结为对于利息范畴的研究。

在区分资本和资本货物的基础上，克拉克反对庞巴维克的利率决定理论，认为利率的决定仅仅与资本相对于劳动的数量有关，与庞巴维克所说的生产期的长短（或生产的迂回程度）无关。因为在静态条件（意味着资本存量不变）下，生产的迂回程度仅仅和资本货物从而和租金有关，而与资本从而和利息无关。他认为，同样的资本可以体现为不同的资本财货（这些不同的资本财货可以体现不同的生产迂回程度），但这两组不同的资本财货所提供的总租金将是一样的。

由于区分了资本和资本货物，克拉克不再把土地作为一种与劳动和资本并列的生产要素，而把它看作是一种特殊的资本货物，和其他资本货物处于同等的地位，而地租也就自然成为一种特殊的租金了。

克拉克的边际生产力论，可概括为如下三点：（1）在静态条件下，自由竞争（要素可无阻碍地流动）将使工资趋向于劳动要素的边际生产力（他称之为最后生产力），利息则趋向于资本要素的边际生产力。（2）由于资本和劳动的边际生产力递减这个存在于任何社会中的一般规律，所以当劳动（资本）在资本（劳动）不变时逐渐增加，将导致工资（利息）的下降。（3）静态条件下资本边际生产力决定的利息乘以资本量等于资本要素的总收入，劳动边际生产力决定的工资乘劳动量等于劳动要素总收入，两种要素收入之和等于两种要素在一起所生产的收入总和。

对第二个命题，克拉克作了如下补充说明：（1）当劳动要素增加时，劳动组织不能被改善，否则就相当于出现了技术进步，且各单位劳动要素是同质的，相互间具有完全的替代性。（2）当资本要素逐渐增加时，资本将体现在价值日益贵重质量不断提高的资本货物上，使数量不变的劳动和数量越来越多质量越来越好的资本货物相结合。即资本增加表现为劳动者人均资本增加，表现为资本货物具体形态的变化。由此可知，他谈到劳动边际生产力递减时，以劳动要素的质量不随数量变化而变化为前提，但谈到资本边际生产力递减时，则以资本要素的质量随数量变化而变化为前提。这意味着资本货物质量的改进不能抵消资本边际生产力递减的趋势。这一结论不同于当代西方经济学的结论。同时，这一结论显然也违背静态假定，因为这意味着技术进步，资本货物性能随其数量增多而改进。由此可知，他关于资本边际生产力递减规律的论述是不够严谨的。

克拉克用下图表达了以上所述的命题：图中横轴代表要素（劳动或资本）数量，纵轴代表边际生产力。BC 曲线表明当要素由 A1 增加到 A6 时，边际生产力递减的状况。线段 AE 表示只有 6 单位要素时的报酬（工资或利息）率，矩形 AECD 表示要素（劳动或资本）的总收入，三角形 EBC 表示另一种要素（资本或劳动）的总收入。

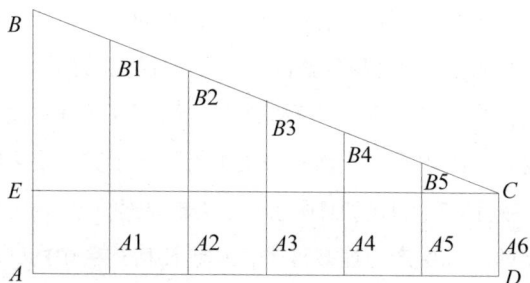

图 4.1

克拉克对边际生产力论的主要贡献集中在两个方面：一是明确指出了它的静态前提，即肯定它是说明静态条件下的分配规律。二是区分了资本与资本货物，即明确肯定是资本而非资本货物的边际生产力决定利息。边际生产力论之所以更经常地和克拉克的名字联系在一起，很可能是由于两个原因：一是他用比其他人都更通俗的方式表达了这一理论，而这种表达方式正好适应当时英语世界中大多数经济学家的知识素质。二是他为捍卫这一理论而与庞巴维克等人展开了激烈的论战。其实，他与庞巴维克的分配理论并非像表面所看到的那样水火难容。从表面上看，他认为利率由资本相对于劳动的数量来决定，而庞巴维克则主张利率由

生产的迂回程度（或生产期）决定，似乎无法统一，但从前面所介绍的
庞巴维克的利率决定理论来看，他并不认为静态条件下可以出现任何一
种迂回程度（生产期），只有能导致劳动供求均衡的生产期才会稳定存
在。可以把这种导致劳动供求均衡的生产期称作均衡的生产期，只有均
衡的生产期才决定稳定的利率水平。而生产期的长短又可体现为劳动者
人均资本的多少，而后者又与资本相对于劳动的数量相关。所以均衡的
生产期的长短可以看作是资本相对于劳动的数量的函数。所以均衡生产
期决定利率的说法和资本相对于劳动的数量决定利率的说法实质上是一
致的。当资本相对于劳动而言增加时，均衡的生产期也将延长，于是无
论按克拉克的观点还是庞巴维克的观点，利率都将下降。两人的差别在
于资本相对增加后引起利率下降的传导机制方面。克拉克认为资本相对
增加将直接引起资本边际生产力从而引起利率的下降。虽然他也看到资
本相对增加对资本体现形式——资本货物的具体形态的影响，但他认为
这种形态的变化不是引起利率变化的因素。庞巴维克则认为资本相对增
加首先引起资本体现形式的变化：用具有更高的生产力但建造更费时间
的资本货物代替较低生产力但建造较少费时的资本货物。正是这种资本
财货的具体形态的变化才引起利率下降。

　　值得提出的是，虽然西方经济学界时常把上述边际生产力论与克拉
克的名字联系在一起，并时常把它看作是克拉克的主要成就，但这一理
论并非克拉克首创，虽然这无疑是由克拉克在并不了解其他人的贡献的
基础上独立提出的。在克拉克之前，德国的经济学家杜能已经提出了类
似的理论。尔后法国的瓦尔拉斯在 1874 年出版的《纯粹经济学要义》中
所建立起来的一般均衡体系中，也已经蕴含了边际生产力论的基本要点。
意大利经济学家巴罗尼则进一步根据帕累托所修订过的一般均衡体系，
给出了边际生产力论的严谨的数理表述。克拉克独立发现边际生产力论
的时间显然要早于《财富的分配》出版的 1899 年，因为该书在很大程度
上只是他对以往发表的一系列论文加以整理的结果。但他发现的时间也
不会早于 1881 年，因为他在《财富的分配》一书的序言中谈到该书是
1881 年以来发表的一系列论文的综述。由于资料限制，我们无法断定他

是在 1881—1899 年这 18 年中的哪一年发现边际生产力论的。与他大致同时提出边际生产力论的则还有英国的威克斯蒂德、J. A. 霍布森以及美国的 S. 伍德。

马歇尔

一、收入分配的一般原理

马歇尔认为，国民收入是生产要素共同创造的，因此收入分配问题，就是如何把国民收入分解为各生产要素的贡献份额的问题。他认为虽然纯产品作为实物是由生产要素生产的，但生产要素的需求价格取决于纯产品的价格，即要素的收入由产品价格决定，而不是要素的价格决定产品价格。这一见解与奥地利学派等边际主义者用低级财货价值决定高级财货价值是一致的。他还认为各生产要素收入的总和正好等于纯产品的总价值。那么纯产品的总价值按什么原则分解为各生产要素的收入呢？对此，他认为一般说来，对各种要素的服务的边际需要决定了它们的收入份额。要更深入地了解这一命题，就需要了解他的替代原理。

马歇尔的替代原理是指企业家们将不断地用相对于一定纯产品来说较便宜的生产要素来代替较贵的生产要素，从而使得生产要素不断从该要素服务价值较小的使用方面移向服务价值较大的使用方面，最后达到两点结果：一是一种要素在它的各种用途上的价值趋于一致；二是同一种用途上任何两种要素的边际纯产品之比等于它们各自的价值之比。由此可知，他的替代原理实际上就是追求收益最大化的企业家们选择最佳要素组合的行为的结果。由于这种行为，便决定了各种要素在整个经济中的边际需要，并进而决定了收入在各种要素之间的分配比例。

由上述替代原理可知，决定要素收入份额的边际需要，是由要素的边际生产力（边际纯产品）和要素的成本（要素的价格）共同决定的。边际生产力决定了企业家们对要素的需求价格，而要素的成本取决于要素的供给价格。于是要素收入的份额问题便归结为要素的均衡价格问题，归结为要素的供求问题。于是，分配的决定便与价值的决定一样，同样取决于供求均衡。任何生产要素的需求，取决于它在替代原理作用下的边际生产力；而供给不论什么时候都首先取决于它的现有存量，其次取决于它的所有者把它运用到生产上的意向。因此，虽然工资、利息、地租和利润互不相同，但它们从根本上讲都服从供求规律。

马歇尔还进一步分析了各种要素相对数量的变化对收入分配的影响，他认为任何一种要素所得份额越大，若其他条件不变，则其数量相对其他要素来说将增加（土地除外）越快，结果其边际生产力将下降，并使其在国民收入中所得份额减少，而使其他要素的收入份额增加。

二、工资

马歇尔用劳动的供求均衡来说明工资的决定。他认为需求和供给对工资起着同样的影响，如同剪刀之两边，拱门之双柱一样。工资有等于劳动纯产品的趋势，劳动边际生产力决定劳动的需求价格。从另方面来看，工资有同培养、训练和保持有效率的劳动的精力所用的成本保持密切关系的趋势。他强调，在计算劳动成本时，不仅要考虑生存和维持效率的必需品，还要考虑习惯上的必需品。从这种供求均衡论出发，他否定古典学派的工资铁律和工资基金学说，也不同意某些边际主义者单纯从边际生产力来说明工资的决定。

马歇尔认为，在现代文明中并不存在所谓一般工资率。劳动可以分为不同种类和阶层，每一劳动种类和阶层都有其自己特殊的需求价格和供给价格。"一般工资率"这种概念只是为了方便地考察劳动和资本的一般关系。

马歇尔还以供求均衡论为基础，分析了不发达国家的工资决定。他指出不发达国家的劳动阶级所能消费的奢侈品最少，甚至习惯上的必需品也不多。他们报酬的增加引起人数的大量增加，从而使他们的报酬又迅速降低至仅能维持生活所需要的费用的原有水平线上。在世界上大多数地方，工资几乎是按所谓铁律来规定的，这个规律把工资固定在培育和维持一个效率很差的劳动阶级的费用上。这一论点似乎是肯定工资铁律，否定不发达国家的工资由供求决定，其实不然，他恰恰是把所谓的工资铁律建立在供求均衡论的基础之上。不发达国家维生的工资率或工资铁律现象完全可以用供求均衡论加以说明。而西方发达国家之所以有比不发达国家高的工资率，他认为是由于发达国家中工人的必需品中不仅含有维持生存的必需品，还含有维持效率的必需品。即相对于不发达国家来说，发达国家的劳动供给曲线有更高的位置。

由此可知，无论发达或不发达国家，工资率都由劳动的供求均衡来决定。区别在于发达国家的劳动供给价格中包括了维持效率所必需的费用，而不发达国家则不包括这部分费用。马歇尔不仅对工资问题进行了上述实证性分析，还提出了自己的规范性要求，即主张实行效率工资。因为能提高效率的高工资，不仅能提高工资领受者的效率，而且能提高他们子孙的效率，报酬优厚的劳动一般是有效率的劳动，因此，不是昂贵的劳动。从这一认识出发，他提出一切资本中最有价值的莫过于投在人身上面的资本。

三、利息

马歇尔认为，利息对于获得利息的人来说，是延迟享受所含有的牺牲之报酬，或等待的报酬；对于付出利息的人来说，则是使用资本的代价。他把通常的利息区分为毛利和纯利，只有纯利才是等待的报酬，毛利则除了包含纯利之外，还包含风险、债权者的麻烦等因素所带来的报酬。他认为纯利有趋向一致的趋势，但毛利则没有这种趋势。

马歇尔认为，利息率的大小也和工资率一样，取决于资本的供求。而资本的需求取决于增量资本所提供的纯产品，即资本的边际生产力。而资本的供给从根本上讲取决于资本家对延期消费或等待所期望的报酬。但具体说来，供给情况要依据资金市场的大小、时间的长短而有所不同。对于局部地区的资金市场来说，需求增加后，可以通过向邻区抽调资金而在短期内迅速增加。但对于全国或全世界来讲，需求的增加、利率的上升，并不会在短期中引起资金供给的增加，只有在长期中才会使资本总供给缓慢增加。

四、地租与准租

在地租问题上，马歇尔基本上是重述了李嘉图的级差地租理论。他首先区分地租为狭义和广义。狭义地租完全是自然界的恩赐，非人力所为，而广义地租则还包括对土地进行投资改造所得的报酬。他重点分析了狭义地租的决定。他认为虽然对个人来说,土地也可以算是一种具体资本,可以变动它的数量,但对于整个社会来讲,土地是数量不变的,且无生产成本,是大自然的赐物,因此土地没有供给价格。因此地租便决定于对土地的边际投资的纯产品。他从土地报酬递减律出发,认为随投资的不断增加,最终会达到某个边际,处于该边际上的投资所生产的纯产品,仅提供正常利润而无剩余。而边际投资以前的各份投资的纯产品,则除去正常利润外尚有剩余,这些剩余便构成地租。

准租概念是马歇尔富有独创性的一个收入范畴。准租是指在短期中,对各种短期中数量固定但在长期中数量可变的生产要素的需求所引起的报酬。如生产设备、工业组织、管理技能、个人的特殊才能等。短期内都不会适应需求的变化而变化,像土地一样,它们在短期中的报酬完全由对其服务的需求所决定,往往高于其供给价格,类似于地租。但长期中它们数量可变,故其长期报酬又由对其服务的供求双方决定。趋于其供给价格,因此又不具有地租的性质。生产设备的准租(短期收益)可以高于也可以低于均衡的利率,但它的长期收益必须也必然趋近均衡利率。否则,若是低于均衡利率,则生产设备数量将减少;若是高于均衡利率,则其数量将增多。而这些数量变动最终将迫使其长期收益向均衡利率逼近。

准租概念使马歇尔能依据时间长短的不同来说明要素收入与产品价格之间的关系。短期中,要素收入中能否包括准租是由产品的价格决定的,因此是产品价格决定要素收入;而长期中,要素收入中不再包含准租成分,趋向于其供给价格,并且要素收入通过影响产品供给价格,成为产品均衡价格的决定因素之一,于是长期中是要素收入决定产品价格。

五、利润

马歇尔区分了正常利润和超额利润,他认为超额利润是企业家特有天赋的产物。正常利润则是企业家经营管理和组织企业活动的报酬。他认为企业家有两种能力:(1) 生产的组织者;(2) 人的领导者。而这两种能力是专门教育训练和天赋才能的产物。为培养这些才能而付出的代价决定着企业主劳动的供给价格。而企业家劳动的需求价格取决于企业经营的边际纯产品，这个纯产品表现为企业家在最合理地使用和安排其他各生产要素的条件下所能获得的纯收入，亦即在支付工资、利息和地租以后所能得到的正常利润。

总的说来，马歇尔的利润理论比较单薄，不像他对其他收入范畴的说明那样有力。

六、劳资调和论

马歇尔坦率承认：分配论研究的主要意义是使我们知道：现有的社会经济力量使财富的分配日趋完善；这些力量是经常起作用的，日益壮大的；它们的影响大多是积累性的；社会经济组织比乍看起来要更加微妙而复杂；考虑不周的巨大改革会引起严重的后果。这表明他相信现存制度会逐步改善，而任何大的社会变革都是不必要的。他承认在一般资本和一般劳动之间存在着一定的竞争关系，资本会排斥劳动。但他同时又认为，资本的增加会增加国民收益，虽然从短期看，劳动者不能从这种增益中得到什么明显的好处，但从长远看，资本的增加会增加就业，更重要的是随着资本的增加，利率必然下降，从而减少资本所得在国民收益中的份额，增加劳动所得的份额。他的结论是："一般资本和一般劳动，在创造国民收益上是相互合作的，并按照它们各自的（边际）效率从国民收益中抽取报酬。它们的相互依存是极其密切的；没有劳动的资本，是僵死的资本；不借助于他自己或别人的资本，则劳动者势必不能久存。哪里的劳动奋发有力，则哪里资本的报酬就高，资本的增值也很快。由于资本和知识，西方国家的普通工人在许多方面都比以前的王公吃得好，穿得好，甚至住得也好。资本和劳动的合作，如同纺工和织工的合作一样重要……一方的发展是同他方的力量和活动分不开的；不过一方用牺牲他方的办法可以暂时（如果不是永久的）取得较大的国民收益份额。"[1]

---

[1] 马歇尔：《经济学原理》下卷，商务印书馆 1981 年版，第 215 页。

费雪

一、收入、资本与利率的定义和分类

费雪首先定义了收入与资本。他把个人收入分作三种形态：享用收入（由满足的感觉或体验所构成）、实际收入（由带来满足的种种物品和服务组成，用生活费用来进行加总和衡量）、货币收入（个人用来支付生活费用所得到的货币）。由此可知，他的收入概念类似于今天西方经济学中的消费。他认为资本就其价值而言，是将来收入的贴现，或将来收入的资本化。他用下图表明了资本与收入之间的关系：即资本财货导致从现在起到未来的一系列收入流量，这一流量决定了收入的价值，而收入价值再反转来决定资本财货的价值。把收入看作是流量和把资本看作是存量，这是他对西方经济学所作出的重要贡献之一。他声称是在阿尔卑斯山的一次旅游中观看瀑布时领悟到这一点的。瀑布的水流落进水潭，增加了水潭的水存量。而收入就相当于瀑布的流水，资本就相当于水潭的积水。

资本财货 → 服务的流量（收入）

↓

资本价值 ← 收入价值

费雪倾向于对资本做最广义的理解，他认为一切能带来收入的东西都可以称作资本，这些东西的价值取决于它所带来的收入流量的资本化。甚至人本身也可以称作资本，只要他能带来收入流量。与这种对资本概念的广义解释相对应，他反对把利息作为与地租、工资及利润并列的收入范畴，而认为利息作为广义资本的收入，包括了地租、工资和利润。

费雪把利率看作是联系收入与资本之间的桥梁，他认为资本的价值与利率呈反向运动，而与储蓄呈同向运动。他把利率定义为：对某一日期的货币所支付的贴水的百分率，这一贴水是以一年后货币来表示的。因此，利率实质上是把各市场上的不同时点联系起来的一种价值。所以各种产品，只要其所提供的服务是跨时间的，则其价值便要受到利率的影响。跨越的时间越长，利率影响越大。同时任何生产要素，只要是运用于迂回生产的，其价格也要受到利率的影响，生产越是迂回，利率影

响越大。只要有时间的因素存在，便有利率的问题存在。利率是整个价格结构中之最为普遍的价格。

二、利率的决定

费雪认为，作为现在财货与将来财货相交换时的价格，利率由两大因素决定，一是主观心理因素，即时间偏好（现在财货优于将来财货的边际偏好）；二是客观因素，即投资机会。

费雪认为，一个人的时间偏好主要由其收入川流的四大特征决定：（1）流量的大小；（2）川流的时间形态，即收入是随时间而不变、递增、递减抑或波动；（3）川流量构成，即收入由那些实际项目（饮食、住所、娱乐和教育等）组成；（4）川流量的或然性，即风险大小或不确定的程度。在其他条件一定时，收入流量越小，时间偏好越强；其他条件一定时，递增的收入流量将提高时间偏好；其他条件一定时，当前的风险或不确定以及在时间上均匀分布的风险或不确定，将提高时间偏好，而未来的风险或不确定将降低时间偏好。

费雪认为，除了收入流量的四大特征之外，其他影响时间偏好的是下述个人因素：远见、自制、习惯、寿命预期、对后人的关怀以及习尚。这些个人因素中，导致时间偏好增强的是目光短浅、缺乏自制、乱花钱的习惯、预期寿命短或不确定、不关心后人以及盲目追随时尚。首先分析了不存在投资机会〔即每个人只面临一条唯一的收入川流，无法通过变动资本（广义）的使用方式来改变之，只能经由借贷改变之〕时的利率决定，他称之为利息的第一近似理论。他假定：（1）每个人的收入川流在开始时是确定的固定的；（2）借贷市场是完全竞争的，即单个人的借贷行为不影响利率；（3）每个人可以自由进出借贷市场，并依据市场利率借贷任何数额；（4）个人只能通过借贷和资产的买卖来变更收入川流，即不存在投资机会，不能通过变动资本（广义）的使用方法来变更收入川流。在此四项假定下，每个人将依据初始的市场利率来决定自己的借贷行为，变更收入川流，以调整自己的时间偏好使之接近市场利率；由此造成整个借贷市场上的借贷总量，而市场利率将依据借贷总量之间的差额而调整。最终实现均衡时，市场上所有人的时间偏好将相等并与均衡的市场利率相一致，同时借贷总量之间实现均衡。

费雪用下述四套方程组来表达利息第一近似理论。第一套方程组是时间偏好方程组，共有 $n\,(m-1)$ 个：

$$f_1' = F_1'\,(c_1' + X_1',\ c_1'' + X_1'',\ \cdots,\ c_1^{(m)} + X_1^{(m)})$$

$$f_2' = F_2'\,(c_2' + X_2',\ c_2'' + X_2'',\ \cdots,\ c_2^{(m)} + X_2^{(m)})$$

……

$$f_n' = F_n'\,(c_n' + X_n',\ c_n'' + X_n'',\ \cdots,\ c_n^{(m)} + X_n^{(m)})$$

$$f_1'' = F_1''\,(c_1'' + X_1'',\ c_1^{'''} + X_1^{'''},\ \cdots,\ c_1^{(m)} + X_1^{(m)})$$

$$f_2'' = F_2''\,(c_2'' + X_2'',\ c_2^{'''} + X_2^{'''},\ \cdots,\ c_2^{(m)} + X_2^{(m)})$$

……

$$f_n'' = F_n''\,(c_n'' + X_n'',\ c_n^{'''} + X_n^{'''},\ \cdots,\ c_n^{(m)} + X_n^{(m)})$$

……

$f_1',\ f_2',\ \cdots,\ f_n'$ 分别为 n 个人的第一年收入与第二年收入相比较的时间偏好率，$f_1'',\ f_2'',\ \cdots,\ f_n''$ 分别为 n 个人的第二年收入与第三年收入相比较的时间偏好率…；$c_1',\ c_2'',\ \cdots,\ c_n'$ 分别为 n 个人第一年的初始收入，$c_1'',\ c_2'',\ \cdots,\ c_n''$ 分别为 n 个人第二年的初始收入…；$X_1',\ X_2',\ \cdots,\ X_n'$ 分别为 n 个人第一年的借款（贷款）量，$X_1'',\ X_2'',\ \cdots,\ X_n''$ 分别为 n 个人第二年的借款（贷款）量，……它们可以是正值，也可以是负值，也可以为零；$c_1' + X_1',\ c_2' + X_2',\ \cdots,\ c_n' + X_n'$ 分别为 n 个人第一年的经过借贷调整后的收入，$c_1'' + X_1'',\ c_2'' + X_2'',\ \cdots,\ c_n'' + X_n''$ 分别为 n 个人第二年的经借贷调整后的收入，……该套方程组表明时间偏好是收入川流的函数。

第二套方程组为时间偏好率均等方程组，共有 $n\,(m-1)$ 个：

$$i' \ = f_1' = f_2' \cdots = f_n'$$

$$i'' \ = f_1'' = f_2'' \cdots = f_n''$$

……

$$i^{(m-1)} = f_1^{(m-1)} = f_2^{(m-1)} \cdots = f_n^{(m-1)}$$

式中 i'，i''，$\cdots$，$i^{(m)}$ 分别为 m 年中各年的均衡利率。

第三套方程组是借贷平衡方程组，共有 m 个：

$$X_1' + X_2' + \cdots + X_n' = 0$$

$$X_1'' + X_2'' + \cdots + X_n''n = 0$$

……

$$X_1^{(m)} + X_2^{(m)} + \cdots + X_n^{(m)} = 0$$

该方程组表明每年的借贷额的代数和为零，即借贷平衡。

第四套方程组是借贷现值平衡方程组，共有 n 个：

$$X_1' + X_1''/(1 + i') + \cdots + X_n^{(m)}/(1 + i')(1 + i'')\cdots(1 + i^{(m-1)})$$
$$= 0 \quad X_2' + X_2''/(1 + i') + \cdots + X_2^{(m)}/(1 + i')(1 + i'')\cdots(1 + i^{(m-1)})$$
$$= 0$$

……

$$X_n' + X_n''/(1 + i') + \cdots + X_n^{(m)}/(1 + i')(1 + i'')\cdots(1 + i^{(m-1)})$$
$$= 0$$

式中 $X_1''/(1 + i')$ 为第一人第 2 年借（贷）款额的贴现值，以此类推。该方程组表明每人在 m 年中的借贷额的现值的代数和为零。

四套方程共有 $2mn + m-n$ 个方程式，但可化简为 $2mn + m-n-1$ 个方程，方法是将第四组所有方程加总，由此可得第三组的第一个方程式：因此可将其略去。未知数正好也有 $2mn + m-n-1$ 个（包括 $n(m-1)$ 个 f，mn 个 X，以及 $m-1$ 个 I）。整个体系有确定解。

费雪进一步考虑存在投资机会时的利率决定，他称之为利息的第二近似理论，他把投资机会定义为投资者经由选择从一种收入川流移向另一种收入川流的机会。这种收入川流的转移与单纯的借贷（它也具有改变收入川流的作用）不同，它涉及投资者所拥有的要素的使用方法的变更，技术的变更。

当存在投资机会时，资本（广义）所有者将从许多不同的收入川流中选择一条依据既定利率其现值最大的收入川流，然后通过借贷来变更其时间形态。所有人的借贷行为将调整利率，利率的变化将引起所选择的收入川流的变化。如此不断地反复调整，最终实现均衡时，将满足下述条件：所有人的时间偏好相等并与均衡的利率相一致；借贷总量均等；每个人所选择的收入川流按均衡利率计算，具有最大现值，即每个人所选择的收入川流的边际收获超过成本率（r）将相等并与均衡利率相一致。收入川流的边际收获超过成本率（r）是指该收入川流带来的边际效益与其机会成本的比例。它会由于投资数量的变化而变化，一般是随投资数量的增加而递减。上述这些条件可用下述六套方程组表示出来，第一套时间偏好方程组共有 $n\,(m-1)$ 个：

$$f_1' = F_1'\,(Y_1' + X_1',\ Y_1'' + X_1'',\ \cdots,\ Y_1^{(m)} + X_1^{(m)})$$
$$f_2' = F_2'\,(Y_2' + X_2',\ Y_2'' + X_1'',\ \cdots,\ Y_2^{(m)} + X_2^{(m)})$$
……

$$f_n' = F_n'\,(Y_n' + X_n',\ Y_n'' + X_n'',\ \cdots,\ Y_n^{(m)} + X_n^{(m)})$$
$$f_1'' = F_1''\,(Y_1'' + X_1'',\ Y_1^{'''} + X_1^{'''},\ \cdots,\ Y_1^{(m)} + X_1^{(m)})$$
$$f_2'' = F_2''\,(Y_2'' + X_2'',\ Y_2^{'''} + X_2^{'''},\ \cdots,\ Y_2^{(m)} + X_2^{(m)})$$
……

$$f_n'' = F_n''\,(Y_n'' + X_n'',\ Y_n^{'''} + X_n^{'''},\ \cdots,\ Y_n^{(m)} + X_n^{(m)})$$
……

式中 $Y_1',\ Y_2',\ \cdots,\ Y_n';\ Y_1'',\ Y_2'',\ \cdots,\ Y_n'';\ \cdots,\ Y_1^{(m)},\ Y_2^{(m)},\ \cdots,\ Y_n^{(m)}$ 分别为 n 个人第一年、第二年、……第 m 年的初始收入，它们取决于投资者对收入川流的选择，不再是常量而是变量。其他符号照旧。该套方程表明时间偏好是收入川流的函数，而这些收入川流是投资者在众多投资机会中进行选择再由借贷加以调整的结果。

第二套是时间偏好率均等方程组，共有 $n\,(m-1)$ 个：

$$i' = f_1' = f_2'\cdots = f_n'$$
$$i'' = f_1'' = f_2''\cdots = f_n''$$
……
$$i^{(m-1)} = f_1^{(m-1)} = f_2^{(m-1)}\cdots = f_n^{(m-1)}$$

第三套是借贷平衡方程组，共有 m 个：

$$X_1' + X_2' + \cdots + X_n' = 0$$

$$X_1'' + X_2'' + \cdots + X_n'' = 0$$

……

$$X_1^{(m)} + X_2^{(m)} + \cdots + X_n^{(m)} = 0$$

第四套是借贷现值平衡方程组，共有 n 个：

$$X_1' + X_1''/(1 + i') + \cdots + X_1^{(m)}/(1 + i')(1 + i'') \cdots (1 + i^{(m-1)}) = 0$$

$$X_2' + X_2''/(1 + i') + \cdots + X_2^{(m)}/(1 + i')(1 + i'') \cdots (1 + i^{(m-1)}) = 0$$

……

$$X_n' + X_n''/(1 + i') + \cdots + X_n^{(m)}/(1 + i')(1 + i'') \cdots (1 + i^{(m-1)}) = 0$$

第五套是投资机会方程组，共 n 个：

$$\Psi_1 (Y_1', Y_1'', \cdots, X_1^{(m)}) = 0$$

$$\Psi_2 (Y_2', Y_2'', \cdots, X_2^{(m)}) = 0$$

……

$$\Psi_n (Y_n', Y_n'', \cdots, X_n^{(m)}) = 0$$

它表明每个人的收入川流的变动所必须遵守的界限。即某一川流在某一年的流量若比另一川流同一年的流量要大，则前一川流必定在另外某些年中，其流量要小于后一川流。至于那些任一年的流量都小于其他某一川流的川流，是被排除于选择之外的。

第六套是表明收入川流的最优选择的方程组，共有 $n (m-1)$ 个：

$$i' = r_1' = r_2' = \cdots = r_n'$$

$$i'' = r_1'' = r_2'' = \cdots = r_n''$$

……

$$i^{(m-1)} = r_1^{(m-1)} = r_2^{(m-1)} = \cdots = r_n^{(m-1)}$$

式中 r_1'，r_2''，$\cdots$，$r_1^{(m-1)}$；r_2'，r_2''，$r_2^{(m-1)}$；rn'，rn''，$\cdots r_n^{(m-1)}$ 分别为第一个人在相继 m 年中各年的边际收益超过成本率，第二个人在相继 m 年中各年的边际收益超过成本率，……第 n 个人在相继 m 年中各年的边际收益超过成本率。

上述六套方程共有方程 $3mn + m - n$ 个，未知数 $4mn + m - 2n - 1$ 个（包括 $n(m-1)$ 个 f，mn 个 x，$m-1$ 个 i，mn 个 Y，以及 $n(m-1)$ 个 r）。从上述第三、四套方程组中可以减去一个方程，故独立的方程式共有 $3mn + m - n - 1$ 个。同时，任一个 r 都不过是相邻两年的 Y 进行替代时的替代率，因此它们并不是独立的变量，可以从确定的 mn 个 Y 中推导出来，因此可以从 $4mn + m - 2n - 1$ 个变量中减去 $n(m-1)$ 个 r，剩下 $3mn + m - n - 1$ 个未知量，与方程数恰好相等，故该体系有解。

最后，费雪考虑了存在风险和不确定性时的利率决定，他称之为利息的第三近似理论。当存在风险和不确定性时，每个人面临的各种收入川流都将带有或然性，而不是确定性，从而这些川流的边际收益超过成本率也将是不确定的，时间偏好率也将带有或然性。同时整个借贷由于呆账风险而未必一定平衡，个人在一个长时期中的借贷的现值的代数和也未必一定为零。由此造成的后果是任一时点上的利率决定，是难以用数学方法加以说明的。他把风险和不确定性称作利率决定中的搅乱因素，并认为尽管实际生活中大量存在这类搅乱因素，但还是可以用他的第二近似理论说明实际生活中利率的基本倾向。

在众多的导致风险和不确定性的因素中，费雪重点分析了发明发现对利率的影响以及起因于货币的物价变动对利率的影响。他认为发明与发现对利率的最初影响是促其升高，因为发明与发现所导致的投资机会促使借款增加。但发明与发现对利率的最终影响是促其下降，因为收入川流在数量上增加了，这将减低时间偏好。

对于货币、物价对利率的影响，费雪花费了较多的篇幅进行考察。他首先是区分了货币利率（名义利率）与实际利率，实际利率就是由时间偏好和投资机会所决定的利率，而货币利率往往等于实际利率与币值变动率（一般物价水平变动率）之和。当币值变动率为零时，货币利率便等于实际利率。当币值变动时，货币利率才会与实际利率发生差异，除非币值变动被准确地预见，并在契约中加以考虑。但由于人们普遍存在货币幻觉，币值变动不会很快被人们所觉察，所以币值变动在短期中难以影响货币利率。货币幻觉这个概念是他首先引入经济学的。

费雪还进一步根据英美两国的统计资料，运用计量分析方法，考察了货币利率对币值水平和币值变动的依存关系，得到四点结论：（1）物价水平上升时货币利率一般有增高的倾向，物价水平下降时利率一般有降低的倾向；（2）货币利率变动往往落后于物价变动率，因而对两者进行同期的直接比较时，两者间的关系往往模糊不清；（3）货币利率与物价变动的滞后分布的加权平均值（权数依滞后期的延伸而递减，滞后期的长短依具体情况而言）高度相关。这是关于分布滞后现象的先驱性研究。（4）物价水平高时货币利率也肯定地倾向于高，物价水平低时利率也肯定地倾向于低，同时也指出物价水平依货币利率的变动而反向变动的另一种因果关系，即人为压低（提高）货币利率将提高（下降）物价水平。他强调后一种因果关系发生在较短时期中，而较长时间中是前一种因果关系起支配作用。在一定限度内，利率下跌可以而且往往几乎是促使物价即刻地上涨，商业活动即刻地增加。这种影响可以延续到好几个月，一直到上涨的物价又占取了优势，从而再度提高利率为止。

费雪的利息理论在很大程度上是继承了约翰·雷（John Rae, 1796—1872）和庞巴维克乃至杰文斯的资本理论。他对时间偏好的分析，可以说几乎完全源自庞巴维克，但他在几个方面不同于庞巴维克：一是他把利息看作是一种与时间有关的广义资本的收入，利率是一种把不同时点联系起来的特殊价格，不赞成把利息与工资、地租和利润并列起来；而庞巴维克则赞同后一种论点。二是他把利率看作是与其他有关变量在相互作用过程中决定的。所以运用联立方程组来同时求解利率及其他有关变量；而庞巴维克显然不赞同这种相互作用说，倾向于用主观心理因素来作为利率的最终决定者。三是把投资机会或边际收益超过成本率作为客观因素，并列于时间偏好这一主观因素，两者共同决定利率；而庞巴维克则只承认时间偏好这一主观因素，而其他客观性的因素不是与时间偏好并列，而是通过时间偏好才对利率发生影响。四是他认为决定时间偏好的主要是收入川流的特征，而庞巴维克认为是另外三种原因。

费雪的利息理论，按他的本意，也是对瓦尔拉斯、帕累托一般均衡理论的补充。他认为瓦尔拉斯的一般均衡理论解决了同一地区同一时间中的价格决定问题，但没有回答不同时间的同一货物之间交换的价格决定，而解决后一问题便是利息理论的目的。从更广阔的视野来看，从边际革命开始，西方经济学家关于利息利率的决定问题，一直有两种基本的思路：一种是忽略时间因素来说明利率的决定，如维塞尔、瓦尔拉斯、克拉克、马歇尔等人，他们或者是用资本的边际生产力或者是用资本的供求平衡来说明利率的决定。另一种是强调时间因素来说明利率，把利率看作是经济活动需要在时间之流中进行的结果，如庞巴维克、费雪等人。但他们重视时间与后来凯恩斯及其后人重视时间因素又有区别，他们更侧重于确定性条件下的分析，因而总是把利率看作是资本现象而非货币现象；而凯恩斯则开始重视时间过程中的不确定性，把它看作是对经济生活有重大影响的因素，并以此为依据把利率看作是货币现象而非资本现象；而凯恩斯的学生之一琼·罗宾逊则干脆把时间看作是不确定性的代名词。

总而言之，庞巴维克—费雪传统比瓦尔拉斯—克拉克—马歇尔传统更接近于凯恩斯，凯恩斯自己也认为他的资本边际效率与费雪的边际报酬超过成本率是很接近的。

从今天的眼光来看，费雪利息理论中另一个有价值的贡献是他关于物价水平与利率之间关系的见解，这些见解以及他得到这些见解时所采用的计量经济学方法，表明他不仅是计量经济学的先驱，同时也是现代货币主义关于这方面见解的先驱。其次，他虽然未能充分阐述风险对于利率的影响，但他对风险的重视，很可能启发了 20 世纪耶鲁大学的詹姆士·托宾，后者完成了他未完成的事业，建立了考虑风险因素的数理模型，说明利率等变量的决定。

奈特

奈特主要分析了利润的产生机制，他指出理论上的完全竞争的基本特征，就是消除利润或损失并使经济物品的价值与其成本相等的一种趋势，一种趋向于在对生产作出贡献的各种要素之间进行产品的无剩余分配的趋势。但在现实社会中，成本和价值仅仅是趋向于均等，事实上，只有在偶然情况下，它们才能确切相等，通常情况下，它们都是由一个或正或负的利润额区别开来。因此，利润的问题是考虑完全竞争和现实竞争之间差别的一个途径。

那么理论上的完全竞争与现实竞争之间的差距是如何产生的呢？利润又是如何从这种差距中出现的呢？奈特针对以往认为利润是企业家承担风险的报酬的观点，首先区分了三种概率：（1）先验概率；（2）统计概率；（3）估计。他称第三种概率为不确定性，认为它是被经济理论所忽视的。对于前两种概率事件给厂商带来的风险，由于其分布可知，他认为可以通过保险来规避；而不确定性由于其分布不可知，因此其所造成的可能损失是不能通过保险来加以规避的，而其可能带来的收益也是无法通过竞争来消解的。这样他就区分了厂商能够保险的风险和不能保险的不确定性，例如厂商可以通过购买保险来减轻甚至消除火灾的损失，但是厂商不大可能为市场的意外变化购买保险。因为前者的损失可以通过精算来大致估算，而后者则不能通过精算计算其均值和方差。因此针对前者的保险费是成本，可以保险的风险就不再是利润的来源。而与后者相连的不确定性则是利润的来源。不确定性是市场动态的一部分结果。于是，他把利润的源泉之一认作是由市场动态所导致的不确定性。

针对那种认为利润是经济动态变化的结果的观点，奈特认为并非任何变化都会导致利润，如果变化的规律是众所周知的，利润就不可能产生。如果对变化带来的未来结果一无所知，变化或许会产生一种能产生利润的条件。由这种变化产生的误差，才是利润的来源。引起利润的不是动态变化，不是任何一种变化，而是实际情况与预期情况的一种偏差，要对利润有一个满意的解释，似乎要从动态理论转向未来的不确定性。他特别强调，即便是引起经济动态的各种进步性变化，只要是可以预知的，也未必成为利润的来源。不可预测意义上的量的变化独立于进步意义上的量的变化，因为它们的结果极不相同，所以在因果关系的分析中，这两个因素必须分开进行研究。

奈特对于利润的风险理论和动态理论做出的评价是：动态理论和风险理论中都有真理之原，真正的理论在很大程度上一定是这两种观点的调和。一方面，利润实际上与经济变化有密切的联系（只因为变化是不确定性的条件），另一方面，利润则显然是风险或无论用什么习惯用法来称之的风险的结果，而且只是不可度量的那种风险的结果。他特别强调：导致利润的唯一风险，是一种产生于履行终极责任的绝无仅有的不确定性，即一种本质上不能进行保险、不能资本化、也无法付给工资的绝无仅有的不确定性。利润是从事物内在的、绝对的不可预见性中产生的，即利润产生于一种绝对蛮横的事实，就人类活动的结果无法预期，甚至对这些结果进行概率计算也是不可能的、甚至毫无意义的。

奈特认为，不确定性影响利润的主要原因是它会通过改变预期而引起资产价值的变化，决定性的因素是资产价值的变化，这种变化可能会是因为资产增值或贬值、投资或减少投资所致。

至于不确定性的产生，奈特认为一方面与经济的迅速变化有关，另一方面则与企业家经营能力的差异有关。而从根本上讲，是因为人们只具有不完全的知识，因此，正是不完全的知识，即对未来和变化的结果的不完全知识，才是理解问题的关键所在。而这种不完全的知识，他认为会表现在两个方面，一是不能完全了解用既定的资源最终能够生产多少产品和什么质量的产品；二是不能完全了解未来需要用产品去满足的需求和欲望。这方面的不确定性会由于生活标准的提高而加剧。我们的标准抬得越高，与动机相关的审美因素和社会含义的比例越大，与预测欲望和满足欲望相关的不确定性也越大。而在企业等组织内部，他认为真正的不确定性，是对人的才能——即应对不确定性的才能——进行估计的不确定性。

除了不确定性之外，奈特认为垄断和买方垄断也是利润的来源。

第三节　评论

收入分配理论从亚当·斯密开始，是关于国民收入在拥有三种要素的三大阶级之间如何分割、按什么规则进行分割的理论。这个问题对于生活在工业革命前夜的斯密来说，并不是什么严重的社会问题，因为《国富论》写作和发表的 18 世纪中期，英国的社会矛盾并不十分严重。

英国工业革命开始之后，收入分配差距不断扩大，贫富悬殊日益严重，英国社会三大阶级之间矛盾非常尖锐，从而使得收入分配问题成为后期古典经济学关注的主要问题。英法德美等国的经济学家围绕收入分配问题出现了分化，大体分为两个界线并不非常明确的阵营，一些人强调三大阶级之间的利益对立和冲突，另一些人则认为三大经济之间的利益和谐。而利益冲突与利润和谐的具体内容，以及应当如何对待这些冲突，在同一阵营内部不同人那里也有不同。

前一阵营中，李嘉图以劳动价值论为基础，论证地主阶级与工业资产阶级之间的利益冲突，并从资本积累的目标出发，要求制定有利于工业资产阶级的政策。马尔萨斯也承认不同阶级之间的利益冲突，但反对制定不利于地主阶级的政策。西尼尔承认工人阶级与资本家阶级之间的利益冲突，但反对制定不利于资本家阶级的政策。德国的杜能和英国的约·斯·穆勒承认工人阶级与资产阶级之间的利益冲突，但希望通过利润分享来缓和冲突。美国的乔治·亨利则别具一格地否定工人与资本家之间的利润冲突，但强调他们与地主阶级的利润冲突。

后一阵营中，萨伊最早以"三位一体"分配论论证三大阶级的收入是各得其所。李嘉图学派虽然维护劳动价值论，但通过重新解释劳动概念而不再认可资本与劳动之间的利益冲突。琼斯、凯里和巴斯夏则都强调在长期中由于技术进步，土地、劳动和资本三种要素的收入都将得到提高，凯里和巴斯夏更是主张阶级利益和谐。

新古典经济学时期，除了维塞尔以要素配合比例固定为前提，用归属论解释收入分配，其他经济学家部分以要素配合比例可变为前提，用边际生产力论解释收入分配，尤其是约翰·贝茨·克拉克。马歇尔则在综合古典经济学和边际学派分配理论的基础上，运用局部均衡的供求价格论终结了三大要素的收入分配理论；瓦尔拉斯则干脆运用一般均衡方法同时处理了商品的价格决定和要素的收入分配问题。不过他们留下一点遗憾，就是对于利润的解释不太有说服力，瓦尔拉斯的一般均衡则说明，当实现一般均衡时，不可能存在利润。最后，奈特用不确定性、熊彼特用创新说明了利润,这就最终完结了要素收入分配理论。

新古典经济学时期,除了维塞尔和庇古分析了劳资之间的利益冲突关系、琼·罗宾逊从边际生产力论出发分析了资本对劳动的剥削,其他经济学家几乎一概不承认劳资冲突,而是强调劳资和谐。这种劳资和谐论,既是一种对于现状的实证性判断,亦是一种规范性要求。马歇尔就是其中最主要的代表。这种现象的出现,与英法等国到19世纪后半期逐步走出收入分配状况恶化的局面有关。有迹象表明,起码在英国,在1846年废除"谷物法"之后的近半个世纪里,工人阶级的生活水平开始有了明显的改善。这一点从英国社会主义运动(费边社)在这一时期的温和化上也可以得到一定的佐证。当然,更加具体深入的分析,有待于相关经济史的研究。

新古典经济学时期,一种研究收入分配的新视角开始涌现,那就是帕累托对于收入分配实际数据的经验研究及帕累托法则的发现。从那以后,这一视角越来越成为收入分配理论研究的主流。其背后的原因大概是由于从19世纪后期开始,经济的发展使得社会的贫富差距越来越不以不同要素的所有者为界,不像19世纪早期,拥有劳动要素者必定贫困,拥有资本、土地要素者必定富有。收入差距在拥有同一种要素的所有者之间开始不断增大,同样是出卖劳动要素,熟练工人与非熟练工人之间,一般工人与不是所有者的企业管理者之间,收入差距不可小觑;同样是资本所有者,大公司的所有者与小商铺的所有者之间,收入差距同样不可小觑。同时一个人往往不再是单一要素的所有者,一个工人,很可能又拥有所在公司或其他公司的股票,既是劳动要素所有者又是资本要素所有者。还有越来越多的白领劳动者的出现。这种种现象意味着继续固执于单纯从要素角度研究收入分配,并据此来解释贫富差距,已经意义不大了。

第五章　效用与消费理论

第一节　古典经济学时期

萨伊与穆勒

萨伊把消费规定为效用的消灭与价值的消灭。他从消费的结果上把消费分为生产性消费与非生产性消费，认为生产性消费不满足什么欲望，但创造新的价值；而非生产性消费则能满足某种欲望，却没生产什么新的价值。他从消费的主体上又把消费分为公共消费与私人消费，认为它们可以是生产性消费，也可以是非生产性消费。他还区分了个人年消费与国家年消费，认为前者是个人的一年内所消费的一切价值的总和，后者则是组成国家的个人与团体在一年内所消费的价值总和。

萨伊认为非生产消费也是一种交换，即以现有财富交换个人欲望的满足。他提出理想的消费方式是有助于满足实际需要，是消费耐久的、质量好的产品，是实行集体消费，是提供符合道德标准的消费。他主张提高人民的鉴赏力和富裕程度，认为这有助于人民进行消费选择。他反对时常变换消费式样，认为那会导致浪费。他指出，贫富不均妨碍实现最适宜的消费，因为穷人与富人即使消费的价值相同，但满足不一样，前者的满足将是真实的、充分的和长时间的，而后者的满足则是微不足道的。这一论点是以后福利经济学中主张收入均等化的重要论点的萌芽。他特别强调，政府的举动对全国的消费性质影响很大。

萨伊指出个人消费是以满足家庭与个人需要为目的。它所应遵循的原则，就是要避免奢侈和鄙吝，因为前者导致浪费，不利于资本积累，而后者不利于欲望的满足。他提出节约是美德，而奢侈是社会的大敌。他提出了家庭经济规律，即在合理的限度内消费，细心比较消费所牺牲的价值与消费所提供的满足。并认为只有个人自己才能正确估量每一消费行为所产生的损益。

萨伊认为公共消费是为了满足社会作为整体的需要。它包括民政司法费用、陆海军费用、公共教育费用、公共慈善费用。他反对不合理的公共消费，强调消费必须能为利益所补偿。

穆勒把消费区分为生产的和不生产的，认为对生产没有直接或间接贡献的人的消费是不生产的，而生产性劳动者的消费中，凡无助于维持和增加他们生产能力的消费（如对于享乐品、奢侈品的消费）也是不生产的，只有有助于维持和增加他们生产能力的消费才是生产性消费。在如此区分消费之后，他提出对劳动的另一种分类：为生产性消费提供对象的劳动和为非生产性消费提供对象的劳动。前者用于维持和增加国家的生产资源，而后者则不。他认为这种分类比划分生产劳动与非生产劳动更有意义，因为一国财富的增减，与供给生产性消费的劳动在总劳动中所占比重的大小有关。

第二节　新古典经济学时期

戈森

赫尔曼·海因里希·戈森（Hermann Heinrich Gossen，1810—1858），从时间上看属于古典经济学时期的经济学家。但是他的观点无疑属于新古典经济学时代。

戈森假定人以追求享乐最大化为目的，即使是禁欲主义者也不例外，因为他们是以死后进入天堂为目的。从这一基本前提假定出发，他提出了戈森第一定律，也就是边际效用递减规律。他把这一定律表述成两种形式：一是在一次持续的消费过程中各消费品单位的效用逐次递减，如下面 a 图所示。二是在隔期的重复消费时第一个消费品的效用递减，如下面 b 图所示。图中横轴为消费品数量，纵轴为边际效用。图 b 表示随消费次数的增多和消费活动的重复，边际效用曲线的位置由 AB 下移到 A_1B_1，再下移到 $A_{11}B_{11}$。

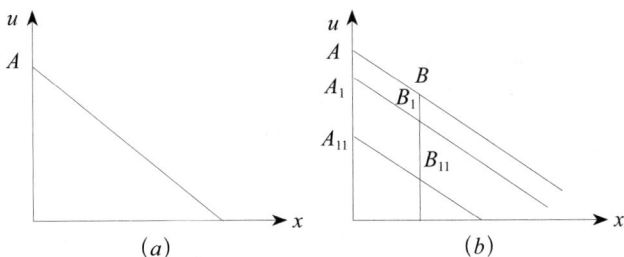

图5.1

戈森第二定律就是消费活动中的等边际原理，即在消费时间一定或购买消费品的货币一定，而消费项目不止一个时，要使享乐最大化，就必须如此分配时间和货币，使各项目中获得的边际效用相等，或各项目上每单位货币换得的边际效用相等。如果说戈森第一定律早已有多人提出，那么戈森第二定律则绝对是他的首创。

门格尔

作为门格尔分析出发点的消费者，追求欲望满足的最大化。为了分析他们的行为特征，就有必要对他们的欲望进行分析。

门格尔指出了消费欲望的多样性、层次性及满足上的协调性和递减法则。即消费者在每一个时点上都有多种欲望需要相互协调地同时满足，并且各种欲望的满足对于消费者具有不同的重要性；同时，一种欲望已经满足的程度越高，进一步满足的重要性就越低。

门格尔用著名的欲望分类分级表，表述了上述思想：

I	II	III	IV	V	VI	VII	VIII	IX	X
10	9	8	7	6	5	4	3	2	1
9	8	7	6	5	4	3	2	1	0
8	7	6	5	4	3	2	1	0	
7	6	5	4	3	2	1	0		
6	5	4	3	2	1	0			
5	4	3	2	1	0				
4	3	2	1	0					
3	2	1	0						
2	1	0							
1	0								
0									

表中罗马数字表明重要性依次递减的十种欲望。表中的阿拉伯数字则表明同一种欲望的不同强度。其中 10 代表最高的强度。任一欲望随着满足程度的提高，其强度不断减弱，且进一步满足的意义也不断递减，直至 0。

门格尔认为，不仅任一特定时点上的各种欲望，其满足的重要性有所不同，同一欲望得到不同程度的满足后，继续满足的重要性也有所不同；而且同一种欲望的同程度的满足，如果是发生在当前或以后的不同时点上，其重要性也不一样。

在分析个人消费欲望的基础上，门格尔认为一物之所以成为财货，并不完全依存于其自然属性，更重要的是它能满足人的某种欲望。

门格尔从消费欲望的多样性和满足上的协调性出发，认为个人对满足不同欲望的各种财货的需求是相互制约的。作为消费者的个人不满足于单纯拥有一种财货，而是力图拥有满足不同欲望的各种财货，并且要使不同财货在数量上保持一种有机格局。这些观点是当代消费理论中消费者均衡思想的萌芽。

门格尔认为，并非人所需求的各种财货都能得到充分供给，个人消费欲望的满足往往是受到财货稀缺的约束。根据各种财货的不同供求状况，他把需求大于供给的财货称为经济财货，即具有相对稀缺性的财货；把需求小于供给的财货称作非经济财货。他认为两种财货的区别，并不依存于社会经济制度。对于自然经济中的鲁滨逊来说，也会有经济财货。

门格尔认为，由于经济财货的存在，个人将力图使它们得到最好的使用：首先用于满足最重要的欲望，然后再满足次要欲望，即追求经济财货的最佳使用。

杰文斯

杰文斯认为经济研究的出发点应当是消费而非生产，因为生产的目的是消费，产品的种类和数量也要依消费需要来决定。

在研究消费时，杰文斯以边沁的功利主义作为自己的基础，认为人们消费的目的便是追求快乐、减免痛苦。而物品能给人带来快乐（或负痛苦）的性质便是物品的效用。因此，效用并非物品的客观属性，而是在与人发生关系时才具有的属性。

杰文斯用图形和数学方程，表达了边际效用递减法则以及总效用与边际效用之间的区别。他用 u 表示消费 x 量某种商品所带来的总效用，而 du/dx 表示边际效用，即边际效用是总效用对消费数量的一阶导数，是消费量的函数。他认为边际效用 du/dx 会随 x 的增加而减少，即 $d^2u/dx^2<0$。这样他便用数学方式表达了边际效用递减法则。下图 (a)、(b) 分别表达了个人和全国的边际效用递减法则。由于对个别人来说，某种商品的数量

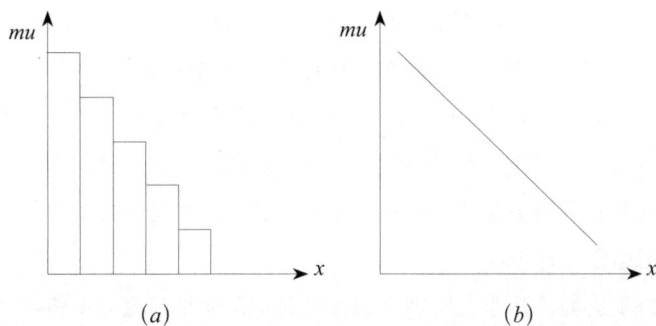

(a) (b)

图5.2

(x) 不是无限可分的，故其边际效用曲线为阶梯形。但对于全国来说，某种商品的数量可以看成是无限可分的，故其边际效用曲线为一光滑曲线。

以边际效用递减法则为基础，杰文斯进一步探讨消费者在既定商品数量下获取最大效用的条件。他区分了两种情况：一是商品 x 可用于若干种用途上。二是商品 x 可用于从现在起的不同时间里。在第一种情况下，他假定某物的一定数量 S 可用于两种用途：第一种用途上用去 x 量，总效用为 u_1；第二种用途用去 y 量，总效用为 u_2；且 $x + y = s$，则获取最大效用的条件为：

$$du_1/dx = du_2/dy$$

即两种用途上的边际效用相等。

第二种情况下，他假定某物的一定量要分配于未来几个时期使用。v_1，v_2，$\cdots$，v_n，分别是各期消费的边际效用。p_1，p_2，$\cdots$，p_n，分别是获得 v_1，v_2，$\cdots$，v_n 的概率，因为物品在储藏中可能损失，q_1，q_2，$\cdots$，q_n 分别是现在的快乐对于未来各期的同样程度快乐的比率，由于未来的不确定性，这个比率通常不等于 1。于是获取各个时期总效用最大的条件为：

$$v_1 p_1 q_1 = v_2 p_2 q_2 = \cdots = v_n p_n q_n$$

埃奇沃思

埃奇沃思对杰文斯的效用理论作了重要修正。在杰文斯那里，对一个消费者来说，各种商品的效用是互相独立的；一种商品的效用只由它的数量决定，是该商品数量的一元函数，不受其他商品数量的影响。从而一种商品的边际效用也只是它数量的一元函数，而与其他商品的数量无关。而埃奇沃思认为，各种商品总是作为一个整体对消费者产生效用的，因此消费者的效用要由各种商品的数量来决定，是各种商品拥有数量的多元函数：

$$U = F (x_1, x_2, \cdots, x_n)$$

U 为总效用，x_1，x_2，$\cdots$，x_n，分别为 n 种商品的数量。于是，一种商品的边际效用便是总效用函数的一阶偏导数：$\partial U/\partial x_i$（$i = 1, 2, \cdots, n$），它不仅由该商品自身的数量所决定，还受到其他商品数量的影响。

以上述修正为基础，埃奇沃思分析了交换均衡。他沿袭杰文斯，假定 A、B 二人以 a、b 两种商品的 X 量和 Y 量进行交换，成交后 A 的总效用为 $U_A = F_A (a-x, y)$，B 的总效用为 $U_B = F_B (x, b-y)$，交换均衡的条件是：

$$(\partial U_A / \partial (a-x)) / (\partial U_A / \partial y) = (\partial U_B / \partial x) / (\partial U_B / \partial (b-y))$$

即 A、B 二人对两种产品的边际效用之比相等。这其实就是杰文斯的著名的交换方程式的发展，区别在于，某种商品的边际效用现在改用偏导数来表示了。

埃奇沃思进一步认为，均衡时，进一步的交换不可能使 U_A 和 U_B 同时增加，只能以一方的牺牲为代价而使另一方的效用增加，而未达到均衡时，进一步的交换则可能使 U_A 和 U_B 同时增加。在用图形说明上述道理时，他提出了无差异曲线、契约曲线、埃奇沃思盒等概念。运用这些分析工具，他论证了交换有可能使双方都得到福利改善，在研究交换导致的增益如何在交换双方分配时，他发现在孤立交换条件下没有唯一解（交换比例），但是随着交换双方人数的不断增多，解（交换比例）的范围不断缩小，最后在完全竞争的条件下，只存在唯一解（交换比例），这个交换比例或者说价格对于每个交换者都是无法控制的外生变量。他的工作为以后边际分析的发展、福利经济学的发展，提供了基本工具，作出了重大贡献。具体地说，他对于帕累托在 25 年之后提出序数效用论起到了重要作用。

帕累托

作为瓦尔拉斯教席的继承人，帕累托在很大程度上继承了瓦尔拉斯的一般均衡理论，但同时又在做出重大修正的基础上发展了这一理论。重大修正之一是用序数效用论代替基数效用论，并用无差异曲线来分析消费者的需求行为。

帕累托认为，瓦尔拉斯一般均衡理论的一大缺点是把需求函数建立在效用可测性的假定之上。他认为效用是难以测定的，并且一种物品的效用并非只与其本身的数量有关，还与其他物品的数量有关。效用虽不可测,但从人们日常行为来看,不同物品或不同物品组合,其效用是可比较的。即效用虽不能用基数加以测定,但完全可用序数排列其大小。而在序数效用论的基础之上,完全可以推演出瓦尔拉斯一般均衡体系所需要的需求函数。为此,他采用了埃奇沃思在多年以前所提出的无差异曲线作为分析工具,但他对埃奇沃思的观念作了重要修正。埃奇沃思的无差异曲线是以效用可测性为前提,根据测定的效用来绘制的,而他的无差异曲线则以经验事实为根据,并不需要以效用的测定为前提。用序数效用代替基数效用,就避开了个人效用的计量和不同人效用的比较等无法解决的难题。

帕累托详细列举了当两种物品具有不同关系时的无差异曲线:(1)两种物品(A、B)中只有一种(A)具有效用(图1);(2)两种物品(A、B)严格互补(图2);(3)两种物品(A、B)虽互补但并不严格;(4)两种物品(A、B)效用各自独立;(5)两种物品(A、B)可互替但替代比例不定(图3);(6)两种物品(A、B)以不变比例互替(图4)。不论这

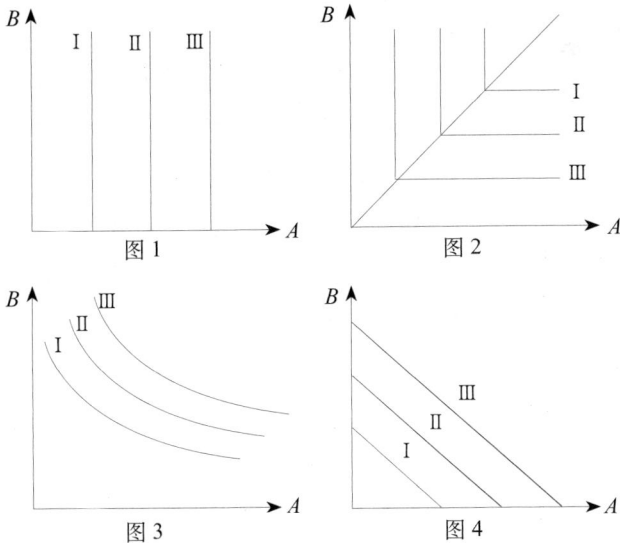

图5.3

些无差异曲线有何不同，其共同特点是离原点越远的无差异曲线代表越大的效用。这些不同形状的无差异曲线，广为后人所采用的是第 2、5、6 种，尤其是第 5 种。

恩格尔

恩斯特·恩格尔（Ernst Engel，1821—1896）根据来自比利时劳动者家庭的收入和开支的统计数据发现了以他命名的恩格尔系数，即家庭食物开支占收入的比重，以及恩格尔法则。它表明这个比重将随着收入的提高而逐步下降。这个法则不仅适用于横截面数据，即同一时点上收入越高的家庭食物开支占收入的比重越低；而且也适用于时间序列数据，即同一个家庭随着收入的逐期提高，其食物开支占收入的比重逐期降低。这是一个重要的统计法则，是经济学中最早从统计数据中得到的经验法则，被世界范围中的许多调查所证实。

马歇尔

一、消费者选择行为与消费者剩余

马歇尔还以边际效用为基础分析了三个问题：一是一种物品在不同用途上的选择；二是一种物品在现在使用与将来使用之间的选择；三是消费者剩余。前两个问题涉及消费者的选择行为，在这两个问题上，他基本上是重复了戈森第二法则以及奥地利学派的见解。但消费者剩余却是他独创的概念。消费者在购买一定量商品时，支出的总费用等于价格与商品量之积。而这个价格在他看来等于商品的边际单位的效用。但对于消费者来说，边际单位之前的各单位商品的效用要高于边际单位的效用，所以他对边际单位之前的各单位商品所愿支付的价格也将高于边际单位的价格。这样，为了得到这一定量的商品，消费者所支出的总费用便低于他为了得到这些商品而愿意支出的最高费用。二者之差便是消费者剩余。它表明消费者在购买中获得的额外利益，可以用下图表示消费者剩余。

其中面积 *PEQO* 表示消费者为购买 *QO* 量的商品所实际支出的总费用，面积 *DEQO* 表示消费者为得到 *QO* 量商品所意愿支出的最高费用，

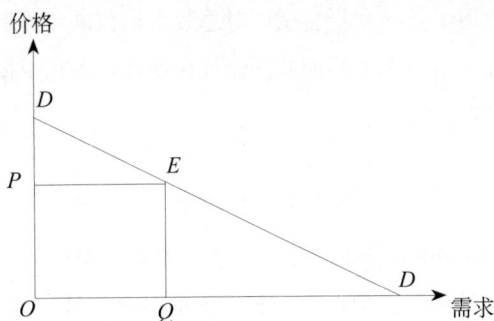

图5.4

两者之差为面积 DEP，便是消费者剩余。

消费者剩余又可看作是消费者从某商品（A）一定量中所获得的总效用（U_A）与所支付的总费用（C_A）之间的差额，设需求价格（P_A）为需求量（Q_A）的函数：$P_A = f_A (Q_A)$，则该商品（A）总效用（U_A）可由下式求得：

$$U_A = \int_0^a f_A (Q_A) dQ_A \quad 其中 a 为需求量$$

该商品（A）总费用（C_A）可由下式得出：

$$C_A = P_A \times a$$

则该商品的消费者剩余便等于

$$U_A - C_A = \int_0^a f_A (Q_A) dQ_A - P_A \times a$$

消费者剩余这一概念在后来的福利分析中具有重要意义。

马歇尔还给出了一定收入条件下，消费者通过消费各种商品所获得的总效用（U）函数：

$$U = \sum_{x=1}^n U_x = \sum_{x=1}^n \int_0^a f_x (Qx) dQ_x$$

他承认，由于该函数形式假定总效用由各商品效用加总而成，没有考虑各商品间的替代和补充，即没有考虑其他商品的数量对某种商品效用的影响，故这一函数缺乏实用价值。虽然如此，它仍是西方经济学发展中，建立总效用函数的初步尝试。对总效用函数以后的发展来说。马歇尔的贡献不在于给出了上述形式的总效用函数，而在于指出了上述形式的总效用函数的缺点。

霍布森与凡勃伦

霍布森（John Atkinson Hobson，1858—1940）指出，消费上品质的改善是社会进步的条件。他认为一种欲望的满足使另一种又产生出来。而机械的进步使得普通的生活必需品得以大量生产，使得更高品质的个性化艺术化的消费欲望得以形成，从而将刺激经济不断发展。

凡勃伦分析了人们消费行为的若干特征。他认为除了自卫本能以外，竞赛倾向大概是纯经济动机中最强烈的、而且是最活跃、最持久的。这种竞赛动机导致了人们消费的下述特点：

第一，消费的炫耀性和等级性，即消费成为一个人表明和炫耀自己身份地位的必要方式。于是不同身份地位的人便形成了不同等级的消费方式和消费物品。消费的这种炫耀性和等级性对于消费品的价格、美感和适用性都深有影响，高价格由于具有炫耀功能，反而会刺激需求；并不具有实用性能的豪华美感出现在用于炫耀的商品上，特别是服装上。由此产生了"明显浪费定律"和"明显有闲原则"，即凡无助于炫耀消费者财富和有闲的物品，不论其是否具有实用功能，都将被淘汰。与之相反的是"金钱荣誉准则"，即有助于炫耀消费者财富从而给他带来荣誉的物品，将大行其道。他指出有闲阶级通过这种炫耀性的消费显示自己的优越性，从而获得心理上的满足和快感。

第二，消费变化的单向性，即"由俭入奢易，由奢入俭难"，消费水准在收入提高时容易上升，但在收入降低时难以下调。而有些方面的消费格外难以下调。这是因为人们不愿意降低消费以避免被别人看作是竞赛的失败者。

第三，外在消费和内在消费的二元性，外在消费是指荣誉性消费，即将要表现在外人面前以博取荣誉的消费，内在消费是指家庭内部不为外人所知的消费。内在消费往往比外在的荣誉性消费要节俭，这是因为外在的荣誉性消费是要和别人竞赛的。

第四，消费水准的同类模仿性，即为了避免被人看作是竞赛失败者，一个人的消费水平大部分决定于他所隶属的那个社会或那个阶级所公认的消费水准。

第五，消费水准的向上攀比性，即同别的竞赛一样，人们渴望的消费标准就是在荣誉上高于自己一等的那些人的习惯。因此社会最高阶级的消费方式往往具有很强的示范性。他指出，虽然工人与资本家之间存在利益冲突，但社会上层与下层并不是始终处在剑拔弩张状态，因为下层人总是竭力仿效有闲的上层，为他们的炫耀性消费所吸引，力图使自己通过社会等级的阶梯走到上层社会中去。因此有闲阶级论也为阶级社会的稳定性提供了注解。另一方面，一旦上等人的消费习惯被下一级的人广泛接收之后，这种习惯便失去了炫耀性，从而迫使上等人的发展新的消费习惯。

第六，消费发展的无限性，即由于竞赛动机，消费类型、消费方式的发展永无止境，因此生产效率的提高并不会使工作时间缩短，而是刺激人们发展出更新的消费。

凯恩斯

凯恩斯在《通论》中相当详尽地分析了影响整个社会消费水平的各种因素。这些因素主要是：收入水平，收入分配，个人对未来收入的预期，资产价值的实际损失，利率短期变动引起的资产价值变动，长期利率对消费习惯的影响，社会成员的消费习惯，政府公债政策的变化，消费品存货的积累，个人和社团公司进行储蓄的各种动机。

在对上述各种因素进行了仔细分析之后，凯恩斯认为总收入是决定整个社会消费水平的基本变量，且两者之间存在着相当稳定的函数关系，$C = C(Y)$。

在建立了消费函数之后，凯恩斯进一步对该函数的性质进行了探讨。他认为，由于基本的心理法则，随着收入的增加，整个社会的消费也将增加，但是以递减的幅度增加，结果消费在收入中的比重随收入的增加而不断减少，这就是边际消费倾向递减规律。这一规律用数理形式来表述，就是：

$$0 < dc/dy < 1, \quad d^2c/dy^2 < 0$$

即消费函数的一阶导数大于 0 小于 1，二阶导数小于 0。

由于边际消费倾向递减规律的存在，储蓄在收入中的比重随收入的增加而不断增加。如果投资能够自动地与储蓄相等，则收入和就业水平将不断趋于上升，直到充分就业为止。但由于资本边际效率和利率方面的原因，投资并没有自动地与各种收入和就业水平上的储蓄相平衡的功能，结果收入和就业水平便只能趋向某一非充分就业的水平，在该水平上，投资与储蓄相平衡。

第三节　评论

古典经济学时期，对于消费的分析是一个薄弱环节。这在很大程度上是因为古典经济学时期，经济学家重点关注的是整个国家的经济发展和国民收入在三大要素所有者之间的分配。因此他们对于支配个人消费行为的法则并不关心。他们主要关心的是不要让个人消费妨碍资本积累，因此普遍具有规范性的节俭伦理观。可以说古典经济学时期并没有对个人消费行为的实证分析作出多少有价值的贡献。

新古典经济学时期，许多经济学家对于经济学的研究对象和研究目的有了不同于古典时期的看法，最典型的如杰文斯，明确宣布经济学要研究个人的快乐，是个人快乐的微积分。研究对象研究目标的变化，使得个人消费活动进入了经济学家的视野，于是很快就发现了边际效用递减等支配个人消费的法则。并在分析个人消费的基础上发展出了边际效用价值论，以及以边际效用价值论为基础的交换论、价格论等。

戈森、杰文斯、门格尔以及马歇尔等关于消费者欲望和消费行为的分析属于静态性质。静态分析的意义在于说明，当消费者的欲望系统一定时，即假定引起消费者欲望系统变化的诸因素不变时，这个系统及其满足有何法则。从静态分析的眼光来看，他们关于边际效用递减法则和消费等边际法则的见解无疑是符合实际的。

但是静态分析存在三方面的局限性：一是偏重于静态分析，忽略（但不能说没有）了对消费者欲望的长期动态分析。他们所谈的主要是欲望的种类和强度都已确定的条件下，欲望满足的法则；而不是欲望系统在长期中发展变化的法则。二是他们忽略了孤立状态下的消费者与存在于一定社会中的消费者的欲望上的区别。三是他们没有意识到，他们关于欲望的见解，仅仅适用于消费欲望，并非适应于人的全部欲望，而人且不谈其他社会身份，仅仅作为经济人，也不单纯是一个消费者，他同时还是一个要素所有者，一个生产者。而作为要素所有者和生产者，其欲望和作为消费者是不尽相同的。而那些欲望和消费欲望一样，也对人的经济活动产生影响。因此，仅仅分析人的消费欲望，即便是得到正确结论，单凭这些结论去推导整个经济现象，也仍然会失之偏颇。

同时，关于效用的最初理论成果也存在不少问题，突出表现在以下几个方面：一是边际效用的概念对于不可分物品适用吗？由于现实中许多消费者品是不可分的，如何用边际效用来说明它们的价值？二是效用可测吗？他们都假设可测，或认为这个问题可以很快解决，都大大低估了这个问题解决的难度，都没有估计到这个问题直到一个多世纪以后的今天都依然未解。三是效用在不同人之间可比吗？这是上个问题的附带问题，若效用不可测，则自然不可比；若假设效用可测，则自然可比；但由于上个问题未解决，所以这个问题也未解。四是效用可加吗？不同人的效用可加吗？同一个人消费不同物品（吃一顿饱饭和看一场歌剧）的效用可加吗？这也要依上述第二个问题是否可解而定。这四个问题，即可分性、可测性、可比性和可加性，成为一些固守传统的经济学家向边际主义者挑战的主要方面，同时也成为边际革命在理论上不断深入所必须解决的问题。尔后的发展也表明，正是围绕着解决这些问题和其他一些问题，边际主义思潮缓慢地成长起来并扩散开来。

新古典经济学时期，虽然主流经济学对于消费的分析侧重于静态，但是对于消费的动态分析也取得令人瞩目的成果。首先是在富有历史主义传统注重统计分析的德国，恩格尔对于消费理论的贡献。他实际上是指出了消费结构在收入增加条件下的动态变化法则。另一个是霍布森，他也指出了消费欲望的动态变化趋势，可惜分析简单了一点。值得格外注意的是凡勃伦。他对于有闲阶级的分析，其实也是以经济人假设为前提的，不过这种经济人追求的是相对效用最大化，即与别人相比较的效用最大化，或者大于别人效用的差距最大化。从相对效用最大化这一目标出发，个人产生了竞赛动机，炫耀动机；进而派生出明显有闲和明显消费的行为方式，以及对于财富的无限追求。这种追求相对效用最大化的经济人可以称作是凡勃伦型经济人，与主流经济学所假设的追求绝对效用最大化（即不考虑不比较别人效用只顾及自己本人效用）的经济人有所不同。这两种经济人假设都是纯粹理念型的，实际生活中的人往往既追求绝对效用最大化也追求相对效用最大化。但这两种经济人的抽象假设都有各自的用途，可以解释不同的经济现象。按照相对效用最大化的假设，个人效用函数的自变量将不仅包括个人所消费的不同商品，还应当包括别人的效用。这样，相对效用最大化假设便可以解释由羡慕嫉妒所引起的许多行为，而这是绝对效用最大化假设所不便处理的。这种相对效用最大化假设，也为后人所说的炫耀性商品或凡勃伦商品的价格与需求量的正相关关系提供了理论依据。同时，这种相对效用最大化假设所引申出来的消费行为，往往具有浪费的性质。因此主流经济学所强调的消费者至上，尊重消费者主权，通过消费者自由选择来配置稀缺资源以实现社会福利最大化的见解和政策主张，便不再具有正确性和合理性了。凡勃伦型经济人的提出，应当看作是他对于经济学中经济人假设的重要补充。他对于追求相对效用最大化的经济人在受到其他人影响下的消费行为的分析，也是对于主流经济学只分析孤立个人消费行为的一个重要补充。

　　与其他经济学家的消费理论不同，凯恩斯的消费理论主要着眼于宏观，研究整个社会的消费水平的决定机制。在新古典学派那里，整个社会的消费水平是利率的递减函数，利率通过决定储蓄而影响消费。在马尔萨斯那里，虽然有效需求主要是指消费需求，但他并没有把收入水平当作是决定消费需求的主要自变量。凯恩斯在《通论》中把收入水平作为决定消费的主要自变量，建立了消费函数，提出边际消费倾向递减律。这样，消费不足的原因便得到了新的说明。消费函数的提出，对建立乘数理论有重要影响，因为没有消费函数，就没有边际消费倾向，那么乘数的数值只有臆测。如果乘数数值不能用经济学概念来说明，只能通过臆测的话，那么乘数理论便缺乏说服力。所以说，虽然乘数概念并非凯恩斯所创，但乘数理论的建立，却与他极有关系。消费函数的建立使乘数得到说明，即它只不过是边际储蓄倾向的倒数。美国经济学家汉森认为，消费函数是凯恩斯对经济理论的重要贡献之一。[1]建立以收入为主要自变量的消费函数，被西方经济学家看作是凯恩斯的一大贡献。

凯恩斯的宏观消费理论，引发了第二次世界大战以后宏观消费理论的大发展，一是推动了对他理论的统计计量检验，揭示了他消费理论的一些瑕疵。在纠正其错误的过程中，最终形成了弗里德曼的持久收入消费理论和莫迪亚尼安尼的生命周期消费理论等消费理论。这些理论都着眼于宏观消费水平的决定机制，而没有分析宏观消费结构的决定机制和动态演化机制。

---

[1] 参阅汉森:《凯恩斯学说指南》，商务印书馆 1963 年版。

第六章　企业（厂商）与企业家理论

第一节　古典经济学时期

　　古典经济学时代，虽然亚当·斯密在《国富论》中分析过企业的内部分工，并且对于股份制企业与合伙制企业的优劣作过简单的分析。但是经济学家分析的主体对象往往是整个阶级，因此并没有专门的厂商理论。斯密、马尔萨斯、李嘉图、萨伊、西尼尔、巴斯夏、约·斯·穆勒等主要经济学家只是一致假设资本家——企业家追求利润最大化，并依此假设展开对于经济发展、市场价值、收入分配等问题的分析。

第二节　新古典经济学时期

古诺

　　古诺的学术成就，从时间上看，虽然属于古典经济学时期，但是其内容，无疑应当属于新古典经济学时期。

　　古诺以需求函数为基础，研究了追求利润最大化的厂商的垄断价格决定问题，给出了垄断利润最大化的条件。他首先给出了需求函数和反需求函数：

$$q = f(p), \quad \mathrm{d}q/\mathrm{d}p < 0 \qquad p = F(q), \quad \mathrm{d}p/\mathrm{d}q < 0$$

　　式中 q 为需求 p 为价格，卖方垄断者的总收益和总成本，都可以表示为产出的函数：

$$R = R(q) \qquad C = C(q)$$

其利润：$\pi = R(q) - C(q)$

利润最大化一阶条件：

$$\frac{d\pi}{dq} = R'(q) - C'(q) = 0 ，\quad 或 \quad R'(q) = C'(q) \quad\quad MR = MC$$

利润最大化的二阶条件：

$$\frac{d^2\pi}{dp^2} = R''(q) - C''(q) < 0 ，\quad 或 \quad R''(q) < C''(q)$$

MR 的增加率，必定小于 MC 的增加率。如果像通常所假定的那样，MR 是递减的，MC 是递增的，则 MR 以更快的速度递减。

然后，古诺又分析了垄断条件下各种税收对厂商、消费者和政府的影响。

对于现代经济学来讲，古诺最引人注意的贡献是他的双寡头模型。该模型在当前经济博弈论的研究中再次成为范例。该模型假设每个寡头都估计产品的需求函数，然后在其对手保持产量不变的条件下确定自己利润最大化的产量水平。古诺的双寡头模型可以简单介绍如下：

考虑一个市场，两个厂商生产一种相同产品。反需求函数表明价格是总销售量的函数：

$$P = F(q_1 + q_2) \tag{1}$$

q_1 和 q_2 为卖方双头垄断者各自的产出水平。每个双头垄断者的总收益，取决于其产出水平和其竞争对手的产出水平：

$$R_1 = q_1 F(q_1 + q_2) = R_1(q_1 + q_2)$$

$$R_2 = q_2 F(q_1 + q_2) = R_2(q_1 + q_2)$$

每个卖方双头垄断者的利润：

$$\pi_1 = R_1(q_1, q_2) - C_1(q_1)$$

$$\pi_2 = R_2(q_1, q_2) - C_1(q_2) \tag{2}$$

假定两个厂商生产相同产品。古诺解的基本行为假定是，根据竞争对手的产量不因自己的产量决策而变动的假设，每个双头垄断者最大化其利润。第一个卖方双头垄断者（简写为Ⅰ）把 q_2 看作一个参数，决定

q_1 以最大化 π_1。第二个卖方双头垄断者（简写为 II）把 q_1 作为一个参数，决定 q_2 以最大化 π_2。令式（2）相应的偏导数为零：

$$\frac{\partial \pi_1}{\partial q_1}=\frac{\partial R_1}{\partial q_1}-\frac{dC_1}{dq_1}=0 \qquad \frac{\partial R_1}{\partial q_1}=\frac{dC_1}{dq_1}$$

$$\frac{\partial \pi_2}{\partial q_2}=\frac{\partial R_2}{\partial q_2}-\frac{dC_2}{dq_2}=0 \qquad \frac{\partial R_2}{\partial q_2}=\frac{dC_2}{dq_2} \tag{3}$$

一阶条件要求每个卖方双头垄断者的 MR 等于 MC。二阶条件要求每个卖方双头垄断者的 MR 必须比 MC 较缓慢地上升，即：

$$\frac{\partial^2 \pi_i}{\partial q_i^2}=\frac{\partial^2 R_i}{\partial q_i^2}-\frac{d^2 C_i}{dq_i^2}<0 \text{，或} \frac{\partial^2 R_i}{\partial q_i^2}<\frac{d^2 C_i}{dq_i^2}\text{，} i=1,2 \tag{4}$$

每个双头垄断者根据其控制下的唯一变量，最大化其利润。它允许双头垄断者们的 MR 不一定相等。令 $q=q_1+q_2$ 和 $\partial q/\partial q_1=\partial q/\partial q_2=1$。卖方双头垄断者的 MR 为：

$$\frac{\partial Ri}{\partial q}=p+q_i\frac{dp}{dq} \qquad i=1,2$$

证明：$R_i=q_i F(q_1+q_2)=q_i p(q)=(q-q_j)p(q)$，

$$\frac{\partial R_i}{\partial q}=p(q)+(q-q_j)=\frac{dp}{dq}=P(q)+q_i\frac{dp}{dq}$$

可知产出较大的卖方双头垄断者的 MR 较小。

若给定其他双头垄断者的产出，每个卖方双头垄断者最大化其利润，且没有谁愿意改变其产出，则卖方双头垄断市场处于均衡状态。若式（4）得到满足，则根据式（3）解出 q_1 和 q_2，就能得出均衡解。

为更全面描述市场过程，设反应函数，它表明每个卖方双头垄断者利润最大化的产出是其竞争对手产出的函数。它由解式（3）的第一个方程求 q_1 和解第二个方程求 q_2 决定：

$$q_1=\psi_1(q_2)$$

$$q_2=\psi_2(q_1) \tag{5}$$

Ⅰ（Ⅱ）的反应函数表明：任何特定的 $q_2(q_1)$，都对应一个使 $\pi_1(\pi_2)$ 最大化的 q_1（q_2）。均衡解是一对 q_1 和 q_2，它们同时满足两个反应函数。

若需求和成本函数为：

$$p = A - B(q_1 + q_2) \qquad C_1 = a_1q_1 + b_1q_1^2 \qquad C_2 = a_2q_2 + b_2q_2^2$$

设所有参数为正，则卖方双头垄断者的利润为：

$$\pi_1 = Aq_1 - B(q_1 + q_2)q_1 - a_1q_1 - b_1q_1^2$$

$$\pi_2 = Aq_2 - B(q_1 + q_2)q_2 - a_2q_2 - b_2q_2^2$$

令相应偏导数为零：

$$\frac{\partial \pi_1}{\partial q_1} = A - B(2q_1 + q_2) - a_1 - 2b_1q_1 = 0$$

$$\frac{\partial \pi_2}{\partial q_2} = A - B(q_1 + 2q_2) - a_2 - 2b_2q_2 = 0$$

对应的反应函数为：

$$q_1 = \frac{A - a_1}{2(B + b_1)} - \frac{B}{2(B + b_1)}q_2$$

$$q_2 = \frac{A - a_2}{2(B + b_2)} - \frac{B}{2(B + b_2)}q_1 \tag{6}$$

因为 B，b_1，b_2 都是正数，所以任意一个双头垄断者产出的增加，都

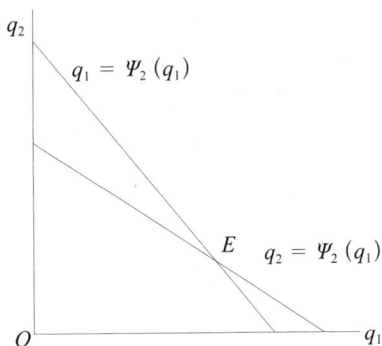

图6.1

将导致另一双头垄断者最优产出的下降。反应函数像图所示是线性的。式（6）的解，或者说反应曲线的交点，如图中的 E 点，提供了一种均衡。式（6）的解：

$$q_1 = \frac{2(B+b_2)(A-a_1) - B(A-a_2)}{4(B+b_1)(B+b_2) - B^2}$$

$$q_2 = \frac{2(B+b_1)(A-a_2) - B(A-a_1)}{4(B+b_1)(B+b_2) - B^2}$$

二阶条件由线性需求函数和二次成本函数得到满足：

$$\frac{\partial^2 \pi_1}{\partial q_1^2} = -2(B+b_2) < 0 \qquad \frac{\partial^2 \pi_2}{\partial q_2^2} = -2(B+b_2) < 0$$

古诺解的基本行为假定：每个寡头都假定对手产出固定。这在相当大程度上是人为的和不现实的。这个假设在 19 世纪 80 年代受到法国数学家伯特兰的批评，认为应该假设每个寡头都认为其对手保持价格不变，然后确定自己利润最大化的价格水平。

从上述双寡头模型出发，通过假设生产者人数不断增多，古诺最终研究了完全竞争条件下的产量和价格决定，正确地指出完全竞争的特征是个别厂商的产量变化无法影响价格，指出保持竞争的条件是各厂商的边际成本递增，否则便会由竞争导向垄断。

古诺的上述研究开启了新古典时期企业（厂商）研究的先河。

门格尔与维塞尔

门格尔认为，在经济生活中垄断现象比竞争出现得更早，至于竞争是如何从垄断状态中产生的，他认为是由于文明的发展。文明发展引起需求增加，使原先处于垄断地位的产品价格上升，结果新生产者出现，原先的垄断局面被打破，代之以竞争状态。由此可知，他所说的垄断并非那种作为自由竞争高度发展的结果的垄断，而是一种与商品经济的不发达状态相联系的垄断。

门格尔指出垄断者的目的是经济利益的最大化，并指出垄断者由于其特殊地位，可以不受其他经济主体的影响，完全出于对自身利益的考虑，或者决定能产生最大收益的价格，或者决定能产生最大收益的销售量，但不可能同时决定价格和销售量。这说明他已经意识到垄断者所面临的需求曲线是外生决定的。因此，垄断者一旦决定价格（或销量），其销量（或价格）也就由外生的需求曲线唯一地决定了。垄断者不可能在价格已定条件下在需求曲线所决定的销量之外再决定另一个销量。但他没有说明，导致垄断者收益最大的价格（销量）是怎样决定的。只是指出，为了获得最大收益，垄断者会人为地毁弃部分商品，或有意闲置部分生产资料。他关于垄断者行为动机和行为方式的说明基本上是正确的。

门格尔还分析了垄断与竞争对产量和价格的不同影响。他分析了某种产品的供给者由一个垄断者变为两个竞争者时的产量价格变化，他的结论是，竞争与垄断相比，有两方面好处：（1）不会有人为毁坏部分商品和闲置部分生产资料的现象。因为这种做法虽然能为垄断者带来好处，但无益于竞争者；（2）不仅不会出现毁弃已有存货的现象，在生产资料不受自然限制的范围中，还将增加商品总量，从而使价格低廉，造福于消费者，并使低收入阶层也能享用该商品。

门格尔的垄断理论，蕴含了他反对垄断提倡竞争的政策主张。这与亚当·斯密是一致的。

维塞尔专门分析了资本主义社会各类企业，包括小型和大型的私人企业、合作企业、他称之为集团企业的国有企业、自治团体企业以及股份制企业。他把前两类企业称作所有者企业，把三、四两类称作管理者企业。所有者企业存在源于私人所有者是拥有不受约束的管理权的领导者。管理者企业存在受委任限制要对委任者负责的受约束的领导者。这是两种最主要的领导形式。股份公司体现了从所有者企业到管理者企业的转变。它联结了两种领导形式。他已经认识到管理者企业中所有者和管理者之间的委托代理关系带来的问题。

维塞尔指出了合伙企业与股份公司的巨大差异。只有几个人的合伙企业是自发合作的，每个人都非常清楚其个人利益并能保护它。而在股份公司中，小股东并不能有效充分保护自己的利益。通过合同产生的领导权力有可能出现最严重的权力滥用。因此需要对这种后果进行法律控制。这些保护小股东的观点可能是当代公司治理理论的早期渊源之一。

维塞尔还分析了企业家所需要具备的素质：必须有事业心，必须在企业发展的同时迅速洞察当前新的契机，必须具有按照自己想法控制企业的能力，需要接受与每一项投资相关的风险的能力。引发了他的进取心、驱使他不断前进的动力是一种令人欣喜的创造力。资本主义企业中，企业家的鲜明个性提升到最高程度：大胆的技术创新者，敏锐了解人类本性的组织者，有远见的银行家，不计后果的投机者，征服世界的托拉斯领导者。

马歇尔

在研究了自由竞争条件下的均衡价格和均衡产量之后，马歇尔又研究了垄断条件下的均衡价格和均衡产量。他首先分析了垄断者的行为目标，认为垄断者所关注的是获得最大限度的纯收入，因此他们所提供的产量总是能够使他们获得最大纯收入的产量。他以这一命题为前提展开对均衡价格和均衡产量的分析。但他同时也承认，垄断者有时也会为了自己的长远利益而暂时不以纯收入最大化为其行为目标。

马歇尔以图 6.2 表述了追求纯收入最大化的垄断者的均衡产量和均衡价格的决定；图中横轴为产量，纵轴为价格，DD 为需求曲线，ss 为供给

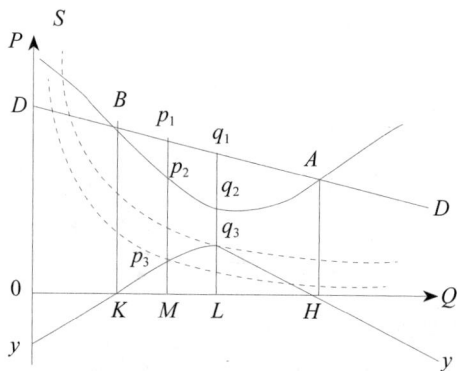

图6.2

曲线，yy 为纯收入曲线，它上面的任一点到横轴的垂距，都等于其垂足所代表的产量水平的需求价格与供给价格之间的差额，即纯收入额。当产量为 K 和 H 时，供求曲线交于 B 和 A 纯收入为零。低于 K 和大于 H 产量，供给价格大于需求价格，纯收入为负值。图中虚线为直角双曲线，其方程为 $xy = g$，即曲线上任一点的两坐标值之积为一常数 g，离原点越近的双曲线，其 g 值越小，图中 yy 曲线上的 q_3 点相切于较高的双曲线，而 yy 曲线上的其余各点，如 p_3 点则相交于较低的双曲线。由此可知，q_3 点代表最高的纯收入，由于线段 q_3L 等于线段 q_1q_2，即在产量 OL 时，需求价格超过供给价格的数额最大。由此可知，均衡产量为 OL，而均衡价格由该产量下的需求价格决定，为 q_1L。

马歇尔进一步比较了垄断条件下的均衡产量与自由竞争条件下的均衡产量。他指出，与竞争条件下的厂商相比，垄断者往往能够保持企业上的节约。这是因为竞争条件下的厂商无法利用大规模生产带来的内外部经济，无法拿出像垄断厂商那样多的资金来改进技术和机器设备，同时相互之间还要互相竞争以致用于各种广告的总费用将比一个厂大得多。因此，虽然垄断条件下的均衡产量不像竞争条件下那样由供求曲线的交点所决定，而是低于交点所对应的产量，但垄断条件下的均衡产量还是可能会大于自由竞争条件下的均衡产量。这是因为若垄断者经营有方，那么一般可以得出结论：非垄断产品的供给表所表示的供给价格比我们的垄断供给表要高些；因此，在自由竞争下所生产的商品的均衡产量小于需求价格等于垄断供给价格的那一产量。这就是说，如上图所示，虽然 L 在 H 的左方，但若没有垄断，商品的供给曲线将高于图中的 ss 曲线，以致它与 DD 曲线的交点位于 A 点甚至 q_1 点的左方。

从上述论断来看，马歇尔并不是无条件地认为垄断不如竞争，从理论上讲，垄断的产量可能大于也可能小于竞争的产量，垄断的价格也同样可能大于也可能小于竞争的价格。他的这一思想后来为熊彼特在《资本主义、社会主义和民主》一书中大加发挥，论证了垄断比竞争在产量和价格两方面的优越性。

琼·罗宾逊

琼·罗宾逊假定厂商追求利润最大化，而利润最大化的产量恰好是边际收入等于边际成本的产量，这无论对于垄断厂商还是竞争厂商都无例外。边际收入和边际成本分别是总产量增加一单位时总收入和总成本的增量。

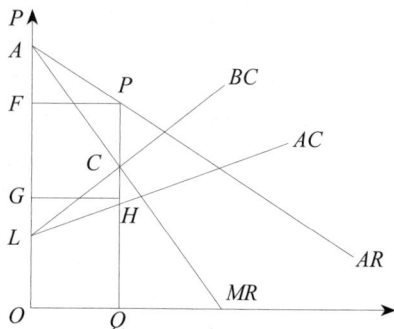

图6.3

琼·罗宾逊用图 6.3 表明了垄断厂商的均衡产量和均衡价格的决定。图中向下倾斜的需求曲线 AR 同时又是厂商的平均收入曲线。由于 AR 曲线向下倾斜，故边际收入曲线 MR 位于 AR 下方。平均成本曲线 AC 向上倾斜，故边际成本曲线 MC 在其上方。边际成本曲线与边际收入曲线相交于 C 点，决定了利润最大化的产量水平为 OQ，以及相应的价格为 PQ。垄断利润为三角形 ACL 的面积，它正好是产量为 OQ 时边际收入曲线以下的面积减去边际成本曲线下的面积后的剩余。同时，垄断利润又等于长方形 FPHG 的面积，它等于总收入（等于面积 FPQO）减去总成本（等于 GHQO）。

均衡时，由前述平均值、边际值及弹性值三者关系可知，均衡价格 PQ 与边际成本 CQ 之间满足下列关系：$PQ = CQ \times \varepsilon_p / (\varepsilon_p - 1)$。$\varepsilon_p$ 为需求曲线（平均收入曲线）AR 在 P 点的弹性。由该关系式，可分析

需求变动和成本变动（需求曲线移动和成本曲线移动）对价格的各种
影响。

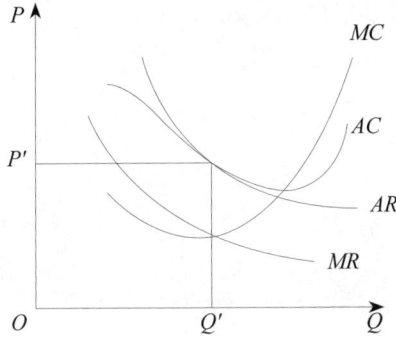

图6.4

　　琼·罗宾逊提出，在不完全竞争条件下，厂商的均衡与整个行业的均
衡是不同的，后者不仅要求行业中各厂商处于均衡状态，且要求厂商的
数目固定不变，即不再有新厂商加入也没有老厂商退出。这就要求厂商
只能获得正常利润而无超额利润。她把行业的均衡称作完全均衡，它需
要两个条件：边际收入等于边际成本，平均收入（或价格）等于平均成
本。图 6.4 表明完全均衡时厂商的价格、产量和利润：产量为 OQ^*，价
格为 OP^*，该产量的平均成本也是 OP^*，厂商不再有超额利润，只有包
含在平均成本中的正常利润。
　　琼·罗宾逊分析了完全竞争条件下的厂商均衡和行业均衡。如图 6.5
所示：(a) 图表示厂商均衡，(b) 图表示行业均衡。由于完全竞争，厂商
面临水平的需求曲线，同时又是平均收入曲线与边际收入曲线。产量仍由
边际成本曲线与边际收入曲线的交点所决定。(a) 图中，均衡产量的价格
PQ 大于平均成本 HQ，存在超额利润（等于长方形 $FPHG$ 的面积）。(b)
图中，由于厂商数目的变动，消除了超额利润，均衡产量的价格 PQ 等于
平均成本 HQ，实现了行业均衡的两个基本条件：$MC = MR$，$AC = AR$。
　　琼·罗宾逊在分析了垄断均衡和竞争均衡之后，比较了成本曲线和需求曲线都不变时，垄断产量和竞争产量谁低谁高。她的结论是：只有存在稀缺要素，且垄断者不必为使用稀缺要素支付全部租金，同时又有大规模生产的经济，则垄断产量方可能大于竞争产量。此外各种情况下，垄断产量总是小于或等于竞争产量。

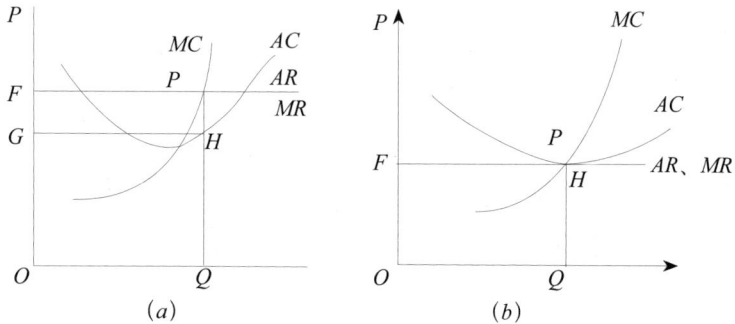

图6.5

张伯伦

一、纯粹竞争下的价值论

张伯伦（Edward Hastings Chamberlin，1899—1967）以纯粹竞争作为研究的起点。纯粹竞争是指没有任何垄断因素掺杂其中的竞争。他认为如此定义的纯粹竞争有别于完全竞争，因为后者除了排除垄断之外，还可解释为包含其他方面的完全性，如要素的完全流动性，对未来的完全了解等等。指出市场的纯粹性与完全性的区别，是张伯伦市场理论的一大特征。张伯伦指出，纯粹竞争需要两个必要条件：（1）有大量的卖者与买者；（2）产品是标准化的同质的，卖主也是标准化的，即任何卖主对购买者所贡献的效用是一致的。这两个必要条件合为一体就是没有一个卖主能通过控制市场的供给从而控制价格。

张伯伦认为，在纯粹竞争市场中，均衡的条件是供求相等，这与马歇尔的意见是一样的，但张伯伦更进一步指出：纯粹竞争下价格之所以等于供求平衡点，是因为它正好是使每个卖者获得最多利润的一点，即是使每个卖者的边际收入等于边际成本的一点。这是因为在纯粹竞争条件下，每个卖主所面临的是水平的需求曲线，其高度等于当时的市价，于是这条需求曲线便同时又是每个卖主的平均收入和边际收入曲线。张伯伦的上述分析实际上是通过对个别厂商的行为来说明纯粹竞争下的价格何以由供求均衡决定。这种对厂商行为的分析为进一步分析垄断和垄断竞争下的价格决定打下了基础。同时也揭示了各种市场条件下厂商行为的一致性：以边际收入等于边际成本来决定利润最大化的产量水平。

张伯伦进一步从个别厂商的角度分析了纯粹竞争条件下实现长期均衡的条件：（1）每个厂商都在均衡价格下获得最多利润，即边际收入等于边际成本；（2）每个厂商都实现了最有效的生产规模，即都在平均成本的最低点处进行生产；（3）整个市场处于供求均衡状态。这三个条件可见图6.6所示。(a)图表示整个市场在价格为OM时达到供求均衡，(b)图表示均衡价格为OM时，某一厂商的产量为Oa，它是整个市场的均衡产量OA中的很小一部分。当该厂商产量为Oa时，其边际成本曲线MC正好与边际收入曲线Md相交，即边际成本等于边际收入，实现了利润最大化。同时，Oa产量也正好是平均成本曲线AC最低点上的产量，即实现了生产的最佳规模。

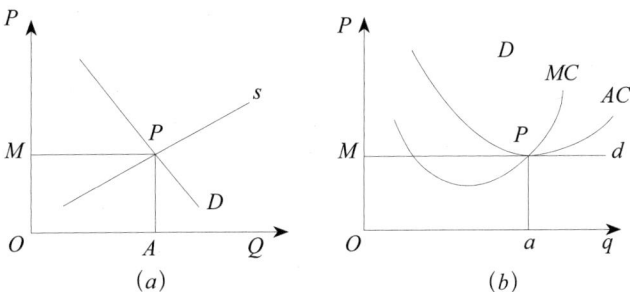

图6.6

张伯伦指出，纯粹竞争市场中出现实际价格背离均衡的原因在于各种不完全性。而趋向均衡的调整所依靠的，不是拍卖性的减价，而是实际价格的波动。

二、非纯粹竞争下的价值论

张伯伦认为，以往的价值理论大多只是研究了两种极端情况下的价格决定：纯粹竞争和垄断，不承认介于这两者之间的中间状态，没有探讨中间状态下的价格决定理论。而他的任务便是要探讨这种中间状态下的价值理论。

张伯伦把介于纯粹竞争和垄断的中间状态分为两种：一是起因于售卖人数过少以致售卖者可操纵价格的寡头；二是起因于产品差别的垄断竞争。对于寡头现象，前人如古诺和埃奇沃思已经提到并进行了一定的研究，故他只是对前人的分析进行了概略的述评。垄断竞争现象则是他首先提出并进行了重点研究的。

张伯伦在述评前人的寡头理论后，提出如下五点结论：（1）前人如古诺和埃奇沃思对双垄断的分析之所以会得到不同结论是因为他们所依据的前提不一样。由此可知，寡头垄断问题不存在单一的答案。需要把它细化，分为不同的问题，在不同的假设前提下得出不同的答案。（2）假如寡头售卖者们注意到他们对于价格的总影响，则价格将与垄断条件下的价格一致。这里所谓的总影响包括直接影响和间接影响。直接影响是指一个售卖者做出决策时不顾及其决策对其竞争者的影响，单纯只考虑自己所做决策对价格的影响。间接影响则是指一个售卖者的决策影响到其竞争者后，其竞争者的行为对价格的影响。（3）若假定售卖者不考虑其决策的间接影响，都以其竞争者不会受其影响为前提来做出决策，则价格的决定要依据下述不同的假设而有不同。若每人假定其竞争者的供给一定，则均衡价格随着竞争人数的增多而由垄断条件下的价格逐步下降，当人数无限多时，降至纯粹竞争下的均衡价格水平。若每人假定其竞争者的价格一定，并假定可以重订契约直至对任何人都没有不利而不需要进一步变动价格为止，则均衡价格在双垄断条件下也将等于纯粹竞争价格。若每人假定其竞争者价格一定；但同时假定售卖者可以不顾买者的利益而控制其价格，则价格将在一定限度内摇摆，该限度将随竞争者的增多而逐步缩小，接近纯粹竞争价格。（4）若售卖者既不考虑他对价格的直接影响，也不考虑间接影响，则不论有多少售卖者，结果都将是纯粹竞争价格。（5）由以上四点可知，寡头垄断下的均衡价格的确定，依存于一个售卖者对其竞争者的行为作何假定。因此便产生了下述不确定因素：（a）别的竞争者是否保持其产量和价格不变；（b）其他竞争者是否有远见。（c）其他竞争者可能的市场份额，等等。由于这些不确定性，实际生活中寡头垄断下的价格是捉摸不定的。

张伯伦重点分析了与产品差别相联系的垄断竞争。他指出，实际生活中许多产品之间存在着一定的差别，同时又都存在着程度不同的替代性。产品差别的存在使得售卖者能在一定程度上控制价格，即具有一定的垄断性；替代性又使得不同产品的卖者之间存在着竞争性。这就造成了垄断竞争的局面。他指出，产品之间的差别可以是产品本身之间存在的差别，也可以是产品的售卖条件方面的差别。前一种差别包括独有的专利权，商标、商店名称，包装特点、品质、设计、颜色、式样等。后一种差别包括售卖者的地址的便利程度，商店的一般风尚和特点，做生意的方法，公平交易的信誉，待人接物的方式、工作效率等。

张伯伦认为，在产品差别造成的垄断竞争中，厂商不再像纯粹竞争中那样单纯通过调整产量来谋求利润最大化，也不再像垄断厂商那样通过操纵产量从而操纵价格来谋求利润最大化，而是一方面通过产量和价格行为，另一方面通过改变产品品质，即制造产品差别，以及通过广告和其他各类销售费用，来谋求利润最大化。

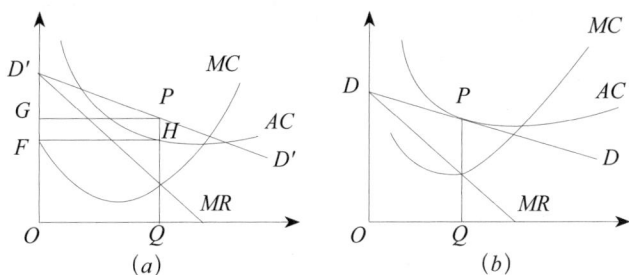

图6.7

张伯伦首先分析了个别售卖者调整其产量和价格的行为，假定一切替代品的性质和价格已知，厂商的产品既定。这种调整可以图 6.7 示之：

（a）、（b）两图中均衡产量都由边际收入曲线（MR）和边际成本曲线（MC）的交点决定，为 OQ，从而均衡价格由需求曲线上相应的点决定，为 PQ。（a）图中均衡价格（PQ）高于该产量上的平均成本（HQ），存在超额利润为 GPHF。（b）图中均衡价格（PQ）等于该产量上的平均成本，不存在超额利润但保证了正常利润。若进一步考虑到其他厂商的反应行为，当现出（a）图的情景时，因存在超额利润，吸引了新厂商的加入，原有的其他厂商也会开始生产富有替代性的产品，结果该厂商面临的需求曲线会向左向下移动，同时成本曲线会因此而移动，可能上升、下降，也可能保持不动，依据通常成本理论中所分析的各种情况而定。最终，需求曲线和成本曲线移动的结果，将使单个厂商的产量和价格的状况如（b）图所描绘的一致，即不再获得超额利润，但能获得正常利润。

由上图可知，由于存在垄断因素，厂商面临的需求曲线不是水平而是向下倾斜的，从而使厂商利润最大化的产量水平 OQ 不再是平均成本最低点上的水平，而是要低于之，同时均衡的价格也不再是平均成本的最低点，而是要高于之，这表明与纯粹竞争相比，垄断竞争下的厂商的产量较低，价格较高。

张伯伦进而分析了个别售卖者调整产品的行为。假定价格一定，其他售卖者的产品和价格也既定，这一分析就能说明，在价格一定时，个

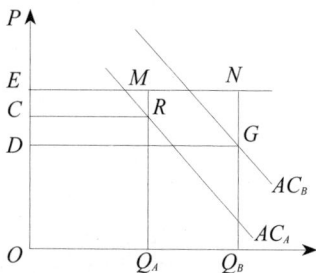

图6.8

别厂商如何选择能带来最高利润的产品。这种调整可以图 6.8 表示。假定价格为 OE，AC_A 为产品 A 的平均成本曲线，AC_B 为产品 B 的平均成本曲线，OQ_A 为产品 A 在价格为 OE 时的需求量，OQ_B 为产品 B 在价格为 OE 时的需求量。A 产品的利润为 $EMRC$，B 产品的利润为 $ENGD$，大于 A 产品。显然厂商将选择 B 产品。

若考虑到其他厂商的反应行为，当该厂商选择 B 产品从而获得超额利润时，将引起新厂商的加入，原有的其他厂商也将选择生产对 B 具有替代性的商品，结果导致该厂商的需求由 OQ_B 下降，同时也可能使 B 产品的平均成本曲线右移上移。最终将使该厂商的超额利润消失。

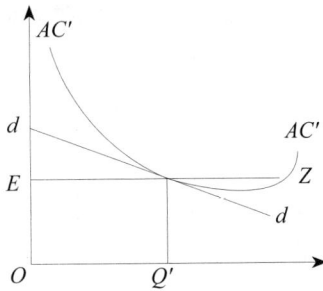

图6.9

在分别分析了厂商的产量—价格行为和产品行为之后，张伯伦把两种调整行为结合在一起进行分析。并充分考虑到其他售卖者的反应。这时，个别厂商的均衡可以图 6.9 示之。AC' 为充分考虑其他厂商反应时，对该厂商来说最有利（"最好"）的产品的平均成本曲线。dd 为充分考虑到其他厂商反应的需求曲线。OE 为均衡价格。OQ' 为最好产品的均衡产量。若厂商变动其产量，无论是大于还是小于 OQ'，都将使其成本超过价格，招致亏损。若厂商选择其他成本曲线位置更高（低）的更好（坏）的产品，则更好产品的需求量增加将不会超过更高成本曲线与 EZ 线的交点，或更坏产品的需求量的减少将超过更低成本曲线与 EZ 线的交点，从而两种情况都将给该厂商带来损失。

　　根据分析，张伯伦认为，与纯粹竞争相比，若产品既定，则垄断竞争下的均衡价格较高，不是等于平均成本的最低点；若价格既定，则垄断竞争下的产品较差。但同时他也指出，垄断竞争与纯粹竞争相比较时的这些弱点，由于前者较之后者能增加产品种类从而扩大消费者自由选择的范围而得到弥补。

　　在垄断竞争厂商三种调整行为中，张伯伦重点分析了厂商调整销售成本的行为对价格的影响。他指出，销售成本是非纯粹竞争情况下的特有现象，在纯粹竞争条件下，厂商是不需要销售成本的。

　　张伯伦分析了销售成本与生产成本的区别。他指出：生产成本使产品适应需求，满足需求；销售成本使需求适应产品，影响需求。生产成本影响厂商的供给曲线，而销售成本则影响需求曲线，使需求曲线富有弹性，并向右上方移动。销售成本是如何影响需求的呢？他认为销售成本对于需求的影响依存于两个因素：（1）购买者对商品了解的不完全。（2）广告等销售方法能改变人们的欲望。广告及其他销售方法使人们对某种商品增加了解，结果便使这种商品的需求曲线富于了弹性，并向右方移动。同时广告等销售方法也会制造出某种新的需求，为厂商所生产的产品打开销路。所以广告往往起到两种作用：一是增进购买者的商品知识；二是帮助厂商在与其他厂商的竞争中处于有利地位，提高其垄断程度，使购买者对某类可互相替代的商品的总需求发生有利于该厂商的分配。

　　张伯伦认为，由于两方面的理由，使单位产品的销售成本随产量的增加先是递减而后递增。一是重复宣传和宣传手段的改进往往使单位销售成本曲线开始呈下降局面；二是由于市场潜力的逐渐减少和其他欲望的重要性逐渐增加，使曲线最终要出现上升。在考虑到销售成本之后，厂商的平均成本不能再仅仅包括生产成本，而是要同时包括生产成本和销售成本，成为生产—销售综合成本，这意味着考虑销售成本与不考虑销售成本相比，将使厂商的平均成本曲线向右上方移动。同时，销售成本也往往使需求曲线向右上方移动，于是厂商的均衡价格和均衡产量便由如此移动后的边际成本曲线和边际收入曲线的交点所决定。

在考虑销售成本之后，张伯伦沿用前面已使用过的分析方法，先假定其他厂商行为既定，分别考虑个别厂商进行价格（产量）调整，产品种类调整，销售费用调整时的均衡，再综合考虑三方面调整同时进行时的均衡，然后在考虑其他厂商反应行为的前提下考虑个别厂商的均衡。

奈特

一、企业理论

奈特（Frank Hyneman Knight，1885—1972）不仅以不确定性来说明企业利润的源泉，还从风险和不确定性出发去说明企业的产生及各种类型。他认为，由于不确定性的存在，社会需要从几个方面去降低不确定性，一是通过对具有概率的事实进行合并和归组来减少不确定性；二是通过专业化让更善于处理不确定性的机构和个人去承受不确定性；三是分散不确定性的不利后果。

因此，奈特认为，尽管每个消费者未来的欲望是一个概率事件，但是一旦把他们归并在一起，许多方差就可能相互抵消。于是，就需要由企业为众多消费者提供商品，而不是每个消费者自己去预测自己的未来需求并向生产者发出购物指令。这就是说，在他看来，企业就是社会用来归并消费者具有概率性的未来需求以减少不确定性的一种机制和机构。企业家组织制度和集中管理的出现，是因为这种制度优于任何其他的自由契约制度，更能全面满足人们的需要。

奈特指出不同的人在决策时有若干方面的不同，一是对未来的判断能力不同；二是为了适应未来预期进行调整的能力不同；三是实施决策的能力不同；四是对决策的自信程度不同；五是对风险的态度不同。由于这些不同，中世纪末期那种每个个人都是某一最终商品的独立生产者，同时也是种类繁多的产品的消费者的社会组织的纯粹手工业阶段，就逐渐转变为另一种社会生产组织，即由少数企业家处理具有概率性的未来需求，而多数人则以一种固定的契约价格将自己置于企业家的独立指挥之下。这就是说，在他看来，人们之所以分化为承担风险的企业家和不承担风险的工资劳动者，是因为他们作出决策实施决策的能力和承担风险的意愿不同。

奈特进一步从风险和不确定性角度分析了各种企业组织的不同特点及其演化。他指出，为了减少借用资本的风险，个体企业被合伙企业所替代，而合伙企业又进一步被股份公司所替代。股份公司的一大优点是能够分散所有者的亏损风险。他指出股份公司最重要的特征就是分散的所有权与集中管理的结合。理论上，这种组织是一种间接形式的代议民主制。他还分析了股份公司和合伙企业各自适应的产业领域。同时，他也指出股份公司会带来新的问题，一是公司有可能侵害外部公众利益；二是公司内部各类成员有可能相互损人利己。他认为公司的经理人很可能希望通过操纵公司资产的价值变化而谋取私利，而这种操纵往往源于他们对公司信息的优越地位，往往通过欺诈来进行。这种行为对于一个在私人财产和自由契约基础上组织起来的生产机制的有效运行来说，确实是一个严重的威胁。他要求通过强化企业道德规范和严格实施刑法来遏制这种行为。这些观点表明他是现代企业理论和公司治理理论的先驱。

二、企业家理论

奈特认为，如果没有任何不确定性，那么企业经理和主管的工作就将与机械操作工没有区别，他们执行的纯粹是一种日常的职能，不用对任何事情负责。而一旦存在不确定性，经理和主管就要对决策负责，从而就要的决策的实行者进行监督和管理，企业的内部组织就不再是一件无关紧要的事情或一种机械琐事了。企业内部就分工为进行决策实施管理和对风险承担责任的企业家和执行决策但不承担决策风险的获取契约工资的劳动者。因此，企业的本质就是对经济生活进行有效管理的职能的专业化，这一职能的特点是两个不可分割的因素：责任和管理。这就是企业家要承担的职能。在另一个地方，他进一步强调了企业家担保被雇佣的要素所有者的收入不受不确定性和波动的影响这一职能。由于人性使然，担保的职能显然一定与管理的职能同时出现，实际上，从管理的根本意义上看，两者在理论上是分不开的。

奈特强调，正是由于存在不确定性，就需要有人承担不确定性所导致的后果，于是那些愿意承担这种后果的人就成了企业家，而利润就成为这些愿意承担不确定性后果的企业家的报酬。正是这种通过阻止竞争趋势理论上的完美结果而产生的真正的不确定性，赋予了整个经济组织独特的"企业"形式，说明了企业家特有的收入。他通过一个假设的例子来说明这一点：两个人打算一起做一项工作，其间不涉及任何其他要素。他们也会有选择：要么他们事先会就每个人应做工作的诸项细节——达成协议，并分享工作的成果；要么会采用一种更为简单的解决方法，即其中的一人负责这项工作，并确保另一人会得到一定的回报，他自己的那份（正的或负的）则取决于工作的结果。在自由契约社会制度下，除非双方当事人存在一种家族关系，否则，后者似乎是一种更合乎常情的办法。这一假设的例子说明了企业家职能与利润的所有理论实质。这样，他就把不确定性所造成的利润为何要归属于企业家的原因作出了说明。

为了更加清晰地说明利润，奈特分析了企业家的收入。他认为企业家收入的性质是复杂的，其组成部分的关系也非常微妙。它大体可以分解成两部分：一是为企业提供了管理性质的劳动而获取的工资收入和为企业提供了资本而获取的利息收入及租金收入，这部分收入通常由市场（经理人市场和资本市场）的供求关系决定；二是由不确定性所造成的利润（亏损）。他指出，要完全清楚地区分这两者是非常困难的。他指出，第二部分收入实际上是一种剩余，它根本不是由谁决定的，它是其他人的收入被确定了之后所剩下的部分。利润是从产品销售所实现的价值中，扣除掉生产中能被估价的所有要素的价值之后的余额，或者说，是把所有的产出都归于能通过竞争机制估算价值的生产要素之后的结余。这一剩余无法通过竞争机制归于与其创造有关的任何要素。

奈特提出了对企业家素质的要求，企业家必须对自己的成功有坚定自信心，同时要有出色的判断力。而这种判断力在很大程度上是对人的判断能力。企业家职能只能由那些熟悉行业业务、擅长管理并勇于承担风险的人来承担。

奈特进一步考虑了企业家职能的分割，企业家职能的最简单的分割，就是管理与担保这两个要素的分割以及由不同的人来执行的情况。而企业家的管理，最重要的是对人的选择，主要包括选择某个其他人来从事管理。商业判断主要是对人的判断。而大规模管理的本质就是用对于人的认识去替代对于物的认识。从这一论点出发，他认为股份公司的股东既是公司的决策者，也是决策风险的承担者。因为一旦正确地定义了管理并确定了管理的界限，就会发现，决策职能和承担决策的正确性的责任，是一个不可分割的整体。

奈特充分强调了企业家的重要性，发现能有效管理企业的人才，并将他们放到承担责任的管理职位上，恐怕是经济组织在效益方面最为重要的一个问题。一个社会中企业家素养的供给，是决定这一个社会生产单位的数量和规模的主要因素之一。因为一个社会企业的数量显然受到企业家人数的限制，而企业的规模则受到企业家领导能力的限制。而对于企业家的遴选，他指出了三条途径：（1）拥有资本从而能够为被雇佣者提供稳定收入担保或拥有某种专业技能的人自动成为企业家；（2）虽然不拥有资本或技能但却能够使别人相信他能够承受担保责任的人；（3）受到别人推荐的人。

奈特充分肯定了企业家的社会功绩，毋庸置疑的是，企业家的活动产生了大量的社会节余，因此极大地增加了经济生产的效益。如果没有管理职能的专业化，大规模的生产活动、高度组织起来的产业以及精密的分工都是不可能的。

施塔克尔贝格

施塔克尔贝格（Heinrich von Stackelberg，1905—1946）在 20 世纪上半期是德国最有才华的理论经济学家。在德国，是他把数学引入经济学，使新古典主流经济学开始在德国得到传播，他 1943 年的《理论国民经济学纲要》在德国是第一部现代的经济学导论。他不仅向其同胞介绍了国际主流的经济学，使得德国经济学界逐步摆脱历史学派的影响，他也为新古典经济学的市场理论的发展作出了杰出的贡献，就是他在《市场形式和均衡》一书中提出的，以他名字命名的"施塔克尔贝格非对称寡头垄断模型"。但他思想倾向于纳粹，这是他不能得到广泛认可的主要原因。从他的这种情况也可以得知，学术成就与政治倾向之间并不存在简单的线性关系，错误的政治倾向未必就一定伴随低下的学术水平。

施塔克尔贝格的寡头理论是对近一百年前古诺寡头理论的一个真正出色的推进。前面介绍过古诺寡头理论的前提假设是两个寡头都依据对方的产量来决定自己的利润最大化的产量水平。施氏假设每个寡头都有两种选择，一是作为领导者，独立决定自己利润最大化的产量水平；二是作为所谓的追随者，根据对方的产量行为决定自己的产量。如果两个寡头都选择做追随者，就会出现古诺均衡解。由此可知，古诺寡头模型只是施氏寡头模型的一个特例。如果一个寡头选择做领导者而另一个选择做追随者，也会有均衡解。但是如果两个寡头都选择做领导者，将不再有均衡解。由于理论无法确定现实中两个寡头的具体选择，所以施氏把寡头市场称作是没有均衡的市场形式。这个"施塔克尔贝格非对称寡头垄断模型"极大地丰富了寡头市场理论，可以说是博弈论出现之前最高水准的寡头理论。可以用下述数理模型说明施氏的寡头理论：

设 π_1，π_2 为寡头 I 和寡头 II 的利润，q_1，q_2 为两个寡头的产量。一般来说，每个寡头的利润都是双方产出水平的函数：

$$\pi_1 = h_1(q_1, q_2) \qquad \pi_2 = h_2(q_1, q_2) \tag{1}$$

古诺解假定 $q_2(q_1)$ 是常数，调整 $q_1(q_2)$ 最大化 $\pi_1(\pi_2)$。一般来讲，每个厂商都可能确定关于其竞争对手反应的某些其他假定。

两个寡头垄断者的利润最大化要求：

$$\frac{\partial \pi_1}{\partial q_1} = \frac{\partial h_1}{\partial q_1} + \frac{\partial h_1}{\partial q_2}\frac{\partial q_2}{\partial q_1} = 0 \tag{2}$$

$$\frac{\partial \pi_2}{\partial q_2} = \frac{\partial h_2}{\partial q_2} + \frac{\partial h_2}{\partial q_1}\frac{\partial q_1}{\partial q_2} = 0$$

$\partial q_2/\partial q_1$ 和 $\partial q_1/\partial q_2$ 代表推测变量，即每个寡头变动自己产量后对其竞争对手产出的推测。

施氏假设寡头有两种选择：领导者或追随者。追随者遵循反应函数：

$$q_1 = \psi_1(q_2)$$

$$q_2 = \psi_2(q_1) \tag{3}$$

根据其假定为领导者的竞争对手给定的产量，调整自己的产出水平，以最大化利润。领导者并不遵循反应函数，他假定其竞争对手像追随厂商一样行动，根据给定的其对手的反应函数，最大化自己利润。

如果 I 想充当领导者，那他假定 II 的反应函数是有效的，并把这种关系代入其利润函数：

$$\pi_1 = h_1\big[q_1, \psi_2(q_1)\big] \qquad \pi_2 = h_2(q_2, q_1)$$

现在，I 的利润只是自己产量 q_1 的函数，可以根据这唯一的变量最大化自己的利润。

若 I 遵循反应函数并像追随者一样行动的，II 也能从领导者角度决定其最大利润。

每个寡头都从领导者和追随者两个角度决定其最大利润，有四种可能结果：

1. I 想当领导者，II 想做追随者。I 假定 II 将像追随者那样行动，他也确实那样做；II 假定 I 将像领导者那样行动，他也确实那样做。结果形成一致的行为模型，因而达到一种明确的均衡。

2. II 想当领导者，I 想做追随者。同样也形成一种明确的均衡。

3. 二者均想做追随者，但都假定另一个人为领导者，他们的期望就会落空。这时，寡头们必须改变他们的期望。施氏假定如果每个人都期望像追随者那样行动，并知道另一个人也将像追随者那样行动，就能实现古诺解。否则要能够实现均衡，一个人必须也只能一个人改变其行为模式，像领导者那样行动。

4. 二者均想当领导者，并都假定其对手的行为由其反应函数制约，但事实上没有一个人遵循反应函数，这时就会出现施氏不均衡。施氏相信这种不均衡是最常出现的结果。施氏不均衡的最终结果不可能先验地预测。这种情形将导致经济激战，直至一个屈服于另一个的领导或达成共同协议，均衡不会实现。

施塔克尔贝格的寡头理论，从时间上看，是与琼·罗宾逊夫人的不完全竞争理论和张伯伦的垄断竞争理论几乎同时出现的，他们三位在 20 世纪 30 年代共同推进了微观经济学的市场理论，使市场理论基本定型在目前教科书的样式中。

除了寡头理论，施塔克尔贝格对于奥地利学派的资本理论以及储蓄理论也都有一定的推进。

第三节　评论

一、利润最大化假设

从古典经济学时代到新古典经济学时代，经济学家们几乎一致假设企业的目标是利润最大化。这一假设使得古典经济学家能够对于三大阶级的收入分配、新古典经济学家对于市场的运行机制展开了卓越的分析。这一假设是他们对于企业理论的最重要贡献。

这一假设后来在 20 世纪中期受到赫伯特·西蒙从有限理性出发提出的质疑，认为它并不完全符合事实。但是，企业想不想追求利润最大化，与企业能否实现利润最大化，实际上是两个不同的但是又有联系的问题。确实，由于有限理性，企业往往不能获取其所拥有的资源和技术所允许实现的最大利润。但是，这并不意味着企业不想获取最大利润。西蒙认为，企业追求令人满意的利润。仔细琢磨，令人满意的利润，无非就是比企业以往更多的利润，或者比其他同类企业更多的利润，而这两个目标的极限，就是利润最大化。凡是对令人满意的利润目标做其他解释的企业，在长期的市场竞争中，必将破产淘汰。

当然，企业追求利润最大化这一假设并非没有局限，它似乎更适用于所有者和管理者一体的古典企业，而对于所有者与管理者分离的企业，它显然不能充分解释企业的行为，起码是不能充分有效地解释这类企业的短期行为。因此，在 1932 年 A. A. 贝利和米恩斯的《现代公司和私有财产》一书发表之后，尤其是作为这本书背景的这类企业大量出现之后，对这类企业的目标做出新的假设就尤为必要了。

二、企业分类：竞争—垄断维度

古典经济学时代，企业的分类问题已经受到关注。经济学家们主要是区分了竞争企业和垄断企业，并且对于这两类企业的行为和对于社会的福利影响进行了初步分析。

新古典经济学在这个问题上的主要贡献是增加了两种类型，即古诺和施塔克尔贝格所分析的寡头企业和罗宾逊、张伯伦所分析的垄断竞争企业。这就使得企业的类型更加符合现实生活。

但是，琼·罗宾逊和张伯伦对于垄断竞争企业的分析，无论是从其思想渊源来说，还是从其内容来看，与其说是对马歇尔价值理论的革命，不如说是一种补充。它并不是在马歇尔所考虑的问题中提出与马歇尔相对立的意见，而是涉及了马歇尔所未涉及的现象，提出了可以补充马歇尔体系的理论观点。所以我们并不把它看作是对于马歇尔综合体系的革命或突破，而是把它看作是对于马歇尔综合体系的深化和拓展。

新古典经济学的另一项重要贡献，就是指出了各类企业的共性，即利润最大化的条件都是边际收益等于边际成本。除了这种一致性，他们又指出由于各类企业面对的需求曲线的不同，从而使得它们的产量行为和价格行为存在差异，并进一步指出这种差异对于社会福利的影响。这就为政府的反垄断政策提供了理论依据。

三、企业分类：产权配置维度

值得指出的是，新古典经济学时期的维塞尔和奈特都分别从另一个维度对企业进行了分类，强调的是企业产权安排的不同，包括所有权集中在个别人手中的家族企业和分散的合伙制企业股份制企业，还包括所有权管理权统一的企业和两权分离的企业。并且对于这种维度上的不同类型企业的特征和优劣进行了初步分析。这种分析后来发展成为凯恩斯革命以后微观经济学的主要话题。他们两人在这方面的贡献是开创性的，无疑是 A. A. 贝利和米恩斯同类分析的先驱。

四、为何需要有企业？

在市场能够有效配置资源的条件下，为何还会有企业？这个问题公认是科斯在 1938 年明确提出的。但是，这个问题的部分答案其实在奈特那里已经存在。奈特从承担风险和降低不确定性的需要出发解释了企业的存在。奈特的视角虽然与科斯有所不同，但还是有一定的交集的。两人对这个问题的答案值得进一步整合。

五、企业家的职责和功能

企业家的职责和功能是什么？维塞尔对于这个问题作出了初步的回答，强调了企业家的进取性和创造力。他的这一思想，启发和影响了他的学生熊彼特，是后者创新理论和企业家理论的源头。奈特则强调了企业家管理和承担不确定性后果的职能，强调了企业家对于社会的重要性。他们的这些思想成为 20 世纪相关领域理论发展的源头。

六、企业内部治理机制

维塞尔指出了合伙企业与股份公司的巨大差异，以及由此引起的内部治理机制的不同，强调了股份公司保护小股东的重要性。奈特进一步指出股份公司最重要的特征就是分散的所有权与集中管理的结合。他也指出股份公司带来的问题，要求通过强化企业道德规范和严格实施刑法来解决这些问题。他们的这些观点表明他们是现代企业理论和公司治理理论的先驱。

第七章　货币理论

第一节　古典经济学时期

亚当·斯密

在《国富论》中，斯密论述了货币的起源、货币的职能、形态及其流通规律。

斯密从物物交换的不便与困难引出货币的。怎样克服这种不便和困难呢？斯密指出，自分工确立以来，各时代各社会中有思虑的人，为了避免这种不便，除自己劳动生产物外，随时身边带有一定数量的某种物品，这种物品在他想来，拿去和任何人的生产物交换，都不会被拒绝。这种拿去和任何人的生产物交换都不会被拒绝的物品，就是货币。他认为，货币就是交换的工具。在未开化的社会，曾用家畜作为交换工具，并使被交换之物都按照家畜的头数来评价，例如某物值牛几头。他指出，由于金属具有不易磨损，久藏不坏，易于分合、便于携带等特点，所以各国都逐渐以金属作为交换工具。国家为了便利交易、促进各种工商业发达起见，在通常用以购买货物的一定分量的特定金属上，加盖公印。于是就有了铸币制度。他的这一思想，后来被奥国学派的门格尔阐发为制度自然演化的典型案例。

斯密既然把货币看作是为克服交换困难而产生的，他自然就把货币首要的基本职能，看作是交换媒介、流通手段。他从货币的流通手段职能，正确地引出了以纸币代替金属货币的主张。他认为，货币虽是流通必不可少的工具，但用金银作货币材料是非常昂贵的。因此，若以纸币代替金银，那就大大节省这种流通费用，将金银转用于生产，就可以增加国民财富。于是，他进而论述银行券的发行和流通问题。

斯密虽然忽视了货币的贮藏手段职能，没有从这个职能出发引出银行券，但他却对银行券的本质及其流通规律具有较深刻的正确理解。他首先把银行券看作银行代替私人票据所发行的银行票据，其发行方法主要为票据贴现。他指出银行有两种发行银行券的方式：票据贴现方式和现金结算方式。前者就是贴现汇票，即垫付货币，收买未满期的汇票。汇票不等期满，即可持票往银行预贷现金。银行方面，就计算到期应收的利息，在全部贷额中扣除。到期后，汇票的兑付，既可偿还银行预贷出去的价值，还会带来利息形式的纯利润。现金结算方式就是随便那一个人，只要他找得到两个有确实信用并有确实地产的保证人担保，并允许在银行要求偿还时即如数还清所借金额及其法定利息，就可向银行商借一定数额的款项，在顾客商借货币时，银行大都以本银行的钞票付给。这种发行方法，实际上就是以透支方式贷借款项的发行方法。

发行银行券以代替金银铸币，虽有节约流通费用，将其转用于生产，借以增进国民财富的利益，但若不依据一定的原理加以限制，以致发行过多，钞券泛滥，其为害不浅。所以斯密特别强调，商人或企业家营业的资本，既不宜全部向银行借贷，亦不宜大部向银行借贷。商人或企业家固然可以向银行借钱来应付不时的需要，省得储下现钱留着不用，但他的资本，亦只有这个部分，宜向银行借贷。企业家向银行借钱，应该限于这个部分。如果银行借出纸币，不超过这个限度的价值，那发行出去的纸币额，亦绝不会超过国内无纸币时流通所需的金银，绝不致数量过剩，绝不致有一部分为国内流通界所不能容纳。这就是他提出的银行发行银行券所应遵守的一般原则。

关于银行办理票据贴现，斯密认为，只贴现真实票据，而不应贴现融通票据。假如所贴现的是真实票据，是贷款给资本家作为其必须保有以应不时之需的现金，其数额小，又属于短期性质，到期一定可以兑付，这就意味着由此发行的银行券，就必然随着商品之流通而流通，随着商品之退出而退出。这样所发行的银行券总额，就不会超过无纸币时流通所必需的金银币数额。从而银行券的流通，就与金属货币流通的情形完全一样，绝无过剩之虑。假如银行所贴现的票据不是真实票据而是融通票据，那就要引起银行券的过度发行，因为这种融通票据都没有真实的商品交易作为基础，或为套取银行贷款以济急需而发，或为筹措农工商业的全部资金而发，所以，以此项票据向银行骗得的贷款，就使银行的金库流出去的多而流进来的少；从而就必使银行由此而发行的银行券，超过该国流通所必需的金银数量，而产生银行券过多的祸患。

斯密关于银行券发行和流通的这些原理，被人称之为"斯密原理"，其目的是要使银行券流通与金银货币流通的情况相一致，借以适应商品流通，促进国民经济发展。

斯密对于货币的职能论述得最多的是流通手段职能，其次是价值尺度职能，而对于货币作为贮藏手段和支付手段的这两个职能，则几乎完全忽视。

斯密在论述了货币的起源和职能的基础上，进一步论述了一国货币流通量规律。他认为，无论在哪一个国家，每年买卖的货物的价值要求有一定数量的货币来使货物流通并分配给真正的消费者，但不能使用超过必要的数量。那么，一国流通所需的货币量究竟由什么决定呢？

斯密认为，一国流通所必需的货币量，取决于该国每年所流通的商品价值，即取决于该国每年所销售商品的价格总额，而不是商品的价格总额取决于流通中的货币量。他在论述流通所需货币量时，还看到由于货币流通速度的快慢，可使所需货币量减少或增加。假如实际流通的货币量多于所需货币量，多则必然外流。即无论是积累起来的金银或由银行兑换的金银，只要超过流通所需的数量，就必然会输往外国而不会继续停留在流通界。这就是他所阐明的货币流通规律。在超过需要的货币会流向国外这一点上，他与货币数量论的观点是一致的，但是他没有像货币数量论那样描绘出流出的具体机制。

上述情况，是金属货币流通的规律。假如是银行券流通，其规律又将如何呢？斯密对这个问题也有正确论述。他指出，任何国家各种纸币能毫无阻碍地到处流通的全部金额，绝不能超过其所代替的金银的价值，或在商业状况不变的条件下，在没有这些纸币的场合所必须有的金银币的价值。如果超过了这个总额,那过剩的部分,既不能行于国内,又不能输往国外,结果会马上回到银行去兑换金银。这就是他创造性地阐明的银行券流通规律。

斯密关于一国货币流通量的观点,一方面承袭了休谟的货币数量论,是对重商主义无节制需求货币主张的批判,另一方面开创了后来一系列货币需求理论的先河。

马尔萨斯

马尔萨斯既反对重商主义的货币观,强调财富并非就是货币;也反对李嘉图、萨伊等人否定货币重要性的见解,反对李嘉图、萨伊等人在讨论生产过剩问题时抽象掉货币,强调货币的重要作用。他指出货币对于促进商品交换,引起以大量节储为特征之一的资本积累,鼓励勤勉都起到重要作用。他认为货币是非中性的,会影响产量的多寡。他出色地看出了货币促进生产的具体机制,指出如果货币数量增加时能够更多地向生产者阶级集中,将有助于增加资本从而增加财富。其原因就在于货币供应量增加会引起物价上涨,这就使得不生产阶级的实际货币份额相对减少,财富份额相对下降,更多的财富集中到生产者阶级手中。他看到了货币数量变化的分配效应。

马尔萨斯为了分析当时英国的通货膨胀,首先分析了纸币体系的基础,就是人们需要贵金属只是为了交换而非其内在效用。他反对李嘉图关于黄金价值不变,纸币贬值只是由于银行过度发行纸币的观点,认为应当以可以购买到的劳动这一不变的价值尺度来判断通货是否贬值。而根据这一尺度,他认为黄金本身的价值已经变化,所以通货贬值并不全是由于银行发行纸币过度。

马尔萨斯还分析了决定外汇价格的因素,认为除了货币磨损和伪造之外,还有通商各国需求结构的变化和货币数量的相对变化;需求结构变化的影响是迅速的、暂时的;货币数量相对变化通过物价水平变化造成的影响是缓慢的、平稳的;两者对外汇价格的影响有时同向有时反向,从而有可能使得外汇价格的变化与国内物价水平的变化出现不一致。

李嘉图

李嘉图是通过研究通货问题而走上政治经济学舞台的。当时英国的货币制度是金本位制，流通手段兼有金银铸币和一些银行发行的银行券。根据法律规定，金银条块可以自由输出，但是金银铸币禁止出口；银行有义务用金银铸币兑换银行券。但是由于拿破仑战争的需要，英国于1797年颁布了限制英格兰银行以金币兑换银行券的法令，使得银行可以更多地发行银行券。结果引起银行券贬值，汇率上涨[1]。从而引发了一场关于通货管理制度的大论战。李嘉图在论战中提出了自己的货币理论。

一、货币的价值

李嘉图反对重商主义把货币直接等同于财富的观点，反对那种认为金银铸币基本上不同于其他商品的观念。他把金银及其铸币都看作是一种商品，并以此展开关于金银及整个通货的价值决定的观点。

1. 贵金属金银的价值决定

李嘉图从内在价值（或自然价值）和交换价值两个角度考虑金银的价值决定。关于内在价值，他指出，黄金和白银也同其他商品一样，有其内在价值，这并不是随意决定的，而是取决于它们的稀少性、为取得它们而使用的劳动量以及在开采它们的各矿所用资本的价值。可见，在金银价值的决定上，他并没有严格恪守他的劳动价值论。

在《政治经济学与赋税原理》一书的前面部分，李嘉图认为，货币的价值是由生产中所耗费的必要劳动量决定的，货币价值的变动，在流通中就会相应地表现在商品价格的变动上面，这时为了适应商品流通的需要，就要有数量不等的货币进入或退出流通。在这个基础上，他进一步发挥了他的价格理论。在他看来，商品的价格无非就是用一定数量的、具有相同价值的货币（金银）所表现出来的商品价值。因此，若不考虑由市场供求关系变化所引起的价格波动，商品价格就是由商品价值和货币价值的比例关系决定的，即商品价格既可因商品价值的变化而变化，

---

[1] 英国的汇率概念是以本币英镑为分子，以外币为分母的，因此汇率上涨就意味着英镑贬值。

也可由货币价值的变化而变化；但商品价值和货币价值的变化对于商品价格的影响，恰好是相反的。若货币价值不变，则商品价值的变化会引起其价格成正比例的变化；若商品价值不变，则其价格必随货币价值变化而发生反比例的变化；若货币价值降低，商品价格就会提高，因为在这种情况下，同量的商品可以换得较多货币；反之，若货币价值增加，则商品价格就会下降，因为在这种情形下，同量的商品只能换得较少量货币。

但在《政治经济学与赋税原理》一书的后半部分，李嘉图却提出了货币数量论，认为货币的价值决定于流通中存在的货币量，货币数量如多于流通的需要，商品价格就会上涨，这时货币价值就下跌；反之，货币数量如少于流通的需要，商品价格就下降，这时货币价值就上升。他认为在纸币尚未使用时，黄金生产成本的增加引起的黄金数量的减少会成比例地提高黄金的自然价值。在该书的另一个地方，他更是直截了当地认为货币金银的价值由其数量规定。只要限制铸币数量，它的价值就可以被提高到任何可能的程度。

李嘉图之所以在耗费劳动这一因素之外再提出稀少性（或金银的数量）作为价值决定的因素，是因为他认识到人们对金银的需求是必然的。用现代经济学术语来讲，就是人们对金银具有无限的需求弹性。

李嘉图指出，当金银同时充当流通媒介时，主要的价值标准就会依金银的相对价值变化而变化，就不存在衡量价值的不变尺度。而任何时候实际充当价值标准的只有一种金属，及两种金属中相对于法定比价市场价值较低的那种。

2．铸币及纸币的价值决定

李嘉图认为铸币的价值等于与该铸币相同重量、相同成色的金属块的价值再加上铸币税。他进一步指出，在只有国家能铸造货币的时候，这种铸币税是没有任何限制的；因为只要限制铸币的数量，它的价值就可以被提高到任何可能的程度。同时他又指出，铸币税以不超出铸币过程的实际费用为宜，否则就会刺激人们私下伪造铸币而获利。

李嘉图的纸币概念包括银行发行的兑换或不兑换的银行券，还包括政府发行的纸币。他通过对铸币价值的分析，认为纸币的价值决定类似于铸币，可以把它看作是由于造币费用很高而获得票面价值的。因此，和铸币一样，只要限制它的数量，它的交换价值就会等于面值相等的铸币或其内含生金的价值。由此他得到结论，单位纸币的价值一定完全取决于它的数量。因此，当作为纸币本位的黄金的价值升降变化（即商品的价格跌涨）时，可以通过减少或增加纸币的数量来使纸币的价值与它所代表的黄金价值一致。

李嘉图虽然认为纸币的数量会影响商品的价格，但是他接受斯密的主张，认为利率不取决于货币数量。

李嘉图提出了最优通货状态的概念，当一种通货完全由纸币构成，而这种纸币的价值又与其所要代表的黄金的价值相等时，这种通货就处于最完善的状况。以纸币代替黄金就是用最廉价的媒介代替最昂贵的媒介。他认为实现这种最优状态的最适当方法就是要使银行承担以金币或金块兑现纸币的义务。

由于纸币的价值与纸币的发行数量有关，于是纸币的发行权掌握在谁手中就引起了李嘉图的思考。他提出了纸币发行的最优控制权概念，认为如果能完全保证纸币发行权不被滥用，那么无论由国家还是由银行来发行，对于国家财富的影响是一样的。但由于任意增发对银行有利，而专断的政府又往往为了一时需要而不顾纸币发行的制约，所以纸币发行权掌握在银行或专断政府手中都是不安全的。最好的方法是在具有开明的立法机关的国家里，在保证纸币持有人随时兑现的条件下，把纸币发行权交给一些可以完全不受政府大臣支配的特派委员手中。

3. 通货膨胀

李嘉图关于货币问题的论述，很大程度是与当时关于金价的论战中提出的通货膨胀问题有关。他认为一国商品流通所需要的货币量是一定的，当银行发行纸币替代硬币时，被排挤的硬币便倾向于输出。但由于法律禁止硬币出口，于是对于金块的需求便增加，结果就是提高了黄金的市场价格。当纸币发行过多超过流通所需的金属货币时，纸币将贬值，黄金价格将超过法定平价。这时如果可以自由兑换硬币，则人们将按平价用纸币向银行兑换硬币，然后融化成金块，再按照金块被抬高的市价向银行换取纸币，然后再重复上述过程以套利。而银行则面临金币不断减少的困境，为此将被迫按市场高价购进金块，铸成硬币以满足兑换要求。长此以往，银行将无以为继。因此，银行为自身安全考虑，将自觉采取措施减少纸币发行。因此，只要保持兑换自由，银行就不会发行过多纸币而导致通货膨胀。而在英国存在英格兰银行和众多地方银行的条件下，只要英格兰银行控制了纸币发行，地方银行也将相应控制。他认为兑换自由是防止银行滥发纸币引起通货膨胀的关键性措施。而一旦实行了限制兑换自由的法令，则除了自律之外，就没有任何外在压力去迫使银行限制其纸币发行，银行就倾向于不断增发纸币，引起通货膨胀。但是他也并不认为银行增发纸币就一定引起通货膨胀，只要流通中还有硬币，增发纸币的后果就是排挤硬币，只有当硬币被完全排挤出去以后，纸币增发才引起通货膨胀。

李嘉图指出了通货膨胀对于公众的危害，它使国家没有稳定的价值尺度，提高了生活费用，伤害了消费者的利益，损害了公私债权人的利益，损害了固定收入者的利益，降低了一切拥有货币的人的财富。但同时他又认为如果通货膨胀使得货币向生产者阶级集中，则通货膨胀也将有一定的正面意义。至于已经发生的通货膨胀，他主张逐渐减少纸币发行，当金价走平以后再允许自由兑换，以避免一下子给银行造成过大的兑现压力。

二、货币需要量

商品流通所需要的货币金银量，是英国古典政治经济学家为了反对重商主义无限度增加国内货币的主张，而一直考虑的问题。在这个问题上，李嘉图进一步发展了斯密关于一国投入流通的商品价格总额决定流通所需货币量的原理。他指出，在市场商品供求不变的情况下，当商品价格总额（即他所说的支付的价值数额）一定时，流通所需的货币量，就取决于货币本身的价值，货币的需求完全由货币的价值规定。若货币价值降低，流通所需要的货币量就要增加；反之，若货币价值提高，流通所需要的货币量就要减少。当货币价值不变时，那么，流通所需要的货币量，就以投入流通的商品价格总额为转移。一旦流通中的商品价格总额减少了，就只需要较少量的货币；反之，一旦流通中的商品价值增大了，就需要较多量的货币。因此他认为，一国流通所需的货币量，并非只有商品价格总额一个因素决定，而是由三个因素决定的。他说，使用金属货币的任一国家，在实际支付中用来作为货币的那项金属的量，或者是被用纸币部分地或全部地作为金属货币代用品的那项金属货币的量，必然取决于以下三项：第一，金属的价值；第二，拟做出的支付的数额或价值；第三，在完成那些支付中实行的节约程度。

由此可知，英国古典学派的货币需要量理论有一个重要的前提，就是全部有待交换的商品有一个独立于货币金银的总价值量。而在李嘉图这里，这个总价值量由耗费的劳动决定。另一个前提就是货币金银也有一个独立于所有商品的由某种因素（对于李嘉图来讲还是耗费的劳动）所决定的价值。于是交换所需要的货币金银数量就取决于这两个价值量以及货币金银的流通速度和纸币（可兑换银行券）替代金银的程度。因此这个货币需要量理论是与劳动价值论相互融洽的。

这个理论的一个重要推论就是在商品总价值和金银的价值一定、货币金银流通速度和纸币替代程度一定时，过多的货币金银不会引起物价上涨，只会引起货币金银的窖藏和储存。这就无法说明现实生活中的通货膨胀现象。除非假设出现了金银生产中耗费的劳动下降，从而金银对一般商品的比价下跌。然而当时英国现实生活中的通货膨胀并不是金银价跌一般商品价涨，而是金块价格同时上涨，因此必须解释为何原因。这就迫使李嘉图采用以纸币的数量来解释纸币的价值，并进而用货币金银的数量来解释货币的价值的货币数量论。"商品的价格会按货币增加或减少的比例而涨落，这我认为是无可争辩的事实。"[1] 从上下文来看，他这里所说的货币，并非指纸币，而是金银。而且货币金银本身的价值又由货币的数量规定。于是，李嘉图虽然在其论著的许多地方强调了货币金银价值的劳动决定论，但是在分析通货膨胀问题时却不自觉（似乎

---

[1] 李嘉图：《李嘉图著作和通信集》第 3 卷，商务印书馆 1977 年版，第 180 页注。

没有意识到与劳动价值论的对立）主张了货币金银价值的数量决定论，货币金银的数量决定货币金银的价值，而货币金银的价值又决定货币金银的需求。

像李嘉图这样的一位坚持劳动价值论的经济学家，本来是不应该认可货币数量论的，但事实上这两种互相矛盾的货币理论，却并存于他的经济理论体系中。究其原因，主要有以下两点：

第一，在李嘉图看来，货币只是实现交换的媒介。正由于他把货币的职能归结为流通手段，因而认为执行这种职能的货币最好是用纸币来代替。在他看来，纸币不仅是一种价值符号，不仅能执行流通手段的职能，而且是代替金属货币的真正通货。他关于以纸币代替金属铸币流通，从节省流通费用的观点，本来是正确的，但他却把纸币与金属货币等同起来，认为纸币的流通规律也适用于金属货币的流通，因而才得出了他的货币数量论。他在货币价值问题上之所以不能坚持劳动价值论，而转向货币数量论，就是由于当时纸币贬值的影响。

第二，实践政策上的原因。在当时的"金价论战"中，"金块论者"认为英国的纸币价值脱离黄金价值的原因是纸币、银行券发行数量过多和银行停止兑现；"反金块论者"则认为，通货是按社会的需要发行的，银行券（纸币）纵不兑现亦不致发行过多。作为金块论者的主要代表人物李嘉图认为，英国的物价上涨和英币汇价下跌原因在于银行券贬值。而银行券贬值则是由过去银行券的大量发行造成的。因此，他主张迅速恢复银行券的兑现，使银行券发行量受黄金数量控制，以实行货币（金本位制的货币）自动调节的理想。为了这个货币政策目的，作为政论家的李嘉图就不惜抛弃了作为理论家的李嘉图所提出的劳动量决定货币价值的理论，转而采取了货币数量论。

图克

针对 1844 年英国皮尔首相向议会递交的要求改进银行管理、实行银行券 100% 黄金准备的《银行特许状法》，英国的"银行学派"（主要代表除图克外还有富拉顿、吉尔巴特）和"通货学派"（主要代表有皮尔、托伦斯、奥弗斯东）展开了激烈争论。"银行学派"认为只要保证银行券的可兑换性，就可以保持货币的稳定。为此，不必通过 100%黄金准备来严格限制银行券的发行。"通货学派"则坚持通过 100%黄金准备来严格限制银行券的发行，以实现货币稳定。为此，需要把银行发行银行券的职能与通常的存贷职能严格区分，最好是只允许英格兰银行发行纸币，而其他银行只从事非发行业务。

由于当时英国纸币流通的混乱状况，争论的结果是"通货学派"的主张占了上风，议会通过了反映"通货学派"意见的英格兰银行法，要求按照 100%黄金准备来发行银行券。虽然这项法案在后来经常由于实际情况的需要中止。

图克（Thomas Tooke，1774—1858）1844 年发表《通货原理研究》一书，在反对"通货学派"政策主张的过程中，论述了他反对自休谟以来广泛传播、并且被李嘉图所发挥的货币数量论的论点。"通货学派"的政策主张以货币数量论为理论基础，认为物价的不稳定是因为货币数量的不稳定，而货币数量的不稳定又是由于银行发行的银行券数量不稳定，因此解决办法就是通过 100%黄金准备严格控制银行券发行量。

为了反对"通货学派"的政策主张，图克把反对矛头直指其理论基础——货币数量论。

他明确提出，如果英国只流行金属货币，那么贵金属在国与国之间的流动不会改变金属货币的数量，从而也不会引起一般物价水平的变化。因此，那种认为贵金属的流出入将导致一般物价变化的货币数量论是不正确的。他坚持李嘉图的另一种关于贵金属价值决定的观点，即正是贵金属的生产成本而不是它们的数量构成了它们的价值，并决定了商品的价格。

图克认为"通货学派"的见解立足于一个错误的认识之上，即没有区分受到自由兑换约束的银行券和不受这种约束的纸币。他强调无论是英格兰银行还是地方银行都不可能随意发行可以随时自由兑换金块的银行券，只有政府强制发行的不可以自由兑换金块的纸币的数额才能够按发行人的意愿增加。

在区分可自由兑换的银行券和政府强制发行的纸币这两种非金属货币的基础上，图克认为在货币数量与一般物价的关系上，不是可兑换银行券的数量影响一般物价；恰恰相反，是一般物价影响可兑换银行券的数量。他强调是物价涨落造成货币流通量的增减。至于一般物价的决定，他认为在通货自由兑换的条件下，在供给既定时，取决于需求，而需求的大小不是取决于流通货币总量，而是取决于构成各阶层收入的货币数量，这些收入名之曰租金、利润、薪金和工资，其价值用黄金表示，用于本期支出。即取决于有效需求。所以"通货学派"关于银行券的数量会对物价产生影响的观点，是犯了用原因来代替结果的错误。

值得注意的是，图克对货币数量论的反对不是无条件的，而是建立在区分两种纸币的基础上的。对于不可兑换的纸币，他并不否定其数量对物价的影响。

图克还进一步探讨了利率与物价的关系，他反对当时普遍流行的观点：低利率会抬高物价，高利率则会使物价下跌。指出利率对证券价格的影响与对一般商品价格的影响是方向相反的，低利率几乎是证券高价格的同义词；低利率却必然会降低生产成本，从而降低商品的价格。因为低利率会导致使用大量固定资本以及生产周期较长的企业的成本下降，因而会引起物价下降。即利率与物价不是反向运动而是同向运动的。这种观点与货币数量论也是格格不入的。因为货币数量论的观点是货币数量的变化不仅将引起物价的同向变化，而且由于货币数量变化所代表的资本数量的变化，会引起利率的反向变化，于是物价水平也将与利率反向变化。

图克认为，物价巨大波动的源头并不是银行券与利率的变化，而是信用的波动造成的，而信用的波动是受商人或投机者对市场前景过于乐观或过于悲观的看法影响的。同时，政府阻碍自由贸易的各种措施如谷物法等等更加强了波动的力量。

在批判"通货学派"的理论依据（货币数量论）和政策主张的基础上，图克提出了自己的政策见解，就是坚持亚当·斯密和李嘉图的观点，通过银行券的自由兑换金币和发钞银行之间的自由竞争，来防止银行券的过度发行。反对发行业务和银行业务的完全分离，反对建立政府发钞银行来控制货币数量。相对于政府银行而言，他宁可依赖一群诚实正派、经验丰富、办事谨慎的银行董事。而在民间银行中，他认为联合股份银行比私人银行更加合适。

图克是一个比较彻底的自由主义经济学家，他的政策主张说明他是20世纪70年代哈耶克自由货币思想的先驱。他对货币数量论的反对意见，提醒我们必须注意三种不同性质的货币：贵金属、可兑换纸币和不可兑换纸币，它们对于一般物价的影响可能是有不同性质不同机制不同特点的。如果不加区别地用"货币"这一词语讨论它们各自对于一般物价的影响，就有可能出现顾此失彼以偏概全的问题。他对于银行券100%黄金准备的反对意见虽然当时未能被政府采纳，但是以后的历史证明了他的正确性。他对于利率与一般物价关系的看法很可能对半个世纪以后瑞典学派创始人维克赛尔的《利息与价格》一书产生影响，促使维克赛尔在继续坚持货币数量论的前提下，提出自然利率概念来说明货币利率与物价同向运动的现象，并提出利率变动对于资本价格的两种效应，即导致资本品重置价格同向变化的效应和导致资本品资本化价值反向变化的效应。

罗伯特·托伦斯

在货币金融领域，托伦斯在1810年左右的金块争论时期，站在李嘉图的对立面，在1812年强烈要求实行不可兑现的纸币制度，并且根据真实票据说否定会纸币发行过度，还提出了自我证明预期原理。但是到1820年以后的争论中，他在1828年转变了观点，开始赞同李嘉图所主张的通货学派的观点，不相信单靠可兑换性就可以实现混合通货与纯粹金属通货相等同。因此他可以被看作是将英格兰银行的货币发行职能与其银行业务相分离计划的创始者。

詹姆斯·穆勒与约·斯·穆勒

詹姆斯·穆勒在考虑如何制止银行滥发纸币时，提出了自由货币的主张，如果允许竞争自由地进行，如果对加入某一银行的合伙人的人数不加限制，银行业务和发行钞票业务将自然地处于能对纸币提供充分保障的基础上。这样，银行的数目当然将大大增多，没有一家银行发行的钞票的流通范围能超出一个地区。成立众多银行，每家银行在自由与竞争的安全保障下在一个有限地区发行银行券，这还有另外一个重大好处：倘若有一家银行倒闭，遭祸害的范围有限，只对社会的一小部分产生不利。这完全可以说是20世纪哈耶克自由货币主张的先声。

小穆勒反对重商主义把货币等同于财富的观点，认为它也不过是一种商品，其特殊之处在于它是灵活性最强的商品。

在货币的功能问题上，小穆勒没有区别于其他古典经济学家的观点。但是在货币的价值决定问题上有一定的新见解。古典经济学家对于货币的价值有两种观点：成本论和数量论。斯密基本上是成本论，李嘉图则兼有成本论和数量论。小穆勒对这两种观点进行了综合，指出货币是一种商品，其价值与其他商品的价值，受相同法则的支配；即暂时的受决定于需要与供给，永久的平均的受决定于生产费。货币的供给就是流通中的货币量，而货币的需求由待售的全部商品构成。当需求及其他一切条件不变时，若货币的供给增加了，则货币的价值就等比例下降。他认为必须考虑货币流通速度的影响，因此货币的价值与流通中的货币量与货币流通速度之积成反比。他用货币数量来说明短期中货币价值的决定及一般物价水平，认为货币数量论是关于通货的最基本命题。他在仔细说明货币数量论的同时也指出其限制条件，即只适用于货币为唯一交换媒介，信用尚不存在的状态。对于货币在长期中的价值，他坚持用生产费用来说明，认为货币金银属于第三类商品，其价值由最不利条件下的生产费用决定。而生产费用通过影响货币数量来影响其价值。

小穆勒生活的时代，金融业已经有很大的发展，出现了信用、可兑换银行券、不可兑换纸币等等新的货币金融现象。他对于这些现象进行了一定的分析。他指出信用有两种功能：(1)把资本转移到集中于善用者手中，使之得以更合理的使用。当然前提是要转移到生产阶级手中。(2)节约货币金银的使用。他认为，信用有提高一般物价的趋势，在通常使用信用的社会中，一般物价更多取决于信用而非货币数量。他认为不同的信用形式，由于使用的范围有大小不同，故其对物价的影响也有不同，汇票比账簿信用更有影响，可兑换银行券又比汇票更有影响。他之所以分析信用对物价的影响，是为了给他的商业周期理论奠定基础。

小穆勒还分析了不兑现纸币的价值决定，认为其价值取决于发行量。发行纸币将排挤金银货币，这种排挤将使金币出口，使原先不生产的金币换回可用于生产的财富。但若纸币由政府为不生产的开支而发行，就对生产无益。当金银铸币尚未被排挤完时，兑现纸币与不兑现纸币的差别不大，一旦铸币被排挤完，二者的差别就出现了。这时若发行可兑现纸币，则过多的纸币将通过兑现而返回银行；若发行不兑现纸币，则过多的纸币将引起物价上涨。他否认增发纸币可增加就业和产量，认为过度增加纸币将引起通货膨胀，那是对社会的课税，对债权人的欺骗。

小穆勒认为利率与资本有关，是一种资本现象而非货币现象，其高低取决于借贷资本的供求均衡。利率与货币存量无关，但受到货币存量变动的影响。政府发行不兑现纸币引起的通货膨胀会从两方面提高利率：（1）贷者因预期货币贬值而提高利率；（2）借者因实际资本价格上涨而增加对货币的需求，从而提高利率。银行增发可兑现券往往同时也是增发贷款，故有双重作用：（1）作为通货的增加有引起通货膨胀从而提高利率的趋势；（2）作为借贷资本的增加有引起利率下降的趋势；后者往往压过前者。金银的增加若增加了银行存款，就降低利率；金银的减少就提高利率。

第二节　新古典经济学时期

费雪

费雪经济思想中对后人最有影响的当属他对一般物价水平影响因素的分析。这一理论主要发表于 1911 年的《货币的购买力》一书之中。书中他首先定义了什么是货币，无论何种商品在交易上为一般所愿意收受的，皆可称为货币。即货币是交易当中能够被人们普遍接收的商品。由于各种商品在交易中被人普遍接收的程度或"交易力"是渐变的，所以他给出了交易力（即今天人们所说的流动性）逐渐递增的一系列商品：不动产、著名稳健公司的债券、公债、商业票据、汇票、支票、流通媒介（包括不存放于各银行和国库，而处于流通过程的货币和银行存款）。而货币则包括本位币（金币）、信用币（银行券）和小额的辅币。他要研究的是流通媒介的购买力的决定因素，或者说是物价水平的决定因素。

为此，费雪提出了以他命名的著名方程式：$MV = PT$，M 为包括金属货币和纸币在内的货币数量，V 为每单位货币的平均流速，V 为社会总交易量，P 为一般物价水平。据此，他指出了三项定理：（1）若流通率 V 和交易量 T 不变，物价 P 必随货币数量 M 的变动而同比例同方向涨跌；（2）若货币数量 M 和交易量 T 不变，物价 P 必随流通率 V 的变动而同比例同方向涨跌；（3）若货币数量 M 和流通率 V 不变，物价 P 必随交易量 T 的变动而同比例但反方向涨跌。因此，当政府把货币的票面价值增加一倍、减低铸币的一半成色或增加货币供给一倍，都将使得物价上涨一倍。

当考虑银行支票存款时，费雪方程式变为：$MV + M'V' = PT$，M' 为支票存款量，V' 为支票存款的平均流速。他认为一般情况下货币数量 M 与支票存款 M' 保持一定的比例关系。因为银行准备金与存款的比例，私人和公司的现金交易与支票交易的比例、现金与存款的比例，一般都保持一定。于是，若现金流通率 V 和存款流通率 V' 保持不变，物价将随着货币 M 和存款 M' 的数量变化而同比例同方向变化。为了证明这一点，他回顾了近千年的世界物价史尤其是英国自 1789 年以后的物价史，指出在流通率变动甚微的时候，物价的历史实际上就是流通媒介（M 与 M'）的增加与交易量的增加的竞争史。流通媒介有时先交易量而变动，物价随即增长。反之，流通媒介的变动有时较交易量更迟缓、物价随即跌落。

费雪提出该方程式的目的，在于说明均衡状态下物价水平（货币的币值）的决定，其结论就是货币的购买力（一般物价即是它的倒数）完全视下列五项确定的份子为转移：（1）流通货币数量，（2）它的流通率，（3）用支票提取的银行存款的数量，（4）它的流通率，（5）交易量。

费雪认为，除 M 外，其实影响物价水平的因素非常之多，但是这些因素皆通过影响 T 和 V 而影响 P。他列举了通过影响 T 和 V 而间接影响 P 的诸因素：

1. 影响 T 从而影响 P 的因素：

（1）生产方面：①天然资源地区分布状况；②劳动分工状况；③技术知识；④资本积累。

（2）消费方面：人类欲望的种类、程度及其变动。

（3）生产和消费的共同因素：①交通运输的便利状况；②贸易的自由程度；③货币银行制度；④商业信心。

2. 影响 V 从而影响 P 的因素：

（1）个人习惯：①节俭与储藏的习惯；②记账的习惯；③使用支票的习惯。

（2）社会支付制度：①收支次数的多寡；②收支的规律化程度；③收支间距与金额的大小。

（3）一般社会背景：①人口密度；②交通运输的快速程度。值得注意的是他已经发现了通货膨胀预期对于流通率从而对于实际通货膨胀的影响，若币价有将增长的预兆，存有货币的人必就将继续储藏，存有货物的人必将赶速售出；结果必使流通率减少，交易量增加，物价因而跌落。反之，币价如有跌落的预兆，存有货币的人必将赶速用出，存有货物的人必将继续存留以待物价的增长；价格必使流通率增加，交易量减少，物价因而增长。换言之，预料物价将增长或将跌落即是物价立时增长或立时跌落的原因。这一观点对于 20 世纪后半期的货币主义深有影响。

在列举并分析影响 T 和 V 而间接影响 P 的诸因素之后，费雪还分析了影响 M 而间接影响 P 的因素。主要有：（1）货币的输出及输入；（2）铸造或熔化货币；（3）货币金属的生产及消费；（4）货币制度及银行制度。他指出关税保护阻碍货币输出，会提高国内物价。

至于货币制度，费雪主要讨论了复本位制，认为这种制度下将由于劣币驱逐良币的格莱欣法则，使币值相对较低的货币充斥市场。因此格莱欣法则的显著的影响在随时减低货币购买力，即提高物价水平。同时，他指出复本位制实际上是不能持久的，只要劣币的数量足够多，就可能把良币全部驱逐出市场，出现实际上的单本位制；除非劣币的数量不够多，不足以单独支撑所有交易。在讨论复本位制下的格莱欣法则时，值得注意的是他指出了法则得以存在的条件，就是使用货币的选择权操于交易中的付款的人，非操于受款的人。若选择权在受款的人，不在付款的人，情形必正相反；价高的货币或良币必将驱逐价低的货币或劣币。用今日的术语来说，可能就是格莱欣法则存在于买方市场或过剩市场，而相反的法则存在于卖方市场或短缺市场。

为了确定货币数量变化与物价水平变化之间的同比例同方向关系，费雪还探讨了货币数量变化对流通率和交易量的影响。他的结论是，除了过渡时期，货币或存款的流通率是不受它们数量的影响的。同样也不会影响交易量，除过渡时期以外，交易量与流通率相同，皆不受货币数量的影响。货币膨胀不能增加农产物与制造品，亦不能增进火车与轮船的速力。商业的状况视天然原料与专门技术为转移，不恃在货币数量。生产，运输及贸易的全部机械是一种物质的能力与技术的问题，其中没有与货币数量有关系的。

而在费雪交易方程式的各个变量之间的关系上，若不考虑过渡时期的种种特殊情况，费雪的结论是：(1) 货币数量增加使存款同比例增加，两者的增加又使物价同比例上涨。(2) 一国货币的增加，将使物价上涨，从而引起本国货币输出；若金块价格也上涨至一定程度，就引起铸币的熔化。(3) 存款对货币比例的增加，会引起货币输出或熔化。(4) 流通率的增加亦有同样效果。(5) 交易量增加有可能降低物价，但由于它会提高流通率及存款对货币的比例，因此可能会抵消它降价的作用。(6) 虽然其他变量之间可能互相影响互为因果，但物价水平只能是其他变量的结果而不会成为原因。同时，他特别指出，物价水平的决定机制不同于个别商品价格的决定机制。他的结论就是"总之，我们对于因果关系的结论是：平时均价是交易方程中其他各分子的结果；在这些分子中，存款大半受货币的影响，他们有一定的常比；这个比例半受交易量的影响；

两个流通率亦半受交易量的影响；M、M'、V、V' 及各个 Q 等分子又是方程式以外无量数的影响他们的原因的结果。"[1]

费雪指出，在趋向但尚未达到均衡的过渡时期，并不能简单地运用上述交易方程式来说明物价的决定。所以只有在均衡状态下，物价水平才正比于货币数量 $M + M'$，而在过渡时期，这种正比关系并不存在。因在过渡时期，M 的增加并非全部作用于 P，而是会导致 M' 对 M 的比例趋大，且使 V 和 V' 增加，结果又进一步引起 T 的变动，而 P 是否相应增加以至与 M 同比例增加，取决于以上种种变动的结果。由此可知，不区分均衡时期和过渡时期，简单地依据他的交换方程式，认为 P 将与 M 做同比例变动，是不符合他的原意的。

而在过渡时期，费雪认为 M 的增加不特发生对于各个 P 的影响，且发生对于方程式中各个分子的影响。他指出了几种情况：（1）经济危机时，人们会提出存款，从而改变 M 与 M' 的比例。（2）M 减少时，物价下跌，交易量会由于商人惜售等原因而下降。（3）由于生产的季节性，货币流通率会发生季节性波动。（4）由于流通货币、准备金、存款三者的比例在不同产业之间有区别，故产业结构的变动会引起三者比例的变化。（5）存款增加将导致铸币熔化或输出。（6）流通率 V 和 V' 的变化将引起货币输出。（7）交易量的增加，会引起 V 和 V' 的增加以及 M' 对 M 比例的上升，从而引起物价增加或不变。

鉴于费雪全面考虑了影响一般物价水平的各种直接因素和间接因素，并且区分了均衡状态下与过渡时期的不同情况，所以熊彼特正确地指出，把费雪简单地看作是一个货币数量论者是不妥当的。因为极端的货币数量论把货币数量看作是决定一般物价水平的唯一因素。

在货币数量论的基础上，费雪进一步考虑了一般物价水平的测量问题。首先，他指出，当货币数量增加时，并非所有东西的价格都同步上升的。他将价格最不易变化至最能变化的东西一共分为 10 类。其中最不易变化的是产业权与利益的价值在长期契约上规定的，包括公债券，典

[1] I. Fisher：《货币的购买力》，商务印书馆1934年版，第194页。

押票据及不动产的租借。而最易变化的是多数商品的零售价、批发价，以及股票价格。而各种东西价格变动不能一致的原因，主要有三条：（1）多物价受以前契约的、法律的及习惯的限制；（2）几种物价与货币金属有密切的关系；（3）每种物价皆受供给与要求的特别的影响，发生特别的变动。一类物价不能与影响均价的原因相适应时，他类物价必因而变动更巨。

由于不同的东西的价格随货币数量变化的难以不同，所以货币购买力的衡量就需要编制物价指数，以衡量通货膨胀率。费雪认为指数可以有许多形式，各种形式的比较需要注意两点：（1）形式，包括权衡的方法及选择基础年份的方法，（2）选择应当并入的各项物价。关于第一点，他认为最完善的物价指数是以在基础年份值一元的货物为单位计算的已售出各项货物的平均数；或照实价计算的售出数的总值对照基础年份的物价计算的同一售出数量的总值的比例；或各种物价比例的有权重的数学平均数，每个比例以基础年份的物价计算的已售出数量的价值为权重。至于基础年份的选择，他主张顺次移易的基础年份的方法，即某一年都将上一年作为基础年份。其优点是能够随时加入新商品并淘汰落伍的旧商品，并使权衡的方法与市场一致。这也就是今天所谓的环比指数。至于进入指数的商品的选择，他认为要根据指数的用途而定。若目的是测量实际工资的变化，则应当考虑工人购买的物品的价格。若目的是测量资本的变化，则应当考虑资本品的价格。若目的是避免借贷双方因为物价变动而引起的货币购买力上的损失，且从实用便利的角度考虑，则进入物价指数的既要有一些消费品的批发价，也要有一些资本品的批发价。

费雪还进一步考虑了如何衡量整个经济的通货膨胀率的难题。在他之前各国测算通货膨胀率一般根据价格变动之前人们购买的商品系列，其暗含假设是人们不会由于价格变化而改变购买数量，实际情况当然与此不符，因此这种方法往往高估通货膨胀率。他也意识到按照价格变化后人们购买的商品系列来测算通货膨胀率将导致低估。因此他主张衡量通货膨胀率最好采用价格变动前后的平均值。

费雪对于如何稳定货币购买力，提出了相应的对策。首先他区分了货币购买力的两种变化：其一是随信用循环而起伏，它与银行制度有关；其二是长期变动趋势，它与货币金属的供给变化有关。他认为要稳定货币购买力，对于上述第一种变化，关键是普及关于货币购买力的相关知识，使人们尤其是银行家能够尽可能对于货币购买力的变动做出正确预测，并通过利率调整减缓货币购买力的变化。对于上述第二种变化，他在分析复本位制、不兑现纸币、变动铸币税、可兑现但不固定金价的纸币等诸种方案利弊的基础上，建议实行考虑物价指数的金汇兑本位制。

对于复本位制，费雪的意见是两种或多种本位币的比价关系不可能长期固定，也不可能被政府准确把握，因此实际实行的结果通常会由于格莱欣法则而退化为单本位制，且会由于本位币比价的变化而使不同本位币轮换充当实际交易媒介，并不利于物价稳定。对于不兑换纸币，他虽然承认如果其数量受到限制是可能实现物价的稳定，但他担忧的是政府或特定利益集团会使其数量失控，反而引起物价的上涨。对于变动铸币税，即物价上涨时提高铸币税以减少铸币数量，而物价下跌时降低铸币税以增加铸币数量，他担心的是这种稳定方法的力度可能不够。

费雪的金汇兑本位制就是允许本国纸币通过汇票与存放在外国的黄金建立联系，于是便可通过汇票交易变动本国货币供给，以得到稳定物价的目标。而对于拥有黄金的国家来说，则可以通过银行与公众之间的黄金交易控制货币供给。当物价上涨时就相应降低金价，吸引公众购买黄金，减少流通货币量；当物价下跌时就相应提高金价，吸引公众抛售黄金，增加流通货币量。同时要求各种长期契约要列入指数条款，以减少物价波动对契约任何一方的损失。

费雪的上述主张，可以说是后来美国货币主义思想的萌芽，也是后来国际金融秩序中布雷顿森林体系的萌芽。

马歇尔与庇古

马歇尔认为，货币的职能主要有两种：交换媒介和价值标准。而为了履行第二种职能，就需要保持货币价值或货币的一般购买力的稳定性。他指出，货币的一般购买力或物价水平在实际生活中会发生波动，但人们必须区分它的短期波动和长期波动。而为了知道这种波动就需要用算术加权法或几何加权法来计量货币的一般购买力，即编制物价指数。他看到了编制物价指数的各种困难，承认不能希望得到一种没有大缺点的购买力标准，但考虑到长期借贷活动的需要，应当确定一种官方的一般购买力单位，也就是由政府定期公布物价指数。

在分析了货币价值的计量问题之后，马歇尔进一步探讨了货币价值的决定因素，认为货币的价值与其他商品一样，取决于其本身的供求状况。他指出，决定货币价值的因素在供给方面是贵金属的生产成本，在需求方面是人们建立在贵金属基础上的对购买力的需求，再加上工业以及炫耀性消费对贵金属的需求。从这一看法出发，他对费雪的交易方程式 $py = MV$ 提出了异议，认为那不过是一个恒等式，并未说明决定货币流通速度 V 的原因。他认为这种原因必须从国民愿意以通货形式保存的购买力总额，即国民对货币的需求来说明。他认为这种需求的大小与人口、财富、人均交易额，货币交易占交易总额的百分比，货币的代用品如支票、汇票等发行情况，货币的交易效率，个人的职业和性情，运输、生产和交易方式等有关。若国民对货币的需求既定，则物价水平将会随着货币供给的增加尤其是不兑现纸币的增加而上涨。他关于货币供求决定其价值的思想，为以后他的学生庇古提出货币的剑桥方程式奠定了基础。

马歇尔认为，通货要能有效地发挥交易手段的功能，就必须保持其购买力的稳定，而只要政府能防止伪币流通，并使人民绝对相信货币不会发行过多，则纸币也能够保持这种稳定性。为此，政府必须编制物价指数，并据此调节通货的数量，使物价指数保持不变。他还提出，要考虑信用正常时期和信用失常时期人们对货币的不同需求，并据此调节货币的供给。这些观点表明马歇尔已经有了管理通货思想的萌芽和相机抉择货币政策思想的萌芽。

在分析商业信用问题时，马歇尔指出了实际利率与货币利率之间的区别，指出了货币利率的变化与货币购买力变化，从而与信用周期的关系，即物价上涨一般伴随着货币利率的上升，而物价下跌一般也伴随着货币利率的下降。这一思想可能影响到费雪关于物价与利率之间关系的看法，并经由当代的货币主义而广泛传播，成为货币主义反对凯恩斯主义以一定的利率水准为货币政策中间目标的理论依据。

庇古在货币理论方面的主要贡献，是把马歇尔的货币需求理论表达为数量方程式，即著名的货币余额方程式（又称作剑桥数量方程式）：

$$M_d = kPy$$

M_d 为货币需求量，y 为实际收入水平，k 为保持在货币形态上的收入对总名义收入的比率，P 是一般物价水平。

庇古运用该方程式所表达的意思是：由于人们获取收入与支出收入有一定时距，因此，为了便利交易，也为了应付不时之需，人们需要以货币形式保存收入。但由于货币形式上的资产不会给所有者带来收益，故人们往往只需要以货币形式保存部分而非全部收入。这就是人们的货币需求。这种需求的大小由上式可知，取决于名义收入水平 Py 和比例系数 k，并与这两者同向变化。

庇古所提出的上述货币余额方程式，为以后凯恩斯在《通论》中所提出的货币需求函数，以及再以后弗里德曼所提出的货币需求函数，提供了最原始的基础。

威克塞尔

一、相对价格与货币价格

威克塞尔认为货币有三项职能：价值尺度、价值贮藏与交换媒介，后一职能是货币的最重要特征。为了履行这一职能，货币本身便应具有价格，而物价水平的倒数恰好是货币价格。威克塞尔指出了相对价格与货币价格的不同决定机制。首先相对价格受到边际原理的制约，受商品供求关系的制约；而决定相对价格的因素并不决定货币价格，后者的决定须到商品市场和货币市场的关系中去寻找。其次，相对价格偏离均衡位置之后会自发受到调整，恢复均衡，而货币价格一旦脱离原来的均衡位置之后，不会产生促其恢复的自发力量。这就是说，用来说明相对价格决定的理论不足以说明货币价格的决定，为此必须探索货币价格的决定理论。

二、货币价格的两种决定理论：成本论与数量论

威克塞尔认为说明货币价格的理论主要有两种：生产成本论及数量论。他指出，在以黄金充当货币的条件下，黄金的生产费用将在相当长的时间内才会影响到货币的价格，但在这段时间之内，货币价格并非一成不变，而对商业活动有重大影响的恰恰是货币价格在这段时间内的变化，因此要说明货币价格在这段时间内的变化和决定，生产费用论便不是一种有价值的理论。

威克塞尔认为，与其他理论相比较，李嘉图等人在与以图克为代表的银行学派的争论中所提出的货币数量论，是解释货币价格的较完善的理论。但这一理论同时也包含一些严重缺点。他指出，按照货币数量论，货币数量与货币价格之间存在直接的因果关系，货币数量的变化首先影响人们的现金准备，进而影响到各种商品的供求，最后影响到货币价格，使之发生与货币数量的变化同比例但反方向的运动。同时，货币数量的变化对经济的实际方面，即对生产总水平、生产结构、资源配置以及产品和要素的相对价格，均无任何积极作用。也就是说按照货币数量论，货币具有中性，货币数量论实质上是把货币数量当作货币价格的最终决定因素。

威克塞尔指出，货币数量论是建立在一系列不现实的假定之上的，相对于这些假定来说，它是正确的，但问题在于这些假定距离现实太远，这些不现实的假定包括：（1）假定货币制度是不存在银行信用体系的几乎完全的个人现金制度。（2）假定作为交换媒介的货币与作为财富储藏的货币之间有明确界限，只讨论作为交换媒介的货币。（3）定义货币仅仅为纸币和硬币，否定与它们可互相替代的各种票据（账面信用、汇票、支票等）的货币性。由以上三条假定，便得到第四条假定：货币流通速度不变。他着重分析了这条假定的非现实性，认为随着信用制度的发展，流通速度的变化范围越来越大。在纯现金经济中，流通速度的变化范围相当狭窄，理论上可以假定流通速度不变。在简单的信用经济中，流通

速度已经加快，变化范围稍有扩大。在有组织的信用经济中，由于汇票的广泛使用和借贷集中于金融机构，流通速度的变化范围大为扩张。因此在理论上已没有理由再把它看作是一个常量，从而单纯用货币数量来说明物价水平是不够的。并且信用制度的发展有可能使货币完全脱离流通，因此单纯用货币数量来说明物价水平就更显得不合理。由此可见，需要对物价水平的决定作出新的说明。

通过对图克为代表的银行学派的理论的分析，威克塞尔还进一步指出，李嘉图的货币数量论的逻辑推论是随着货币数量的变化，货币价格和利率将同向变化，而银行学派却依据统计资料表明，两者将反向运动，即货币价格上升（物价下跌）时，利率将下降。逻辑推论与经验事实之间的不统一，表明货币数量论包含着重大缺陷。

哈耶克

"中性货币"是北欧学派创始人威克塞尔首倡的概念，其含义是指货币数量使货币利率等于自然利率，投资等于储蓄，货币的币值（即一般物价水平）保持稳定，从而货币对实际的经济过程保持一种中立状态，不是一种影响实际经济过程的因素。

哈耶克接受了"中性货币"这一术语，但不同意威克塞尔对它的定义，因此对这一术语的含义作了相当大的变动。这种变动，与他对当时流行的货币理论持不同的看法密切相关。他指出，以约·斯·穆勒和费雪为代表的流行的货币理论，以及威克塞尔的货币理论，都认为货币数量的变化只有在引起一般物价水平变动时才会影响相对价格；而只要币值稳定（即保持威克塞尔意义上的中性），一般物价水平不变，货币就不会影响相对价格，从而也不会影响经济过程的实际方面。他认为，这种货币理论无法说明货币数量变化如何影响经济中个人的决策，所以与研究个人经济决策为中心的一般经济理论发生了隔离。

哈耶克认为，货币对物价和生产的影响，完全与一般物价水平的影响无关，几乎货币数量的任何变动，无论它对物价水平有无影响，总会影响到相对价格，从而影响到受相对价格制约的生产数量和方向。因此，他要建立的货币理论，主要是要说明货币在什么条件下对商品相对价格，从而对生产数量和方向发生影响，说明这种影响的具体机制。可以把他的上述观点与其他当时流行的货币理论的区别，可以简示如下：

其他货币理论：货币数量变动 → 一般物价水平变动 → 相对价格及生产变动

哈耶克的理论：货币数量变动 → 相对价格及生产变动（一般物价可能变动也可能不变）

这表明，在其他货币理论中，一般物价水平是联系货币与生产的必不可少的逻辑中介；而在哈耶克那里，这个中介是不需要的。

由于相信货币数量变动会直接影响相对价格，哈耶克的中性货币的含义就不再是威克塞尔所强调的一般物价水平不变，而是指货币对商品的相对价格不发生影响，不引起相对价格的失衡，不引起生产方向的误导，即货币对商品的相对价格保持中性或保持中立。在如此规定货币中性的含义（可以把这种含义的中性称作哈耶克中性，以别于威克塞尔中性）后，他认为，构成货币影响生产的理论分析的出发点的，不是币值是否稳定，而是货币是否保持中性。于是货币理论的目标是说明使货币保持哈耶克中性的三个条件：第一，货币总流量一定；第二，一切价格随供求状况的变化而完全伸缩自如；第三，一切长期契约都建立在未来价格运动的正确预测的基础上。这三个条件对于保持货币的哈耶克中性是缺一不可的。

其中第一个条件，并不意味着货币总流量绝对不变。哈耶克指出，为了保持经济过程的均衡，保持货币的中性，在一定的条件下，必须变动货币总流量。这些条件之一就是他所命名的"货币交易系数"的变化。货币交易系数指货物总流量与其中以货币成交的那一部分之间的比例。他强调，货币交易系数不能与货币支付数量对贸易的实物量的比例相混淆，后者受物价水平变化的影响，而前者则不然，整个社会的货币交易系数只取决于企业组织的纵向综合程度（即一个完整的生产过程是由一个企业来完成还是由若干有着纵向联系的企业来完成），生产者自给性生产的比重、物物交易占整个交易量的比重，以及货币在经济体系中各个货币交易系数互不相同的部分之间的分布。显然，当整个社会的货币交易系数发生变化时，货币流通量应发生反方向的变化。

除了货币交易系数的变化以外，需要货币总流量在保持中性的前提下发生变化的另一个条件是货币流通速度。哈耶克提出，当流通速度变化时，必须以货币总流量的相反变化来加以抵消，以便使货币对相对物价与生产保持中性。由此可见，货币保持哈耶克中性的第一个条件应当表述为：在货币交易系数和流通速度一定时，使货币流通量保持不变。

哈耶克的中性货币概念，首先是一个理论概念，用来分析货币因素是如何影响实际的经济过程。他指出，任何试图解决理论问题的必要的出发点，就是承认这一事实，即在物物交易条件下必然存在的供求相等的情况，当货币成为交易中介时，就不复存在了。物物交易被分为两个单独的交易以后，一个交易发生时并不辅以另一个交易，这时就出现了货币的影响。因此，问题就是把货币的这种影响游离开来加以考察。由此可见，货币中性概念主要是一个把货币影响抽象出来进行考察的一个分析工具。

同时，哈耶克的中性货币概念对他的货币政策主张也很有影响。他认为中性货币概念为判断实际货币政策是否合理提供了一个虽非唯一但也许是最重要的准则。从这一准则出发，他反对当时颇为流行的"弹性货币"的政策（即中央银行应当使货币量随生产的增长而相应增长）。因为这种政策不是像他所要求的那样按货币交易系数和流通速度的变化而相应变动货币流通量，而是使货币量随生产规模的变化而变化，这在他看来，必然导致相对价格和生产结构的扭曲，破坏货币的中性。他还分析了导致"弹性货币"主张的两个认识上的原因：一是混淆了开放经济和封闭经济。在开放经济条件下，如果生产规模的变化引起一国经济在世界范围中的比重的变化，那么该国货币数量的变化是自然而然的事；但在封闭经济条件下，不能认为还有同样的事情。弹性货币的提倡者没有区分开放经济和封闭经济对货币数量的不同要求。二是弹性货币的提倡者混淆了人们对某一种货币的需求与对一般通货的需求之间的区别。事实上，随商业循环而变化的是人们对某种货币，尤其是现金的需求，而一般通货则不但包括现金，而且包括各种起着流通媒介作用的信用。他否定了"弹性货币"的政策主张，而他关于货币政策的正面建议，与其波动理论联系密切，后面再专门介绍。

哈耶克的中性货币理论是他全部经济观点的基础，他的波动理论是以货币保持中性的第一个条件遭到破坏，货币量变动破坏相对价格的均衡为前提的。他的自由主义观点，则与他的货币保持中性的第二个条件有逻辑关系，完全伸缩自如的价格体系只有在自由竞争条件下才能实现。他的第三个条件，即一切长期契约都以对未来价格运动的正确预测为基础，实质上要求经济决策者对未来具有完全的信息，而这在实际上是做不到的。这也就意味着实际生活中货币是难以保持中性的，从而周期的波动，作为货币中性被破坏的结果，是不可避免的。这是他的中性货币理论没有明确表述但却逻辑地蕴含着的结论。

凯恩斯

凯恩斯1913年出版《印度的通货与财政》。该书有两点值得注意，就是它表达了作者对货币窖藏现象的忧虑，以及作者宁愿采取管理通货制度而不愿接受金本位制。

大约从1919年开始，凯恩斯对战时和战后初期欧洲许多国家出现的通货膨胀问题产生了兴趣，写下了题为《通货膨胀》的短文，谈到通货膨胀将改变财富的分配，其后果是导致资本主义制度的不稳定。以后整个20年代，他都把注意力放在与币值稳定有关的问题上。

1923年，凯恩斯把自己多年来思考货币问题的观点整理成一部小册子：《货币改革论》。在其中可以看到不少对他以后的思想发展深有影响的见解。首先是他不再单纯分析通货膨胀，而是同时分析通货紧缩，认为"缩"也和"胀"一样，既影响分配又影响生产，但"胀"对分配影响更大，而"缩"对生产影响更大。这意味着作者不仅看到了货币与一般价格水平的关系，而且注意到了货币与产量水平之间的关系。这是他在以后的《货币论》中从价格的货币论走向产量的货币论的最初一步。而注意到货币与产量之间的关系，用货币来说明产量水平，这正是凯恩斯与传统的货币数量论（以及威克塞尔货币理论）的重大区别。

凯恩斯认为应当把国内物价稳定作为追求的目标，而稳定的方法不是恢复金本位，而是在币值方面放弃自由放任的原则，实行通货管理。依据下述货币数量公式，他给出了实行通货管理的具体措施：

$$n = p \, (k + rk')$$

式中 n 为货币流通量，p 为消费品价格，k 是公众要求以货币形式取得的消费品，k' 是公众想以活期存款形式保持的消费品，r 是银行的储备比例。这个公式表明当 k，rk' 一定时，p 与 n 成正比。当 k，k' 和 n 一定时，p 与 r 成反向运动。他用这个公式表明，n 和 r 是直接受货币当局控制的，而 k 和 k' 的比例虽然随公众的消费—储蓄心理而变动，但也可以通过利率来影响。因此货币当局可以通过变动利率（影响 k 和 k'）、r 和 n 来使 p 保持稳定。利率、准备率和流通货币量，便是货币当局手中可用以稳定币值的三件武器。他还进一步考虑了通货管理的原则，当币值预期将发生变动时，货币当局应当发动与当前趋向相反的因素来抵消这种变动，以稳定币值。

在上述货币数量公式中，货币仅仅是一种交易媒介，这表明凯恩斯这时的货币理论还承袭了马歇尔的传统，没有进一步认识到货币的价值保存功能，没有认识到对货币的投机需求。运用通货管理来达到稳定币值的目标，这就是在《货币改革论》中凯恩斯提出的政策手段和政策目标。这对当时那种主张恢复金本位，按自由放任原则来保持币值稳定的主张来说，无疑是激进的，但它终究是威克塞尔在《利息与价格》（1898年出版）中已经提出了的主张，从思想史角度来看并不新颖。但《货币改革论》包含着新思想的萌芽，这就是凯恩斯不再单纯把货币看作是说明一般价格水平变动的因素，还把它看作是产量变动的因素。循着这一思路，他终于超过了威克塞尔。

1930年，凯恩斯出版了他准备已久的一本重要理论专著《货币论》。这本专著是他在1923年发表《货币改革论》之后就开始着手准备的，又是他在《通论》发表前的最后一部专著。因此它对《货币改革论》的发展、对《通论》的影响，是我们考察的重点。

　　与《货币改革论》相比，《货币论》最大的变化在于对物价水平的看法上。在《货币改革论》中，消费品物价水平取决于货币流通量、银行准备率；而在《货币论》中，消费物价由下式决定：

$$P = E/O + (I' - S)/R = W_1 + (I' - S)/R$$

　　P 为物价，O 为产量，E 为生产要素收入，R 为消费者购买的物品和劳务量。W_1 为平均每单位产量的收入，他称之为效率报酬率。I' 为新投资生产成本，S 为储蓄。这一关系式表明，当 W_1 和 R 一定时，消费品物价 P 取决于投资 I' 与储蓄 S 的关系。他把 $I' - S$ 定义为整个社会由消费品生产的利润 Q_1，当 $I' = S$ 时，Q_1 等于零。这时经济便处于均衡状态，P 便完全等于 W_1。当 $I' > S$ 或 $I' < S$ 时，$Q_1 > 0$ 或 $Q_1 < 0$，这时经济处于失衡状态，P 也偏离均衡。W_1 决定了 P 的均衡水平。$I' - S$ 和 R 决定了 P 偏离均衡的程度。

　　至于社会总产品的价格水平，凯恩斯用下式给出：

$$\pi = W_1 + Q/O = W_1 + (I - S)/O$$

　　π 为一般物价，Q 为总利润，为消费品利润 Q_1 和资本品利润 Q_2 之和，I 为投资的市场价值。其他如上，由该式可知 π 取决于 W_1、$I-S$ 和 Q，W_1 决定 π 的均衡水平，而离差由 $I-S$ 和 O 决定，有无离差关键要看 $I-S$（$= Q$）是否为零。于是一般物价水平便更多地和投资与储蓄的关系发生了联系，把一般价格水平区分为由效率报酬率 W_1 决定的均衡水平与由 $I-S$ 决定的离差两部分，是《货币论》的一大发展。

　　投资与储蓄的关系现在成为决定物价水平的重要因素了。那么它们的关系又是如何决定的呢？凯恩斯认为这取决于自然利率与市场利率之间的关系，当两种利率一致时，$I = S$；当市场利率高于自然利率时，$I < S$；市场利率低于自然利率时，$I > S$。而当 I 小于（大于）S 时，企业部门出现亏损（利润），这使企业家们缩减（提高）生产和生产要素的报酬率，从而使效率报酬率 W_1 下降（上升）。结果，W_1 便和 $I-S$ 同向下降（上升），导致物价水平的低落（上升）。这意味着银行体系所决定的市场利率，通过影响投资与储蓄的关系，再影响企业部门的盈利情况，影响效率报酬率，最终影响物价水平。他指出，虽然市场利率不是决定物价水平的唯一因素，但却是诸因素中的可控制因素。他关于市场利率和自然利率的关系影响物价水平的上述理论如图7.1所示：

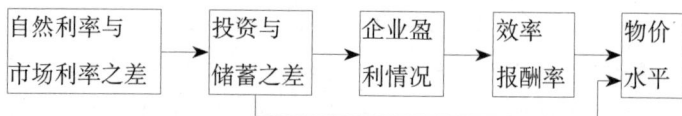

```
┌──────────┐   ┌────────┐   ┌────────┐   ┌──────┐   ┌──────┐
│ 自然利率与 │→ │ 投资与   │→ │ 企业盈   │→ │ 效率   │→ │ 物价  │
│ 市场利率之差│   │ 储蓄之差 │   │ 利情况   │   │ 报酬率 │   │ 水平  │
└──────────┘   └────────┘   └────────┘   └──────┘   └──────┘
```

图7.1

根据上述分析，他为银行体系可以通过调节市场利率使之相符于自然利率，使投资等于储蓄，并间接影响效率报酬率，从而使物价水平趋于稳定。

与《货币改革论》中强调物价水平与货币流通的需求量之间存在稳定关系不同，凯恩斯在《货币论》中否认物价水平与货币流通的需求量之间存在稳定不变的关系。这是因为物价水平同样的上涨，由 $I-S$ 上升（即利润上升）引起和由 W_1 上升（即收入上升）引起，所需要的货币量是不同的。同时，货币的流通速度绝不是稳定的常数。

为了分析货币流通速度的决定因素，凯恩斯把全部现金余额分为收入存款 M_1、营业存款 M_2 和储蓄存款 M_3，$M_1 + M_2$ 为活期存款，M_2 又可分为用于工业流通的存款部分 M_{2A} 和用于金融交易的存款部分 M_{2B}。他认为，收入存款 M_1 的流通速度 V_1 是工薪发放间隔等其他一些社会习惯和例规的函数，因此是比较稳定的。营业存款 M_2 的流通速度 V_2 取决于工业存款 M_{2A} 的流通速度 V_{2A} 和金融存款 M_{2B} 的流通速度 V_{2B} 以及 M_{2A} 和 M_{2B} 之间的比例。而 V_{2A}、V_{2B} 和 M_{2A} 与 M_{2B} 之间的比例是随着经济周期而变动的，因此 V_2 是不稳定的。整个活期存款 $M_1 + M_2$ 的流通速度 V，取决于 V_1 和 V_2 以及 M_1 和 M_2 之间的比例，因此 V 也是不稳定的。至于整个现金存款 M（$= M_1 + M_2 + M_3$）与货币周转总量 B 之间的比例关系，他不称其为流通速度，而称之为效能 E，因为 M_3 是价值贮藏不是流通货币。

鉴于上述认识，他建立了下述关于 V、V_1、V_2 和 E 的关系式：

$$E = M_1V_1 + M_2V_2 = V(M_1 + M_2) = E(M_1 + M_2 + M_3) = E(M)$$

　　由该关系式可知，V 和 E 是两个复合量，它们的变化即可能因真正的速度 V_1 和 V_2 的变化引起，也可能因 M_1/M、M_2/M 和 M_3/M 的变化引起，由于 V_2、M_1/M、M_2/M 和 M_3/M 都不是稳定的，所以 V 也不是稳定的。并且 V 或 E 在短期中的变化，往往主要是不同存款比例方面的变化造成的。他指出活期存款（$M_1 + M_2$）与储蓄存款（M_3）之间的比例关系取决于市场利率，所以 $M_1 + M_2$ 及 V 对物价水平的影响最终还是受到利率的支配。

　　在《货币论》中，凯恩斯还进一步分析了开放经济条件下宏观经济的均衡条件：$I = S$，$B = L$，B 代表对外贸易顺差，L 代表资本净输出。前一个条件是内部均衡条件，后一个是对外均衡条件。他指出市场利率一方面可作为实现内部均衡的调节手段，另一方面也可作为实现对外均衡的调节手段。例如当 B 小于 L 时，提高市场利率最终会恢复对外平衡。利率提高对 L 的作用是迅速引起 L 的减少，但提高市场利率增加 B 的作用是缓慢的：利率上升使 $I - S$ 下降，再引起 $W1$ 下降，再引起国内一般物价水平的下降，再引起 B 的增加，假定不存在摩擦和时滞，尤其是 $W1$ 能自由地升降，则总归存在着某种市场利率能同时实现内部均衡和对外均衡。

　　凯恩斯通过对内部均衡和外部均衡所需条件的上述分析，指出可以通过银行体系调节市场利率而实现内部均衡和对外均衡。而调节的手段是再贴现率，公开市场业务，以及银行准备率。同时他也承认，由于时滞和摩擦的存在，内部均衡所需的市场利率可能与对外均衡所需的市场利率不一致。同时，在金本位制制度下，一国实现均衡所需的市场利率很可能会妨碍别国实现均衡。为此他主张对货币体系实行国际管理，并提出一整套管理方法，这些方法后来成为第二次世界大战以后西方国际货币体系发展的蓝图。

　　在主要诉诸货币手段的同时，凯恩斯在《货币论》中的个别地方也谈到，运用货币手段降低利率并不能刺激投资，或只能引起资本输出时，便需要由政府采取投资行动，投资于各种公用事业。这表明，他并未忽略财政政策。

　　从总体上看，《货币论》突出强调自然利率与市场利率的关系对宏观经济（封闭条件和开放条件）均衡的影响，突出强调银行体系通过利率手段实现宏观均衡。从这两点来看，凯恩斯的《货币论》与其说是发展了马歇尔和庇古的货币思想，不如说是对威克塞尔理论体系的深化发展。从《货币改革论》强调货币流通量对物价水平的影响到《货币论》中否定货币流通量对物价水平的确定影响、强调利率对物价水平的影响，标志着凯恩斯对剑桥学派（马歇尔、庇古）货币理论的背离，对威克塞尔理论的靠拢，标志着他从主张货币数量论转为主张货币均衡论。

由于主要强调由货币当局运用利率杠杆来控制宏观局势，所以《货币论》在 1930 年的萧条面前，不能算一部生逢其时的成功作品。但这部著作对于后来的《通论》还是有影响的，这种影响可概括为四点：（1）凯恩斯分析了人们持有货币的各种动机：交易动机、谨慎动机、营业动机及投机动机。区别了收入存款、营业存款（其中又分为工业存款和金融存款）和储蓄存款。这为他后来在《通论》中建立灵活偏好理论（货币需求理论）有重要作用。（2）他分析了投资与储蓄之间的关系对利润从而对企业行为的影响。1920 年时他已经提到 I 与 S 的关系对宏观经济的影响，在《货币论》中他进一步分析了这种影响的微观基础。然而他仍然把储蓄主要看成是利率而非收入水平的函数，也没有区分充分就业和非充分就业两种情况下的投资等于储蓄。这一区分是《通论》的主要贡献之一。（3）他在《货币论》中已经意识到货币不单纯影响物价，还影响产量，认为在货币工资不能自由变化时，物价的变化可能为产量和就业量的变化所代替。这表明他已经开始从解释物价水平的货币理论转向解释产量和就业量的货币理论。虽然这一转变在《货币论》中并未完成，物价水平仍是全书考虑的重点，但这预示了他的一个发展方向，而这个方向对于《通论》是必不可少的。（4）他在《货币论》中已经看到当货币政策失灵时通过政府干预来克服萧条的必要性，但对于货币政策何以失灵的原因分析不足，但在《通论》中，他通过提出灵活陷阱回答了这一问题，从而为政府干预提供了理论依据。

至于克服萧条的对策，凯恩斯依据《货币论》中的分析，主张英、美、法三国中央银行联合行动，使国际长期贷款市场恢复信心。这表明他还是寄希望于货币政策，但对一个国家的货币政策失去了信心，担心个别国家的低利率导致资金外流而非增加国内投资，故寄希望于各国联合采取货币政策。

总的看来，凯恩斯 1930 年的思想比 1929 年有一点倒退。1929 年时，凯恩斯主要是寻求克服英国长期萧条的对策，提出了背离传统的政策主张，并由此引出若干新的理论见解；1930 年，凯恩斯以分析萧条原因为主，依据的是传统思想，推导出传统的对策。

1931 年，凯恩斯的思想继续处于矛盾状态之中。在 6—7 月份出席美国芝加哥大学召开的哈里斯基金圆桌会议上，他认为应当以降低市场利率（尤其是长期利率）为主要手段来克服萧条，同时辅之以公共工程，但不能把它当作唯一药方，担心它的长期效果不如货币政策，也担心它会导致社会主义。同时他还认为，实行公共工程的理由在英国比在美国更充分，因为英国是国际金融中心，降低利率往往导致资金外流而非投资增加；而美国则相当于一个封闭经济，降低利率不会出现上述不良后果。由此可知，与货币政策相比，财政政策尚处于从属地位。

第三节　评论

一、货币的起源

关于货币起源的看法，古典经济学和新古典经济学时期的经济学家基本上是一致的，都认为是从克服物物交换困难的努力中产生出来的。奥国学派的门格尔甚至从货币的起源中推论出一类自然演化的制度的形成机制。

二、货币的功能

关于货币的功能，古典经济学和新古典经济学时期的经济学家也基本上没有多大分歧，一般都认为是交换媒介、价值标准和价值贮藏三项功能，同时也都认为三者的重要性有不同。

亚当·斯密强调较多的是交换媒介这一功能，以及短期中的价值标准功能，由于看到长期中货币价值的不稳定，所以他力图找到更稳定的价值标准，最终找到的是商品能够交换到的劳动。同样由于知道长期中货币价值的不稳定，所以他不关注货币的价值贮藏功能。

斯密的这种对于货币功能的看法，为大多数古典经济学家和新古典经济学家所认同。

三、货币的价值

货币的价值由什么决定，是一个分歧较大的问题。有货币价值成本论和货币数量论两种观点。

在斯密之前，这两种观点就已经存在，威廉·配第可以算是货币价值成本论的代表，而范德林特和休谟可以算是货币数量论的代表，而约翰·劳可以算是货币数量论的实践者。

在古典经济学时期，斯密显然认同贵金属货币价值成本论，但同时也同意银行券纸币的货币数量论。

李嘉图则由于没有清晰地区分贵金属和纸币，所以单纯从字面上看，时而主张货币价值劳动成本论，时而又主张货币数量论。

与李嘉图大体同时代的图克，则从其政策主张出发，反对货币数量论，主要是反对可兑换纸币的货币数量论。他在这个问题上清楚地区分了贵金属货币和纸币，并进一步区分了可兑换纸币和不可兑换纸币。同时他还从经验事实出发，指出货币数量论必然推导出的结论——货币数量增加引起物价上涨利率下降——与观察事实不符。这一结论促使半个多世纪之后的威克塞尔建立了他的累积过程理论。

约·斯·穆勒对于两种货币价值论进行了综合，既短期中货币数量论成立，但长期中货币成本价值论正确。他也许是第一个经济学家，强调经济现象的决定因素在短期与长期有所不同。这种看法很可能影响到马歇尔，是后者强调短期与长期区别的源头。同时，他也是在图克之后，较早发现区别流通货币与信用货币重要性，强调两者价值决定机制不同的经济学家。

新古典经济学时期，费雪是货币数量论的坚定支持者，也是第一个用数学方程表达货币数量论的经济学家。

马歇尔按照其一贯做法，用供求关系说明货币价值的决定。而他的弟子庇古则进一步用数学方程表达了他的想法。

从数学形式上看，货币数量论的费雪方程与剑桥方程没有实质性区别。但是从货币数量变化引起物价变化的机理的说明上，似乎剑桥方程比费雪方程要略胜一筹。

威克塞尔在坚持货币数量论的同时，也正确地指出其前提和局限，并对它做出了重大修正。

从长期趋势看，货币价值成本论的影响不断缩小而货币数量论的影响不断扩大。这也许与纸币越来越替代贵金属货币的大趋势有关。一个值得深思的问题是，电子货币的发展，对纸币的替代，会对货币价值的决定带来什么新的因素吗？从以往的长期历史中可以发现，货币不同的材质，会给货币的价值决定带来不同的影响。

四、货币需要量

货币需要量是区别重商主义与古典经济学的一个重要标志。重商主义的货币需要量是无穷大。休谟通过货币数量论，论证重商主义这个目标不可能实现。斯密则通过重新定义财富概念，说明没有必要追求这个目标。于是，斯密就必须问答一个问题，一个国家的货币需要量由什么决定。

斯密从贵金属货币成本论出发，认为一国一年所需要交换的商品的价值总量，在假定货币流通速度为一的条件下，就决定了所需要的等价值的贵金属货币数量。而如果货币流通速度为二，则所需要的货币量就减半，依此类推。而多余的贵金属货币将退出流通，进入窖藏状态。这种看法与休谟有很大不同，休谟认为过多的贵金属货币将引起物价上涨，进而引起外贸逆差，从而导致过多的贵金属外流。

斯密上述观点的前提是一国一年的商品总量有一个与货币数量无关的总价值。这个前提对于相信所有商品的价值都可以由它所能交换到的劳动来衡量的斯密来说，是毋庸置疑的。而休谟的观点是一国一年的商品总量的总价值与货币数量相关，并不存在一个与货币数量无关的商品总价值。

李嘉图基本上认可斯密的上述观点及其前提，小小的修改是认为所有商品的价值并非由其所能交换到的劳动来衡量，而是由其生产中耗费的劳动来决定和衡量。但是斯密和李嘉图的货币需要量观点的推论——过多的贵金属货币将退出流通进入窖藏状态——无法解释现实生活中出现的通货膨胀（货币贬值）现象。正因为此，李嘉图不得不违背逻辑地承认了货币数量论，用货币数量论来说明通货膨胀（货币贬值）。

约·斯·穆勒以他一贯的折中态度，既认为货币需要量取决于独立于货币数量之外决定的商品总价值，又认可短期中的货币数量论，而没有考虑两种观点在逻辑上的不契合。

新古典经济学时期的费雪，虽然第一个用数学方程表达货币数量论，但似乎没有仔细考虑货币需求量的决定问题。所以他的方程式在马歇尔看来不过是个恒等式。正是在这一点上，他被马歇尔和庇古所超越。

马歇尔和庇古师徒二人其实是从经济人假设出发，指出人们为了方便交换自然需要货币，但是由于货币本身不能赢利而不会使自己所有收入都采取货币形式，即人们只需要自己收入的一部分采取货币形式。在这种看法基础上建立的剑桥方程式，预示了后来凯恩斯货币投机需求理论、鲍莫尔货币交易需求理论和弗里德曼一般性货币需求理论的发展。

货币需要量一个值得进一步研究的问题是，人们对于不同形式的货币的需求是由什么决定的？在古典经济学早期，斯密就已经认识到存在不同形式的货币：两种贵金属金银、可兑换纸币与不可兑换纸币，约·斯·穆勒进一步增加了信用货币，费雪则提出了一般性的流动性概念，实际上是看到一切具有较强流动性的东西都具有货币性。但是经济学家们在考虑货币需求量的决定因素时，似乎都设置了一个隐含的假设，就是人们对不同形式货币的需求是比例固定的，因此对于它们的需求是同比例同方向变化的。费雪和凯恩斯的货币需求理论似乎都有这一隐含假设。威克塞尔和哈耶克不同意这一隐含假设。在此隐含假设下，分类考虑对于不同形式货币的需求就没有必要了。但是，正如哈耶克所指出的，人们在实际经济生活中对于不同形式货币的需求不是比例固定的。人们在经济波动的不同阶段，对于不同形式的货币（黄金、纸币现金、信用货币等等）的需求是比例变化的。因此有必要研究人们对于不同形式的货币的需求的决定。

五、货币对于价格（包括利率）与产量的影响

无论是古典经济学时期还是新古典经济学时期，具有货币数量论倾向的经济学家都认为货币数量对于物价水平和利率有影响，而且都认为货币数量变化引起物价同向变化、引起利率反向变化。同时，基本上不认为货币数量对于产量（包括总产量和不同类型商品的产量）具有影响。

首先对上述观点提出挑战的是瑞典的威克塞尔，他通过提出与货币利率不同的自然利率概念，指出货币数量变化虽然引起物价水平同方向变化，但是也会引起货币利率同向变化。这就使得经由他重新解释的货币数量论不再与图克所指出的经验事实相冲突了。

第二个提出挑战的是哈耶克，他认为人为管理的货币数量变化会引起消费品和资本品之间生产比例的变化，导致两大类产品相对价格的变化，从而造成经济的扭曲。可惜他的这个思想由于凯恩斯的巨大声望而被冷落了。

第三个提出挑战的当属凯恩斯，他明确指出、详细论证，货币数量的变化不仅会引起物价的变化，更会导致总产量的变化。这个观点开创了经济学的新时代，从新古典经济学走向了凯恩斯宏观经济学。

第八章　经济波动与国民收入决定

经济波动就是国民收入水平的波动，起码是名义国民收入水平的波动。因此从古典经济学开始，对于经济波动的分析就是与对于国民收入决定的分析密切关联的。

第一节　古典经济学时期

亚当·斯密

斯密认为，虽然单个商品的价值中包含资本的转移价值，但是一个生产部门的资本总是另一个生产部门的产品，而这另一个生产部门的资本又是再前一个生产部门的产品。这样类推追溯上去，经过许多生产部门和生产过程，最后，就会回到人们不用生产工具，只用双手，不用原料，只利用自然界原有的劳动对象，来进行生产。于是从不断递归追溯的角度来看，一切资本的价值最终都是要分解为工资、利润和地租这三种收入。但是在一年生产的商品的总价值中，还是应当把资本的转移价值单独列出。他认为，一个大国全体居民的总收入，包括了他们土地和劳动的全部年产物。在总收入中减去维持固定资本和流动资本的费用，其余留供居民自由使用的便是纯收入。所谓纯收入乃是以不侵蚀资本为条件，留供居民享用的资财。他实际上是把资本的价值看作是以往年份的三种收入。在这个意义上，一国的年生产物的价值，也都是由历年的工资、利润和地租三种收入构成。只是当年的纯收入只包括当年的工资、利润和地租。

由于斯密没有清楚地区分财产、资本和收入这些概念，也没有提出中间产品和最终产品的概念，所以他关于国民收入的定义就显得不是很清晰。但是从上面所引述的话来看，他已经具有了现代意义上的国民收入的初步概念，而且国民收入的大小就取决于当年三种收入的加总。

重农主义经济理论体系的创建者魁奈在他的《经济表》中，已经从阶级结构和综合商品的供求关系出发，对整个社会的宏观经济作过天才的探讨。与魁奈相比，斯密对宏观经济的分析则显得过于简单。可以说他的整个理论体系缺乏与微观分析有所不同的宏观分析。

第二节　新古典经济学时期

杰文斯

杰文斯作为一位气象学家，注意到太阳黑子的活动周期与经济周期高度相关，都是十年左右，于是便认为太阳黑子的周期活动引起天气的相应波动，进而引起农业产量的波动，粮价的波动，从而导致整个经济的波动。这个理论的错误在于把统计上的相关关系误认为因果关系。虽然他对于经济周期原因的解释显得有些好笑，但是在通过分析经济统计数据研究经济周期的过程中，他正确地发现了经济周期的组合特征，从统计数据中成功地分离了影响经济周期的三种趋势：季节波动、周期波动和长期增长的非波动趋势。因此，他无疑应当属于经济周期理论的开创者之一。

杰文斯不仅仅对于理论经济学有着突出的贡献，对于经济统计学也作出了突出贡献，主要是关于价格指数的构建方法。在1863年发表的《黄金价值的严重跌落和由此产生的社会影响》论文中，他详细讨论了价格指数的编制、算术平均与几何平均的优劣比较、样本商品的选择以及不同商品权重的设定，并且强调要区分价格的永久性波动和暂时性波动。他亲自构建了一个1845—1862年的39种商品的年平均价格。这是第一次构建以年度数据为测量基础的半个世纪的价格指数。通过年平均价格的持续高涨的走势，他确定澳大利亚和加利福尼亚发现并开采黄金的结果是导致商品价格上涨（黄金价格下跌）的原因。

杰文斯是价格指数问题上的开路先锋。由于他以及其他一些后继者的努力，价格指数的编制逐步成熟。这在经济思想史上的重要意义是使得困扰几代古典经济学家的寻找不变价值尺度的努力不再具有实践意义。在商业实践中，为了保证交易双方能够在价格变动的条件下签订互惠的长期契约，找到不变的价值尺度确有必要。而价格指数的编制，可以在一定程度上替代不变价值尺度的功能。从此，寻找不变价值尺度的工作便只有理论意义而无迫切的实践需要了。

马歇尔

马歇尔认为在以往商业交往不发达的时候，经济的波动往往与农业收成的变化、战争和瘟疫有关。而在现代经济中，导致商业危机的直接原因往往是少数企业的破产，但危机的真正原因还不在于少数企业的破产，而是许多信贷没有坚实的基础。可以说他基本上是从信贷因素，从现代经济的广泛交往联系来寻找波动原因的。

马歇尔对物价的波动原因也进行了分析，以为物价长期波动的主要原因是贵金属的数量相对于必须以贵金属为媒介的交易量发生了变化。而短期波动则与通货量及贴现率的变化有关，当通货增加后银行将降低贴现率以促进贷款，从而刺激投资需求，提高价格水平，而这将提升贴现率和长期贷款利率。

总体上看，马歇尔更多的是描绘了信用与经济波动的现象，考察了技术进步对就业的影响。他承认技术进步会使小部分工人暂时失业，但从长远看将利大于弊。他肯定市场机制能很好地解绝不同劳动力的配置问题。他指出现代化大工业往往使失业问题表现得格外严重。

庇古

一、周期理论

庇古的经济周期理论，主要见于他 1927 年发表的《工业波动理论》一书。书中他主要涉及两个问题：一是经济周期的一般特征、原因及周期性；二是消除波动的方法。他指出，通常所说的经济波动有三种情况：一是长期延续的广泛变动；二是延续数年的较短波长的摆动；三是随正常年度的季节变换而来的短期变动。而他所研究的主要是第二种类型的波动。他认为可用产量指标和就业指标来衡量和描绘经济周期，但由于统计资料方面的原因，使用就业指标更合适。

庇古指出，经济周期具有五个一般性特征：一是国际性，即经济周期往往同时发生在许多国家；二是相似性，即不同的经济周期都有许多很相似的地方；三是相关性，即不同行业的周期在时间上和方向上一般是吻合一致的；四是波幅的差异性，即资本品工业比消费品工业有更大的波动幅度；五是异步性，即资本品工业的波动往往领先于消费品工业。

庇古认为，经济周期的直接原因是工商业者变动不定的预期。而导致获利预期变动的则有三方面的原因即真实原因，心理上的原因以及自发的货币原因。

真实原因包括农作物收成的变动，新技术新产品的发明与改进，新矿床的发现与开采，劳资纠纷，偏好的改变，国外需求的变动。他以为这些因素的重要性是不一样的，要清楚地区分各个因素的影响也是做不到的，但有一点比较明确的就是收成的变动在工业发达的社会中影响越来越小。同时，货币工资的刚性或劳动供给的弹性，以及劳动力的不完全流动性，对导致和加剧经济周期都起着重要作用。

心理上的原因是指工商业者在对企业前景的预测中所犯的过分乐观或过分悲观的错误。工业经济中的经营决策离不开预期，而上述种种真实原因往往导致预期的失误。庇古认为决定预期错误大小的因素有以下六点：首先是生产力发展和社会偏好的变化莫测，变化越是莫测，则预测错误越大。二是不同智能的人在工商经营活动和其他活动中的分布，以及他们参与经营决策的程度，高智能的人参与企业经营越高，参与决策的程度越高，则预测错误越小。三是决策者可得的信息，信息越全面越真实，则预测错误可能越小。四是经营管理权的分散程度，这种分散，尤其是产销决策权的分散，往往导致供求信息沟通上的困难，以及订货的过度膨胀，从而导致预测错误。五是产品生产周期的长短，生产周期越长，则预测越可能出错。六是市场范围的大小，市场范围越大，则预测越有可能出错，而只为自己进行生产一般不会发生大的预测错误。他进而分析了使预测错误得以扩散或普遍化的三个因素：一是企业家之间在心理上的相互感染。二是不同行业之间的投入产出关系，当一个行业的企业家预期乐观增加其投入时，往往导致其上游行业的销售旺势。三是企业家之间的债权债务关系链。他还指出，过于乐观的预期错误和过于悲观的预期错误并不是互相隔离的，而是相互孕育的，这是导致经济波动周而复始的重要原因之一。

自发的货币原因在庇古看来，对于金本位制国家来说，主要有三个方面：一是金矿的发现和关闭及提炼黄金的新技术。二是外国货币政策及黄金储量的变化，尤其是信贷的扩张及收缩。三是与国外金融业务有关的短期的黄金流出入。他比较详尽地探讨了货币原因导致经济周期的一些具体机制。这些机制之一是货币信贷的扩大与收缩引起投资的增加与减少；机制之二是货币信贷的松紧助长了企业家过度乐观和过度悲观；机制之三是货币信贷的松紧影响一般物价水平。他依据统计资料指出了银行信贷创造量的波动与就业量的波动之间的紧密联系。他探讨了引起一般物价水平变化的因素，提出它与货币流通量同向变化；与实际收入或劳动生产率，与货币流通期的平均长度反向变化。他提到了价格水平变动对于企业家预期的相互影响，以及对于长期合同的收入再分配效应，而这些因素都会影响经济周期。

庇古认为经济周期是上述三大类原因共同作用的结果，他坚决反对从单一原因去说明周期的观点，如货币论、心理论、收成论等等。

从总体上看，庇古对经济周期原因的分析是一种多因论，既强调客观原因，也重视主观心理因素；既看到了经济实际面的影响，也承认货币面的作用。其不足则是缺乏对于各种原因的一个清晰的层次分析，使人难以分清哪是主要原因哪是次要原因。虽然他在书中也想进行这种分析，但效果不理想。对照一下熊彼特的周期理论，就能清楚地看到其不足。

关于消除经济周期的办法，庇古认为，首先是要认清经济周期对经济福利的影响。他认为，如果周期是人们对工作和闲暇的偏爱的周期性变化，那么就不能认为它一定是祸害。同时，如果没有经济周期，没有萧条所形成的压力，企业家改进技术的动力便会下降，低能的企业家就不容易被淘汰，从而对整个社会生产力的提高便不利。尽管有上述两点似乎是为经济周期辩解的看法，他总的说来还是强调了经济周期所造成的失业对人力资本造成的危害，大量的短期失业可以损害一个人的技术能力，而且尤其重要的是损害他的一般性格。

庇古提出，在克服周期时，也要考虑成本—收益原则，要使克服周期的边际费用与周期被克服后的边际收益两者相等。至于克服周期的具体措施，由于他往往着眼于克服失业现象，故在下面失业理论中再详细介绍。

二、失业理论

作为福利经济学创始人的庇古，对于失业问题一直非常关注。早在1914 年，他就发表了一本《论失业问题》的小册子。1933 年，面对大萧条的恶劣局面，他又出版了《失业理论》一书。

庇古首先给失业下了定义：如果做出某些保留和解释，所谓失业就等于一般所了解的非自愿赋闲。这就是说，他所说的失业就是非自愿失业。而这种非自愿失业有两种形式：完全失去工作和被迫缩短工时。

庇古认为，失业现象完全是由于工资率与需求之间的关系失调引起的。并指出在劳动市场自由竞争的条件下，除了因不同等级的劳动需求发生变动引起的暂时失业之外，不可能存在长期失业现象，但劳动市场并不是自由竞争的，工资率并不是在任何地方都由自由竞争力量决定，因此便出现了失业。为了分析其原因，他区分了静态和动态。在静态条件下，失业的主要原因有三点：一是由于工会或其他因素，使得工人所要求的工资率高于自由竞争条件下自发形成的工资率。二是根据人道原则制定的最低工资立法，使得一些愿意接受也只能接受更低工资的人失业。三是一部分工人的素质和教育水平低下，无法满足工作岗位所需。而在动态条件下，对劳动需求会由于季节变化和经济周期而发生有规律的变动，还会由于偏好、技术等因素的变化而发生不规则的变动，这就使均衡工资率处于不断地变化之中，这时，出现失业的原因还要加上工资率的刚性。工资率向下的弹性为工人所阻挠，向上的弹性则为业主所阻挠。刚性工资不能适应动态条件下均衡工资率的不断变动,于是便造成了失业。此外,劳动力由于存在流动费用缺乏流动性或流动的盲目性,也是导致失业的重要因素。

根据对失业原因的上述看法,庇古提出了五条消除或减少失业的措施:(1)发展教育和培训事业,提高工人尤其是最低等级工人的素质。(2)成立调解委员会以解决劳资纠纷,并采取富有弹性的工资制度。(3)运用货币手段缓和经济波动,减缓劳工需求量的波动幅度。(4)把各地的劳工介绍所组织成全国相互联系的系统,改善劳工市场的信息状况,增加劳动的流动性,减少流动的盲目性。(5)实行政府干预。

庇古认为,政府可以调整直接与已有关的工业来控制劳工需求,也可通过补助金及赋税来调节私营工业的劳工需求。政府可以调节供给,采取逆经济风向的调节措施,在萧条中增加产量,在繁荣时削减产量。但这种调节只适用于耐用品工业,不能用于非耐用品工业。因为萧条时政府若增加非耐用品的产量,从而增加就业,势必扩大供给,降低价格,结果未被政府调节的厂商更加减产,进一步减少劳工需求;而繁荣时正相反;结果是加剧了波动。而在耐用品工业中,政府在萧条时增加产量,扩大就业可增加储备而不一定增加市场供给,这样未被调节的厂商也不会减产和削减劳动需求。政府也可以调节自己的需求,使它逆经济风向而变动,当私人需求减少时,便增加政府需求,当私人需求增加时,则相应减少政府需求,如此使经济保持稳定,减少就业的波动。但这种逆风向变动政府需求的措施是否能减少失业要取决于劳动的流动性,若劳动在生产私人用品的产业与生产政府需要产品的产业之间具有流动性,则上述逆向行使的调节措施将有助于减少失业;若劳动缺乏流动性,则上述调节措施未必能减少失业。

至于政府的具体调节措施,庇古似乎更看重控制信贷进而稳定物价水平的货币手段。在萧条时增加信贷投放而在繁荣时则缩小信贷规模。他进而提出了控制信贷规模的两种做法——信贷定额配给与贴现控制——并比较了它们的优劣,他的结论是贴现控制比定额配给更优越,因为后者会扭曲价格信号。他还提到了相机抉择的货币政策在效果上的不对称性，即克服过热较为有效而克服萧条不太有效。但他从繁荣孕育着萧条的观点出发，认为有效地防止了过热也就有效地预防了萧条。他还不无正确地提到货币政策的目标必须是稳定物价，而不能是保持一定数量的储备金，若以后者为目标，就难以克服萧条。他颇有预见地看到了纸币本位制由于解除了黄金对货币量的束缚，从而有助于避免通货缺乏引起的萧条，但另一方面有孕育通货膨胀的危险。为此他主张由国会给予银行发行纸币的权力以一定的制约。这两点看法在20世纪70年代以后表现出它们的价值。他还谈到金本位制条件下，稳定物价的目标与稳定汇率的目标之间的冲突：任何一个国家自己都难自由地既能得到一个严密的稳定物价制度而同时又得到一个严密的稳定汇兑制度。这一思想可以说是当前克鲁格曼"魔鬼三角关系"的先驱。

除了货币政策之外，庇古也谈到了财政政策，包括相机抉择的政府订货行为及公共工程以及相机抉择的税收和津贴行为。但他似乎对相机性的税收政策的可行性有所怀疑。

此外，庇古还主张各种收入政策，比如由政府编制物价指数，并激励公众将各种契约尤其是长期契约加以指数化。主张由政府限制繁荣时期的加班加点，以防止过度繁荣从而加深随之而来的萧条。他还希望公众自愿采取逆经济风向的行为，如萧条时自觉增加购买而在繁荣时则反向行为。

庇古认为，上述各种措施并不能完全消除失业，但剩下的失业应当尽可能采取比较可取的形式，如普遍缩短工时，或轮流工作，而不要急于解雇部分工人，使失业之苦集中在少数人身上。他还具体分析了企业主采取何种失业形式的原因。对于熟练工，使用贵重原料和精密机器的工人，掌握专利技巧的工人，业主通常是不愿解雇的；对于工资难以精确计量的计量工，业主往往倾向于解雇之；至于轮流工作，则往往由于组织困难，业主一般不愿采用。庇古肯定了失业保险稳定整个社会的消费水平的功能，指出若无失业保险，工人一旦失业，消费水平将大减，而如果要使失业后的消费维持原状，就必须大大增加平时的私人储蓄，从而减少平时的消费。他还分析了失业保险中存在的今天人们称作道德风险和逆选择的问题，并指出了若干解决这两个问题的具体措施。

由以上所介绍的失业理论可以看出，在凯恩斯发表《通论》之前，庇古就已经肯定存在着非自愿失业，但在对失业原因的分析上，庇古完全是站在新古典的立场上，强调市场机制不健全，竞争不完全，强调工资缺乏弹性，劳动缺乏流动性。正因为此，他被凯恩斯选中，作为新古典学派的代表，在《通论》中大加鞭挞。但庇古关于消除失业的措施，则完全突破了传统理论，比凯恩斯早 20 多年便提出了用政府干预来消除失业的主张。甚至提出了相机抉择的原则。更为可贵的是他指出了相机抉择原则的有效性的微观基础是劳动力的流动性。由此看来，凯恩斯与他所批判的对手之间的区别并不像他所渲染的那么大，在消除失业的措施方面，两者是很接近的。区别在于对失业原因的分析。庇古的不足在于他所分析的是宏观现象，但采用的方法则是微观的，缺乏总量分析工具，缺乏总需求函数，没有短期概念，没有乘数概念，没有对收入水平决定机制的说明，这就使得庇古对失业的解释不如凯恩斯，同时也使得他关于政府干预的主张缺乏充分的理论根据。

霍布森

霍布森继承了马尔萨斯的观点认为经济萧条的主要原因是有效需求不足，尤其是消费需求不足或储蓄过多。近代机械对商业疲滞的一般关系叙述如下：改良的制造和运输机械能使愈益多量的原料更迅速地更低廉地经过生产的各种历程。事实上消费者没有这般迅速地增加他们的消费，也没有增加到相等的程度。他明确指出，生产过剩或生产的一般充斥，只不过是真实患害的外部状态或征候。这个真实患害是消费不足或储蓄过剩。因此，他把批判的矛头指向古典经济学家和新古典经济学家，认为他们所提倡的节俭无助于经济繁荣。他指出，储蓄主要以资本品的形式存在，尤其是以不断提高生产力的大机器的形式存在，但是这些大机器所生产出来的商品却没有足够的消费需求来吸收它。他认为资本品和消费品之间会有一个均衡的比例，过多的储蓄造成的过多资本品一定会引起生产过剩。他不相信利率会把储蓄调整到合适的水平，因为人们通常是按照惯例来进行储蓄的。而整个社会的储蓄水平是人们分散决策的结果，因此很难协调到合理的程度。

霍布森分析了消费不足的原因，认为消费不足的原因来自收入分配，由于要素市场存在市场力量的不对称，结果是一部分人获得非劳动收入而另一部分人则收入偏低。于是穷人无力消费而富人消费不动储蓄过度。为此，他主张改善收入分配状况，增加穷人的收入，以刺激消费，克服有效需求不足。

霍布森进一步分析了消费不足的后果。他认为由于国内消费不足，就迫使企业家到海外不发达地区去投资。而当各发达国家都如此行事时，就产生了争夺殖民地的帝国主义战争。他强调消费不足是帝国主义的经济根源。从这一点来看，他实际上是预见到了即将出现的帝国主义战争年代。他在20世纪初的英国和南非布尔人的战争中，站到了支持布尔人的立场上。同时，他始终坚持自由贸易的立场。

威克塞尔

威克塞尔在西方经济思想史上的最大贡献，是在综合李嘉图的货币数量论与庞巴维克的资本理论的基础上，提出了以利率为基本变量的一般物价水平（以后简称物价）决定理论，以及物价在利率影响下发生变动时的累积过程理论，从而建立了前凯恩斯的宏观动态经济理论，并使得关于经济生活的实际面的理论与货币面的理论之间建立了联系，结束了以往理论中的货币中性论（即货币因素不影响经济的实际面的一种论点）。

威克塞尔研究物价水平的背景是资本主义世界从18世纪中叶到1873年，物价水平呈现持续上升，而1878年以后则出现持续下跌。他认为物价水平的波动与相对价格的变化不同，后者造成的损害可在一定程度上得以调整，而前者造成的危害则难以调整。因此，最好是在不影响相对价格的前提下，通过人为干预使物价水平保持稳定。这就需要研究物价水平的决定机制及其变化时的特征。

同时，19世纪后半期，在包括杰文斯在内的众多统计学家的努力下，物价指数的概念开始被提出，并且一些国家一定时期的物价指数得到了编制，这就为经济学家研究物价指数的变化准备了相应的素材。

一、利率与物价水平、物价变动的累积过程

在以利率为基本变量说明物价水平时，威克塞尔创造性地区分了自然利率与货币利率。前者是指在实物借贷条件下，由对于实物资本的供求所决定的利率，它是投资与储蓄相一致时的利率，它等于新资本的预期收益率，它对商品价格的关系是中立的，既不会使之上涨，也不会使之下跌。后者则是指通常由银行等金融机构所决定的贷款利率。他认为两种利率完全一致的可能性是极少的。这是因为平均来说，自然利率往往是连续变化的，而货币利率的变化往往是间断式的。自然利率的变动是由于技术变动、资本存量变化等生产领域内的因素。而货币利率的变化主要决定于银行等金融机构的政策。因此，自然利率的变动最终将牵动货币利率，在经历一段时滞之后向它靠拢。但在这个时滞过程中，货币利率很可能维持原状甚至与自然利率的变化背道而驰。

威克塞尔认为，并不是货币利率的绝对变化引起物价变动，而是货币利率相对于自然利率的变化引起物价变动。当不论是自然利率的变动或货币利率的变动还是两者的共同运动，导致货币利率低于自然利率时，物价将趋于上升。另一方面，当不论是自然利率的变动或货币利率的变动还是两者共同的运动，导致货币利率高于自然利率时，物价将趋于下降。只有当两种利率保持一致时，物价才保持稳定，才出现货币中性的局面。

威克塞尔进一步分析了货币利率与自然利率不一致时，引起物价变动的具体机制。这一分析涉及如下一些假设条件：（1）资本存量不变。（2）各个行业的生产期都为一年，且不可缩短或延长。（3）各行业的生产都始于年初终于年末而后互相交换。（4）企业家都无自有资金，都通过银行这一中介向资本家借入所需资金。（5）一年的工资和租金都在年初一次支付。（6）企业家也在年初便备好一年所需的投入存货。以上6点是他明确提出的假定。此外还有下述隐含假定：（1）消费者边际消费倾向不随货币收入变化而变化。（2）人们普遍预期本年度的物价水平在下年度将继续维持。（3）经济中不存在垄断成分。

在上述假设下，威克塞尔指出，若货币利率与自然利率一致，企业家们只能获得管理报酬，无法获得利润，不会产生扩大业务的要求，不会产生对生产要素的额外需求，结果物价保持稳定。若无论什么原因使自然利率高于货币利率，则企业家们通过贷款从事经营就会获取一定利润，利润率等于自然利率减去货币利率的差额。利润刺激了企业家们扩张业务的要求，从而使得对劳动等生产要素的需求增加。而这种追加需求所需的资金，将由企业家们按不变的货币利率从银行贷得。这又引起这些要素的价格（货币收入）的提高。这种提高并不会降低企业家的利润率从而抵消他们扩张业务的要求。这是因为要素所有者会按照货币收入提高的幅度增加其对消费品的需求。由于消费品数量一定，则消费品价格乃至一切产品的价格都将按需求增加的幅度而增加。这就使企业家们能够在要素价格上涨时继续获得因货币利率低于自然利率而造成的利润。如此，只要自然利率始终高于货币利率，则企业家们便始终在利润的刺激下不断增加贷款，不断增加对要素的需求，从而使要素价格不断上升。而要素所有者又由于货币收入增加而不断增加消费需求，从而使消费品乃至一切产品的价格不断上涨。在这一过程中，企业家们将形成产品价格上涨的预期。正是在这种预期的支配下，企业家们才可能不顾要素价格的上升而始终不减少甚至增加对要素的需求。这表明，一旦物价水平发生上涨，由此形成的预期行为将反过来进一步促进这一上涨运动，甚至在自然利率和货币利率恢复一致以后的一段时间里，预期因素仍然起着提高物价水平的作用，但实际提高的幅度将低于预期的幅度，从而使物价水平上升的过程最终停止，以上所讲的这一过程，便是物价上升的累积过程。另一方面，若由于无论什么原因使自然利率低于货币利率，则将发生物价下跌的累积过程。

威克塞尔还指出，由于两种利率不一致所造成的物价变化，与因为技术或其他实际方面的因素造成的物品数量变化所引起的物价变化，这两者之间的区别，在于前一种是累积性的，而后者则是一次性的。在《利息与价格》一书中，他主要是从两种利率不一致时企业家们和要素所有者的行为来说明累积过程。在《国民经济学讲义》一书中，他开始从总供求的不一致来说明累积过程，从而顺便指出了萨伊定律的局限性在于它只适用于物物交换经济，而不适用于货币经济。这一点，与他认识到货币不仅具有价值尺度和交换媒介职能，还具有价值贮藏职能是有密切联系的。注意到货币的存在可能导致总供求不一致，这也许是威克塞尔把货币理论与经济的实际理论相结合所产生的最可取的成果，同时也表明他是西方经济学家中早于凯恩斯而反诘萨伊定律的人。

在上述对累积过程的分析中，威克塞尔以自然利率与货币利率始终存在差距为前提，着重分析企业家和要素所有者的行为对形成累积过程的影响。但他留下两个问题：（1）两种利率间的差距何以长期存在。（2）这种差距最终何以消失从而结束特定方向上的累积过程。对这两个问题，他主要通过对银行行为的分析来回答。

威克塞尔指出，若不考虑银行的行为动机及其所受到的行为限制，则从理论上讲，银行有可能使货币利率始终高（低）于自然利率，从而使物价的向下（上）的运动持续累积下去。但事实上银行是追求其自身利益的，且其行为受到各方的限制。

首先，单个银行必须和其他银行同步，不可能独自任意决定货币利率，若个别银行要保持过高或过低的货币利率，则将失去一切客户或破产。

其次，就单个国家来说，若其货币以金属本位为基础，则它的银行面对国外银行时，其地位也如上述，若货币利率过低，则贵金属将外流，若货币利率过高，则造成外来贵金属流入，而银行须以存款形式接受并照付利息，同时由于货币利率过高其借户又相应减少，结果银行的贷款利息收入减少而存款利息支付增加。

以上是从银行间的相互制约来说明单个银行或单个国家的银行不可能随意决定货币利率。但假设所有银行都自觉采取相同的货币利率，那么货币利率所受到的限制便具有另一种情况。这时，货币利率持续低于自然利率所造成的物价上涨的累积过程，将导致公众对作为交易媒介的货币（主要是纸币与支票）的需求不断增加，而这在金属本位制度下，便意味着银行的准备金相对来说处于越来越不足的状态。同时物价上涨的累积过程还将打击黄金生产，刺激工业增加对黄金的需求，当需求超过生产的供给时，便只能取自银行的库存。这又从另一方面使银行的黄金准备处于绝对减少的状态。上述两种状态的发展将危及银行的信用甚至生存。

另一方面，货币利率持续高于自然利率所造成的物价下跌的累积过程，将导致公众对作为交易媒介的货币的需求不断减少。储蓄存款不断增加，而银行则必须为这些存款支付略低于贷款利率的利率。这将使银行的经济利益受到危害。因此，无论是货币利率高于还是低于自然利率，都不可能永远持续下去。到一定时候银行为维护自己的经济利益或者生存，自然会采取行动消除两种利率之间任何方向上的差距，从而结束累积过程。

同时，威克塞尔又指出，虽然货币利率最终会由于银行的利己行为而趋向不断变动中的自然利率，但这个过程往往很费时间。其中的原因只有在洞悉银行技术方面的奥妙之后方能回答，但有两个突出原因，即银行家们往往按习惯和常规办理，不愿轻易变动货币利率；以及个别银行或个别国家的银行须和其他银行或其他国家的银行协调行动，而协调需要时间。从以上分析可以看出，若不考虑银行行为，只考虑企业家和要素所有者的行为，则累积过程一旦开始便会无止境地持续下去，宏观经济的自发趋势是走向非均衡。但若同时考虑银行行为，则累积过程便不可能无止境地持续，虽然往往持续相当一段时间。同时，物价变动的累积过程现在成为恢复均衡的力量，它最终将迫使银行采取行动使货币利率趋向自然利率。于是宏观经济在失衡之后的自发趋势是依靠物价变化的累积过程来走向新的均衡。

威克塞尔指出，当货币利率等于自然利率时，物价变动的累积过程结束，此时货币价格处于均衡状态。但货币价格的均衡与相对价格的均衡是不同的。后者或可比之于一种满足稳定平衡条件的机械装置，譬如摆锤。每一个离开平衡地位的变动，就促使一些力量发生作用，使之回复到原来地位，变动范围越大，所起的作用也随之增大；就货币价格言，可以比之某种容易转动的物体，譬如一个圆柱，它在所谓随遇平衡的状态下停留在平面。需要某种力量来推动这个"价格圆柱"，使它不停地运转。但是当这个力量——利率的提高和降低——在发生作用时，圆柱将依不变的方向移动。运转迄某点为止是一个加速的过程，这时即使力量已停止发生作用，它仍将活动一个时期。圆柱一旦静止以后，就不再有恢复到原来地位的倾向。简言之，相对价格的均衡通常是稳定的，而一般物价水平的均衡是不稳定的。

威克塞尔认为上述理论具有理论和实践两方面的意义。在理论上，它说明了人们争论不休的关于物价与利率之间的关系：是自然利率的独立变化所造成的两种利率间的差异引起物价的变动，而这种变动则是货币利率发生与物价同方向运动的主要原因。而银行准备金的多少、贵金属的生产、纸币发行及信用制度的发展等等，都对货币利率的决定起次要作用，它们对于货币利率向自然利率的移动，起着促进或阻碍作用。我们可以用下述环形图（图 8.1）来表达他所提出的物价与利率之间的关系：

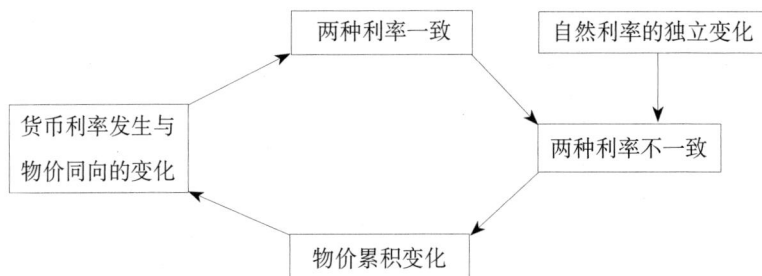

图8.1

这样，他就解释了传统货币数量论所无法说明的货币利率何以会与物价水平作同向运动的原因。在实践上，这个理论将使银行能够自觉地采取行动，以保持物价稳定，从而对世界经济将发生无可争辩的利益。

综合来看，威克塞尔的上述理论实际上涉及两个方面：一是宏观经济均衡条件的分析，用他的话讲便是货币均衡价格的决定理论；二是宏观经济的失衡与复衡的过程分析，用他的话讲便是累积过程理论。第一方面的理论以静态假设为隐含前提，不涉及技术进步和由新投资引起的资本积累。第二方面的理论从表面上看似乎是一种动态分析，因为它涉及了时间过程，但严格来说并不是那种涉及技术进步资本积累的动态分析，而是对于宏观经济由均衡到失衡再到新的均衡的过程的分析。前后两个均衡从物价水平方面来看是不一致的，但从经济的实际面来看，并无区别。因此这种失衡——复衡的过程分析仍然是以经济实际面的静态假设为前提的。所以这部分理论虽然涉及了时间过程，具有动态分析的外观，但实质上仍是一种静态分析，严格讲是静态假设下的过程分析。这种静态分析的局限性后来被缪尔达尔所指出并克服。此外，这两方面的理论都以充分就业的产量水平为当然前提，因此都是关于物价而非关于产量和就业的理论。前一方面涉及均衡的物价水平的决定，后一方面涉及物价水平的变化。采纳还是放弃充分就业这一前提，便构成他和凯恩斯（1936年以后的）的分水岭。其实他已经意识到，若尚未充分就业，则信用的松弛便可能导致产量的增加。他之所以采纳这一前提，很可能与他那时的瑞典的实际情况有关。他谈到，通过向实业家们进行调查，得知在萧条时出现的是存货的增加而非产量和就业的下降。

缪尔达尔

一、货币均衡的条件

威克塞尔建立宏观经济理论的主要目标是通过分析利率与物价的关系，说明物价水平（货币价值）的决定和变化，挽救货币数量论。这一理论可分为有着内在联系的两部分：货币价值均衡的条件；物价水平变化的特征（即累积过程理论）。第二部分是以第一部分为基础的。但他显然更偏重于第二部分，所以人们通常把他的理论称之为累积过程理论。

缪尔达尔（Gunnar Myrdal, 1898—1987）的主要贡献在于：(1) 突出强调了威克塞尔宏观理论中第一部分内容的重要地位和基础性质；(2) 对这部分内容进行了重大改造，经过这番改造，原先表述不清的变清楚了，原先错误的被剔除了。更重要的是，这部分内容由原先主要用于说明静态条件下币值均衡条件的理论，转变为说明动态条件（技术进步、资源积累）下宏观经济均衡条件的理论。虽然他的书名是《货币均衡论》，但其内容之一恰恰是说明动态条件下当宏观经济均衡时，物价未必是稳定的，即币值未必是均衡的。(3) 在改造过程中所提出的一系列概念，如事先、事后、静态、动态、时点、时期、预期、风险等，为以后宏观经济科学的发展提供了有效的分析工具。

缪尔达尔认为，威克塞尔理论的主要内容是说明，若经济体系偏离了均衡，累积过程便会在这一方向或那一方向开始。因此，货币均衡的概念在全部威克塞尔货币理论中占有极重要的地位。关于货币均衡的条件，威克塞尔在《利息与价格》一书中谈到两条：(1) 货币利率等于自然利率；(2) 物价稳定。在《国民经济学讲义》一书中又增加了一条：总供求相等。这三个条件在威克塞尔那儿是有一定的逻辑顺序的。作为基础的是第一个条件，由它保证了供求的相等这一条件，而这一条件又保证了物价的稳定。所以物价稳定这一条件是依存于前两个条件，归根结底依存于第一个条件的。但另一方面，三个条件中只有物价稳定这一条件才具有可观察性，因此威克塞尔特别注意分析这一条件，并主张银行根据这一条件是否满足来制定利率政策，保证第一个条件的实现。

缪尔达尔根据林达尔的意见，把威克塞尔的总供求相等这一条件，转述为储蓄与投资相等这一条件。这样，他就清楚地把威克塞尔关于货币均衡的条件概括为三条：(1) 货币利率等于自然利率；(2) 储蓄等于投资；(3) 物价水平稳定不变。然后，他对于这三个条件的含义及相互关系进行详尽的分析。

缪尔达尔首先分析了第一个条件，在这一条件中，他认为自然利率作为一种摆脱任何货币因素的纯粹实物意义上的概念，是难以捉摸的。在现实的货币经济中，不存在这种纯实物意义上的自然利率。同时，决定企业家投资行为的也不是这种难以捉摸的自然利率，而是投资的收益率。他进一步运用"时点"、"时期"和"事前"、"事后"这两对概念，区分了事后的投资收益率和事前的投资收益率。前者是指已经过去的一段时期的会计意义上的收益率。后者则是指在当前这一时点上，对未来一段时期的预期的收益和成本进行贴现之后所得到的收益率。由于它带有预期性质，所以它包含了企业家们对风险和不确定性的估计和态度。他认为企业家正是通过这种事前的预期的投资收益率与货币利率的比较，决定是否投资。于是威克塞尔第一个均衡条件中的自然利率就应当被事前的预期的投资收益率所代替，均衡条件应当表述为货币利率与所有企业预期的投资收益率相等，即

$$i\ (= e/c)\ = y\ (= e/r)$$

i 为货币利率，e 为预期的投资收益，c 为资本价值，y 为预期投资收益率，r 为带来收益 e 的资本的再生产成本。

缪尔达尔进一步指出，实际生活中并不存在着单一的货币利率 i，它实际上是各种具体的信用条件在理论上的抽象代表。同时预期的投资收益由于在很大程度上取决于企业家的预期，所以也难以计算，故上述均衡条件最好表述为

$$c = r$$

即现有实际资本的资本价值与它的再生成本二者均等的条件。这一表述，避开了难以把握的货币利率和预期收益率，但资本价值这概念综合反映了以货币利率为代表的各种信用条件，以及未来的预期收益。

缪尔达尔再进一步指出，$i = y$ 或 $c = r$ 这一条件，从另一角度来看，就是说利润为零。因此，这一条件只有在不存在技术进步不存在由新投资形成资本积累的静态条件下，才是货币均衡的基本条件。而在技术进步和资本积累的动态条件下，它不可能再成为货币均衡的基本条件。这时，基本的条件将是第二个条件：投资等于储蓄。

缪尔达尔认为，威克塞尔理论中隐含的基本论点是强调投资并非任何时候都恒等于储蓄，但他本人并未明确讲清这一点；相反，他常把储蓄描绘成把生产要素从消费财货生产转移到实际资本生产上。这种含义的储蓄是不可能有别于投资的。同时，从事后的观点来看，以往发生的储蓄和投资也总是相等的。因此，与第二个均衡条件有关的是事先的与预期有关的意愿投资和意愿储蓄。前者是指将要进行的资本积累，后者则是指收入中未用于消费的部分，或者说是对于企业家而言的可自由处理的资本。这两者不像事后会计意义上的储蓄和投资，并不会必然恒等。

考虑到动态条件下难以准确区分总投资中的重置部分和新投资，所以威克塞尔的第二个均衡条件就是，如果货币利率能使实际投资总额与储蓄加上实际资本预期价值变动总额（即是加上现有实际资本的预期减少的价值，减去它预期增加的价值）二者相等，这种货币利率就是正常的。用公式表示即为

$$R_2 = W = (S + D)。$$

R_2 为实际投资总额，包括新投资和重置投资，它取决于各企业的预期利润状况。S 为储蓄，D 为折旧减去实际资本的增值。W 为 S 与 D 之和，表示对企业家而言的自由资本。他把这一公式称作基本均衡条件。

依据上述公式，缪尔达尔对威克塞尔的第三个均衡条件进行了分析，他认为在动态条件下，物价水平的稳定并不像威克塞尔所强调的那样是货币均衡的必要条件。不论物价水平向哪方面变化，变化幅度多大，变化是否被预期，只要它不使 $R_2 = W$ 不再成立，那么货币均衡就仍然保持。也就是说，$R_2 = W$ 所维持的均衡并不要求物价水平的稳定不变，而是可以和若干种不同的物价水平相适应。另一方面，基本均衡条件虽然与物价水平不相干，但却依存于若干重要的相对价格关系：制成品的价格、进入实际资本生产成本的要素价格、使用价格、营业费用等等之间的关系。

缪尔达尔认为，虽然货币均衡并不一定要求物价或消费品价格指数保持稳定，但它对物价还是有一定要求的。他谈到，各种产品的价格由于契约关系、垄断因素等，具有不同程度的刚性；同时，不同产品的价格变化对于企业家的投资决策的影响也不相同。由于这两个因素，一方面使得物价水平稳定与否不再成为判断货币均衡与否的标准，另一方面货币均衡要求一种特殊的价格指数具有尽可能大的稳定性，这种价格指数是根据各种产品的价格刚性程度和价格变动对企业投资决策的影响程度进行加权的一种价格指数。

通过对威克塞尔三个均衡条件的上述分析，缪尔达尔的结论是：第二个均衡条件是货币均衡的基本条件，但这一条件的实现是货币利率和计划投资的收益率相对变化的结果。因此，经过必不可少的修订后的第一个均衡条件虽然不再是均衡的基本条件，但却是第二个均衡条件必不

可少的补充,至于第三个均衡条件,则完全是错误的。

二、预期变动和储蓄变动对均衡的影响

缪尔达尔运用货币均衡的基本关系式 $R_2 = W = (S + D)$,分别考察了因货币利率、预期和储蓄变动而造成的失衡现象。货币利率变动的影响已为威克塞尔所详尽考察,但预期和储蓄变动的影响则为他所忽略。对这两个因素变动的影响的考察是缪尔达尔的新贡献。

缪尔达尔假定在货币利率不变时企业家对实际资本的未来收益产生了更乐观的预期,这意味着预期利润的增加。这种预期将导致投资 R_2 的增加。另一方面这种预期将导致资本价值增加,这既使资本收入增加从而储蓄 S 作同额增加(假定消费支出不变),又使得折旧减少资本增值的余额 D 发生同量的减少,因此将使得 W 保持不变,即可自由支配的资本不变,结果 R_2 大于 W,发生向上的威克塞尔累积过程。若消费支出在资本收入增加时也出现增长,则 W 将减少,仍将发生向上的累积过程。

缪尔达尔认为,若货币利率维持不变,而储蓄增加了,则由于投资 R_2 未因货币利率的下降而增加,相反还会出现下降。这是因为储蓄增加引起消费减少,消费品价格下降,再引起企业家悲观预期降低预期利润。结果便出现 $R_2<W$ 的现象,引发向下的威克塞尔累积过程。在这种情况下,只有银行因储蓄增加而降低货币利率来抵消储蓄增加造成的投资 R_2 的下降,才可能使 R_2 与 W 之间重建平衡。但是在这种情况下,银行很可能因顾虑到企业的清偿能力而不愿降低货币利率放宽信用,结果累积过程便不能终止。

三、政策主张

在政策主张方面,缪尔达尔对威克塞尔的发展主要有如下几点:(1)强调理论分析中的货币利率在现实中是不存在的,现实中只有各种信用条件的不同的体系。因此在确定货币政策时,需要考虑在一定情况下对实现货币均衡有同等影响的各种不同利率的各种组合,和利率与其他信用条件的各种组合。这些组合虽然在实现货币均衡这一目标方面是无区别的,但对于实际投资的方向及收入分配,则具有不同影响。这意味着银行当局在调节货币利率时,必须对一系列无区别的信用条件组合加以选择，以兼顾其他目标。（2）强调货币政策并非万能，它的功效取决于其他方面的政策，因此货币政策必须与其他政策相协调。（3）货币政策的目标应当是通过维持货币均衡来缓和（但绝不是消除）经济波动。因为经济波动的根源不在于经济的货币方面，而在于经济的实际方面。货币失衡只是加剧但绝不是制造波动。但在缓和经济波动时，不能像威克塞尔那样以稳定物价为目标，因为前面的分析已经说明稳定的物价与货币均衡之间并无必然联系。但若能在维持货币均衡的前提下尽可能稳定物价，仍是有意义的，这有助于企业家们形成稳定的预期，从而有助于减小经济波动的幅度。

林达尔

林达尔为了分析利息率与物价水平之间的关系，对货币制度规定了下述四点假设：（1）封闭经济。（2）货币制度已经脱离金本位或任何其他本位制，从而货币当局可自由执行其信用政策。（3）一切银行信贷业务集中控制在货币当局或中央银行。（4）信用制度已发达到无须保有现金。

林达尔主要分析利息率与消费品价格之间的关系，提出了消费品价格的基本方程式：$E(1-S) = PQ$。

E 代表名义国民收入，S 代表储蓄占国民收入的比率，P 代表消费品价格水平，Q 代表消费品数量。他认为，E，S，P，Q 四个因素之间存在着一定的相互作用，但 P 是比较保守的因素，一般规律是 P 的变动通常可看做是由其他因素的变动产生的结果。因此，大体上可以把 P 看作是 E，S，Q 三者的函数。于是对 P 的变动的分析便归结为对 E，S，Q 的变化的分析。

林达尔认为 E 受到货币利率和人们预期的影响。长期利率影响到资本价值的计算，短期利率则决定各期资本价值的收入，同时利率变动还影响人们的预期，这些都影响到 E。他认为 S 也受到利息率的影响，利率变动虽然对各个人影响不一，但一般倾向是利率提高则净储蓄增加。此外，利率变更还影响其他经济因素，尤其是收入分配，从而对储蓄产生次级影响。除了利息率之外，S 还因国民收入在数额和分配上的变化而变化，因人们预期的变化而变化，他认为 Q 也受到利息率的影响，短期利率下降，会使 Q 的存货增加从而使出售下降，而长期利率下降，会使生产要素向资本品生产部门转移，首先使 Q 的出售下降，而后等增加的资本品能生产消费品时才导致 Q 的增加。除利率外，预期也是影响 Q 的一个因素。根据以上分析，影响 P 的三个因素 E、S、Q 都受到利息率的影响，因此，利息率便成为影响 P 的基本因素了。林达尔指出，利息率降低的直接后果一是通过提高资本价值来降低名义总收入，二是使收入在借贷双方之间发生有利于借方的再分配，而这对储蓄的影响将是不确定的。这两方面的结果倾向于稍微降低消费品价格。但除了这两条直接结果之外，利率降低还有其他的影响，这些影响将视情况的不同而不同：(1) 若投资期限一定且无闲置资源，则消费品价格将因名义收入的下降而下降。(2) 若投资期限不固定但无闲置资源，则消费品价格将由于消费品存货的增加以及由于资源从消费品业转移到资本品产业而提高；若因此而形成消费品价格上升的预期，则资本品价格将随之提高；消费品和资本品价格的上升将使生产要素所有者收入增加，而这又将引起消费品价格的进一步上升；这就导致了物价上升的累积过程。(3) 若投资期限不固定，资源无闲置，但利率下降引起的收入再分配使储蓄能适应投资的增加而增加，则物价上升的累积过程可能不会出现。(4) 若投资期限不固定、资源有闲置，并且闲置同时存在于消费品部门和资本品部门，则将出现两个部门实际产量的增加，而物价不会有多大提高。若闲置资源只存在其中一个部门且无法流动到另一个部门，那么若闲置资源存在消费品部门，则由于资本品部门生产无法增加，收入水平和消费品物价都不会有明显增加；若闲置资源存在资本品部门，则该部门产量将增加，而消费品价格将上涨。

林达尔进一步分析了利息率上升所带来的直接影响以及依不同情况而导致的不同结果。他的结论是利率下降有可能使未充分就业资源投入使用从而增加产量，而利率上升则可能导致资源失业产量下降，因此物价下降所带来的灾难，往往大于物价上升所带来的灾难。

林达尔还区分了长期贷款利率和短期贷款利率，区分了存款利率和贷款利率，考虑它们的变动对物价的影响，他的结论是，短期贷款利率变动对物价发生影响较快，但时间较短；长期贷款利率的变动则结果相反。存款利率变动对物价的影响不如贷款利率变动的影响大。林达尔还分析了消费需求的变更、储蓄的变更、消费品生产部门及资本品生产部门生产力的变更对物价水平的影响，并认为中央银行可以采取政策来抵消这些因素的变动所能引起的物价变化。

林达尔提出，货币政策的目标可以有两个：一是物价稳定，二是使物价适应生产力的提高而降低。实现第一个目标常常需要剧烈变动利率，从而对企业产生较大的干扰；实现第二个目标则只需要和缓地变动利率。因此第二个目标比第一个更可取。

至于实现政策的手段，林达尔提出五点意见：一是要公开宣布货币政策的目标。二是通过变动贴现率及变动短期放款利率来管理物价。三是运用公开市场业务影响债券价格的变动，从而不仅达到管理物价的短期目标（在这方面这一手段可替代贴现率手段），而且通过影响长期放款利率来影响未来的生产组织。四是运用各种利率差别来达到目标。五是在上述货币政策手段无效或低效时可通过变动政府开支来实现目标，具体地讲就是在繁荣时实行盈余预算，而在萧条时实行赤字预算，以熨平周期或波动。

综上所述，林达尔对于威克塞尔宏观理论的发展主要有下述几点：（1）把威克塞尔的总供给和总需求概念分解为资本品供给（储蓄）和消费品供给，投资需求和消费需求两对概念，从而运用消费、储蓄、投资等概念代替威克塞尔的两种利率的概念，来分析宏观经济，说明威克塞尔的累积过程。（2）提出消费品价格基本方程式，为分析消费品价格变动提供了有力的分析工具。该方程式虽然不以利率为明确变量，但包括了利率变动影响消费品价格的几个重要的中介变量，从而有助于说明利率变动影响消费品价格的机制和条件。（3）详尽分析了导致威克塞尔累积过程的各种前提条件，尤其是资源充分就业和投资期间不固定这两个条件。（4）指出非充分就业条件下利率下降对实际产量而非价格的刺激作用。这使威克塞尔宏观理论大大接近了后来凯恩斯的理论。（5）区分了不同利率尤其是长、短期放款的不同作用。(6) 把物价反比例于生产力的变动而不是物价的稳定作为政策目标。(7) 提出贴现率,公开市场业务等货币政策手段,并主张以财政政策来弥补货币政策之不足。

经过林达尔的发展补充,威克塞尔的宏观理论大大接近了后来凯恩斯所建立的宏观理论。现代宏观经济理论,对于马歇尔所进行的综合来说是一场革命,而对于威克塞尔所进行的综合来说,则是自然发展的结果。

米塞斯

米塞斯 (Ludwig Edler von Mises, 1881—1973) 关于货币与波动的理论,主要见之于《货币与信贷理论》一书。他在该书中提出了后人所称之为纯货币的波动理论,这一理论在他的学生哈耶克那里得到充分展开和说明。该书分为四篇:(1) 货币的本质;(2) 货币的价值;(3) 流通手段及其与货币的关系;(4) 关于货币及流通手段之将来的管见。他把货币定义为在交换过程中最能完成交换目的的财货,或最能发挥一般交换手段这一功能的财货。他认为货币价值由其购买能力所决定,而这种购买能力有历史的连续性,由过去,经现在而达于将来。溯本求源,货币的交换价值取决于被用作货币的财货,其当时所有的价值。至于货币价值变动的原因,他认为取决于作为货币的财货的价值的变动,而导致这种变动的因素之一是货币数量,另一因素是对该财货的主观需要。由此可见,他并不完全赞同货币数量说。他区分了货币和银行或其他经济主体发行的可充作流通手段的信用凭证。在此区分的基础上,他提出了关于流通手段或信用的理论,认为银行不仅仅是信用的媒介,即不单是以别人托存的货币转贷他人,同时也自行创造流通手段。这种流通手段可替代货币,但与货币的区别在于其数量富于高度弹性。正是作为流通手段的银行信用的这一特征,在银行信用不要什么限制可自由变化的条件下,会引起货币利率与均衡利率(使投资与储蓄相等的利率)的差异。而这种差异对消费品价格具有不同影响,从而引起通货膨胀或紧缩,造成繁荣与萧条的周期性波动。

这种关于经济周期的观点,与威克塞尔的相同之处在于强调两种利率的差异在形成周期中的作用。区别在于：（1）米塞斯认为造成两种利率差异的主要是银行信用的高度弹性，是货币利率的变化造成差异；而威克塞尔则认为是自然利率因技术进步等原因造成的时断时续的变化引起两种利率之间的差异。（2）米塞斯的周期理论突出强调了两种利率不一致所引起的消费品、资本品相对价格的变化在形成周期中的作用。对这一论点的深入展开，便构成哈耶克的周期理论。

基于上述纯货币的周期理论，米塞斯认为，能控制信用数量的金本位制是最好的币制。在1928年出版的《币值稳定与经济周期政策》中，他进一步分析了经济周期反复出现的原因，认为是因为企业家和政治家普遍存在着这样的思想，把利息率降低看作是经济政策的一个重要目标，把膨胀式信用扩张看作是实现这一目标最好的方法。因此，经济周期接二连三地出现。这一现象的根本原因是属于思想性的。他还进一步指出，商业银行之所以能一次次地扩张信用，是由于中央银行的支持，而中央银行之所以能有力量支持，是由于它垄断了纸币的发行权，假使纸币发行不由中央银行垄断，各银行都有权发行可自由兑换法偿币（黄金）的纸币，则人为增发货币扩张信用的现象将大大减少。因为不稳健的银行将被淘汰，只有稳健的银行才能存在下去。这一废除中央银行纸币发行垄断权的思想，无疑对哈耶克后来于70年代提出的自由货币的主张，有着直接影响。

哈耶克

哈耶克的经济波动理论，主要表述于他1931年出版的《物价与生产》一书之中。它直接受启示于奥地利经济学家米塞斯的信用波动学说，其根源则是威克塞尔的货币理论和庞巴维克的资本理论。他是从某种均衡状态出发来分析经济波动的。

哈耶克的均衡，是在一切可用的资源都被使用即充分就业，货币数量一定，整个社会的消费——储蓄比例一定，从而生产的纵向结构一定时，用于购买消费品的货币和用于购买资本品的货币之间的比例（这一比例也反映了对这两类产品需求之间的比例），等于消费品产量与资本品产量之间的比例，即两类产品的需求之比等于供给之比，可把这个比例称作均衡比例。

哈耶克的均衡，是充分就业条件下的均衡。在他看来，均衡必然意味着充分就业，至于非充分就业现象，只是经济失去均衡的结果，正是波动理论所要加以说明的现象。非充分就业均衡，在他的理论体系中是不成立的。充分就业不仅是他的均衡的组成要素，也是他波动理论的逻辑前提之一，他整个波动理论的推导，如后面所述，是离不开这个前提的。

哈耶克的生产结构，就是生产的迂回程度或资本化程度，这个概念在他的波动理论中具有重要地位。在他看来，迂回的生产包括若干顺次相继的生产阶段，其中每一阶段都以上一阶段的产出为投入，又以自己的产出为下一阶段的投入。除了最后一个阶段以外，其他阶段生产的都是中间产品，这种具有纵向顺序的诸生产阶段全体，就是他所说的生产结构。当生产的迂回程度不变时，生产结构一定；当生产的迂回程度增加时，就意味着出现了新的生产阶段，使生产的纵向结构不断扩张，生产迂回程度（或资本化程度）的变化，在他看来意味着生产结构的变化。他强调这种变化对于经济波动的出现有重大关系。而生产结构是稳定还是变化，皆取决于各生产阶段上的企业家的赢利情况，而赢利情况又取决于各阶段产品的成本和相对价格。因此，相对价格是决定生产结构的最重要的因素。

哈耶克认为，生产结构的变化，会引起均衡比例的变动，生产结构会由于两种原因而变化：一是货币数量不变时社会的消费与储蓄之间的比例发生自愿的变化；二是消费与储蓄之间意愿的比例不变，但货币数量有了变动。

哈耶克认为，当生产结构由于比如说自愿储蓄增加而变化时，只要货币数量一定，经济体系就会经过一个平稳的自发过程建立起新的均衡。从某一均衡状态出发，若消费者决定把收入中的较大份额用于储蓄，即出现自愿储蓄的增加，则这种自愿储蓄的增量在哈耶克看来将毫无疑问地全部转变为投资。因此，自愿储蓄增加的结果是减少消费需求，增加资本品需求。从而引起消费品相对价格下降和资本品相对价格上升。但各种资本品的价格不会等量上涨，也不会全部上涨。较晚的接近于消费品生产阶段的那些阶段，其产出的资本品的价格由于受消费品价格下降的影响，可能下降，但下降幅度必然小于消费品价格的下降幅度。而较早阶段产出的资本品的相对价格则肯定上升。相对价格的这种变化，导致较晚阶段所用资金的利润相对下降，而较早阶段所用资金的利润则相对上升；从而使资金及非专门性货物[1]由较晚阶段向较早阶段转移，甚至导致新生产阶段的出现，即使得生产方法更加资本化或更加迂回，生产的迂回程度加深的结果，是消费品产量相对减少（绝对量则未必下降，因为更迂回的方式将提高生产效率，增加消费品产量），而资本品产量则相对增加。与此同时，用于消费品生产阶段和接近消费品生产的其他较晚阶段上的货币量将减少，用于较早生产阶段上的货币量将增加。结果，随着自愿储蓄的增加，消费品的需求和供给都趋于相对减少，用于购买消费品的货币也趋于相对减少。因此，只要自愿储蓄的增加是稳定的，那么最终将建立新的均衡，消费品需求和资本品需求之间的比例将再次等于它们之间在供给方面的比例。但这一比例将小于自愿储蓄未增加时的比例。当自愿储蓄减少时，将出现相反结局，新的均衡比例将大于储蓄未变动时的比例。

生产结构除了由自愿储蓄的变化而引起变化之外，还会由货币数量的变化而引起变化。前一种生产结构的变化，如上所述，将引起均衡比例的移动，但这种移动是平稳的，不会造成经济波动。后一种生产结构的变化则不同，一旦货币数量发生变动而消费—储蓄之比不变，且货币交易系数和货币流通速度也不变时，旧的均衡将被打破，而新的均衡只有在经历了波动之后才能出现。

哈耶克认为，货币数量变动对均衡的扰动，会因为新增货币首先用于购买资本品还是首先用于购买消费品而有所不同，由旧均衡走向新均衡的途径会有所不同。

---

[1] 专门性货物是指那种可用于一个以上生产阶段的原始生产要素和中间产品，与之对应的是专门性货物，指那种只能专门用于某一个生产阶段的原始生产要素和中间产品。这是哈耶克所用的两个概念。

如果是以银行向生产者放贷的形式增加货币数量，为此必须使货币利率低于均衡利率（即威克塞尔的自然利率）。货币利率降低使原有各生产阶段的企业家实行要素替代，用资本品替代原始生产要素。这种行为导致两种结果，一是在初始的充分就业状态中释放出一部分原始生产要素，并投入更早的生产阶段，使生产阶段增加，迂回程度加深；二是引起资本品生产，尤其是较早生产阶段的利润相对增加，非专门货物从消费品生产阶段和其他较晚生产阶段向较早生产阶段流动，在经历一段耗尽消费品原有储备所需要的时间后，非专门货物的这种流动将引起消费品减少。

如果这种消费品减少伴随着消费者自愿储蓄的相应增加，那么货币数量变动引起的经济扰动将平稳地过渡到新的均衡，但现在的问题是消费者并不打算改变原有的消费水平和原有的消费—储蓄比例，即消费需求并没有减少，消费需求维持原状，消费品供给却减少了，结果便是消费品价格上涨。

如果这种价格上涨没有被消费者货币收入的相应提高所抵消，消费者将被迫减少消费水平（实物意义上的）。这就是出现强迫储蓄。但消费者货币收入最终将由于货币量增加而提高，这是因为经济始终保持充分就业状态，即原始生产要素的使用量并没有减少，只是改变了使用方向；所以企业家用新增货币进行投资的结果将使新增货币逐渐转移到原始要素所有者（同时也是消费者）手中。这就使消费者们有可能用更多货币购买消费品，结果消费品价格相对于资本品将更快上涨。

如果这种消费品相对价格上升的势头被银行对企业家的进一步放款所抵消，那么，已经拉长的生产过程将继续保持。但是由于法律或营业习惯的限制，银行不可能持续地扩张信用，于是出现货币资本供给的短缺。

如果企业家在银行供给的货币资本出现短缺之前，借助于新增加的货币，已经胜利完成了新的更迂回的生产过程，那就可以生产出较多消费品以供给消费，于是消费者增加货币收入后恢复原先消费水平（实物意义）的行为，也不会改变已经加深的生产迂回程度；如果企业家尚未完成为时较长的迂回生产，而货币资本已告短缺，那么，只要自愿储蓄不增加，银行增加货币贷给企业家将引起资本品相对价格的一度提高，生产迂回程度的一度加深；但最终将由于货币资本供给的短缺而出现消费品相对价格上升，非专门性货物又从较早生产阶段流回消费品生产阶段和较晚的资本品生产阶段，剩下的那部分非专门性货物不够完成较长生产过程之用，曾经一度拉长的生产过程将出现纵向收缩。在生产过程收缩之后，较早生产阶段将出现专门性货物，尤其是专用设备的闲置，这正是萧条的特征。哈耶克认为，正是生产过程这种一伸一缩的情况，使经济出现繁荣与萧条的交替波动。

以上是新增货币首先用于购买资本品时的情况，如果从某种均衡状态出发，新增加货币首先用于购买消费品，那将出现相反的过程。这时消费品价格以及较晚阶段中生产出的资本品的价格将相对提高。在短期中甚至超过最后将达到的均衡水平。于是大量非专门性货物由较早生产阶段流向较晚和最终的生产阶段，生产过程将缩短，在短期中甚至有过分缩短的倾向，即实际生产过程在短期中甚至比新的均衡比例出现后会有的生产过程还要短。原先一些较早阶段中的专门性货物将由于与之配合的非专门性货物的不足而闲置，不仅专门性货物会闲置，在原先较迂回的生产方式已无法维持，而新的较短的生产方式又没有充分完成到足以吸取全部非专门性货物的程度时，连非专门性货物也会出现一定的闲置，于是整个经济出现萧条现象。

哈耶克认为，专门性货物，尤其是耐用设备的闲置，并不能证明消费不足，如果没有足够的非专门性货物可以使耐用设备达到充分利用的话。他比喻说，一个孤岛上的居民打算制造一部巨大机器以供应他们的一切必需品，结果发现在这部新机器能够生产出它的产品之前，已经耗尽了他们所有的储蓄和可以动用的自由资本。于是居民们便只好放下这项工程，而把他们的劳力在没有任何资本的情况下，全部用来生产他们每天的食物。只有当食物供应解决之后，他们才能继续原来的工程。在这个例子里，工程的停顿，设备的闲置，生产过程的缩短，并不是因为消费不足，而是由于非专门性货物——劳动——不得不投入消费品生产中去。由此可见，在他看来，萧条，或者说资本品闲置，并不是因为消费品生产部门因生产过剩而减少其对资本品需求，而是因为消费品相对说来太多，消费品生产抽光了使较早阶段的专用资本品得以发挥作用的非专门性货物。所以他的波动理论被人称作消费过度论。而消费品生产之所以能够抽去大量的非专门性要素，又源于银行不肯充分供应货币资本以支持企业家的投资，所以他的波动理论又被人称作资本短缺理论。

根据这一理论，哈耶克提出了关于对付经济波动的政策主张。他认为避免波动的方法是使货币保持中性。这就要求货币当局只能在不干扰消费品需求和资本品需求的比例的条件下变动货币量。但他认为，这一要求实际上是无法满足的。因此，对货币政策能够得出的唯一的实际准则，也许是一个消极的准则，那就是：生产和贸易的增加这个简单的事实并不能成为扩张信贷的正当理由；除了严重的危机时期以外，银行家用不着顾虑到过于谨慎会妨害生产。如果要作超出这个范围的尝试，也只能由一个具有全世界性的货币当局来作；任何单独一个国家的行动，是注定要失败的。这就是说，一个国家的货币当局，不能因产量变化而变动货币量，尤其不能在经济的上升阶段增加货币量，以免人为增进繁荣。同时要求建立完全竞争的市场体制，以保证各种商品的价格完全伸缩自如。一旦萧条已经出现，则不能寄希望用小小的通货膨胀来克服萧条，这将是危险的。也不能用增加消费和公共开支的政策来对付萧条，因为这将使生产结构更加缩短，使萧条拖得更长。唯一的办法是让生产结构去缓慢地自发地适应自发形成的消费品需求与资本品需求之间的比例。

概括地讲，哈耶克反对建立当时许多人如卡塞尔、庇古、凯恩斯等所主张的弹性货币制度（又称管理货币制度），主张继续维持半自动化的金本位制度，依靠这种货币制度下的自由竞争，来避免经济的波动。

哈耶克的上述经济波动理论，从逻辑上看，是放弃威克塞尔累积过程理论的一个不现实的假定的结果。这个假定是说各个行业的生产期都固定为一年，不可缩短也不可延长。在此假定下，自然利率和市场利率之间的差异自然不可能引起生产迂回程度的变化，从而不致消费品和资本品相对价格的变化。于是这种变化在形成经济波动时的作用便被排除出威克塞尔的累积过程理论。哈耶克的波动理论放弃了上述不现实的假定，从而说明了相对价格变化在形成经济波动时的作用。

　　哈耶克的波动理论，有两个重要前提：充分就业和忽略技术进步。关于充分就业这一前提，前面已作介绍，关于忽略技术进步这一前提，这里简单介绍一下。他在《物价与生产》一书中，两次提到他所说的引起经济波动的生产结构变化，并不是由于技术知识的进步所引起的，而完全是由于社会的消费—储蓄比例的自愿或强制变化而引起的。

　　这两个前提既造成哈耶克波动理论的短处，也造成其长处。忽略技术进步，使他的理论不能说明技术进步这一常见现象对经济波动有无影响和如何影响（解决这一问题是熊彼特的周期理论的长处），这是短处；但忽略技术进步却使他有力地证明了即使不存在技术进步，现代资本主义经济也将不会平稳发展，仍会由于其他原因而出现波动，这是长处。充分就业这一前提并不意味着他否认非充分就业状态的出现，而是说他的波动理论不承认会出现非充分就业的均衡状态。哈耶克的均衡，是由他的结构分析方法得到的，并不是一种总量均衡，而是一种结构均衡，即对产品的需求结构（需求比例）与供给结构（供给比例）相等。但产品结构均衡实际上可以在不同的总产量水平中实现，即结构均衡不给出任何关于总量的结论。这一点，从数学上看是一目了然的：$C_d/I_d = C_s/I_s$，在此等式中，是无法得知关于 C_d 和 C_s 或 I_d 和 I_s 的水平的。因此，从逻辑上看，他必须为自己的理论体系确定一个关于总量的假设性前提，他选择了充分就业作为自己的结构均衡的前提。这一前提的短处是他的理论无法说明产品的总量是如何决定的，把总产量的决定这个需要分析说明的问题用一个假定处理掉了。

　　充分就业这个前提在哈耶克体系中的作用不仅仅是提供了分析的出发点，而且还在于他体系的内在逻辑是基本上不承认在经济失衡和均衡移动时，会出现闲置的非专门性生产要素（包括劳动这种原始生产要素），只会出现非专门性要素的配置变动和专门性要素的闲置。即他基本上不承认失衡会导致劳动者的大量持续失业，只会造成专用设备的闲置。于是他的理论就不能像凯恩斯的有效需求不足论那样更有说服力地解释30 年代那种持续出现大量失业劳动者的萧条。

　　哈耶克关于结构失衡和均衡位置变动时，非专门性要素只会出现配置情况的变化而不会出现闲置的论点，与他只注意货币因素的变动对相对价格的影响，忽视对一般价格水平的影响的观点是有联系的。确实，如果一般价格水平不变，只有相对价格变动了，那么总量就没有什么理由变化，只有结构会变化。所以他的充分就业前提蕴含着一般物价水平不会因货币因素而变动的结论。

充分就业前提的长处在于，哈耶克证明了，即使非专门性要素不出现闲置，即经济保持充分就业，也并不能避免经济波动。这一结论对于凯恩斯以后的世界，具有重要意义。哈耶克实际上分析了另一种类型的经济萧条。与凯恩斯所分析的不同，凯恩斯所分析的萧条是由于总需求不足引起的非充分就业萧条，其特征是各种要素（包括专门性和非专门性两类生产要素）都出现闲置现象。这种萧条可以通过扩大总需求来消除。但克服了凯恩斯式的萧条并不能避免哈耶克式的萧条，哈耶克式的萧条是在充分就业基础上发生的，是结构均衡被货币因素破坏而造成的，其特征是只出现专门性生产要素的闲置，不出现非专门性要素的闲置。

不仅如此，哈耶克的波动理论，对于资本主义经济何以会突然之间由盛转衰，作出了有说服力的解说。但它的不足在于无法解说为何经济危机爆发之后会进一步出现非专门性生产要素（包括劳动）的大量闲置。而他推导出的克服危机的对策——进一步紧缩消费，以便腾出非生产性生产要素完成更迂回的生产过程——也显然不是克服萧条的良策。而对于非生产性生产要素（包括劳动）大量闲置现象的解释，恰恰是凯恩斯经济波动理论的长项。

熊彼特

熊彼特的经济波动理论，主要表述于他 1939 年出版的二卷本巨著《经济周期：资本主义过程之理论的、历史的和统计的分析》。此外，在他 1935 年发表的论文《经济变化分析》中，也得到了简略的叙述。

经济波动通常是指在资本主义制度下，一些经济数据依时间的变化而发生波动变化。熊彼特定义说，从统计上来说，"周期"这个术语含有两个意思：第一，历史时间上的（与理论时间相区别）经济数量价值的连续并不表现为单调的增或减，而是表现为这些价值本身或者其一阶或二阶导数重复出现（不规则）；第二，在每个这种时间系列中，这些"波动"都不是独立地发生的，而相互间总是表现出有着短暂的或较长的联系。这个定义强调了经济数据的波动性，以及各个"波"之间的联系性。

现实世界中，引起经济数据变化的因素是众多的，有的引起波动，有的单纯引起单调变化。熊彼特把引起经济数据变动的因素分为三类：外部因素、增长因素和创新。其中增长因素是指人口增加这类变化，其特点是不会引起经济生活的波动。因此熊彼特强调在分析波动问题时，应当把这类非波动的增长因素排除掉。

外部因素是指战争、革命、自然灾害、制度变化、经济政策变化、银行和货币管理、支付习惯以至黄金生产变化等等。熊彼特认为这些外部因素是导致经济波动的一个明显的重要根源。但他强调指出，仅仅从外部因素去探索经济波动的原因是远远不够的，问题是是否从根本上存在着任何产生于商业社会行为本身、并在制度的和自然的社会结构保持绝对不变的情况下也能观察得到的波动。他认为，即使把外部因素造成的波动排除掉了，资本主义经济仍将呈现出波动现象。之所以如此，是因为存在着创新活动。

熊彼特在应用"创新"概念来说明商业和社会内在的波动现象时，首先提出了一个只包括上升期和下降期两阶段的单纯模型。他首先假定一个一般均衡的经济体系，在该体系中，每个家庭都处于长期均衡状态，即收支相抵，且支出的格局长期不变；每个企业也都处于长期均衡状态，即收入与成本正好相等，利润为零，且不存在任何获取利润的机会；而整个经济不存在非自愿的闲置资源。在这样一种静态均衡中，企业家的创新活动会给他带来利润。而一个企业家成功的创新活动所造成的盈利机会，会促使其他企业纷纷起来模仿他，结果就形成了创新掀起的风暴，这个风暴扩大了对生产资料的需求，而由于在初始的均衡状态中，是不存在非自愿闲置的资源的，因此，企业家只有支付更高的价格，才能获取生产资料，于是生产资料的价格便出现了涨势。而为了进行支付，企业家便扩大了对银行信贷的需求，引起信贷的扩张。物价上涨和信贷扩张，便造成了经济的上升阶段。他特别强调了信贷在导致创新活动时的作用，认为信贷的作用在于为进行创新活动的企业家提供了实现要素新组合所需要的购买力，在于把资源从循环流转过程中转移出来投入创新。但是，这种由创新掀起的风暴无疑是对初始的均衡状态的一次大搅乱，因此，经济必然向着新的均衡发展，结果，就导致了经济的下降阶段。他认为，下降阶段之所以出现，是因为创新掀起的风暴使企业家们为获得创新或模仿所需的生产资料而展开竞争，使生产资料的价格上升，成本提高；同时创新和模仿造成产品的产量大量增加，以致价格下降；于是创新企业的利润趋向于零，守旧企业则趋向消失，与此相伴随，对银行信用需求也开始紧缩。经济出现了下降阶段，直至达到新的均衡状态。

　　熊彼特认为，创新活动之所以只能造成波动而不是经济的持续繁荣，是因为创新活动的特征之一是它的不连续性，它是集中在一个时期，时断时续地出现的。因此一次创新造成的下降就不能被下一次创新造成的上升所抵消，于是经济生活就呈现出波动。

　　上述经济周期的单纯模式只包括上升和下降两个阶段。在这个单纯模式中，抽象掉了创新所诱发的各种从属现象，如创新者的投资活动所引起的各种连锁反应，以及随着繁荣的逐渐到来而造成的投机心理和投机活动。熊彼特认为这些从属现象将大大加强周期的振幅。他把这种诱发出来的各种从属现象的总和称为"从属波"。

　　为了把从属波引起的后果考虑到周期理论中，熊彼特建立了关于经济周期的四阶段模式，该模式把经济周期分为"繁荣"、"衰退"、"萧条"和"复苏"四阶段。熊彼特认为，由于从属波的作用，即由于创新所引起信贷扩张和对生产资料需求的扩张，促成了新工厂的建立，新设备的增多，也增加了社会的消费需求；整个社会出现大量投资机会，出现过度投资，出现大量投机活动；因此，创新活动所引起的上升将越过新均衡，以致形成虚胀或过度繁荣。熊彼特认为，从属波造成的许多投资机会发生于与创新活动无关的部门，这时的信贷扩张也与创新无关。仅仅是为一般企业和投机活动提供资金，这意味着从属波看来声势颇大，但并无或很少有自身的推动力，它的动力源于创新活动。而一旦创新活动促使高涨的推动力消逝，从属波便往往戛然而止。这就使经济的下降过程越过单纯因创新停止而造成的衰退阶段，进入萧条。在萧条阶段，不仅投机活动消失，许多正常的活动也受破坏。在萧条阶段，从属波的影响逐渐消失，于是便进入复苏阶段。复苏阶段将使经济由低于均衡的水平趋向均衡。如果要使经济由"复苏"走向"繁荣"，那就需要新的创新活动，以便使经济越出复苏阶段所达到或将要达到的均衡水平，趋向新的高涨。他强调指出，虽然复苏和繁荣两个阶段，经济都趋于上升，但造成上升的动力在两个阶段是不同的。正是这种不同使上升运动有可能构成两个性质不同的阶段。

　　以上便是熊彼特对资本主义经济周期的四阶段的解释。从中可以看出，主要是由于从属波的存在，才使周期由单纯因创新造成的两阶段变为四阶段。图 8.2 直观地展示两阶段模式与四阶段模式的区别，两图的横轴都表示时间，纵轴都表示总产量水平，具有正斜率的直线都代表均衡水平随时间推移的轨迹。

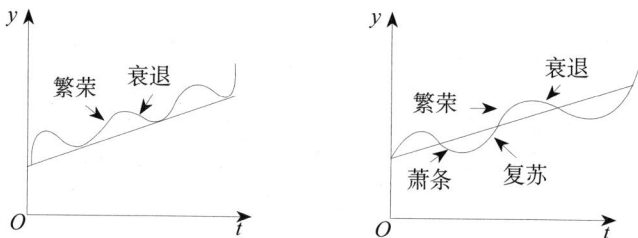

图8.2

　　图 8.2 左图中的波形线表明了两阶段周期，其特点是完全居于直线之上，表明繁荣是因创新活动使经济跃出原有的均衡，而衰退则意味着回到新的均衡位置。图 8.2 右图中的波形线表明了四阶段周期。其特点是繁荣和衰退两阶段位于直线之上。而萧条和复苏两阶段则位于直线以下，表明从属波的作用使经济在下降阶段出现过度行为，以致越过新的均衡

位置，从而需要一个复苏阶段来恢复均衡。

熊彼特指出，不同的创新活动，所需要的时间可能是不同的，对经济的影响范围和程度也不同。它们有的带来较短的波动，有的则导致较长的潜在高涨。因此，如果认为只存在一种周期，并以为它会以非常显著的规则表现出来，那是不现实的。同时，创新的进行也不是连续平稳的，而是有时密集，有时稀疏，一次成功的创新活动会在一定时间里引起一个创新"群集"，即引起一连串的创新活动，如汽车工业的出现。而由于创新群集的大小不同，所引起的波动也有所不同。因此，资本主义经济所实际表现出来的波动实在是若干个时间跨度各不相同的波动相互叠加的结果。

于是，为了有效地说明现实的周期运动，熊彼特提出把三个周期图式提出来作为一个很有效的解决问题的假设。这句话表明他并不肯定就只有三种周期，也没有排除存在其他周期的可能性，事实上他也提到了其他周期。三种波动的图式，实际上只是熊彼特为了分析现实的波动现象而选择的一种理论假设。他认为这种假设有助于人们分析复杂的波动现象。作为一种假设，三种波动图式比四阶段模式更接近现实。因为四阶段模式虽然刻画了每个现实波动所经历的路程，但并不能说明现实生活中各个波动何以在时间跨度、波动幅度等方面会有千差万别。而三种波动的图式则能够较好地回答这一问题，起码是朝着回答这一问题的方向迈出了有意义的一步。

在熊彼特所提到的三种波动中，第一种是长达50多年的经济长波。因它由苏联经济学家康德拉捷夫于1926年首先提出，又称为"康德拉捷夫波动"。他沿袭康德拉捷夫的观点，认为资本主义的第一个长波大约是从1783年到1842年，即第一次产业革命。第二个长波大约从1842年到1897年，即蒸汽机和钢铁时代，或者可以称之为世界铁路化时代。第三个长波大约从1897年到20世纪20年代末，被称作电气、化学和汽车的时代。

第二种波动是平均9年到10年的中周期，又称为中波。因它由法国经济学家尤格拉于1860年首先提出，故又被叫作"尤格拉波动"。

第三种波动是平均 40 个月（3 到 4 年）的短波。因它由美国经济学家基钦于 1923 年首次提出，又名为"基钦波动"。

除了上述三种波动之外，熊彼特还提到其他形式的波动。如库兹涅茨波动及存货波动等。

熊彼特认为，一个康德拉捷夫波动大约包括 6 个尤格拉中波和 18 个基钦短波；一个中波中包含约三个短波。长波是对中波起制约作用的因素，并影响着中波借以发生的背景。中波的繁荣和萧条的程度，受到长波的特定阶段的影响。中波与短波之间也有类似的关系。上述三种波动并存且相互交织的情况，在熊彼特看来，正好证明了他的创新理论的正确性。三种波动中的任何一种都与一定的创新活动相联系。尤其是长波，与重大创新群集有相当密切的关系。至于中波，他根据另一位经济学家罗伯逊的研究成果，认为把它们与一些特殊工业和特殊创新相联系也是可能的。只是对于短波，虽然从理论上讲也是创新活动的结果，但要把某个特定的短波与某项特定的创新活动联系起来，似乎是不太容易的。

在用创新活动说明资本主义经济波动的同时，熊彼特对于各种倾向于用货币因素，用信贷的扩张收缩来说明波动的理论，表示了不同的意见。首先，他把银行和货币管理看作是导致经济变化的外部因素，并认为单纯用外部因素来解释波动是不够的。第二，他认为单纯用投资和信贷的变动来解释波动，将导致错误的政策主张。如果我们停在对投资过程的分析，并假设投资本身有自己的机制之上，我们不仅不能抓住事情的本质，而且还会发现在做结论上难于避免做出如下极端的推理，即由于投资的增长和信贷扩张与繁荣阶段的联系，因此我们可以通过扩大信贷来造成繁荣。第三，他并不否认投资和信贷这些与货币密切相关的因素在波动中起着一定的作用，但倾向于把它们与他所谓的"从属波"联系在一起。他希望最终能够建立起一种以创新活动为中心，兼顾货币因素影响的说明资本主义波动的理论模式。他认为波动理论的目标是确立创新图式的有效性和说明创新是如何与货币的补充作用一起导致在资本主义社会经济生活内部产生一种特殊形式的波，而且这种波是与人类活动其他领域的类似现象并行发生。

综上所述，熊彼特的经济波动理论的最大特色是强调创新活动所起的作用。这样，经济波动就不像他以前以及他同时代的另外一些经济学家所认为的那样，是资本主义罪恶的表现，或自发势力造成的不必要的痉挛；而是经济进步在资本主义条件下的必然表现形式。同时值得指出的是，他并没有否认其他所谓的外部因素，包括货币政策等人为因素对波动的影响作用（虽然他对创新活动的大肆渲染往往给人以这种印象）。实际上他指出了造成资本主义经济波动的两个振源，内生振源——创新活动，外生振源——各种外部因素。其中一部分外部因素，主要是与信贷、投机等相联系的投资活动，以从属波的形式影响着经济波动。他用细腻的笔触刻画了一幅内生振源作用机制的工笔画，同时对外生振源的作用机制也留下了一幅粗略的画面和不少伏笔。他并没有对波动现象提出什么政策建议，但从他的分析中，我们可以冒昧地推断出，他可能承认人为的政策干预会有助于缓解或消除来自外生源的影响，但除非禁止创新活动，来自内生源的振动将不能被任何人为政策加以消除。第二次世界大战以来的宏观经济政策熨平而非消除西方经济波动的史实，是否能够成为上述推论的证据，是有待于进一步分析的。

哈伯勒

哈伯勒（Gottfried Haberler，1900—1995）的经济周期理论主要表述于 1937 年出版的《繁荣与萧条》一书中。他强调：（1）像经济周期这样一种复杂现象，是不能用任何一种个别因素来说明的；（2）各派观点的差异与其说是他们各自列举的原因有所不同，不如说是他们各自强调的重点有不同；（3）在造成周期的因素分类上，重点应当区分可控因素与不可控因素，而不必区分内生因素与外生因素、经济因素与非经济因素；（4）经济体系自身便存在着固有的不稳定性，外生因素作为内生程序的发动者或干扰者，起着加速、推迟、阻碍或扭转周期运动的作用。

哈伯勒主要分析了封闭经济条件下的经济周期，只在最后才涉及经济周期的国际方面。他把经济周期区分为扩张和收缩两个阶段以及危机和复苏两个转折点。他首先分析了扩张和收缩这两个过程，然后再分析扩张过程何以终结——出现危机，以及收缩过程何以终结——出现复苏。

关于扩张过程，哈伯勒主要回答了两个问题：（1）为什么扩张过程具有累积性；（2）为什么资本品和耐用消费品比非耐用消费品在扩张过程中有更快的增长。对第一个问题，他分别从实际面和货币面进行了分析。

在实际方面，哈伯勒认为，扩张过程通常始于各种资源处于未充分就业的状态下，故一旦开始扩张之后的一段时期中，各种资源的价格将不会上升或很少上升，而产出价格将不再下降，同时各企业的固定成本将分摊到越来越大的产量上，这就造成厂商的利润的上升，造成乐观预期，这种预期导致进一步的扩张。另外，因资源未充分就业，故资本品生产与消费品生产之间是相互促进，消费品生产的扩张推动资本品生产更大的扩张，资本品生产扩张引起的各要素所有者收入的提高又反过来推动消费品生产的进一步扩张。扩张过程持续到大多数资源充分就业之后，扩张将可能因生产方法的改进，资本存量的增加而继续下去，但扩张的落点将逐渐由产量提高转移为价格提高，且资本品生产与消费品生产之间的相互促进将转变为相互牵制，相互争夺资源。这就预示了扩张的终点即将到来。

在货币方面，哈伯勒认为，扩张过程意味着总需求的不断增长，他重点强调了弹性货币供给对扩张过程的重要性，分析了可投资金市场在扩张过程中的变化，由于总需求不断增长，导致可投资金需求曲线不断右移。而可投资金供给曲线也将发生相同的右移，这是因为可投资金供给来源于总储蓄（折旧加净储蓄）以及纸币和银行信用的增加、贮藏资金的外流（反贮藏）。资金需求曲线右移引起的利率上升虽然不一定导致储蓄的增加，但扩张过程导致的乐观预期肯定会刺激公众和银行的反贮藏行为，这就导致资金供给曲线的不断右移。

关于扩张过程中资本品和耐用消费品比非耐用消费品有更快增长的原因，哈伯勒是用加速原理来加以解释的，但他不同意固定系数的加速原理，认为在扩张初期存在闲置设备多余存货时，加速系数应当等于零，当扩张使设备都投入使用、非意愿存货消除之后，加速系统的大小还要考虑利率的影响，不同的利率会导致生产的不同迂回程度，从而导致不同的加速系数。最后，当扩张使大多数资源充分就业后，加速原理将受到阻碍。同时，他还指出，弹性货币供给是加速原理发挥正常作用所必不可少的条件。

关于收缩过程，哈伯勒同样回答了两个问题：为什么收缩过程具有累积性；为什么资本品和耐用消费品比非耐用消费品有更猛烈的缩减。

关于第一个问题，从实际面来说，收缩过程中资本品生产和消费品生产之间会出现相互制约的关系，消费品生产下降导致资本品生产下降，后者引起公众收入下降，又引起消费品生产的进一步下降。另外，由于收缩造成的产品价格下跌，会导致企业利润下降，又进一步引起悲观预期，又引起企业削减产量，而这种削减将因为固定成本的存在而进一步提高平均产品成本，进一步降低利润，如此累积下去。从货币面来说，收缩意味着总需求不断萎缩，可投资金需求曲线因悲观预期而不断左移，可投资金供给曲线也因公众、企业、商业银行出于各自的各种动机而追求资产的灵活性而不断左移。至于资本品和耐用消费品的更剧烈的下跌，他同样用加速原理来说明。

在分析了扩张和收缩这两个阶段之后，哈伯勒才进一步分析为何在扩张过程和收缩过程的终点会出现危机与复苏这两个转折点。他首先指出导致转折的有两种因素：一种是偶发的，不是扩张和收缩过程本身招致的；另一种是扩张和收缩过程本身招致的。

关于危机，哈伯勒认为，扩张过程以弹性的要素供给和货币供给为必要条件，而扩张越到后期，货币供给和要素供给便越是缺乏弹性，这就使整个经济体系对各种导致收缩的冲击越来越敏感，而一旦发生这种冲击，收缩也就越来越加剧。所以扩张到后期是极易发生危机的，而且具体导致危机的有三种因素：一是扩张到后期，很可能会有某些局部行业由于需求相对饱和而出现衰退。这种局部行业的衰退若是引起其相关行业的连锁反应，或引起银行贷款回收的阻碍，就可能触发全面衰退。第二个因素是扩张后期往往出现国际贸易的逆差，导致硬通货的外流，使银行系统准备金下降，迫使其收缩信用，这就触发了危机。第三个因素是扩张后期往往使生产迂回程度过长，资本品生产和消费品生产之间比例失调，所以一旦银行紧缩银根之后，就无法使总需求维持原来的状况，必须通过一场收缩来矫正被扩张过程扭曲的生产结构。

关于复苏，哈伯勒认为，收缩越到后期，货币供给和要素供给的弹性便越是恢复，要素供给弹性的恢复是由于收缩使大量生产要素处于闲置状态。货币供给弹性的恢复是由于公众和银行对其资金灵活性的要求由于收缩过程中的贮藏行为及价格下跌造成的实际财富的增加而得到了满足，从而愿意采取反贮藏行为。所以收缩后期只要有导致扩张的因素出现，便会出现复苏。而导致扩张的因素有的是由于收缩过程本身招致的，如货币工资乃至实际工资的下跌所引起的成本下降，货币贮藏的累积所引起的反贮藏倾向，因价格下跌实际财富增加所引起的消费支出的回升，被推迟的重置投资，新涌出的投资机会，以及收缩后期价格跌势的趋缓，厂商信心的恢复。另一方面，政府扩大公共开支，提高关税（以别人不报复为前提）等行为，也会导致复苏。

哈伯勒的经济周期理论在西方经济周期理论史上处于一个转折点的地位。30 年代以前，西方的经济周期理论大多以文字形式表述，30 年代以后，则主要通过数理模型和计量模型来研究周期。他的周期理论正是那些到 30 年代为止以文字形式表述的周期理论的一个系统综合，所以可以把它看作是西方经济周期理论一个时代结束的标志。

凯恩斯

（一）充分就业概念的含义。在 30 年代大萧条所导致的大量失业的背景下，凯恩斯认为充分就业是值得追求、应当追求的经济目标。在他看来，充分就业这个概念可以从两个不同的角度下两个等价的定义：(1) 当社会的有效需求进一步增加不再导致追加的就业量时的就业水平；(2) 各生产要素的边际产出等于这些生产要素为维持一定产量所要求的最低真实报酬（等于边际负效用）时的就业水平。在图 8.3 中充分就业水平就是由劳动的需求曲线 D_n 与供给曲线 S_n 的交点所对应的就业水平 N_f。

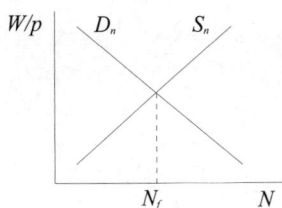

图8.3

凯恩斯认为，充分就业并不意味着所有有劳动能力的人都有工作，充分就业状态并不排除自愿失业和摩擦失业。所谓自愿失业是指劳动者不愿接受现行的真实工资率而造成的失业，是由劳动者自己造成的。所谓摩擦失业是指因季节性生产、机器故障、原料不足、工作转换等生产过程中的局部的暂时的失调所造成的失业。

大萧条的现实使凯恩斯认识到，在现实的资本主义社会中，除了自愿失业和摩擦失业之外，还经常存在着第三种失业即非自愿失业，它是指失业者愿意接受等于或低于现行真实工资率的工资，但仍然找不到工作。非自愿失业的存在表现为当消费品价格相对于货币工资率上升（即真实工资率下降）时，劳动的总供给和总需求都将上升。而在不存在非自愿失业时，真实工资率的下降是不会引起劳动供给的增加的。

凯恩斯认为，当社会存在非自愿失业时，就不存在充分就业，因为存在非自愿失业就意味着劳动的边际真实报酬（等于边际生产力）高于边际负效用。非自愿失业的存在意味着就业水平不是像传统理论所认为的那样是由劳动市场的供求力量所决定的，这就需要建立新的理论来说明就业水平的决定机制。

（二）有效需求概念的含义。有效需求概念，是凯恩斯就业和收入决定理论的逻辑起点。这一概念要借助总供给函数和总需求函数两个概念来加以说明。

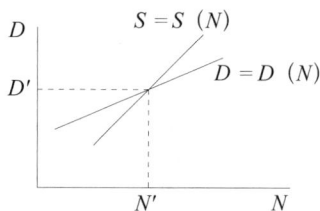

图8.4

凯恩斯认为，在社会全体雇主的心目中，一特定的就业量总应有一最低的预期收益（包括正常成本和正常利润）。若实际收益低于此，则雇主们将使实际就业量低于该特定就业量。这一最低预期收益，可称之为特定就业量所产出的总供给价格，不同的就业量具有不同的总供给价格，两者之间的对应关系就构成了总供给函数，形如图8.4中的 $S = S(N)$，其特征是随着就业 N 的增加，总供给价格也不断上升。

凯恩斯认为，在社会全体雇主的心目中，一特定的就业量还会有一个最高的预期收益，这一预期收益等于该特定就业量所可能生产的最大产出的价格总和，可称之为总需求价格。不同的就业量具有不同的总需求价格，两者之间的对应关系构成了总需求函数，形如图8.4中的 $D = D(N)$。其特征也是随着就业 N 的增加，总需求价格不断上升。他认为，一特定的就业量的总需求价格的高低，取决于该就业量之下的消费需求和投资需求。

凯恩斯认为，有效需求就是总需求价格与总供给价格相等时的社会总需求，在图8.4中，就是总需求函数与总供给函数相交时所决定的总需求 D'。由此可知，有效需求首先是指有支付能力的需求，但不仅如此，它还必须是能保证全体雇主获得最大利润的有支付能力的需求。在图8.4中，两条函数相交之前的总需求函数上的各点都可算作有支付力的需求，但只有在交点上的总需求 D'，才能为雇主们提供最大利润。

凯恩斯认为，社会的实际就业量是由有效需求所决定，在图8.4中，就是 N'，比 N' 更高的就业量，将导致比总需求价格更高的总供给价格，因此是不会为雇主们所采纳的。而低于 N' 的就业量，虽然使总需求价格高于总供给价格，但增加就业还会使雇主们增加利润，所以雇主们不会满足于比 N' 低的就业量。

凯恩斯认为，有效需求不仅决定了就业水平，还决定了收入水平，因为有效需求，从雇主的角度来看，就等于当就业量为 N' 时，他们所可取得的总收益（包括利润和各种要素的收入即雇主的要素成本）。

因此，要说明资本主义社会中收入和就业水平的决定，在凯恩斯看来，就要研究决定有效需求大小的诸因素。

（三）有效需求的决定——收入和就业理论概要。凯恩斯的收入和就业理论是在下述一系列因素既定条件下，探索收入和就业的决定因素。这些既定的因素为：现有劳动力的数量和技能，现有资本设备的数量和质量，现有生产技术、竞争程度、消费者偏好、各种劳动的边际负效用，以及社会结构等等在短时期中不会发生变动的因素。由此可知，他采用的是短期分析，主要分析在短期中收入和就业的决定。下面用图 8.5 直观地再现上面说过的论点：

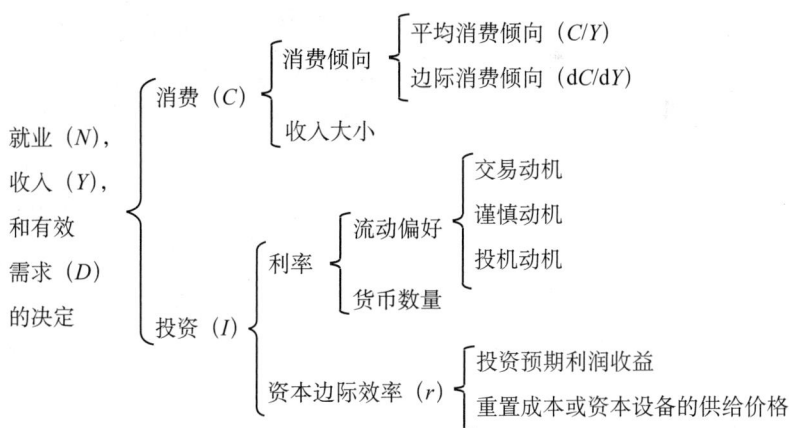

图8.5

平均消费倾向（C/Y）
边际消费倾向（$\mathrm{d}C/\mathrm{d}Y$）

就业（N），收入（Y），和有效需求（D）的决定

消费（C）
　消费倾向
　收入大小

交易动机
谨慎动机
投机动机

投资（I）
　利率
　　流动偏好
　　货币数量
　资本边际效率（r）

投资预期利润收益
重置成本或资本设备的供给价格

图8.5

由于上述因素被假定为不变，故总供给函数也就是既定的了，如果把总供给函数绘成曲线的话，就是说曲线的位置和斜率是既定的。总供

给函数作为一个既定的因素参与收入和就业水平的决定。

在总供给函数既定之后，收入和就业水平的高低便取决于总需求函数。总需求越高，则收入和就业水平也越高。由图1—2可知，在总供给函数 $S = S(N)$ 一定时，总需求函数 $D = D(N)$ 位置越高，则两条曲线的交点位置也越高，所对应的有效需求 D' 和均衡的就业量（N'）就越高。

而总需求由两部分构成：总消费和总投资。因此研究总需求大小的决定因素，便是研究决定总消费和总投资的因素。

总消费的大小决定于收入的大小和消费倾向。消费倾向分为平均消费倾向（即消费与收入之比）和边际消费倾向（即消费增量与收入增量之比）。在消费倾向一定时，总消费随收入的增减而增减。在收入水平一定时，总消费随消费倾向的高低而高低。

总投资的大小定于两个因素：资本边际效率和利率。资本边际效率可用下列公式来定义：

$$K = R_1 / (1 + r) + R_2 / (1 + r)^2 + R_3 / (1 + r)^3 + \cdots + R_n / (1 + r)^n \quad 1$$

式中 K 为资本设备的重置成本或供给价格。R_i 为该资本设备在第 i 年所带来的预期利润收益，r 就是资本边际效率。当资本边际效率大于利率时，投资便是有利可图的。由1式可知，资本边际效率与资本重置成本反方向变动，与预期利润收益同方向变动。总投资在利率一定时，随资本边际效率的提高而提高，而在资本边际效率一定时，随利率的降低而提高。

利率的高低则取决于流动偏好（即人们对货币的需求）和由中央银行决定的货币供给量。当流动偏好一定时，利率与货币供给量成反向变动。当货币供给量一定时，利率与流动偏好成同向变动。

流动偏好则取决于人们需求货币的三种动机：交易动机（即由于货币收进与支出在时间上的不一致所引起的，人们为了进行日常交易而保留货币），谨慎动机（即为了应付各种意外之事而保留货币）和投机动机（即为了不失去有利的投资机会而保留货币）。

根据上述分析，凯恩斯认为决定收入和就业水平的自变量主要有三个基本心理倾向，即消费倾向、预期的资本边际效率和流动偏好，以及由中央银行所决定的货币数量。他认为，由这些自变量所决定的收入和就业水平往往低于充分就业时的水平，整个宏观经济出现非充分就业的均衡状态，出现大量的持续的非自愿失业。为了说明何以如此，就要对三个基本心理倾向及货币数量的影响展开进一步的分析。

（四）消费函数与边际消费倾向递减规律。凯恩斯在《通论》中相当详尽地分析了影响消费的各种因素。这些因素是：收入数量，收入与净收入之间的差额（折旧）变化，收入的分配，个人对未来收入的预期，资产价值的实际损失，利率短期变动引起的资产价值变动，长期利率对消费习惯的影响，社会成员的消费习惯，政府公债政策的变化，消费品存货的积累，个人和社团公司进行储蓄的各种动机。在对上述各种因素进行了仔细分析之后，他认为总收入是决定消费的基本变量，且两者之间存在着相当稳定的函数关系，$C = C(Y)$。建立以收入为主要自变量的消费函数，被西方经济学家看作是凯恩斯的一大贡献。

凯恩斯在建立了消费函数之后，进一步对该函数的性质进行了探讨。他认为，由于基本的心理法则，随着收入的增加，整个社会的消费也将增加，但是，它是以递减的幅度增加，结果消费在收入中的比重随收入的增加而不断减少，这就是边际消费倾向递减规律。这一规律用数理形式来表述，就是：

$$0 < dc/dy < 1, \ d^2c/dy^2 < 0$$

即消费函数的一阶导数大于 0 小于 1，二阶导数小于 0。

由于边际消费倾向递减规律的存在，储蓄在收入中的比重随收入的增加而不断增加。如果投资能够自动地与储蓄相等，则收入和就业水平将不断趋于上升，直到充分就业为止。但由于资本边际效率和利率方面的原因，投资并没有自动地与各种收入和就业水平上的储蓄相平衡的功能，结果收入和就业水平便只能趋向某一非充分就业的水平，在该水平上，投资与储蓄相平衡。

（五）资本边际效率与预期。凯恩斯认为，在决定投资需求的两因素中，资本边际效率是比利率更重要的因素。决定资本边际效率的主要是两个因素：资本设备的供给价格和资本设备的预期收益。

供给价格并不一定等于现时的市场价格，它是保证该资本品能重新生产出来的最低价格，所以供给价格又可称为重置成本。

资本设备的预期收益，只能依靠推测，这种推测一是要依据现有的事实，主要是目前各类资本以及一般资本的数量和还有哪些消费品工业需要增加资本设备。推测的另一个根据就是对未来所做的长期预期，主要是对未来资本的类型及数量、消费者的偏好、有效需求的强度等因素的预期。长期预期还不仅是对上述各种因素的预期，而且还包括这些预期的信任程度。他强调，对这些预期的信任程度是决定资本边际效率的重要因素之一。而这种信任程度首先取决于一条成规，即除非预料到今后将有变化，否则便假定现在的状态将无限延续。除了这条成规以外，信任程度还受到各种不稳定的投机因素的影响以及投资者的心理情绪波动的影响。

凯恩斯认为，长期预期是决定收入和就业水平的重要因素。以往的预期通过转化为耐久的资本品而参与决定了今日的收入和就业水平，今日的预期又以同样方式影响来日的收入和就业水平，特定时间的收入和就业水平实际上是以往许多预期与该时间的预期一同决定的。在《通论》中，凯恩斯实际上分析了资本边际效率的两种变动，一种是由于资本数量的变化所引起的变动，另一种是在资本数量一定时的变动（可称之为资本边际效率表的移动）。

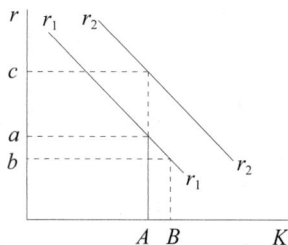

图 8.6

在图 8.6 中，第一种变动表现为当资本量由 A 增加到 B 时，资本边

际效率沿曲线 r_1r_1 由 a 减至 b。第二种变动表现为当资本量既定为 A 时，资本边际效率因曲线由 r_1r_1 上移至 r_2r_2 而由 a 升至 c。第一种情况是指一定时间中随着资本数量的增加，在短期中资本的供给价格会上升，在长期中资本的产出物的价格预期会下降，于是预期收益下降，从而资本边际效率趋于下降。这种资本边际效率随资本数量增加而减少的现象可称作资本边际效率递减规律。第二种变动则主要由长期预期（包括信任程度）的变化引起，它是导致经济波动的重要源泉，下面将进一步分析。

由于资本边际效率递减规律的存在，使得投资很难随储蓄的增加而一直增加下去，除非利率在资本边际效率下降的同时也同样下降。资本边际效率递减规律，是继边际消费倾向递减规律之后，造成有效需求不足的第二个原因。

并且凯恩斯还提到，今日投资不足，将无法提高今日的收入水平；今日投资充足，将增加来日的困难。因为投资增加虽然提高了今日的收入水平，但来日的供给能力也因今日投资的增加而增加。在边际消费倾向递减规律的作用下，这意味着来日充分就业条件下的储蓄将在绝对量和比重上更大，从而必须有更大的投资需求。但投资需求的增大却受到资本边际效率递减规律的限制。

（六）货币利率的决定、流动偏好与货币数量。按照凯恩斯的看法，在一定时间内，当资本的边际效率表一定时，企业主们将把投资扩张到边际效率等于利率的程度。如图 8.7 所示。

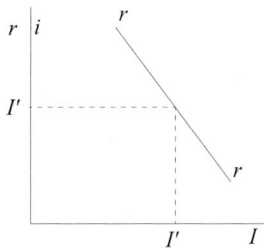

图8.7

资本边际效率表现在是投资需求曲线 rr。当利率为 i' 时，投资为 I'，其边际效率等于利率 i'。因此当利率下降时，既定的资本边际效率表将导致更大的投资需求。可见，利率是决定投资需求的又一因素。

凯恩斯认为，利息是放弃流动性偏好的报酬。所谓流动偏好就是人们对具有流动性的资产形式的偏好。"流动性"指某种资产转换为其他资产形式的难易程度，难者为流动性小，易者为流动性大。显然货币具有最大的流动性，所以流动偏好就是以货币形式保存资产的偏好，放弃流动偏好就是以非货币形式保存资产，而这将为资产所有者带来许多不便，尤其是不能尽快地、及时地按资产所有者的意愿转换资产形式。因此放弃流动偏好就必须要有利息作为报酬。把利息看作是放弃流动偏好的报酬，意味着他把利息看作是一种货币现象。

凯恩斯把利率的功能看作是一种使货币供求相等的"价格"，认为利率的决定取决于流动偏好（对货币的需求）和货币数量（货币的供给）。

凯恩斯认为流动偏好取决于三种心理动机：交易动机、谨慎动机和投机动机。前两种动机所引起的货币需求与收入水平和货币流通速度有关，与利率的关系不直接。利率的变动是通过影响收入才影响这两种动机支配的货币需求的。货币流通速度取决于银行及工商业的组织结构、社会支付习惯、收入分配格局以及持有货币的机会成本，这些因素在短期中是变化不大的，从而流通速度在短期中也是稳定的。因此在短期中决定前两种动机所支配的货币需求的主要是收入水平。收入水平越高，则交易所需货币量也越大，故货币需求也越大。

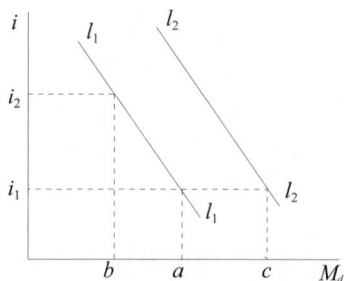

图8.8

投机动机所引起的货币需求取决于实际市场利率与投机者的预期利率。市场利率的提高意味着证券价格的下降，从而持有现金的机会成本增加，因此较高的市场利率通常总是对应较低的货币需求。如图 8.8 中，当市场利率由 i_1 升至 i_2 时，货币需求（M_d）由 a 降至 b。对应不同的市场利率，有不同的货币需求，由此构成一流动偏好表，反映在图 8.8 中就是曲线 l_1l_1 和 l_2l_2。投机者利率预期的变化，将引起流动偏好曲线的移动，当预期利率将上升（即证券价格将下降）时，投机者们将倾向于做空头，抛出证券持有货币，以便日后市场利率果然上升时再做多头，低价购进证券，从一出一进中获取纯收益。如图 8.8 所示，当市场利率为 i_1 时，若人们普遍预期利率将上升，则货币需求将由 a 增至 c，由此可知，市场利率的变化使人们的货币需求沿曲线 l_1l_1 变化，而预期的改变则使人们的货币需求因曲线移动而变化。

凯恩斯强调指出，由投机动机所引起的货币需求，归根结底起因于人们对未来利率水平的不确定。如果没有这种不确定性，人们将普遍以不同期限的债券来代替货币以保持资产。根据货币需求对收入和利率的上述依存关系，凯恩斯认为流动偏好是一个表明了货币需求对收入和利率的依存关系的函数，这个函数又可称之为货币需求函数：

$$M_d = M_{d1} + M_{d2} = L_1(y) + L_2(i) = y/V + L_2(i)$$

式中：V 为货币流通速度，L_1 为对货币的交易需求，L_2 为对货币的投机需求。

凯恩斯认为，在货币供给量一定时，若收入提高了，对货币的交易需求将增加。这时利率将提高，因为只有提高利率，才能使投机所需要的货币适应于交易需求的增加而相应减少，使货币的需求和既定的供给依然保持平衡。由此可知，在货币供应量一定时，利率将随收入的提高而提高，这就阻碍了投资需求的增加。

由于随着收入的增加，边际消费倾向递减，资本边际效率下降，流动偏好增加，利率提高，这就使消费需求和投资需求都不可能随收入的增加而自动增加，这就造成有效需求不足，造成非充分就业的均衡的收入和就业水平。

那么货币供给量的增加是否会降低利率从而刺激投资增加有效需求呢？凯恩斯认为，一般情况下增加货币供给量确有降低利率的作用，因为只有利率降低了，才会使收入增加，引起货币的交易需求增加；才会使货币的投机需求增加。结果货币需求的总增加量与货币供给的总增加量相等，货币供求达到新的平衡。但在某些条件下，货币供给量的增加并不能起到降低利率及增加国民收入和就业水平的作用，当利率低到某种超过常规的程度，以至人们普遍预期利率将上升（证券价格下降）时，流动偏好会变得无穷大，形成所谓的流动陷阱，无论如何增加货币供给量，都无法使利率再进一步降低。另一种可能是，即使货币供给量增加使利率下降了，若资本边际效率下降得更快，则货币供给量增加依然不能增加有效需求。第三种可能是货币供给量增加通过降低利率而增加了投资，但若消费倾向下降了，则总有效需求还是不能增加。根据上述这些可能发生的情况，凯恩斯认为单凭中央银行的货币政策不一定能增加有效需求，消除非自愿失业的现象。

在对利率的决定及利率对投资的影响作了上述分析之后，凯恩斯在《通论》第17章中进一步探讨了利息与货币的特性，回答了三个问题：是否只有货币才有利率？货币与其他资产的区别何在？在非货币经济中情形如何？

凯恩斯认为，并非只有货币才有利率，任何一种耐久商品，如铜、房屋、麦子以至钢铁厂，都有利率。它们的利率等于期货价格与现货价格之差除以现货价格。他进一步认为，各种耐久商品都可用来作为标准，衡量资本品的边际效率。两种不同的标准所计算的资本品的边际效率，会因为作为标准的两种商品之间的相对价值变动而变动。但这种变动并不会改变不同资本品的边际效率的大小顺序。

凯恩斯认为，货币与其他资产的区别在于它供给的价格弹性低，替代的价格弹性小，保藏费用低，流动升值高，从而货币的资产边际效率下降得最慢。所谓供给的价格弹性低，是指若金融当局不增加货币供应，则货币价值提高时，雇主们并不能用其所雇劳动力来增加生产。所谓替代的价格弹性小，是指货币价值提高时，人们不能用其他物品来替代它；而其他资本品若价格提高了，人们迟早总会找到替代品。所谓保藏费用低，是指它在保藏过程中不大会有损耗，也不会像其他资本品那样需要大笔的仓储费用。所谓流动升值高，是指货币的流动性强，具有处置的便利和潜在的安全。由于上述特征，当各种资产数量增加时，其他许多资产本身的边际效率都不断下降，唯有货币的边际效率下降得最慢，结果当其他各种资产的边际效率下降到与货币的边际效率（利率）齐平时，各种资产的数量便不再增加，人们将主要选择货币作为资产储存，从而产量和就业就受到了货币利率的限制。

凯恩斯认为，在非货币的经济中，也依然会有某种边际效率下降最慢的物品，这种物品的利率便成为产量和就业扩大的障碍。因此，真正妨碍充分实现就业的并非货币，而是各种形式资产的边际效率的降低速度有快慢。

（七）乘数理论。凯恩斯认为，一笔投资增量会引起一笔收入的增量，收入增量与投资增量之间的比值，就是投资乘数。同样，一笔投资也会引起就业的增量，两者之间的比值就是就业乘数，在短期中，就业乘数等于投资乘数。

凯恩斯认为，投资乘数等于边际储蓄倾向的倒数，或 1 减去边际消费倾向的倒数，其简单的推导如下：

$$\Delta y = \Delta c + \Delta I$$
$$1 = \Delta c / \Delta y + \Delta I / \Delta y$$
$$\Delta y / \Delta I = 1 / \ (1 - \Delta c / \Delta y)$$

从经济机制上讲，一笔投资增量最终必定要引起一笔收入，其中的储蓄正好与投资相等，以便实现宏观均衡。这样一笔收入必定等于储蓄（与投资相等）除以边际储蓄倾向。因此这笔收入与它所引起的储蓄之比（也就是这笔收入与投资之比）必定等于边际储蓄倾向的倒数，而边际储蓄倾向又等于 1 减去边际消费倾向的差，于是乘数便如上述定义。

凯恩斯认为，投资增量要起到增加收入和就业的作用，是需要一些前提条件的，一是消费品生产行业各部门资本设备既定，且都有闲置；二是有非自愿失业的存在。如果这两个条件都不具备，经济已经达到充分就业，则投资的进一步增加不会按乘数增加收入（实际产量），只会引起物价水平的上涨。如果仅仅第一个条件不具备，投资的结果需要消费品生产部门增加资本设备，则初始投资对收入和就业的影响便不能完全用乘数来解释了。

凯恩斯还指出，虽然穷国比富国有更大的边际消费倾向从而有更高的乘数，但由于穷国的平均消费倾向也大大高于富国，从而投资增量大大低于富国，所以穷国利用乘数原理通过投资来增加收入的可能性并不比富国大。他还指出，在一个国家中，在商业循环的不同阶段上，边际消费倾向从而乘数也会有所不同。一般在失业严重时乘数值较大，而在接近充分就业时则较小。

（八）商业循环理论。凯恩斯认为，商业循环主要是由于投资率波动，而投资率的波动又主要由于资本边际效率的变动。当繁荣趋向顶点时，对于资本品工业的逐渐加强的巨大需求压力，导致资本设备的重置成本的提高。这是造成资本边际效率趋于下降的一个原因。更为重要的原因是由于趋向繁荣的过程中，资本品逐渐丰裕，从而边际生产率趋于下降；同时过多的资本品使得维持充分就业所需的新投资机会日益减少。在这样一种客观背景下面，雇主们的悲观预期油然而生，迅速蔓延，成为降低资本边际效率的主要因素。

资本边际效率一旦崩溃，人们的流动偏好随即增强，利率随之上升，于是在下降的资本边际效率和上升的利率的两面夹击下，投资锐减。同时，若资本边际效率下降得很厉害，则边际消费倾向也要受到不利影响，结果消费需求也由此而下降（而本来是需要它提高以抵消投资的下降的）。

投资需求和消费需求的下降导致萧条。凯恩斯认为从萧条到复苏主要依存于资本边际效率的复升。所以资本边际效率复升的快慢，便决定了复苏的快慢，而资本边际效率复原的快慢，主要依存于：（1）耐久资本品平均寿命的长短，平均寿命越长，设备更新越慢，则复苏愈不易于出现；（2）人口增加的情况，人口增加越慢，则复苏愈不易于出现；（3）存货情况，过剩存货越多，则复苏愈不易于出现，并且大量过剩存货的存在还将使政府举债支出的扩张效果被抵消；（4）折旧率的高低，折旧率越高，越是超出正常重置的需要，则储蓄越多、消费越少，越不利于复苏的早日到来。

凯恩斯认为，尽管可能存在着种种阻碍或延迟复苏到来的因素，但随着时间的推移，过剩存货终将告尽。设备又由于使用、折旧、损毁贬值而变得稀少起来，于是资本边际效率重又提高，投资开始增加，复苏逐渐出现，并趋向繁荣。

凯恩斯强调指出，从繁荣折向萧条，并非因为资本品真正已多到社会全体无法合理运用的程度，而是因为投资者处于不确定的环境中对未来的预期不能实现。

凯恩斯认为，为了避免商业循环，最好的办法是双管齐下，即一方面设法由社会来统制投资量，防止资本边际效率的突然崩溃；另一方面用各种政策（包括收入再分配）来增加消费倾向，同时提高投资和消费，以防止萧条的突然到来。如果在统制投资或消费倾向方面没有什么良策，则可以采取控制利率的政策，当经济趋向繁荣时使利率高至阻碍最过火的乐观主义者，防止出现繁荣过度以及随后到来的深度萧条，即用利率为手段来缓和经济波动的幅度。但总的说来，他更主张采用财政政策而非货币政策来熨平波动。

（九）物价理论。凯恩斯的物价理论不是研究相对价格如何决定，而是研究一般物价水平如何决定。他认为，以前把经济学分为价值论、分配论和货币论两大块是错误的。正确的区分应当是关于一厂或一业的理论与社会全体的产量论及就业论。从这一思想出发，他认为，在短期中，一般物价水平的决定和一个行业中的产品的价值决定一样，也是部分取决于边际成本中各生产要素的价格（主要是工资率），部分取决于生产规模（即就业水平）。而就业水平按凯恩斯的观点是取决于有效需求的，因此有效需求的高低也就是影响一般物价水平的部分因素了。

凯恩斯对以往的货币数量论提出了异议，但并不是抛弃之，而是指出它能够成立所需要的各种条件。他认为在设备与技术都不变的短期中，货币数量是通过影响工资单位和就业量这两条渠道来影响一般物价水平的。他提出，在短期中，只有具备了下述四个前提条件，货币数量论才可以有一个正确的表述。这四个条件是：（1）边际成本中各要素的报酬同比例变动；（2）同类的失业资源效率相同，不同类失业资源可替换；（3）各要素只要尚未全部就业，便不要求货币收益增加；（4）有效需求与货币数量同比例变化。当具备如此条件时，则货币数量的增加在非充分就业时，保持物价不变而产品供给有完全弹性；在充分就业后，产品的供给弹性为 0，物价与货币同比例增加。

凯恩斯进一步指出，上述四个前提条件在现实生活中是不具备的，因此传统的货币数量论认为物价与货币数量之间存在简单的比例关系的想法是过于简单了。他给出了反映物价与货币数量之间关系的弹性公式：

$$e = e_d \ (1 - e_e \cdot e_o{'} + e_e \cdot e_o{'} \cdot e_w)$$

$e = dP/dM \cdot M/P$，即物价的货币弹性；$e_d = dD/dM \cdot M/D$，即需求的货币弹性；$e_e = dN/dD \cdot D/N$，即就业的需求弹性；$e_o{'} = dO/dN \cdot N/O$，即产量的就业弹性；$e_w = dW/dD \cdot D/W$，即工资的需求弹性，由该式可知，当上述四个条件具备时，若是非充分就业状态，则 e_e 和 $e_o{'}$ 分别等于 1，e_w 等于 0，e_d 等于 1，结果 $e = 0$，若是充分就业状态，则 e_d 等于 1，e_e 等于 0，结果 $e = 1$，即物价和货币数量同比例上升。若上述四个条件不具备，则在非充分就业状态中，e 的值不是那么简单地等于 0。

根据上述见解，凯恩斯给出了关于通货膨胀与半通货膨胀的定义，即当有效需求再增加（即货币数量再增加）时，已无增加产量之作用，仅使成本单位作同比例上升时，就是真正的通货膨胀；当未达充分就业时，有效需求上涨会引起一系列的"瓶颈"，在克服这些瓶颈的过程中，一方面产量增加，同时物价也由于成本上升而增加。产量和物价都上涨，便是半通货膨胀的特征，半通货膨胀的又一特征是产量增加时工资单位和物价都上涨，但前者不及后者上涨之比例，原因在于工资单位的上涨往往是非连续性的，也在于边际报酬递减规律的存在。

凯恩斯认为，上述见解主要是关于短期的立论，而在长期中，物价稳定与否，须看工资单位（更精确说是成本单位）的上升速度与生产效率的增长速度之间的关系。一般说来，长期中的物价总是上涨的，因为货币丰裕时，工资单位会因此而上涨；货币稀少时，工资单位却不易下降，这时社会总会通过其他办法来增加货币量。

概括地讲，在凯恩斯看来，在短期中，物价定于工资单位和就业量的高低，货币数量变动是通过影响它们才对物价发生作用的。在未达充分就业时，货币数量变化既作用于物价也作用于产量；而在充分就业后，货币数量变动则完全影响物价。在长期中，物价的变动定于工资单位的增长率与生产效率的增长率之比，但总趋势是上涨，货币是通过影响工资单位增长率来影响物价的。

（十）关于国际贸易的看法。凯恩斯对重商主义的通过外贸顺差获取货币金银的主张，作出了与古典经济学不同的评价。他指出，贸易顺差意味着对外投资，因此具有扩大有效需求，从而增加就业和收入的作用，而贸易顺差所造成的货币金银的输入，又意味着国内货币增加，有助于降低利率，刺激国内投资。但如果利率下降所导致的总需求扩大引起了工资单位的上升，造成物价的上涨，将对外贸差额产生不良影响。另一方面，若国内利率下降至低于别国利率的水准，则将刺激对外贷款，发生货币金银外流的危险。

凯恩斯认为，虽然贸易顺差对于提高国内的就业和收入水平有上述好处，但各国应当尽量通过扩大国内需求来提高收入和就业水平，不应该过分依靠贸易顺差。因为一国的顺差便是别国的逆差，用顺差来消灭失业也就意味着将失业输出，并且各国追逐出口顺差的结果，势必引起贸易限制，结果大家都未必能实现预期目的，大家都遭受损失。

（十一）工资理论。凯恩斯概括了古典学派工资理论的两大论点：（1）真实工资等于劳动的边际产品；（2）真实工资的效用正好等于劳动的边际负效用。他接受了第一个论点，但依据存在非自愿失业的事实，否定了第二个论点。他认为，并不是劳动市场供求均衡时的真实工资水平决定就业量；相反，是有效需求所决定的就业水平在决定着真实工资。它等于该就业量的劳动边际产物，高于该就业量的边际负效用（非充分就业时）。

根据就业水平决定真实工资的见解，凯恩斯认为，劳资双方关于货币工资的争执，主要作用是决定如何将既定的真实工资总额分配于各劳工团体，即决定各劳动团体中个人的相对真实工资，而不在于决定平均真实工资。

凯恩斯认为，货币工资的变动，并不会直接影响到就业，它对就业的影响要视它对有效需求（消费和投资）的影响而定，而这种影响的结局是相当复杂、难以确定的。以货币工资减低为例：第一，物价会因此而下降，导致真实收入的重新分配，从工资阶级转移到其他要素所有者，从雇主阶级转移给利息阶级。这将减低整个社会的消费倾向。第二，物价因货币工资减低而下降后，有可能增加出口，增加就业，但贸易条件会趋于恶化。第三，货币工资减少，物价降低，会降低流动偏好表，从而减低利率，促进投资。第四，货币工资减少，物价降低，加重雇主的债务负担，不容易确立雇主对未来的信心，降低资本边际效率。第五，货币工资减少会产生各种预期，如进一步减少的预期和不再减少的预期，从而对资本边际效率产生不定的影响。第六，货币工资减少往往引起工人的反抗，从而不利于确立雇主的信心。综上所述，货币工资降低对有效需求从而对就业的影响是非常不确定的。这种不确定的影响，使凯恩斯强调在短期中不宜用伸缩性的工资政策来实现充分就业的目标，而应当用伸缩性的货币政策；或者说，应当使货币工资稳定，使物价上升，通过物价上升来降低真实工资，增加就业。

凯恩斯认为，在长期中，可以有两种政策：一是令货币工资稳定，让物价随技术与设备的进步慢慢下降；二是令物价稳定，让货币工资慢慢上涨。他赞成后一种政策，因为这种政策会造成未来工资会上涨的预期，这种预期有助于实现充分就业。同时，这后一种政策比第一种政策更有助于逐步减轻雇主的债务负担，有利于社会；有助于劳动力从衰退行业转向兴旺行业，有助于对劳动者造成一种心理上的鼓励。

（十二）对自由放任的私人企业制度的批判。凯恩斯认为，自由放任的私人企业制度最大的弊端有两条：一是不能实现充分就业，二是财富与收入的分配太不公平。同时，后一种弊端通过降低消费倾向而加重第一个弊端。虽然正视了自由放任资本主义的弊端，但凯恩斯并不主张消灭私有制。相反，他认为私有财产制度对于保持经济的效率和个人的自由是不可少的。他只是主张，必须抛弃自由放任的主张，实行国家干预，国家一方面干预收入分配，促进收入均等化提高消费倾向，另一方面对投资进行社会控制，以保证足够的投资需求。国家干预投资的结果是，短期内有助于实现充分就业，长期中使整个社会的资本存量逐渐增加。在资本存量渐增的同时，政府设法使利率也相应地下降。如此经过一个足够长的时间，资本的边际效率将降至 0，社会将不再有人获得财产收益，食利者阶级将逐渐消亡。但个人仍然可以自由地使用自己的体力和脑力，同时由于经济生活仍然存在着不确定性，企业家仍然有用武之地，资本主义的各种弊端将由于国家干预经济生活而逐渐消除，但资本主义的优点将持续保存。

在《通论》发表之前，西方经济学的主流是以马歇尔为代表的新古典经济学，在所研究的问题上，实际上是继承了李嘉图以来的（包括边际革命的）传统。这个传统的基本特征就是不重视，甚至不讨论国民收入总量的决定问题，把充分就业的收入水平当作不言而喻的前提，考虑既定资源的配置和国民收入的分配问题。可以说新古典学派的理论主要是一种在自由放任的市场机制下稀缺资源的配置理论，是一种微观经济学。当然新古典学派也并非完全忽视现实生活中时常出现的非自愿失业现象，例如马歇尔的嫡传、剑桥大学的庇古教授，就已经在 1914 年发表的《失业论》中，谈到了非自愿失业的存在。但他把它看作是市场机制受到破坏，货币工资缺乏向下弹性的结果。

新古典学派的资源配置理论，一方面以充分就业状态为分析前提，因为若就业是不充分的，就无所谓资源的稀缺性，配置问题也就不再存在，不再有分析研究之必要；另一方面，充分就业状态的收入水平，充分就业状态下的宏观经济均衡（总供给等于总需求）又是资源配置理论所蕴含的结论。因为按这一理论，劳动市场的供求力量自发作用的结局是实现充分就业、带来充分就业的产量水平（或供给水平）；而按照供给决定需求的萨伊法则，充分就业的产量水平会自动形成相应的需求。同时，按照新古典学派的资源配置理论，资本市场中的利率会自动调节，使充分就业时的投资等于储蓄，实现充分就业的均衡。

　　在研究方法上，新古典经济学把经济现象区分为实物的和货币的两个方面，把货币仅仅看作是价值尺度和交易媒介，忽视其作为价值储存的职能，因此货币的存在并不妨碍萨伊法则的成立，从而并不影响国民收入的决定，它仅仅是影响一般物价水平的因素。

　　凯恩斯的《通论》不是新古典经济学的自然延伸，不是在承认新古典理论的所有基本前提下对新情况作出新的结论，而是根本改变某些前提，革新旧的推论方法，考虑过去不予考虑的因素，提出新的研究课题。因此它不是理论发展过程中渐变意义上的递进，而是突变，是西方经济学的主流在发展过程的"中断"。西方经济学家把《通论》的出版称作是经济学发展过程中的革命，并认为这场革命包括两个方面，或者说有两个革命，一个是经济理论上的革命，另一个是经济政策上的革命。

　　凯恩斯在经济理论上的革命包括如下几个方面：

　　1. 提出了经济学的新的研究课题：各种宏观总量的决定机制，即宏观经济学问题。凯恩斯《通论》发表以前，新古典学派关于宏观经济的论点是蕴含在他们的微观分析之中，并没有形成一个独立的与微观分析相并行的研究课题。瑞典学派创始人威克塞尔于 1898 年发表的《利息与价格》，只是探讨了一个宏观总量——物价水平的决定，并没有全面地探讨宏观经济问题，而且也是把充分就业作为分析前提。凯恩斯在《通论》中实际上已经接受了系统论的基本命题：整体不等于部分的简单总和。他在论证过程中提出了宏观与微观的差别，指出新古典学派把微观中成立的结论直接推广到宏观上去是错误的。他明确意识到宏观经济学与微观经济学的区别，提出经济理论应当分为两部分：一面是关于一厂或一业之理论，研究如何把一特定量资源分配于各种用途，其报酬为如何等；另一方面是适用于社会全体的产量论及就业论。可以说，《通论》是建立当代宏观经济理论的最重要的尝试。

　　2. 提出有效需求决定收入水平、就业水平的见解。最早提出有效需求对收入水平的决定作用的是马尔萨斯。马尔萨斯在与李嘉图、萨伊等人的论战中，反对萨伊法则，提出有效需求不足会造成暂时性的普遍过剩和长期萧条，造成失业，降低收入水平。但马尔萨斯关于有效需求的观点并没有受到后人的重视,萨伊法则一直占据统治地位。凯恩斯的《通论》可以说是重新发掘了有效需求概念,给流传一个多世纪的萨伊定律以有力的批驳。

3.建立消费函数。在新古典学派那里,消费是利率的递减函数,利率通过决定储蓄而影响消费。在马尔萨斯那里,虽然有效需求主要是指消费需求,但他并没有把收入水平当作是决定消费需求的主要自变量。凯恩斯在《通论》中把收入水平作为决定消费的主要自变量,建立了消费函数,并提出边际消费倾向大于 0 小于 1,提出边际消费倾向递减律。这样,消费不足的原因便得到了新的说明。消费函数的提出,对建立乘数理论有重要影响,因为没有消费函数,就没有边际消费倾向,那么乘数的数值只有臆测。如果乘数数值不能用经济学概念来说明,只能通过臆测的话,那么乘数理论便缺乏说服力。所以说,虽然乘数概念并非凯恩斯所创,但乘数理论的建立,却与他极有关系。消费函数的建立使乘数得到说明,即它只不过是边际储蓄倾向的倒数。美国经济学家汉森认为,消费函数是凯恩斯对经济理论的重要贡献之一。

4.指出非充分就业均衡的存在。在凯恩斯《通论》发表之前,已有不少经济学家研究了现实生活中存在的经济周期现象,研究了在周期的萧条阶段存在着的失业现象。但一般观点认为收入和就业偏离充分就业水平的现象是经济偏离均衡的结果,一般不承认非充分就业均衡的存在。这种观点之所以流行,是因为瓦尔拉斯的一般均衡体系指出,在竞争条件下,虽然会出现偏离充分就业均衡的现象,但任何偏离了这一均衡的状态,都是非稳定的状态,其自发趋势都是趋向均衡。这就是瓦尔拉斯一般均衡的稳定性。凯恩斯则指出,宏观经济的均衡,总储蓄与总供给的相等,可以在劳动市场并未均衡时达到,即存在着非瓦尔拉斯式的均衡。之所以如此,是因为决定储蓄和投资的因素是不同的,并不像新古典学派所认为的那样是取决于同一个因素——利率。储蓄主要取决于收入,收入通过决定消费来决定储蓄,而投资则是由其他因素决定的。因此在充分就业时由收入所决定的储蓄,往往找不到与其相等的投资,因为利率不可能下降到如此程度,使投资大到与充分就业时的储蓄相等。把收入水平看作是决定储蓄的基本变量，也是凯恩斯与瑞典学派的一大区别，因此也是《通论》与他深受威克塞尔影响的《货币论》的一大区别。

5. 节俭有害论。从亚当·斯密一直到马歇尔，西方经济学的主流一直把消费当作是与储蓄从而与资本积累相对立的因素，其隐含前提就是充分就业。显然，在充分就业条件下，消费的增加只能以储蓄从而资本积累的减少为前提。因此，消费是不利于家庭和国家财富增加的因素，而节俭是美德。并且收入分配的巨大不平等也因其能增加储蓄从而促进资本积累而具有合理性。而凯恩斯指出了非充分就业状态的存在。在这种状态下，由于消费需求会增加国民收入，因此只要边际消费倾向小于1，则消费的增加便同时会引起储蓄的增加，从而引起资本积累的增加。相反，消费的减少将由于减少了收入而减少储蓄。因此凯恩斯便认为对一个国家来说，如果处于非充分就业状态，则节俭并非美德，相反会导致贫困。可以说凯恩斯对消费和节俭的经济功能有了全新的认识，这就是它们在充分就业状态下和非充分就业状态下，其功能是不一样的。在非充分就业状态下，消费增加可以增加国民收入，可以增加资本积累，消费可以致富，节俭反而致贫。因此，能增加储蓄的收入分配不均等便不再有存在的合理性。

6. 新的就业理论。在新古典学派那里，就业取决于劳动市场的供求力量，取决于劳动市场的结构性质以及是否有完全竞争，而收入水平则是由就业水平所决定的，就业是自变量，收入水平是函数。凯恩斯则认为，就业和收入都是有效需求的函数，有效需求才是决定就业水平的决定性因素。在新古典学派的庇古等人看来，非充分就业是由于劳动市场的竞争不完全，货币工资缺乏弹性。而在凯恩斯看来，货币工资的刚性固然有碍于充分就业的实现，但弹性的货币工资并不能一定保证充分就业，因为萧条时货币工资的下降引起工人收入减少，从而降低整个工人阶级的消费需求。即使雇主的收益因货币工资下降而上升，由于其边际消费倾向低于工人，所以社会的总消费将减少，消费减少对于就业的增加显然是不利的，个别企业或行业中货币工资的减少会促使雇主增加雇佣量（这是以总需求不变为前提的）。但普遍的降低货币工资却不会使就业增加。

7. 新的利息理论。在新古典学派那里，利息被看作是节欲（延迟消费）的报酬，利率被看作是借贷资本的价格，是借贷资本的供求所决定的。凯恩斯用消费函数说明了储蓄主要取决于收入而非利率，结果就面临着重新说明利息和利率的任务。他解决这一任务的方法便是把利息利率说成是一种与货币而非资本有关的现象，这也是他与瑞典学派的又一大区别，同时也是《通论》与他的《货币论》的又一大区别。他把经济生活中的预期和不确定性现象引进了经济分析。他认为，利息不是节欲（延迟消费）的报酬，而是放弃流动性即暂时放弃货币的报酬，而人们之所以要在有报酬的情况下才肯暂时放弃货币，是因为货币不仅具有新古典学派所承认的价值尺度和交易媒介的职能，还具有价值储存的职能，而人们之所以要通过不赢利的货币来储存一部分财富，是因为人们对未来的预期具有不确定性，正是这种不确定性，使人们认为用货币形式来保持一部分财富要胜过以其他形式来保持财富，因为它能够使人们非常灵活地随时变动自己的财富结构，既避免风险又获得收益。未来的不确定性使持有货币成为必要，使暂时让渡货币要收取报酬。而利率就决定了这个报酬的大小，利率的大小则取决于货币的供求。于是由预期的不确定性引起的持有货币的行为，便影响到利率进而影响投资，同时，预期的不确定性也直接影响到厂商的投资决策。由于投资取决于预期的收益率，而预期带有不确定性，因此厂商的投资决策往往不是以理性选择为基础，而是以推测、惯例以及模仿为基础，结果造成投资往往不能与一定收入下（尤其是充分就业收入下）的储蓄相均衡，并且常常发生巨大的波动。

把不确定性引进经济分析，实在是从根本上摧毁了萨伊定律。在凯恩斯之前，一些非主流的西方经济学家往往只是诉诸直观来否定萨伊定律，用现实中存在的失业来否定萨伊定律。实际上萨伊定律能够成立所依赖的正是确定性。因为在一个未来具有确定性的世界中，经济人是没有必要持有货币来保存财富的。货币不具有价值储存功能，它将真正是实物经济中的面纱，仅仅充当价值尺度和交易媒介。同时，储蓄作为一种延期消费，也必然造成同等数量的投资，它所带来的产出将正好被延期的消费吸收完毕。于是产品的供给必定自动导致需求，卖自动导致同样数量的买。而在一个未来具有不确定性的世界中，如上所述，保存货币便成为经济人的合理行为了，投资在不确定预期的支配下也不再会自动等于储蓄了，卖就不再自动导致同样数量的买了。

强调不确定性对人们经济行为的影响，就能立即发现货币具有在确定性世界中所未曾有的功能，即价值储存的功能。依此而建立起来的货币的利息理论，就成为沟通经济的实物理论和货币理论的渠道，未来不确定世界中的货币不再仅仅是实物关系的面纱，而是影响到实物关系的。因此，把经济分为实物方面和货币方面，把经济理论分为实物理论和货币理论的传统的两分法，就此告终了。把不确定性引进经济分析，强调货币（更一般地讲，是强调流动升值降低最慢的财富形式）对经济的实物方面的巨大影响，从而结束自亚当·斯密以来的传统二分法，是凯恩斯在《通论》中对经济理论的又一重大贡献。

8. 新的物价理论。在新古典学派那儿，物价水平取决于货币数量。因此在货币数量一定时，货币工资下降不会引起物价下跌。这种论点的政策含义便是可以通过降低货币工资而增加就业。凯恩斯认为在非充分就业状态下，物价水平定于货币工资率，因此后者的降低将导致前者同比例的下降，所以用降低货币工资率并不能刺激厂商增加产量增加就业。

以上简介了凯恩斯《通论》在理论上的革命。从上述理论上的革命可以看出，新理论在逻辑上的起点是两条，消费函数和预期的不确定性。从这两点出发，整个新理论的主要论点都可推演出来。对此，凯恩斯在他1937年所写的一篇论文《就业的一般理论》中做了明确的说明。这两点也分别由美国经济学家汉森在《凯恩斯学说指南》一书和狄拉德在《货币经济理论》一文中指出，而新理论的中心论点则如美国经济学家克莱因在《凯恩斯的革命》一书中所指出的，在于强调自由放任条件下，即使存在完全竞争（工资非刚性），储蓄与投资也不会在任何产量水平下相等，尤其不会在充分就业水平下相等，因此非充分就业的宏观均衡状态低于充分就业的收入水平，是完全可能并经常出现的。

　　当然，凯恩斯的经济理论体系与新古典理论也并非绝缘，在强调他的理论的突变性质时，也不能忽略他与新古典理论相连续的一面。他自己就认为新古典理论并非全无道理，只不过是他通论的一种特例。当国家对经济的总量进行管理之后，新古典理论还是可以成立的。不仅如此，不仅在理论内容上两者存在着相通之外，在分析方法上，凯恩斯也多有得益于新古典学派之处。凯恩斯继承了新古典理论重视心理因素的传统，这表现在他对消费倾向、资本的预期收益、商业周期的成因等问题的分析中，新古典理论的边际分析方法、均衡分析方法也是他进行总量分析的工具。资本边际效率递减便是他运用边际分析得出的结论。新古典的均衡观念使他认为就业量决定于总需求函数与总供给函数相交之点。在这些方面，新体系与旧传统之间表现出一定的连续性。

　　在30年代，像凯恩斯那样主张国家干预的经济学家在美国已经存在。1933年开始，罗斯福和希特勒事实上都已经开始对经济进行国家干预，但美国和德国都未能产生类似于凯恩斯《通论》的理论体系。《通论》所表达的思想出自受新古典理论熏染几十年的凯恩斯之手，虽然是一曲反调，但也能看到新古典学派的分析传统所起的作用。

　　凯恩斯在《通论》中并没有提出具体的政策实施方针。凯恩斯自己也认为，《通论》的主旨是理论上的分析，至于理论在实际上的应用是第二位的。尽管如此，凯恩斯在政策主张上的革命还是非常令人注目的，同时也有一些流行的见解值得怀疑。

　　流行见解认为凯恩斯革命在政策上的主要表现就是主张国家干预。实际上这是不确切的，因为要求国家干预的主张，已经在19世纪末20世纪初的一些经济学文献中出现，如威克塞尔于1898年在《利息与价格》一文中提出管理通货的主张，其实质就是要求国家通过银行，运用货币手段来调节宏观经济。而在《通论》中被凯恩斯当作对手的庇古，也早在1914年发表的《论失业问题》中，要求通过国家对生产和需求的调节来减少失业。由此可见，要求国家干预并非凯恩斯在《通论》中的独创。《通论》的意义在于为国家干预提出了有力的理论依据，从而突出了国家干预的必要性。

凯恩斯在政策主张上的革命，主要不在于提出国家干预，而在于提出了干预的手段不应当以货币政策为主，而应当以财政政策为主，提出在萧条时期要革除传统的健全财政政策（即量入为出、收支平衡和力求节约），采用膨胀性的财政政策；扩大政府开支、实行赤字预算和发行公债。同时他认为国家干预的方向是指导投资，以消除私人投资造成的波动性；是推进收入均等化增加消费需求。收入均等化在《通论》发表以前，也曾被不少经济学家提出过，但大多是从社会公正的原则出发提出的。他通过提出节俭在未达充分就业时对财富生产的不利影响，指出依靠收入不均等来增加社会储蓄，不仅有悖于社会公正原则，也不符合增进国家财富的目标。这就不仅为收入均等化提出了伦理方面的根据，还提出了经济学方面的根据。把国家干预的手段由货币政策转向财政政策，这才是凯恩斯的《通论》在政策主张方面革命的最主要特色。这一转变对西方经济生活以至政治生活和对西方经济理论的影响都是极为深远的。

20世纪30年代的严酷现实，使新古典经济学遭受灭顶之灾。一时间各种异端经济思想，如琼·罗宾逊所谓的各种"奇谈怪论"纷至沓来。然而随着时间的推移，其他经济思想都在舞台上消失了，而凯恩斯经济学却擢升为西方经济学的正统。这是因为它指明了西方社会向国家干预型私人企业制度发展的趋势，而该趋势又深为统治阶级所赏识。《通论》之所以能够反映这一趋势，是因为凯恩斯在一定程度上看到了私人企业制度在自由放任条件下的弊端，看到了资源不可能在自由放任条件下得到充分利用。他写道："我们生存其中的经济社会，其显著缺点，乃在不能提供充分就业，以及财富与所得之分配有欠公平合理。"[1] 他认为，在自由放任条件下难以实现充分就业。他的结论是，不能把决定当前投资量之职责放在私人手中。可以说，他认识到资本主义的最主要症状：由分配欠公平引起的总消费不足，由私人投资的盲目性投机性引起的总投资不足。这两种不足合成社会的有效需求不足，以致不能充分发挥社会所已经达到的生产潜力。从这一认识出发，他认为不能单由私人来决定经

---

[1]　参阅凯恩斯：《通论》，商务印书馆1977年版，第317页。

济活动的总量，而必须由社会来决定，而一旦总量由社会决定了，总量的具体构成则由私人去决定。他实际上让国家和私人在经济决策上做如下分工：国家决定总的供求平衡，保证充分就业，私人去解决个别商品的供求平衡；由国家决定总产量，由"看不见的手"去决定总产量的具体构成。

正因为凯恩斯对自由放任的私人企业制度的弊端及其成因有了一定深度的认识，并提出了用国家干预解除弊端的对策，所以，《通论》的出版不仅是描绘了客观存在着的向国家干预型私人企业制度发展的可能趋势，更重要的是它加强了这种可能性实现的概率。从此，国家干预不再被认为仅仅是一种临时的应急措施，而是私人企业制度继续生存所不可缺少的支柱了。于是从自由放任向国家干预的过渡不再带有盲目性，而是统治阶级的自觉行为了。战后英、美等国制定的就业法案就是这种自觉行为的典型例证。

卡莱茨基

卡莱茨基（Michal Kalecki，1899—1970）在 20 世纪 30 年代所撰写的一批讨论投资、收入分配及经济周期的论文中，在与凯恩斯及西方经济学几乎毫无接触的条件下，和凯恩斯几乎同时提出了国民收入决定理论，用数学方式阐述了有效需求原理，并探索解决一国贸易平衡问题的分析方法。他的国民收入决定理论的思想渊源是波兰著名马克思主义者罗莎·卢森堡的《资本积累论》。

卡莱茨基沿袭马克思的方法，划分资本主义经济为两大部类（生产资料部类和消费资料部类），第 I 部类又进一步划分为生产资本家所用消费品的部门与生产工人所用消费品的部门。于是，国民净产品在价值形态上等于工资和利润之和，分别成为工人和资本家的收入；在使用价值上等于总消费（由工人消费和资本家消费组成）加上净投资。假定工人不进行储蓄，则工资等于生产工人所用消费品部门的产品价值之和，即等于工人的消费；利润等于生产资本家所用消费品部门的产品与第 I 部类净产品的价值之和，即等于资本家的消费加上储蓄。

根据上述分析，卡莱茨基认为，体现在第 I 部类净产品中的剩余价值能否实现取决于资本家的投资。于是国民净产品的实现程度或国民收入的大小，便取决于投资和消费（资本家的和工人的）这两种需求的大小，即取决于有效需求的大小。他还认为，投资的变化会带动消费的同向变化，因此投资波动便成为资本主义经济波动的主要原因。

虽然同样提出了有效需求原理，但与凯恩斯不同，卡莱茨基不仅看到投资和储蓄对于国民收入水平的决定作用，还看到投资和储蓄对于国民收入分配份额的决定作用。他的名言是："工人花费他所得到的，资本家得到他所花费的。"即在工人没有储蓄的前提下，资本家的消费和投资将决定其利润的大小，于是可以得到两点结论：1. 若两大阶级消费倾向既定，则投资占国民总产值的比重越大，利润在国民收入中的份额也越大。2. 若两大阶级储蓄倾向越大，则工资在国民收入中所占份额也越大。卡莱茨基的国民收入决定理论，无论从分析方法还是从观点结论来看，都不能算是西方经济学，而应当看作是对马克思主义经济学的发展。但他在分析中考虑阶级关系，考虑收入分配，这就对西方经济学的第三次革命产生了重要影响。它深深影响到以琼·罗宾逊为代表的新剑桥学派对凯恩斯革命的理解和发展，使琼·罗宾逊等常常带着卡莱茨基的"眼镜"去看待凯恩斯革命，去阐发和深化凯恩斯革命。对于战后凯恩斯"左派"的形成，卡莱茨基是起了重要作用的。相对来说，卡莱茨基对美国凯恩斯主义者影响较小。

第三节　评论

古典经济学时代，国民收入决定理论就是国民财富原因的研究。由于当时没有物价指数，没有关于国民收入的统计数据，研究历年国民收入变化的条件尚不具备。因此古典经济学家大多数都只能从供给角度分析国民收入大小的成因。斯密令人费解地忽略了重农学派魁奈的经济表，忽略了需求在决定国民收入上的重要作用，只是强调了分工和生产性劳动的重要性，并进而强调了资本积累的重要性。他以后的古典经济学家基本上都沿袭他而重视资本积累，把资本积累看作是决定国民收入大小的基本因素。

古典经济学时代，只有两位经济学家重视了需求对于国民收入的重要作用，马尔萨斯和西斯蒙第。后者也是最早提出宏观经济均衡条件的经济学家。从重视需求尤其是消费需求出发，他们论证了普遍性经济危机的可能性。可惜他们的声音统统没有引起其他人的注意。

新古典经济学时代，由于大量事实的存在，否定普遍性经济危机的观点不再有市场，经济学家普遍开始注意经济危机现象，力求对其做出解释，从而出现种种不同的观点，既有从实际面出发做出的各种解释，如农业收成的波动、固定资产更新的波动以及技术进步和创新的波动等等；也有从货币面出发做出的各种解释，如银根松紧的波动、企业家信心的波动、货币利率的调整滞后等等。

这段时间里，由于物价指数、失业统计指标和国民收入统计指标的成熟，宏观经济变量开始进入经济学家考虑的视野。

首先是瑞典学派的威克塞尔研究分析了物价指数的长期趋势，并且在研究中提出了一个曾经被西斯蒙第所注意，但后来被长期忽略的问题：宏观经济的均衡条件。威克塞尔的后继者沿着这个方向前进，最终提炼出投资等于储蓄这一宏观经济均衡的基本条件。

然后是面对大萧条的局面，凯恩斯开始研究分析了失业问题，他运用瑞典学派初步发展出来的宏观分析工具，从宏观角度而不是微观角度对失业现象从有效需求不足入手做出了全新的解释，从而宣告了宏观经济学的成立。这就为20世纪30年代以后经济学的发展指明了一个新的富有生命力的方向，深深影响了后来经济学的发展。

第九章　公共经济学理论

第一节　古典经济学时期

公共经济学是一门研究政府职责及其相应经济行为（包括政府筹资和开支）以及这些行为的影响的经济学分支。其源流在重商主义时代就初见端倪。早在 17 世纪，英国的威廉·配第、达维南特等，就已经专门研究了政府税收和公债问题；到了 18 世纪，法国的重农主义者布阿吉尔贝尔、魁奈等也针对当时法国的衰退国势，提出过许多改革税制的主张；同期德国的经济学家尤斯蒂等人则在官方经济学的名义下，探讨了如何管理和增加政府财富的学问。因此，到亚当·斯密创作《国富论》的时代，他就可以对前人的有关见解作出一个总结性系统性的概括。

亚当·斯密

斯密认为，没有私有财产，就不会有政府，政府纯粹是为保护私有财产服务的。同时，他还认为，少数人的富有若是建立在大多数人的贫穷的基础上，那么一切政权机构实际上就是富人阶级对穷人阶级实行专政的工具。

斯密从他的自由放任主张出发，要求废除一切特权和限制，建立一个最明白最单纯的自由制度。在这样一个制度的社会里，每一个人，在他不违反正义的法律时，都应听其完全自由，让他采用自己的方法，追求自己的利益，以其劳动及资本和任何其他人或其他阶级相竞争。这样，政府就被完全解除了监督私人产业、指导私人产业的义务。他认为，在这种实行自由放任的状况下，政府的职能只有三项：第一，保护社会，使不受其他独立社会的侵犯。第二，尽可能保护社会上各个人，使不受社会上任何其他人的侵害或压迫。第三，建设并维持某些公共事业及某些公共设施。这种事业与设施，在由大社会经营时，其利润常能补偿所费而有余，但若由个人或少数人经营，就绝不能补偿所费。

关于第二项职能，斯密认为，任何国家，如果没有具备正规的司法行政制度，以至于人民关于自己的财产所有权，不能感到安全；对于人们遵守契约的信任心，没有法律予以支持；以至于人民设想政府未必经常行使其权力，强制一切有支付能力者偿还债务；那么那里的商业制造业，很少能够长久发达。简言之，人民如对政府的公正没有信心，这种国家的商业制造业，就很少能长久发达。可见他对于司法公正是何等重视。

关于第三项职能中所谓"公共事业"和"公共设施"是指些什么，必须略加阐述。斯密所谓的"公共事业"和"公共设施"：首先是指为履行前两项职能（即提供防务和司法体系）所需的事业和设施。其次是指为便利社会商业所需的事业和设施，包括为便利一般商业所需的良好的道路、桥梁、运河、港湾等。关于举办这些工程和设施所需的费用，他认为可以收取通行税和其他特种费来支付。再次是指青年教育设施。他认为政府对于人民的教育，显然有注意的必要。他指出，教育中最重要的部分如诵读、书写及算术，普通人民是能够在早年习得的；政府只要以极少的费用，就几乎能够便利全体人民，鼓励全体人民，强制全体人民获得最基本的教育。总之，在他看来，人民的教育，政府应加以最切实的注意。人民受了教育，国家可受益不浅。

斯密虽然主张由政府直接举办一些经济、文化教育方面的"公共事业"和"公共设施"，但总的说来，他所规定的政府职能，主要是保证企业有一个和平、安全地进行经济活动的环境，也就是让政府起一个"守夜人"的作用。至于企业家进行经济活动的本身，政府就不必要也不应当进行干涉，而应听其自然，让他们为了各自的利益进行自由竞争。

斯密阐明了政府职能，进而论述政府为履行其职能所需的费用，即财政问题。他关于财政的理论观点和政策主张，主要有以下三个方面：

一、关于政府开支的基本原则

（1）斯密认为，国防费用和维持国家元首的费用，是为社会的一般利益而支出的。故应由全社会成员公平负担。(2) 司法行政的费用，也是为全社会的一般利益而支出的，也可由全社会一般的贡献开支，不过，其中的一部分应由诉讼的双方或其中一方支付。(3) 地方费用，只是为了社会局部的利益，因此当由地方收入开支，而不应由社会一般收入开支。(4) 维持良好道路及交通所需的费用，当然有利于社会全体，不过最直接受益的人，乃是往来各处转运货物的商贾，以及购用那种货物的消费者。因此，应由这两部分人多负担一些这种费用。(5) 教育设施及宗教设施，分明是对社会有利益的，其费用由社会的一般收入开支并无不当。可是，这费用如由那直接受到教育利益宗教利益的人支付，或者由自以为有受教育利益或宗教利益的必要的人自发地出资也许更好。(6) 总的原则，应该是谁受益，费用就由谁来支付。这样，社会一般人的负担就要减轻许多。

二、关于政府的收入及其源泉

斯密认为，政府收入来源于各种赋税。他在分析各种赋税之前，首先提出了四项著名的赋税原则：(1)"公开"原则。一国国民都须在可能范围内，按照各自在政府保护下享得的收入的比例，缴纳国赋，维持政府。(2)"确定"原则。各国民应当缴纳的赋税，必须是确定的，不得随意变更。缴纳的日期，缴纳的方法，缴纳的额数，都应当让一切纳税者及其他人了解得十分清楚明白。如果不然，每个纳税人，就多少不免为税吏的权力所左右；税吏会借端加重赋税，或者用加重赋税的恐吓，勒索赠物或贿赂。赋税如不确定，哪怕是不专横不腐化的税吏，也会由此变成专横与腐化。据一切国家的经验，他相信，赋税虽再不平等，其害民尚小，赋税稍不确定，其害民实大。确定人民应纳的税额是非常重要的事情。(3)"便利"原则。各种赋税缴纳的日期及缴纳的方法，须予纳税者以最大便利。(4)"经济"原则。一切赋税的征收，须设法使人民所付出的，尽可能等于政府所收入的。如人民所付出的多于国家所收入的，那就会增加人民的负担，妨碍人民勤劳，破坏人民生活，增添人民烦恼。

三、关于公债

斯密认为，公债从表面看给个人以新资财，但从整个国家看，资本非但没有增加，而且原来可用以维持生产性劳动者的资财，转变为维持非生产性劳动者了，因此对于社会是一种损失。同时他又指出，公债若能减轻赋税，则一方面在较大程度上引起对旧资本的破坏，另一方面在较小程度上妨碍新资本形成；并指出公债制度将导致资产的转移，这也会引起财富生产的减少。他的结论是：举债的方策，曾经使采用此方策的一切国家，都趋于衰弱。

斯密上述关于政府职能和财政的理论和政策主张，无论在当时还是在以后，都曾产生过深刻影响。

李嘉图

李嘉图的主要著作是《政治经济学与赋税原理》，可见赋税问题是他考虑的一个重要问题。之所以如此，首先是因为赋税是政府的重要职能之一，而他作为一个经济自由主义者，总是力图减少政府对经济生活的影响，因此，通过研究赋税，有可能为达到这一目标提供一些思路。其次是因为他对于斯密关于赋税的一些观点感到不能完全满意，希望做一些补充完善的工作。第三是因为他认识到赋税对于收入分配的影响，希望借此厘清这个问题。由于对资本积累和收入分配问题的格外关注，他的赋税理论主要集中在两个方面：赋税对资本积累的影响，赋税所引起的收入再分配，即税收的负担问题。

一、税收对资本积累的影响、对于货币影响价格机制的影响

李嘉图认为税收的最终源泉是国家的资本和收入。从这种认识出发，他认为凡属赋税都有减少积累能力的趋势。因为赋税收入一般都是浪费的，总是必须牺牲人民的舒适和享受才能取得；通常不是减少资本，便是妨碍资本的积累。他的结论就是税收总是不利于生产的，至多是不会大大妨碍生产，故赋税不利于经济增长。

由于对赋税有这样一个总的结论，所以李嘉图认为任何形式的赋税都只是流弊与流弊之间的选择问题。即赋税是一种不能避免的坏事，只

能选择危害较轻者。从这些观点来看，他是从经济学角度论证了自由主义所主张的小政府。

二、税负问题

总体上看，李嘉图认为公平的所得税不会改变商品价格，因此不可能被转移出去；但不公平的所得税会提高税负偏重的行业的商品价格，从而会转移给消费者。而由于利润的均等化倾向，商品税肯定会使生产者提高商品价格。但税负最终由谁承担，则要看直接纳税人能否通过提高价格把税负转嫁出去而定。

李嘉图考虑了用今天的术语所说的供求弹性相对大小对于税负的影响，初步认识到，凡是供给弹性较大的商品，其税收易于通过价格提高而转移给消费者；凡是需求弹性较小的商品，即使供给弹性不大，其税收也易于通过价格提高而转移给消费者。在这个问题上，他是后来马歇尔同类分析的先驱。

根据上述看法，李嘉图认为农产品例如谷物的税负完全由消费者承担，既不会落在农场主身上，也不会落在地主身上。只有在农产品按照垄断价格出售时，税负才落在地租上。而黄金税最终由矿山所有者承担，因为把黄金作为货币使用的消费者，其需求弹性无限。对必需品征税，由于它会提高工资而减少利润，所以它部分是利润税；对奢侈品征税，他认为税负主要由那些消费它们的人承担，并且由于它是由收入而非资本支付，有助于资本积累；但缺点是它的数额不稳定，且不易短时期聚集大笔税款。

对于财产税，李嘉图认为房屋税由房东承担，房租税则由房东和房地所有者共同承担。

对于收入税，李嘉图认为普遍的利润税不改变商品价格；但是若只对个别行业征收利润税，会提高这些行业商品的价格。工资税完全转移为利润税，因为工资必定维持在维生的水平上。地租税完全由地主承担。

三、赋税原则

从积累资本的目标出发，李嘉图坚决反对各种资产转移税，如当时英国征收的遗嘱验证税、遗产继承税等等。他认为资产转移税有两大害处，一是减少国家的资本；二是妨碍国家资本按照最有利于社会的方式来进行分配。同时他认为地租税有可能妨碍土地改良，如果不区分真正的地租和以地租形式出现的地主改良土地所垫支的资本的应有利润。他强调征税要公平和经济。为此，他主张对同一种商品，不论国产还是进口，应当同率征税。同时他主张征收工资税、利润税和农产品税。

李嘉图要求对于那些国内有特殊便利生产条件的出口商品征税，因为其税负将由外国人承担。

四、公债妨碍资本积累、李嘉图等价原理

李嘉图强调公债会减少整个社会的资本，如果为了一年的战费支出而以发行公债的办法征集二千万镑，这就是从国家的生产资本中取走了二千万镑。而且通过发行公债来筹集资金不利于使公众养成节俭的习惯。他指出巨额公债对国家的不利，因为它会加重纳税人的负担，以至于迫使纳税人携资出国，从而减少国家的资本积累。由此可知，他是不主张大规模发行公债的，并且希望在和平时期要努力清偿战时所举的公债。

李嘉图认为，为公债支付的利息是靠税收来筹资的，因此既不会使整个国家更富，也不会更穷。每年为偿付这种公债利息而征课的一百万镑，只不过是由付这一百万镑的人手中转移到收这一百万镑的人手中，也就是由纳税人手中转移到公债债权人手中。因此，取消债息支付与保留债息支付，对于整个国家来讲是等价。同时，政府用征税的方式来筹资与用发行公债的方式来筹资，对于个人来讲，也是等价的。假定一个社会有一万人，政府可以发行二千万镑公债，然后为了按照百分之五的利率每年支付一百万镑利息，需要向每个人每年征税一百镑。同时，政府可以通过赋税的方式一次征收二千万镑；在这种情形下，就不必每年征课一百万镑。但这样做并不会改变这一问题的性质。一个人虽无须每年交付一百镑，却可能必须一次付清二千镑。对他来说，与其从自己资金中一次付清二千镑倒不如向别人借二千镑，然后每年给债主付息一百镑较为方便。

以上所述的两个等价，就是著名的李嘉图等价原理。它在 20 世

纪 80 年代被理性预期学派的代表人物巴罗用来论证不存在公债的财富效应。

作为李嘉图学派的重要人物的麦克库洛赫，于 1845 年发表《论征税和筹集资体系的原理和实际影响》[1]，这是经济学界第一本单独论述公共财政的专著。因此，可以称他为公共财政学的先驱。

巴斯夏

作为 19 世纪欧洲最著名的自由主义者，巴斯夏对于政府抱有深深的警觉。

对于寄希望于政府来资助各种活动、各个阶层以实现博爱的各种想法，巴斯夏一针见血地指出：政府是一个庞大的虚构实体，每个人都竭力通过它以牺牲他人为代价来维持自己的生活。铁的事实是：政府不是、也不可能只有一只手。它有两只手，一只管拿，一只管送。换句话说，它有一只粗暴之手，也有一只温柔之手。为了温柔，必须先得粗暴。政府一般把它们拿到的东西给自己留下一部分，有时甚至是全部。而政府给公众的比它从公众那儿拿的还要多，这种事情还从来没有看到过，也永远不可能看到，甚至根本就难以想象。政府如果要广施博爱，就必须不断加税；如果它减免税收，它就必然会放弃博爱。

据此，巴斯夏指出人类历史上一直有两种政治制度，一种是政府要多为公众做事，同时它也一定要从公众那里多拿；另一种是政府既不多为公众做事，但也不从公众那儿多拿。那种既要政府多为公众做事，又要从公众那儿少拿的制度，必定是空想。他反对无限政府的观念，反对把公众与政府的关系类比于羊群与牧羊人的关系。

巴斯夏强调政府的职能就是维护秩序和稳定，保护人身和财产，整制欺诈和暴力行为。在他看来，政府的强力只能应用来维护秩序、保障安全和公正等等。超出这个界限的政府行为就是对人的良知、智慧和劳动的侵占，就是对人的自由的侵占。因此，就应毫不迟疑地、毫不留情

---

[1] 该书尚无中译本，故无法详细介绍。

地把纯属个人范畴的行为，从政府权力的践踏下解脱出来。唯有如此，才能争得自由，才能让上帝为人类进步和发展所准备的和谐法则自由运作。而按照无限政府的观念，一个人是幸运还是不幸，是富裕还是贫穷，社会是平等还是不平等，个人具有美德还是恶行，所有这些，都必然得依赖政府。把所有事务都托付给政府，由它来处理一切问题，它无所不为，因此，它就要对一切负责。让政府承担广泛的而又无法胜任的各种干预任务，由此而导致的公众的失望情绪，正是法国社会动荡不停革命不断的原因。因为在这种观念的支配下，希望实现自己意愿的人都希望通过掌控政府改造社会。只有按照自由主义的原则，把政府的职责严格限制在有限范围之内，才可以彻底解决一个大难题。

同时，巴斯夏也肯定了与私人物品不同的公共物品——他称作公共劳务——的存在。在世界各国，有一种劳务在提供、分配和索酬方式上完全不同于私人或自由劳务，这就是公共劳务。之所以存在公共劳务，是因为存在普遍和同一的公共需要。他认为社会是囊括私人劳务和公共劳务的总体，而政府只是涉及公共劳务的部分。他认为私人劳务需要自由自愿的交换，而公共劳务就不这样交换，强制是避免不了的。因此，政府为了提供公共劳务而向公民征税，实际上也是一种交换，公民为官吏劳动，而官吏则为公民工作，如同在自由劳务中公民相互效劳一样。他并不赞同无政府主义，而是从存在公共劳务这一认识出发认可政府的存在和合理的税收，虽然他对于公共劳务的特征把握得并不准确。但他坚决反对无限度扩大公共劳务的范围，由政府来提供私人劳务，因为这样做会剥夺公民的自由和责任感，并扭曲劳务的价值。政府也将因此而变得机构臃肿，更严重的是，这么做就排除了竞争这种推动进步的最有力的杠杆，因为官吏没有这种促进进步的兴奋剂，官吏不在利益的激励而是在法律的影响下行事。经验证明凡是受制于官僚制度的一切几乎都是固定不变。

巴斯夏认为政府应当承担的公共劳务只有：（1）维护治安，保护公众的人身和财产安全；（2）管理公民共同享用的财富、河流、道路等公共事物；（3）为完成上述任务而征税。

穆勒

穆勒虽然是经济自由主义的拥护者和倡导者，但他却反对把政府的职能仅仅限制在保护人民，使不受强者侵凌、诈者欺骗的狭小范围之内。他赞成把政府对于社会事业的干涉，限在最狭的范围内，但绝不能用一个简单的定义来概括政府的一切职能。他列举了制造货币、制定度量衡、填补街道、建修船港、建筑灯塔、筑堤以防海潮、筑岸以防河决等事例证明，即使是最反对国家干涉的人亦不认此种设施，是政府权力不适当的运用。于是他进一步提出了政府干涉的一般原则，就是于公众便利极有关系的事项，才应准许政府干涉。

穆勒对于自由主义和干预主义这个长期争论不休的问题，和对待其他问题一样，也是抱着调和折中的态度，既警惕政府的过多干预，也感到仅仅依靠市场和竞争不可能实现理想状态，既主张自由放任，又主张政府干预。从其社会哲学出发，他坚持严格的自由主义，但是在经济事务上，他已经不再把自由放任看作是自然法则，不过是针对政府低效率的一种权宜对策。因为他生活的时代，早期古典经济学家所渴望的自由主义政策基本都已经实施，结果证明这并不能解决所有经济问题。这自然使他对于无条件的经济自由主义产生一定的疑虑。

在税收问题上，穆勒赞成斯密的赋税四原则，并进行了补充。他提出了公平征收所得税的三项条件：（1）一定额（购买必需品所需）以下的收入免征。（2）定额以上的收入按固定比例征收。他担心累进比例会压抑人们的工作积极性。为了体现公平，他更倾向用高额遗产税而不是累进所得税。（3）收入中用于投资的部分免征。对于间接税，他提出以下征收原则：（1）在便利前提下尽量征收奢侈品税。（2）在可能程度内尽量避免向生产者征税，而应向消费者征收。（3）为保障税源而不得不向某些大众消费品征税时，为确保公平，宜按照这种商品的不同质地，优质重税。（4）在不违背上述原则时，征税与其分散于多种商品，不如集中于少数商品，以减少被干预的行业。（5）对奢侈品，征税重点应当是有刺激性的奢侈品，以减少其消费。（6）在考虑上述原则的前提下，宜征收进口品税，若国内也生产该产品，则同样征收。

穆勒强调政府通过征税把人们用于不生产消费的收入转向生产事业。认为判断税收好坏的标准就是看征税得到的财富在不征收时是用于非生产性消费还是用于维持劳动。若是前者则税收无害，若是后者则税收有害，除非政府也用税款来维持劳动。

穆勒并不一概反对公债，认为只要不侵蚀原来会用于生产的资本，而只动用了本来会流出国外，或将用于非生产性消费上的蓄积，公债就是适当的。而判断的标准就是公债发行是否提高利率，若提高了，就是侵蚀了原来会用于生产的资本。值得注意的是他已经注意到政府借债开支增进国家财富的史实，并承认这种现象与古典经济学的节俭致富论相悖。但是他仍然坚持从古典经济学的立场出发去解释它。

第二节 新古典经济学时期

维塞尔与萨克斯

奥国学派的维塞尔考虑了门格尔所未考虑的问题：政府的经济职能，对这个问题，他有下述值得注意的想法：政府直接从事经济活动的范围应当是个人无力干的事，个人不愿干的事，个人不适宜干的事。前两条早已为斯密所提出，但后一条则是新的，它是指私营将导致垄断的活动应由政府出面主办。

门格尔也有反垄断的思想，但他的反垄断的思想与他的边际效用论几乎没有什么关系。维塞尔则从边际效用论出发，论证了反垄断的重要性必要性。他指出，由于边际效用递减，故财货数量增加到一定程度后，其总效用和总价值会向相反方向变动。当企业的目标是价值而非效用。同时又具有垄断地位，那么它可以通过限制产量（即减少总效用）来达到目标。这说明，当出现垄断时，厂商的利益（总价值增加）可能与社会的利益（总效用增加）发生冲突。因此，反垄断，由国家来从事可能导致私人垄断的事业，便成为国家干预的一个重要方面。

针对资本主义大工业所带来的问题，维塞尔认为现代国家经济政策已经与政府不干预经济的原则彻底决裂，实行了有利于工人的势在必行的大改革，这些改革在经历多次摇摆不定之后最终远离了经济完全自由的原则。个人自由保证达到社会效用最大化这一观点不再被认为绝对正确。古典经济学这一论点仅在市场上各方势力相当的情况下成立。如果市场势力不均衡，经济完全自由的结果只能是不利于弱势方。而保护弱者是政府的天职。

维塞尔指出，现实中大资本的利润在很大程度上是不劳而获的。因此政府可以采取强力措施反对资本的弊端，而不必担心其后果。他建议对大工业进行改革，新制度将在拥有绝对权利的资本专制和社会主义之间寻求中间道路，它类似于专制主义和共和主义之间的君主立宪政体。

维塞尔从边际效用论出发论证了合理的税负原则及累进税制。他提出合理的税负要达到两个平衡，一是赋税额要与国家提供的服务的价值相当；二是个人收入在满足公共利益的赋税和满足私人开支两方面的平衡。即赋税给纳税人带来的边际效用应当和私人开支带来的边际效用相等。对累进税制，他从富人和穷人对财富的不同边际效用上说明其合理性。

奥国学派的埃米尔·萨克斯（Emil Sax，1845—1927），运用边际效用理论分析了财政税收等公共政策问题，提出了最优税收水平的条件为私人物品与公共物品的边际效用相等。而由于社会财富分配的不平等，以及个人欲望的差异，所以政府在根据个人收入征税时，必须充分考虑个人财富和欲望的差异。这一思想后来在瑞典学派那里得到进一步发展。

瓦格纳

德国新历史学派经济学家阿道夫·瓦格纳（Adolf Wagner，1835—1917），他的一个重要成果就是发现了以他名字命名的法则——瓦格纳法则，即政府规模将随着国民经济规模的扩大而扩大。他主张把公用事业、银行、保险、运输等高度垄断的部门以及房地产收归国家所有，由政府有关部门经营管理。他主张通过累进的所得税、财产税、遗产税奢侈品税和资本增值税来改进社会福利促进社会平等。

威克塞尔与林达尔

瑞典学派的威克塞尔根据货币边际效用递减原理，论证财产分配不均条件下的自由竞争并不能保证实现社会福利的最大化，为此他提到了政府干预，认为需要由政府对收入分配进行正确干预，并需要限制工人的工作时间。

作为同情工会和社会民主党的经济学家，威克塞尔要求减少当时瑞典具有累退性质的主要由低收入者承担的消费税和关税，同时主张以高额遗产税为开端实行个人收入和公司收入的累进税，以缩小社会阶级差别。但是他也提出了这种干预所必需的前提条件，即政府必须建立在民主主义原则上，并且干预的结果不应当以减少总产量为代价来实现收入再分配。

此外，威克塞尔强调在自然垄断行业发展国有企业，以便使这些企业能够比私人控制时向消费者提供更多的商品和索取更低的价格。并且用税收来弥补这些公有企业可能出现的亏损。同时他要求政府资助教育，以缓解由市场按照边际生产力决定的个人收入的不平衡。

威克塞尔的这些政策主张，使他成为后来北欧社会民主主义的先驱之一，是瑞典混合经济理论的创立人。

瑞典学派的另一位重要人物林达尔，于1919年发表《公平税收》一文。该文对于公共经济学具有重要贡献，其基本观点是运用边际分析方法，分析了人们对于公共物品的需求和供给。文中提出了关于公共物品的林达尔均衡概念，即均衡时每个人需要的公共物品在数量上相同，且该数量公共物品的供给所需要的费用正好等于每个人按照该公共物品带给自己的边际效用所愿意支付的价格总和。由此推导出来的一个结论是，社会对公共物品的需求曲线是由每个人需求曲线垂直叠加形成，与之相对照的是社会对私人物品的需求曲线是由每个人需求曲线水平相加形成。另一个结论就是每个人分摊到的费用应当与其得到的边际收益成比例。于是，政府的问题就是如何确定公共物品的最优供应量，以及如何把该供应量所需的费用按照每个人从该公共物品获得的边际收益分摊给每个人。

林达尔均衡虽然只是一种局部均衡，但其理论意义重大，是日后研究公共物品供给、政府支出、政府税收、外部性等问题的重要出发点。

马歇尔与庇古

剑桥学派的马歇尔指出，巴斯夏等人认为自由竞争下的均衡意味着满足最大化的论点是不能接受的。他认为均衡仅仅是满足最大化的必要条件，而非充分条件。这有两方面的原因：

首先，均衡并不会自动导致收入均等化，不会使货币的边际效用在所有人那儿都一样。因此，均衡并不意味着交换各方的满足实现了最大化，因为还可以通过收入的再分配使社会全体人的福利总和进一步增加。

其次，由于报酬递增和报酬递减这两种情况的存在，自由竞争条件下的均衡不一定意味着满足的最大化。他认为在报酬递增条件下，政府通过补贴来降低生产成本，将使消费者剩余的增加超过补贴额，并且使价格大幅度下降；在报酬递减条件下，政府通过税收来提高生产成本，将使消费者剩余的减少小于税收额，并使价格略有上升。因此，若对报酬递减的产品进行征税，再用所征税款来补贴报酬递增的产品，则消费者剩余比不这样做时增加。由此可知，通过政府的上述税收和补贴行为而形成的新均衡将比政府不采取上述行为时的均衡（即自由竞争下的均衡），导致更大的福利。

马歇尔的上述分析，以消费者剩余这一概念为工具，说明了自由竞争并不一定导致社会满足的最大化，这与早期的边际效用论者是有很大差别的。正如熊彼特所指出的："马歇尔是第一个人表明，完全竞争不总是能够使产量达到最大程度。……这是一个古老城池的第一个缺口。"[1]

马歇尔的上述论点蕴含的政策主张是，可以通过政府的税收和补贴政策，使产量以及社会的满足水平超过自由竞争所能达到的水平。这种性质的税收和补贴，后来被称作马歇尔税。由此可知，他并不是无条件主张自由竞争，而是像约·斯·穆勒一样，主张由政府对经济进行一定干预。

[1] 熊彼特：《艾尔弗雷德·马歇尔》，载《从马克思到凯恩斯十大经济学家》，商务印书馆1965年版，第107页。

马歇尔的弟子庇古通过对现实市场机制的细致观察和分析，发现了许多其他新古典经济学家未曾注意的市场失灵现象，对于自斯密以来的市场乐观主义提出了质疑。他谈道：古典经济学家的一些乐观追随者认为，只要政府不进行干预，利己心的自由发挥就会自动使任何国家的土地、资本和劳动得到很好的分配，带来比除这种自然机制外的任何其他安排更大的产量，从而带来更多的经济福利。他赞同帕累托的观点，即自私的经济人有两种行为倾向，一是生产和交换物品，二是掠夺侵占别人的物品。显然后一种行为倾向不利于社会的利益。因此，放任经济人并不一定导致对社会有益的结果。他认为当斯密提倡经济自由时，其暗含的前提是社会存在着一些法律，这些法律旨在而且也能够阻止单纯的占有行为，如盗匪和职业赌徒的所作所为。他认为斯密没有充分认识到，天赋自由学说需要在多大程度是用特殊法律加以修正和保障，才能促进一国的资源得到最有效的利用。他引用同时代英国经济学家坎南的话："利己心的作用之所以一般说来是有益的，并不是因为每个人的自身利益与全体的利益具有某种天然的巧合，而是因为人类的各项制度安排得很巧妙，能迫使自身利益朝着有益的方向起作用"。[1] 经济人的利己心未必一定促进社会公益，只有建立良好的法律秩序，并且由政府很好地执行之，才能把利己心约束在促进社会公益的道路上。

庇古提出资源最优配置的条件，指出了干扰资源最优配置的种种因素，尤其是强调了外部性以及各种垄断因素。他的卓越之处在于看到了由于经济行为的外部性，即使在排除了垄断的自由竞争条件下，也无法像亚当·斯密所设想的那样，使私人追求自身利益最大化的行为，导致社会福利的最大化。因此他主张通过税收来克服和消除外部性，对存在负外部性的生产和消费活动，通过税收来降低其活动水平；对于存在正外部性的生产和消费活动，通过补贴来提高其活动水平。这种税收和补贴后来被称作庇古税。

庇古专门对劳动市场进行了深入细致的分析，针对其不利于经济效

---

[1]　庇古：《福利经济学》上卷，商务印书馆 2006 年版，第 140—141 页。

率的各种问题，提出了相应的对策建议，指出了政府干预劳动市场的必要性。他从调和劳资关系的角度，探讨了政府的职责。在庇古看来，劳资关系的好坏是影响国民收入大小的重要因素之一。为此，他首先按照劳资纠纷的内容，区分了三类纠纷：货币工资纠纷、工时纠纷和工人参与管理的范围纠纷；另外他又按照纠纷所涉及的时间把劳资纠纷分成两类：关于当前雇佣条件的纠纷和关于今后雇佣条件的纠纷。

在分类的基础上，庇古考虑了解决纠纷的两种自愿的基本措施：调节和仲裁，并对这两种措施的具体操作和利弊进行了初步分析。同时，他也承认自愿的调节和仲裁有时并不能化解纠纷，这就需要政府的强制性干预。他指出了四种政府干预方式：（1）为双方制定解决纠纷的强制性条款；（2）把局部范围内双方解决纠纷的协议推广到整个地区和全国；（3）用法律规定把纠纷在导致罢工和关厂之前提交仲裁法院；（4）强迫性仲裁；并分析了这四种方式的利弊。在分析了解决纠纷的措施之后，他进一步考虑了解决纠纷的具体方案。

关于工时。庇古认为，过长的工时将降低国民收入和经济福利，因此必须加以控制。同时他又看到，单纯依靠劳动市场上劳资双方出于自利心的博弈，并不足以实现最优工时，而是经常超过这个最优点。这就构成国家干预显而易见的理由。

但是庇古并不主张建立全国统一的最低计时工资制度，认为这将增加失业。相比于全国最低计时工资制度，他宁愿采取国家对低收入家庭的补助制度。

总体来看，庇古认为为了保证国民收入的最大化，需要实现劳资和谐，为此需要政府在多个方面对劳动市场上的工资形成进行干预。

除了上述促进资源最优配置和促进劳资和睦的干预措施之外，庇古论证了收入再分配的必要性，主张政府以收入分配均等化为目标对自发形成的收入分配进行干预，并提出了一系列可供选择的不降低效率的具体措施。当然由于他讨论这个问题时隐含的前提是不同个人之间效用的可比性，这就削弱了他论证的力量。

庇古基本不赞成由政府强制提高工资、定量供应、对部分行业实行工资补贴等做法。他比较欣赏的是富人的慷慨和慈善这类自愿转移财富的行为。但他同时又承认这种自愿转移远远不够，因此，需要相当数量的强制性转移。强制转移的具体措施之一是征收累进的所得税和遗产税，但要注意不能损害资本形成，因此征课的对象不应当是已经积累起来的资本。具体措施之二是由政府向穷人转移收入，他指出转移可以分为三类：反对懒散和浪费的转移、中性的转移和支持懒散和浪费的转移。他赞成前两种，反对第三种，反对施舍性质的收入转移，强调任何收入转移措施都应当防止助长懒惰和浪费。具体的转移方式可以是间接的，就是补贴那些专门生产穷人的必需品的部门和厂商，以增加产量降低价格；也可以是直接的，如举办社会保险、社会服务设施、提供非货币的难以转手倒卖的实物等。他还主张建立全国实际收入的最低标准，它包括了某个明确数量与质量的居住房屋、医药治疗、教育、食物、闲暇、从事工作的卫生与安全设施等等，而且最低条件是绝对的。他承认实施这种最低生活标准所需要的资源由富人向穷人的再分配有可能不利于国民所得，因此，为了确保经济福利在收入标准和分配标准之间取得平衡，他提出了一个确定最低生活标准的基本准则：最低标准提高到如下一个水平时能最好地推进经济福利，这个水平就是，向穷人转移的边际英镑形式的直接好处正好抵消因转移而减少国民所得带来的间接害处。同时，他也看到了国民收入水平与这个最低标准正相关。他也看到单独一个国家实行最低标准对本国外贸可能产生的不利影响，因此主张与其他国家一起建立国际最低生活标准。

庇古全面论证了由政府干预资源配置、干预劳动市场以及收入再分配对于提高全社会经济福利的重要性。他还仔细讨论比较了针对不同情况的政府干预的各种具体方式。他可能是自亚当·斯密以后英语世界里比较清楚地指出并仔细分析自由主义的局限，要求实行政府干预的经济学家。当然，他也清醒地看到了政府干预所带来的种种问题。

庇古的体系，可以说是马歇尔体系向实用化方向的一个重大发展。马歇尔的主要理论成就在于描绘了完全竞争的市场运行机制，但他并没有详细探讨并充分论证政策主张。这一步工作则由庇古在他的福利经济学体系中完成了。通过这一分析，庇古日益倾向于主张政府广泛干预经济生活的费边社会主义。

由于庇古的上述贡献，他实际上是福利经济学、公共财政学、劳动经济学和环境经济学的重要先驱。

第三节　评论

关于政府职责

关于政府在市场经济中的职责，古典经济学时期和新古典经济学时期的主基调是自由主义，即尽量减少政府对经济活动的干预。但是在这个主基调的支配下，从古典经济学到新古典经济学，还是有一些重要变化。

斯密关于政府职责的原则性意见，奠定了自由主义的基调，对于以后公共经济学的发展具有重大影响。但是由于他生活在英国工业革命前夜，当时收入分配问题尚不严重，所以他并未把矫正市场自发形成的收入分配过于悬殊问题当作政府的职责。

对于斯密关于政府职责的原则性意见，约·斯·穆勒作了一些细节方面的补充，从而扩展了政府干预经济的范围。但是对于收入分配的政府干预，依然没有成为他考虑的重要方面。因为在古典经济学的范式之内，很难为政府干预收入分配找到理论依据。

而边际革命之后，功利主义最大多数人的最大幸福这一规范性目标和边际效用递减法则相结合，为政府干预收入分配提供了理论依据。所以在新古典经济学时期，关于政府应当干预收入分配及如何干预的观点很快发展了起来。从而使得政府的职责有了新的重要内容。这在奥国学派的维塞尔、萨克斯和瑞典学派的威克塞尔以及剑桥学派的庇古那里表现得特别突出。

同时马歇尔对于生产报酬递增和递减现象的分析，以及庇古对于经济活动外部性的分析，为政府干预经济提供了新的理由，政府的职责进一步得以扩张。

关于政府开支与税收

古典经济学时代，斯密关于政府税收和政府开支的原则性意见，成为以后有关税收、公债及政府开支理论发展的基调。

李嘉图通过对于税收对资本积累的不利影响的实证性分析，进一步坚持了斯密关于小政府的自由主义立场。尤其是他提出的关于税收和公债的等价原理，对于政府筹资问题做出了重要、深刻的分析。

穆勒关于政府税收和公债的观点，主要是从细节方面补充了斯密和李嘉图。

新古典经济学时代，从维塞尔开始，税收的着眼点更加注重于矫正市场经济所引起的收入不平等，累进税成为越来越多学者关注的重点。这一传统为瑞典学派的威克塞尔所继承。

萨克斯开创了关于税收的边际分析，论证了最优税收的条件，开创了关于税收问题的现代分析，具有重要意义。他所开创的这一分析传统影响了瑞典学派，产生了林达尔关于公平税收的观点，林达尔均衡这一概念的提出，为分析税收问题提供了重要的工具。

马歇尔税和庇古税的着眼点都是为了矫正市场自发势力对于资源配置效率的损害。

古典经济学时代，经济学家关于税收和公债问题的考虑，更多的是着眼于如何防止对于资本积累的危害。新古典经济学时代，税收理论出现两条并行的进路：一是考虑如何通过税收实现社会平等，体现在对于累进税越来越多的分析；二是为了避免对于效率的损害，分析了最优税收的条件，探讨如何实现最优税收。

关于政府行为的实证分析和规范分析

从古典经济学到新古典经济学，关于政府的筹资和开支的分析，基本上是一种规范分析，大都是告诫政府应当如何筹资与如何开支，以促进经济增长、保障资源配置效率、实现社会平等。而对于政府行为的实证分析比较少见。当然有一个重要的例外，就是巴斯夏。他实际上是以经济人假设为前提，对于政府行为进行了初步的实证分析，从而提出了关于政府的"两只手"的精辟论点；另一个是瓦格纳，他通过分析历史资料提出了瓦格纳法则。可惜这一实证分析的传统在整个 19 世纪都没有得到很好的继承，一直要等到 20 世纪以后，关于政府行为的实证分析才在公共选择学派那里得以大规模展开。

第十章 人口与资源经济学

第一节 古典经济学时期

马尔萨斯

在马尔萨斯以前，已有许多学者对人口问题作过探讨，并作出过一定的贡献，但都没有建立起人口科学的理论体系。第一个人口科学的理论体系是马尔萨斯在继承前人成就的基础上建立起来的。

对马尔萨斯人口理论有直接影响的主要是以下四人的思想观点：一是亚当·斯密关于资本（用于雇佣劳动者的生活资料）对劳动阶级人口制约的思想；二是苏格兰牧师罗伯特·华莱士（1697—1771）在 1761 年出版的《纵谈未来》一书中关于共产主义社会中人口将超过生活资料增长的思想；三是威尼斯修士扎马利亚·奥特斯（1713—1790）所提出的人口按几何级数增长，并把劳动阶级的贫困归咎于人口过分增长的思想；四是牧师唐森（1739—1816）所提出的人口增长受生活资料的制约，并有超过生活资料增长的趋势的思想。这些思想观点都直接为马尔萨斯所接受。

最初，马尔萨斯并不是从学术考虑出发撰写《人口原理》的，他的直接动机是反驳当时关于社会改革的思潮。具体来说就是反驳葛德文和孔多塞的思想观点。

葛德文的《政治正义论》一书，主张废除私有制，实行共产主义。为了论证共产主义的可行性，他反驳了华莱士关于共产主义将导致人口过剩的思想，提出两点理由：一是人们增加生活资料的潜力几乎可说是无穷大的；二是人们到一定时期将自觉限制自己的情欲，并深信理性最终将控制各种非理性的纯本能的欲望，包括繁殖的欲望。他还指出，社会的灾难和不幸，源于社会制度，源于私有制。

马尔萨斯在《人口原理》初版中，为了反驳葛德文关于人类理性将控制情欲的观点，提出两个公理作为他的整个人口原理的前提：第一，食物是人类生存所必需；第二，两性间的情欲是必然的，而且几乎会保持现状。然后，他又假定人口增殖力，比土地生产人类生活资料的能力，是更为巨大的。人口，在无所妨碍时，以几何级数率增加，生活资料，只以算术级数率增加。那么如何使占优势的人口增长受到抑制，与生活资料的增长保持平衡呢？他认为，起到抑制作用的是罪恶与贫困。于是他在初版中把自己的人口原理概括为三个相互关联的命题：第一，人口增加，必须受生活资料的限制；第二，生活资料增加，人口必增加；第三，占优势的人口增加力，为贫困和罪恶所抑压，致使现实人口得与生活资料相平衡。第一、二两个命题实际上是肯定了人口对生活资料的依存关系。第三个命题实际上是指出了这种依存关系的具体形式，即人口不是按被动的方式随生活资料的变动而变动，而是经常超过生活资料的增长，但超过部分又常常为贫困和罪恶所消灭，即人口与生活资料不是始终保持均衡，而是均衡一次次为人口增殖力所打破，但又一次次由于抑制力而达到新的均衡。

在初版中，马尔萨斯突出强调了人口依存于生活资料的具体形式，强调了贫困和罪恶在人口与生活资料之间波动式均衡过程中，作为占优势的人口增殖力的一个对立因素的不可避免性，以此来反驳葛德文等人关于人类社会将达到理想境界的观点。

从第二版开始，马尔萨斯对人口原理作了大量的归纳性研究，再次重复了第一版所提出的两个公理和两个增长级数的假定，并以此为基础两次提到他那以三个命题组成的人口原理。这里需要指出两点：一是他并没有认为两个级数是实际生活中人口和生活资料的增长情况，仅仅把它看作是不存在任何抑制时人口的增长和最有利于人类劳动时的生活资料增长；二是他在人口原理三命题中所谈的制约人口的生活资料，主要是可以由社会中的劳动群众所支配的生活资料。这一见解的直接推论：人口受到生活资料分配的影响，从而受到财产分配的影响，导致人口波动的不仅是既定分配份额下生活资料总量的变动，而且还有既定生活资料总量时劳动群众和上层阶级分配份额的变化。

从第二版开始，马尔萨斯对人口原理的进一步研究，主要集中在人口的抑制方式上。他首先分析了文化落后地区和古代及中世纪人口抑制的具体方式。这一分析构成《人口原理》第一卷的主要内容。第二卷着重分析了近代欧洲各国对人口的抑制。在此基础上，他对各种抑制人口的方式进行了分类。他首先指出，由于两个增长级数所导致食物的缺乏是对人口增长的最后抑制，但并不经常是直接抑制。他指出一国的资本和人口的增加会有一极限，但由于私有财产制度，这个极限与土地生产粮食的最大可能相去甚远。于是他就把抑制区分为两个层次：最后抑制和直接抑制。直接抑制包括一切似乎因生活资料的稀少而发生的各种风俗习惯和各种疾病，以及所有那些与生活资料的稀少无关的精神性质的或物质性质的，足以使人躯体未老先衰的原因。直接抑制又可分为两大类：预防的抑制和事后的抑制。预防抑制是人所特有的，是由人的推理能力产生出来的。它包括两种情况：道德的节制，即克制结婚同时又避免不正当性行为；罪恶性质的预防，即各种不正当的两性关系。预防的抑止通过降低出生率来减少人口。事后的抑制包括各种不卫生的职业、剧烈劳动、严寒酷暑、极度贫困、儿童的恶劣保育条件、城市的拥挤、各种过度行为、各种疾病传染病、战争、饥荒。事后的抑止通过提高死亡率来减少人口。事后的抑制又有两种不同的类型：一是由自然规律所造成的不可避免的抑制，即贫困；二是由人为因素造成的同样导致贫困的罪恶，如战争、暴行等。他还进一步把这两类抑制的各种具体情况综合成三条：道德节制、罪恶、贫困。下面用一简单的图形来说明他对人口抑制方式的分类：

马尔萨斯不仅对人口抑制的方式进行了分类，而且考察了从古代到近代，从文化落后地区到文明地区人口抑制方式的变化。他在第一卷的末尾总结了古代及文化落后地区人口抑制的特点：预防的抑制（无论是道德的节制或罪恶）一般说来，其作用要远远小于事后的抑制。在第二卷的末尾，他谈到了近代欧洲各国的人口抑制，认为与以前及比较不文

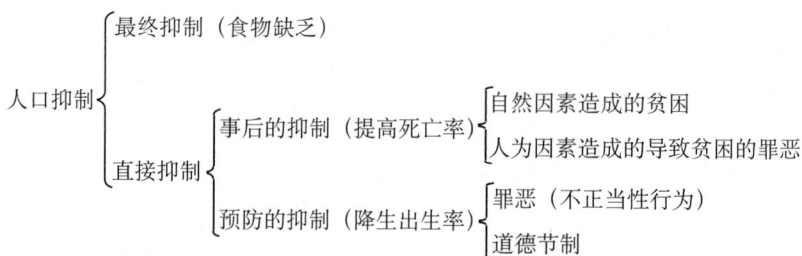

图10.1 本身为树状结构：

人口抑制
- 最终抑制（食物缺乏）
- 直接抑制
  - 事后的抑制（提高死亡率）
    - 自然因素造成的贫困
    - 人为因素造成的导致贫困的罪恶
  - 预防的抑制（降生出生率）
    - 罪恶（不正当性行为）
    - 道德节制

图10.1

明的地区相比，事后抑制有所减弱，而预防抑制相应增强。而在预防抑制中，道德的节制——出于谨慎的晚婚，起着抑制人口的主要作用。

从不文明到文明过程中人口抑制方式的转变，使马尔萨斯承认了人类理性的作用。他感到人口的抑制是比植物和无理性的动物的抑制更为复杂的；人一方面像其他生物一样有繁殖后代的本能，而另一方面理性又打扰这种本能。近代欧洲人口抑制的主要方式使他从第二版开始，对第一版作了一个重要的修订，即承认有一种既不属于恶习，又不属于苦难的人口抑制方法，即道德的节制。这一修订是他思想一个重要转轨，从不承认劳动群众有改善的可能到承认有这种可能，进而指出使这种可能转变为现实的具体途径。他从人口原理出发，从各种当时已经提出或已经实行的制度中，探讨了劳动群众获得改善的前景和途径。

马尔萨斯在谈到土耳其和波兰等国的下层人民贫困的原因时指出，这是由于土耳其政府的横暴和压迫，是由于波兰农奴制度。这表明了他一定程度上的反封建倾向。但他的基本倾向是强调人口因素，认为人口的过快增长是比任何制度因素都更重要的导致下层阶级贫困的原因。他认为贫困的主要的和最难消除的原因是与政府的形式或财产的不平等分配没有多大关系或没有任何直接关系。下层劳动群众困苦的主要原因是他们自身的不谨慎而引起的人数超过维持劳动的基金的增长。他之所以把人口看作是导致下层人民贫困的主要因素，并不意味着他否认贫困会由于其他原因，而是相信只消除其他的制度方面的原因，不解决人口过剩问题，贫困仍不可消除。

马尔萨斯把人口的过速增长看作是劳动人民贫困的最终的原因，因此他坚决反对社会革命，反对共产主义制度。

第二节 新古典经济学时期

杰文斯

杰文斯的第一部著作《煤炭问题》，是一部带有马尔萨斯倾向的杞人忧天的著作。在估计英国煤炭的储备量和煤炭消费的增长率的基础上，他得出了英国煤炭将要衰竭，煤价将要暴涨，从而英国经济将要停滞的悲观预测。事后证明他的预测有误，因为他低估了技术的进步和能源替代品的出现。但是他的预测失准也可能是因为他的悲观预测引起社会的警惕，及时采取防范措施的结果；是社会在他的警告下改变行为方式的结果。就像 20 世纪 70 年代罗马俱乐部的报告《增长的极限》所起的作用。所以从这个意义上讲，不能说他的预测毫无道理。因为这是一类自我否证的预测。

第三节 评论

一、对马尔萨斯人口原理的简要评价

人口问题在 19 世纪，是与贫困问题联系在一起的。人口过剩成为对于 19 世纪贫困现象的一种解释。

马尔萨斯人口原理的各个命题，都已为他的前人所提及。他的贡献在于把前人提到的零散见解进行综合，形成一个完整的人口原理，这就奠定了他在人口理论发展史上的地位。

马尔萨斯的人口原理揭示了人口数量对生活资料的依存关系，在人口数量的生物学意义的增长快于生活资料增加这一前提下，肯定了生活资料对人口数量的制约，指出了两者间的动态平衡。他的人口原理实际上是关于封闭社会中人口数量在相当长时间中的一般性规律。所谓封闭社会，是指那种不存在人口外向迁移，也没有外贸的社会。如果存在人

口外向迁移，则该社会可能不存在抑制人口的机制，同时该社会人口的增长也未必超过生活资料的增长。如果存在外贸，而且是输出工业品输入农副产品型的外贸，那么食物等生活资料的增长也未必落后于人口的增长。只有在封闭社会中，他的人口原理才可能表现出来。

所谓相当长时间，是指人口已经增长到一定技术条件下封闭社会的资源（尤其是土地）所能承受的极限。在此之前，人口的增长可能带来递增的报酬。

所谓一般性，是指人口原理所揭示的人口规律存在于任何时代任何社会，是超然于特殊社会制度之外的一种规律。也正由于这种一般性，使它不能充分解释各个特殊时代特殊社会独特的人口现象，如它无法解释19世纪中叶在西欧出现的人口革命（即人口增长率下降趋势），这种一般性的规律至多为这些特殊的人口现象提供了一种背景。

马尔萨斯的人口原理作为封闭社会中人口数量在长时期中的一般性规律，它的表述并不是没有问题的。他用几何级数和算术级数来说明人口生物学意义上的增加和生活资料的增加，未免失之粗糙。这种粗糙表述无疑成为一种障碍，使人们难以接受他的见解。但人口原理最大的不足在于他忽略了人口对生活资料的影响。在他的体系中，人口只是生活资料的被动因素，人口增加对生活资料的积极作用，尤其是人口素质提高的积极作用，完全被忽略了，这样，他的人口原理便显得不完全、不全面。

尽管有这类表述上的不足，但以令人注目的方式强调人口数量对生活环境的依存关系，是他的杰出贡献。每当人口数量与生存环境之间出现紧张局面时，马尔萨斯幽灵总会出现在人们面前。同时，人口超越生活资料的增加，也是几乎所有古老国家工业化过程中的现实，这些国家先后出现他所说的那种人口和生活资料的动态平衡。可见，不考虑作为前提的各种假定，人口原理实际上是古老国家工业化过程中人口现实的反映。也就是说，人口原理（不考虑其假定前提）适应于特定国家的特定时代。这正是他人口原理的魅力经久不衰的原因，同时也是它屡遭反驳的原因。因为它适应特定国家的特定时代，所以不处于该特定国家的特定时代的人便往往倾向于反驳它。对他人口理论的不同评论，实质上正是不同国度不同时代不同的人口现实的反映。

马尔萨斯的人口原理当然是有错误的。其错误之一，就是忽视了各社会、各时代特殊的人口规律，企图直接运用一般性的人口原理来说明特殊社会特殊时代的独特人口现象，尤其是运用人口原理来直接说明资本主义社会的人口过剩。虽然人口与生活资料之间由增长的不协调到协调的动态均衡是任何时代任何社会都存在着的现象，指出这一点是他的功绩，但两者增长的具体方式和两者之间从不协调到协调的动态均衡的具体形式是依时代、社会的不同而不同的。离开了对具体的历史的社会制度分配方式的分析，就无法说明特殊的人口现象，无法说明人口数量与生活资料之间动态均衡的具体形式。因此，他对于资本主义社会人口过剩的说明，甚至是从斯密的立场上倒退——斯密是联系资本主义的制度因素来考虑人口问题的。也不如他同时代的西斯蒙第——西斯蒙第对于资本主义的过剩人口是从制度因素上去寻找原因的。

马尔萨斯人口原理的错误之二，是他以为资本主义早期下层阶级的贫困只是他的一般性人口原理的必然结果。人口超过生活资料的增长，即使在一个消除了私有制的国家，也必然降低了大多数人的生活水平，这一点是无疑的。这说明他的人口原理可以成为人们贫困的一种解释。但在他的时代，人口的过快增长只能是劳动群众贫困的潜在原因，而现实的原因是资本主义制度。导致劳动群众贫困的原因是多重的，有制度的，也有人口的，每种原因的作用的重要性在不同时代不同国家是不同的。在他的时代，制度原因无疑比人口原因重要得多。人口的过快增长在任何时代，任何社会都会导致贫困（指出这一点是他的功绩），但贫困并不一定是人口过快增长的结果。人口过快增长只是贫困的充分条件，远非充分必要条件。他把绝对意义上的人口过剩与资本主义的相对人口过剩混淆了，从而把他那个时代劳动者的贫困看作是人口绝对过剩的结果，而不是制度的结果。

尽管有一些错误，马尔萨斯的人口理论所包含的生存竞争的思想，在19世纪的生物学家当中产生了重大影响。达尔文和华莱士各自分别独立提出了进化论，他们都表示自己重点受益于马尔萨斯。而他们二位所提出的"物竞天择、适者生存"的生物进化论，与马尔萨斯人口原理中的错误成分相结合以后，又为 19 世纪中后期出现的社会达尔文主义，准备了理论素材。

由于在英国工业革命的早期便率先指出了人类社会与自然资源（主要是食物）之间可能甚至必定出现的紧张关系，马尔萨斯实际上是当代资源经济学的先驱。

二、资源经济学的创立

严格来说，在整个 19 世纪，资源问题并不像它在 20 世纪那样引人注意。因为工业革命所显示出来的人类征服自然的巨大能力，使得大多数经济学家都对于未来充满信心。例如马克思就对于人类社会所可能受到的自然资源约束就估计不足，以为只要建立了社会主义，技术进步最终将会使得物质财富充分涌现，为按需分配消费品奠定物质基础。

在这种普遍的乐观气氛中，杰文斯独树一帜，率先强调以煤炭为代表的不可再生资源对于人类社会经济的约束。如果说马尔萨斯是资源经济学的先驱，那么杰文斯就可以称作是资源经济学的开创者。

由于杰文斯对于自然资源可能枯竭的忧虑，资源经济学的重要性被越来越多的经济学家所关注，终于到 20 世纪成为经济学大家庭中的重要成员之一。不可再生自然资源的最优开采率、如何节约它们的使用、如何提高其利用率、如何寻找替代品，就开始成为资源经济学的主要课题。

第十一章 经济体制理论

经济体制理论一直有两条线索，一条是论证或否定私有产权和市场，另一条是探索资本主义的起源。

第一节 古典经济学时期

约·斯·穆勒

穆勒指责现存资本主义社会中财富的分配是征服与暴行的结果，是不公正的，而且现存的财富法是故意要培养不平等，使一切人不能在赛跑中有公平的出发点。但他的指责是有保留的，他认为劳动者与那些由于祖先节约而能继承财产的人相比，固然处于不利地位，但如果资本家祖先不节欲，劳动者将更不利。他认为现在劳动与过去劳动（即节蓄的结果）两者是缺一不可的，资本家没有劳动者不能做任何事，劳动者没有资本家亦不可能做任何事。尽管有这些看法，他还是相信把人区分为劳动阶级和不劳动阶级的社会状态，既不是必要的，亦不是永久的。有不劳动阶级的社会状态，绝不能认为是公正的或良好的；任何人，除不能劳动或已依适当方法劳苦获得休养资料者外，皆须在人类生活的必要劳动中，负担一份。他否认资本主义的合理性与永恒性，这种态度促使他考虑人类未来应有的合理制度，促使他考虑共产主义。

穆勒在分配理论的开端就比较了私有制和公有制。他反驳了通常用来反对共产主义的几种论点。一种论点认为共产主义社会中人们没有工作积极性。他反驳说，积极性不高的问题，现存社会同样存在，或许更甚。而共产主义社会通过教育可以解决这个问题，训练大群人民，使他们认公众的利益为自己的利益，不是不能成功。而最适于培养这样感情的地方，就莫过于共产主义的社会。针对共产主义社会人们将纵欲而导致人口过剩的指责，他认为，在共产主义社会若由于人口过多而贫困，将不再会把贫困归结于雇主的贪婪和分配的不均，而将意识到人口过多的问题，从而自觉节制生育。他认为共产主义的真正困难是怎样把劳动合理地配置到各行各业，既不减少劳动生产率，又要符合平等观念。但是他认为这个问题在共产主义社会也是可以解决的，且不论如何解决，总比现存社会更平等更公正。他谈到，共产主义还只存在人们的观念中，人们更了解其难点而不知其好处，而它将如何组建以克服困难取得最大利益，人们还需进一步考虑。

穆勒同情共产主义，认为劳动和产品分配成反比的社会与共产主义相比，后者的困难可能都不足道。但是他已经敏锐地觉察到共产主义将可能出现的问题，在共产主义制度下还没有任何的个性庇护所，社会舆论是否会变成暴君的桎梏，每个人完全依存于所有的人和所有的人监督一个人，是否会把所有人的思想感情和行动弄成单调的清一色的。否定精神独创的社会不能称谓健康的社会。同时，他又认为现存的私有制都不是理想的私有制，而理想的私有制尚无出现过。他认为理想的私有制是把生产工具适当地分配于各个人，并且每个人都能得到自己劳动和节欲的结果，不存在现存社会中那种不劳而获，多劳少获的弊病，实行报酬与劳动保持比例的公平规则，且普及教育，社会的人数亦适中。他认为必须以这种理想的私有制与共产主义相比较，才能判定私有制和公有制谁更优越。

对现存资本主义制度的不满，对共产主义的同情，对理想的私有制的垂恋，这三者的结合使穆勒选择了改良主义道路。他是一个热心的社会改革者，同时是为了尽可能保护和强化个人自由和尊严的目的来参与社会改革的。他在《原理》第三版的序言中谈道："我希望，把社会主义当作人类进步的最后结果，这种论调，不至于被视为反对社会主义。对于社会主义，这一版认为重要的唯一反对，是人类一般尚无准备，特别是劳动阶级尚无准备。必须他们有充分智力或德行的制度，他们现在还是极不适宜的。现在的所有权法，不要使劳动的结果公平分配，但在我看，社会改良的伟大目的，就应该是教育人类，使个人有最大自由而劳动结果又有公平分配的社会状态，适合于他们。理智的及道德的教养一旦达到这种状态，最适于幸福又最能使人性止于至善的状态，是个人所有制度（这种制度，与现在的财产制度当然相去极远）亦是社会共有生产工具而实行计划分配的制度，是必须留给且亦可以安然留给那时候人去解决的问题。现在的人，没有资格解决它。"[1] 这段话可以认为是穆勒改良主义的总纲。

穆勒认为现存社会中许多被社会主义者痛恨的罪恶现象，其实并非理想私有制的必然结果。针对财富分布不均的现象，他主张通过立法来限制财产的继承权和赠予权，促成财富的分散而不是集中。也就是用法律手段来促成财富的均等化。同时他又认为，单靠平等制度是不够的，这种制度可以降低社会上层的生活水平，但不一定提高下层的社会水平。因此还必须限制人口。他认为只有限制人口，才有助于提高工资，保障劳动阶级。他反对用法定最低工资来提高工资，认为那将导致失业。他以美国为例说明雇佣劳动制度与人口过剩和劳动者的贫困没有必然联系，因而强调用普及教育的方法，用普遍地持续地提高整整一代人的生活水平，使之更重视生活水平的提高而不是生儿育女的方法，用解放妇女的方法，而不是用改变雇佣劳动制度的方法，来限制人口。

穆勒指责取缔工人联合的法律反映了奴隶主的非人道的精神，认为工人的联合不会妨碍劳动市场的自由。他认为工会是改良的发端。

穆勒考虑了经济制度的未来发展趋势，认为社会的进一步发展不是回复到以家庭为中心的产业制度，同时，大生产的效率与经济也无须继续把人分为利害冲突感情敌视的雇主雇工两大阶级，进步的趋势是以人人独立但互相合作的制度来代替雇佣劳动制度。第一步是建立利润分成的劳资合作制度，最终则是建立劳动者自行合作的制度。他以赞赏的态

---

[1] 穆勒:《穆勒经济学原理》，世界书局 1936 年版，第 3 页。穆勒:《穆勒自传》，商务印书馆 1935 年版，第 197—200 页。

度描绘了工人生产合作社的发展，肯定这是未来经济制度的发展方向。同时他也反对社会主义者对竞争的指责，强调造成罪恶的不是竞争，而是劳动隶属于资本，因而主张在未来的劳动合作社制度中，继续依靠竞争来促进生产的改良，经济的发展。这表明他的社会主义与马克思的社会主义有很大区别，或许与后来兰格的市场社会主义更接近。

第二节　新古典经济学时期

马歇尔

马歇尔从事学术活动的时期，正是英国由自由资本主义向帝国主义过渡的时期，自由竞争逐步被私人垄断所取代。这一转变给他的经济思想留下深刻印记，使他对资本主义经济的特征产生了不同于前人的看法，即不再把竞争看成是资本主义经济的特征，认为用'竞争'这个名词来说明近代产业生活的特征是不甚恰当的。应当用"经济自由"来概括资本主义经济的特征。对于竞争，他认为既要看到它促使人们保持活力和自主精神而有益于社会的一面，又要看到它的破坏性；对于经济自由，他也同样认为，既要看到自由企业制度对英国生产力的促进作用，也要看到它被那些缺乏教养的商人滥用而导致的罪恶。因此他认为应当由政府对于自由企业制度进行一定的干预，以增强自由企业制度好的作用并减少它坏的影响。他并且提出这种干预是需要由经济学家进行研究的实际问题。

马歇尔从事学术活动时期的英国，一方面仍然存在着许多贫富不均的现象，另一方面由于长期以来英国工业的发达以及废除谷物条例之后廉价农产品的大量输入，英国穷人的生活比产业革命前还是有所提高，比其他一些落后国家也要好。尤其是1850年以后，英国工人的平均实际工资开始上升，而工作时间则开始缩短，工人阶级的整体福利开始有所改善。

这种状况给马歇尔的经济思想留下了深刻烙印。由凯恩斯为他所写的传记可知，他曾经利用假期访问数个城市的贫民区，了解穷人的生活状况。正是出于对穷人的同情心，出于对工人阶级何以无法有更好生活条件的疑问，他才转向研究经济学，并使他把贫困是否必然的问题当作经济学应予最大关心的问题，把财富的分配不均看作是英国社会的一个严重缺点。另一方面他又认为，大部分技术工人已经不再属于下等阶级，其中有些人所过的生活已经比一个世纪以前的大多数上等人所过的生活更美好。在上述认识下，他提出渐进的改良主义。他的改良主义表现在两个方面：一是明确宣扬劳资合作。二是主张在保持私有财产权的基础上进行谨慎的改良，反对社会主义性质的变革。因为"一般的历史，尤其是社会主义冒险事业的历史，表明普通的人不能接连长时间地实行纯粹的和理想的利人主义；只有当少数笃信宗教的人的有力的热诚，使得物质上的关心与崇高的信仰相比变为无足轻重时，才有例外。"[1]

马歇尔早年曾经同情社会主义，但随着时间的推移，年龄的增长，他最后放弃了社会主义，转向有节制的即并不反对一切政府干预的自由主义。他反对社会主义的理由是认为公有制会挫伤人们的工作积极性和创新精神，从而阻碍经济进步，而这又是因为不可能使全体人民养成并长期保持利他主义的习惯。如若不然，公有制是会比私有制更高级的。他对于社会主义的这种态度正如熊彼特所指出的那样："他由于热心肠而愉快地同情社会主义理想，又由于有冷静的头脑而悠然自得地驳倒社会主义者。"[2]

巴罗尼

"集体主义国家中的生产部"是巴罗尼最出名的一篇论文的题目。在这篇论文中，他运用瓦尔拉斯—帕累托一般均衡分析方法，分析了集体主义制度下达到集体福利最大化的条件及其机制。

为了与集体主义制度相比较，巴罗尼首先建立了自由竞争制度（他称之为个人主义制度）下的一般均衡体系。该体系的已定量是各个人所拥有的生产要素（他统称之为资本）的数量、技术条件以及个人偏好。

---

[1] 马歇尔：《经济学原理》上卷，商务印书馆 1981 年版，第 30 页。
[2] 熊彼特：《艾尔弗雷德·马歇尔》，载《从马克思到凯恩斯十大经济学家》，商务印书馆 1965 年版，第 105 页。

由此可得：（1）整个体系在一定时间内可提供的 n 种要素的总量：Qs，Qt，…。（2）用 n 种要素生产 m 种产品（A，B，…）的技术系数：as，at，…；bs，bt，…。他强调，这些系数不仅取决于特定的技术条件，而且由于要素之间的替代性，它们还取决于生产成本最低化的条件。即取决于各种要素的相对稀缺性，因此这些系数是由既定的要素数量，既定的技术条件和既定的个人偏好三者共同决定的。（3）一定的价格体系与每个人对产品（包括生产要素直接提供的消费性服务）的需求与要素的供给之间既定的函数关系。他特别强调，这种函数关系可以经验事实为基础，不必以效用理论为基础。

以上是体系的常量和既定关系，表 11.1 给出体系的未知量：

产品	需求和产量 生产成本 价格	未知量 Ra, Rb, … πa, πb, … 1, Pb………	未知量数 m m $m-1$
现有资本	直接用于消费性服务的量 服务的价格	Rs, Rt Ps, Pt	n n
新资本	制造出的数量生产成本	Rn, Rk, … πn, πk, …	n' n'
	储蓄或积累的总额	E	1

表11.1

共有 $3m + 2n + 2n'$ 个未知量。

巴罗尼把体系所拥有的方程分为两类：一类是以 $m + n-1$ 个价格为自变量的函数，第二类是均衡方程。他遵照瓦尔拉斯法则，认为个人在 $m + n-1$ 个价格体系下所需要的产品量（ra, rb, …）和直接消费的要素的服务量（rs, rt, …）以及储蓄量（e）与所供给的要素的服务量（qs, qt, …）之间，满足下列关系：

$$Para + Pbrb + \cdots Psrs + Ptrt + \cdots + e = Psqs + Ptqt + \cdots$$

若价格体系不同，则个人所需要的各种产品的数量，直接消费的要素服务的数量以及储蓄也将不同。由此可总给出整个社会以 $m + n-1$ 个价格为自变量的 $m + n + 1$ 个需求函数，其中 m 个是产品的需求函数，

n 个是关于要素服务的需求函数，还有一个是关于储蓄 E 的需求函数。关于这些需求函数，巴罗尼并未给出具体形式。

巴罗尼给出了四组均衡方程。第一组表示生产的物质条件，共有 n 个方程：

$$Qs = Rs + asRa + bsRb + \cdots + hsRh + ksPk + \cdots$$

$$(1) \quad Qt = Rt + atRa + btRb + \cdots + htRh + ktPk + \cdots$$

······

其中 hs，ks，$\cdots$ 分别为用 n 种要素生产 n' 种新资本的技术系数。

第二组方程只包括一个方程，它表明储蓄全部用于制造新资本品。

$$(2) \quad E = \pi_h R_h + \pi_k R_k + \cdots$$

第三组方程表明最终产品和新资本的生产成本是生产要素服务的价格的函数，共有 $m + n'$ 个：$\pi a = asPs + atPt + \cdots$　　$\pi h = hsPs + htPt + \cdots$

$$(3) \quad \pi b = bsPs + btPt + \cdots \qquad \pi k = ksPs + ktPt + \cdots$$

······　　　　　　······

第四组方程表明自由竞争的特征之一，即最终产品的价格和新资本品的服务的价格等于其生产成本，共有 $m + n' - 1$ 个：

$$1 = \pi a \qquad Ph = \pi hPe$$

$$(4) \quad Pb = \pi b \qquad Pk = \pi kPe$$

······　　　　　　······

式中 Pe 为周转资本（自由资本）的价格，它同时又是资本的利息。

由四组方程及 $m + n + 1$ 个需求函数，共可得出 $3m + 2n + 2n' + 1$ 个方程，但其中有一个是非独立的。于是体系的未知量与独立方程的个数都是 $3m + 2n + 2n'$ 体系可得到确定解。

巴罗尼的这个体系，与瓦尔拉斯那个考虑资本形成时的一般均衡体系实质上一致。形式上的区别有三点：（1）瓦尔拉斯体系中，要素服务的供给量是价格体系的函数，而巴罗尼体系中是常数。（2）瓦尔拉斯体系中不显现关于要素服务的消费性需求的函数，而巴罗尼体系中则显现。（3）瓦尔拉斯体系中不区分产品的成本方程和价格方程，二者合而为一套方程，而巴罗尼体系则区分为两套方程。之所以把上述区别称之为形式上的，是因为考虑到：(1) 从巴罗尼体系中作为常数的要素服务供给量中，减去作为价格体系的函数的对要素服务的消费需求，便可得到可用于生产产品的要素服务的量，它们显然是价格体系的函数，而这套函数便正好是瓦尔拉斯体系中的要素服务的供给函数。(2) 巴罗尼体系中的产品价格方程组与生产成本方程组可合并为一个方程组，而这就是瓦尔拉斯体系中的产品价格方程组。

关于集体主义制度，巴罗尼首先作了下述制度性假定：(1) 有 l 项资源仍是个人财产，记作 M, N, $\cdots$。$n-l$ 项资源为国家的集体财产，记为 S, T, $\cdots$。(2) 没有货币，从而没有以货币计的价格，但生产部仍然要规定不同服务（包括社会化资源的服务）、不同产品以及产品与服务之间的相对价格。(3) 由于社会化资源的服务也有相对价格 (λs, λt)，故整个社会由社会化资源所得到的总收益为 $Qs\lambda s + Qt\lambda t + \cdots = x$，其中 Qs, Qt 为社会化资源 S 和 T 的数量。(4) 在人民意见一致的条件下，总收益 $x (= Qs\lambda s + Qt\lambda t + \cdots)$ 按一定的分配制度直接分配给每个人，每个人得到 γx 量。γ 对于每个人都可能不同，但 $\Sigma \gamma = 1$。(5) 为了鼓励储蓄，生产部对延迟消费实行奖励，并通过奖励率（即利率）的变动来调节整个社会的储蓄量，以使之适应新资本形成的需要，同时规定个人储蓄的使用权只能由生产部行使。(6) 个人收入由两部分相加而成：一是用自有资源的服务换得的，二是 γx。个人用这些收入按相对价格和延迟消费的奖金率自由地换取各种消费品和用于消费的社会化资源的服务。并自由地决定消费和储蓄之间的比例。于是对每个人来说，下述关系式成立：

$$ra + \lambda brb + \cdots + \lambda srs + \lambda trt + \cdots + e = \lambda mQm + \lambda nqn + \cdots + \gamma x$$

式中 λ 为相对价格，$\lambda a = 1$, qm, $\cdots$ 为个人所出售的自有资源的服务量。上式右端为收入量，左端为开支加储蓄。

在上述 6 项制度性假定下，巴罗尼首先分析了集体满足最大化的条件。他认为，当集体主义的生产部在始终满足前述方程组 (1) 的条件下变动相对价格时，将使每个人对产品的需求和消费服务的需求发生变化。

这种变化表现为上式左端的相应变动。

$$\Delta ra + \lambda b \Delta rb + \cdots + \lambda s \Delta rs + \lambda t \Delta rt + \cdots + \Delta e$$

这一变动的总和可记为 $\Delta\theta$，当 $\Delta\theta$ 为正（负）时，意味着个人境况的改善（恶化）。

巴罗尼进一步指出，若生产部选择了这样一套相对价格，对它作任何进一步的变动，都将使所有人的 $\Delta\theta$ 为负，则这套相对价格便无疑是导致集体满足最大化的价格。但他认为这样一套相对价格是不存在的。因此他提出，只要生产部找到这样一套相对价格，对它作任何进一步的变动都将使所有人的 $\Delta\theta$ 的总和 $\Sigma\Delta\theta$ 小于 0，即一部分人的改善不能抵消另一部分人的恶化。则这套相对价格便可算作集体满足最大化的价格，于是 $\Sigma\Delta\theta = 0$ 便是集体满足最大化的条件。他指出：

$$\Sigma\Delta\theta = \Delta Ra + \lambda b \Delta Rb + \cdots + \lambda s \Delta Rs + \lambda t \Delta Rt + \cdots + \Delta E$$

而其中的 ΔE 又等于 $\Delta h \Delta Rh + \Delta k \Delta Rk + \cdots$。其中 Δh，Δk，$\cdots$ 分别为制造新资本品 H，K，$\cdots$ 为一单位所需要的储蓄量。由此集体满足最大化的条件又可写成：

$$\Sigma\Delta\theta = \Delta Ra + \lambda b \Delta Rb + \cdots + \lambda s \Delta Rs + \lambda t \Delta Rt + \cdots + \Delta h \Delta Rh + \Delta k \Delta Rk + \cdots = 0$$

巴罗尼指出，由该条件可推出四套集体满足最大化的条件：

a. 假设产品 B 增加了产量 ΔRh，生产 ΔRb 所需的资源服务只能靠减少这些资源的消费性服务来得到，于是 $\Sigma\Delta\theta = \lambda b \Delta Rb - (\lambda sbs + \lambda tbt + \cdots) \Delta Rb$。当 $\Sigma\Delta\theta = 0$ 时，$\lambda b = \lambda sbs + \lambda tbt + \cdots$。以此类推，可得到关于 λa，λb，$\cdots$ 的一套集体满足最大化的条件：

$$\lambda a = 1 = \lambda sas + \lambda tat + \cdots$$

[I] $\quad \lambda b = \lambda sbs + \lambda tbt + \cdots$

……

该条件的经济含义是该产品的价格要等于其生产成本。

b. 假设新资本品 H 增加了产量 ΔRh，生产 ΔRh 所需的资源服务只能靠减少这些资源的消费性服务来得到，于是 $\Sigma\Delta\theta = \Delta hRh - (\lambda shs + \lambda tht + \cdots) \Delta Rh$。当 $\Sigma\Delta\theta = 0$ 时，$\Delta h = \lambda shs + \lambda tht = \cdots$。以此类推，

可得到关于 Δh，Δk，…的一套集体满足最大化的条件：

$$\Delta h = \lambda shs + \lambda tht + \cdots$$

[Ⅱ] $\Delta k = \lambda sks + \lambda tkt + \cdots$

……

该条件的经济含义是制造新资本品 H，K，…一单位所需的储蓄量等于这些资本品的生产成本。

c. 假设技术系数 bs 增加了 Δbs，由于替代关系，这意味着 bt 减少了 Δbt，即生产中用 S 替代了 T。于是 $\Sigma\Delta\theta = \lambda s \Delta bs + \lambda t \Delta bt$，当 $\Sigma\Delta\theta = 0$ 时，$\lambda s \Delta bs + \lambda t \Delta bt = 0$。以此类推，可得到关于技术系数的一套集体满足最大化条件：

[Ⅲ] $\lambda s \Delta bs + \lambda t \Delta bt = 0$

……

d. 关于储蓄 E 的集体满足最大化的条件：

[Ⅳ] $\lambda h/\Delta h = \lambda k/\Delta k = \cdots\cdots\lambda e$

λe 为储蓄的利率。该条件意味着 E 在各种新资本品的生产中的配置是最佳的。

上述集体满足最大化的条件：[Ⅰ]、[Ⅱ]、[Ⅳ] 恰好就是自由竞争下一般均衡体系中的均衡方程组（3）和（4）。而 [Ⅲ] 正是成本最低化的条件，由此巴罗尼得出三点结论：（1）集体主义国家中的生产部为了实现集体满足最大化的目标，即 $\Sigma\Delta\theta = 0$，必须继续保留价格（包括非劳动的生产资源的价格）、工资、利息、地租、利润等经济范畴，必须按下述原则组织生产活动：a. 生产成本最小化；b. 最终产品和新资本品的相对价格应等于其生产成本。（2）集体主义制度下为实现集体福利最大化所需求解的方程组体系与自由竞争制度下实现一般均衡的方程组体系完全一样。因为两者都包含以价格为自变量的 $m + n + 1$ 个需求函数，以及四套平衡方程，其中第一套方程（1）是生产的物质条件，不论哪种制度都须遵守，而另外三套平衡方程则为集体主义生产部在追求集体满足最大化时所必须求解的。（3）由第 2 点结论可知，集体主义制度下的一般均衡体系也是完全确定的：方程数等于未知量数。

巴罗尼进一步分析了集体主义制度下实现均衡，即实现集体满足最大化的机制。他指出由于集体主义制度也必须遵从的方程组〔I〕（物质生产条件）共有 n 个方程，而待求的相对价格有 $m + n - 1$ 个，故肯定有无限个相对价格体系都满足方程组〔I〕。因此可以任选其中一个解作为出发点，然后观察由这个解过渡到另一解时，$\Sigma\Delta\theta$ 的变化，只要 $\Sigma\Delta\theta$ 不等于零，就不断地调整价格体系（在满足方程组〔I〕的范围里），直至 $\Sigma\Delta\theta$ 等于零为止。

巴罗尼进一步指出，只要生产部进行大量的组织活动，充分了解每个人对各种产品和服务以及储蓄的需求函数，那么在技术系数不变的前提下，是可以用数学方法解出实现集体福利最大化所需要的价格体系的。因为在技术系数不变的前提下，生产部面临的只是一个线性方程体系，从理论上讲，用数学方法求解是可能的。求解时的困难只是在于众多的个人和众多种类的货物所造成的巨大数量的线性方程。然而，由于要素之间的替代性，技术系数不可能是外生的不变量。它将随着生产要素的服务价格的变化而变化，以适应生产成本最小化这一条件。于是在追求集体满足最大化时，生产部所面对的便不再是一个由线性方程组成的体系，而是一个包含着非线性方程的体系。因此，导致最大集体福利的均衡价格体系是不能用数学方法先验地解出的。只能通过试错法，通过不断地变动价格体系来逐步逼近最大集体福利的均衡状况。而在这一逼近过程中，那些高成本企业的破产将像自由竞争条件下一样不可避免。

除了上述对最大集体福利均衡的条件的分析及实现均衡的机制的分析之外，巴罗尼还有三点值得重视的看法：（1）对于最大集体福利这一目标来说，总收益 x 的直接分配比间接分配更有利。这里的间接分配是指通过不规定社会化资源的服务价格，从而降低产品价格所实现的分配；而直接分配是指首先按均衡价格确定总收益 x 的数量，然后按某种一致同意的方式把 x 直接分配给每个人。（2）对于最大集体福利这一目标来说，取得积累资金的最好方法是首先把总收益 x 全部分配给个人，然后通过适当的利率来形成积累所需要的储蓄；而不是由生产部首先截留一部分 x 作为积累资金，再把剩余的 x 分给个人。(3) 总收益 x 的分配的变动，将引起最大集体福利的均衡值的变化。这意味着 x 的分配方式是集体主义制度下最大集体福利均衡的参数变量。

巴罗尼上述思想的主要贡献之一在于证明了瓦尔拉斯—帕累托一般均衡分析不仅适用于自由竞争的个人主义经济，同样也适用于追求集体满足最大化的集体主义经济；在这两种经济中，资源合理配置的条件是相同的；从而深刻揭示了这两种经济内在的同一性。主要贡献之二在于指出了追求集体满足最大化的集体主义经济必须具备哪些制度性特征（如保留价格体系，给社会性资源同样规定均衡价格，社会性资源所带来收入的分配方式，消费者自由选择等等）及哪些行为准则（如生产成本最小化、价格等于生产成本）。主要贡献之三是指出集体主义经济实现集体满足最大化的机制，不是通过事先的精确计算来获求均衡价格体系，而是用试错法不断逼近均衡。因此，其逻辑的结论必然是需要市场机制。由于这三方面的贡献，巴罗尼的上述思想完全可以称作是后来 O. 兰格的市场社会主义模式的先驱。

巴罗尼所缺少的只是没有给试错法规定具体准则，没有指出试错过程中价格以什么为依据进行调整，向什么方向调整。而兰格则明确指出应根据商品的供求态势来决定价格是否调整以及向什么方向调整，从而为试错法规定了具体准则。巴罗尼的重点是强调了集体主义经济中最大集体福利均衡与自由竞争均衡的同质性，而兰格的重点则是为实现均衡的试错法规定具体准则。

尽管 O. 兰格在 20 世纪 30 年代提出的市场社会主义模式极为接近巴罗尼的集体主义经济，但由于资料所限，我们无法断定兰格是在了解巴罗尼的思想之后提出市场社会主义模式，还是在事先并不了解巴罗尼的思想的情况下，独立地然而几乎是重复地提出了他的思想。但不论哪种情况，为了纪念巴罗尼的贡献，应当把市场社会主义模式称作巴罗尼—兰格模式。

米塞斯

一、经济自由主义

米塞斯在他 1927 年发表的《自由主义》（中文版译名为《自由与繁荣的国度》）一书中全面概述了他的自由主义观点。他认为自由主义的纲领可以概括为三个字：私有制，即生产资料的私有制。他强调，在实行劳动分工的社会里，人类相互合作的唯一可行的制度是生产资料的私有制。私有制为个人创造了一个不受政府控制的领域，成为个人自由和自治的基础，对人类物质进步和精神文明发挥了深远影响。在这种意义上可以将私有财产称之为个人发展的基本条件。同时，他强调，是资本主义中的自由导致技术进步，而不是技术进步导致资本主义。这种观点可以说是新制度经济学的先驱。

米塞斯主张自由劳动，自由贸易以及自由迁移。他认为自由劳动之所以比奴隶制劳动更值得追求，并非是出于慈善观点，而是因为自由劳动可以创造远远高于奴隶劳动的生产率。同样，他为自由贸易和劳动力自由迁移所提供的依据也是它们比贸易保护制度、禁止劳动力迁徙制度更具有效率。

米塞斯从自由主义的观点出发，强调法律面前人人平等，反对任何形式的特权，认为人人都有参与经济生活和社会生活的权力。但他并不主张收入平等和财富平等，因为收入平等将降低财富的总量。财富的总量是与收入分配方式密切相关的。同时，收入分配的不平等还有第二个功能，即它造成富人的奢侈行为，而这种行为鼓励了消费水平的提高，刺激了工业的发展，是经济生活的动力源之一。概括地讲，他主张法律面前的平等，但反对收入的均等化。他认为只要废除了特权，私有制并不会导致不同地位的凝固化。在自由社会中，有钱的富有人也必须不断改进自己的生产方式，以确保自己的财富，否则便会被竞争所淘汰。

米塞斯从自由主义的观点出发，认为政府的任务是：保护私有财产，保护自由，保卫和平。他坚决反对政府对私人活动领域的干预，认为这种干预一旦开始，就意味着要有越来越多的干预，直至接受极权主义的经济计划原则。政府一旦干预商品的价格，为之规定最高水平，就会导致短缺。为了消灭短缺，政府就必须进一步干预供给，干预生产，最终将发展为对各种商品的生产和价格进行干预。

米塞斯从自由主义观点出发，认为要有效地限止政府对私人生活的干预，就必须实行民主制度，使一般的公众有权力选择政府。他认为民主是一种使公民能够在不使用暴力的前提下让政府符合自己意愿的形式。否则，人民只能通过暴力、革命和内战来选择政府，而这将意味着极高的社会成本。

米塞斯从自由主义出发，主张在思想领域实行宽容，建立一个个人可以按照自己所选择的世界观和道德标准来塑造个人生活的社会，政府在世界观上保持中立和宽容的态度，同时制止任何人任何团体将自己的观念强加给别人的企图。概括地讲，他认为自由主义就是要允许思想观念上的多元化。

二、共产主义经济运行机制

奥地利学派有一个分析共产主义经济运行机制的传统，这一传统在门格尔那里已初见端倪，他提出共产主义的物质基础是所有财货都不再具有稀缺性。维塞尔和庞巴维克对共产主义的物质基础的看法不像门格尔那么苛刻，承认共产主义仍然可能存在着稀缺财货。他们主要是对共产主义经济应当如何运行进行了推测。维塞尔重点考虑了资源配置问题。根据对产品价格和要素价格的经济功能的看法，他提出即使共产主义的管理是尽善尽美的，管理者都是廉洁的，公民都是无私的，同时其他失误也不存在。但只要产品要素（尤其是土地和资本）具有稀缺性，那就仍然应当有由边际效用决定的产品的自然价值，应当有由边际生产力决定的自然利息和自然地租。若不按稀缺的非劳动资源的边际生产力确定其价值，不把这种价值记入产品价值中，单纯按劳动耗费决定产品价值，则将无助于非劳动的稀缺资源的有效利用，无法合理地解决它们的配置问题。当然共产主义的地租和利息将不再成为私人收入，不再是分配范畴，而是纯粹的经济核算范畴。庞巴维克重点分析了共产主义社会中的积累问题及利息的功能。根据对利息的控制生产迂回程度的经济功能的看法，他提出，共产主义也将有利息，如果计划当局不愿犯重积累轻当前消费的错误的话，共产主义的利息将具有控制生产迂回程度的经济功能，但不再是少数人的收入，而是全体人的收入。同时，若个人收入的分配按工作成果的大小来进行，则利息还将具有另一功能，即把需要较长时间才能获得的工作成果贴现为现值，以便比较在不同迂回方式中进行工作的劳动者的工作成果。维塞尔、庞巴维克两人对共产主义经济应当如何运行的上述看法无疑对米塞斯有着重大影响。

　米塞斯于 1922 年，也就是苏俄战时共产主义接近尾声的时候，发表了《社会主义：经济学和社会学分析》一书。该书共分五编，分别从社会、政治、经济、文化诸方面分析了社会主义。在 1927 年，他又出版了《自由主义》一书，在这两本书中，他关于社会主义经济制度的基本结论是：由于每个工作者的收入并不取决于其贡献，因为他的全部工作量只是整个社会工作量的一个极小部分，故全社会的工作总量不会因他们懒惰而受到明显影响。一旦这种想法普遍化，社会总产量将受到明显影响，社会主义将因为普遍的偷懒而降低效率。在经济方面，他的基本结论是，由于缺乏生产资料的私有制，缺乏建立在私有制基础上的市场，缺乏在市场中自发形成的、反映了消费者主观偏好和资源的客观制约的、商品和生产资料（要素和半成品）的价格，社会主义经济在动态条件下不可能做到合理的经济计算，从而不可能合理配置稀缺资源，使既定资源条件下消费者的满足最大化。因此，社会主义经济不可能是一种合理的经济。他还进一步论证说，社会主义也无法通过建立人为的产品市场，并让经理人员追求利润最大化来实现资源的有效配置。因为社会主义不可能允许存在资本市场，不可能允许存在活动在资本市场上的资本家。这就使资本这一最重要的稀缺资源的合理配置无法实现，社会主义可以做到使企业经理们模仿资本主义条件下的同行的行为，但却不能找到执行资本主义条件下的资本家所执行的职能的人。这种职能便是权衡收益和风险来决定积累多少资本，以及把这些积累的资本投向何方。他通过对官僚主义的分析，对国有企业的低效率做出了深刻分析。他认为国有企业往往不能像私营企业那样以利润为唯一目标，必须兼顾其他政府认为主要的目标，这就导致了经营效率的低下。同时，作为官僚机构的一部

分，上级部门很难对国有企业的工作业绩做出客观公允的判断。最后，
上级部门很难对国有企业的领导人的业绩作出公正的判断，因为他们往
往是上级指令的执行者，而不是独立的决策者。政府对经济生活的干预
将导致企业的官僚化倾向，而这种倾向将导致经济活动的低效率。

米塞斯对社会主义的批评，直接引发 30 年代西方经济学家中关于社
会主义经济的一场大论战。这场论战一方面导致后来哈耶克对社会主义
所做的深刻批评，另一方面则使意大利经济学家巴罗尼对社会主义经济
运行机制的分析得到后人应有的重视，第三方面则是使既精通西方经济
学也熟谙马克思主义经济学的波兰经济学家奥斯卡·兰格提出了他那著
名的社会主义经济的分权运行模式。兰格以半是讥讽半是感激的心情写
道："一方面表示承认他的贡献，一方面经常提醒健全的经济会计的头等
重要性。麦昔斯（即米塞斯——著者）教授的像应当在社会化部或者社
会主义国家的中央计划局的大厅里占一个光荣的位置。"[1]

桑巴特

桑巴特（Werner Sombart，1863—1941）的研究对象，继承德国历
史学派的传统，是社会经济制度的演化，尤其是资本主义经济制度的历
史演化。同时，对于当时正在兴起的社会主义，他也保持了一定的兴趣。
他认为国民经济学是经济制度的学说，国民经济学基本的概念是经济制
度的概念，是一种一定种类的经济方法，即经济生活中一种一定的组织，
在这种组织里面受一种一定的经济意识的支配，并有一种一定的技术的
应用。他又认为一切经济制度都是在历史过程中逐步形成的，因此国民
经济学为一种历史的社会科学，它是以因求果的。

在研究对象方面，桑巴特像其他历史学派经济学家一样，对于奥地
利学派所关注的市场运行机制或者说资源配置的价格机制，并无多大兴
趣。可以说，虽然都被称作是经济学家，但是桑巴特等人研究的"经济"
与奥地利学派所研究的"经济"，实在是差别甚大。用今天的术语来讲，

---

[1] 奥斯卡·兰格：《社会主义经济理论》，中国社会科学出版社 1981 年版，第 1 页。

前者研究的是经济制度的演化，而后者研究的是某一种经济制度——市场制度。

桑巴特的研究方法，与纯粹的历史学派有一定距离，不再是单纯罗列历史事件和数据，而是有一定的理论概括，对于"抽象的理论的"和"经验的历史的"这两种研究方法，他认为必须把它们联合起来，才构成对于经济学的完整研究。他力图从欧洲各国的发展过程中归纳出资本主义经济制度演化的一般性规律或一般性因素。他对于导致资本主义兴起的各种因素，如奢侈、犹太人、战争等等，采用了所谓的"探照灯"方法进行了聚焦式考察，每次集中于问题的一方面。

桑巴特认为一定时期的经济制度是由该时期的精神所塑造的，因此他尤其努力找出一种曾经支配一定经济时期的精神——这个时期的经济生活是由这种精神中形成出来的——并追求它的效果。在不同的时代中，各为一种不同的经济意识所支配，凡予自身以一种适合的形态，并因此创造经济组织的，是精神。由此可以推断，他实际是认意识精神的变化是经济制度变化的根源。

一、现代资本主义的兴起

关于经济阶段的分期，桑巴特认为存在着经济体制纯粹的时期和混杂的时期，前者是一种经济体制占据统治地位的时期，而后者是几种经济体制同时存在相互竞争的时期，它往往是一种经济体制即将成为主导同时其他经济体制即将消失的过渡时期。他反对把重大政治事件——如17世纪的英国革命和18世纪的法国大革命——作为不同经济阶段的分界点。他认为英国革命与法国革命并未促进资本主义的发展，反而是起到了迟缓作用。同时，由于欧洲各国资本主义发展并不同步，因此从整个欧洲来看，广义的早期资本主义大约从13世纪中叶开始到19世纪中叶为止，即整个欧洲范围内开始出现资本主义萌芽到资本主义在几乎所有欧洲国家取得主导地位；而狭义的早期资本主义大约自15世纪中叶到18世纪中叶，即资本主义萌芽在英国开始出现到占据主导地位。

（一）欧洲中世纪经济

桑巴特认为，早期资本主义阶段是一个过渡阶段，其中即有将要发展壮大资本主义的萌芽，也有即将消亡的旧经济形态——欧洲中世纪的自足经济。他对于资本主义经济制度的研究，是以欧洲中世纪的自足经济开始的。他首先描绘了欧洲中世纪的自给自足的庄园经济和修道院经济，然后分析了这种自足经济由于什么原因而转向交换经济。

桑巴特首先澄清了两组概念，指出自足经济与自然经济不是同一物，和交换经济与货币经济不是同一物一样，互相对峙的东西也不是自足经济与货币经济，自然经济与交换经济，而是自足经济与交换经济，货币经济与自然经济。然后，他指出了自足经济向自然经济演化的几个因素：（1）专业商业集团的兴起；（2）11 世纪以后由于农业技术的进步而引起的整个社会财富的增加；（3）地主经济的演化，地租货币化，庄园管理体制的变化；（4）与东方越来越频繁和密切的关系，引起的对享乐生活的追求；（5）教会和修道院共产生活的解体；（6）10、11 世纪贵金属——尤其是白银——生产的恢复。他尤其强调了贵金属的巨大影响。

桑巴特分析了中世纪城市的产生和发展。他认为中世纪城市的早期都属于消费性城市，即不是用自己生产的产品交换生活用品来维持生活的城市。而这种消费城市的创立者就是那些依靠地租生活的王公贵族地主教士，他们是促使城市兴起的原始因素。除了他们之外，城市中还有一批他称作是充实者的人，即那些为王公贵族地主服务的手工业者和商人。他否定城市商业起源说，认为中古时代的城市（在经济上）是收取地租和收取赋税者的创造物；商人只是因他们而存在。

桑巴特用了大量篇幅描绘了中世纪的手工业和商业的各种组织形式以及各个组织之间的关系，并对它们区别于资本主义工商企业的特征进行了概括，即通过行会契约，要求每个同伴在祖传的方法中建立他的工作，应当确得一种收入，保证一种糊口之资。努力争取一种尽可能大的销路，防止邻近的侵袭；关于同伴的份子作同等的有秩序的分配，所以对内对外都要排除任何竞争；这是一切前资本主义的商业所立足的一种基础。可以说，排除同行之间的竞争是最主要的特征。

（二）现代资本主义

桑巴特首先定义资本主义是指一种一定的经济制度，具有以下的特征：它是一种交通经济的组织，在此项组织中通常有两个不同的人口集团对峙着：给生产手段的所有人和无产的纯粹工人，前者具有指导权，为经济主体，后者则为经济客体，他们经过市场，互相结合，共同活动，此项组织并且受营利原则与经济的合理主义的支配。定义中特别强调了三点，劳资关系、营利目标和理性计算。这个定义更确切地讲是关于资本主义企业的定义。他进而从企业的活动内容、资本的形成方式、企业家对工人的地位、企业家对公共权力的地位四个方面对资本主义企业进行了分类。他概括了资本主义企业家的职能：组织企业生产、从事商业贸易、理性计算实现节约。

桑巴特认为现代资本主义是由欧洲精神的深处发生出来的。这种启动资本主义产生的精神，是企业家（往往同时又是外贸商人、冒险家、海盗）追求征服与营利与城市市民追求秩序与保存（勤俭、守约）这两股精神的结合，对于那由企业的精神和市民的精神组成一个统一的整体的心情称为资本主义的精神。这种精神创造了资本主义。他的这种观点可以称作是资本主义起源的精神论。

当然桑巴特并非天真地认为单凭这种精神就产生了资本主义，那么这种精神又是借助于什么条件才推动来了资本主义的产生呢？他提出最重要的三个条件：以军队为核心的国家、技术的进步和贵金属的生产。国家凭借军队实行对外扩张，侵略殖民地，为资本主义创造了一个巨大的市场；技术进步使得大规模生产和远距离运输成为可能；贵金属增强了营利冲动，改善了计算方法，使资本主义的营利精神有了物质凭借。这三个条件一方面直接推动了资本主义的兴起，同时又间接引发了其他一些促进资本主义的因素：市民财富的积累、社会需求的新发展、劳动力的获得以及企业家阶层的兴起。

可以用图 11.2 来表达桑巴特关于资本主义兴起的原因分析。

图11.2

桑巴特《现代资本主义》第一卷后面的内容就是详细展开对这些影响因素及其具体影响机制的分析。下面择其要点简单介绍。

桑巴特描绘了资本主义兴起之初政府的规制理念和所制定的重商主义政策。他认为中古时代经济生活的第一种基本观念是：没有人得经营产业，因为他须从上面获得对于此事的权力，从君主国家接受这种权力，然第二种基本观念的严厉也不减于第一种：即每个人须按照上峰的指示去规正他的（经济）行为。为称第一种基本观念为特权的基本观念，第二种基本观念为规划的基本观念，整个早期资本主义时代仍然立于它们的拘束之下。就是说，一个人可以做什么，如何做什么，都受到政府的干预。在这种理念的拘束下，政府的重商主义政策包括：（1）对生产活动和商业活动的特许权的颁发和规定，它往往导致独占；在对外贸易中，这种政策就表现为贸易保护。（2）对特定生产和商业活动进行奖励和扶助。（3）对于产业和产品的各种具体规制，规定产业的发展，规定产品的规格和质量；而这些规制通常依赖政府控制的行会来贯彻。

桑巴特分析了资本主义兴起之初政府的殖民政策，认为那不过是把中世纪城市与乡村的关系放大为母国与殖民地的关系。在这种关系中，政府往往规定殖民地的必须按照母国的需要生产产出并只能输往母国，另一方面则是必须购买母国的产出，使用母国提供的运输工具。这种殖民政策与前述重商主义政策是互相配套的。

桑巴特谈到了宗教宽容、人权观念的普及以及商法、公司法的订立对于资本主义兴起的影响。

桑巴特格外看重贵金属生产对于资本主义兴起的影响，每当新的金矿一经开发，资本主义在新的发展中是昂首前进；每当黄金的潮流削弱的时候，资本主义即陷入虚弱的状态中；它的发育停顿了，它的气力减少了。

值得肯定的是桑巴特在分析资本主义财富的积累时，强调了海盗抢劫、奴隶贩运、奴隶劳动是重要原因，并以大量的历史资料和数据论证了这一点。

桑巴特以"物品需要的新形态"为标题，考察了社会需求对于资本主义兴起的影响。在这些社会需求中，他首先谈到了奢侈需求，由宫廷奢侈需求所带动的整个社会的奢侈需求，是刺激资本主义兴起的重要因素之一。他还对奢侈进行了分类，即单纯追求消费数量的增加和追求消费品品质的提升。他称前者为浪费而称后者为精美。他认为，奢侈促进了当时将要形成的经济形式，即资本主义经济的发展。他指出中世纪以后的几个世纪里，普通商品的需求没有什么变化，因此对资本主义的发展就没有多大影响，而奢侈，更准确地说是对奢侈品需求的增长在现代资本主义的起源中扮演了一个重要的角色。之所以重要，是因为奢侈品消费促进了贸易与工业的发展，改进了贸易和工业的组织形式，在对此进行详细描绘之后，他的结论是"巨大的奢侈消费导致了工业的根本变革，而这种变革又进而对现代资本主义的发展产生极大的推动作用。"[1]针对那种认为是市场在地理上的扩张导致资本主义工业的论点，他列举了四点理由论证是奢侈品工业的发展催生了工业资本主义，奢侈，它本身是非法情爱的一个嫡出的孩子，是它生出了资本主义。

---

[1] 桑巴特：《奢侈与资本主义》，上海人民出版社 2000 年版，第 210 页。

此外，桑巴特还认为，军队对于武器、食品、服装等方面的大规模需求，还有大城市的公共需求、殖民地的需求，都对资本主义的形成作用不小。他能够看到需求尤其是奢侈对资本主义兴起的作用，确实有一定见地，比单纯从供给方考虑资本主义兴起的观点全面多了。在这方面，他可以说是强调奢侈正面功能的从曼德维尔到后来凯恩斯这一长串人物中间的一个。

桑巴特探讨了适应资本主义需要的劳动力的来源，指出在英国有两件事情特别增加了这种劳动力的数量，一是 1450—1550 年为了发展畜牧业而产生的圈地运动，二是取消赋有济贫功能的修道院。但认为这两个原因并非全部，此外还有种种迫使劳动者成为无产阶级的原因，尤其是由于各种原因所导致的劳动群众的贫困化。他指出重商主义时代政府的一般政策是保护企业家而不保护工人。

最后，桑巴特强调了企业家阶层的诞生。对于资本主义的企业家，他特别强调他们是一群冒险的、标新立异的、进取的、创造事业的人，是改革者、破坏者、创造者。[1] 这种看法似乎于后来的熊彼特差别不大。他区分了两类企业家：一群人利用他们在国家中的特殊地位所造成的权力；另一群人运用辩才和诱惑术达到自己的目的。前者是有权力者，后者是有策略者。凡从秉国政者和官吏队伍或地主的队伍中出来的即属于前者，凡从市民各界——无论是商人或手工业者——出身的，属于后者。至于资本主义企业家的来源，从阶层上看，他指出在早期既有君主及其手下的官员，也有贵族地主，甚至修道院长，还有普通市民（商人和手工业者）。他特别提到他所谓的"开基者"，即今天通常所说的设计者、发明家、策划师。从民族身份上看，他特别强调异教徒、外国人成为企业家的较大比例。英国资本主义的发展也大都为外国移居者所推进，此事虽很少人知道，但是无可怀疑。当 14 世纪，遍布于英国的意大利人对于英国的经济生活留下了怎样经久的痕迹。16、17 世纪的移居者，特别是来自荷兰及法兰西的移居者在英国经济生活中的确留下深刻

---

[1] 桑巴特：《现代资本主义》第一卷，北京，商务印书馆 1958 年版，第 554—555 页。

印象。最后，他指出，鉴于犹太人既是基督教世界的异教徒，又是外国人，所以有着特别高的比例成为企业家。他关于企业家性质特征的论点，在坎替隆、萨伊等人那里已经可以看到一些，然而他关于企业家分类和来源的观点却是非常新颖的。值得今天研究企业家现象的学者充分注意。

除了宏观层面考虑资本主义的起源之外，桑巴特还从微观层面考虑了资本主义企业的起源。他提出有两个因素的出现使得资本主义企业脱颖而出，一个是区别于业主自然人的企业法人的出现；另一个是复式记账的出现。他高度评价复式记账的意义，必须将它和16世纪以来的思想家对于自然关系所获的认识对比起来。复式簿记是由产生伽利略和牛顿的体系以及现代物理化学的同一精神产生出来的。因为复式簿记为追求营利的企业家提供了计算利润的方法，从而使得以利润为目标的资本主义企业得以产生。

总体来看，桑巴特对于资本主义兴起的研究有他一定的独到见解，有较高的学术价值，值得今天研究同样问题的学者注意。但是在涉及资本主义现状问题时，《现代资本主义》是描绘远胜于分析，尤其是书的后半部分。用今天的术语来讲，基本上就是资本主义一些特殊行业的特征描绘。虽然也谈到市场，但是基本上没有分析。

马克斯·韦伯

19世纪后半期，马克思《资本论》三卷陆续发表，其中蕴含的唯物史观开始广泛传播。资本主义因何而来、将向何去？成为德国思想界关注的一大问题。马克思主义从唯物史观出发对这个问题做出了自己的回答。然而它并未成为德国思想界普遍的共识。于是，现代资本主义的兴起，就成为20世纪初期德国历史学派晚期代表人物以及其他一些学者共同关注、并力图做出不同于马克思主义的解答的重要问题。

自从桑巴特于1902年率先发表《现代资本主义》以后，马克斯·韦伯迅疾于1904年发表《新教伦理与资本主义精神》。两个人围绕现代资本主义兴起这同一个问题，发表了各自不同的观点。比较之下，桑巴特更多的是从多种因素去说明现代资本主义的兴起，而韦伯则更加专注于分析某一个因素对于现代资本主义兴起的影响（当然他并未否定其他因素的作用）。对现代资本主义兴起的思考和探究，是韦伯经济思想中最有价值的部分。

韦伯首先定义资本主义就是理性地追求利润，资本主义确实等同于靠连续的、理性的资本主义方式的企业活动来追求利润并且是不断再生的利润。他定义资本主义的经济行为是依赖于利用交换机会来谋取利润的行为，亦即是依赖于（在形式上）和平的获利机会的行为。它区别于靠暴力来谋利的行为。他所谓的"理性"就是企业运用复式记账所提供的技术手段，通过成本——收益核算（他称之为资本核算），来作出决策，通过生产和交换，谋求最大利润。在后来的《经济通史》中，他进一步定义资本主义企业是一个附有资本会计制度的企业，也就是，根据现代簿记和结算的方法来确定它的收益能力的一个机构。

韦伯认为，通过市场交易追求利润的企业在过去和在其他地方都存在过，而现代资本主义的特点在于它是以（形式上）自由的劳动为基础的，经营活动与家庭生活相分离的，与理性的簿记密切相关的。而资本主义时代就是这种资本主义企业成为经济生活的主体的时代。只有需求的供应已经按资本主义方式组织到了这样突出的程度，以致如果我们设想这种形式的组织一旦取消，整个经济体系的崩溃就在意料之中，这整个时代才可以称作典型的资本主义时代。

韦伯与桑巴特有许多共同之处。他们看待现代资本主义的共同视角就是格外关注资本主义企业的特征（尤其是通过复式簿记理性地获取利润这一特征），而相对较少关注市场的特征。这也是他们与同时代奥地利学派的一个基本差异。

韦伯刻画了现代资本主义的特点，然后开始考虑其起源，中心的问题毋宁是：以其自由劳动的理性组织方式为特征的这种有节制的资产阶级的资本主义的起源问题。

韦伯考虑了资本主义存在所需要的制度性条件，就是：（1）私有财产，占有土地、设备、机器和工具等一切物质生产手段作为独立经营的私人企业可任意处置的财产。(2) 市场自由，在市场上对贸易没有任何不合理的限制。这种限制主要是各种消费特权和对于经营活动的特权。(3) 经济核算，资本主义的会计制度以合理的技术为先决条件。(4) 法规可测，即存在一套对于企业行为的后果可以事先预测的法律体系。(5) 自由劳动，必须有不但在法律上容许，而且在经济上被迫到市场上不受限制地出卖自己劳动的人们的存在。由于存在形式上自愿而事实上迫于饥饿的鞭策而去出卖劳动的工人，方有可能在事前通过协议明确规定产品的成本。(6) 商业化，即普遍使用商业手段来表明企业和财产所有权。

为了说明自由劳动对于资本主义的重要性，韦伯否定了桑巴特关于16—18 世纪西方殖民地的奴隶制对于资本主义形成具有重要意义的观点。他的结论是，在 16—18 世纪这期间，奴隶制对于欧洲经济组织虽是无关紧要的，但是对于欧洲财富的积累却关系至巨。它固然产生了大量的年金领受人，对于促进资本主义工业组织和经济生活的发展来说其影响则微乎其微。

关于经济核算的含义，韦伯特别强调的一点是要消除对待本族、本部落等自己人和外族、外部落的双重伦理标准，也就是要把理性的经济核算贯穿于所有地方。不能对内不计成本无偿奉献，对外则敲骨吸髓无所不能。西方资本主义的第二个特征就是消除内部经济和外部经济、对内道德标准和对外道德标准之间的界限，以及把商业原则连同在这个基础上的劳动组织纳入内部经济。

同时，韦伯也否定了桑巴特关于标准化大规模的军用品需求对于资本主义是决定性条件的见解。对于桑巴特重视奢侈品需求的论点，他也以中国和印度的远超过欧洲的宫廷奢华并没有导致资本主义的事例来加以反驳。他认为从需求的角度来看，走向资本主义的决定性作用，只能出自一个来源，即广大群众的市场需求。

韦伯还强调了价格革命的重要性，16 世纪和 17 世纪的价格大革命，为通过减少生产成本和降低价格以牟利的独特的资本主义趋势，提供了一个有力的手段。他指出，价格革命所引起的农产品价格普遍上涨导致了农业的市场化，同时迫使工业品不断通过技术进步来降低成本以便在价格竞争中取胜。这就推进了资本主义的发展。他的结论是，发展并不是遵循先有资本主义然后价格降低这样一个顺序进行的，而恰恰相反，价格先相对地下降，然后资本主义才接踵而来。但是他并不认为贵金属向一个国家的流入对于现代资本主义的形成具有决定性意义，贵金属的内流究竟会产生怎样的倾向，完全取决于劳动组织的性质。即取决于国内的经济组织。他以古罗马时期大量贵金属流入印度只产生少量商业资本主义，以及新大陆发现后美洲金银大量流入西班牙却没有使西班牙兴起现代资本主义为例证，论证了这一点。贵金属要能够促进现代资本主义的兴起，还需要其他更重要的条件。

韦伯承认逐利欲望是现代资本主义不可缺少的条件之一，但是单纯的逐利欲并不能导致现代资本主义兴起，西班牙征服墨西哥和秘鲁的科尔特斯和皮查罗都是逐利狂，但是他们都没有给墨西哥和秘鲁带来现代资本主义。

虽然韦伯考虑到了影响资本主义兴起的许多因素，尤其是否定了桑巴特所提出的不少因素，但他重点分析了精神层面的因素。他首先指出科学技术和西方的法律体系对于现代资本主义都是不可或缺的，但它们都不足于解释现代资本主义的起源。确实，是现代资本主义把科学技术大规模运用于经济生活，但这种运用的激励何在？还有，西方的法律体系又源于何方？考虑到这些问题，他认为有必要分析西方文化特有的理性主义。

为了说明西方理性主义的独特性，韦伯写了下面这段非常重要的话，"必须首先考虑经济状况，因为我们承认经济因素具有根本的重要性。但是与此同时，与此相反的关联作用也不可不加考虑。因为，虽然经济理性主义的发展部分地依赖理性的技术和理性的法律，但与此同时，采取某些类型的实际的理性行为却要取决于人的能力和气质。如果这些理性行为的类型受到精神障碍的妨碍，那么，理性的经济行为的发展势必会受到严重的、内在的阻滞。各种神秘的和宗教的力量，以及以它们为基础的关于责任的伦理观念，在以往一直都对行为发生着至关重要的和决定性的影响。"[1] 从这段话可以看出，韦伯并不像一些人所认为的那样是一个只知道从精神维度解释资本主义起源的人，他充分肯定了经济因素的根本重要性。然而他也不愿意单纯从经济因素去解释一切，而是在肯定经济因素的根本性作用的前提下，深入考虑了精神因素对于现代资本主义起源的影响。同时他不无正确地指出宗教对于人们精神和伦理的重大影响。由此，他深入分析了新教伦理对于现代资本主义起源的重大影响。

韦伯首先指出了一个基本事实，就是工商界领导人、资本占有者、近代企业中的高级技术工人，尤其是受过高等技术培训和商业培训的管理人员，绝大多数都是新教徒。而这种情况与新教徒在一个地方是否占据统治地位、是多数派还是少数派无关，也就是说与他们的社会地位无关；同时，也不能从追求声色享乐的物质欲望来解释这一基本事实。因为正是在这些新教徒身上，宗教虔诚，苦修禁欲往往与资本主义的逐利精神密切关联。因此就需要从新教徒宗教信仰的永恒的内在特征中，而不是在其暂时的外在政治历史处境中，来寻求对这个基本事实的解释。

为了完成上述这个任务，韦伯首先考察了资本主义精神。他并未给出资本主义精神的标准定义，因为他看到这种精神是一个历史发展的产物，必须逐步逐步地把那些从历史实在在抽取出来的个别部分构成为整体，从而组成这个概念。他以美国的富兰克林为例，说明那种理性地、富有社会责任感地追逐利润、不断增加资本积累、并以此作为个人责任的观念就是现代资本主义精神的典范。为了避免误解，他把这种精神与那种不计手段一味追求金钱的财迷们贪婪的拜金欲做出了区分，后者可以存在于古代和世界各地。他强调在现代资本主义精神的支配下，一种个人主义的资本主义的根本特征之一就是：这种经济是以严格的核算为基础而理性化的，以富有远见和小心谨慎来追求它所欲达的经济成功，这与农民追求勉强糊口的生存是截然相反的，与行会师傅以及冒险家式的资本主义的那种享受特权的传统主义也是截然相反的，因为这种传统

---

[1] 马克斯·韦伯：《新教伦理与资本主义精神》，生活·读书·新知三联书店1987年版，第15—16页。马克斯·韦伯：《新教伦理与资本主义精神》，四川人民出版社1986年版，第25—26页。

主义趋向于利用各种政治机会和非理性的投机活动来追求经济成功。他认为这种现代资本主义精神是在与所谓的传统主义精神（不求营利只求满足个人低水平消费需求不思进取）的斗争中发展起来的，它主要来自处于上升时期的工业中产阶级，是通过与近代国家日益强大的力量联合才取得胜利的。他特别强调，这种现代资本主义精神并非资本主义经济发展的结果，恰恰相反，是资本主义经济发展的前提。这里的因果关系正好与按唯物主义观点得出的因果关系相反。

值得指出的是，韦伯的现代资本主义精神不仅仅是指资产者中间的一种精神状态，它还包括工人们身上一种以劳动为自身目的和视劳动为天职的观念。

由于韦伯认为现代资本主义精神是资本主义经济发展的前提而非后果，于是他面临的问题就是，他所概括的现代资本主义精神源自何方？它与宗教，尤其是新教，到底具有什么样的关系？

韦伯首先肯定了路德宗教改革对于形成现代资本主义精神的铺垫作用。他指出路德在把拉丁语圣经译为德语时所创造的"天职"一词，提出了一种对于基督教世界来讲是全新的观念，即对于人们日常世俗活动的认可和肯定。这个词引出了所有新教教派的核心教理：上帝应许的唯一生存方式，不是要人们以苦修的禁欲主义超越世俗道德，而是要人完成个人在现世里所处地位赋予他的责任和义务。这是他的天职。他认为对世俗活动的这种辩护是宗教改革最重要的成果。但同时他又指出，路德并未刻意培育现代资本主义精神，甚至可以说他是不支持这种精神的。路德的天职观，尤其是在经历了 1525 年德国农民起义之后，更多的是要求劳动者安于现状，安于既定的职业和工作。韦伯看到路德的天职观主要是要维持既定的社会秩序，与他所概括的现代资本主义精神并无多大干系。他的结论就是，虽然没有路德个人的宗教思想的发展，宗教改革是想都不可想的，而且改革从思想上长期受到路德人格的影响，但是，没有加尔文主义，路德的工作也不可能会有持久和实际的成功。

于是，韦伯开始把注意力转向宗教改革以后出现的其他教派，尤其是以加尔文教为代表的整个新教。他指出，预定论是加尔文教最显著的特征点。每个信徒是否受到上帝的恩宠都早已规定了，因此试图通过教会或者做圣事善事来获得拯救是不可能的。同时，加尔文教又认为个人存在于世的意义就是服从上帝的安排，增加上帝的荣耀。那么如何增加上帝的荣耀呢？就是要在上帝安排给他的世俗事务中取得成功，就是要努力地劳动和工作，要理性地获取财富，同时又要以禁欲主义的态度对待财富，不能挥霍奢侈和放纵懈怠。而且新教的禁欲主义不仅表现为对于财富的态度，还表现为对于工作的态度，在一项职业中的劳动也是一种最好的禁欲活动。

韦伯认为，这样一种宗教理念为劳动的专业化分工提供了道德依据，也为私人的谋利行为提供了正当理由。这种理念对于资本主义发展的重要性是显而易见的。当着消费的限制与这种获利活动的自由结合在一起的时候，这样一种不可避免的实际效果也就显而易见了：禁欲主义的节俭必然要导致资本的积累。当然他并不是认可任何获利行为，对于犹太人的投机冒险，以及对待同族人和异族人的双重伦理标准，他深表厌恶，称之为贱民资本主义，认为它与他所谓的资本主义精神无关。他欣赏的是新教徒合乎理性地组织资本与劳动。

由于世俗新教理念，韦伯认为一种特殊的资产阶级的经济伦理形成了。资产阶级商人意识到自己充分受到上帝的恩宠，实实在在受到上帝的祝福。他们觉得，只要他们注意外表上正确得体，只要他们的道德行为没有污点，只要财产的使用不致遭到非议，他们就尽可以随心所欲地听从自己金钱利益的支配，同时还感到自己这么做是在尽一种责任。此外宗教禁欲主义的力量还给他们提供了有节制的，态度认真，工作异常勤勉的劳动者，他们对待自己的工作如同对待上帝赐予的毕生目标一般。最后，禁欲主义还给资产阶级一种令其安慰的信念：现世财富分配的不均本是神意天命；天意在这些不均中，自有它所要达到的不为人知的秘密目的。

韦伯的《新教伦理与资本主义精神》一书充分说明了宗教改革以后，新教伦理对于现代资本主义形成的重大影响，体现了精神意识对于经济制度形成的重要作用。但值得注意的是，他并不认为现代资本主义的产生只能唯一地从新教伦理得到说明。他写道："我们仅仅尝试性地探究了新教的禁欲主义对其他因素产生过影响这一事实和方向；尽管这是非常重要的一点，但我们也应当而且有必要去探究新教的禁欲主义在其发展中及其特征上又怎样反过来受到整个社会条件，特别是经济条件的影响。一般而言，现代人，即使是带着最好的愿望，也不能切实看到宗教思想所具有的文化意义及其对于民族特征形成的重要性。但是，以对文化和历史所做的片面的唯灵论因果解释来替代同样片面的唯物论解释，当然也不是我的宗旨。每一种解释都有着同等的可能性，但是如果不是作作准备而已，而是作为一次调查探讨所得出的结论，那么，每一种解释都不会揭示历史的真理。"[1]

第三节　评论

在古典经济学和新古典经济学时代，彻底的维护私有产权和市场机制的是几位坚定的自由主义者巴斯夏、门格尔和米塞斯。在经过 20 世纪大规模的人类实验之后，不能不承认他们的维护有一定的道理。事实表明，完全的公有制和计划经济无助于经济效率，他们对于彻底的公有制和计划经济的批判经受住了历史实践的考验。

但是，另一个方面，完全的私有制和没有任何政府干预的市场，同样会存在一大堆问题。因此，像约·斯·穆勒、维塞尔、马歇尔这样一些审慎有节制的自由主义者更加可取。因此一个真正有价值的问题不是政府要不要干预市场，而是政府应当干预哪些问题？如何干预？

在资本主义起源问题上，马克斯·韦伯、桑巴特和霍布森都向我们提供了虽然分歧很大但非常富有启发性的论点。对他们要做出认真的评论，并非易事。但这个问题，与另外两个问题（古罗马为何衰亡？斯大林模式为何衰退）一起，将永远成为促使我们严肃考虑人类未来的智力挑战。

---

[1] 马克斯·韦伯：《新教伦理与资本主义精神》，生活·读书·新知三联书店 1987 年版，第 67—68、143—144 页。马克斯·韦伯：《新教伦理与资本主义精神》，四川人民出版社 1986 年版，正文第 67—68、174 页。

第十二章　国际贸易与国家金融理论

第一节　古典经济学时期

亚当·斯密

在《国富论》中，为了论证对外贸易自由的优越性，斯密提出了"国际分工"的主张，即绝对优势论。他指出，如果每个国家都根据自己的自然条件和技术条件，生产各国擅长生产的东西，然后用来交换别国所擅长生产的东西，比各国各自生产自己所需要的一切东西更为有利。他的这一关于国际分工的绝对优势论，后来被李嘉图进一步发展为比较优势论。

斯密并不主张立即全部撤销政府对外国货物输入的限制，特别是当某种货物的输入会影响本国某些生产部门广大职工的就业和生活时，就必须小心谨慎，逐步改变这种限制。否则较低廉的同种类外国货物，即将迅速流入国内市场，把我国千千万万人民的日常职业与生活资料夺去。

李嘉图

一、比较成本说

出于缓解利润率下降的目的，李嘉图主张发展国际自由贸易，为此他下了一番功夫来论证国际贸易的可行性和收益性。他首先继承了斯密的观点，认为在贸易完全自由的制度下，追逐个人利益是与整体的普遍幸福结合在一起的。但他并非简单重复斯密的自由贸易理论，而是在自己的价值论和货币论基础上提出了更加系统和完善的国际贸易理论——

比较成本说。[1]

李嘉图在国际贸易理论方面最杰出贡献，就是提出了比较成本说。在当代，它甚至被认为是李嘉图对经济学的最大贡献。该学说认为，每个国家应该根据国内各种商品生产成本的相对差别，专门生产成本相对较低的商品出口，而在生产中成本相对较高的商品，即使生产该商品的成本绝对地低于其他国家，亦仍以从国外进口为有利。这一学说证明，即使在各种商品的生产成本方面一个国家都占有绝对优势，而另一国家都处于绝对劣势，仍然存在着有利于双方的国际分工和国际贸易的可能性。只要两国各自生产在比较成本上相对有利的商品，通过国际贸易，互相交换，彼此都能节省劳动，得到好处。

李嘉图在论述比较成本说时，举例说，假定从事国际贸易的只有两个国家：英国和葡萄牙；进入国际贸易的商品只有两种：毛呢和葡萄酒。英国生产一定数量的毛呢需要一百人一年的劳动；而如果要酿制葡萄酒则需一百二十人劳动同样长的时间。因此英国发现对自己有利的办法是输出毛呢以输入葡萄酒。葡萄牙生产相同数量的葡萄酒只需要八十人劳动一年，而生产毛呢却需要九十人劳动一年。因此，对葡萄牙来说，输出葡萄酒以交换毛呢是有利的。即使葡萄牙进口的商品在该国制造时所需要的劳动虽然少于英国，这种交换仍然会发生。虽然葡萄牙能够以九十人的劳动生产毛呢，但它宁可从一个需要一百人的劳动生产毛呢的国家输入，因为对葡萄牙说来，与其挪用种植葡萄的一部分资本去织造毛呢，还不如用资本来生产葡萄酒，因为由此可以从英国换得更多的毛呢。

根据李嘉图所举的这个例子，葡、英国两个国家生产两种产品所耗费的劳动量的比例，即劳动成本比例是：

毛呢为 90/100（即 9/10）

葡萄酒为 80/120（即 2/3）

---

[1] 罗伯特·托伦斯在 1808 年发表的《驳经济学家》中，早于李嘉图提出了国际贸易的比较优势原理。在对外贸易领域，托伦斯主张互惠对等地取消进口关税，反对单方面实行自由贸易。

这两种比例表明，葡萄牙生产毛呢的劳动成本是英国的90%，而生产葡萄酒的成本只有英国的67%，前者大于后者。这就是说，虽然葡萄牙在生产这两种产品的任何一种所耗费的劳动量都比英国的少，因而它生产这两种产品的效率都比英国高，但是葡萄牙生产这两种产品的效率并不是一样的，葡萄牙生产葡萄酒的效率比生产毛呢的效率更高一些。这就是比较利益的意义所在。换一句话说，葡萄牙生产这两种产品都具有绝对优势，但两相比较，它在葡萄酒的生产方面优势更大。

从英国这方面看，英国生产葡萄酒和毛呢的单位劳动成本都比葡萄牙的高。英国的劳动成本和葡萄牙的相比较，则毛呢为100/90=1.1，葡萄酒为120/80=1.5，这表明英国生产毛呢的成本是葡萄牙的110%，生产葡萄酒的成本是葡萄牙的150%。英国生产这两种产品的效率都比葡萄牙的低。虽然如此，两相比较，英国生产毛呢的效率相对地高一些。这就是说，英国在生产毛呢方面有相对优势。

比较利益这一概念是李嘉图国际贸易理论的核心。他认为，如果英国的劳动力全部用来生产毛呢，而葡萄牙的劳动力全部用来生产葡萄酒，也就是各国分工只生产各自具有相对优势的产品，不但各种产品的产量可以增加，而且通过贸易，双方都可以获得利益。根据前面例示的数据可以看出：

在国际分工之前的生产情况是：葡、英两国一年中，一共生产2单位的毛呢和2单位的葡萄酒。在国际分工之后，世界产量随之增加。英国专门生产毛呢，原来用生产葡萄酒的人，现在也用于生产毛呢，一年共计生产出2.2单位（220人一年/100人一年）的毛呢。葡萄牙专门生产葡萄酒，全部170人一年生产2.125单位（170人一年/80人一年）的葡萄酒。两种产品生产水平都高于未进行国际分工以前的水平。

随着世界产量的增加，通过国际贸易各自国内的消费量也是增加的。但具体情况决定于两种商品的国际交换比例，也就是决定于两者的贸易条件。李嘉图假定英、葡两国商品的交换比例是1：1，按照这个交换比例，如果葡萄牙出口1.100单位的葡萄酒，并从英国进口1.100单位毛呢，那么英、葡两国国内消费量变化的情况是：

	英 国		葡萄牙	
	分工前	分工后	分工前	分工后
毛 呢	1	1.100	1	1.100
葡萄酒	1	1.100	1	1.025

显而易见，由于国际分工而带来的劳动量的节约，英、葡两国都可用来增加各自的相对优势产品的产量和贸易量，从而增加了英、葡两国的国内消费量。由此，李嘉图得出结论：发展对外贸易大大有助于一国商品总量的增长，从而使享用品总量增加。

从这种比较成本说出发，李嘉图提出了一个国际分工的模式：决定葡萄酒应在法国和葡萄牙酿制，谷物应在美国和波兰种植，金属制品及其他商品则应在英国制造。他的比较成本说从理论上为进一步扩大国际贸易，为国际范围内提高劳动生产率提供了依据。

二、比较利益的实现机制——货币数量论与世界通货均衡分布论

李嘉图关于比较利益的实现机制，是以全世界通货在各个国家中均衡分布原理为基础的。关于这个通货均衡分布原理，他说，全世界用以流通商品的贵金属，在地球上不同的文明国家之间，是按照商业和财富的情况并因而按照所须偿付的次数和常度分成一定比例的。经过这样的划分，它们在每一个地方保持同样的价值，而且既然每一国家对其实际使用的数量有同等的必要，也就不会有任何诱力促使它们进口或出口。即在正常的流通情况下，每一个国家的货币数量都同它的生产和财富状况相适应，这时货币在各国具有相同价值，不会发生各国间货币的输出或输入。通货在各国的分布达到均衡，各国的进出口也都同时达到均衡。

那么通货的这种均衡分布是由什么决定的呢？李嘉图认为，商业竞争使得金银货币在各国的分配比例，能够适应于假定没有这两种金属存在，国际贸易纯然是一种物物交换时所将出现的自然贸易情况。那么这种货币在各国的分配数量都刚好只是调节有利的物物交换所必需的数量的局面——货币总量的国际平衡分布局面——是如何打破的，换言之，货币如何会不再在一个国家中保持它原有的价值呢？在他看来，打破货币总量的国际平衡分布局面的原因主要有两点：（1）一国拥有的货币数量的变化（如金矿的发现导致国内金量的增加）；（2）一国流通中的商品价格总额有了变化。此外，经济发展较快的国家其拥有的通货比例会增加，技术进步会引起货币输入，必需品生产困难增加和赋税增加会引起货币输出。

针对那些认为自由贸易会引起不利的贸易差额，从而造成国家黄金储备减少的观点，李嘉图断言根据黄金在国际流动的规律（即从货币数量多、单位币值低、物价高的国家流向货币数量少、单位币值高、物价低的国家），对外贸易会自动地调节各国流通中所需要的货币量。货币在一国中的输出或输入可以避免由于货币过剩或不足而妨碍商品正常价格的形成。由此可知，他关于贵金属在国际的均衡分配和货币自动调节原理是依据货币数量论建立起来的，是对于休谟货币数量论的进一步发挥。从上述认识出发，他反对国家限制硬币的出口，认为硬币的出口在任何时候都可以稳稳地让各人自己去决定。

从通货均衡分布原理出发，李嘉图认为一国出现外贸逆差的原因是由于通货相对于流通的商品来说太多了，通货成了廉价商品，故它最宜于被运往国外去清偿债务。

从通货均衡分布原理出发，李嘉图认为一国对另外某一国出现长期高额逆差是可能的，但是一国的全部外贸不可能长期逆差，因为通货输出的结果将使通货分布趋于均衡，从而消除逆差的根源。

根据李嘉图所举的例子，可以假定，当葡萄牙和英国都没有自觉认识到比较成本说的时候，国际贸易将建立在绝对成本差异基础上。最初，葡萄牙会将生产方面的优势直接转化为贸易方面的综合性优势（因为两国若都采用黄金作货币，葡萄牙的两种商品的价格均低于英国同类商品的价格），向英国出口毛呢和葡萄酒。英国在遭受连续性的贸易逆差后，要补偿这一逆差，势必要把黄金运往葡萄牙。黄金从英国流出就使英国国内的货币供给量减少，而商品进口则又使国内商品数量增加，按照货币数量说，英国所有商品以黄金表示的价格开始下跌。相反，葡萄牙的连续贸易顺差使国内的货币供应量增加，国内商品量减少，所有的商品价格开始上涨。当这种情形发生并进一步发展时，葡萄牙的商品在国际市场上的竞争优势将逐渐被削弱。尽管葡萄牙在生产效率方面仍占有像以前一样大的优势，但这种较高的生产效率的优势由于葡萄牙商品的价格较之英国商品的价格不断地上涨，将被日益抵消。

在这个过程中，英国的两种商品中的某一种迟早将变得能够同葡萄牙的同类商品进行竞争。虽然英国的两种商品的生产效率都处于绝对劣势，但劣势的程度是不同的，当英国的所有价格下跌和葡萄牙的所有价格上涨到某种水平时，英国的劣势程度较小的商品将最先赶上葡萄牙，同它进行竞争。一旦英国的毛呢的价格低于葡萄牙毛呢的价格时，双方对流的贸易就会开始。尽管这种对流的贸易并不能一举改善英国的贸易逆差地位，但逆差的存在会使两国的价格水平继续波动，加强英国商品的国际竞争能力，削弱葡萄牙的竞争能力，直到最后某个时期由于每个国家都输出一种对自己相对有利的商品，贸易才能达到大致平衡。上述以比较成本为基础的国际贸易的形成过程，也正是货币数量论发挥作用的过程。

李嘉图的比较成本说为各国提供了发展对外贸易的理论武器。不论这个国家处于什么发展阶段，经济力量是强是弱，都能确定各自的相对优势，即使是处于劣势的也能找到劣势中的优势。各国根据自己的相对优势安排生产，进行贸易，则贸易双方都可以用比较少的劳动耗费，交换到比闭关自守时更多的产品，并增加了总的消费量。

李嘉图还考虑了汇率的决定。他定义汇率是用他国通货估价的一国的通货的价值。汇率保持平价的条件是当各国的货币数量都刚好是它们在实际情况下为流通所必需的数量时，它们之间的汇兑率才是平价的。如果贵金属的贸易完全自由，而货币输出又无须任何费用的话，那么各国之间的汇兑率就必然都是平价的。他还指出了金本位条件下汇率的变动幅度，它一般并不变动到以金银办理汇款比之以购买汇票办理汇款更为有利的那种限度。具体地讲，对外国汇价的变动，在任何长时期内都绝不会超过贵重金属从一个国家运到另一个国家的运输和保险费用。他认为上述界限即便在通货膨胀时也仍然适用，不过以纸币表现出来的汇率，会相应于通货膨胀的程度而低落。

巴斯夏

巴斯夏的经济思想是和 19 世纪 40—50 年代西欧诸国掀起的自由贸易运动密切关联。这场自由贸易运动首先在英国曼彻斯特由企业家科布登和布赖特发起，对英国以外的法国、德国、意大利等都曾产生过不同程度的影响。在法国，这场运动的旗手就是巴斯夏。

巴斯夏的自由贸易思想，与李嘉图为代表的英国古典学派根据比较优势理论正面肯定自由贸易有所不同，突出表现在他对贸易保护主义各种论点的批判上。这种批判有四个基本出发点：（1）观察和思考经济现象的正确方法。（2）强调消费者主权，坚持从消费者利益出发考虑政策的是非对错。（3）对自由竞争的市场机制高度信任。（4）对私人产权的高度尊重。

巴斯夏观察和思考经济现象的方法可以简单地称作全面考虑后果法，即在判断一个事件一项政策的优劣时，不仅要考虑看得见的后果，还要考虑看不见的后果；不仅要考虑当前的后果，还要考虑长远的后果；不仅要考虑直接后果，还要考虑间接后果。在其著名论文"看得见的与看不见的"中指出，在经济领域，一个行动、一种习惯、一项制度或一部法律，可能会产生不止一种效果，而是会带来一系列后果。在这些后果中，有些是当时就能看到的，而有些后果则得过一段时间才能表现出来，如果我们能够预知它们，我们就很幸运了。更重要的是，这些后果并非全部都是好的。因此一个好经济学家与一个坏经济学家之间的区别就只有一点：坏经济学家仅仅局限于看到可以看得见的后果，而好经济学家却能同时考虑可以看得见的后果和那些只能推测到的后果。这种区别可太大了，因为一般情况都是，当时的后果看起来很不错，而后续的结果却很糟糕，或者恰恰相反。坏经济学家总是为了追求一些当下的好处而不管随之而来的巨大的坏处，而好经济学家却宁愿冒当下的小小的不幸而追求未来的较大的收益。他在文中虚构了一个场景：一个陌生人打碎了一面橱窗，一帮看热闹的人开始从经济方面来思考这一事件，认为这个初看起来是一件有害的破坏行为，但玻璃装配行业却由此可获得额外的收益，它从破坏中产生了经济增长。他反驳这种看法说，这件事的全部积极效应只是对玻璃装配商而言的。殊不知打碎了橱窗的主人却要为重新装配付钱，而这位橱窗的主人因此也许就不去买新书或新鞋了，从而受损失的书商或鞋商却永远不为人们所知了。

在揭露贸易保护主义方法论的错误时，巴斯夏特别强调，一切都要用"人们看到了什么和没有看到什么"的公式来审查。贸易保护主义虽促进了部分工业的发展，这是人们所看到的，但它破坏了其他许多东西，因为实施贸易保护政策的费用来自纳税人增加的税收，这却是人们没有看到的。他认为，国家是以牺牲最有效率的部门为代价扶持效率低下的部门。对于出口补贴，他一针见血地指出，出口补贴不是别的，纯粹就是法国人无偿送给外国人的礼物。因为它用法国纳税人的钱，降低了外国消费者的购买成本。对于进口限制，他认为虽然它使得受保护者获益，但它提高了所有消费者的购买成本，并且它减少了本来可以转移出来生产其他产品的资源。总体上看是净损失。他还进一步谈到了贸易保护的分配效应，贸易保护一开始就使穷人唯一的财产——他们的技能和劳动——受富人的支配；它对所有人带来一种净损失，最后以富人与穷人一起破落而告终。

以全面考虑后果法为武器，巴斯夏不仅考虑了贸易保护对生产者的后果，更考虑了对消费者的后果。他反对贸易保护主义的第二个基本出发点就是坚持从消费者利益出发考虑政策的是非对错。他指出，如果把生产者的利益作为最重要的目标，那就必然赞成贸易保护主义，以提高生产者的收益。但是如果把消费者的利益作为最重要目标，那就必然反对贸易保护主义，以提高消费者的收益。而消费者的利益恰恰反映了社会整体利益。他的结论斩钉截铁，只考虑生产者的直接利益就会违背社会利益；而将消费者的直接利益作为考虑的基准，就是将整体利益作为制定社会政策的依据。因为财富的生产并非最终的目标，只是手段；只有财富的消费才是最终目标。

巴斯夏反对贸易保护主义的第三个出发点就是对于自由竞争的市场机制高度信任。他在谈到巴黎时指出，是成千上万种商品的巨大市场在维持着巴黎，没有合作计划、没有统一安排，却成功地为巴黎供货。主导这一复杂活动有序进行的智慧而神秘的力量是什么呢？是自由贸易的市场，是人们的利己主义。而如果以政府的人为专制干预来代替这种力量，由政府来"决定由谁、何地、如何以及在什么样的条件下进行商品的生产、运输、交换和消费，那就将会使得巴黎人的痛苦放大无数倍，就会建立一个最易犯错误、最广泛、最直接、最专横、最无法忍受、最实际、最深刻、最荒谬，甚至连古时的帕夏或伊斯兰教的穆夫提都想不出来的专制体制。

巴斯夏为市场自由竞争做了强有力辩护。他认为上帝在人的特性中加进了个人利益，上帝在社会秩序中又安置了另一个原动力，这一原动力就是竞争。个人利益是不可战胜的个人主义力量，它促使我们去寻求和发现进步并设法垄断之。竞争同样是一种不可战胜的人道主义力量。随着进步的完成，竞争从个人手中夺取进步，使其成为人类大家庭的共同财富。上述两种力量，孤立地看待它们时是可以指责的，但合在一起，从总体上说，它们构成了社会协调。他深刻认识到竞争是对个人自私心的一种牵制。没有竞争，个人的利己心会使生产者千方百计垄断技术进步带来的高价格和超额利润，而市场竞争将普及新技术，降低产品价格，普惠所有消费者。他指出，只要给予人们自由，竞争就将存在。他承认竞争会伤害生产者，但它给所有消费者带来普遍的平等的利益。从生产者的立场出发，竞争无疑会毁掉我们直接的私利，不过如果从所有劳动的目的即全人类，换言之从消费者立场出发，就会发现竞争对道德社会的作用与对物质世界的作用一样：使之达到均衡状态。他指出，若考虑竞争最终对消费者的影响，而非仅仅考虑对生产者的影响，那就会发现竞争是国内、国际平等与进步的最强大的推动者。竞争中人追求自身利益，但他不知不觉无意中遇到的是什么呢？是总体利益。

针对一些人对竞争的指责，巴斯夏强调竞争只意味着是无压迫。竞争就是不需要一个对交换进行裁决的专制当局，竞争（也可称之为自由）从本质上讲它是民主法则。民主法则是上帝为使人类社会发展的诸多法则中最进步、最平等、最共同的法则。竞争远非像被人指责的那样是不平等的，一个大喇嘛与贱民之间的差别之深远远超过美国总统和一名工匠之间的差距，这是因为竞争（或者说是自由）在亚洲受到压制，而在美洲却不是那样。他指出竞争是实现平等和博爱的必要条件，没有竞争，也就是说没有自由，这将是实现平等的不可逾越的第一个障碍。没有平等就谈不上任何博爱，有了竞争，我们就绝不可能再看到一方独占市场，把上帝的赏赐占为己有，无限评估其劳务的价值和交换中的不平等现象了。

针对那种认为自由竞争会导致不平等的观念，巴斯夏指出，社会的不平等远非竞争所为，当我们寻思条件的不平等是否是因存在竞争或者是缺乏竞争造成时，只要看看是哪些人占据着要位，是谁在向我们炫耀他们可耻的财富，即可证实不平等是人为造成的，是不公正的，其基础是征服、垄断、限制、特权、高职、大商界、行政交易、公债，然而这一切与竞争毫不相干。他认为不平等恰恰是因为破坏了自由，凡妨碍自由必然破坏劳务的等价，而破坏劳务的等价一定会引起极端的不平等，一些人的暴富，另一些人不应有的贫困，结果是财富普遍减少，仇恨、不和、斗争、革命接踵而至。他承认自由状态下不平等依然存在，因为它是偶然情况的产物，是对错误、弊端的惩罚，是虽无财产但在其他方面得到弥补的结果，因此不会在公民中间引起反感。

巴斯夏反对贸易保护主义的第四个出发点就是要高度尊重私人财产权。因此，他绝不仅仅是简单要求降低进口关税，促使资本和劳动流向最具优势的地方，实现资源的优化配置。他反对的是贸易保护主义背后所潜伏的一个一般性准则，即人们可以依靠法律通过伤害一部分人的财产权和自由来满足自己的利益。他认为，正是这条准则使得贸易保护主义与形形色色的主张重新安排财产权的社会主义共产主义成为一路货色，从而都受到他的批判。

以上述四个基本出发点为基础，巴斯夏针锋相对地批判形形色色的贸易保护主义论点。

针对保护主义者担心自由贸易将使得法国生产全面停顿的忧虑，巴斯夏运用货币数量论反驳了贸易保护主义。并且他坚信如果两个国家生产条件不同，则自然禀赋处于劣势的国家从自由贸易中受益更大。他把自由贸易对于劣势国家的作用比喻为该国发生了技术进步，他分析了技术进步的短期后果，即发明者一时的暴利和被技术进步淘汰的人一时的痛苦；同时他也看到了技术进步的长期后果，即竞争最终将使得产品价格由于技术进步而下落，从而给全体消费者带来利益。他认为贸易保护与反对机器是一丘之貉，它们的错误都在于按照直接的、短期的效果来评价，而不是从其总体的最终的结果来分析。

巴斯夏批驳了保护主义会增加工人工资和就业的论点。但同时他也主张建立特殊基金来解决从贸易保护转变为自由贸易时出现的短期失业问题。

针对那种认为贸易保护将提高国内产品价格从而有利于生产者的观点，巴斯夏指出高价格和低价格都有两种类型，差的高价格是由于供给减少，而好的高价格是由于需求增加；差的低价格是由于需求减少，而好的低价格是由于供给充裕。而贸易保护所造成的恰好是由于供给减少而带来的差的高价格和由于需求减少而导致的差的低价格。

针对那种把国际产业竞争比喻为战争的观点，巴斯夏认为不宜把竞争比喻为战争，在战争中，强者征服弱者。在商业竞争中，强者将优势传导给弱者。为了阻止这类不恰当的比喻，他甚至要求取缔政治经济学中所有借用的军队用语。

针对那种为了国防安全而主张限制贸易的观点，巴斯夏也进行了批驳。人们因为战争预期而把自己孤立起来，实际上正是孤立行为本身引发了战争。如果所有的国家都在世界市场上相互交易，如果互通有无的关系并未破裂且人们免于遭受短缺和过剩的双重痛苦，战争就会因为缺钱少物、无动机无借口、得不到广泛支持而无迹可寻。他认为，贸易保护主义完全是一个民族对另一个民族的侵略行为，因而是一种破坏经济和谐的行径。

当然，巴斯夏也并非完全反对关税，只要不是为了保护国内落后产业，而是为了筹集财政收入。而如果确要保护国内某个产业，他认为与其对外国同类产品征税，不如对国内公众征税以补贴该产业，后者更公正、更经济、更诚恳。他对于那种主张原材料进口免关税但阻止最终产品进口的观点也进行了批驳。

巴斯夏对于贸易保护主义的批判，则大量采用了为大众所喜闻乐见的揶揄讽刺手法。

巴斯夏说，看看一个发疯的世界，两个国家先花大力气在边界的山下开隧道，以便可以互通有无，然后却在隧道两端设立关卡搜缴关税。当听说法国议会在辩论建筑巴黎到马德里的铁路时，有位议员主张铁路在法国波尔多中断，以便为波尔多的搬运工、旅馆、商店等创造就业和盈利机会。他立刻讽刺说，建议把铁路在法国境内沿途的每个城市都中断，这样就会为所有这些城市都创造就业和盈利机会。

巴斯夏的名篇《蜡烛商的请愿书》更是对贸易保护主义进行讽刺挖苦的上乘之作。这篇作品是针对法国下院为保护国内工业而通过的提高一切外国货进口税的决议案而撰写的。它用蜡烛制造者祈求消除来自阳光的不公平竞争作比喻，讽刺性地抨击了贸易保护主义。[1] 在另一篇讽刺性作品"右手（权利）和左手"中，他讽刺了限制贸易以增加就业的主张，认为那还不如限制所有人不能用右手只能用左手工作，如此将由于效率下降而增加对劳动力的需求，从而会提高工资。

---

[1]　[法] 弗雷德里克·巴斯夏：《财产·法律与政府》，贵州人民出版社 2003 年，第 397—402 页。巴斯夏以蜡烛商的口吻写道："我们正在遭受一个外部竞争者的毁灭性的竞争，他生产光线的自然禀赋要比我们的优越得多，他以一种难以置信的低廉价格向国内市场倾销光线；只要他一出现，我们的生意就完蛋了，所有的消费者都去用他，法国的一个工业部门——其派生出的影响是数不胜数的——就完全陷入停顿状态。这个竞争者，不是别人，正是太阳。……

"我请求你们发善心通过一部法律，要求关闭所有窗户，老虎窗、天窗、内外百叶窗，拉上窗帘，关上窗扉，关上船上的圆玻璃窗，舷窗盖，拉上遮阳篷——一句话，关上能使阳光照进屋子的所有口子、洞眼、裂口和缝隙，因为它损害了我国的这一重要产业，我们充满自豪地说，是我们向国家奉献了这一产业，而国家如果不经过一番搏斗就抛弃我们，那绝对是忘恩负义。

"如果你们下令尽可能地切断自然光照进室内的一切渠道，因而创造出对人工照明的需求，那么，法国所有行业都可以从中受益，不是吗？

"那时，法国要消耗更多的动物油脂，那就需要饲养更多的牛羊，……。如果法国消耗更多的植物油，……罂粟、橄榄、菜籽的种植面积会扩大。……我们的荒地也会遍布能生产油脂的树林。……船运业也会大发展。成千上万只船会出海捕鲸，……。

"……请你们作出选择，但请讲究逻辑；因为，如果你们像现在这样，禁止进口外国的煤、铁、小麦和纺织品，这些进口品的价格越来越低，接近于零，那么，你们允许价格本来就是零的太阳光线一整天都在照射，就是自相矛盾的"

李斯特

李斯特认为，为了使工业能够在当时的德国得到顺利发展，必须取消国内关税，同时必须反对斯密等人所提倡的自由贸易制度，对外实行关税保护政策。为了证明自由贸易制度的不合理性，他首先否认了斯密的那只看不见的手的功能，认为个人竭力促进自己的私利未必就一定促进社会公益，外贸商人为了私利既可以输入药品，也同样会欣然地输入毒品。同时他指出：国家生产力的综合并不等于在分别考虑下一切个人生产力的综合。

李斯特并不是简单地一概反对国与国之间的自由贸易制度，而是强调国与国之间的自由贸易必须具备一定的前提条件。其中之一就是要有一个包括一切国家在内的世界联盟作为持久和平的保证，并且各国都实行自由贸易原则，各国商人都处于一个商业联邦之下。这实际上就是把他看来在一国之中行之有效的自由贸易推广到全世界去的前提条件。前提条件之二是实行自由贸易的国家，它们的工业水平必须有相似的发展程度，否则在自由贸易条件下，比较落后的国家将普遍屈服于工商业与海军强国的优势之下。对于单独一个国家来说，是否应当实行自由贸易政策，则要视该国处于何种经济发展阶段而定。他指出：凡是先天的禀赋不薄，在财富、力量上要达到最高度发展时所需的一切资源色色具备的那些国家，就可以，而且必须按照它们自己的发展程度来改进它们的制度。改进的第一个阶段是，对比较先进的国家实行自由贸易，以此为手段，使自己脱离未开化状态，在农业上求得发展；第二个阶段是，用商业限制政策，促进工业、渔业、海运事业和国外贸易的发展；最后一个阶段是，当财富和力量都已经达到了最高度之后，再行逐步恢复到自由贸易原则，在国内外市场进行无所限制的竞争，使从事于农工商业的人们在精神上不致松懈，并且可以鼓励他们不断努力于保持既得的优势地位。

李斯特反对斯密等人的自由放任主张，认为一国的经济越发展，国家在立法和行政方面的干预就越是不可少。他还用英、美两国的实例说明国家干预的必要性。在他看来，当时的德国正处于他所说的需要实行外贸限制政策的第二阶段，因此，国家干预的主要表现就是实行保护关税制度。

李斯特指出，保护关税制度，或者说限制政策，来源于国与国之间利益的冲突，或来源于一个国家追求独立、追求强盛地位的努力；或是由于战事及优势工业国实行敌对性的商业限制政策。他针对斯密等人对保护关税制度的指责，指出保护关税制度并不会造成垄断，从而损害消费者利益，因为它并不排除国内的竞争。同时他还指出，保护关税制度也并不限制个人自由，相反，在国际贸易方面，高度的保护政策却可以与最大限度的个人自由并行不悖。他承认保护制度会引起价格提高，但这种提高只能是暂时的，因为高的价格会刺激生产，保护制度保证了国内工业发展的良好环境，所以保护制度最终结果将使生产力提高。保护制度不仅保护了工业的发展，而且对农业也有促进作用，因为在保护制度下成长起来的工业，增加了社会对农产品的需求，从而提高了农产品的价格。从长期来看，保护制度将推动落后国家的经济发展，赶上先进国家，为最终实行普遍的自由贸易作好准备。

李斯特的保护关税政策并不是闭关锁国，并不排斥外资和外国技术的引进。相反，他提出实行保护制度有两个步骤：首先是把外国工业品从国内市场排挤出去，其次是鼓励外资和外国技术、工人的流入。同时，他的保护政策也并非对一切产品都实行保护，而是把农业和工业分别看待，对农产原料和加工工业品加以区分，肯定农产品可以实行自由贸易，但对工业品则需要限制其输入。他指出，为了实行有效的保护制度，必须实现德国的统一，因为威尼斯共和国的例子说明，一个单独的城市或一个小邦与大国进行竞争时，决不能成功地建立或保持保护政策。他还提出了实行保护关税的一些具体原则，如根据国家的特有环境和工业状况，来确定保护关税是禁止性的还是温和的，对奢侈品工业不实行保护政策，对复杂机器的输入予以免税等等。

李斯特从国家利益出发，指出自由贸易的局限性，即在国力不平等时自由贸易将伤害相对落后的国家。这一见解在今天也仍然有现实意义。

他关于自由贸易给各有关国家同时带来利益所必须的两个条件的看法也是值得注意的。他从相对落后国家需要保护制度这一点出发，对主张自由放任、反对国家干预的观点提出异议，表明国家干预的必要性。最可贵的是他虽然主张保护制度，但并没有把它绝对化，而只是把关税保护制度当作一个国家在经济发展中特定阶段所需要的东西。这说明他对于不同发展阶段所需要不同政策这一道理，有着较深的理解。

约·斯·穆勒

穆勒发挥了李嘉图的比较优势论，系统阐述了国际贸易和国际金融理论，论证了自由贸易的原则。

穆勒首先考察了对外贸易的利益，反驳了重商主义关于外贸的利益在于为本国剩余产品提供市场、在于赚得外汇、能为外贸商人带来更大利润的观点，认为国际贸易的直接利益是整个世界的生产更有效率。若资本和劳动可以自由跨国流动，则生产能力就得到最好使用；如果无法最充分地流动，那么按照比较利益原则开展外贸将使生产能力得到次佳的使用。外贸对于一个国家的利益在于原先不能生产的商品现在可以得到，原先需要较大费用生产的商品现可以较低的费用得到。此外，外贸的间接利益在于促进生产改良，推动不发达国家发展，增进各国人民的了解，等等。

穆勒详细叙述了自由贸易条件下的比较利益原则，论证自由贸易的利益，反驳重商主义的关税保护政策。但他并非反对一切保护政策，主张对新兴国家的幼稚产业实行保护。

穆勒进一步考虑了自由贸易条件下商品的国际价值的决定。在他看来，国际贸易中商品价值的决定问题，是经济学上最复杂的问题。他首先排除了贸易中的货币因素，从两种商品的物物交换开始分析国际价值的决定。他认为，在国际贸易中由于存在以国界为标志的民族政治体设置的障碍，劳动和资本不能自由转移，因而很难形成一个统一的国际市场价值，但在国际贸易中供求规律对商品交换比例的确定作用却加强了。由此他就认为，商品的价值决定，在国际贸易中生产费的法则是不适用的，而只能取决于别一个法则，即供给与需求的法则。他把它称之为"国际需求方程式"。关于这个方程式，他作如下表述：一个生产物与其他诸国生产物交换，其价值必须使该国输出品全部，恰好够支付该国输入品全部。国际价值的这个法则，其实是更一般的价值法则——可称之为供给与需要方程式——的引用。一商品价值，往往会这样自行调整，使其需要恰与其供给相等。但一切贸易，无论是国家间的还是个人间的都是商品的交换，在这种交换上人们各自所有的可用来售卖的物品，便是他们各自的购买手段：一方所提出的供给，便是他方所提出的供给的需要，所以供给与需要，不过是相互需要的另一称呼：说价值将如此调整，使需要与供给相等，实际即是说，价值将如此调整，使一方的需要与他方的需要相等。这就是说，在自由贸易并不计运输费用的条件下，两种进出口商品的交换比例（即它们的国际价值）不是取决于生产费用，而是取决于供求关系；而这两种商品在两个国家中的交换比例将使两种商品的出口量都正好与两个国家在此交换比例下对进口商品量的需求相等，但这两种商品在两国之间的交换比例不可能大于它们在不存在外贸时的国内交换比例。他以如下数例来说明这一点：

假设，英国用一定量劳动可生产 10 码毛呢或 15 码麻布，德国用一定量劳动可生产 10 码毛呢或 20 码麻布。在不通商时，在英国毛呢与麻布的交换比例是 10 ： 15，在德国则是 10 ： 20。而一旦按自由贸易原则通商之后，英国将倾向于用毛呢换德国的麻布，而德国将倾向于用麻布换英国的毛呢。如果当交换比例为 10 码毛呢换 17 码麻布时，英国对麻布的需要量正好与德国的供应量相等，即英国出口的毛呢量也正好与德国的需要量相等，那么 10 码毛呢的国际价值就为 17 码麻布，同样，17码麻布的国际价值也就是 10 码毛呢。但如果当交换比例为 10 ： 17 时，英国对麻布的需要量小于德国的供应量，即英国出口的毛呢量小于德国的需要量，那么麻布的国际价值将降低（即毛呢的国际价值将提高），由于需求将随价值降低而提高，于是当麻布的国际价值降低到某一点（比如说交换比例为10：18）时，英国对麻布的需要量（即对毛呢的出口量）正好与德国的供应量（即对毛呢的进口量）相等，那么这一点所决定的

交换比例（10：18）就决定了毛呢与麻布的国际价值：10 码毛呢值 18
码麻布，18 码麻布值 10 码毛呢。

穆勒认为，在国际贸易中生产费决定商品价值的法则显然是不适用
了，但这个法则仍制约、规定着国家间交换比例的上、下限。他说：变
动所不能超过的界限，是此国此二商品的生产费的比例，与彼国此二商
品的生产费的比例。十码毛织物不能交换二十码以上的麻布，亦不能交
换十五码以下的麻布。十码毛织物将交换的麻布在十五码至二十码之间。
他关于国际贸易中商品价值主要决定于供求关系以及商品交换比例上、
下限等方面的研究，不仅是对李嘉图比较成本学说的重要补充，而且对
进一步研究国际贸易理论也是有一定启发意义的。

在对国际价值的决定进行了初步分析以后，穆勒逐步放松一开始分
析时的假设条件。他认为运输费的存在不改变基本法则，但会提高商品
的国际价值，并使原先有微弱比较优势的商品不再进出口。他认为两国
两种商品之间的价值决定法则同样适用于多个国家多种商品的情况。他
认为每个国家生产出口商品不受限制的假定是不现实的，因此国际价值
的确定不仅要考虑一定交换比例下两个国家对对方出口品的需求量，而
且要考虑它们各自能够为对方提供的最大供应量。在考虑供给约束时，
一般法则是：一国与他国交换生产物的价值，取决于二事；其一，取决
于外国对本国商品的需要，与本国对外国商品的需要相比较，有怎样的
数量与伸张可能性；其二，取决于本国能从本国生产本国消费的商品的
生产，节省多少资本。

穆勒分析了输入品的费用对交换条件的影响。他指出输入品的费用
是两个变量的函数：（1）用于交换一定量输入品的出口品数量。（2）出
口品的劳动生产率。前者取决于国际交换价值，取决于外国对本国出口
品的需求与本国对外国出口品的需求的强度比较，与本国的劳动效率无
关。外国对本国商品的需要，越是超过本国对外国商品的需要，本国所
能节省下来为外国市场生产物品的资本，与外国所能节省下来为本国市
场生产物品的资本比较越是少，则交换条件越是有利于本国；换言之，
一定量本国商品所能交换的外国商品，将越是加多。用今天的术语来讲，

就是交换条件取决于双方对于进口品的需求价格弹性和出口品的供给价格弹性，一国与另一国相比，对进口品的需求价格弹性越大、出口品的供给弹性越小，则交换条件对其越有利。

穆勒分析了生产改良对贸易双方带来的利益，指出一国改良的结果若是产生一种新的出口品，则改良有利于本国。若改良的结果是减少一种出口品的成本，则改良对本国的利益取决于这种出口品在外国市场的需求价格弹性。若弹性为一，则该国的利益不变，外国得到廉价商品；若弹性大于一，则该国就获得更大利益，外国则由于所付价格的减少程度低于生产费的降低程度，故虽然也能够受益，但是不能充分享受改良带来的利益；若弹性小于一，则该国将不能充分享受改良带来的利益，外国则由于所付价格的减少程度大于生产费的降低程度，从而能够受益。

穆勒认为，当输入品为货币时，其价值决定法则与其他输入品是一样的。当货币在国际贸易中充当支付手段时，需要分析汇率。他认为货币和汇兑现象的存在不会影响商品的国际价值决定。但是从失衡达到均衡的路径，物物交换与货币支付是有差别的。物物交换时，失衡状态将直接通过调整交换比例而消除；货币支付时，失衡状态首先反映到汇兑中，引起货币在国际流动，然后引起物价变化，再引起进出口变化，最后实现均衡。他指出一个国家出现汇兑不利（即汇票有贴水）的原因有两个：（1）对外贸易的偶然入超。（2）由国内价格水平引起的持续入超。如果是第一种原因，则出口商赚得汇水增加利润而进口商支付汇水有损失，于是进出口会自行调整消除入超。若是第二种原因，则不能单纯依靠进出口的调整，只有减少国内货币量或等额信用量，以降低一般物价水平，矫正不利的汇兑。

穆勒考虑了货币数量的变化对汇兑和外贸的影响，当一国货币或信用突然大量增加后，会引起该国物价普遍上涨，然后引起外贸入超，造成不利的汇兑状态，最后引起贵金属输出。若信用的增加由银行增发兑换券引起，则在未及影响物价时会首先降低利率，引起贵金属作为寻求高利率的资本外流。不兑现纸币的发行会把等额金币逐出流通，一旦金币全部被逐之后，不兑现纸币进一步增加会引起商品纸币价格上涨，但似乎不会影响实际的外贸，不会引起入超，但是会影响汇率，使名义汇率（以纸币表示）与真实汇率（以金币表示）发生差异。

穆勒分析了外贸的税收效应。他提出出口税有三种情况：（1）甲国征出口税使乙国对甲国产品实物需求量减少，但乙国购买的总价值不变，则贸易额和以前一样，甲国获得全额税款，乙国损失同样数量。（2）甲国征出口税使乙国对甲国产品实物需求量减少，总价值亦减少，则乙国对甲国产生出超，货币由甲国流向乙国，造成甲国物价下降，出口品亦便宜，乙国物价上升，出口品亦涨价，于是甲国的出口税有部分由甲国购买乙国商品者负担。若乙国对甲国的出超使甲国出口品的价格竟然低于未课税前的水平，则甲国出口税全由甲国购买乙国商品者负担。（3）甲国征出口税使乙国对甲国产品实物需求量略有减少，以致总价值增加，则乙国对甲国出现入超，甲国的物价将由于货币流入而更贵，则甲国的出口税将全由乙国消费甲国商品者负担。从三种情况看，出口税未必全由外国人负担，只有那种被外国人迫切需要的商品，其出口税才可能全部由外国人负担。

穆勒指出进口税有两种：（1）保护性关税。它阻碍贸易，是有害的。（2）非保护性关税。它若不减少国内需求，则本国负担全部税负；若减少国内需求，则引起出超，导致货币流入，进口品跌价，出口品涨价，于是税负部分由外国人负担。由于非保护性关税一般减少国内需求，所以它是转移税负的有效手段。但由于各国都会采用它，故最终结果可能仍然是各国自己负担进口税，所以它也是无益的。

第二节　新古典经济学时期

马歇尔

马歇尔的国际贸易理论以李嘉图的比较利益说为基础。他指出，只要有利条件不是平均地分配在各个行业之间，开展贸易就对双方都有利，即使其中一方在各方面都比另一方强。同时，他也承认，在两种情况下实行进口关税有一定的合理性：一是不发达国家为了保护其新兴产业；

二是地域辽阔，在内地征税成本很高的国家。但他担心为了保护新兴产业而实行的保护性关税往往在新兴产业已经成长起来之后还继续实行下去。

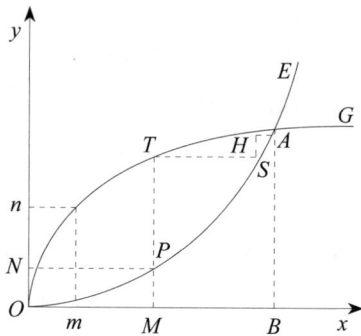

图6.12

马歇尔以为，由于劳动和资本能够在国内自由流动而在国际间的流动受到很大障碍，所以商品在一国之内的交换价值与国际间的交换价值有很大不同，国内价值的决定机制与国际价值的决定机制两者是不一样的。他以图 6-12 表达了国际价值的决定：横轴表示 E 国的产品的数量，纵轴表示 G 国产品的数量。OE 表示 E 国所意愿的贸易条件，表明 E 国用一定数量的产品所希望换得的 G 国的产品量。例如 E 国希望用 M 量的产品换得 G 国 N 量的产品。OE 曲线凸向横轴表明随着 E 国出口产量的增加，它所希望换回的 G 国产品按递增速度增加。OG 曲线表示 G 国意愿的贸易条件，表明 G 国用一定量的本国产品所希望换得的 E 国的产品量。例如 G 国希望用 n 量的本国产品换得 m 量的 E 国产品。OG 曲线凸向纵轴表明随着 G 国出口产量的增加，其所希望换回的 E 国产品按递增速度增加。OE 曲线与 OG 曲线的交点 A 反映了两国产品均衡的交换比例，或两国产品的交换价值。当实际的交换比例偏离它的时候，将自发地趋向这一均衡比例。例如初始的比例为 P 点时，虽然 E 国愿意以 M 量本国产品换回 N 量 G 国产品，但 G 国却愿意以大于 N 量的本国产品去交换 E

国的 M 量产品，愿意把交换比例由 P 点移向 T 点；而 E 国进一步愿意把交换比例由 T 移向 S；G 又进而希望移为 H；……最后在 A 点达到均衡。概括地讲，当实际的交换比例落在 OE 曲线的右边，则它将向左移动；若落在 OE 线的左边，将右移。同理，若实际交换比例落在 OG 线的上边，将下移；而落在 OG 线下边将上移。

马歇尔进一步运用上述图形为基本分析工具，研究了两个国家对对方产品的需求弹性的大小以及关税的大小对均衡交换比例的影响。其基本结论是：当 G 对 E 的产品具有较大需求弹性（即 OG 线较陡）时，E 对 G 产品需求的增加（表现为 OE 曲线右移）不会引起均衡交换比例的太大变化；若 G 的需求弹性较小（即 OG 线较平），则 E 对 G 产品需求的增加将使均衡的交换比例向着不利于 E 的方向变化，即 E 需要用更多的本国产品来换取一定数量的 G 国产品。当 E 对其向 G 的进出口征收关税时，会在某种程度上减少其进口，在更大程度上减少其出口，从而使均衡的交换比例变得有利于 E，即 E 可用更少的本国产品换得一定量的 G 国产品。同时，若 G 对 E 的商品有很大需求弹性，E 对进出口征收中等程度关税，将在 E 对 G 商品需求有弹性时降低双方的贸易欲望，而在 E 对 G 商品需求无弹性时将不会影响交换比例。

马歇尔还研究了关税对两国利益的影响。他指出，若 E 对其进出口征收一般性关税，并用其购买本国商品和劳务，则 E 将使 G 两方面受害，一是降低 G 的出口欲望，二是恶化 G 的交换比例，迫使 G 用更多的本国产品来交换同样数量的 E 国产品；同时，E 国本身将既有利又有弊，弊在于将减少其进口，利在于改善 E 的交换比例；若把 E 国政府和人民的利益一起计算，这种关税是有一些好处的。

马歇尔还进一步分析了关税的归属转嫁问题。他的结论与约·斯·穆勒一样，若一国对别国产品需求弹性越大，且别国对其产品需求弹性越小，则它越能将关税负担转嫁给别国。

虽然对关税的各种影响进行了广泛的分析，肯定了关税在一定条件下的各种好处，但马歇尔基本上是倾向于自由贸易的。他对自由贸易的论证首先是依据李嘉图的比较利益说，同时他也从政治角度提出了一些其他的论证。他提出，贸易保护政策会腐蚀国家的政治生活，对政治家的道德素养造成损害。因此，他以为，自由贸易的政策现在是将来或许仍然是最好的政策，因为它不是一种对策，而是无对策。为应付一时所需而订的政策，将由于时过境迁而过时。但自由贸易这种朴素而自然的做法，将胜过操纵关税所获得的各种小利，不管税收征管的方法多么科学多么高明。他还进一步分析了关税保护政策何以比自由贸易主张更易获得成功的原因，即利益明确的小团体往往比利益模糊的大群体更容易在政治生活中实现自己的目标。主张关税保护的人能够清楚地说出这种政策将使哪些人受益，而主张自由贸易的人则往往讲不清楚关税保护将具体伤害哪些人。他因此而以为自由贸易政策在英国的实施是一件偶然的事件，因为以往对进口货课征的保护性关税碰巧都挑选得很不好，给英国公众带来了明显的伤害。

马歇尔上述从政治角度对自由贸易和关税保护所作的分析，可以说是今天的寻租理论、公共选择理论和集体行为理论的萌芽。

马歇尔也考虑了今天发展经济学所考虑的新兴国家的产业选择问题，认为它们最需要发展的是依据本国资源及人力密集的产业，而不是那种耗资甚巨，需要高度专门技术的产业。

马歇尔对国际贸易的长期趋势有下述判断，即受自然资源的差别所支配的贸易额比重将增加，而受工业发展阶段的差别和制造业种类的不同所支配的贸易额的比重将下降。

马歇尔对货币理论的最后一个贡献涉及国际金融，他在穆勒关于金本位制国家之间货币汇率的决定机制的理论的基础上，进一步阐明了购买力平价论，从而解决了不可兑现的纸币在不同国家之间的汇率决定问题。

卡塞尔

卡塞尔提出了汇率决定的购买力平价说，这一理论的要点早已为李嘉图所表述，但它的系统说明当推卡塞尔。该理论的基本点是说，在自由贸易和运费为零这两个条件下，当用某种共同货币来表示时，一国的价格必等于另一国的价格，或者说两国货币的汇率将等于两国物价水平之比。设 γ 为以 A 国货币表示的 B 国货币价格，P_A、P_B 分别为两国的物价水平，则购买力平价说可以下式表达之：$\gamma = P_A / P_B$。该理论主要用于说明废除金本位制以后的汇率决定。

俄林

一、区间贸易的基本模型

俄林的国际贸易理论，按他自己的说法，是汇合两股经济思想的结果，一股是哈佛经济学院以陶西格、范伊纳、威廉斯等人为代表的国际贸易理论；另一股作为他理论的一般背景的是瑞典经济学家，尤其是卡塞尔、赫克歇尔、缪尔达尔以及威克塞尔等人的经济思想。

俄林把国际贸易看作是广义的地区间（包括国与国之间和一国之内不同地区之间）贸易的特殊类型，并进而把国际贸易理论看成是一般的生产布局理论的一部分。这一思想使他能够从生产的角度去考虑区间贸易问题。

俄林认为，要有效地分析国际贸易及更一般的区间贸易，必须采取一般均衡分析这种充分考虑各种价格相互依存关系的方法。以一般均衡分析为基础建立国际贸易及广义区间贸易的理论。

俄林以经过卡塞尔简化的瓦尔拉斯一般均衡模型作为基础，但认为这个模型忽略了市场的空间分布，暗中假定所有商品和要素都集中在一个区域中成交。因此该模型基本上排除了生产布局问题以及由布局问题而带来的区间贸易问题。为了以一般均衡分析为基础建立区间贸易理论，他建立了如下模型：

假定只存在两个地区 A 和 B；假定每个地区之内要素具有完全的流动性和可分性，这就排除了规模经济现象，即假定生产函数具有规模报酬不变的性质；假定两个地区之间不存在要素的流动，只存在商品的流动；假定各生产要素的供给既定不变；假定两个地区具有相同的技术知识，从而具有同样的生产函数形式，即如果两个地区所采用的生产技术有所不同，那并非由于技术知识不同，而是由于各种要素的相对比价不同；假定不存在与商品的空间位移有关的任何费用。

规定两个地区有关变量的符号如下：

	A	B
技术系统	a=f（ ）	α=f（ ）
要素价格	q	g
商品价格	p	v
个人收入	$I = \Sigma_1^r t_h q_h$	$J = \Sigma_1^r d_h g_h$
	t_h 为某人拥有的	d_h 为某人拥有的
	第 h 种要素量	第 h 种要素量
商品需求	$D = F$（ ）	$\delta = \Phi$（ ）
要素供给	R	S

在两地区互相孤立时，可各自建立自己的均衡体系，以 A 区为例，该体系由五套方程组组成：

(1) $a_{11} = f_{11}(q_1 q_2 \cdots q_r)$

……

$anr = fnr(q_1 q_2 \cdots q_r)$

(2) $a_{11}q_1 + a_{12}q_2 + \cdots + a_{1r}q_r = p_1$

$a_{21}q_1 + a_{22}q_2 + \cdots + a_{2r}q_r = p_2$

……

$a_{n1}q_1 + a_{n2}q_2 + \cdots + a_{nr}q_r = p_n$

表明商品价格等于成本。

(3) $D_1 = F_1(p_1 \cdots p_n, I_1 \cdots I_s)$

$D_2 = F_2(p_1 \cdots p_n, I_1 \cdots I_s)$

……

$D_n = F_n(p_1 \cdots p_n, I_1 \cdots I_s)$

表明商品的需求是各种商品的价格和各个人的收入的函数。

(4) $I_1 = t_{11}q_1 + t_{12}q_2 + \cdots + t_{1r}q_r$

$I_2 = t_{21}q_1 + t_{22}q_2 + \cdots + t_{2r}q_r$

……

$I_s = t_{s}1q_1 + t_2q_2 + \cdots + t_{sr}q_r$

表明某个人（i）的收入由其拥有的各种要素（t_{ij} j=1,…,r）量及其价格所决定。

（5） $a_{11}D_1 + a_{21}D_2 + \cdots + a_{n1}D_n = R_1$

$a_{12}D_1 + a_{22}D_2 + \cdots + a_{n2}D_n = R_2$

……

$a_{1r}D_1 + a_{2r}D_2 + \cdots + a_{nr}D_n = R_r$

表明各种要素的供求平衡。

孤立条件下均衡的相对价格体系由要素供给、物质生产条件所决定的技术系数函数和消费者欲望所决定的商品需求函数所唯一决定。

现假定原先孤立的两个地区 A 和 B 现在开始商品交易，于是出现一新的变量：汇率 x（$=v_1 / p_1 = v_2 / p_2 = \cdots = v_n / p_n$）。当 x 处于均衡时，假定从 1 到 m 种商品在 A 区的生产成本从而价格较低，而从 m+1 到 n 种商品在 B 区的生产成本从而价格较低。这样便会出现商品交易，现在两个地区存在商品交易时的均衡价格体系由如下六套方程组给出：

（1） $a_{11} = f_{11}（q_1 \cdots q_r）$

……

$a_{mr} = f_{mr}（q_1 \cdots q_r）$

$\alpha_{m+1,1} = f_{m+1,1}（g_1 \cdots g_r）$

……

$\alpha_{nr} = f_{nr}（g_1 \cdots g_r）$

这是技术系数函数，包括了两个地区的技术系数。

（2） $a_{11}q_1 + \cdots + a_{1r}q_r = p_1$

……

$a_{m1}q_1 + \cdots + a_{mr}q_r = p_m$

$\alpha_{m+1,1}g_1 + \cdots + \alpha_{m+1,r}g_r = v_{m+1}$

……

$\alpha_{n1}g_1 + \cdots + a_{nr}g_r = v_n$

表明两个地区的商品价格都等于其成本。

（3） $D_1 = F_1（I_1 \cdots I_s, \ p_1 \cdots p_m, v_{m+1} \cdots v_n, x）$

$$\delta_1 = \Phi_1 (J_1 \cdots Js, \ p_1 \cdots p_m, v_{m+1} \cdots v_n, x)$$

……

$$D_n = F_n (I_1 \cdots Is, \ p_1 \cdots p_m, v_{m+1} \cdots v_n, x)$$

$$\delta_n = \Phi_n (J_1 \cdots Js, \ p_1 \cdots p_m, v_{m+1} \cdots v_n, x)$$

表明两个地区对各种商品的共同需求。

(4) $I_1 = t_{11}q_1 + t_{12}q_2 + \cdots + t_{1r} q_r$

……

$$I_s = t_{s1}q_1 + t_{s2}q_2 + \cdots + t_{sr}q_r$$

$$J_1 = d_{11}g_1 + d_{12}g_2 + \cdots + d_{1r} g_r$$

……

$$J_s = d_{s1}g_1 + d_{s2}g_2 + \cdots + d_{sr}q_r$$

决定了两个地区所有人的个人收入。

(5) $a_{11} (D_1 + \delta_1) + \cdots + a_{m1} (D_m + \delta_m) = R_1$

……

$$a_{1r} (D_1 + \delta_1) + \cdots + a_{mr} (D_m + \delta_m) = R_r$$

$$\alpha_{m+1,1} (D_{m+1} + \delta_{m+1}) + \cdots + \alpha_{n1} (D_n + \delta_n) = S_1$$

……

$$\alpha_{m+1,r} (D_{m+1} + \delta_{m+1}) + \cdots + \alpha_{nr} (D_n + \delta_n) = S_r$$

表明两个地区的所有各种要素的供求平衡。

(6) $\delta_1 p_1 x + \delta_2 p_2 x + \cdots + \delta_m p_m x = D_{m+1} v_{m+1} + \cdots + D_n v_n$

为区间交易方程式，表明两个地区各自的进出口平衡。

上述六套方程组便是前述 5 个假定条件下区间（国际）贸易的基本模型。由该模型可以推断出，当两个地区要素的相对价格一致从而技术系数一致，或所有商品的生产要素都以相同比例结合时，则区间贸易将不出现。由该模型还可以推断出，即使 A 和 B 两个地区具有完全不同的生产要素，且各自产品也不相同，但仍然会出现区间（国际）贸易的均衡。而这后一论断恰好是古典的比较成本说所无法得出的。

二、区间（国际）贸易的原因及其后果

由上述基本模型可知，两个地区出现分工和贸易的直接原因是起码有部分商品在两个地区孤立条件下的价格不一致，而这种不一致又是源于生产要素的相对价格在两个地区不一致，而生产要素相对价格的差异又是由于两个地区各自所拥有的各种生产要素的比例或禀赋有所不同，且这种要素供给上的差别又无法为两个地区在商品需求上的差别所抵消。简单地讲，不同地区（国家）分工和贸易的产生，源于它们在生产要素的相对稀缺性的差异。这种要素相对稀缺性的差异，使得每个地区（国家）进口那些生产中需用较多本地区缺乏从而昂贵的生产要素的商品，生产并出口那些生产中需用较多本地丰富从而便宜的生产要素的商品。这就是所谓的赫克歇尔—俄林定理。

除了不同地区（国家）要素的相对稀缺性的差异之外，导致地区（国家）间分工和贸易的另一个重要原因，俄林认为是由于生产要素的不可分性所导致的大规模生产的节约，或者说是规模报酬递增法则。由于这一原因，即使两个地区（国家）的要素的相对稀缺性完全一致，但仍然可以出现区域分工和贸易，只要地区内部某些物品的市场不够大到足以容许最有效的生产规模。由此可知，他事实上是提出了区间（国际）贸易的两个原因：生产要素相对稀缺性的差异，大规模生产的节约。

俄林认为，通过区间（国际）贸易，会产生三个后果：一是需求的变化；二是要素供给的变化；三是所谓要素价格的均等化趋势，及由该趋势引起的产量增长。他指出，贸易通过改变个人嗜好来影响他的需求，商人不仅提供人们所需要的东西，而且促使人们向往得到他们打算出售的东西。

俄林认为，从长期来看，各个地区的生产要素禀赋并不是一成不变的，而是深深受到区域分工和贸易影响的。但对于这种影响的性质，他承认这是一种复杂的问题，尚无法进行扼要的概括。他只是指出了两种可能的情况：一是建立在要素相对稀缺性差异基础上的贸易，有可能进一步发展这种差异，因为贸易会提高一个地区原先丰富的要素的价格，从而使它更加丰富，会降低一个地区原先缺乏的要素的价格，使它更加缺乏。二是建立在大规模生产的节约基础上的贸易，会使一个地区的要素供给发生更适于这种大规模生产的变化。

俄林认为，区间（国际）贸易作为要素跨地区（国际）流动的替代，会减少同地区（国家）要素相对稀缺性之间的差异，从而产生要素价格的均等化趋势。而这种均等化趋势会给贸易双方带来利益。这有两方面的原因：（1）这可以改善各个地区（国家）内部生产要素的配合比例，从而增加产量。（2）它使地区（国家）内部的交换比例比贸易前更为有利。

俄林同时也指出，这种要素价格均等化的趋势以及由此给双方带来的利益，并不是必然出现的。这是因为不同地区（国家）生产要素之间质的差异，不同地区（国家）使用完全不同的技术的可能性，大规模生产的节约，经济稳定性及税收的差异，将使要素价格的均等化趋势变得不确定。

以后的西方经济学家把俄林关于要素相对稀缺性差异造成区域分工和区间（国际）贸易，以及贸易导致要素价格均等化的论点，称作广义的赫克歇尔—俄林定理。这一定理概括了俄林区间（国际）贸易理论的重要部分，但并不全面。它遗漏了俄林关于大规模生产节约对区域分工和贸易的影响的观点，以及要素价格均等化趋势可能由于种种原因而受阻的观点。而正是这些观点可以用来解释许多不能用赫克歇尔—俄林定理来说明的区域分工和区间（国际）贸易现象。因篇幅所限对此不再细述。

三、转运费用与要素流动

俄林首先是在假定不存在转运费用、不存在要素流动的条件下分析区间（国际）贸易的原因及后果，然后进一步分析转运费用和要素流动对区间（国际）贸易的影响。转运费用是指运费、关税、运输损耗等等一切与商品的空间位移有关的费用。其中运费往往是主要的。

俄林关于转运费用对区域分工和贸易的种种影响可以概括为两点：一是缩小贸易的规模，并进而缩小许多产业的生产规模，使得大规模生产的节约无法充分实现。二是改变贸易的构成。在不存在转运费用时，两个地区之间几乎任何商品都可进入交易，通过交易使几乎任何商品在两地的价格都相同。转运费用使得同一种商品的价格在两地会保持一定的差距，以不高于转运费用为界。转运费用使得所有商品分为两大类：区内市场商品和区间市场商品，前者是指孤立状态下两地的价格差异不超过转运费用的商品，后者是指情况相反的商品。区间（国际）贸易只在区间市场商品中进行。在不存在转运费用时，区间（国际）贸易的对象可以是原料、最终产品，或某个中间阶段的半成品，但转运费用使得生产纵向各阶段的产品中，只有转运费用最低的才成为贸易对象。

俄林关于要素流动对贸易影响的论点可概括为两点：（1）由要素相对稀缺性的差异所造成的贸易，与要素流动具有替代性，即当要素的转运费用相对低于商品时，则要素的流动将替代商品贸易，反之则是商品贸易替代要素流动。这种替代关系是因为要素流动（商品交易）造成的要素（商品）价格均等化使得商品交易（要素流动）不再有必要。（2）由大规模生产节约造成的贸易，与要素流动会互相促进。

俄林认为，在生产三要素中，自然这一要素是不会流动的，能流动的只是劳动和资本。他还进一步分析这两种要素流动的原因和阻碍，以及两者流动之间的相互影响，尤其是分析了与资本国际流动有关的种种问题。

关于俄林的上述区间（国际）贸易理论，西方经济学者一直有两种偏向：一是缩小这一理论的涵盖面，把它仅仅看作是关于国际贸易的理论；二是扩大它的涵盖面，把它看作是说明一切国际贸易现象的基础理论。俄林本人在《地区间贸易和国际贸易》一书修订版中加入的附录Ⅱ：《对当代国际贸易理论的看法》中，表明了自己对这两种偏向的不满。首先他认为国际贸易实在只是生产布局（或区域分工）问题的一个特殊部分，而他的理论在很大程度上是说明布局问题，所以远远不只是关于国际贸易的理论。其次，他明确承认他的基本模型（他称之为生产要素比例模型）是静态模型。并主要适用于说明像英国和新西兰、澳大利亚这类国家之间的贸易关系，不适用于说明发达国家与发展中国家之间的贸易关系。其实生产要素比例模型只是他分析的起点，他书中后来的分析远远突破这一模型的限制条件，具有动态成分。他的整个理论是不能用赫克歇尔—俄林定理来完全概括的，这一定理只是他的生产要素比例模型的定理，是静态性质的。

第三节　评论

古典经济学时代，斯密重视分工，同时发现分工的范围受到市场的制约。因此他主张实现自由贸易以扩大市场促进分工。至于什么商品可以进入国际贸易，他提出了绝对成本说。李嘉图作出的一个重大推进是提出了比较成本说，这样，可贸易商品的范围就大大扩张了。李嘉图的另一个重大贡献是在国际金融方面，提出了世界通货均衡分布原理，他以休谟的货币数量论为依据，指出了通货均衡分布的实现机制。

但是斯密和李嘉图都没有从他们基本的价值理论出发，去说明国际贸易中商品价值的决定。完成这一任务的是穆勒父子，他们其实是用供求关系说明了国际贸易中商品价值的决定，这其实也就揭示了李嘉图劳动价值论的局限性。

巴斯夏主要是对于各种反对自由贸易的论点进行了辛辣的嘲讽，而且在这些嘲讽背后不乏理论上的睿智。

李斯特的经济理论反映了德国工业资产阶级对内反对封建制度，对外抵抗英国资产阶级欺压，发展民族工业，提高本国生产力的合理要求。他的经济理论在于它提出了落后国家面临工业先进国家的挑战时，发展本国经济的可行道路。以生产力理论为主线，以发展工业为目标，以保护制度为手段，这就是他经济理论体系的三大支柱，也是他为当时仍然处于落后地位的德国提出的对策。

事实已经表明，在一个没有技术进步没有偏好转移的世界里，按照比较优势开展自由贸易是可以皆大欢喜的。但是在技术进步偏好转移的世界里，李斯特的阶段性贸易保护是有道理的。

新古典经济学时代，马歇尔运用他所创立的需求弹性概念，对于国际贸易的福利效应，以及影响这些效应的因素展开了出色的分析。而俄林则对于比较优势产生的原因进行了有效分析，从而提出了赫克歇尔—俄林定理，强调要素禀赋的不同是导致比较优势的基本原因。当然俄林也初步看到了竞争优势在影响贸易商品种类时的作用。以后的国际贸易理论，在很大程度上围绕着竞争优势展开。

第十三章 福利经济学

第一节 古典经济学时期

西斯蒙第

西斯蒙第是一位目光敏锐的观察家，一位对人类富有同情心的严厉的批评家。他看到了资本主义社会是一个充满着各种矛盾的社会，他尖锐地批判了资本主义制度的各种弊端。比如，指出资本主义生产的目的，只是为了财富而忘记了人；指出自由竞争和追逐个人利益乃是资本主义一切罪恶与祸害的根源；指出资本主义使用机器的矛盾性；指出人口过剩乃是资本主义制度所固有；指出资本主义分配的不公平、不合理，大量揭示了资本主义社会的两极分化和无产阶级贫困化的过程及事实。

西斯蒙第承认，在指出我认为什么是原则、什么是正义以后，我并没有制定执行手段的能力。有时他主张改变生产资料的所有制，使生产关系适应生产力，但并不主张建立公有制。他反对同时代的空想社会主义者，认为他们的原则是不值一驳的。他强调平分财产不能鼓舞人的劳动热情。他留恋过去的时代，主张用小私有制来代替资本主义的大私有制。他提出：必须消灭的不是贫苦阶级，而是短工阶级；应使他们回到私有者阶级那里去。具体说来，他主张在农业中由政府扶持宗法式农业，在工业中反对大工业制度，主张建立为数众多的小作坊，让工人分享老板的利润，得到较长的受雇用时间。他主张用法律来实现他所希望的改良。他确信，只有当人们能够设法建立一个彼此关心的集体，来代替工业企业家和被他们雇用者彼此对立的制度，使农业工人分享土地收入，使产业工人分享自己产品的时候，产业阶级才能幸福，才有实际而持久的繁荣进步。

西斯蒙第以为小私有制可以实现消费与生产的均衡；但他不了解，他所主张的小私有制由于不可违背的规律，是终归要导致他所谴责的资本主义社会的。有时他又主张国家去控制生产力以适应生产关系。他要求由政府去调节消费、生产、收入、资本及人口的发展，使它们合于比例。如果一个国家只能用自己的产品换取不如生产增加得那么快的收入，它就应该限制本国的生产；如果它应该用资本来保证的工程已经不能应用更大的数目时，它就应该限制本国资本的积累。为了避免生产与消费之间的冲突，他甚至反对促进技术进步、生产增加的专制制度。源于他对工人的深刻同情，他提出了不少旨在维护工人利益的改良主义主张，除了利润分成之外，他还是在法国第一个主张制定工厂法的人。他要求政府采取措施，使劳动者能避免竞争的危害，实行休息日制度，在工资中包括对疾病、失业和老年生活的补贴等等。他的这些改良主张，虽然在当时根本无法实行，他自己在临终前不久，也万念俱灰地写道："我要走了，一生没有对这个世界产生哪怕是微不足道的影响，以后也将一无所成。"[1] 然而历史是公道的，他的福利主义的政策主张最终在欧洲得到了实现，并且将在更多的地方实现。

杜能

杜能是一个富有同情心的思想家，同情当时大多数工人的不幸遭遇，迫切希望能够改变工人阶级的穷困悲惨的状况。同时他的身份和经历又使得他不愿意通过极端方式来解决问题，不赞同共产主义的解决方案，这就使他形成了一系列的社会保障思想。主要表现在要求实行义务教育和强制实行医疗保险和养老保险这两个方面。

杜能认为工人的贫困在很大程度上是由于缺乏教育，而工人的贫困又使得他们无力支出经费去教育培养后代，这就形成恶性循环。而打破这一循环的就是政府出资实行义务教育。

---

[1] 转引自亨利·威廉·斯皮格尔：《经济思想的成长》上卷，中国社会科学出版社 1999 年版，第 266 页。

至于医疗保险和养老保险，杜能在自己的田庄进行了初步的尝试。他多年来一直想在自己的田庄实践分享工资制，但是顾虑到家庭和其他田庄的反应，难以开展。1848 年以后，障碍不再存在，他开始在自己的田庄中具体实施，一是让工人分享收益，二是对工人的部分收入实行强制储蓄，晚年返还，即实行养老保险。

杜能关于社会保障的这些思想和非常初步的实践，不知是否对近半个世纪以后德国由俾斯麦普遍实施的社会保障制度有所影响。这是一个需要详细考证的工作。但是在与他同时代的思想家中间，他这方面的思想无疑是最出色的。从今天的眼光来看，杜能在这方面的思想可能是他最隽永的贡献。

第二节　新古典经济学时期

马歇尔

马歇尔指出，巴斯夏等人所认为的自由竞争下的均衡意味着满足最大化的论点是不能接受的。他认为均衡仅仅是满足最大化的必要条件，而不是充分条件。这有两方面的原因：首先，均衡并不会自然地导致收入的均等化，即不会使得货币的边际效用在所有人那儿都一样，因此，均衡并不意味着交换各方的满足实现了最大化，因为还可以通过收入的再分配使社会全体人的福利总和进一步增加。其次，由于报酬递增和报酬递减这两种情况的存在，自由竞争条件下的均衡不一定意味着满足的最大化。他认为在报酬递增条件下，可以通过政府补贴来降低生产成本，将使消费者剩余的增加超过补贴额，并且使价格大幅度下降。在报酬递减条件下，可以通过政府税收来提高生产成本，将使消费者剩余的减少小于税收额，并使价格略有上升。因此，若对报酬递减的产品进行征税，再用所征税款来补贴报酬递增的产品，则消费者剩余比不这样做时增加。由此可知，通过政府的上述税收和补贴行为而形成的新均衡将比政府不采取上述行为时的均衡（即自由竞争下的均衡），导致更大的福利。

马歇尔的上述分析，以消费者剩余这一概念为工具，说明了自由竞争并不一定导致社会满足的最大化，这与早期的边际效用论者是有很大差别的。

马歇尔的上述论点蕴含的政策主张是，可以通过政府的税收和补贴政策，使产量以及社会的满足水平超过自由竞争所能达到的水平。由此可知，他并不是无条件地主张自由竞争的，而是像约·斯·穆勒一样，主张由政府对经济进行一定的干预。

帕累托

帕累托适度又可以称作是集体满足最大化的状态。帕累托认为，当生产和交换同时达到均衡时，就实现了帕累托最适度。因为任何偏离均衡的状况中，都起码使个别人受损而其他人则不增加福利。所以他又把最适度看作是一种特定状态，任何对它的偏离都不可能在不降低某些人福利的条件下增加其他人的福利。

在帕累托之前，也曾有人探索过集体福利最大化的条件，如边沁和马歇尔，他们都是从基数效用论出发的，假定不同人之间的效用量可以进行比较。因此一定的分配状态也就成为集体福利最大化的部分条件。若其他条件不变，只是某种物品的一定量通过再分配由 A 转归 B 所有，于是 A 的总效用下降而 B 则相反，只要 A、B 两人总效用的变化额的代数和为正，则再分配以后的状况就要优于以前的状况。只有任何类型的再分配都不可能使各人总效用的变化额的代数和为正时，初始的那种分配状况才是对应于集体福利最大化的状况。帕累托最适度与这些人的区别在于它以效用不可测定，从而不同人之间效用不可比较为前提。因此，帕累托最适度并不以一定的分配状况为条件，它也无法判定不同分配状况时集体满足的大小，它只是说，在既定的分配状况下，集体福利最大化的条件是生产和交换都达到均衡。于是对应任何一种分配状况，都会有一特定的帕累托最适度，而在不同的最适度状况（对应于不同的分配状况）之间，是无法进行集体福利的大小比较的。

帕累托最适度的提出，对以后西方福利经济学的发展发挥了重大推动作用。它的意义在于指出了集体福利的评价和比较，要涉及两方面的标准：一方面与生产和交换有关，可以通过分析予以确定；另一方面则与分配有关，无法通过分析予以确定。因为这方面的标准取决于人们的价值观念，而不同人之间的价值观念往往是冲突的。

威克塞尔

威克塞尔的政策目标之一是改进收入分配状况，促进社会福利。

威克塞尔根据货币边际效用递减原理论证财产分配不均条件下的自由竞争并不能保证实现社会福利的最大化，为此，需要由政府对收入分配进行正确的干预，并需要限制工人的工作时间。他提到了政府干预，但同时提出了这种干预所必需的前提条件，即政府必须是建立在民主主义原则上的，并且干预的结果不应当以减少总产量为代价来实现收入再分配。他写道：一般说来，不加限制的自由总比错误的限制和强制制度为可取。只要一国的政府建立在民主主义的原则上，那就存在着这种措施只在其有利于大多数人时才被采取的确实（虽然不是常常可靠的）保证。而当商业和工业政策掌握在拥有特权的少数人手中时，那就很可以推定其将走上相反的方向。

在公共财政方面，他强调在自然垄断行业发展国有企业，以便使这些企业能够比私人控制时向消费者提供更多的商品和索取更低的价格。同时用税收来弥补这些公有企业可能出现的亏损。在税收方面，他要求减少当时瑞典具有累退性质的主要由低收入者承担的消费税和关税，开征个人收入及个人遗产和公司收入的累进税。同时他要求政府资助教育，以便缓解由市场按照边际生产力决定的个人收入的不平衡。

威克塞尔的这些政策主张，使他成为后来北欧社会民主主义的先驱之一。

庇古

关注福利问题，是马歇尔研究经济学的出发点，但他并没有建立系统的福利经济学体系，只是提出了一些对后来庇古所建立的福利经济学深有影响的概念，如消费者剩余，生产者剩余，外部经济和不经济，等等。作为马歇尔的嫡传弟子，庇古继承了他关心福利问题的传统，于1912 年发表《财富与福利》，后经修改充实，于 1920 年易名为《福利经济学》。这部巨著是庇古的代表作，是西方经济学发展中第一部系统论述福利经济学的专著。

庇古认为经济学是改善人类生活的工具。围绕在我们周围的贫穷、痛苦和污秽，一些富有家庭的能招致损害的奢侈，笼罩在许多贫苦家庭头上的可怕的不确定性——这些都是非常的、不容忽视的罪恶。运用经济科学所探求的知识，我们有可能对这些罪恶加以控制。他认为经济学的目标应当是改变社会贫富差距过大的局面，增进社会福利。而福利经济学的目的是研究社会福利最大化的条件，是研究如何使社会经济福利达到最大化。因此，它是一种规范经济学，致力于研究"应当是什么"、"应当如何"这类问题。而不像实证经济学那样研究"是什么"、"可能是什么"、"将是什么"、"怎么样"这类问题。

庇古着重研究经济福利。他对经济福利的含义进行了几方面的说明。第一，经济福利是一种与广义福利不同的狭义福利。广义福利包括经济福利和非经济福利。经济福利是与货币尺度相关联的那一部分福利，是主要取决于经济因素的那一部分福利。经济福利虽然有时会与非经济福利发生不同向的变化，但一般来说经济福利的增长很可能意味着广义福利的增长。第二，个人的经济福利与其他福利一样，是一种心理状态，一种满足感。第三，虽然非经济福利难以度量，但经济福利是可度量的，从而不同人的经济福利是可比较的，可加总的。第四，整个社会的经济福利是各个社会成员的个人经济福利的总和。由这四点可以看出，庇古的福利经济学是以边沁的功利主义哲学以及基数效用论为基础的。因此，他所建立的福利经济学后来被称作旧福利经济学，以区别于以序数效用论为基础的新福利经济学。

决定经济福利的基本因素。庇古认为，整个社会的经济福利取决于两个基本因素：国民收入（国民净产品）的大小和国民收入的分配。当国民收入分配状况一定时，国民收入越多，从而人们消费的商品和劳务越多，从中获得的满足越大，则全社会的经济福利越大。当国民收入一定时，国民收入的分配越是均等化，社会的经济福利越大。这是因为人们货币收入的边际效用是递减的，而以基数效用论为基础的经济福利又可以在人与人之间进行比较，所以高收入者将自己的一部分收入转移给低收入者，将使后者增加的福利超过前者减少的福利，于是整个社会的经济福利由此增加。他进一步依据事实，论证收入分配的均等化、穷人收入的提高，在长期中并不一定会引起穷人人口的增加，使穷人的生活复归原状。即不存在所谓的工资铁率。穷人命运的改善不会由于引起人口大量增加而被抵消。他还进一步依据生物学理论，强调收入分配的均等化对人口质量的有利影响。这样，他就既根据货币边际效用递减法则论证了收入分配均等化在短期中对于经济福利的有利影响，又通过否定工资铁率论证了收入分配均等化在长期中对于经济福利的有利作用。同时，庇古又指出在两种情况下，整个社会的经济福利是否增加是不确定的：第一、国民收入增加的同时，收入分配更加背离了均等化的方向；第二、收入分配趋向均等化的同时，国民收入减少了。一般说来能增加国民所得而不损害穷人绝对份额的任何事情，或者说能增加穷人绝对份额而不损害国民所得的任何事情必然增加经济福利。任何事情只增加其中一种的分量而同时减少另一种的分量能否增加经济福利就难以断定了。

在肯定社会的经济福利取决于国民收入的大小和国民收入的分配这两个因素之后，庇古首先初步讨论了国民收入核算所需要遵循的原则和方法，强调不能出现重复计算。同时他指出，由于国民收入只计算购买的物品和劳务，而不计算不需购买的同样的物品和劳务，因此核算中存在的许多悖论，如女工的工资算入国民收入，而她作为母亲和妻子所做的家务劳动则不计入，等等。

（一）影响国民收入大小的因素

庇古认为关键因素有两个，一是既定资源在不同部门中的配置，二是劳资关系。

为了说明资源最优配置的条件，庇古首先提出了边际社会净产值这个概念，它等于边际社会净产品与售价的乘积。而边际社会净产品是个流量概念，指既定资源合理使用时，其边际增量引起的，从社会角度来看的总产品的增量。它是有用产品和有害产品的代数和。例如火力发电厂生产电是有用产品，但其烟囱所冒之烟给环境带来的污染是有害产品，两者的代数和才构成从社会角度来看的净产品。

1. 资源最优配置的条件

庞古提出，在资源既定且不考虑资源转移成本的条件下，使国民收入达到最大化的资源配置（即最优配置）条件是：任何一种资源在每一种用途中的边际社会净产值相等。因为把资源从边际社会净产值较小的用途中转移到边际净产值较高的用途中，总会增加国民收入。但若考虑到转移成本，则转移到新用途所获得的增加收益应大于转移成本。

（1）在私有制条件下，资源配置是通过私人的自发行为实现的。庞古认为，私人是在追求最大收益这一目标的支配下，根据不同用途上的边际私人净产值，来确定自有资源的投向，力求达到各种用途上的边际私人净产值相等这一状态。边际私人净产值是指在某一用途上追加一单位资源给私人带来的增量收益。若边际私人净产值在任何用途上恒等于边际社会净产值，则私人的自发行为将导致资源的最优配置。

庞古认为，实际生活中存在种种障碍，使得不同用途上的边际社会净产值无法相等。

第一是资源的移动费用。对此，庞古提出可以通过政府出资来降低资源移动费用，并对这种做法进行了利弊分析。

第二是私人对情况的无知。而无知是因企业赢利前景客观上的不确定性、私人企业对财务状况的保密行为和一些职业金融家故意散布虚假消息，所造成的信息不完全。它使人们对投资的预期收益估计过高或过低，从而导致资源的误置。对此，庞古主张进一步完善企业财务信息的披露制度以及改进银行制度来降低信息的不完全。

第三是某些资源的不可分性。这种不可分性有时表现在企业筹资必须有一个不小的起点额度，有时表现在不同要素在生产中需要固定比例。这使得这些资源无法充分转移和配置以实现边际社会净产值处处相等。

第四是不同地方不同行业需求的相对变化。这种变化使得资源不断转移，但始终无法实现边际社会净产值处处相等。

　　第五是边际私人净产值背离边际社会净产值。这是庇古重点分析的一个障碍因素。他谈到，一般说来，实业家只对其经营活动的私人净边际产品感兴趣，对社会净边际产品不感兴趣。自利心往往会使投入不同方面的资源的私人净边际产品的价值相等。但是，除非私人净边际产品与社会净边际产品相等，否则自利心往往不会使社会净边际产品的价值相等。所以，在这两种净边际产品相背离时，自利心往往不会使国民所得达到最大值；因而可以预计，对正常经济过程的某些特殊干预行为，不会减少而是会增加国民所得。至于造成两种净边际产品背离的原因，他指出有以下几点：

　　A.某些耐用性生产工具的租赁与所有权相分离。庇古以农地为例，指出这种分离常使租地者不愿充分进行改良土地的投资，以致私人边际净产值低于社会边际净产值。

　　B.经济行为的外部性。一个人 A 在向另一个人 B 提供某种有偿服务时，会附带地也向其他人（并非同类服务的生产者）提供服务或给其他人造成损害，但却无法从受益方获取报酬，也无法对受害方给予补偿。庇古以大量事例说明了这两种现象。后人以"外部经济"与"外部不经济"这一对概念描述他所指出的这两种现象，若主体的行为给其他主体带来无须付酬的利益，便是外部经济；若主体的行为给其他主体带来无须补偿的损失，便是外部不经济。外部经济使得私人边际净产值小于社会边际净产值，而外部不经济使得私人边际净产值大于社会边际净产值。如一些无益于公众健康的产业，如烟酒等，就需要政府通过税收加以抑制。还有就是城市规划需要政府统一安排，因为建筑商追求私利的活动往往具有很大的外部不经济性，期望投机商各自为政的建筑活动会产生一个规划良好的城市，就像期望一个独立不倚的艺术家在画布上不连贯地作画会产生一幅完美图画那样徒劳。根本不能依赖'看不见的手'来把对各个部分的分别处理组合在一起，产生出良好的整体安排。

　　C.产业投资是报酬递减、不变还是递增。庇古认为，投资的私人净边际产品的价值，究竟是大于、等于还是小于社会净边际产品的价值，取决于从社会的而不是该产业的观点看，该产业究竟是符合供给价格递增的条件，不变的条件还是递减的条件。因此，他主张在纯粹竞争的条件下，运用税收和奖励来克服外部影响所造成的边际私人净产值对边际社会净产值的背离。对于社会净边际产品的价值大于私人净边际产品价值的产业，政府应当予以补贴和奖励，以鼓励厂商增加产量；对于社会净边际产品的价值小于私人净边际产品价值的产业，政府应当征税，以迫使厂商减少产量。通过奖励和税收，缩小两种净边际产值的差距。这类促使边际私人净产值向边际社会净产值靠拢的措施被后人称作是庇古式税收。

D.寡头竞争（庇古在其书中称作"垄断竞争"）中的广告支出。庇古区分了宣告性的广告与竞争性的广告。前者告诉大众存在一种可以满足某种需要的产品或引起大众新的消费欲望，是有益的。后者往往引起竞争厂家最终结盟形成完全垄断，或者效果互相抵消，或者使得一家厂商的产品替代另一家厂商。因此竞争性广告往往使私人边际净产值大于社会边际净产值。因此，他主张政府对竞争性广告征税或者干脆禁止。

E.商业欺诈。庇古指出有两种欺诈：有关待售物品的自然性质的欺诈，如缺斤短两、掺假、以次充好和虚假广告；关于待售物品的未来收益的欺诈，主要是出售债券和股票的无良金融家操纵红利、套购、发布虚假信息。他指出欺诈虽然会给欺诈者带来正值的私人边际净产值，但同时造成负值的社会边际净产值。

F.标准化。庇古所说的标准化包括产品的标准化和劳动动作的标准化（即泰罗制）。他认为除了像螺丝螺母之类简单的产品之外，复杂的产品的标准化虽然可以收取大规模生产之利，但是会阻碍产品的创新，即标准化会使得企业的社会净边际产值小于私人净边际产值。而泰罗制也有同样问题，因为它会使得工人失去主动性和创造性。

G.产业形态。庇古所说的产业形态主要是指一个产业内部是以中小企业为主还是大企业为主。他认为中小企业为主的产业形态更有助于社会培育企业家，因此产业的私人净边际产品会低于社会净边际产品；而大企业为主的产业恰恰相反。因此需要政府有意识地扶持中小企业，发挥中小企业培育企业家精神的功能。

除了税收和奖励之外，庇古还讨论了政府在战时对竞争性价格的管制和对供给的管制，仔细分析了这些管制的具体措施。

H. 在分析了竞争条件下导致私人净边际产值与社会净边际产值相分离的种种因素的之后，庇古分析各种形式的垄断如何使边际私人净产值背离边际社会净产值。

庇古正确地看到，不同行业最有利的企业规模是不同的，这个最优规模一般说来，在劳动所起的作用比资本大的产业中是在较早的阶段达到，在劳动所起的作用比资本小的产业中则是在较后的阶段达到。但只要这个最优规模的产量远低于整个产业的总产量，就不足以形成垄断。

庇古并未简单地否定一切垄断，他首先肯定了在一些行业出现垄断（或通过联合实现大型企业）的必要性和必然性。他讨论了通过联合实现大型企业的优越性，如内部可以实行专业化分工、大量进货的价格优惠、拥有较多科研资金、先进工艺的共享、向银行贷款的便利、广告费用的节约、风险的分散。同时他也分析了阻碍联合的种种因素，主要是不同企业数量的大小、距离的远近、产品差异的大小以及传统与习俗。他谈到了今天我们所说的自然垄断，如铁路运输、自来水、煤气、电力等行业。他进一步分析了决定垄断企业收益大小的因素，主要是产品的需求价格弹性，分析了决定这个弹性大小的种种因素，主要是它本身和它的互补品是否容易被替代、产品开支占总开支的比重。

庇古认为寡头市场（他称作垄断竞争）上每个厂商的投资一般不会达到使私人净边际产值等于社会净边际产值的地步，往往过低；但在残酷竞争时，又可能过多。

庇古指出单纯垄断（即今天我们所说的完全垄断）导致的产量总是低于对于社会来讲的理想产量。他进一步分析了差别价格，指出实行差别价格的条件是产品的不可转移性。他区分了三类差别价格，分别分析了它们对于厂商和社会的利弊。

庇古的总结性结论是"在许多产业中，无论是单纯竞争（即今天所说的完全竞争——中译）或垄断竞争（即今天所说的寡头垄断——中译），还是单纯垄断（即今天所说的完全垄断——中译）或歧视性垄断

（即今天所说的差别价格——中译），都不会使这些产业中社会净边际产品的价值等于一般社会净边际产品的价值，因而它们既不会使国民所得最大化，也不会使经济福利最大化。"[1]

（2）促使私人净边际产值向社会净边际产值靠拢以及促使各种用途上的社会净边际产值相等的具体措施。庇古首先考虑了购买者协会，分析了它的功能和局限，得到的结论是，虽然购买者协会无疑有其应该发挥的重要作用，可以作为一种手段克服一般竞争性产业或一般垄断性产业的弊端，但其适用范围是有限的，因而还需研究另一些补救办法。

庇古所说的另外办法就是政府干预。他认为政府干预是实现资源最优配置必不可少的手段。但值得注意的是，他并未像今天一些人所认为的那样无条件地鼓吹政府干预，对于政府（即便是民选政府）干预的弊端，他有非常清醒的认识，所有政府当局都有可能愚昧无知，都有可能受利益集团的影响，都有可能受私利的驱使而腐败堕落。选民中嗓门大的那部分人，若组织起来参加选举，其声音很容易压倒全体选民的声音。一方面，特别是在实行经常的管制时，私人公司会拉拢腐蚀政府官员，不仅在获取特许经营权时会这么做，而且在运用特许经营权时也会这么做。这种弊端有累积效应；因为它会阻止正直的人进入政府，于是腐败堕落之风更加盛行。另一方面，当政府本身办企业时，腐败堕落的可能性只是在形式上有所不同。他具体分析了英国的市参议会和国民议会控制或经营企业的四项缺陷：一是其成员缺乏控制或经营企业的特殊才能；二是其组成成员经常变动所导致的短视行为；三是政府干预的领域经常是由非商业考虑决定的；四是受到有害的选举压力。

尽管有上述顾虑，庇古还是仔细探讨了政府干预的具体方式，除了前面提到过的竞争性市场中的庇古税之外，为了克服各种形式的垄断对资源配置造成的不利影响，他主张运用间接控制或直接控制手段来消除或限制垄断。

间接控制一是政府运用法律手段禁止出现垄断组织或强行拆散垄断

---

[1]　庇古：《福利经济学》上卷，商务印书馆 2006 年版，第 334 页。

组织。庇古分析了这种方法的局限：a.法律难以有效实施；b.实施的结果很可能出现寡头之间的残酷竞争，其产量未必就是对社会而言的最优产量；c.实施的结果可能会妨碍规模经济的出现。二是政府保护潜在的而非实际的竞争，具体做法就是强迫垄断组织公开财务报表，通过舆论监督阻止垄断者采用大幅度毁灭性削价的残酷竞争等等手法来驱赶竞争者。

庇古认为，上述两种间接控制由于种种原因都不足以控制垄断，因此需要直接控制。直接控制就是由政府单纯规定销售价格或其浮动区间（即消极控制），或不仅规定价格还进一步规定最低产量最低质量（即积极控制），以限制垄断组织损害社会的产量和价格行为。他分析这两种控制的困难，主要就是政府难以决定价格、产量和质量的最优数量，控制过宽则难以抑制垄断组织的不良行为，控制过严又会抑止企业投资扩大生产的热情。为此，他探讨了某些公用事业的特许经营权的拍卖机制以及管制价格的调节机制。对于这种种控制，他最后的结论是，总而言之，管制方法，无论是积极的还是消极的，都是极为不完善的，只能使产业接近于单纯竞争条件下的价格水平和产量。而且，政府管制还往往是代价高昂的方法。

庇古对上述解决问题的方法进行了如下总结，当竞争占优势，社会和私人净边际产品相背离时，从理论上说，可以通过征税或发放补贴来纠正；当垄断占优势时，从理论上说，可以通过价格管制（在某些情况下，结合以产量管制）来使其无害。然而，用这些方法纠正私人利益的偏差，在实践中肯定是一项极其困难的工作，很难做得完全彻底。这就促使他进一步考虑由政府直接经营（即公营）某些必定处于垄断地位的企业的可能性和利弊。

庇古首先认为，从合理配置资源的角度来看，对于具有垄断倾向的产业，实行公营更有利。同时，对于那种产品质量与公众健康密切相关且难以检测的产业，最好还是建立公营企业。公营企业的一个优势是能够比私人企业以更便宜的费用招聘到更出色的工程师和经理。但公营企业在生产效率上往往不如私人企业。因为公营企业的上级管理者是政府机构，它在重大决策时往往表现出拖延、犹豫不决和无所作为。从增加国民收入的角度来看，可能有三个因素使得公营不如前面所述的政府对私人企业的管制。一个因素是政府可能在市场竞争中偏袒公营企业，压抑私人企业。结果是虽然政府办的企业所要达到的目的，可以由私人企业以更低的成本达到，但它们却受到维护，得以生存下去。这些方法，往往要比乍看起来更为有效地排挤经济效率较高的竞争对手。因为这不仅直接地起作用，还通过预期间接地起作用，不仅会把现有的竞争者逐出市场，而且还会阻止新竞争者进入市场。从而弱化了市场竞争优胜劣汰的功能。另一个因素是政府机构可能会抑止公营企业的冒险精神，因为政府机构的冒险决策一旦失败，会引起选民的不满、为反对党提供攻击的炮弹。一般说来，政府机构要比私人企业更不愿意承担风险。而抑止公营企业的冒险精神就会抑止它的创新动力，从而影响生产效率。第三个因素是政府管辖的领域与公营企业的最优规模可能不匹配，于是公营企业的实际规模往往偏离最优规模。他的一般性结论是，在一些产业中，典型的生产单位很小，占支配地位的是私人厂商，而不是合股公司，这些产业则不适合于由政府机构经营。实行公营的建议仅仅对典型的生产单位很大、从而趋向于垄断的产业是可行的。与实行政府管制的理由相比，实行公营的理由，在经营活动已变为日常工作、大胆的冒险几乎没有什么施展余地的产业中，最为充分，在那些与其他私营产业激烈竞争、正常经营单位的规模迥异于现有政府机构的管辖范围的产业中，则不那么充分。

庇古为政府干预提供的理由除了市场会引起资源在不同用途上净边际收益的不相等和私人净边际收益与社会净边际收益不相等之外，还有其他一些。如因为私人企业会不管未来的需要而过度开发自然资源，因此需要政府保护社会未来的收益，防止对自然资源的过度开发。

2. 劳资关系

在庇古看来，劳资关系的好坏是影响国民收入大小的重要因素之一。为此，他首先把劳资纠纷分为三类：货币工资纠纷、工时纠纷和工人参与管理的范围纠纷。另外他又把劳资纠纷分成两类：关于当前雇用条件的纠纷和关于今后雇用条件的纠纷。

在分类的基础上，庇古考虑了解决纠纷的两种自愿的基本措施：调节和仲裁，并对这两种措施的具体操作和利弊进行了初步分析。同时，他也承认自愿的调节和仲裁有时并不能化解纠纷，这就需要政府的强制性干预。他指出了四种政府干预方式：（1）为双方制定解决纠纷的强制性条款；（2）把局部范围内双方解决纠纷的协议推广到整个地区和全国；（3）用法律规定把纠纷在导致罢工和关厂之前提交仲裁法院；（4）强迫性仲裁；并分析了这四种方式的利弊。在分析了解决纠纷的措施之后，他进一步考虑了解决纠纷的具体方案。

庇古分析了集体谈判机制下工资纠纷的可行解决方案，指出在工资谈判中工人有一个不能再让步的工资下限，他称之为工人的"顶住点"；同时雇主也有一个不愿再让步的工资上限，他称之为雇主的"顶住点"。如果工人的"顶住点"高于雇主的"顶住点"，则谈判不可能成功，纠纷无法解决。若工人的"顶住点"低于雇主的"顶住点"，两者之间的差距为谈判成功提供了可行范围，谈判可能成功，纠纷可能解决。而最终的工资靠近可行范围中哪一方的"顶住点"，则取决于双方的力量对比。而在工人无组织的地方，雇主的力量一般要大于工人。

关于工时。庇古认为，过长的工时将降低国民收入和经济福利，因此必须加以控制。同时他又看到，单纯依靠劳动市场上劳资双方出于自利心的博弈，并不足以实现最优工时，而是经常超过这个最优点。这就构成国家干预显而易见的理由。

关于劳动报酬方式。庇古首先区分了仅仅适用于艺术创作工作、高级行政工作和自由职业的固定年薪，以及适用于一般体力劳动者的报酬方式。他强调工人方面增加的努力得到的工资回报越接近增加努力所造成的产量增加的差额，国民所得将越大；在这件事情上，由改善的调整所产生的国民所得的增大，不言而喻将带来经济福利的增加。他分析了计时制、计件制和奖金制三种报酬方式各自的适用范围、实施方法及利弊比较。他的结论是国民所得的利益和通过它达到的经济福利只有在目前报酬被调整到尽可能接近目前结果时才能有最大的推进，一般说来只有集体谈判控制的计件工资能最有效地达到这一点。

关于劳动报酬的地区和职业差别。庇古首先认为由于不同职业不同地区的劳动，由于种种原因（工作环境优劣不同，社会地位高低不同、职业年限长短不同等等），会存在报酬上应有的差别。但是由于三方面的原因，实际的差别会偏离这种应有的差别。而这种偏离会降低国民所得。他所说的三方面原因是无知（工人对各种职业各种地区工作条件的无知、对即将就业的新工人的能力和特长的无知）、职业间和地区间移动的费用（学习新职业技能的费用、跨区域的路费和关系损失）、外部施加给工人的障碍（工会的职业界限、习俗等等）。针对这三方面的原因，他提出了三种对策：通过技术进步和观念更新降低工人移动的费用和获取职业、区域信息的费用；通过政府资助降低相关费用；通过强制使得不同职业不同地区的实际报酬差别趋近于应有差别。在具体措施方面，为了克服无知，他提到了了解工人失业情况和向工人介绍工作岗位的劳工介绍所。同时他倾向于强制提高不公正的低工资。这种不公正主要是由于工人谈判力量太弱以及无知和移动困难而使得雇主进行了剥削，即付给工人的工资少于他们给予企业净边际产品的价值。而强制提高工资，将迫使雇主依靠技术改良来追求利润，而非靠压榨工人来追求利润。同时，提高工资使工人的生活条件有所改善，有助于提高工人的生产率，从而增加国民所得。他指出，有理由预期这种利益是可以累积的。如果允许剥削，而工人与雇主谈判的不好结果将导致他们生产能力的下降，从而减少他们净边际产品的价值，他们将从较低水平开始下一轮谈判；如果他们的谈判结果再次稍微不利——因为他们力量较弱此时更可能出现这种结果——他们将再次被以同样方式驱赶到更差处境。国民所得由此遭受严重损害。可是，如果剥削受到阻止，工资强制上升到公平水平，对生产能力的好处将开始上升。高胜任导致较大生产能力，较大生产能力导致获得更高收入的力量，这样得到的较高收入将再次起作用增加生产能力；如此渐增地重复下去。但是他并不主张建立全国统一的最低计时工资制度，认为这将增加失业。建立一种有效的全国性最低计时工资制度（效果大大高于相当多的人现在获得的）从整体上可能损害而不是有益于国民所得。相比于全国最低计时工资制度，他宁愿采取国家对低收入家庭的补助制度。

除了上述观点之外，庇古还分析了经济萧条时工人普遍缩短工时和辞退部分员工这两种做法对于国民收入的利弊；分析了产品买家和政府施加压力迫使雇主提高工资的必要性和可能性；分析了企业雇用工人的三种方法：偶然随机的方法（适用于对工人的短期需求）、特权方法即已经被雇用的人优先考虑（适用于对工人的长期稳定需求）、优先方法即择优录用，分析了这三种方法对国民所得可能的影响以及政府可以采取的行为。最后，他主张建立随经济波动而波动的工资制度。至于工资波动的幅度，他认为要取决于产品的性质、利率在产品成本中的比重等等因素。

总体来看，庇古认为为了保证国民收入的最大化，需要实现劳资和谐，为此需要政府在多个方面对劳动市场上的工资形成进行干预。

（二）政府为实现收入分配均等化对自发形成的收入分配进行干预

除了上述促进资源最优配置和促进劳资和睦的干预措施之外，庇古还主张政府以收入分配均等化为目标对自发形成的收入分配进行干预。

庇古首先对收入分配进行了分析，提出以下几个观点：第一，对收入分配不平等的原因进行了分析，他认为有两个原因，一是由于劳动能力和努力不同所导致的收入不平等，二是由于财产继承不同所导致的不平等，后者所起的作用远大于前者。这表明，只要改变社会继承规则，就会改变收入分配状况。因此，他否定帕累托所说的不变的分配法则。第二，他认为社会不同人之间的收入分配，大体上等同于不同生产要素之间的分配。第三，他强调作为整体的资本与作为整体的劳动之间的关系中占支配地位的是合作关系。因此，一个因素如果通过增加资本从而增加国民收入，那么它一般来说也会增加劳动要素的收入。第四，他探讨了发明创造对收入分配的影响，把发明创造区分为资本节约型、劳动节约型和中间型三类。它们对于劳动收入的影响各有不同，但是从总体上看，虽然可能发生发明与改进损害工人阶级实际收入的情况，但不会经常发生。极大部分发明与改进将增加劳动的实际收入以及总的国民所得。第五，他指出在技术进步、偏好变化的动态过程中，由于每个人的能力既有类型的不同，也有程度上的差别，因此不同人之间的相对收入会发生变化。依据技术进步的类型、偏好变化的方向，有的人的相对收入会上升，而有的人的相对收入会下降。在这种变化过程中，整个社会的收入差距有可能趋于缩小，但也有可能扩大。

在收入再分配方面，庇古基本是不赞成由政府强制提高工资、定量供应、对部分行业实行工资补贴等做法。他比较欣赏的是富人的慷慨和慈善这类自愿转移财富的行为。但他同时又承认这种自愿转移远远不够，因此需要相当数量的强制性转移。强制转移的具体措施之一是征收累进的所得税和遗产税，但要注意不能损害资本形成，因此征课的对象不应当是已经积累起来的资本。具体措施之二是由政府向穷人转移收入，他指出转移可以分为三类：反对懒散和浪费的转移、中性的转移和支持懒散和浪费的转移。他赞成前两种，反对第三种，反对施舍性质的收入转移，强调任何收入转移措施都应当防止助长懒惰和浪费。具体的转移方式可以是间接的，就是补贴那些专门生产穷人的必需品的部门和厂商，以增加产量降低价格；也可以是直接的，如举办社会保险、社会服务设施、提供非货币的难以转手倒卖的实物等。他还主张建立全国实际收入的最低标准，它包括了某个明确数量与质量的居住房屋、医药治疗、教育、食物、闲暇、从事工作的卫生与安全设施等等，而且最低条件是绝对的。他承认实施这种最低生活标准所需要的资源由富人向穷人的再分配有可能不利于国民所得，因此，为了确保经济福利在收入标准和分配标准之间取得平衡，他提出了一个确定最低生活标准的基本准则：最低标准提高到如下一个水平时能最好地推进经济福利，这个水平就是，向穷人转移的边际英镑形式的直接好处正好抵消因转移而减少国民所得带来的间接害处。同时，他也看到了国民收入水平与这个最低标准正相关。他也看到单独一个国家实行最低标准对本国外贸可能产生的不利影响，因此主张与其他国家一起建立国际最低生活标准。

庇古相信，只要转移得当，结果是从富人向穷人的一定资源转移必定会增加今后的国民所得，只要向穷人的投资通过提高穷人生产能力的增加而获得的回报，不少于向有形资本投资的回报。而为了得到这一结果，以控制购买力形式做出的给予穷人的转移，如果对给予转移的人连带某种程度的监督，就能有许多较好机会有利于今后的国民所得。这种监督应以充分认识以下事实为基础，即人不是机器，他们的生产能力是他们物质环境与道德环境的函数。从这些话可以看出，他实际上是认为只要收入再分配能够成为对穷人的人力资本投资，国民收入就会增加。当然，他也并不否定如果转移不当，收入再分配也可能减少国民所得。

（三）庇古福利经济学的主要贡献

庇古福利经济学的主要贡献之一，是通过对现实市场机制的细致观察和分析，发现了许多其他新古典经济学家未曾注意的市场失灵现象，对于自斯密以来的市场乐观主义提出了质疑。

庇古福利经济学的主要贡献之二，是提出资源最优配置的条件，指出了干扰资源最优配置的种种因素，尤其是强调了外部性以及各种垄断因素。他的卓越之处在于看到了由于经济行为的外部性，即使在排除了垄断的自由竞争条件下，也无法像斯密所设想的那样，使私人追求自身利益最大化的行为，导致社会福利的最大化。

庇古福利经济学的主要贡献之三，是专门对劳动市场进行了深入细致的分析，针对其不利于经济效率的各种问题，提出了相应的对策建议，指出了政府干预劳动市场的必要性。

庇古福利经济学的主要贡献之四，是论证了收入再分配的必要性，提出了一系列可供选择的不降低效率的具体措施。当然由于他讨论这个问题时隐含的前提是不同个人之间效用的可比性，这就削弱了他论证的力量。

庇古全面论证了由政府干预资源配置、干预劳动市场以及收入再分配对于提高全社会经济福利的重要性。他还仔细讨论比较了针对不同情况的政府干预的各种具体方式。他可能是自斯密以后英语世界里比较清楚地指出并仔细分析自由主义的局限，要求实行政府干预的经济学家。当然，他也清醒地看到了政府干预所带来的种种问题。

庇古的体系，可以说是马歇尔体系向实用化方向的一个重大发展。马歇尔的主要理论成就在于描绘了完全竞争的市场运行机制，但他并没有详细探讨并充分论证政策主张。这一步工作则由庇古在他的福利经济学体系中完成了。通过这一分析，庇古日益倾向于主张政府广泛干预经济生活的费边社会主义。

由于庇古的上述贡献，他实际上是福利经济学、公共财政学、劳动经济学和环境经济学的重要先驱。

第三节　评论

古典经济学时代，不少经济学家相信市场的自发力量，认为它会自动改进社会福利。因此只有两位经济学家西斯蒙第和杜能提到要建立一系列社会保障机制。

新古典经济学时代，马歇尔的消费者剩余概念为对福利进行理论分析，提供了第一个工具，他的学生庇古对福利经济学贡献非常大，提出了一系列福利标准和分析社会福利问题的理论工具，为政府干预市场经济提出了有一定说服力的论证。

帕累托提出了社会福利的可检测标准，为福利经济学的理论发展作出了重要贡献，同时也揭示了福利经济学发展中必须解决的重大问题：如何对于不同的收入分配状况进行优劣比较？如何为收入再分配提供有力的理论依据？时间已经过去近一个世纪了，这些问题依然困惑着我们。它们的解决，也许已经超出了经济学的范围，需要向伦理学伸出求援之手。

结　语

本书主要介绍 18 世纪中叶到 20 世纪 30 年代西方非马克思主义经济学的发展过程，涉及几乎所有重要的西方经济学家。本书的叙述，一是力求原生态地介绍西方经济学家的思想，二是尽可能以今天的眼光重新评价他们的功过是非。例如对于亚当·斯密的介绍往往侧重于其价值理论，而对其关于如何发展经济的主要观点反而语焉不详。同时，过去由于受意识形态教条的束缚对一些经济学家所作的评价，已不能适应今天的需要。如对于萨伊的分配理论过去往往作负面评价，而从今天的眼光来看，何错之有？

随着我国市场经济的逐步建立，以研究市场经济为专长的西方经济学，对于一般国民了解市场经济的运行机制，政府如何调控宏观经济、规制微观市场，都具有重要参考价值。而今天的西方经济学是西方经济思想长期发展的结果，要深入了解今天的西方经济学，离不开对它历史的了解和掌握。

本书可供经济学专业的本科生、研究生作参考读物，还可以供学习、研究一般思想史的人员作为入门读物。

本书不少内容取材于蒋自强先生领衔著述的四卷本《经济思想通史》。当然，书中存在的一切不足，皆由本人负责。

张旭昆

2015 年 1 月 14 日

于杭州西湖区嘉绿西苑醉仙斋

图书在版编目（CIP）数据

从亚当·斯密到凯恩斯：西方经济思想史论 / 张旭
昆著.—杭州：浙江大学出版社，2016.10
（启真讲堂）
ISBN 978-7-308-16306-4

I.①从… II.①张… III.①经济思想史—研究—西
方国家 IV.①F091

中国版本图书馆CIP数据核字（2016）第243533号

从亚当·斯密到凯恩斯：西方经济思想史论
张旭昆 著

责任编辑	叶　敏	
文字编辑	宋先圆	
装帧设计	骆　兰	
出版发行	浙江大学出版社	
	（杭州天目山路148号 邮政编码310007）	
	（网址：http://www.zjupress.com）	
制　作	北京大观世纪文化传媒有限公司	
印　刷	北京天宇万达印刷有限公司	
开　本	635mm×965mm　1/16	
印　张	33	
字　数	475千	
版印次	2016年10月第1版　2016年10月第1次印刷	
书　号	ISBN 978-7-308-16306-4	
定　价	68.00元	